国家自然科学基金项目(52278065、52178043)
江苏高校优势学科建设工程四期项目
东南大学至善出版基金项目

城市交通学研究方法
（第2版）

石 飞 朱 乐 董 琳 ◎著

东南大学出版社
SOUTHEAST UNIVERSITY PRESS
·南京·

内 容 提 要

城市交通学是近年来提出的运用多学科思维及其理论方法研究城市交通问题的新兴学科。本书重在介绍该学科下相关交叉学科的主要理论方法，包含社会学、经济学、地理学、城乡规划学、交通工程学等，并将其运用在城市交通研究中，包括交通·空间·产业协同规划、适应公交的城市形态、建成环境影响下的出行行为、城市交通中的公平正义与经济学手段、可达性和公平性视角下的公共交通实质性优先、手机大数据在交通研究中的应用等。本书可作为规划、交通、地理等相关专业人员的参考书，以及研究生课程教材。

图书在版编目（CIP）数据

城市交通学研究方法 / 石飞，朱乐，董琳著.
2版. -- 南京：东南大学出版社，2024.10. -- ISBN 978-7-5766-1548-7

Ⅰ. U491.2

中国国家版本馆 CIP 数据核字第 2024QB7317 号

责任编辑：马 伟　　责任校对：韩小亮　　封面设计：王 玥　　责任印制：周荣虎

城市交通学研究方法（第 2 版）
Chengshi Jiaotongxue Yanjiu Fangfa(Di 2 Ban)

著　　者	石 飞 朱 乐 董 琳
出版发行	东南大学出版社
社　　址	南京市四牌楼 2 号　邮编 210096
出 版 人	白云飞
网　　址	http://www.seupress.com
经　　销	全国各地新华书店
印　　刷	广东虎彩云印刷有限公司
开　　本	787 mm×1092 mm　1/16
印　　张	33
字　　数	824 千字
版　　次	2020 年 9 月第 1 版　2024 年 10 月第 2 版
印　　次	2024 年 10 月第 1 次印刷
书　　号	ISBN 978-7-5766-1548-7
定　　价	128.00 元

本社图书若有印装质量问题，请直接与营销部联系。电话（传真）：025-83791830

第 2 版 序

很高兴收到石飞博士送我的《城市交通学研究方法》(第2版)新书校样本,希望我为此书作个序。我既感到十分荣幸,又感到相当忐忑。

据我所知,除了我国,国际学术界迄今为止似乎还没有人提出过"城市交通学"这个命题和概念,我也没有读到过国外"城市交通学"及其类似的专著和教科书。但我也并不认为,国外没有,我们自己就不能首创性提出城市交通学的命题与概念,并率先开展开创性研究,相反我们完全应该有勇气、有理由、有底气开展原创性学术研究、技术攻关和发明创造。事实上,我国城市交通学术界自2014年前后开始就有一批知名学术机构和专家学者在国家自然科学基金资助下对"城市交通学"进行了开创性和系统性研究,并取得了突破性丰硕成果。石飞博士所著《城市交通学研究方法》一书,虽然并非是城市交通学原理原创性、系统建构性的理论著作,但从城市交通学研究方法论角度看,却有着如其书名所述的独特性贡献与价值。一是该书在全球视野和理论方法上归纳总结了约翰·纳什、赫伯特·亚历山大·西蒙、丹尼尔·麦克法登、威廉·威克瑞、理查德·贝尔曼等诺贝尔奖获得者、院士、世界顶级数学家、经济学家,在博弈论、离散选择决策、有限理性决策、非集计经济模型、激励理论等数学、微观经济学研究中,对城市交通拥堵形成机理、交通计价与拥堵收费成效影响分析、出行路径选择与交通网络分析等诸多城市交通相关的基础性、规律性、学理性和建构性研究内容与成果。这些归纳总结折射和证明了开展和建构城市交通学研究的必要性、重要性和理论与实践价值;二是归纳总结了理工科院校城乡规划、道路工程、交通工程、人文地理、地理信息等相关专业学科理论方法与城市交通学相关的城市交通需求预测分析建模方法、城市交通规划理论与方法、交通设计方法等相互关联性,并提出了一些有价值的启发性思考;三是着眼于城市空间产业、城市更新、绿色低碳、公平正义、安全韧性、完整街道等诸多热点问题,从城市交通和城市交通学研究的角度,归纳总结了国际国内有意义有价值的创新理论和方法,并进行了有意义的思考与探讨。

我和我们南京市城市与交通规划设计研究院科研团队虽在2015年前后也参与了国家自然科学基金资助的城市交通学相关课题研究,特别是城市交通学理论与相关学科关系研究,但由于忙于团队生计、生产经营和规划实务,并没有深入学习思考、深度参与研究,所作贡献极其有限。"城市交通学"作为城市科学等相关多学科交叉领域的一门新学科分支,如何处理好其本源追溯、自身定位、继承创新、发展方向,在相关学科体系中如何处理好与其他学科的承上启下、交叉融合、互鉴互补等问题。这些无疑都是城市交通学研究、建构和应用必须面对的现实课题,而解决这些新课题需假以时日。对此,我本人也有一些不成熟的思考与认识,借此机会与石飞博士和对城市交通学感兴趣的读者们共同分享和探讨。

其一,城市交通学与交通运输学、交通工程学、运输工程学是什么关系?是否存在本源性、系统性、逻辑性的差异?是否有必要和可能将这几门学科区分为不同的学科方向、学科领域?近现代历次工业革命,先后带来了人类社会向着机械化、机动化、工业化、城市化、信息化、全球化等不断演进与发展。如果从当代与未来，人类社会越来越朝着高度城市化方向发展，城市交通系统越来越复杂化，城市交通系统与区域交通系统、农业农村交通系统在供求特征、运行服务、系统治理等方面差异性看，提出"城市交通学"命题概念，并开展相关理论研究与体系建构，既无可厚非，更值得高度赞赏与鼎力支持。同时也值得注意，人类社会、人类文明无论如何发展演化，衣食住行始终是人类生存生活最原始、最根本的需求和依赖，"行"是其中之一，这一点恐怕是不会改变的。而"行"包括人的时空移动和物的时空移动。即使人类社会进入高度城市化时代，人类社会的生存生产生活都不可能局限于城市内部的人和物的时空移动，而是离不开区域，包括国际国内广泛区域、不同区域的城市城镇地区、农业农村地区、自然生态区域。城市的区域化、区域的城市化，城市发展对于区域发展、城乡统筹协同发展的引领性、影响性等等，比以往任何时候都更加广泛而深入。这就要求人们对城市交通的认知和研究要摆脱就城市论城市的局限，不应当受限于特定或特殊体制下的城市政府行政辖区边界和行政管理事权而硬性区分和强调"城市交通学"的独特性和独立性。相反，应当承认"城市交通学"与区域交通运输学是高度关联、相容互补的；应当走向全域、全要素、全过程去开放包容地思考研究城市与区域交通问题。

其二，"城市交通学"的学科性质、研究对象、理论基础等基本问题。如果这些最起码的基本学理问题没有梳理清楚，那就很难深入展开讨论与研究"城市交通学"。我认为，城市交通学的研究对象就是"城市交通"，研究"城市交通"的本质、渊源、构成、机理、原由、规律、途径、技术、策略等等。为此，我试图从词典、词源、交通工程手册、大百科全书等工具书或网络百科上查找对"城市交通"的定义和内涵的解释，很遗憾并没有找到很完整、很贴切的答案。我只好自己尝试着做点思考和解释：第一，如果从人类"衣食住行"最基本的生存需求来看，最简单的理解"交通"二字，就是人和物的时空移动。"城市交通"则是指在城市内和与城市关联的城市与城市外部（包括城际、城乡）的人和物的时空移动。第二，如果将"交通"或"城市交通"作为一个理论研究、科学研究和技术研究的对象与科学概念来认识，那就不仅仅只考虑需求或现象中对"城市交通"的理解与解释，还需要从供给侧、服务侧乃至利益影响相关侧去全面理解和解释。"城市交通"可否理解解释为"在城市内和与城市关联的城市与城市外部（包括城际、城乡）区域之间的人和物的时空移动；承载这些人和物的时空移动的各类交通时空和交通基础设施、载运工具及其配套附属设施设备；服务和管理这些人和物的时空移动的体系、机构、人员、技术、模式及其规章制度；以及受到城市交通供求运行和服务关联影响的自然与人文环境"？如此理解和解释，看似繁琐复杂，但也许能够更加完整理解城市交通及城市交通学的本质，更好思考与建构城市交通学科学理论体系、学科体系、应用场景和场景应用。

其三，关于城市交通学之上，是否还存在和需要更为本源、更为基础的理论支撑？我重读了钱学森先生发表于《城市规划》杂志1985年第4期的《关于建立城市学的设想》一文。钱学森先生对"城市学"的认识、思考与建构，大致有三个层面内涵：第一，城市发展的科学指导与问题解决，需要城市规划和工程技术，但是，科学的城市规划和工程技术，需要"城市学"这门以"城市"而非"乡村"为对象的科学理论作为基础、依据和指导；第二，城市学的研究对象是"城市"，但不单单是指单个城市，还包括国际、国家和区域的完整城市体系；第三，无论是城市体系，还是以单个城市为研究对象的"城市"，都是完整复杂的巨系统，必须以系统论、系统科学去认识和研究；第四，城市学作为一门中间层次应用理论科学，是否还有与之相关的基础科学？钱先生作出了肯定而明确的回答！包括了自然地理、人文地理、经济地理、计量地理等。如此，形成了"城市规划—城市学—地理学"完整的科学体系。参照钱学森先生关于"城市学"的三层次完整科学体系，来思考"城市交通学"，完全可以建构更为清晰科学的完整的科学体系和方法体系。城市交通规划、城市道路工程、城市轨道交通工程、城市公共交通、城市交通控制，乃至新兴的城市交通信息技术、智能交通、数智交通等等，都属于城市交通工程技术范畴；城市交通学则是以城市交通为研究对象，研究城市交通产生吸引、时空分布、出行选择、承载体系、网络结构、运输组织、综合治理等基本原理、基本规律、基本价值、基本方法等理论问题和理论体系，形成支撑支持城市交通规划设计、建设建造、运营组织、安全管理、智慧交通、数字交通等技术实践的城市交通应用理论科学；而交通地理学、经济地理学、计量地理学、城市地理学、宏观经济学、微观经济学、环境生态学、行为科学、政策科学、系统论、控制论、信息论、复杂网络理论、元宇宙论等等是支撑和指导城市交通学研究与建构的基础理论科学。

无疑，"城市交通学"是城市交通相关理论方法与实践发展到一定阶段，对学科可持续发展和城市交通事业健康发展的一次系统性反思、创新与重构。我所了解的本书作者石飞博士，本硕博均就读毕业于东南大学，随后入职南京大学建筑与城市规划学院。作为一名活跃于我国城市与交通规划科研学术领域的中青年学者，勇于跨出单一学科的"舒适区"，依靠其在交通、规划和地理等领域的深入耕耘，紧跟"城市交通学"这一学术前沿，基于其先后主持的4项国家自然科学基金，在这个全新学科领域积极开拓、勇于探索，取得丰硕成果，可喜可贺。期待这本融汇作者多年来优秀成果的学术专著能够对城市交通学研究探索感兴趣的读者有所启发帮助，对推进城市交通学理论与方法的深入研究与应用、促进我国城市交通健康可持续发展发挥有益的参考与指导作用。

当然，对于大多数读者和城市交通决策者、建设者、管理者、从业者和社会公众来说，"城市交通学"还是一个非常新颖而陌生的领域。即便是本书作者和即将付梓出版的这本《城市交通学研究方法》（第2版）书稿，今后还有许多深入思考、拓展研究和补充完善之处。除了上面序言中已经提及的"城市交通学"本体性科学理论与方法需要深化拓展研究之外，对于"城市交通学"学科渊源需要从古今中外相关理论学术渊源演化，从改革开放40年来中国城市交通理论与实践的发展历程轨迹与成果积累，特别是作者本人特有的东南大学、南京大学这两所我国城市与交通、地理与工程、经济与人文多学科交叉研究著名重点大学学术机构的学科渊源与理论积淀优势、研究背景经历，完全可以进一步深入挖掘、系统思考、拓展研究，取得更加丰硕而有价值的成果。很期待作者能在不久的将来出版本书第3版著作。

杨 涛
江苏省设计大师
东南大学、南京大学等高校兼职教授
中国城市公共交通协会 副理事长
南京市城市与交通规划设计研究院股份有限公司 董事长
2024年5月17日初稿
2024年5月26日修改稿

第1版序1

我与这本书的第一作者石飞博士已经相识十几年了。从2006年到2008年,我有幸被南京大学聘任为思源讲座教授,每年到该校的城市规划与设计系讲学和合作研究1个月。那时的石飞是东南大学交通学院的新科博士,刚入职南京大学成为城市规划专业的青年教师。城市交通是他的主要研究领域,而他在学术上是很有想法、很有追求的。我记得,他和我有过多次学术讨论和交流,其中包括应该如何面对从交通运输工程一级学科转到城乡规划一级学科在申报国家自然科学基金时选题难的挑战。虽然城乡规划学中也有对城市交通和区域交通的研究,但就研究范式和思路而言,差异较大。比如,城乡规划学较少用到四阶段需求预测和交通流分析,而较多运用出行行为的机理研究和工作或者生活相关的可达性分析。又如,城乡规划学通常不以量化分析来决定如何拓宽道路以满足一定通行能力要求,但是比较重视街道的场所性、构建和谐的街道尺度及其多模式交通功能。这样的学科视角和思维转换使得石飞在开始几年的学术研究工作难以取得顺利进展,但这种挑战也激励了他对城市交通问题作更为全面、深入的思考和探索,为他后来取得的学术成就,包括与朱彦东博士合著出版这本《城市交通学研究方法》,奠定了基础。

作为拓宽研究思路、学习新的研究方法的一个途径,石飞积极地参加相关学科的国际会议与海外学者沟通、交流。比如,每年一度的国际中国规划学会(IACP)会议,每次均有多位在城市规划、地理、公共政策等学科从事交通研究的国际知名学者参会,是获取最新的学术动态和研究方法的一个信息交流枢纽。石飞曾多次向我提及,是IACP使他在跨学科的研究中汲取了重要养分,并深刻地影响了他后来的学术道路。作为IACP的主要创始人之一和前任主席,我对他积极参与IACP的学术活动深表赞许,并为这些学术活动对青年学者的重要影响和有力扶持深感欣慰。

石飞和我之间的进一步学术交流与合作是从2016年开始的。那年,他已经在城市规划专业工作了整整十年,并且已经产出了不少学术成果。但对于美国城市交通规划的一些研究方法,他觉得一直以来很感兴趣却没有透彻理解,同时觉得其中的某些方法可能是今后交通研究所必备的。因此,他来到我所任教的华盛顿大学访学,钻研学习包括可达性分析、交通出行模式选择分析等研究领域的最新成果,潜心撰写基于可达性研究的申报书,并在2017年顺利拿到国家自然科学基金面上项目。那段经历也是他今天能够出版这本重要专著的一个直接成因。

顾名思义,这本书所讨论的主要内容是研究方法,而发展和应用这些方法的学科是"城市交通学"。正如二位作者所阐述的那样,城市交通学并非是一个传统的学科,而是一个跨越许多传统学科的知识范畴。这个基本属性反映了城市交通问题的特征:它是城市空间内与人、货物、信息的移动或运输相关的一系列问题的集合;这些问题的分析和解决通常不能单单依靠某一个传统学科所提供的概念框架和方法。因此,我们必须用源自许多个相关学科的知识——包括经济学、地理学、社会学、心理学、统计学,当然也包括交通工程和城乡规划——来应对城市交通问题的广泛性、多元性、复杂性。而且,作为现代城市的基本功能之一,同时也是人类的基本需求之一,城市交通的重要性是毋庸置疑的。它和当今世界所面临的许多严峻挑战都密切相关,从个人尺度的出行高成本、不便利、不安全,到城市和区域尺度的交通拥堵、空气污染、社区衰落,再到国家尺度的能源安全隐患、贫富分化,最后到全球尺度的气候变化和能源枯竭。尽管城市交通学应该以什么样的组织形态在高等学校立足和发展仍是需要商榷的问题,但是可以肯定,城市交通学的学科发展前程万里,城市交通学的研学任重道远!

这本著作的出版发行无疑将为城市交通学的研究人员、学生以及相关的从业人员提供一部很有价值的参考书。此书有若干特色和优点。首先,它的内容真实地体现了城市交通学的跨学科特征,相当全面、系统地介绍了其主要研究方法以及相关的理论基础和概念框架,涵盖面之广在现有的交通研究方法专业书籍中独树一帜。其次,它的结构清晰,文字简练,能够有效地帮助读者理解掌握书中丰富且有深度的内容。再次,二位作者在许多章节中,或者利用国际著名的交通规划和政策案例,或者利用他们自己的实证研究和规划实践,来示意和说明相关方法的合理运用,使得这本讲解研究方法的书变得生动而不枯燥。最后,这本书是适时的,用较大的篇幅来介绍若干城市交通研究的最新方法,特别是手机信令、公交卡、社交媒体等大数据的应用。这些方法对于中国和其他许多发展中国家的交通研究尤其重要。

中国过去 40 多年的改革开放伴随着快速的经济增长、城市化、汽车普及化。这些社会和经济的发展变化给中国新一代的城市交通研究者们带来许多机会和挑战。对此,他们思想解放、勤于思考、勇于探索,其中很多人已经成为学术研究的中坚力量。他们的努力将使中国城市交通学研究从一个追随者转变为一个引领者。石飞博士和朱彦东博士正是这新一代的典型代表,而他们合著的《城市交通学研究方法》既是他们迄今丰硕研究成果的汇集,也是他们未来巨大学术潜力的预示。

沈青(Qing Shen)
华盛顿大学,西雅图
2020 年 8 月 20 日

第1版序2

城市交通是城市不断发展进步的基础，新中国成立后较长一段时间内在计划经济主导下，忽视城市本身在社会发展中的创造性价值，对城市交通基础设施的投入严重不足，长期缺乏国际交流也导致我们在研究方法上的严重滞后。这种状况在一定条件下又导致以后对城市道路通行能力提升的反弹。今天道路交通的许多问题都可以归结为这种猛烈反弹的结果。对城市交通问题的片面化认识，缺乏多学科协同综合的研究方法，又加剧了这种反弹，并呈现出从比较发达的大城市向一般城市或中小城市蔓延，从沿海地区向内陆地区传播，从中心城市向节点城市、卫星城市扩散。石飞和朱彦东两位老师的著作为我们思考和研究城市交通问题提供了更广泛的视角，有助于我们更全面地分析问题，探寻适合各地发展条件的城市交通战略。

交通的改善可以大大扩大市场范围，增加人们的选择，促进经济活动的专业化，产生规模效益，增加经济活动的竞争力。在一个交往更加密切的环境中，人们的能力也会得到不断的提高。在一个不断变化的环境中，人类社会的持续进步和发展在很大程度上取决于人们交往和相互交换的深度和广度，同时受到交通行为、出行能力和其所处地区的交通发展条件、技术水平、社会价值观念和资源约束的影响。

20世纪初面对严重的城市环境恶化、人口密集、住房短缺等问题，公共交通被认为是解决这些城市问题的一种最为有效的手段。从历史上来看，今天我们习以为常的许多生活方式都与城市公共交通的普及与发展有关，如百货商店，大型文化活动等，由于道路交通和卡车货运条件的改善，许多城区范围内的大型工业区得以向城市外围或远郊区疏解，减少了大规模工业生产、货运对城市生活的影响，同时也改变了城市的空间布局形态。

由于港口和大型集装箱海运技术的发展，改变了全球生产力的布局，沿海城市利用全球产业转移的机会得以发展壮大。虽然在20世纪30年代，区域主义的思想就试图将人们的生产和消费活动尽量本地化，而交通成本又限制了内陆地区就业机会的聚集，进而影响到一个国家的城镇发展格局。世界上一些国家的区域政策也从单纯的控制人口高度聚集的大城市到通过交通和就业环境的改善来适应大城市的发展。

现代城市与农业社会浪漫的庄园化生活相比，就是对包括空间的资源的共享和广泛的社会参与。远在机动化普及的多年前，我国一些城市在新建居住区的同时已经注意到地面公交的配套问题。在1995年施行的《城市道路交通规划设计规范》的指导下，我国大规模的自行车道路系统仍然对城市的高效运转起到十分积极的作用。由于经济和身体的原因，人们参与社会经济活动的能力总是有一定的差别。作为一项社会发展的长远目标，如何避免由此造成的社会分异也是许多国家城市交通政策的一个基本内容，对交通弱势群体的补贴和照顾既是一个经济问题也是一个政治问题。1995年版的《城市道路交通规划设计规范》，试图通过国家规范来保证人们的交通出行权利和采用多模式交通的方便性，但执行情况并不理想。

人们在城市生活需要安全和不受交通干扰的环境,20世纪60年代英国专家对汽车交通和城市发展问题进行研究,认为与在郊野地区不同,城市的道路容量与城市功能区环境质量之间存在一定的相互制约关系,十分明显,通过居住区的大量快速交通流将会严重影响该居住生活区的品质和安全。但究竟是扩建道路,提高机动车的通行能力,还是控制机动车交通的增长又涉及决策制度、价值观和决策人员对城市发展逻辑和城市规划的理解。

城市交通既是一种看得见的基础设施,又体现在人们对城市发展逻辑的理解,我们需要从微观的个体行为和对离散型变量以及政策环境的理解,这些都是目前许多以观察车流、手机轨迹为研究手段而难以探讨的。本书从交通规划的发展历史、所涉及理论的发展脉络、城乡规划与交通规划的关系、公共交通与城市发展及手机信令应用技术等方面,并结合其中大量的案例展示作者对复杂的城市交通问题的综合性思考。本书对我国城市从外延式发展向注重品质和管理能力提升的内涵式发展模式的转变具有积极的推动作用。

潘海啸
同济大学,上海
2020年9月6日

前　　言

第2版出版在即，不禁让作者重新思考正在做的这件事的初心和信心。学界围绕着"城市交通学"的讨论很多，全社会对于城市交通改善和交通治理的呼声也很高。那么，本书的出版究竟能做些什么？是否面向"城市交通学"的创立和发展给出了较为清晰的解释和答案？又是否顺应国土空间规划体系和城市治理的方向、趋势提出了较合理的研究方案？不妨从以下3个问题展开。

为什么要提出"城市交通学"，或"城市交通学"的存在逻辑是什么？ 首先，交通规划、交通治理，或者更通俗地说，解决交通问题这一城市病的理论方法缺少相应学科的支撑。固然，交通工程学因涵盖了经典的"四阶段预测法"而成为现今距离"城市交通学"最近的学科，当前的交通工作者也大都拥有该学科背景。但不可否认的是："四阶段预测法"不是交通规划、交通治理理论方法的全部，它只是一种技术手段，反过来说，交通规划和治理不仅仅是"四阶段预测法"，仅具备交通工程学的学科背景并不一定能够做好交通规划；并且，近些年，学界和业界越来越对"四阶段预测法"这一诞生于北美小汽车迅猛增长年代的工具存在诸如内核严谨性、科学性等的质疑。其次，交通是公认的复杂巨系统，需要呼唤多学科的加入使得我们对交通问题的认知、理解、研判、规划、治理等做到科学合理。交通规划和治理早已不是路网规划设计，或者在此基础上叠加的交通需求预测分析，或者相关部委积极推进的"城市综合交通体系规划"，前述均未脱离交通工程学，也未脱离"四阶段预测法"的核心方法。不容忽视的是：交通涉及千千万万出行者，如果将承载出行者的设施视作交通基础设施的硬件，则还有影响出行者出行选择的包含硬件设施、软性政策等的多方面因素，甚至需要从社会、经济等视角开展相应研究和规划设计，这些是交通工程学一个学科难以涵盖的。最后，"城市交通学"准确地讲是城市学的分支，城市学的学科发展旨在发现和掌握城市发展和运行规律，以便采取相应的调控措施，高效地解决城市运行中的问题，促进城市按着人们预期的科学方向发展。而作为突出的城市问题，交通拥堵的缓解或是治理方案应存在对应学科，并在学科融合方面取得突破。鉴于上，"城市交通学"应运而生。

什么是"城市交通学"，及"城市交通学"是如何跨学科的？ "城市交通学"的**定义**是指在城市及更广阔地域范围内，以城市与交通可持续发展为目标，涉及空间和人的社会性、经济性和行为偏好等的交通分析、规划及研究。"城市交通学"重在面向空间和人，前者因为交通设施需落地，后者则因为交通分析的人本理念。毫无疑问，该学科应是跨学科的，需融合文理工管甚至医学。**第一**，城市性。交通是城市的重要功能之一，无法脱离城市的交通研究才是真正有效的、科学的研究。因此，需在城市（及更广阔空间，如城市群、都市圈）范畴、突出城市空间、城市结构、城市功能、区域发展、主体功能区等来研究交通。**第二**，社会性。城市是人的城市，有人的地方就是社会，城市是社会的载体。因此，需在社会学范畴，突出社会公平、交通公平和共同富裕战略，组织和规划交通。**第三**，经济性。交通行为受到多方面因素的影响，除了前面提及的城市空间、建成环境、社会属性，还需考虑人的经济学特征。因此，需在经济学范畴,研讨"交通人"的行为特征。**第四**,空间性。交通设施的空间属性注定了其具备空间排他或空间异质性。因此,需从地理空间视角,探究交通设施的空间布局模式,及与其他类型用地和公共设施的空间协同。**第五**,政策性。本质上,交通规划是一类公共政策。增量拓展逐步向存量更新转变的背景下,愈来愈需要从公共政策视角分析不同政策工具对交通行为的影响,及相应的交通分析范式。**第六**,生态性。全社会越发重视生态环境保护,以及我国之于"双碳"战略的庄严承诺,因此,需高度重视生态问题,在交通分析中融入生态优先理念,相应调整交通设施布局选址。"城市交通学"不同于工程属性下的交通工程学的学科范畴,但与之相关。"城市交通学"因涉及空间布局而与城乡规划学(或国土空间规划领域)相关。"城市交通学"需使用地理分析方法和工具而与地理学的多个分支相关。因而,可以认为"城市交通学"最紧密相关的学科领域依次为:交通、规划和地理,其次为:社会、经济、公共政策、生态环境等。

  明确了底层逻辑才不会让研究目标走向误区,因此"城市交通学"的研究逻辑是什么?**首先**,用地逻辑。城市首先是空间、是用地,"交通(或出行)是用地的衍生",这句话恐不陌生。交通工程学中的"四阶段预测法"涉及用地,用地生成率是需求预测的关键指标之一。但是,其一,用地生成率指标的科学性存疑;其二,用地被数字化后,其符号性更强、逻辑性偏弱,难以把问题剖析清楚自然难以说服决策者。因此,需深入探究,并更广泛地研讨土地利用与城市交通的关联问题。**其次**,协同逻辑。无论是住建体系下的城乡规划,还是自资体系下的国土空间规划,传统的城市综合交通体系规划都难以得到"大规划"的充分认可,包括语言体系、方法范式的不一致,而导致规划脱节。针对这一点,有学者多次指出,需要说"大规划"的语言,并且交通规划应调高一个层次来展开。因此,一方面,应在规划方法、范式上,寻求交通规划与"大规划"的趋同;另一方面,应深入探寻交通与社会、经济、空间、产业、生态、人口等城市多要素的关联性(毕竟这是城市学下面的"城市交通学"),以指导更具可操作性和科学性的交通规划战略、设施布局和治理策略。**再次**,优先逻辑。在公共交通优先发展的背景下,我们已经取得了很多的成绩,但对公交优先内涵的认识仍显薄弱。在若干条车道中设定一条公交专用道,这不是"优先",这是"施舍";从若干地块中拿出甚至是"边角料"地块作为公交场站,也是"施舍",或者勉强说是"保障";财政盈余较大,则给与"名义上确保足额到位"的公交补贴,而一旦财政吃紧,则补贴难度愈来愈大更谈不上财政优先。因此,原本理解的公交优先是不是真的"优先",需要问号结尾。是否可以这样理解:既然提"优先",就需要参照物,公共交通是参照哪种交通方式的优先,这需要明确,这是前提。故提出"公共交通实质性优先",大致定义为:公共交通取得相较于小汽车更高增幅的可达能力,才是真正的优先,即"实质性优先"。此前的优先仅为"原则性优先",因为在多项政策和设施布局下,小汽车可能更为便利了。**最后**,治理逻辑。我国的城镇化率和汽车保有量在过去20年赢得了快速增长,叠加汽车工业作为化解金融危机矛盾政策工具的背景下,城市交通"历经磨难"。《城市道路交通规划设计规范》(GB 50220—95)和《城市综合交通体系规划标准》(GB/T 51328—2018)尽管为当前的城市交通规划设计奠定了基础,但显见难以应对一定社会经济背景下人民出行需求的爆发式增长。多地的综合交通规划偏向于设施规划、通道规划,仍囿于体系化、网络化的增量设施布局,往往难以解决百姓实际问题。回顾城市治理的历程,当社会经济和城镇化率到达一定水平时,单纯的自上而下的"精英式规划"难以落地,规范、标准中的条目难以得到支撑。交通治理概莫如此,城市交通问题的解决或缓解急需引入协商机制和市民参与,融合自上而下和自下而上的合作治理模式应予以重视。

  回顾近十年,本书作者一直在交通、规划和地理等领域摸索城市交通的研究方法、范式,也曾走过弯路,但一切都刚刚好,好在这些经历丰富了作者的认知和感悟,提升了作者的理解和视角,并打开了作者今后开展学术研究的广度和深度。需要特别感谢的是"城市交通学"的奠基人、原建设部部长汪光焘教授,尽管已高龄,仍带领年轻一代们孜孜不倦地开展研究,并秉持着百花齐放和开放包容的姿态为本书提出了诸多宝贵的意见和建议。感谢东南大学出版社的马伟责任编辑为本书出版提供的便利和帮助。感谢国家自然科学基金面上项目(52278065、52178043)、江苏高校优势学科(城乡规划)建设工程项目和东南大学至善出版基金项目对本书的资助。我的研究生们为本书的撰写提供了丰富的资料、方法和案例。作为阶段性成果,本书第2版仍存不足,请读者们多多给予批评和宽容,可与作者联系,邮箱为 shifei@nju.edu.cn。

本书作者
2024年8月于建良楼

目　　录

第一篇　总　　论

1 当代中国城市交通规划的发展历程 ·· 2
　1.1　规划方法吸收期 ··· 2
　1.2　交通规划兴起期 ··· 3
　1.3　交通规划成熟期 ··· 5
　1.4　交叉研究初始期 ··· 6
　1.5　"梁陈方案" ·· 8

2 城市交通问题研究的全球视野与理论基石 ··· 11
　2.1　不对称信息下的博弈论 ·· 11
　2.2　纳什均衡下的布雷斯悖论 ··· 12
　2.3　有限理性行为的个体选择 ··· 13
　2.4　离散选择与非集计模型 ·· 14
　2.5　瓶颈制约下的定价问题 ·· 15
　2.6　网络动态优化 ··· 15
　2.7　诱增交通量与当斯定律 ·· 16

3 城市交通学：多学科的融合 ·· 18
　3.1　城市交通与多学科交叉 ·· 19
　3.2　多学科视角看交通拥堵 ·· 23
　3.3　城市交通问题的跨学科研究机构 ······································ 28
　3.4　城市交通学的提出 ··· 30

第二篇　基础理论方法与思考

4 城乡规划学中的交通规划理论方法与思考 ··· 34
　4.1　交通与城市发展的关联性 ··· 34
　4.2　经典城市规划理论与城市交通发展模式 ······························ 35
　4.3　城市规划领域的交通规划理念及方法 ································· 38
　4.4　历史文化名城的交通发展 ··· 49

5 道路工程学中的道路交通设计方法与思考 ······ 51
- 5.1 "平纵横"道路线形与断面设计 ······ 51
- 5.2 平面与立体交叉口设计 ······ 52
- 5.3 适应机动车需求的道路设计"法则" ······ 53
- 5.4 道路设计中的蜂腰、瓶颈和交织 ······ 56
- 5.5 "无信控斑马线车让人"的理论与技术缺陷 ······ 64
- 5.6 不完整街道与路权规划 ······ 66
- 5.7 面向低影响开发的道路设计 ······ 68

6 交通工程学中的交通规划理论方法与思考 ······ 70
- 6.1 现代城市交通规划核心理论 ······ 70
- 6.2 多模式交通与城市综合交通体系规划 ······ 74
- 6.3 对交通小区划分的思考 ······ 75
- 6.4 对居民出行调查抽样率的思考 ······ 78
- 6.5 对交通出行率的思考 ······ 83
- 6.6 对重力模型的思考 ······ 85
- 6.7 对交通方式划分的思考 ······ 87
- 6.8 有限理性的"交通人" ······ 89
- 6.9 现代城市交通规划核心理论的角色定位与思考 ······ 91

7 人文地理学中的交通研究理论方法与思考 ······ 95
- 7.1 区位论中的交通影响因素 ······ 96
- 7.2 空间交互模型 ······ 100
- 7.3 交通运输方式与交通终端 ······ 103
- 7.4 交通与土地利用 ······ 106
- 7.5 交通网络与空间演变 ······ 110
- 7.6 信息时代城市交通地理研究方法变革 ······ 116

8 交通与地理信息系统分析方法及技术应用 ······ 120
- 8.1 地理信息系统概述 ······ 120
- 8.2 交通地理信息系统 ······ 128
- 8.3 地理信息系统在城市交通中的应用 ······ 132

第三篇　交通问题的用地逻辑

9 宏观层面城市形态与公共交通研究 ······ 138
- 9.1 交通方式与城市形态的演变 ······ 138
- 9.2 "城市适应公交"与公交都市 ······ 140

	9.3 道路网视角下的公交出行与城市形态	145
	9.4 物理学视角下的交通出行与城市形态	155
10	中观层面住房选择与交通出行研究	158
	10.1 居住选择与交通出行	158
	10.2 职住失衡与交通拥堵	163
	10.3 纳入交通成本的住房可支付性评估	169
11	微观层面建成环境与交通出行行为研究	176
	11.1 概念界定	176
	11.2 建成环境对居民出行行为的影响机制	179
	11.3 建成环境对居民出行影响的案例研究	182
	11.4 健康城市交通规划策略	193
12	公交都市内涵式发展思路与方法	195
	12.1 公交导向的城市形态	195
	12.2 公交导向的新镇及居住区设计	197
	12.3 多层次公共交通系统构建	199
	12.4 公交导向的路权及路网布局结构研究	200
	12.5 公交导向下的静态交通"退化"设计	205
	12.6 结语	206
13	城市更新与交通更新	207
	13.1 城市更新发展脉络	207
	13.2 交通更新发展	211
	13.3 案例分析	212
	13.4 城市更新与交通更新关系探讨	224

第四篇 交通发展的协同思维

14	空间规划体系下的交通、空间与产业协同研究	228
	14.1 荷兰空间规划启示	228
	14.2 交通空间产业协同发展的案例借鉴	231
	14.3 交通空间产业协同规划的理论探索	233
	14.4 南京交通空间产业协同发展的探索	236
15	城镇空间低碳绿色交通分区	239
	15.1 城市交通与碳排放	239
	15.2 城镇交通模式的分类与碳排放特征	240
	15.3 城镇空间交通分区与管控策略	242

	15.4	城镇空间交通模式发展适宜性分析	243
	15.5	南京市中心城区交通发展适宜性评价及低碳交通政策分区研究	246
16	交通枢纽周边用地增长预测		256
	16.1	交通枢纽发展区	256
	16.2	交通枢纽与城镇空间增长协同	260
	16.3	交通枢纽周边用地增长预测方法	262
17	非城镇空间线性交通设施选址优化		283
	17.1	交通设施选址与用地协同矛盾	283
	17.2	线性交通设施选址适宜性评价	288
	17.3	考虑生态损益补偿的选址评估	290
18	新技术下的城市空间结构与形态演变		292
	18.1	城市空间结构与形态	293
	18.2	交通工具变革的影响	294
	18.3	交通组织模式演变的影响	301
	18.4	结语	306

第五篇 相近学科的方法介入

19	可达性视角下的交通研究		308
	19.1	交通可达性简述	308
	19.2	极端天气下的可达性影响分析	309
	19.3	就业可达性分析	321
	19.4	结语	333
20	城市交通与公平正义		334
	20.1	交通公平概述	335
	20.2	城市交通与社会公平	338
	20.3	城市交通与环境公平	352
	20.4	城市交通与空间公平	355
	20.5	城市交通公共政策中的公平正义	366
	20.6	结语	372
21	交通中的经济学变量		374
	21.1	交通中的经济学原理	374
	21.2	经济学视角下的交通需求管理	376
	21.3	经济学视角下的交通治理政策	377
22	交通韧性		396
	22.1	背景及发展沿革	396

	22.2 交通韧性概念及研究方法	399
	22.3 基于长汀的实证案例	404
	22.4 结语	415
23	手机信令数据在交通模型优化中的应用	417
	23.1 大数据应用概述	418
	23.2 手机信令数据特征与处理技术	421
	23.3 手机数据在交通出行率中的应用	424
	23.4 手机数据在交通分布模型中的应用	431

第六篇 交通设施的本体研究

24	城市街道模式演进与解读	436
	24.1 街道模式概述	436
	24.2 西方栅格与树状街道模式演进	437
	24.3 西方栅格与树状街道模式研究	443
	24.4 街道模式的发展与融合	445
	24.5 启示与展望	450
25	公共交通实质性优先发展评估	453
	25.1 公交优先研究回顾	454
	25.2 可达与公平的视角引入	455
	25.3 公交优先理念拓展	456
	25.4 公交优先评价实证研究	458
	25.5 研究展望	465
26	城市停车策略变革	468
	26.1 停车在城市体系中的定位	469
	26.2 停车配建制度改革	471
	26.3 路内停车空间资源的审视	477
	26.4 面向未来的路外公共停车场思考	482
	26.5 停车公平	485
	26.6 结语	488

参考文献	490
后记	508

第一篇

总　论

1 当代中国城市交通规划的发展历程

当代中国城市交通规划的发展历程可以追溯到新中国成立初期,历经70余载。本章将其分为4个阶段,分别为:新中国成立后至"文革"前的规划方法吸收期、改革开放后城市高速发展与当代交通规划兴起期、世纪之交的交通规划研究体系化和成熟期,以及近10年来的大数据、新技术与多学科的交叉研究初始期。回顾中国城市交通规划、研究的历史背景,对于展望未来交通发展趋势和研究重点、促进中国乃至世界城市交通可持续发展等都具有重要意义。

1.1 规划方法吸收期

这一时期为新中国成立后、"文革"前,是借鉴和摸索时期。新中国成立后,中国土地上百废待兴,若干城市的规划建设是摆在新政权面前的关键问题之一。由于当时的机动化水平极低,交通问题一定没有如今严重,因此,城市交通规划专科或专业可谓处于深度潜伏之中,并极少为人所关注。但梁思成和他主导的"梁陈方案"[1]是个例外。

"北京城不会得感冒,但总有一天它的交通会得心脏病。"作为新中国首都城市规划工作的推动者,建筑学家梁思成于生命的最后时光,在日记中写下了这句话。若干年后,当我们重拾这句话的时候,不由地感叹前人的高瞻远瞩。梁思成和陈占祥在"梁陈方案"中描绘了首都北京的未来城市面貌,北京城将由1座古城和2座新城组成,并分别主要承担历史文化旅游功能、中央行政办公功能和商业服务功能,同时通过一定程度的用地混合提高职住平衡水平、降低城市拥堵水平。所以,当我们讨论当代城市交通规划的发展历程,必将提及梁思成这位伟大的建筑大师。

新中国成立后,高等教育界的一项重大事项是院系及学科调整。处于上海这座经济中心城市的同济大学在建筑系内创立了我国最早的城市规划教研室,并开设了道路交通课程。但显然,道路交通课程没有现成的课本,时任系主任的金经昌先生及邓述平先生作为授课人,积极引进德国、苏联等国家有关城市道路交通规划设计的资料,由此展开了当代中国较系统的道路交通理论学习之路。

1956年,国内接触到了"居民出行相互流动法"这一定量研究方法,学界可谓如获至宝。原国家城建总局在济南老城做了一个试点,随后在包头市交通规划中得以应用。该方法实

---

[1] 全称是《关于中央人民政府行政中心区位置的建议(1950)》。

质上是交通工程领域经典"四阶段预测"方法的雏形,原理在于用两个交通区的人口、就业岗位、出行量、出行距离等数据,模拟两个交通区之间相互流动(即出行)的交通分布量,并最终分配在交通载体上。受限于计算机技术,交通量的分配工作由手摇计算机完成,并且在路网上的分配也是一次性的,这并不符合常理。但无论如何,这项工作已然是我国早期城市交通规划与定量研究的历史性开端。

20 世纪 60 和 70 年代,我国历经困难时期、"文化大革命"、资料遗失、道路交通课程削减、专业人员流散或改行等等,道路交通规划设计与研究停滞不前乃至倒退。

总体上,新中国成立后、"文革"前,一方面,吸收了西方现代城市规划领域中经典的有机疏散理论、多中心理论,并应用于城市规划和分析城市交通;另一方面,从德国、苏联获取的量化分析方法为交通规划研究带来了曙光,尽管计算机技术受限,但无疑为更加合理地开展交通规划开创了新的历史篇章。

1.2 交通规划兴起期

这一时期为改革开放后的 20 年,是交通规划的兴起期。改革开放后,国内学者更加大规模地"走出去、引进来"。"引进来"的一个突出案例是美籍华人张秋于 1979 年获邀来华,分别在上海、南京、北京和西安讲学,带来了美国较为成熟的"四阶段预测"方法与模型。并且,就北京当时大量建设互通式立交,他提供了他所在的美国加利福尼亚州采用的平面交叉口形式供参考,指出只要合理渠化路口,通行能力可以达到甚至突破 7 000 pcu/h[①]。张秋的来访无疑大大促进了中国城市交通专业领域的发展,北京工业大学于 1980 年暑期正式招收我国第一批交通工程专业学生。1984 年深圳城市总体规划编制中,第一次把融合交通生成、交通分布、交通方式划分、交通分配的"四阶段预测"方法应用于同步编制的深圳特区道路交通规划,实现了交通预测与城市土地使用规划的紧密结合,使道路网络结构与布局、道路功能等级确定有了定量依据,这一规划是我国传统道路网规划向现代城市交通规划演进的第一个案例。1985 年,在深圳召开的全国城市交通规划第 5 次学术研讨会上,与会专家结合深圳特区交通发展预测和规划方案,进行了深入的学术交流和研讨,有力地促进了"四阶段预测"方法在我国城市交通规划中的普及。

源自 1979 年的另一条发展脉络是,国内一些知名学者,如周干峙、郑祖武、金经昌等学者,北京、上海、广州、天津等地规划院,以及同济大学、东南大学等高等院校,研讨并成立了大城市交通规划学组,隶属于建筑学会城市规划学术委员会,这也是 1985 年成立的城市交通规划学术委员会的雏形,得到了当时的国家城建总局的支持。1980 年,学组提出开展国家重点课题"改善交叉口提高道路通行能力"的研究,调查工作中开创性地利用压电晶片做成的压条和超声波探头测量自行车和机动车流量、车速等。

1980 年代,国内多个城市,如天津、北京、上海、广州等纷纷开展了影响后续交通规划分析的大规模居民出行调查工作。1981—1983 年天津市先后组织了居民出行调查和货物流

---

① 中国因为还有大量的自行车和行人,因此平面交叉口难以达到如此高的机动车通行能力。

动调查，开启了我国交通起讫点调查的先河。1981年，"提高天津市综合客运交通能力的研究"课题组借鉴日本东京圈交通调查和规划的经验，在国内首次组织了居民出行起讫点调查，开展了交通小区、抽样率、居民出行相关参数和应用计算机进行居民出行需求方面的研究。1983年，"天津货物流动规律的综合研究"课题组组织实施了城市货流和货运机动车流动调查，研究了货物流动的起讫点分布、货运交通方式构成、货运车流生成及分布模型等。但面向上述数据的处理工作是个难题，手工处理效率极低。上海等城市采用了穿孔卡片法，可以用来统计年龄、职业、交通方式、出行时间、出行起讫点（OD）等。1983年，南京大学地理系林炳耀先生在徐州市做交通调查时，在国内首次采用计算机存储和数据处理，数据被存入磁盘中。此后，其他城市纷纷效仿。

1985年，中国城市规划设计研究院交通所、情报所编辑出版了《世界大城市交通》，书中涵盖了纽约、伦敦、巴黎、东京等世界级城市的交通现状和交通治理经验，为国内学者和同行提供了非常精彩的海外视野，为交通规划与研究提供了极为丰富的素材。同期，同济大学耗时两年完成了《城市道路交通评价指标体系及等级划分》，为后来的规范制定打下了坚实的基础。国家科委立项开展的"大城市综合交通体系规划模式研究"（"七五"科技攻关专题），提出了城市综合交通体系规划的目标结构、内容构成、规划流程、交通供需平衡的动态分析方法等，奠定了我国城市综合交通规划理论基础。

"引进来"的又一重要事件是20世纪80年代中期，地方设计院先后引进了国外的交通规划软件，如EMME/2、TransCAD、TRIPS等，并开始开发各自城市的交通规划模型。20世纪90年代，国内学者开始开发适用中国城市的交通规划软件，如东南大学的TranStar，以及中国城市规划设计研究院牵头的基于国家"863"计划——"GIS支持下城市交通需求分析软件系统开发"，开发的TranSolution。国内人员开发的软件系统具有较强的数据分析与管理、交通需求预测、交通网络分析、图形展示等功能，相较国外的软件更能适应我国城市交通规划工作的需要。

1990年召开的北京亚运会为道路交通规划研究提供了试验场地，数百亿的基础设施投资必然需要前期大量、深入的交通研究。因此，成功举办的北京亚运会也带来了道路交通规划研究的大踏步前行。另一重大事件是1995年，当时的建设部会同世界银行在北京举办中国城市交通发展战略研讨会，会上共同发表了著名的"北京宣言"，核心思想可以概括为"五项原则、四项标准、八项行动"。

在该时期，最重要的规范化工作无疑是两个规范的出台。1991年，由北京市市政设计研究院主编的行业标准《城市道路设计规范》（CJJ 37—1990）正式颁布和施行。该规范涵盖了道路分级、通行能力、道路横断面、道路平面线型、道路纵断面、平面交叉口、立体交叉口、路基路面设计等，是指导道路交通专业教学和设计实践工作的重要依据。另一部重要规范，由同济大学主编的《城市道路交通规划设计规范》（GB 50220—1995）于1995年正式颁布和施行。该规范涵盖了道路网规划、公共交通线网规划、慢行交通规划、货运规划、停车设施规划等，是指导交通规划的重要"宝典"。两部规范均代表了那个年代的最高技术水平。

总体上，在改革开放后至20世纪90年代中期这段时期，一方面，我国引进了美国的现代交通规划理论和交通规划软件；另一方面，从规范的角度，开展了非常多的理论研究和规则制定，如出台规划设计规范、明确战略指导思想、规范规划研究范式、成立学术组织等。可以说，这一时期是道路交通规划研究的关键时期，为第三阶段的发展成熟期奠定了基础。

1.3 交通规划成熟期

第三阶段是20世纪末至21世纪初的世纪之交,是发展成熟期。香港回归后,内地更加近距离地接触到香港、新加坡等曾经的"亚洲四小龙"城市,希望学习这些城市的优秀案例和经验,促进中国内地城市与交通的开发建设。在城市交通方面,国内涌现出许多城市对公共交通投资和建设的热潮,典型的如南京。1997年,南京市政府面对公共交通发展困境,制定了一系列的政策措施,试图通过城市大事件营销和政府三年大变样任务,提升公交出行比例,公交分担率在短短的两年内重上20%,堪称增长奇迹,可称"公交涅槃"。

该时期存在两个机动车迅猛增长的年份,分别是2002—2003年及2008—2009年。2002年是中国汽车市场"井喷"的一年,全年产量和销量分别为325万辆和324万辆,同比增长38%和37%。2009年,中国汽车产销双超1 300万辆,首次成为世界汽车产销第一大国,当年机动车保有量达1.87亿辆;2010年,中国汽车产销双超1 800万辆,突破美国历史年产销最高纪录,当年机动车保有量突破2亿辆。有媒体表示,这是中国汽车行业野蛮增长的时代。

在机动车迅猛增长的同时,交通事故率也大幅提高。2003年10月颁布的《道路交通安全法》对诸多问题做了细化的说明。在该法出台前,"人车相撞,行人违章,由行人担全责"是全国许多城市通行的事故认定准则,俗称"撞了白撞"。而《道路交通安全法》出台后,即使是行人违章全责,机动车也要承担一部分赔偿责任。虽然体现了对行人、非机动车的弱者关怀,但现实中,由于机动车都有第三者保险,行人、非机动车没有保险,慢行交通的安全性保障仍然不足。

机动车的迅猛增长,同时带来了交通拥堵的大爆发。全国所有大城市在这一时期均产生了不同程度的交通拥堵,由此带来了交通规划与研究工作的快速发展。从交通研究角度,历经多年的交通问题是不是科学问题的争论后,第一项"973"课题"大城市交通拥堵瓶颈的基础科学问题研究"得以立项,同时成立了北方和南方各一个大城市交通拥堵学术研究中心。全国各方对于交通的研究工作如火如荼、关注度不断提升。而交通基础设施投资近2 000亿元的北京奥运会无疑又一次加速了交通规划、交通研究的成熟和发展。

从交通规划角度,多地专家越来越意识到交通规划不是法定规划所带来的规划方案权威性不足问题,后以交通白皮书的形式加码了交通规划的权重,如上海、北京、南京等。但交通白皮书的出现仍未理顺交通规划在各类规划中的地位。住房城乡建设部于2010年初印发了《城市综合交通体系规划编制办法》(建城〔2010〕13号),该办法明确了城市综合交通体系规划是城市总体规划的重要组成部分,城市综合交通体系规划应当与城市总体规划同步编制,相互反馈与协调,经技术审查后的城市综合交通体系规划成果应纳入城市总体规划进行审批。由此,该编制办法成为确定城市综合交通体系规划为准法定规划的里程碑。

2007年,建设部启动了第一个中国城市公共交通周及无车日活动,国内上百个城市响应。无车日活动呼唤市民多使用公共交通和慢行交通,取得了一定成效,但也招致了一些非议,多认为"作秀"成分居多、实际效果不大。

21世纪的第一个10年,多位国家领导人纷纷批示城市交通和公共交通的发展路线,有效地推动了交通规划研究工作走向深入。时任总书记的胡锦涛同志在视察北京交通工作时指出：交通问题是关系群众切身利益的重大民生问题，必须充分发挥公共交通的重要作用，为广大群众提供快捷、安全、方便、舒适的公交服务。国务院前总理温家宝同志指出：关于优先发展城市公共交通是符合中国实际的城市发展和交通发展的正确战略思想。朱镕基同志也于2003年2月1日的讲话稿《大力发展公共交通》中指出：说老实话，我就是不赞成每个人都去买小汽车，这不符合中国的国情，我们一定要把更多的精力和注意力放在发展公共交通方面，不要放在发展小汽车上面。

1.4 交叉研究初始期

这一时期大致从2010年代算起，关键词是大数据与多学科融合。

1.4.1 大数据时代来临

2012年，《大数据时代》一书的问世，如一声惊雷，吸引了来自各个专业领域极高的关注度。大数据要求人们改变对精确性的苛求，转而追求混杂性；要求人们改变对因果关系的追问，转而追求相关关系。这种思维的转变将是革命性的，尽管相关关系并非因果关系，但用数据说话将使得分析研究更具科学性。如相较于较低抽样率的居民出行调查，手机数据以其覆盖率广而更能表达实际的出行状况。这些大数据将深刻影响交通模型构建，一些专家同时认为，大小数据的结合使用应能规避相关性研究的局限。

大数据在城市交通中的应用还吸引了来自电商和软件服务机构的目光。如阿里巴巴提出的"城市大脑"，是对原有概念"智慧城市"的升级改造版本，其技术和应用水平都有很大的提升，这意味着城市或许可以自我调节地运行，从而把人类从繁重的劳动中解放出来。由阿里巴巴主导的杭州城市大脑交通模块率先在萧山区投入使用，在降低交通延误方面取得了两位数的成效。尽管行业内有不同的声音，但他们的出现对于传统交通规划设计院和咨询机构而言，无疑是巨大的冲击。

地图互联网公司因其拥有独一无二的交通出行数据资源而成为研究者趋之若鹜的"香馍馍"。如高德地图基于路网行程延时指数对监测的若干个城市进行对比分析，并发布了历年的中国主要城市交通分析报告。该报告的2018年版本显示：中国堵城排行榜中，北京位列第一，广州、哈尔滨分别位列第二、第三，重庆、呼和浩特、贵阳、济南、上海、长春、合肥依次入围十大"堵城"。值得欣慰的是，近90%的城市拥堵同比下降或持平，拥堵程度创近4年来最低。这与近年来政府对交通治理的重视、城市智能交通系统和新技术的不断应用、基础道路网络的建设和完善等不无关系。

1.4.2 多学科融合发展

大数据时代的到来进一步推进了学科融合。学科融合绝不是新鲜词汇，但近几年来，在城市规划和交通规划领域，一批科研院所的大动作实质性地推动了交叉学科融合。

工科院校，如同济大学，积极谋划和推广人工智能、大数据和云计算在城市规划中的应用，并着力探索基于全培养链条设计的多学科深度交叉融合的工程人才培养模式。该校的交通运输工程学院、建筑与城市规划学院、社会学系等则提出通过全面整合资源，形成特色鲜明、核心竞争力突出的城市交通交叉学科,以实现交通学科的跨越性发展。汪光焘等合力推动"城市交通学"的学科发展,将学科融合发展推向了高潮。

在综合类院校,地理学者也在关心着城市交通的发展。城市地理学者较早地关注了ICT(Information and Communications Technology,信息与通信技术)对城市交通的影响,及通勤、商业等出行行为特征的研究,这些都与城市交通有所关联。由来自北京大学、南京大学、华东师范大学、同济大学等高校的学者创立的时空行为与规划学术研讨会,至今已举办过14届,吸引了来自交通运输、地理学、城乡规划等多领域的专家学者,他们从时空地理的角度探讨了城市交通出行特征及演变。

2018年出台的新版《城市综合交通体系规划标准》(GB/T 51328—2018)则高度重视与城市规划的结合,依据城市开发强度等提出了相应的交通规划指标和目标,说明文件中则补充了"城市空间布局与综合交通"一章,彰显城市交通的城市性。

这个时期,是多学科切入和共同关注的时期,是交通规划研究百家争鸣的时期。城市交通规划将由设施主导逐步走向交通组织与政策主导,由单一目标走向交通、社会、经济等多目标的规划,由工程推进为主走向协商、协调主导的规划。如果说改革开放后的第一个三十年是现代城市交通规划理论的兴起与发展成熟期,那么,这个时期(交叉研究初始期)将会是铺垫下一个三十年交通研究跨越式发展的转折期。

1.4.3 治堵目标的更正

交通拥堵使得业内热衷于治堵,但治堵对象不够明确。近年来出现了交通指数这一重在表征机动车行驶效率的指数。一段时期内,"唯交通指数论"蔚然成风,"缓(解小汽车拥)堵"口号响遍全国,缓堵的战略地位一升再升。有媒体形容,"这场治堵战共同铸就了城市交通发展资源配置决策过程中难以挣脱的吸睛黑洞"。这无疑是在深度质疑缓堵、治堵的方向问题。黄良会先生在其著作《香港公交都市剖析》中直言:几乎所有的内地城市的规划和管理思维都被小汽车绑架,令人感叹不已;到目前为止,内地城市土地利用规划和城市交通规划都不可能偏离土地开发和机动车交通挂帅原则。可见规划工作的棘手和现实矛盾!

当前,一些城市已经将公共交通优先与拥堵治理合二为一,开始实施以优先发展公共交通为核心的"公交治堵"策略。例如《杭州市交通拥堵治理工作白皮书(2016—2020)》提出:针对杭州目前所处的发展阶段,道路交通拥堵缓解的思路不能"开源",而要"节流"。必须改变以机动车畅通为目标的交通发展思路,回归以人为本的发展观。城市机动交通活动必须有约束,让城市交通有节制地发展,以保持城市活力。交通资源应优先向集约、低碳、环保的交通出行配置,充分保障步行、自行车和公共交通出行者的优先权。《深圳市交通拥堵综合治理近期规划及2014年总体方案》也明确提出"公交治堵",改变以往"治小汽车堵"为主的传统模式;以"公交治堵"为核心,制定"优先公交发展、再造慢行系统、持续交通基建、挖掘节点潜力、调控交通需求、绿色智慧出行、严格交通执法、提升交通文明"的近期治堵八大策略及54项措施。深圳市在治堵策略的指导下,规划全方位围绕"公交治堵",从公共交通提速、扩容、运行瓶颈点打通、接驳提升以及路权保障多个方面制定年度实施方案,其中梳理出的392个拥堵治理项目中有近60%围绕"公交治堵"开展。

1.4.4 新技术与新挑战

随着城市进入智能网联时代,人、车、物深度融合,促使城市交通新业态不断产生、新技术层出不穷。网约车、共享单车、定制公交、无人驾驶车辆、MaaS(Mobility as a Service,出行即服务)的出现对人们的生活与出行带来深刻变化。智能网联带来的爆炸性大数据,为城市交通的规划、管理、运营一体化智能决策提供支撑。新技术在城市交通中的应用与普及为传统交通问题的解决提供了新思路,但同时也会引起新的交通问题逐步涌现,如网约车冲击传统出租汽车行业、道路规划建设跟不上共享单车的大量投放、无人驾驶车辆的安全责任归属、MaaS的跨平台整合难题(需连接公交、地铁、共享汽车、自行车等服务交易系统)等。新老问题的交织,促使城市交通的决策者们需积极思考,勇于面对新的挑战,迎接城市交通发展的新机遇。

1.5 "梁陈方案"

中国城市交通问题最为复杂、缓堵之道路最为艰辛的城市当属"首堵"北京。同行都非常关注北京的交通问题,并常将其与同位于东亚、人口体量和面积相当的东京做相互比较。其实,北京的交通问题也许早已有人预言过,并给出更为理想的城市空间结构和发展模式。即历史上曾经讨论过却未被采纳,需要回顾、借鉴和吸取教训,这是本节讨论"梁陈方案"的缘由。

梁思成于1945年8月在重庆《大公报》上发表了《市镇的体系秩序》一文,该文系统地阐述了他对于城市和城市规划的认识,以及采用"有机疏散"原理来处理"大城市病"等主张,系统地体现了梁先生关于城市规划的学术思想和主张。

1950年,清华大学建筑系教授梁思成与南京前中央大学建筑系教授陈占祥共同完成长达2.5万字的《关于中央人民政府行政中心区位置的建议》,内容主要有两条:一是主张全部保存城区所有的房屋,不同意在北京内城、外城建设新楼房和新工厂,旧城完全按原貌保存,使它成为一个历史博物馆;二是建议北京新行政中心建在月坛以西、公主坟以东一带,以五棵松为中心建设一个新北京。形成一个多中心又有限制的市区,既保护了旧城,又促进各自区域内的职住平衡,降低长距离的交通量。史称"梁陈方案"。

该方案认为,应运用"有机疏散"的原理把北京旧城以外的新发展区分为若干个"基本工作区",在每个"基本工作区"内不但有工作地点,还有工作人员的住宅、学校、商店、体育场等各类服务设施。这是一个自给自足的社区,是一个小市镇,是按照"有机疏散"原则布置的健全的有机体,它便利了工作人员的工作和生活,减少了通勤交通之苦,这是"混合的功能分区"。1977年的《马丘比丘宪章》在功能分区概念问题上,纠正了1933年《雅典宪章》为了追求城市空间结构分区清晰而牺牲城市的有机构成的错误,提倡创造综合的、多功能的环境。而"梁陈方案"要比《马丘比丘宪章》早20多年。

"梁陈方案"中提到了较多有关交通的可能问题和解决手段,援引并解释如下(见表1.1)。

时至今日,北京仍然保留着20世纪50年代的基础,以旧城为单一中心、同心同轴向外蔓延的模式和新区包围旧城的格局,与最初"旧城之上建新城"的规划方案一脉相承。一些重要的行政单位位于城市中心,就业岗位多集中于三环、四环内,对城市交通影响巨大。同时看到,近年来,仍有关于"梁陈方案"的有效性探讨,如基于元胞自动机的反现实模拟结果说明:若"梁陈方案"的影响仅是行政中心的迁移,而没有带来相应的发展思路转变,北京将依然呈单中心向外蔓延的发展格局。但笔者认为有以下几点必须肯定:

表 1.1 "梁陈方案"中关于交通问题的阐释

引 文	注 释
这个城市将拥有三个相互联系又功能分区的中心区域,旧城是文物遗存丰富、历史建筑壮丽的文化中心区,旧城西侧的行政中心区将集中体现新中国政治中心的雄伟景观,而其南侧的商务中心区将呈现现代都市的风采。更重要的是,这种多中心的发展模式,将有利于实现居住与就业的平衡,防止单中心城市交通复杂拥堵的弊端,促进城市生活的多样性。这正是现代城市规划的基本理念	现代城市规划理论为城市单中心还是多中心发展指明了方向。而不同的城市空间结构将显著影响城市交通出行特征及交通方式结构。这一基本认识应贯穿于城市规划和交通规划的始终
政府区必须与同他有密切关联的住宅区及其供应服务的各种设备地点没有不合理的远距离,以增加每日交通的负担。 政府机关各单位间的长线距离,办公区同宿舍区的城郊间大距离,必将产生交通上最严重的问题,交通运输的负担与工作人员时间精力的消耗,数字惊人,处理方法不堪设想	应建立在距离上适中的生产生活圈,减少长距离出行,避免对道路交通设施的长时间占用和不合理的负担
地区的选定能控制车辆合理流量,必须顾到交通线方面问题,不使因新建设反而产生不可挽回的车辆流量过大及过于复杂的畸形地区,违反现代部署的目的	交通与土地利用相互影响,既要利用原有道路交通设施,同时也要避免沿线的高强度增量开发带来更大的交通流量。即应研究土地开发和建筑体量与道路交通承载力的关系
避免欧洲 19 世纪以大建物长线的沿街建造,迫临交通干道所产生的大错误	相关学科中提倡的建筑立面和街道围合感并不利于交通干道解决沿街行人和车辆的缓冲
到了北京主要干道不足用时,唯一的补救办法就要想到地道车一类工程。重复近来欧美大城已发现的痛苦,需要不断耗费地用近代技术去纠正。这不是经济,而是耗费的计划	地铁的工期较长,造价不菲,并不适宜作为缓解交通拥堵的最佳方案,仅可作为补救办法。应该在规划阶段致力于尽可能地降低交通拥挤程度,不要依赖不经济的地铁建设
假使市中心在旧城区,干部住宅在西郊,估计短期有 3 万人须每日进城办公,出城住宿,每辆汽车载 50 人计算,则每日往返共需 1 200 次辆,每次辆平均行程以由公主坟至天安门计算约为 7.5 km,每日共行车 9 000 km,耗费汽油约 700 加仑	通勤出行量与土地利用、空间功能息息相关,并且需要认识到机动化交通出行对能源的耗费。这里简单的测算方法可应用于区间交通量和能源消耗量预测

(1) 城市交通不能脱离城市,具体的,不能脱离城市空间结构、土地利用而孤立地谈交通。城市交通的研究不应是简单的模型罗列。职住的不平衡、空间功能的差异是影响交通出行的重要方面。

(2) 在新中国成立初期,以当时的科学技术水平,有机疏散和多中心城市空间结构代表着一种先进的规划思路。有机疏散和多中心能否顺利实现,关键看疏散人口的同时是否同步疏散了就业岗位,只有二者的同步疏散才符合"有机"的标准。

(3) 梁思成认为:地铁是高效的运输工具,但却是不经济的,不宜作为城市高强度开发或核心区的必备规划方案。但如今,地铁已被视为刺激经济发展的政策工具,而非简单的缓堵工具。截至 2018 年,国内已有 33 个城市开通地铁,仅最近 10 年来,开通地铁的城市就增加了 21 个。2018 年,30 多个城市共支出超过 6 000 亿元修建包括地铁在内的城市轨道交通。2018 年,全国城市轨道交通平均单位车公里运营成本 23.8 元,运营收入 17.2 元;平均单位人公里运营成本 0.84 元,运营收入 0.48 元。2018 年,仅杭州、青岛、深圳、北京等 4 个城市实现收支平衡,其余 24 个城市都在亏本运营。2015 年,国家发改委发布文件要求,拟建地铁初期负荷强度不低于每日每公里 0.7 万人次。而 2019 年 4 月,有调查对 29 个城市的不完全统计,昆明、宁波、厦门、东莞、贵阳、乌鲁木齐等 6 个城市的地铁客运强度都在每日每公里 0.7 万人次以下,并不达标。可见,地铁的高效对应的却是高昂的建设资金和运营资金。如何"盘活"地面道路和组织地面公共交通系统才是交通规划应该着重关注的。

以上问题在当下仍有争议,后续篇章将会继续讨论。

2 城市交通问题研究的全球视野与理论基石

交通拥堵是一个全球性问题,既体现在发达国家城市,也出现在发展中国家的中心城市。世界人民都在关注如何解决或缓解城市交通拥堵的问题。一方面,通过自上而下或者自下而上,集思广益产生了很多较好的缓堵策略和规划设计方法;另一方面,在交通问题的研究上,其他学科有意无意地介入其中,扮演了非常有意思的角色,并为推动交通学科的形成和改善交通环境做出了重要贡献。因此,本章将详细介绍这些不同学科背景的学者及其理论对交通问题研究的贡献,他们中不乏诺贝尔奖得主(如约翰·纳什、赫伯特·亚历山大·西蒙)、为交通模型和拥堵收费贡献经典理论的经济学家(如丹尼尔·麦克法登、威廉·维克瑞)和我们所熟悉的定律和悖论的提出者(如安东尼·当斯、迪特里希·布雷斯)等等。

2.1 不对称信息下的博弈论

约翰·纳什(John Nash,1928—2015),著名经济学家、博弈论创始人、普林斯顿大学数学系教授,主要研究博弈论、微分几何学和偏微分方程。他因与另外两位数学家在纳什均衡分析理论方面做出了开创性的贡献,对博弈论和经济学产生了重大影响,而获得 1994 年诺贝尔经济学奖。

什么样的情景构成一个博弈?首先,是一个互动过程,至少有两方参与。其次,最为关键的是,一方的行为对另一方的行为的收益会产生影响。"囚徒困境"是最简单的博弈模型之一。两个人合作收益最大,背叛一方收益更大,彼此背叛收益最小。在"囚徒困境"中,所谓的纳什均衡就是两个人彼此背叛,但恰恰结果是均衡的。"囚徒困境"所反映出的深刻问题是,人类的个人理性有时能导致集体的非理性,聪明的人会因自己的聪明而作茧自缚,或者损害集体的利益。"囚徒困境"也被视为人类合作失败的一种体现。生活中有很多情景都符合这一特征。

纳什均衡在交通中的应用则体现在确定网络中预期的流量,如图 2.1 所示,网络中的预期流量分布是多少?

这种情况可以被建模为"游戏",其中每个旅行者可以选择 3 种策略,分别为经过 ABD、$ABCD$ 或 ACD 的路线。每种策略的"收益"是每条路线的旅行时间。通过 ABD 行驶的汽车经历了 $(1+x/100)+2$ 的行驶时间,其

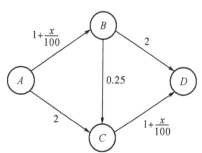

图 2.1 交通网络中的预期流量分布

中 x 是在该段线路上行驶的汽车数量。因此，任何给定策略的收益取决于其他玩家的选择。然而，在这种情况下，目标是尽量减少旅行时间，而不是最大化旅行时间。当所有路径上的时间完全相同时，将发生平衡，于是，没有任何一个司机有切换路线的动机，因为这只能增加他们的旅行时间。对于该案例，如果 100 辆汽车从 A 行驶到 D，那么当 25 名驾驶员通过 ABD 行驶，50 辆通过 $ABCD$ 行驶，25 辆通过 ACD 行驶时，将发生均衡。现在每个驾驶员的总行程时间为 3.75。总共有 75 辆汽车占据了 AB 边缘，同样，75 辆汽车占据了 CD 边缘。

但这种分布实际上并不是最优的。如果 100 辆汽车中 50 辆通过 ABD 到达终点而另外 50 辆通过 ACD 到达终点，那么任何一辆汽车的旅行时间实际上都是 3.5，小于 3.75。如果去除 B 和 C 之间的路径，这也是纳什均衡，这意味着增加另一条可能的路线会降低系统的效率，这种现象称为布雷斯悖论。

2.2　纳什均衡下的布雷斯悖论

布雷斯悖论(Braess Paradox)指在一个交通网络上增加一条路段反而使网络上的旅行时间增加。这一附加路段不但没有减少交通延滞，反而降低了整个交通网络的服务水准。这种出力不讨好且与人们直观感受相悖的交通网络现象主要源于纳什均衡点并不一定是社会最优化。

1968 年，德国数学家迪特里希·布雷斯(Dietrich Braess)提出了这一悖论，并且已用于解释当现有主要道路关闭时交通拥挤水平改善的情况。马萨诸塞大学(University of Massachusetts)的 Anna Nagurney 教授将布雷斯悖论翻译成英文。该理论已广泛应用于交通、电力、管线、计算机网络、体育、虚拟细胞(Virtual Cell)等领域。

当移动实体自私地选择其路由时，向网络添加额外容量在某些情况下会降低整体性能。这是因为这种系统的纳什均衡不一定是最优的。网络变化引发了一种新的游戏结构，导致了(多人)"囚徒困境"。在纳什均衡中，驾驶员没有动力改变他们的路线。虽然系统不处于纳什均衡状态，但个别驾驶员可以通过改变他们所采用的路线来改善他们各自的旅行时间。在布雷斯悖论的情况下，尽管整体表现有所下降，但是他们将继续转换，直到达到纳什均衡。

布雷斯悖论也可以在日常生活中得以观察。一种途径可以证实布雷斯悖论，即如果我们关闭现存道路后，人们的出行时耗下降。很多大城市正是参考这一理论来制定封路政策。在韩国首尔，当一条高速公路被拆除并作为清溪川修复工程的一部分时，可以看到城市周围的交通得以改善。德国斯图加特，在 1969 年对公路网投资后，交通情况没有改善，直到一段新建公路被关闭。1990 年，纽约市第 42 街在地球日临时关闭，却减少了该地区的拥堵程度。2009 年，纽约在时代广场(Times Squre)和先驱广场(Herald Square)试验了百老汇的两段道路的关闭，从而改善了交通并塑造了成功的步行广场。

布雷斯悖论还告诉我们：① 人在交通出行决策中的不合作和看似理性的非理性广泛存在，这还需要在心理学领域寻求帮助、加深认知，从而优化现有理论；② 该理论中，每个出行者都用一个效用函数来做出选择，效用函数可以理解为不同的策略对应不同的收益(不同的线路对应不同的时间)。上述两点将在后文的有限理性和离散选择中做进一步剖析。

2.3 有限理性行为的个体选择

赫伯特·亚历山大·西蒙(Herbert Alexander Simon)是美国经济学家、政治学家和认知心理学家,他的主要研究方向是组织内部的决策,并以"有限理性"和"满足"理论而闻名。他于1975年获得图灵奖,并于1978年获得诺贝尔经济学奖。值得注意的是,西蒙是几个现代科学领域的先驱,如人工智能、信息处理、组织理论和复杂系统。他是最早分析复杂性结构并提出优先附加机制来解释幂律分布的科学家之一。

在西蒙之前,微观经济学家对个人在市场中的行为也进行了深入的研究。然而西蒙认为,完全理性的经济人模式有两个缺陷:其一,人不可能是完全理性的,人们很难对每个措施将要产生的结果具有完全的了解和正确的预测,相反,人们常常要在缺乏完全了解的情况下,一定程度地根据主观判断进行决策;其二,决策过程中不可能将每一个方案都列出来,原因在于人们的能力有限和决策过程的成本限制,人们所做的决策不是寻找一切方案中最好的,而是寻找已知方案中可满足要求的。

西蒙认为,长期以来,在关于人类行为的理性方面存在着两个极端。一个极端是由弗洛伊德开始的,就是试图把所有人类的认知活动都归因于情感的支配。对此,西蒙提出了批评。他强调,组织成员的行为如果不是完全理智的,至少在很大程度上是符合理性的,情感的作用并不支配人的全部。另一个极端是,经济学家的经济人假设,赋予了人类无所不知的理性。在经济人的观察角度下,似乎人类能够拥有完整、一致的偏好体系,让他们始终可以在各种备选方案中进行选择;他们始终十分清楚到底有哪些备选方案;为了确定最优备选方案,他们可以进行无限复杂的运算。对此,西蒙也进行了反驳。他指出,单一个体的行为不可能达到完全理性的高度,因为备选方案的数量太大,评价备选方案所需要的信息太多。事实上,现实中的任何人都不可能掌握全部信息,也不可能先知先觉。因此决策者也只能在考虑风险和收益等因素的情况下做出自己较为满意的抉择。所以西蒙认为,人类行为是理性的,但不是完全理性的,用一句话概括就是理性是有限的。

从有限理性出发,西蒙提出了满意型决策的概念。从逻辑上讲,完全理性会导致人们寻求最优型决策,有限理性则导致人们寻求满意型决策。以往人们研究决策,总是立足于最优型决策,在理论和逻辑上,最优决策是成立的。然而在现实中,或者是受人类行为的非理性方面的限制,或者是最优选择的信息条件不可能得到满足,再或者是在无限接近最优的过程中极大地增加决策成本而得不偿失,最优决策是难以实现的。因而,西蒙提出用满意型决策代替最优型决策。所谓满意,是指决策只需要满足两个条件即可:一是有相应的最低满意标准;二是策略选择能够超过最低满意标准。在这里,如果把决策比作大海捞针,最优型决策就是要求在海底所有的针中间捞出最尖最好的那枚针,而满意型决策则只要求在有限的几枚针中捞出尖得足以缝衣服的那枚针即可,即使还有更好的针,对决策者来说已经无意义了。

尽管有限理性早已提出,但交通规划界仍按照传统的完全理性的方式开展研究和规划设计,这一点尤其体现在交通模型中。近些年,国内才开始出现一些基于有限理性和累积前景理论的出行时间选择、出行路径选择(或交通分配)模型,结果证实了有限理性假设更符合实际。

2.4 离散选择与非集计模型

这里将要介绍离散选择理论的主角,丹尼尔·麦克法登(Daniel L. McFadden)。他于1937年7月出生于美国北卡罗来纳州,在明尼苏达大学(University of Minnesota)物理系获得学士学位后改读经济学,1962年于同校获得博士学位。后在匹兹堡大学、耶鲁大学、麻省理工学院和加州大学伯克利分校任教。

麦克法登以"对分析离散选择的原理和方法所做出的发展和贡献"而获得2000年诺贝尔经济学奖。他的离散选择理论来源于微观经济理论。他以效用最大化的经济学理论为基础,开发出微观计量经济模型,该方法使研究者可以估计并预测个人做出有限选择时某种选择的概率。

麦克法登对随机效用做出一些巧妙的分配假设,使得选择各类别的概率(乃至于整个概似函数)都可以用很简单的公式表示出来。因此,可用标准的统计方法(最大概似估计法)将"类别特质"以及"经济个体特质"对类别选择的影响估计出来,麦克法登将这种计量模型取名为"条件Logit模型"(Conditional Logit Model)。由于这种模型的理论坚实而计算简单,几乎没有一本计量经济学的教科书不特设专门章节介绍这种模型以及类似的"多项Logit模型"(Multinomial Logit Model)。

多项Logit模型虽然好用,但和所有其他的计量模型一样都有某些限制。多项Logit模型最大的限制在于各个类别必须是对等的,因此,在可供选择的类别中,不可有主要类别和次要类别混杂在一起的情形。例如在研究旅游交通工具的选择时,可将交通工具的类别粗分为航空、火车、公用汽车、自用汽车四大类,但若将航空类别再以三家航空公司细分出三类而得到总共六个类别,则多项Logit模型就不适用,因为航空、火车、公用汽车、自用汽车均属同一等级的主要类别,而航空公司的区别则很明显的是较次要的类别,不应该混杂在一起。在这个例子中,主要类别和次要类别很容易分辨,但在其他的研究中可能就不是那么容易。若不慎将不同层级的类别混在一起,则由多项Logit模型所得到的实证结果就会有误差。为了解决这个问题,麦克法登除了设计出多个检定方法以检查这个问题是否存在外,还发展出一个较为一般化的"嵌套多项Logit模型"(Nested Multinomial Logit Model),不仅可同时处理主要类别和次要类别,尚保持多项Logit模型的优点,即理论完整而计算简单。

麦克法登本人也开展了许多利用多项Logit模型的实证研究,例如都市交通工具的选择、家庭用电需求、老人住家需求等等。麦克法登曾更进一步发展出可同时处理类别和连续型经济变数的混合模型,并将之应用到家庭对电器类别以及用电量需求的实证研究上。毫无疑问的是,多项Logit模型体系的建立和应用,确定了麦克法登在计量经济学中的宗师地位。

所谓集计方法,就是以一批出行者作为分析对象,将有关他们的调查数据先做统计处理,得出平均意义上的量,然后对这些量做进一步的分析和研究,如交通发生、交通分布都属于集计模型。而非集计模型则是以单个出行者作为分析对象,充分利用每个调查样本的数据,求出描述个体行为的概率值。1970年代以来,以麦克法登为代表的一批学者将经济学中的效用理论引用过来,并以概率论为理论基础,从非集计的角度对方式划分问题展开研究。直到目前,非集计模型仍是一个研究热点。

2.5 瓶颈制约下的定价问题

威廉·维克瑞(William Vickrey)在信息经济学、激励理论、博弈论等方面都做出了重大贡献。1996年10月,瑞典皇家科学院决定把该年度的诺贝尔经济学奖授予威廉·维克瑞与英国剑桥大学的詹姆斯·莫里斯(James Mirrlees),以表彰他们"在不对称信息下对激励经济理论作出的奠基性贡献"。

维克瑞早年的学术生涯与赋税研究结下了不解之缘,《累进税制议程》一书使他一举成名。维克瑞学识渊博,善于思考,在学术研究方面具有敏锐的嗅觉,其理论贡献不仅有赋税、交通、公用事业、定价等方面的成就,还因其对激励经济理论的开创性研究而闻名于世。他早年著作中的有关激励问题的深刻思想直至20世纪70年代才获得经济学界的重视,并极大地推动了信息经济学、激励理论、博弈论等领域的发展。

维克瑞在公用事业与运输的最优定价理论方面也做出了重大贡献,研究范围包括反应性标价、城市的拥挤收费、模拟期货市场、通货膨胀对效用调节和计价收费方法的影响等。他还曾参加美国和其他国家有关城市交通路线快速运转所需运费结构的研究工作,分析了交通拥挤现象和高峰负荷效应。他极力主张根据交通工具使用时间的拥挤程度来定价,甚至建议采取工程学的方法来解决对汽车使用的监控和通行税的征税问题。简单地说,按照驾车者出行的成本向他们收取费用。

20世纪50年代末,维克瑞在一份关于华盛顿公交系统的报告中第一次赞同对驾车者造成的交通拥堵进行收费。他还建议,当交通拥堵更加严重的时候,提高高峰时段的收费。数十年来的实践证明,维克瑞的建议是正确的。

新加坡是全世界第一个征收交通拥堵费的国家。1998年,新加坡开始实行公路电子收费系统(ERP),按照道路实时拥堵程度对车辆进行收费。但早在ERP之前,新加坡已经通过发放许可证的方式来限制车辆每周进入市中心的时间。简单来说,ERP系统就是在较为繁忙的道路和高速公路上设置收费闸门。每个闸门标明该时段进入该路段的收费标准,车辆只要在收费时段进入该道路,就需缴纳费用。不同类型的车辆实行不同的收费标准。

伦敦的交通拥堵费从2003年开始征收,收费时段为每周一至周五的早7时至晚6时之间,收费区域为内环路以内约21 km^{2}的范围,占整个大伦敦面积的1.3%。车主需在当天午夜之前支付费用,如未按时缴费,就会面临按天累加的罚金。伦敦的拥堵费最初为每天5英镑,2005年7月上涨为每天8英镑,2011年提至每天10英镑,2014年6月再次上涨为每天11.5英镑。

2.6 网络动态优化

理查德·贝尔曼(Richard Bellman),美国数学家,动态规划的创始人。贝尔曼生平获得了多项荣誉,他是美国艺术与科学研究院研究员(1975年),美国国家工程院院士(1977年),美国国家科学院院士(1983年)。他由于"对决策过程和控制系统理论的贡献,特别是动态规划的创造和应用",而获得 IEEE(电气和电子工程师协会)荣誉勋章。

20世纪50年代初,贝尔曼等在研究多阶段决策过程(Multistep Decision Process)的优化问题时,提出了著名的最优化原理(Principle of Optimality),把多阶段过程转化为一系列单阶段问题逐个求解,创立了解决这类过程优化问题的新方法——动态规划,其在1957年出版的 *Dynamic Programming* 是动态规划领域的第一本著作。

动态规划中的状态应具有如下性质:代表性(能够反映过程的演变特征)、可知性(能够通过某种方式,直接或间接地确定下来)和无后效性(某阶段只对该阶段状态以后过程的演变起作用而不受以前各阶段状态的影响)。动态规划在工程技术、企业管理、工农业生产等领域都有广泛应用。

动态规划显然适用于交通网络,最简单的动态规划问题是最短路径分析。在交通需求预测的交通分配环节,存在着大量最优路径优化问题。

2.7　诱增交通量与当斯定律

对于增加供给是否能肯定改善交通这一问题,最早由雷蒙德·昂温(Raymond Unwin)在1922年递交给纽约区域委员会的文章中提到:增加交通设施并不能根治交通拥堵,而这种拥堵是城市生活的一部分,各地应该通过规划保护社区生活。而后,安东尼·当斯(Anthony Downs)定义了"道路拥堵的基本法则",表述为:道路上的车辆行驶里程相对于道路的车道里程所发生变化的弹性系数接近1。这是因为更多的道路将导致:①更多的私人驾驶;②重新选择线路;③更多的商业驾驶。此后,当斯对诱发的原因进行了进一步研究,提出了他称之为的"三头齐发原则",即如果在高峰时间特别拥挤的地段一旦大有改善,就会导致三种情况,而使改善被抵消:①汽车驾驶者原来走别的路,现在都集中在这里;②汽车驾驶者本来在其他时间行车,现在同时集中在一起;③汽车驾驶者本来乘坐公共交通工具,现在驾车通过此改善地区。

最为知名的是当斯-托马斯悖论(Downs-Thomas Paradox,或可简称为当斯定律,Downs Law),可表述为:采用增加道路通行能力来改善交通拥挤情况会更糟,因为改善路况会吸引更多的人放弃公共交通,运营商只好采取减少服务频率或提高收费的方式来收回成本,进一步导致公共交通乘客减少、业务萎缩,而使用私人汽车的人越来越多,又会导致交通拥挤的加剧。

在交通经济学中,有人用当斯定律来描述这种情况:当人均收入水平达到一定程度并不再成为(相当部分)家庭汽车消费的主要障碍时,必然会出现一种交通需求和交通基础设施供给之间的竞赛;而在政府不进行管制的情况下,这种竞赛的结果必然是交通拥挤。还有人把当斯定律解读为:在政府对城市交通不进行有效管制和控制的情况下,新建的道路设施会诱发新的交通量,而交通需求总是倾向于超过交通供给。国内则有专家强调了交通供给有限性和交通需求无限性所带来的结构性失衡。

市民对此的感触不胜枚举。针对当斯定律中提到的诱增交通量,笔者认为新增道路应明确其面向对象:如若面向机动车,则易出现诱增情形;但如面向步行、自行车等慢行交通,则可回避诱增倾向。

2 城市交通问题研究的全球视野与理论基石

除上述理论、思想外,学术界还给予了交通问题多个视角的关注。大卫·哈维(David Harvey)在讨论社会公正问题时,引入"空间"维度来思考社会过程,这同样适用于交通空间;罗伯特·瑟夫洛(Robert Cervero)提出构建公交都市,并阐释了"城市适应公交"这一核心问题;彼得·卡尔索普(Peter Calthorpe)首提公交导向型开发模式;沃尔特·G. 汉森(Walter G. Hansen)定义了可达性概念,其后这一概念得以广泛推广并应用于地理、规划和交通等领域的研究;托德·利特曼(Todd Litman)提出了横向公平、考虑收入的纵向公平及考虑需求和能力的纵向公平,扩展了交通公平的研究维度;唐纳德·舒普(Donald Shoup)则向世人揭示了北美地区免费停车带来的危害,并用一种独特的视角在构思有效的停车配置和管理模式。

不难看出,从不同学科和视角中寻找交通学科的理论基石对于城市交通研究有着重要意义,为我们进一步展开研究奠定了理论基础。如:难以合作和有限理性下的交通出行行为组合、结合当斯定律和布雷斯悖论的道路网优化方法、交通难以供需平衡或需求总是倾向于高于供给的交通规划模式,以及如何更好地发挥数学、经济学、社会学、心理学等学科在研究城市交通问题中的重要作用。

3

城市交通学：多学科的融合

正如国家自然科学基金委所言：加强学科交叉是基础研究发展的重要趋势和方向；促进跨界和学科交叉融合是各国对未来发展方向的共识；摆脱学科惯性、优化学科布局、促进学科交叉迫在眉睫。

衍生出交通研究的两个最大学科，一个是交通工程，另一个是城市规划，交通脱离不开工程、规划与设计。同时，交通管理是塑造可持续城市交通的重要方面。而为了给工程领域和规划领域更多的理论和方法支持，工程管理、数学、经济学等领域加入进来，并推动了交通问题向科学问题的转变。那么，为什么需要其他学科参与到交通问题的研究中来？

首先，"就交通论交通"这句话并不鲜见。多年来，交通规划与管理常陷入这个死胡同。无疑，陷入死胡同的后果是全社会开始质疑交通解决方案的科学性和交通研究的学科孤立性。当我们呼吁"跳出交通看交通"时，事实上恰恰需要多学科融合来共同解决交通问题和缓解交通矛盾。与交通规划、交通治理有关的研究领域有城市规划学、交通工程学、社会学、经济学、心理学、生态学等等，关于交通的研究难以独善其身。

其次，就城市交通规划的理念或目标而言，越来越多效率以外的因素被纳入进来，丰富规划内容的同时凸显了交通的多学科、多领域目标导向。如维也纳的2025城市机动性（Mobility，或称移动性）规划提出"一起参与起来"的行动口号，以大力发展公共交通、慢行交通——环境友好型出行方式为首要策略，以生态友好、公平健康、人文包容为基本理念，打造可持续移动性城市。纽约、西雅图的交通战略规划则明确将"公平"作为战略目标之一。

再次，中国大城市的交通问题与西方有类似的方面但却各有特点。无论是欧洲还是北美洲都经历了多年的新城建设，新城被赋予城市新的增长极和缓解主城各项城市病的重要角色。中国城市的新城建设是拉动国民经济迅猛增长的重要政策工具，但效仿西方的有机疏散、多中心等先进理念是否会在国内"水土不服"（如卡尔索普谈到中国内地的一人多套住房问题、未收取房产税等），城市空间结构的塑造是否适应可持续的城市交通等问题值得思考。由此，也不容忽视异于他国的追求学区背景下的居住-就业-就学空间分布给城市交通带来的影响，以及房地产先行策略下导致的空城与职住分离等现象。因此，交通问题涉及面广，并与社会经济不无关系。

汪光焘等指出：以交通运输工程学框架研究城市交通具有局限性。交通运输工程学将城市交通作为交通运输的一类，体现城市交通系统的工程属性而弱化了其综合性。而城市交通问题不是任何一种交通工具或一类基础设施产生的问题，也不是规划、建设、管理任何一个环节导致的问题，甚至不是交通系统内部的问题。尽管城市交通问题也来源于人的活动与物的流动，但工程学解决问题的逻辑往往基于要素抽象、建立确定性影响关系而给出解决方案。城市交通问题与人的理念、价值观、行为,城市发展政策和制度设计,城市的文化传统等都有密切的关系,存在着诸多在工程学中未能准确描述的要素。由此可见,交通运输工程学已经建立的理论、方法尚不能适应当前城市交通问题研究的需求。

3.1 城市交通与多学科交叉

学科交叉已成为科学突破的主要途径,科学范式变革需要不同学科、领域的共同努力,这需要理念的转变。城市交通学莫不如此。

3.1.1 城市交通与城市规划

作为城市交通规划和优化方案表现形式的规划设计工作,往往被纳入城市规划范畴。城市交通中的重大基础设施,如交通枢纽、轨道线网、主干路网、公交场站等,需在城市总体规划(或市县国土空间规划)中得到重点关注并在空间上予以安排。而城市中的支路网、停车设施、道路开口等,则是控制性详细规划重点关注的对象。由此不难看出城市交通规划与城市规划的紧密联系。

城市规划学科的十大核心课程中,《城市道路与交通》位列其中。该课程从原本没有教材到后来启用苏联教案,到吸取西方成果自编的道路工程类教材,再到当前该专业普遍使用的《城市道路与交通规划(上、下册)》,历经60余载。有趣的是,城市规划领域所用这些教材大量借鉴了道路工程学、交通工程学的成果,足见其关联性。更早的,在一些工科类院校,铁道、测量、道路、市政等相关专业也讲授了道路交通相关内容,并成为后来城市规划专业教育中道路交通课程的启蒙。如同济大学于1922年开设了城市工程学课程,讲到了城市计划、街道铺设、市道乡道等内容,之后开设了道路及城市工程学课程,重点讲授交通工具、道路工事、现代汽车交通、交通管制等。1939年后,则由罗云平先生先后讲授道路与城市设计、道路工程两门课程,这被视为1952年同济大学创办都市计划与经营专业的道路交通方向课程的前身。

因此,参与交通规划工作务必要了解城市规划学,或者从事城市规划的工作者应具备对道路设计和交通规划知识的基本认知。当然,城市规划学本身也具备多学科交叉的基因,如建筑学、城市地理学、生态学、区域经济学等,以及市政、交通、园林等专业领域。此外,体现二者关联性的一个更好的佐证是,国内城市交通规划学术委员会现隶属于城市规划一级学会。

3.1.2 城市交通与工程设计

无疑,城市交通一词中的"交通"是核心词汇,"城市"指其范围。那么,从与交通最紧密相关的学科考虑,交通工程学位居首位。交通工程学是研究交通规律及其应用的一门技术科学,既重视规律挖掘又关注其应用实践。经典的交通工程学教材指出该学科的多学科交叉特征,认为交通工程学也可称之为"6E"科学,包括法规(Enforcement)、教育(Education)、工程(Engineering)、环境(Environment)、能源(Energy)和经济(Economy)等六方面内容。由此不难发现,与城市交通最紧密相关的交通工程学本身就具有多学科融合的基因。

前文提到的城市规划中的道路交通课程大量引用了道路工程技术的成果,如交通流三参数(交通量、车流密度和车速)、通行能力与服务水平、停车视距与视距三角形等基础理论,以及在此基础上的道路横断面设计、平曲线设计、纵断面设计、交叉口设计等工程应用。显然,设计工作是城市交通不可或缺的重要方面。

这里提及的工程设计具体指交通工程和道路工程设计。前者源自于后者,前者更关注交通流的某些规律,后者则关注道路线形设计和路基路面设计。这两者均与城市交通相关。交通规划事实上脱胎于交通工程学,交通工程学领域创造的交通预测技术为交通规划提供了宝贵的理论基础。

3.1.3 城市交通与社会经济

多年的交通规划建设工作带给我们的启示是:交通似乎是一个纯工科的词汇,交通因牵扯到大拆大建而归类于工程技术领域。西方学者则不认同,法国和南美洲的社会学家们提出了城市机动性概念,指出应弱化偏工程的"交通"二字,而强化对偏社会属性的机动性的认知,即从保障出行权的视角探讨城市交通的发展。城市机动性完全是一个社会学语境下的专属词汇,但同时为我们展现了一幅不同于当前交通发展的研究画卷。同济大学的学者们率先将机动性概念引入国内,体现出他们独特的视角和宽阔的视野。而当前,越来越多的高层管理者认识到城市交通的社会学属性,将城市交通、公共交通看作社会民生问题来对待。专家们则不断强调城市交通的公平性,强调对弱势群体交通出行的关注,应充分认识公交优先发展在保障公民基本权利方面的重要作用。

"要想富先修路"的民间认知虽直接,却是城市交通与经济发展最直白的关联性描述。但当下,有关二者的关系有着不同角度的解读。一些专家指出,交通问题实际上是一个经济学问题。当我们关注伦敦的拥堵费、曼哈顿的停车费时,实际上是在关注经济杠杆对缓解城市拥堵的作用。诺贝尔经济学奖得主加里·贝克尔(Gary Becker)认为,交通拥堵是一种隐形税。因此,城市交通的经济基因不容忽视。交通投资也在深刻影响着出行方式。京通快速路是北京市区通往通州区的一条城区快速道路,1996年投入运营,总投资22亿元,贷款12亿元,收费30年,每年还贷加其他运营成本不超过1亿元,但收费却超过2亿元,此外每年还有政府补贴2亿多元,因此,京通快速路稳赚不赔。这种暴利是驱动高、快速路投资建设的重要因素之一,进而影响着通勤方式。

刘易斯·芒福德(Lewis Mumford)在其著作《城市发展史》中指出,"真正影响城市规划的是深刻的政治和经济的转变"。交通规划亦如此。因此,面向交通的研究绕不开社会、经济和政治。

3.1.4 城市交通与公共政策

近年来,中国规划界和学术界对将城市规划(含交通规划)作为一项公共政策及城市规划具有公共政策属性已基本认同。实际上,强调规划的公共政策性,能够有效提升规划的民主化和法治化。当代中国的城市建设和交通规划应引入公共政策决策的思维。一方面,需要通过政策制定引导城市交通走上可持续发展之路;另一方面,更需要积极思考政策制定的科学性、民主性和法律支持。既要保障政策之于缓解城市交通压力的有效性,又要满足公共政策制定的目标,使全体出行者的利益最大化。随着中国经济向市场转型的成功,中国的城市交通面临比计划经济时代更加复杂的社会问题和矛盾,新时期的中国城市交通规划需要面对各个不同的利益主体,相关公共政策及其"游戏规则"的制定也迫在眉睫。

各种针对交通方式的数量增长、收费方式都是公共政策。因此,具体的政策工具与社会经济发展、微观经济和行为方式不无关联。在一些城市交通规划中,通常将其归类于保障措施,而其实际上是公共政策领域重要的关注点和研究对象。

3.1.5 城市交通与时空地理

时间地理学为认识不同群体时空出行特征和内在机理提供了一个很好的研究框架。时间地理学由瑞典著名人文地理学家哈格斯特朗(Torsten Hägerstrand)在20世纪60年代创立,是强调不可分割的微观个体、强调世界的物质性、强调制约、强调时间与过程性的行为-环境互动的思想流派与方法论。时间地理学从诞生以来便有着强烈的规划应用导向,并在瑞典面向提高生活质量、区域均衡的城市与区域实践中得以应用。自20世纪90年代中期以来,时间地理学引入中国,逐渐成为中国城市转型与时空行为研究的重要方法论基础。近年来,面向中国城市社会经济全面转型、以人为本的新型城镇化发展目标,时间地理学开始在智慧出行、生活圈规划等规划实践中崭露头角。

行为地理学与城市交通的最大契合点在于它对交通产生的根本问题——出行行为的研究。其对于出行行为的关注更多的是出行行为本身的再现和规律探讨,以及人的行为特点及其对城市环境和规划决策的影响。基于行为地理学的出行行为研究,往往把出行看作是人们为了顺利进行各项活动而用时间交换空间的位移过程,从行为决策的角度进行研究,通过构建离散选择模型对出行行为进行描述和预测。

时间地理学和行为地理学的研究触摸到了交通出行的本质,并逐步影响现代城市交通规划理论。

3.1.6 城市交通与生态保护

虽然近年来我国实行了最严格的耕地保护制度和节约用地制度,同时把严控各类建设用地总量作为相当长一段时期内的土地资源利用的重要原则,但总体上土地资源逐步减少,人均后备资源不足的形势仍十分严峻。国务院办公厅印发的《关于在国土空间规划中统筹划定落实三条控制线的指导意见》指出,基础设施建设除"必须且无法避让、符合县级以上国土空间规划的线性基础设施建设"外,生态保护红线内,自然保护地核心保护区原则上禁止人为活动,其他区域严格禁止基础设施建设活动,同时要确保"永久基本农田面积不减、质量提升、布局稳定",这要求基础设施建设必须采用高质量发展、集约高效用地的发展思路。因此,应将交通发展与保护放在同等重要的位置,提出主动避让及交通集约用地规划理念。在区域规划层面,交通廊道通过空间协调、正面清单方式主动避让"三线"刚性管控区;在城市交通建设用地使用上,通过协调交通和产业、居住用地布局,将碎片化建设用地向交通节点和枢纽周边集聚,提高土地开发强度和土地使用效率。在资源紧约束及生态大保护背景下,未来交通规划应转变现阶段粗放式的规划模式,更加注重建设用地的集约化发展和精细化管理,加强对空间资源的管控和保护。

3.1.7 城市交通与能源环境

交通运输是国民经济重要的基础性、支撑性和服务性行业,其特点决定了运输企业在提供运输生产服务时,必然伴随着大量的能源消耗,也会带来生态环境的负面影响,因而使得交通运输行业作为能源消耗和环境影响大户备受关注。

全面贯彻科学发展观,落实节约资源和生态环境保护的基本国策,构建资源节约型、环境友好型社会主义和谐社会,是中国能源与环境发展的战略重点。交通运输过程中的能源消耗主要以石化等优质能源为主,对于环境的负面影响主要以大气污染为主。中国的石化燃料并不丰富,人均储量更少,石化燃料问题特别是石油问题已成为影响中国社会经济发展的一个重要的安全性问题。

城市交通与二氧化碳排放不无关系,因此,城市交通问题无法回避气候变化。欧美甚至出台了清洁空气的相关法律,用以规定来自固定和移动源的废弃物排放,减少对气候、环境的影响。交通和环境问题本质上是矛盾的。交通设施支持客货交通需求,但是交通活动也在影响生态环境,最重要的方面在于气候变化、空气质量、噪声、水质、土质、生物多样性和用地选择。随着城市化进程,更多的人将住在城市并拥有更多的汽车,这样的城市交通将导致更多的二氧化碳排放。因此,城市交通应能应对气候变化。如选择不同的交通模式(如公共交通)与高强度的土地开发模型、改善目前低效的城市交通系统以节约燃料和减少碳排放、寻找小汽车的可替代交通方式等。

近年来,多地开始重视绿色交通规划的编制工作,并将碳减排纳入其中。如某市生态新城绿色交通规划运用了 IPCC(联合国政府间气候变化专门委员会)提供的计算方法,测算出发展绿色交通相较于按照现有发展趋势而言将减排 13.8% 以上。

3.1.8 城市交通与公共健康

较之于医学技术被动式的治疗手段,规划可通过主动式的干预政策,营造有利于体力活动和均衡膳食的人居环境,这已经成为中西方共同的研究热点。美国地理学家联合会研究表明,通勤时间超过 30 分钟的人寿命会受损。《2018 中国城市通勤研究报告》显示,北京市的平均通勤距离和时间最长,这意味着锻炼和睡眠时间的减少,和由此带来的心血管疾病、癌症的多发和寿命减少。而美国注册规划师协会前主席曾说,"与工业革命年代应对拥挤城市中的环境问题相似,在城市蔓延引发健康危机的当下,城市规划、交通规划与公共卫生学科到了进行第二次合作的时刻"。

机动车排放无疑会导致空气质量下降,因此慢行交通及采用公共交通的出行者将因为暴露在空气中而产生健康方面的问题。步行和骑行的健康收益甚至不足以抵消其在空气中暴露所带来的健康风险。

目前,国内外高度关注城市规划设计、交通规划与居民健康问题。著名杂志《柳叶刀》(*The Lancet*)中的一篇论文关注城市规划决策对居民健康的影响,它特别强调社会孤立、人身安全、体力活动等,这是未来规划应当重点关注的方面。文章同时指出:交通规划方案,可以参考其他国家较为成熟的做法,如推广步行和自行车交通方式、增强公共交通可达性、保障弱势群体的交通公平等,并依据城市特点进行改良,从而更具针对性地实施交通规划行动。政策实施后,需要运用合理的健康影响评估工具对实施效果进行评估。

但从流行病学的视角,一般认为日均接触率这一参数和城市的人口密度、公共交通出行程度(含城市公交和铁路、民航等)成正比关系。也就是说,从流行病控制的角度,是不支持高人口密度与公共交通网络的。

3.1.9 城市交通与心理感知

前文已经提到著名的当斯定律,可以简单地表述为诱发的交通量很快将占据新增加的局部道路设施。显然,这一定律与现代交通规划中崇尚的"交通供需平衡"的思维方式相违背,本质上,是心理因素在作祟。如果所有的出行者都是理性的,那么交通系统在运营过程中应该不会出现不均衡状态,当然,出现非均衡现象即说明出行者是非理性的。理性思维下的规划方案并不符合实际,而非理性的思维方式时刻在我们身边。前文已经提及不完全理性的概念,在此不再赘述。

心理学中非常重要的理论基础之一是关于人类信念(Belief),如羊群效应(Herd Effect)。由于对信息的了解不充分,决策者很难对未来的不确定性做出合理的预期,往往是通过观察周围人群的行为而提取信息。在这种信息的不断传递中,许多人的信息将大致相同且彼此强化,从而产生"从众行为"。之二是关于人类偏好(Preference),如厌恶损失(Loss Aversion)。英国交通研究实验室的研究人员发现,没有人喜欢等候,尤其没有人喜欢换乘,乘客的平均心理等候时间相当于实际等候时间的1.8倍,因此如公交发车的时间间隔较长则会较显著影响人的出行方式选择。因此,有必要在分析城市交通问题时研究人的心理特征。当前,针对公交满意度、幸福感的研究也恰恰基于人的认知评判和情绪感受。

因此,交通出行往往与心理、行为等有关,也就诞生了心理学、行为经济学、行为地理学等领域的学科交叉。

3.1.10 城市交通与法律制度

在依法治国的大背景下,治理交通拥堵各项措施的制度化、法治化,是保障公民权利、提高城市交通运行效率的根本途径。因此,应梳理现行交通法律制度中存在的主要问题、制度缺陷,以路权理论、公共治理、城市交通可持续发展理论、社会责任等为指导,借鉴国外优秀的立法理念和实践经验,提出对我国在该问题上的制度建议。如制定清洁空气等涉及环境层面但与交通出行密切相关的法律法规、实质保障公共交通优先发展的法律法规、规范出行者(包括行人、机动车驾驶者等)交通行为和交通参与人法律责任的相关制度、完善交通需求管理策略(如征收拥堵费)合法性的法律文件等。目前,国家相关部委正在推进和拟定包括《城市公共交通条例》和《道路运输条例》等法律法规文件,这将有力促进城市交通的可持续发展。

3.2 多学科视角看交通拥堵

城市交通拥堵问题,向来被视为大城市、特大城市的城市通病之一。国际社会对其关注度极高。尽管有如新德里、莫斯科、墨西哥城等极度拥堵的城市,但也存在诸如新加坡、斯德哥尔摩等广受赞誉的公交都市。值得注意的是,后者中并没有如北京、上海等城市长达五六百千米的轨道交通和上千条公交线路。中国城市经历了几十年的高速发展,如今,大到首都北京、小到百强县昆山,都广泛存在着交通拥堵问题。发展之余,我们不得不思考:是什么因素促使和加速了交通拥挤?应当以怎样的策略、思路来对待今后的城市交通发展?当前,已有一些分析交通拥堵成因的成果,如瓶颈路断头路多、路网结构不合理、公共交通系统不发达且车内拥挤、小汽车保有量迅猛增长、停车设施供给不足等,但总体上多为技术层面,下文将着重从学科视角探讨这一命题。

3.2.1 交通工程视角

交通工程专业主要学习和研究与交通设施相关的规划、设计与管理,具体如密度、速度、通行能力等基础理论,以及路网规划、道路设计、停车管理等等。业界普遍认为该专业源于美国,并得益于美籍华人张秋在改革开放初期于我国多个城市、大学的传道授业。但因交通工程专业诞生于 20 世纪五六十年代的美国——小汽车迅猛增长的年代,而被冠之以"为汽车服务"的标签。而在新中国成立后,该专业传入我国前,我国城市规划体系深受苏联影响,从而导致大马路、大框架的横行,但这恰恰与交通工程中常见的提高道路宽度以提升通行能力的理念、措施如出一辙。进入 20 世纪 90 年代,在一片争议声中,汽车产业被列入国家支柱产业并被鼓励进入百姓家庭,私人小汽车数量增长迅猛,从而导致当时的规划设计规范不得不适应机动化带来的挑战,并进一步成为引导和促进小汽车使用的重要诱因(如规范中对于大尺度道路的规定)。进入 21 世纪,受苏联规划模式、交通工程学理论和规划设计规范等的共同影响,我国城市道路交通难以在短期内走出小汽车导向的规划设计模式。虽然公交优先发展理念提出了 30 余年,但在交通工程学科内部仍缺少相应的指征公交相对于小汽车更具竞争力的关键指标。

由此不难发现,苏联和美国的规划设计范式先后影响了中国城市交通及学界,为小汽车服务的道路设计比比皆是,并呈现出一种惯性,继续影响着当前和多年后的城市建设。现如今,我们已经有所觉悟:提高通行能力并不一定能够缓解交通拥堵;安东尼·当斯、迪特里希·布雷斯等也已指出类似结论,只是我们受限于求高(通行能力)、求快(车速)的思路,重工程建设轻发展导向和心理需求引导。

那么,交通工程及其代表的传统交通规划模式决定了交通拥堵吗?有学者指出:交通出行源自土地利用;一次出行一定是有目的的和起止于某一类或多类用地。因此,我们不得不思考:土地利用层面或城市规划层面能否解释拥堵的成因。

3.2.2 规划方法视角

当前,从规划层面看交通拥堵,总体上有 3 种思路:第一种认为高密度城市易引发交通拥堵;第二种认为"摊大饼"式城市易引发交通拥堵;最后一种强调,功能分区的城市易引发交通拥堵。

首先,中国绝大多数城市均为高密度开发城市,即使是近郊区,其开发强度也并不低。而道路网密度、人均道路面积、人均道路长度等指标与西方相比有较大差距。这非常不利于人流、车流的疏解。而对于地势相对平坦的城市,非机动车的大量存在与机动车共同消耗稀缺的道路资源,并与机动车在行驶和停放空间上发生冲突。当短时交通量较大时,城市交通拥堵必然产生且耗时较长。

其次,被广为诟病的"摊大饼"式城市规划模式在我国并不鲜见。尽管城市发展方向明确、轴线清晰,但最终难逃土地利用连片和圈层化发展的命运。"摊大饼"式最大的缺陷在于交通出行方向紊乱、定线型公共交通难以满足方向多样化的出行需求,城市蔓延也极不适应公交客流培育和公交系统成长,从而诱发大量小汽车出行并形成出行无序和高耗能的交通模式。因此,应从城市形态和空间结构谋求适应公共交通和可持续交通的发展模式,正如有机疏散(Organic Decentralization)之父伊里尔·沙里宁(Eliel Saarinen)认为,根治城市病(尤其是交通拥堵)必须从改变城市的结构和形态入手。黄良会认为,城市内部交通体系杂乱无章将非常有利于小汽车的发展,因此,如何提升公共交通引领城市发展这一目标最为重要。三类不同交通方式导向下的城市空间结构可参见图3.1。

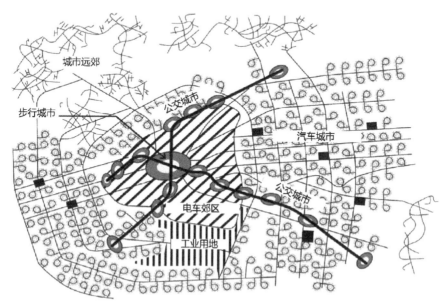

图3.1 三类城市(步行城市、公交城市、汽车城市)混合体

再次,功能分区无疑使城市格局和各功能区布局清晰化,但过于强调各功能区的内部运营组织效率(如工业区)将带来潮汐式交通,从而导致高峰时段功能区间联系道路的巨大压力,如苏州等城市。功能分区规划模式最早源于《雅典宪章》,但在《马丘比丘宪章》中被否定。尽管学者寄希望于以产城融合替代功能分区和新城建设,但在交通层面的效果不佳。房地产先行是重要诱因之一,属经济层面。事实上,最好的交通就是没有交通的交通。如香港的土地开发强调城市综合体建设,即以地铁站开发为核心,在其附近建设酒店、办公楼、公园、购物商场、公寓、住宅等,减少不必要的道路交通,体现了所谓最好的交通就是没有交通的理念。我国改革开放以前的各类大院显然具有最好的交通,工厂、医院、学校、影院、浴室等均在其中,而此后的功能分区和住房商品化,产生了空间错配及棘手的交通问题。

那么,怎样的城市规划模式是适应交通可持续发展的?究竟是公交适应城市还是城市适应公交?与我国国情相近的亚洲城市,如新加坡、东京等城市,采取了"轴线发展+TOD(以公共交通为导向的开发)"战略、窄路网规划模式、道路拥挤收费等手段。因此,当高密度开发在所难免而上述对策手段尚不成熟之时,"摊大饼"式和功能分区的规划模式应予以避免。

事实上,我们已经看到,国家和相关部委负责人已就城市交通拥堵的成因发出声音。典型的有王岐山、仇保兴两位学者型领导。时任北京市市长的王岐山同志在2004年北京市人代会上坦陈:目前北京交通拥堵的核心问题就是城市规划布局。而仇保兴同志则强调:离开城市规划格局谈城市交通就是缘木求鱼。

但进一步思考,城市规划布局、土地利用规划能决定一切吗?各行各业的发展速度、阶段、要求不一,城市规划难以准确预测和决定所有层面(公共设施、产业、住房等)的规模和布局。王岐山同志当年同时指出:由于北京城市主要功能基本聚集在五环路以内,机关、学校、娱乐场所等设施均分布在城区,造成巨大的潮汐式交通量。那么,当规划在某些层面失去作用时,又是什么在引领社会的前行、城市的发展,并进一步影响城市交通?

3.2.3 城市经济学视角

城市经济学,主要研究在家庭效用最大化和厂商利润最大化下的位置或区位选择。不可否认,企业、个人(或家庭)在城市内部所做的区位决策推动了土地利用模式和城市的形成。如中心地理论基于消费者距离(消费者为了购买特定商品或者服务所愿意出行的距离)和商业的市场门槛(商业盈利所需的最低商品销售量和顾客群体)研究了市场中心的分布,从而产生了CBD(中央商务区)。而发展经济学理论又进一步深化了这一区位决策和空间分布,引发了过度集聚。如南京市城市总体规划曾明确指出:南京老城维持现有格局不再提高容积率或大拆大建。但现实是,南京新街口商圈仍在不断扩容,近年来建筑体量增加了2~3倍之多。从新街口在南京及南京都市圈的首要商业地位来看,其发展却又是符合市场规律的。

工业选址理论认为,那些对市场不敏感的产业在选址时主要考虑货物重量和运输距离等交通成本,而不关注雇员和消费者的出行,由此导致工业企业的主观要求集聚,以及工业区与居住区的过度分离。居住选址也是重要因素。居住选址应是受房屋成本、通勤成本以及其他商品和服务成本约束的效用最大化问题。位于商业中心等就业中心的房屋往往伴随着高房价,而与高房价相比,城市交通出行成本正在下降,这导致就业岗位的分散以及通勤出行距离的增加。如住在河北廊坊工作在北京,住在昆山花桥工作在上海等。

前文提及的功能分区,极易导致各分区的功能单一化,但却与经典的区位论不谋而合,如中心地理论、韦伯工业区位论、廖什经济区位论等。可以认为:从经济效益出发的区位论、产业集群发展和功能分区等共同推动了职住分离和交通拥堵。诚然,集聚经济(如商务区、工业区等)有其正效应(城市集聚收益),但同时极有可能带来交通层面的负效应(城市集聚成本)。需要指出的是:笔者无意否定一些经济学规律(恰恰相反,如前面章节所述,经济学的一些理论方法对交通问题的研究贡献巨大),但我们确实需要找到交通拥堵成因及主要因素。只有抓住了主要矛盾才能对症下药,使城市交通走向可持续。否则,类似交通资源配置优化的工作对治堵的效果将极为有限——事实也证明如此。

有专家从区域平衡的角度认为:只有大城市进一步发展才能满足人均收入的动态平衡。如果将人口规模扩张给大城市造成的成本考虑在内,则并不改变总体判断,因为人口规模增加带来的拥堵、污染等问题的严重性,完全可以被规模经济抵消,即"不集聚的单位成本更高"。看来,学科与理论之间的较量将是一场"持久战"。

3.2.4 社会公服设施均等化视角

仍以南京市为例。城市总体规划明确了南京老城的医疗等优质资源需有序疏散至外城或新城,以使公共服务设施均衡发展,但老城内巨大存量所带来的发展惯性以及城市中心的区位优势使得各大三甲医院继续在老城这弹丸之地提升医疗服务水平及场地,带来的则是几何级数增长的患者及家属,却称符合集约化发展和提升市场竞争力的总体思路。

牵动数万家长、代表学生"未来"的优质学区则更加剧了南京老城的交通拥堵水平。在越炒越热的学区房现象下,反映出的是优质公立教育资源的供应难以真正做到空间上的供给侧公平。这是一种房地产经济与教育资源分布的非正常发展,无疑深刻地带来极为负面的交通问题,即中小学周边交通拥堵。

教育、医疗等公共服务资源的分布不均,导致居民对高质量办学和就医场所的趋之若鹜。当人们为享受更好的服务质量而试图去克服距离问题时,就会引发在这些场所周边的局部交通拥堵,甚至波及更大范围。这显然不符合公共服务设施存在的根本目的:保护个人最基本的生存权和发展权,为实现人的全面发展提供基本社会条件。

3.2.5 学科发展视角的治理对策

交通问题向来不是孤立存在的,本质上,交通问题是一种衍生的城市问题,交通规划作为非法定规划依然要服从于城市规划、国土空间规划。而从交通或交通工程学科走入2.0时代开始,学科交叉便不可避免地冲击着传统交通学科的发展。在2019年的中国城市交通学术委员会年会上,多位专家表示:交通工程学科2.0最大的特征就是学科的交叉性;城市与交通是交互影响的,而交通系统是城市系统的关键,交通运输支撑并引导着城市的经济与社会发展,交通必须置于城市这一语境中展开讨论;交通大数据的快速获取与融合技术是当前迫切需要面对和解决的问题等。从专业人员组成看,则应由交通工程师为主体到城市规划、景观设计、经济学、社会学、法律、生态环境和管理学等多学科的专家共同参与。

针对城市交通规划研究、交通拥堵治理手段乃至学科发展,笔者给出如下3条建议:

(1) 从学科发展,即战略上,应鼓励多学科共同研究和治理城市交通。汪光焘先生在咨询多学科专家后认为:城市交通基于复杂社会系统的背景,主要应研究有限空间资源的最优配置,并摒弃交通规划传统的思维模式,从城市空间结构、功能分布的整体视角及可达性角度研究城市交通。应在交通规划决策中综合运用可达(地理学)、公平(社会学)、优化(经济学)、空间(城市规划学)、心理(心理学)等多学科思维。正如杨东援先生提及的多学科背景的规划团队和汪光焘先生提出的城市交通学的学科改革方案。

(2) 从研究视角,即战术上,应注重公平与效率双重维度的分析。经济学讲究效用最大化,功能分区则与集聚经济理念相吻合,因此,其对城市交通的渗透、影响着重体现在效率层面,加之交通属传统工科,更加剧了城市交通规划、设计等注重效率、理性而易忽视社会、人性。随着国家告别经济超速发展期,其间掩盖的社会矛盾、生态、公平问题日益凸显。因此,笔者认为,公平与效率不能分离,也即对城市交通方案、政策的评估应从公平和效率两个视角出发。公平在此主要指社会公平、交通公平,具体的,包括社会群体间公平、交通方式间公平等。此外,应加强外部性分析,如高强度开发、集聚经济之于城市交通拥堵的溢出效应。外部性问题常常与公平问题有着更紧密的联系。

(3) 在具体分析方法上,可借鉴西方的经济与拥挤收益评估方法,构建适合中国城市的面向城市与交通规划建设方案和政策的社会经济收益评价体系。具体评价内容可参照表3.1。

其中,人的出行和物流的受益是最显性的,但时间或时间成本并非仅有的研究目标,除此之外的时间可靠性是重要的影响是否采用公共交通的因素之一,应予以深入研究。空间、环境和社会等非传统要素则为隐性因素,较少为人所关注。空间层面,应打造适合公交发展的城市空间结构;环境层面,应探讨外部成本显性化的手段和政策工具,需要针对社会车辆

表 3.1 社会经济收益评价体系

要素类型	具体收益要素	目标及解释	涉及学科门类
传统要素	人	以节省出行时间为目标	交通
	物	以提高时间可靠性为目标,如提高公交地面行驶效率和到站准点率以减少不必要的缓冲等待时间	交通、心理
		以货物周转省时提效为目标	交通
		以增加衍生价值为目标,如提升商品附加值、工作岗位数等	交通、经济、地理
非传统要素	空间	以城市适应公交而非公交适应城市为目标,从城市空间结构、空间形态入手营造公交都市环境	城市规划、经济
		以提高土地利用混合度、营造慢行出行环境、打造 TOD 节点为目标	城市规划、交通、心理
	环境	以外部成本显性化为目标,如机动车应当承担并支付相应的环境污染等外部成本	环境、经济
	社会	以交通公平性为目标,如弱势群体的公共交通可达性提升、公共服务设施均等化等	社会、地理、经济

和驾车人制定一定的支付渠道和规则;公平层面,为避免陷入中等收入陷阱,当前应重视和强化交通在空间、费用等方面的公平性,如公共交通对低收入等最不利群体就业可达性的提升。显然,在今后的评价和决策中,应不断提高空间和环境等非传统要素的分析评价及其权重,以空间优化和经济手段切实缓堵。

此外,应主动在城市交通规划中融入效率以外的目标、战略,以逆向作用于规划理论的发展和学科交叉。如维也纳机动性规划(2025 年)中提到了六大方向性指标,即公平、健康、集约、生态友好、可靠和高效(图 3.2)。

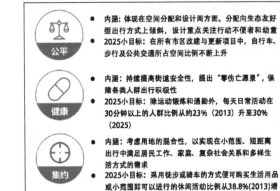
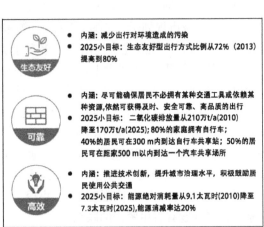

图 3.2 维也纳机动性规划(2025 年)目标

3.3 城市交通问题的跨学科研究机构

上海,由于其独特的地理区位向来是中国学者走出去、外国理论走进来的前沿阵地,表现在学科交叉方面,上海的高校院所则更具交融性和前瞻性。位于上海的同济大学具备较完善和高水准的工科体系,其城乡规划、交通运输工程、土木工程、管理科学与工程、测绘科学与技术等学科均在国内外具有一定的影响力。同济大学城市交通交叉学科建设拟通过资源整合、学科交叉与协调,形成综合交通运输体系为基础,城市交通社会技术系统特色鲜明、核心竞争力突出的学科体系,实现该校整体交通学科的跨越性发展。

同济大学城市交通学教学模块如图3.3所示。主要包括基础模块:建立城市交通学的学科框架,深度认知城市交通学科的内涵和外延;方法模块:从数理分析(统计和计算机等技术)和综合分析(公共政策)的角度提升学生深入浅出探究问题的能力;应用模块:从塑造专才的角度,让学生就某学科前沿领域进行深度认知;实践模块:以真题的形式组织学生参与城市交通规划实践,从实战中获取项目设计与管理经验。

图3.3 同济大学城市交通学教学模块

新数据环境下,世界人口、经济、金融、政治都在以"流"的形式被重塑,不断突破人们对于城市和国家的认知。日益增长的传感器、不间断的数据流、先进的数据分析技术、交互式的通信、社交网络、分布式智能驱动,这些都在不断推进整个"重塑"的进程。

在美国麻省理工学院(MIT),城市规划者和计算机科学家正在拥抱这些令人振奋的新发展。自动驾驶、基于传感器的自然资源管理、基础设施网络、共享经济、可视化等,这些要素不断聚集并重新塑造我们的生活和出行场所。在此背景下,MIT批准了一个新的本科学位:The bachelor of science in urban science and planning with computer science,简称新城市科学学士专业。

新专业将由城市研究和规划系(DUSP)、电气工程和计算机科学系(EECS)共同设立。其目标是培养本科生在计算机科学和城市规划与决策的理论、实践能力,包括伦理和正义、统计学、数据科学、地理空间分析、可视化、机器学习等。这一领域借鉴现有学科,创造性地塑造了一个新的独特知识领域。从业者既不是计算机科学家,也不是传统意义上的规划师,而是一类能够利用新工具和新方法来进行城市实践、解决城市问题的学者。在交通、公共卫生和网络安全等领域,MIT的研究者和实践者们正在开展着开拓性的工作。

新专业无疑打破了传统学科的束缚,不再讲究传统、不再受限于研究范式,而以一种包容、具化、创新的姿态引领崭新、前沿学科的发展,这无疑是交通问题研究的新的机遇和挑战。

3.4 城市交通学的提出

近年来,不断有学者指出：交通学科教育受限于美国的交通工程体系,这是工程类的教育,而交通政策、交通规划、交通治理需要更为全面的知识结构；不跳出来,交通学科发展会有很大的问题,要从学科交叉走向交叉学科；所以目前最主要的事情,是要反对封闭,反对孤芳自赏,鼓励学科交流,鼓励跨学科研究。

3.4.1 城市交通的新要求

1) 以人为本、场所功能、交往空间

交通是为了满足人的需求而发展的,以人为本就是要充分考虑人的感受,而不是片面追求满足基础设施里程、运输量规模等供给侧指标。城市交通作为城市生活的一部分,不仅仅是城市网络骨架,也是城市生活空间的一部分。

2) 个体精细化、群体公共化、分类多元化

一方面,新产业、新人群带来个体交通服务要求的精细化、个性化；另一方面,核心城市的集聚带来了对大运量公共交通的迫切需求。同时,如何平衡交通的服务性与公益性,平衡交通管理的多元化和标准化等都是新课题。

3) 系统型建设、节点轴带重点建设

在快速城镇化时期,交通建设趋于扩大覆盖面、建设大网络,均质化推进、马赛克式修补。在区域联动的背景下,要求交通建设系统化、重点完善节点的综合交通,打造有发展价值的交通走廊。

4) 生态绿色、城市安全、节能节地

新常态下,资源从大量供给走向优质供给,这要求城市交通建设这一需要巨量土地、资金、能源的项目必须走生态绿色、节能节地的发展道路。因此,在新常态下,城市公共交通优先发展就成为必然选择。

3.4.2 城市交通学的相近理论

一些专家学者提出了与城市交通学相似的学科体系。刘灿齐编著的《现代交通规划学》介绍了20世纪后期国内外交通规划先进的理论、模型及算法,但局限于交通工程学领域,未在其他学科领域有所拓展。郭亮编著的《城市规划交通学》,试图从一个城市规划专业人士的角度来看待城市交通问题,在讲述城市交通的主要内容时尽量与相应的城市规划层次以及我国城市交通发展的现实相结合,并以案例来说明交通规划的思想如何在城市规划的过程中得以体现,希望以此能强化城市规划专业人士对城市交通问题产生的渊源、特征和解决方法的认识和理解。这是城市交通规划与城市规划结合最为紧密的教材性著作之一,但也仅限于上述两个学术领域的交叉。

地理学领域也活跃着一批学者在关注城市交通出行行为的研究。柴彦威、甄峰、王德等从交通工程、交通规划、城市规划、城市地理学、行为地理学、时间地理学等领域探讨不同学科背景下的交通出行行为研究,并在他们共同创办的智慧出行行为研讨会中提到了城市交通学(可惜的是,没有看到对此概念的进一步解释)。在此,必须着重提及的是:当前的许多有关交通的学科交叉研究多集聚了优势的工科门类,恰恰缺少理科思维和以北大、南大为代表的综合类院校的研究视角。而地理学中的多个分支(城市地理学、行为地理学、时间地理学、地理信息系统等)与城市交通结合紧密,但这些综合类院校因缺少交通专业而没有在校内形成凝聚力以共同开展城市交通的研究与教学。

与城市交通学最紧密相关的研究分支是城市交通地理学。但该分支是交通运输地理学与城市地理学两个理科门类的交叉,还是城市交通规划与城市地理学一工一理的交叉,未有定论。由美国交通研究会执行委员会前主席吉纳维夫·朱利亚诺(Genevieve Giuliano)和美国科学院资深院士苏珊·汉森(Susan Hanson)主持编著的《城市交通地理学》(*The Geography of Urban Transportation*),是关于最新城市交通问题研究成果的汇编,目前已改版至第四版。书中强调了地理学在城市交通研究中的地位和作用,以及城市交通和交通规划在塑造城市形态中所扮演的重要角色,指出了与交通有关的一系列问题必须在特定的空间尺度下进行研究,并认为若要切实解决交通问题,必须重视社会开放性、民主制度以及法律的建设。该书共分三部分:第一部分设定背景知识,解释该书的核心概念,并从地理学的视角来审视交通。随后概述城市客运和货运,介绍交通发展历史及其影响城市形态的机理和过程,并强调信息技术对人们出行方式和城市形态的影响。第二部分以美国为案例,介绍在当前的政治背景下城市交通规划的过程及其发展趋势,概述了GIS(地理信息系统)在交通分析中的应用,最后强调了美国公共交通发展的不足。第三部分针对当前一些迫切的政策问题展开论述——包括公共交通、土地利用、能源、金融、公平和环境影响等。本书更偏向于该书的研究视角,认为应当多从社会人文视角,多运用地理学、社会学和经济学研究方法,协调空间与用地等策略,对城市交通问题展开剖析与研究。

3.4.3 城市交通学的首次提出

汪光焘先生是系统提出城市交通学的国内第一人。他认为城市交通学已经具有以下三个基本要素:一是城市交通学研究主题明确,应梳理与相关学科的关系,其相关议题广泛存在于各个学科之中;二是城市交通学研究具有迫切需求,城市发展与城市有机更新必然涉及城市交通,而且城市交通拥堵、污染、安全等问题的解决是一个长期的过程;三是城市交通学研究具有扎实的实践基础和研究积累,已拥有一个庞大的行业体系和研究队伍。

汪光焘先生在其著作《城市交通学导论》中指出:城市交通是城市最基础、最关键的元素之一;城市交通学研究城市交通对城市肌理、结构、形态、组织、运行等的关联和影响;城市交通学与城市经济学、城市规划学、城市生态(环境)学、城市社会学、城市地理学和其他城市学学科等相对独立,又具有交叉属性(图3.4)。

城市交通学应在研究出行需求、出行方式的同时,更广义地从服务人的需求角度研究城市交通问题。城市交通学的研究目标是服务于人的需求,组织城市可持续的高效、安全、低耗(低能耗、低污染)运行。研究城市交通应以服务功能和运行效率为主线,既注重工程技术,又注重与法律、经济、财税等之间的关系,体现社会公平和可持续发展。城市交通学采用多学科思维、系统论方法研究城市交通,根本上讲是用战略的眼光,规划未来,解决现实问题。

3.4.4 本书定义的城市交通学

交通是城市四大核心功能之一，交通设施是城市各项事业顺利开展的前提和保障，因此，交通问题具有城市性。不同类型用地各有其区位选择理论，交通问题的产生可能源自空间布局和区位选择，这说明城市交通具有地理性或空间性。交通是居民生产生活的必要和重要组成部分，从维护居民日常出行权利的角度来看，交通应当是社会性的。经济杠杆是缓解交通拥堵的重要手段，费率与个人收入水平的差异深刻影响着居民出行行为，世界级城市不失有这样的成功案例，因此城市交通带有经济学属性。从城

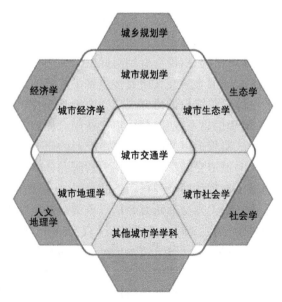

图3.4 城市交通学的关联学科体系

市建设层面，需要提出交通的宏观战略目标和建设方案，因此，交通离不开规划，是战略性的。在微观视角下，局部的交通拥堵常常与不合理的工程设计相关，因此，交通又是工程性的。从出行者的心理角度分析，人的非完全理性决定了路径选择和方式选择不具备规划理性，交通出行具备习惯性或偏好性。信息化和由此带来的海量数据及数据分析、机器学习等无疑适用于交通，因而面向交通的研究具备海量数据基础。由此可见，城市交通涉及的学科领域广阔。

本书定义的城市交通学概念如下：城市交通学是综合社会、经济、地理、规划、工程、心理等学科，大数据与机器学习等新技术的面向城市交通要素的规划、设计、研究及发展理论。其目标是寻求交通出行效率高、社会公平绩效高、能源环境效益高的交通系统规划、建设与管理方案。基于当前以存量规划为主的时代背景，城市交通学在关注城市交通的物质性空间安排的同时，应更偏重于城市交通的社会人文及软性政策等非物质部分的计划与评价。

笔者进一步认为，城市交通学研究的重中之重应为：坚持公共交通优先发展理念，围绕公交都市建设、适应公交的城市形态或空间增长、TOD建设、公共交通网络可达性和公平性的核心研究，以及与之相关的经济学视角下的交通需求管理、社会学视角下的不同交通方式公平性、公交导向的路权规划与断面设计、停车解决方案的策略创新、交通与住房、建成环境与出行方式行为选择等的扩展研究。上述这些将成为本书后续章节重要的阐述和研究内容。

城市交通学产生的最初是为了解决城市交通拥堵问题，但是，它的发展成果远远超过了这一问题的界限。单纯通过扩大供给来解决城市交通矛盾的方法被证明是失败的。因此，城市交通学的意义在于尝试解决城市交通的结构性矛盾。结构性矛盾是根本性的，涉及城市交通的各个主体和全过程，并牵扯到很多利益博弈和社会矛盾。因此，城市交通学不是简单的解决交通工程问题。更进一步来说，城市交通学解决的不仅仅是交通问题，而是通过这一抓手，解决一系列城市综合问题，促进城市健康发展。

第二篇
基础理论方法与思考

4

城乡规划学中的交通规划理论方法与思考

本章从交通规划与城市规划的关系入手,阐述二者相互协调的重要性;其次,剖析经典城市规划理论对城市交通产生的重要影响,并催生出3种不同的城市交通发展模式;然后梳理了城市规划中具有重要作用的交通发展理念;最后聚焦交通与城市发展矛盾凸显的历史文化名城,试图探讨旧城历史文化环境保护与现代机动交通发展的关系。

4.1 交通与城市发展的关联性

《雅典宪章》提出城市的四项基本功能:居住、工作、游憩、交通,这些功能需通过用地才能实现,交通则是联系城市功能的纽带。在《雅典宪章》后,随着城市、社会生产力的发展,城市的复杂性越来越明显。《马丘比丘宪章》对《雅典宪章》进行了补充、发展和提升,提出公共交通是城市发展规划和城市增长的基本要素,城市必须规划并维护好公共运输系统,在城市建设要求与能源衰竭之间取得平衡。

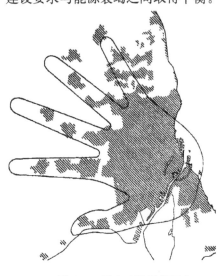

图 4.1 哥本哈根指状形态

可见,交通是城市的重要载体,交通始终贯穿于城市的形成与发展,它对于城市发展有着重要影响。交通是城市形成、发展的重要基础,交通系统的完善程度与城市规模、经济、政治地位有着密切关系。交通对城市布局有着重要影响,城市交通走廊一般也是城市空间发展走廊。例如,哥本哈根的指状结构城市形态就与其轨道交通发展密切相关(图 4.1)。当然,城市发展也会反作用于交通。空间规模和布局的变化,通过影响交通可达性而影响居民对交通方式的选择,从而影响城市交通的发展。此外,过度的城市开发也会对城市交通产生负外部效应。《雅典宪章》中提到,大城市商业服务、文娱设施等过度集中在市中心,也是造成市中心交通拥挤的重要原因。

交通规划是城市规划的重要组成部分,两者紧密相关。随着社会经济的高速发展、城镇化的日益加快,城市规划和交通规划系统开始不相协调,公共交通体系不完善、道路基础设施不完备,交通拥堵、交通污染问题突出,都已成为阻碍城市化发展的重要因素。尤其是在国土空间规划改革的背景下,传统交通规划体系更难以满足新时期城市规划建设的需求。促进城市规划和交通规划的良好互动关系,才能满足城市不断发展的需求,为现代化城市建设提供保证。

现阶段,我国传统的交通规划往往仅作为城市规划的配套产品,城市规划体系中的核心要素——用地,与道路交通的协调性难以厘清,交通常常让位于空间结构、土地利用、经济发展等而未给予充分关注。在南京城区,也因此诞生了古城区核心地段建设紫峰大厦、在老城区内布局大量的三家医院并仍在改扩建等,致使交通拥堵问题非常严重。未能有效协调交通规划与城市规划,导致城市发展与交通需求无法匹配。在开展规划建设的过程中,应该由交通引导城市用地发展,改变由城市规划主控交通规划,再以新修道路作为城市交通问题解决方式的"恶性循环",加强两者之间的互动,充分挖掘城市规划和优化的潜力。对于城市规划者来说,则一方面要确保城市功能的有效实现,另一方面要高度重视交通问题并能得到高满意度的解决方案。城市规划与交通规划之间存在着非常复杂和密切的关联,要协调二者的关系,使城市建设实现预期目标,这需要规划决策者付出更多努力。

4.2 经典城市规划理论与城市交通发展模式

交通模式指城市在特定的用地布局、人口密度、经济水平、社会环境等条件下形成的交通方式结构,以及各种交通方式承担出行量的比重。交通模式反映了城市交通的总体发展战略,是在战略指导下的交通建设、运行、管理及其他要素的总和。综合来看,基于不同的城市发展理论和城市发展特征,可以形成以下3种城市发展模式及其对应下的交通模式。

4.2.1 分散式城市发展模式

该模式的理论基础源于霍华德1898年提出的田园城市(Garden City)理论,他认为应对城市规模加以控制,若城市人口超过一定范围,则应该另建新城。中心城市的规模较大些,若干个田园城市围绕中心城市,相互之间由铁路、公路等快速交通相连接(图4.2)。后来的卫星城理论(Satellite City)也是受田园城市理论的影响发展而成。赖特于1930年提出的广亩城市(Broadacre City)理论也是提倡城市分散发展的典型代表。居住区之间通过高速公路相连接,提供方便的汽车交通,这一设想将城市分散发展的思想发挥到极致,20世纪60年代后,美国城市普遍郊区化在相当程度上也是这种思想的体现。分散式城市发展模式常使得小汽车成为城市交通的主导方式,如洛杉矶、底特律、丹佛、旧金山等。

洛杉矶是典型的高度依赖小汽车、城市沿高速公路向周边郊区低密度蔓延的发展模式。1955年美国联邦高速公路法通过后,洛杉矶进行了20多年的高速公路建设。直到20世纪70年代中期以后,建设速度才逐渐放缓。高速公路的大力建设和小汽车的广泛应用,使得郊区化进程加快,汽车文化得以兴起。洛杉矶的城市空间结构也决定了私人汽车必然成为主要交通工具。在这种发展模式下,公共交通发展空间被过分挤压——与四通八达的高速公路网相比(图4.3),洛杉矶的轨道交通系统的规模、服务范围实在有限。自1991年联邦交通法通过后所采取的地铁发展计划实际上也并未取得成效,其原因在于从中心到郊区放射状地铁布局并不能适应洛杉矶的分散发展模式。

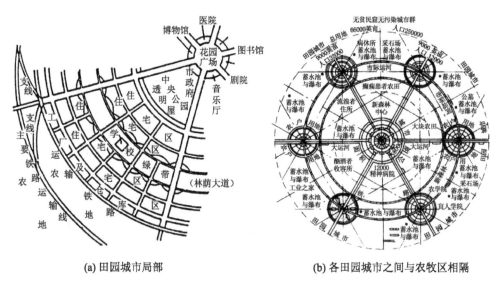

(a) 田园城市局部　　　　(b) 各田园城市之间与农牧区相隔

图 4.2　霍华德"田园城市"方案图

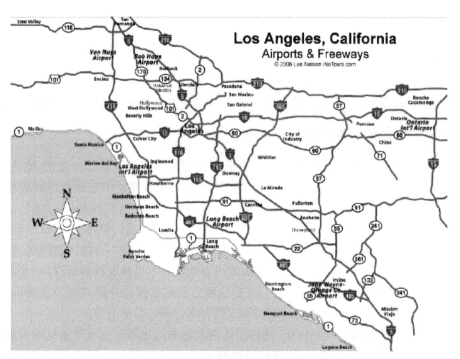

图 4.3　洛杉矶高速公路系统示意图

4.2.2　集中式城市发展模式

该发展模式以勒·柯布西耶的集中主义为理论基础。他在《明日之城市》中主张通过在城市中心建设高层建筑，通过增加建筑层数提高中心区密度，解决拥挤问题，多出的空间用以增加道路宽度、绿地和公共设施。同时，建立一个新型的、高效率的城市交通系统。该理论后来影响了新城市主义(New Urbanism)理论。新城市主义最具代表性的是"传统邻里开发模式"(Traditional Neighborhood Development，TND)和"公交导向开发模式"(Transit-Oriented Development，TOD)。TND 是基于邻里单元思想(Neighborhood Unit)所提出的一种新的社区开发模式，它修正了机动车导向的交通规划理念，打造慢行友好环境，极大地鼓励了步行及公共交通出行方式。TOD 则以公交与慢行为导向，强调沿公交节点高密度开发，适当限制私人小汽车的发展。这种城市发展模式非常利于公共交通的发展，亚洲一些高密度开发的城市，如新加坡、中国香港等都是典型城市。

20 世纪 90 年代之后，新加坡跻身发达国家行列，城市发展迅速，民众提高了对出行服务水平的要求。1996 年，《交通规划战略白皮书》(*White Paper：A World Class Land Transport System*)发布，该规划建立了城市轨道交通网络，有效抑制了私人小汽车的发展。2008 年，《新加坡陆路交通总体规划(2018)》颁布，旨在建设一个更加以人为本的陆路交通系统，该规划建立了高品质的公共交通系统。2013 年，新加坡又提出"陆路交通规划"，包括整合不同交通系统，提高公共交通服务品质和降低对私人交通的依赖等措施，更加重视交通系统的服务提升。多年来的实践及努力使得新加坡公共交通系统发展迅速(图 4.4)，并占据了交通出行的主导地位。

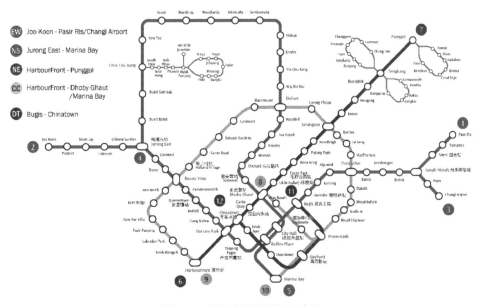

图 4.4　新加坡地铁网络示意图

4.2.3　分散化集中的城市发展模式

该发展模式以沙里宁的有机疏散理论(Theory of Organic Decentralization)与紧凑城市(Compact City)为核心思想。有机疏散，即针对大城市病，"对日常活动进行功能的集中"和"对这些集中点进行有机的分散"。这种折中主义的发展模式极大地影响了战后的新城建设，并催生了 20 世纪 90 年代出现的紧凑城市理论，其核心是城市适度紧凑和用地功能混合。为避免盲目集中发展,"分散化的集中"逐渐成为紧凑城市理念的空间规划途径。欧洲的许多大城市都是这种发展模式,如伦敦、巴黎等。这种发展模式适宜公交与小汽车协调发展。

二战后,为满足城市建设与发展需求,大伦敦为单中心同心圆封闭结构,并以放射路与同心环路直交的交通网连接(图4.5)。20世纪60年代,为解决城市中心衰退的困境,"大伦敦发展规划"被提出。该规划促进了当地基础设施建设,整合了高效的公共交通系统。2001年,为提高伦敦交通系统的整体效率与质量,第一轮"市长交通战略"出台,措施包括控制交通需求(收拥堵费等)、发展公共交通和优化各种交通方式衔接等,这一时期伦敦开始控制小汽车发展,并重视不同交通方式的整合,由此也形成了差异化的交通政策。近年来,伦敦公共交通与个体交通出行分担率基本持平,公交与小汽车交通保持均衡发展。

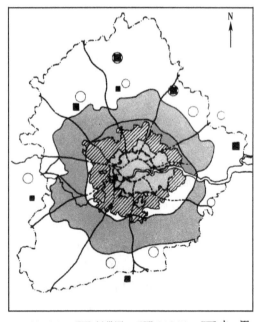

图4.5 大伦敦规划结构示意图

4.3 城市规划领域的交通规划理念及方法

本节主要梳理了城市规划中一些重要的交通规划方法,阐述其概念、内涵及方法等,同时对其在我国的实践现状及问题也进行了一定的讨论,旨在为我国可持续交通提供方法借鉴。

4.3.1 绿色交通

加拿大专家克里斯·布拉肖德(Chris Bradshaw)于1994年首次提出"绿色交通"(Green Transport)的概念,他认为所有城市都应该大力发展绿色出行,通过改善城市出行与居住环境,减少各类城市交通问题等手段,以较低的成本实现城市交通的高效率运行。随后,在此基础上他构建了绿色出行等级体系,认为绿色交通工具的优劣等级依次为:步行>单车>公共交通>共乘车>私家车。这种绿色交通理论后被运用于城市建设实践中,如哥本哈根并不仅仅满足自行车系统方便市中心居民的出行,而是通过公共交通加强与城市外围的衔接,希望使郊区居民也能以公交和慢行代替小汽车出行。

21世纪以来,我国也有学者开始研究绿色交通,绿色交通也在我国得以实践,如广州的快速公交系统,杭州公共自行车系统,以及水上巴士、厦门高架BRT和健康步道等。绿色交通理论是促进城市交通迈向可持续的重要策略,对城市交通规划建设具有重要影响。

4.3.2 交通稳静

"交通稳静"(Traffic Calming)的实践最初源于一些欧洲市民的自发行为。1960年,欧洲城市的快速机动化导致一系列城市问题,因此,荷兰代尔夫特市的居民开始自发进行街道改造,并最终促成政府立法确立"庭院式道路"这一稳静化措施。1963年,英国教授布坎南最早在"城市交通"报告中提出"交通稳静",后于20世纪70年代在德国步行区的建设中得到大量实践。1997年,国际交通工程协会大会明确了其定义:指包括减少机动车辆带来的消极影响、改变驾驶者的行为方式和改善非机动道路使用状况在内的所有措施,涵盖道路规划、设施景观、交通管理与政策等内容。如今,稳静化已经成为欧洲城市广泛采用的交通管制手段(图4.6)。

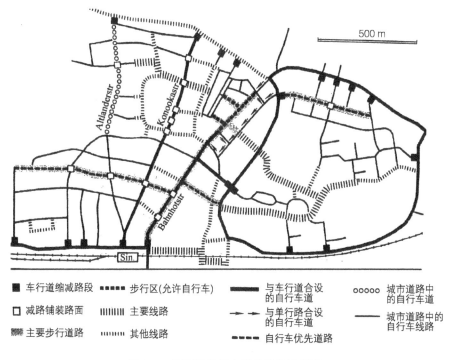

图4.6 德国某社区交通稳静化示意图

总体来说,交通稳静化追求两方面的平衡。一是交通结构平衡,即通过限制机动车交通发展,鼓励慢行交通和公共交通。二是机动车交通通达和街道空间品质之间的平衡,即通过塑造人性化的街道空间尺度,既能满足小汽车通行需求,又能保证慢行者安全,同时改善城市空间环境,提升街道活力。如慕尼黑市坚决抵制"多车道宽马路",在城市环境较好的地区设置交通安宁区,重点改进、完善自行车道和人行道系统,创造行人优先区(图4.7)。受快速机动化的交通背景影响,我国目前对于交通稳静化的认识还存在一定偏差,相关实践仍较为滞后。

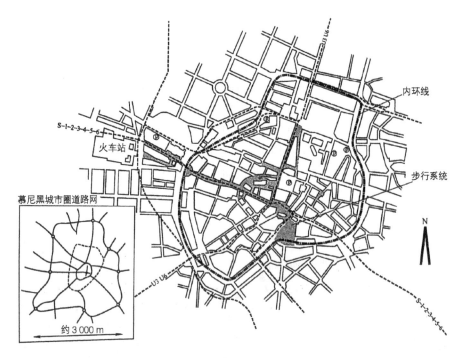

图 4.7 慕尼黑市中心区交通系统示意图

4.3.3 共享街道

共享街道（Shared Street）理论可以追溯到 20 世纪 60 年代，布坎南在"城市交通"报告中引入环境原则，这为共享街道理念的产生奠定了基础。20 世纪 60 年代末，荷兰代尔夫特对该理念进行了首次实践（图 4.8），在社区中移除标准化的标线、路缘石、道路标志和路障等，尝试融合交通与居住空间，鼓励慢行交通。之后该理念逐渐被荷兰所接受，荷兰政府于 1976 年正式出台了相关导则与规章。

共享街道的根本理念是，构造一个统一体，强调共同体和居住使用者，行人、儿童、骑行者、停靠的车辆和行驶的汽车都分享同一个街道空间。其特征是：①行人与机动车共享路权，但行人优先；②出入口明确，人行道和车行道无严格区分，通常为带有铺装的连续性路面；③车速与行车路面屏障和街道设施的限制，只能低速前进，充分保障慢行者安全；④形式可以是街道、广场等，拥有充分的绿化景观和休闲设施。随着共享街道的不断发展，许多国家也都有成功实践，如新西兰奥克兰的福特街（Ford Street）（图 4.9）、英国伦敦的凡·高步道（Van Gogh Walk）、西雅图贝尔街公园（Bell Street Park）等，保障了行人优先和其安全性。国外有研究表明，较传统街道而言，共享街道减少了超过 20% 的交通事故，以及超过 50% 的严重交通事故，其优越性不言而喻。

4.3.4 开放街区

国外街区制的发展由来已久，现代意义上的"开放街区"源于美国，它与"封闭住区"相对应，是一种开放式的居住区模式。其主要特征有：①由城市主干路围成，内部路网密度较高；②街区内建筑沿道路建设，且不设围墙，不存在统一连续的界面；③街区内公共交通和公共基础设施配套完善，充满活力。

4 城乡规划学中的交通规划理论方法与思考

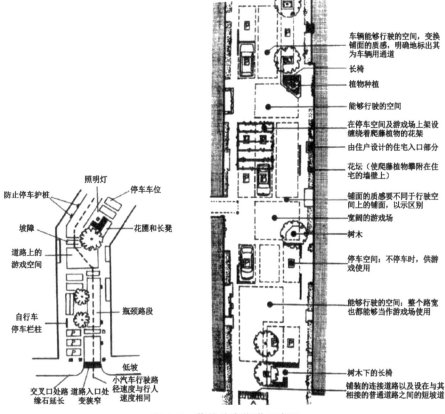

图 4.8 荷兰共享街道示意图

改造前 　　　　　　　　　　　　　　改造后

图 4.9 新西兰福特街改造前后对比

长期以来,受苏联模式和市场机制影响,我国多建设大型封闭式社区。从规划原则、建设形态上来说,实际上它脱胎于 1929 年美国社会学家克莱伦斯·佩里(Clarence Perry)所提出的"邻里单位"思想。无论是封闭还是开放,是大街区还是小街区,其实都是为了在特定条件下实现"邻里单位"对社区空间质量的构想。2016 年 2 月,中央出台相关文件,明确"推广街区制"和"开放封闭小区"。自此,相关学者开始聚焦开放街区的可步行性研究。曹新宇等以哈尔滨为例,研究证明由于关注维度的不同,封闭社区与开放社区的居民对可步行性的总体满意度基本没有差异,且开放社区需要对空间环境、户外设施等有更多关注。金俊等通过对南京河西CBD一期南部街区和日本品川国际城进行开放街区步行环境质量评价,发现商业空间形态、步行系统结构、外部景观形态和建筑界面形式是其4个主要影响因素。"开放街区"受到越来越多的关注,但其在我国的实际推广中仍存在诸多问题。

国内"开放街区"的出发点存在误区,即"为车,还是为人"。"开放街区"本不是用来解决机动车拥堵问题,而应致力于创造步行友好环境。有活力、有魅力的街区不需要机动车的"入侵"。密集的支路网也会催生更多商机,拉动消费;而消费群体主要是慢行者,非驾驶者,国外"开放街区"的实践也恰恰得益于此。国内则"以车为本",仍停留在致力于解决机动车交通拥堵问题的层面。

在国家关于"小街区密路网"的正式通知中,推荐的地块大小是2~4 hm²,后来有专家推荐2 hm²左右,这意味着道路间距为150 m左右为宜。但如果没有明确道路路权,如此密集的道路网虽增加了小汽车的通行延误,但会不会提升小汽车"门到门"的优势?

4.3.5 TOD模式

TOD(Transit-Oriented Development),即公交导向开发模式。彼得·卡尔索普(Peter Calthorpe)曾明确提出了公共交通主导的发展单元(图4.10),即以区域性公共交通站点为中心,以适宜的步行距离为半径的范围内,包含中高密度住宅及配套的公共用地、就业、商业和服务等具有复合功能的社区。典型的TOD主要由以下几种用地功能构成:公交站点、核心商业区、办公区、居住区、次级区、公共/开敞空间等。根据所处的地理位置以及在区域中发挥的作用,TOD可以分为城市型TOD(Urban TOD)和邻里型TOD(Neighborhood TOD)两种类型。

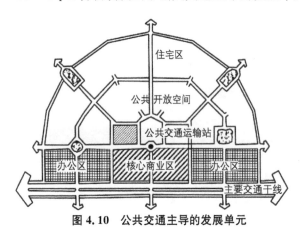

图4.10 公共交通主导的发展单元

在我国的TOD实践中,人们往往将其与TAD(Transit-Adjacent Development)混为一谈,即交通毗邻开发模式。TAD中的"Adjacent"意为"毗邻、邻近",缺乏对交通与土地一体化开发的考虑,而TOD中的"Oriented"意为"面向",既指其本意——朝向,也包含引申含义——以……为目标,二者有本质差别。TAD无论是土地利用,车站接入方式,还是场地设计,都缺乏与公共交通的功能性连接,它仅表示交通设施与周边物业在空间上的接近,但在项目开发建设中并未有效利用这种接近。TAD可能会对公交运营和当地的生活环境产生消极影响,而对公交的促进作用并不明显。潘海啸等研究发现,TAD中的居住区汽车拥有率很高,原因是其与沿线的交通网络缺乏无障碍连接,以及住宅区停车位充足,导致公交利用率不高。成功的TOD应当如香港地铁九龙站(Kowloon Station)(图4.11)。从平面上看,九龙站地段的住宅、酒店和办公设施均呈圈层式开发,并朝向地铁站。对车站和周边物业整体考虑,从车站可以直接过渡到酒店、办公楼,甚至可以通过直梯从住所到达地铁站。这类案例中的建筑物朝向也因此做足了"导向性",而使得公共交通被大多数人认可和采纳。随着城市或郊区中越来越多地利用公共交通站点作为区域再开发引擎,TAD 和 TOD 在时空上也可能会有变化,TAD 慢慢可能会转化为 TOD。

TOD 实践中另一个较为突出的问题则是缺乏对 TOD 公平性的关注。TOD 能显著提升地块的交通可达性,并带来土地及住房的增值。但是,对一部分社会群体尤其是低收入者来说,可达性的提升会增加居住成本,在一定程度上降低其住房可支付性。与高收入者相比,一些无车和低收入者由于缺乏可替代交通方式,显然对公共交通的依赖程度更高。反观如今,很多 TOD 社区已然成了富人区,而这部分高收入群体对于公共交通的需求较小,这本身就与构建 TOD 模式的初衷相悖。因此,林雄斌等学者认为应当构建一种更加公

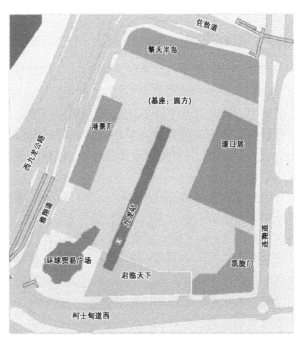

图 4.11 香港九龙站周边建筑围合示意图

平的、适合不同收入阶层的 eTOD(equitable TOD)模式,以形成适合多元收入群体的 TOD 效益(图 4.12)。

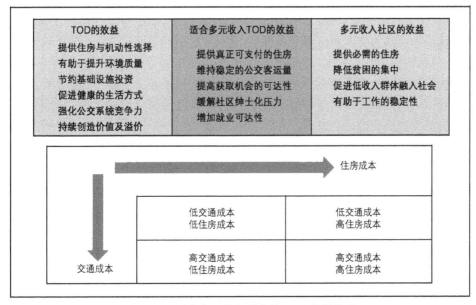

图 4.12 适合多元收入群体的 TOD 发展收益

当前,越来越多的人已经开始重视这些问题,交通与土地的一体化开发,交通公平性也常常成为热点话题。通过对当前 TOD 模式的不断改进及优化,也一定会出现越来越多成功

的TOD案例。

4.3.6 职住平衡

"职住平衡"理论最早来源于霍华德"田园城市"中居住与就业相互临近、空间均衡的思想,后柯布西耶的"城市集中主义"思想为职住空间均衡发展提供了前提条件,因为只有功能上的集中才能为职住平衡提供实践基础。该理论的基本内涵指在一定地域范围内,就业人口数量与就业岗位的数量大致相等,大部分居民可以就近工作,长距离、长时间的通勤出行大大减少,由此人们更倾向于选择步行、骑行等绿色交通方式出行,达到减少交通拥堵和空气污染的目的。

国外学者曾围绕"职住平衡"是否对解决交通拥堵起到关键作用进行讨论。支持者认为职住平衡可以有效缩短通勤距离、减少通勤时间。罗伯特·瑟夫洛(Robert Cervero)等发现当居住地约6 km(4 mi)范围内有充足的工作岗位时,居民的通勤距离和成本明显降低。此外,他还对全美42个最大的郊区就业中心进行调研分析,发现职住不平衡程度与周围高速公路的拥堵状况呈正相关。反对者则认为职住平衡并未对解决交通拥堵问题起到关键作用,帕戈(Peng. Z. R)以美国波特兰都市区为例,研究发现就业-居住比处于0.8~1.2时,通勤距离无明显差异。

随着国内各大城市交通拥堵问题日益严重,"职住平衡"作为提高城市空间组织效率、改善交通拥堵的重要理念和手段,也再次被重视。

目前,虽然"职住平衡"的观点已被普遍接受,但其在实践中仍有局限性。第一,通勤半径的选取尚未有定论,研究范围模糊不清。研究范围一旦过大,测算平衡度将毫无意义,比如绝大多数县级以上城市能在整个辖区范围内实现平衡。第二,通勤交通比例逐步降低。职住平衡旨在缩短通勤距离,而随着社会经济的发展,娱乐、购物等弹性出行比重将持续上升,因此仅以通勤交通为切入点缓解交通拥堵,其科学性有待验证。第三,在实际生活中,居住地选择还包括购房(租房)成本、交通便利性、公服设施配套等其他因素。即便在特定区域按"职住平衡"进行建设,也不能确保区域内真正实现职住平衡。尽管"职住平衡"的实践具有诸多局限性,国内外研究中对于"职住平衡"能否明显改善城市交通拥堵也尚未形成统一意见,但其仍然具有重要的研究意义。有关"职住平衡"在空间内平衡还是在时间内平衡,后续章节仍会讨论。

4.3.7 人车分离

城市的形成为人们日常活动提供了便利条件,人们通过交通出行来完成日常活动。快速交通工具尤其是汽车出现后,城市机动性大大提高。与此同时,人车矛盾也越来越凸显,交通事故增多,城市环境被破坏。因此,为了缓解人车矛盾,可以尽量减少车辆与行人的相遇,通常用到的手段即构建人车分离系统。

人车分离思想首先体现在雷德朋体系(Radburn Idea)。美国新泽西州的新镇雷德朋,是由克拉伦斯·斯坦(Clarence Stein)与亨利·赖特(Henry Wright)于1928年完成规划并开始建设的(图4.13)。在雷德朋的实践中充分考虑了小汽车对现代城市生活的影响,首次将居住区道路按功能划分等级,提出了树状道路系统及尽端路结构,在保障机动车流畅通的同时减少了过境交通的干扰;采用人车分离的道路系统以营造出积极的邻里交往空间(图

4.14),这在当时被认为是解决人车冲突的理想方式。如今很多小区的规划设计中依然沿用了这种交通组织方式。

除了在居住区中实行人车分离,城市道路交通组织中也蕴含着这种思想。例如,城市道路横断面一般都是由车行道、人行道、绿带等构成,从而满足了机动车、非机动车和行人的交通需求,使其各行其道,互不干扰。一些城市桥梁中双层桥面的设计中,上层通机动车,下层通非机动车和行人,交通实现快慢分流。如重庆嘉悦大桥(图 4.15),全长 767 m,宽 26 m,双向 6 车道,车辆与行人上下分流,下端两侧设计为各宽 5 m 的"观光长廊"。还有城市道路上设置天桥和地道等过街设施也是为了实行人车分离,保障行人安全,如南京洪武路天桥(图 4.16)。另外,在一些大型交通枢纽,交通流较为复杂的情况下,也多采用人车分流系统来有序组织交通。

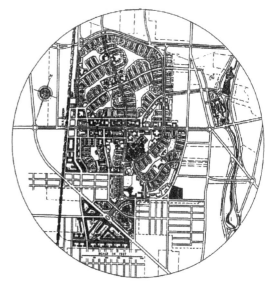

图 4.13 雷德朋新镇原规划结构

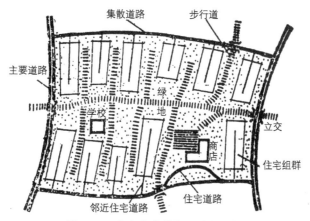

图 4.14 人车分离的邻里交往空间

图 4.15 重庆嘉悦大桥

图 4.16 南京洪武路天桥

4.3.8 多重轴线

城市交通组织模式往往取决于城市特征,不同的城市形态适应不同的交通布局方式,成功的典型案例如巴西库里提巴市的"三重轴线"、我国阿勒泰市的"四重轴线"。

1965 年,库里提巴市总体规划中确定了线性城市的发展模式,就城市的发展形态达成一致。"三重轴线道路"的建立是其城市轴线发展的关键(图 4.17),其有效整合了快速公交、道路体系和土地开发。第一条轴线是完全封闭的中央公交道,专门服务大容量公交,在这里可以方便换乘支线及其他公交线。另外两条轴线是中央公交道两侧的一对单向辅道,便于车辆出入道路两侧建筑。成对的单向道路上还设置了站间距较大的"直达公交线路",又称"快线",也是城市发展轴的边界线。经过多年的发展,库里提巴市的公交可达性日益提高,成为名副其实的"公交都市",如今已成为巴西小汽车使用率最低的城市。

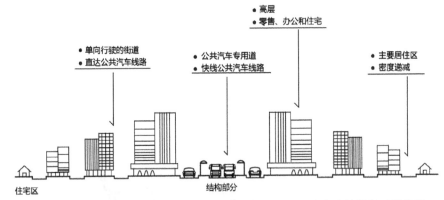

图 4.17 库里提巴市"三重轴线"道路系统沿线土地利用和密度的横断面效果图

阿勒泰市根据其带状城市的特征,基于"公交+慢行"思想,提出打造"四重轴线"的生态交通网络。四重轴线包括公共交通轴线、慢行交通轴线及两条机动车交通轴线。如图 4.18 所示,公共交通轴线沿纵向城市发展轴构建公交走廊,串联不同的城市片区;慢行交通轴线沿河或山体,同时利用城市道路、休闲小径向生活区延伸,承担步行休闲、接驳公交及短距离通勤的功能;机动车交通轴线组织在城市建成区外围,并通过城市主次干道与公共交通轴线相衔接,承担片区小汽车通勤、分流过境交通及货运交通功能。

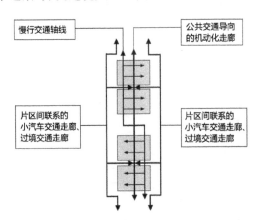

图 4.18 阿勒泰市"四重轴线"生态交通布局模式

此外，日本筑波科技城、中国天津中新生态城在带状城市布局中也采纳了多重轴线的思想，并区别于一般城市以城市干道作为中轴线，创新性地设计了位于带状中间的步行主轴。筑波科技城的步行主轴还串联了城市各功能区、大学、市中心、公园等，从而保持了空间的连续性（图4.19）。

多重轴线的交通组织方式充分考虑了小汽车交通、公共交通以及慢行交通之间的和谐发展，使得生态交通模式能够在城市综合交通体系的构建中予以应用和落实，推动了城市交通的可持续发展。

4.3.9 空间句法

空间句法于1970年代由英国伦敦大学学院巴特莱特建筑学院比尔·希列尔（Bill Hillier）首先提出，将空间进行分割，从而构建出拓扑网络进行量化分析。按照空间分割方式划分的不同，有轴线（线段）分析法（图4.20）、凸多边形分析法（图4.21）、视域分析法等（图4.22）。

空间句法常采用选择度、平均深度值、整合度、可理解度等指标进行空间分析，具体计算公式及含义见表4.1。

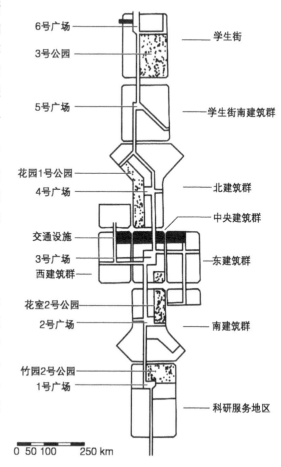

图 4.19 筑波科技城步行中轴线示意

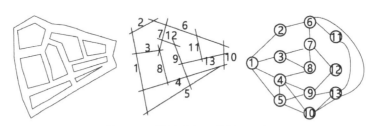

图 4.20 轴线分割及其构形分析

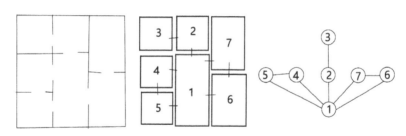

图 4.21 凸多边形分割及其构形分析

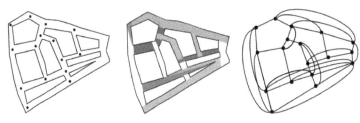

图 4.22　视域分割及其构形分析

表 4.1　空间句法常用指标计算公式及含义

指标	公 式	含 义
选择度	$C_i = m$ 式中：C_i 表示中心空间 i 的选择度；m 表示系统任意两点的最短联系路径中中心空间 i 出现的次数	可衡量一个元素吸引穿越交通的潜力
平均深度值	$MD_i = \dfrac{d_i}{n-1}$ 式中：MD_i 表示直接联系的步长为 1 时中心空间 i 的平均深度值；n 表示与中心空间 i 相连的包含其自身在内的空间数量；d_i 表示某一中心空间到各个空间的步长总和	单个点计算得到的全局拓扑深度值可反映网络的通达性
整合度	$RA_i = \dfrac{2(MD_i - 1)}{n-2}$ $I_i = \dfrac{1}{RRA_i} = \dfrac{D_n}{RA_i}$ $D_n = \dfrac{2n\left[\log_2\left(\dfrac{n+2}{3}\right) - 1\right] + 2}{(n-1)(n-2)}$ 式中：I_i 表示空间 i 整合度，MD_i 表示空间 i 平均深度值，RA_i 是经过不对称处理后的平均深度值，RRA_i 是经过标准化处理后的 RA_i，D_n 是基于钻石模型的标准化参数，n 表示与中心空间 i 相连的包含其自身在内的空间数量	系统某一空间与其他空间集聚或离散的程度，分为局部和整体。整合度表达一个空间与其他所有空间的关系，局部是一个空间与其他 n 步之内的空间的关系
可理解度	$U = f\left(\dfrac{I_n}{I_N}\right)$ 式中：U 表示空间 i 的可理解度，$\dfrac{I_n}{I_N}$ 表示在步长 n 的范围内的局部整合度与全局整合度的比值，$f(\ )$ 表示关系线性回归函数的拟合度	可理解度越高的地区，局部中心性越能融入全局空间结构，从而产生经济和社会活动的乘数效应，导致空间系统功能的多样性与复杂性

空间句法在城市规划中应用比较广泛，常用于城市形态、历史街区规划设计、城市可达性等方面研究。其中，空间句法在城市交通的应用研究相对比较成熟，在城市尺度上，可用于研究城市道路与城市设计、交通可达性与土地利用、房价的关系、地铁可达性等。如：陈秀昌等利用空间句法结合北京地铁规划图对地铁的可达性进行评价；肖扬等利用空间句法分析道路网络结构对住宅价格的影响机制。在区域尺度上，空间句法常用于区域交通网络的分析，如：朱桃杏等利用空间句法对京津冀区域铁路交通网络结构进行评价；刘承良等基于空间句法对武汉城市圈城乡道路网的通达性的演化进行分析，对京津冀、珠三角等城市群

和都市圈的城市交通网络进行研究。近年来，也有不少学者结合大数据对空间句法的应用进行创新，如 Sheny 等结合社交媒体的登入数据、POI 数据，利用空间句法分析各地区的功能联系度；张晓瑞等基于空间句法和 LBS 数据对合肥市人口分布空间格局进行研究。

虽然空间句法应用广泛，但主观性略强，技术实现的难度和现实的差距是不可回避的问题。

4.4　历史文化名城的交通发展

随着机动化进程加快、交通需求激增，各城市的老城区已成为城市交通矛盾凸显的区域。而对于历史文化名城的老城区而言，在承担大量城市日常生活性交通的同时，还承担着旅游性交通的重要作用。此外，旧城的街巷道路系统已成为历史风貌的有机组成，改善交通问题时不能简单地拓宽马路、开辟新路。本节对历史文化名城在发展过程中出现的交通问题进行了阐述，并提出应对和优化措施。

4.4.1　历史文化名城交通困境

由于历史发展原因，大量的城市功能集聚在老城区，包括行政、医疗、教育、商业、旅游等，吸引了大量交通出行；而由于老城区的居住功能大量外迁，很多就业者居住在老城外，进一步增加了老城区的通勤交通压力；旅游资源的集中，也使得集聚效应更为明显，老城的交通供给严重不足。但大部分老城的街巷道路系统形成于小汽车出现之前，其空间环境也并不适于小汽车交通。小汽车交通的快速增长对老城的传统交通空间仍带来了直接冲击，比如老城中配建大型停车场的购物中心逐渐取代了传统商业街，小汽车可达性也直接影响了餐饮、零售、娱乐等商业服务网点的布局和发展。这种与小汽车相伴的生活方式的改变，也成为老城交通堵塞的重要原因。同时，机动车交通的快速发展，也使得人车矛盾日益突出，机动车无处停放或侵占慢行空间等问题日益严重。这些问题使历史文化名城的保护陷入困境。

对于历史文化名城的交通规划，目前有两种观点：一种认为全面保护古城，即不改动古城的道路交通资源，采取所谓"博物馆"式的保护。但这样的保护方式无法满足多样化的出行需求，从而使城市失去活力，其保护也将失去价值。另一种观点认为通过"大刀阔斧"的新建道路交通资源来满足交通需求，显然此举会造成一批有价值的历史街区遭到严重的破坏。这两种观点显然均失之偏颇。

4.4.2　历史文化名城交通发展策略

《雅典宪章》曾指出：旧时代形成的道路系统已经不能适应现代交通的发展，城市需要"全新的道路系统"。这个"全新的道路系统"对于旧城区和新城区的要求并不相同。新城区的道路系统应该适应于"现代机动交通的模式"，而旧城区的街巷道路系统则应该考虑"在保护历史性非机动交通环境的基础上适度满足机动交通的模式"，主要可以采取以下几种策略：

1）逐步疏散老城功能

打破单中心的城市结构，使城市向周边拓展新区，以形成多中心的城市结构。将老城区部分原有工业迁至新区,以形成一定规模的工业用地,并在新区构建复合高效、多元混合的土地利用布局模式,促进一定范围内的职住均衡;完善新旧城区商业、学校、医疗等配套公共设施建设,以减少潮汐交通和远距离交通,从而有效控制老城交通需求。

2) 完善道路交通网络

为切实保护老城,避免大量过境交通破坏其内部环境,可在老城外围建设环形主干道,疏解穿越老城的东西、南北向交通。增加老城外机动车交叉口,以及在老城入城口、步行街入口、大型旅游景点附近开辟停车场,构建"P+P(Parking+Pedestrian)换乘口袋",切实解决"能来难入"难题,实现方便停车。此外,梳理老城内主、次、支及街巷系统,提高内部交通可达性,改善微循环能力,并保障慢行与公共交通的通行,某些情况可以考虑道路降级,如将干道降为支路。

3) 优化公交体系建设

以绿色生态为理念,以供控需,构建方便快捷的城市公交系统。对外交通以高效畅达为目标,加快大中运量公共系统建设,用于服务老城客运走廊,实现对外快速联系;环古城外围区可建设捷运廊道,满足观光需求的同时,联接机动车、巴士、水运、骑行、步行等多元交通方式;对内交通则优化常规公交线路,增设社区微型巴士、开通旅游公交专线等,实现各层级无缝接驳,提高公交整体运营效率。

4) 打造绿色慢行系统

构建完整的慢行系统,确保步行与骑行路权是连续和有保护的,在交通流复杂的路段设置立体式行人过街通道。结合老城区丰富的自然资源,构筑商业步行街、滨水景观绿道、旅游特色绿道。老城内局部区域限制机动车通行,或允许部分路段通行小型公交。在有条件的老城或古城内部打造交通安宁区、交通稳静区甚至无车区。

5) 强化静态交通治理

静态交通,即停车问题,是老城难以回避的突出问题。除了前文提及的在老城外围建设换乘停车场外,在老城内部仍需满足基本的停放需求。对于老城居民而言,应考虑现有合理的停放规模,并利用开敞空间组织有序停车。北京胡同的社区停车自治和南京老旧小区的摩天轮式停车设施建设是很好的静态交通治理经验。

5 道路工程学中的道路交通设计方法与思考

道路工程学是从事道路的规划、勘测、设计、施工、养护等的一门应用科学和技术,是土木工程专业的一个分支。道路工程学的研究内容主要有路线勘测设计、交叉口设计、路基工程、路面工程、道路排水工程、桥涵工程、隧道工程、附属设施工程和养护工程等。其中,路线勘测设计或道路线形设计与城市规划、交通规划学科的结合最为紧密。

本章首先简要介绍了"平纵横"断面和线形设计及平交和立交设计方法。然后思考既有道路设计中的不足,如:① 既有设计方法因面向机动车而缺乏慢行友好;② 道路规划设计中广泛存在的蜂腰、瓶颈和交织现象;③ "无信控斑马线汽车让行人"的理论与技术缺陷;④ 路网规划向路权规划的转变及不完整街道。

5.1 "平纵横"道路线形与断面设计

道路线形设计是指对道路路幅中心线的立体形状设计过程。道路线形设计通常包括平面线形设计和纵断面线形设计两个方面。道路断面设计则主要指横断面设计。

在设计过程中,需不断从道路路面受力、转弯离心力,以及车辆加速、行驶舒适度、安全性能等思路展开设计工作。本质上,关于"平纵横"的设计是力学和心理学的应用。

5.1.1 平曲线设计

道路的平面线形由直线段和曲线段组成。但显然,直线段不能太长,曲线段转弯半径不能太小。直线段太长,行驶过程会枯燥而没有乐趣,并且,若与直线尽头的小半径曲线相连还会引发事故。曲线段通常包括缓和曲线和圆曲线,缓和曲线的存在是为了使转弯时的曲率和离心力连续变化,不致影响舒适性和保障安全性。

平曲线部分另一个重要知识点是视距。通过停车视距或会车视距分析,施画包络线图,以清除包络线内障碍物来提高行车安全。该视距分析同样存在于交叉口转弯处。

在平曲线设计部分,还提到了加宽和超高两个本属横断面设计的内容。由于机动车尤其是大型客货车的前后轮转弯半径、轨迹不同,在曲线段,应考虑横断面向内侧延展并设置加宽空间。转弯处的车辆受到离心力影响而易导致舒适度和安全性的下降,因此,通过改变道路横坡坡向和适当抬高路面以抵消离心力,来保障行驶的安全性和舒适度,此为超高。

5.1.2 纵断面设计

纵断面设计最核心的要素是坡度和坡长。就纵坡而言,有最大坡度和最小坡度的要求。

最大坡度限制主要是为了考虑爬坡能力,最小坡度则是为了路面排水。坡长同样有最大和最小限制。最大坡长的限制也是考虑到爬坡能力,最小坡长则是为了避免道路频繁变坡而带来的行驶不够连续和舒适。纵坡设计中还需考虑非机动车的特点,在城市道路设计中不能一味地按照机动车行驶特性来安排纵坡。

5.1.3 横断面设计

横断面设计的主要工作即合理安排不同方式的通行空间,如人行道、非机动车道、机动车道、停车带等。由于不同交通方式的尺寸大小、侧方向安全距离等各异,因而通行空间设计应遵循其基本特征,并通过隔离带区分慢速与快速交通,以提高安全性。

5.2 平面与立体交叉口设计

5.2.1 平面交叉口设计

平面交叉口是城市中最为常见的交叉口形式,如十字交叉口、T型交叉口、畸形交叉口等。

1) 视距

在平面交叉口设计中,最为重要的关注点是基于安全角度考虑的视距三角形。有关视距的问题也会在公路平面线形设计中提及,二者的设计方法类似。区别在于:平面交叉口的视距三角形设计中仅考虑少量几个冲突点;而公路的平面线形设计中需考虑转弯过程中的多个冲突点,因而需要设计包络线。

2) 冲突点

相关教材中往往会介绍对于典型的十字交叉口,会有16个冲突点,若采取禁左或者单行线措施则可大大降低冲突点数量。但现实中的十字交叉口冲突点远远不止16个,应考虑每个车道上而不是某一个方向车流可能产生的冲突点,还应补充非机动车、行人与机动车之间的冲突点。由此一来,交叉口的冲突点数量猛增,带来的问题是我们应该选择什么形式的平面交叉口。

T型交叉也是一类常见的城市平面交叉口形式。但如今许多城市将其归为"断头路",多采取打通断头路的方式减少T型交叉。而研究表明,非连续街道模式中大量存在的T型路口比栅格模式的十字路口安全14倍,有研究甚至直言栅格街道网是目前所有路网形态中最不安全的。一个浅显易懂的道理是,十字路口的冲突点(无论是机动车之间还是机动车与行人、自行车之间)一定多于T型路口。

3) 交织

为了减少冲突点,并变冲突点为交织点,一些交叉口采用了环交形式。但环交有其自身缺陷:① 仅能承担中等规模交通量,较大的交通量仍需信号控制平面交叉口或立体交叉来完成;② 一些环交的交织区长度不足,会因未能提供充足的交织长度而导致环交环道上的拥塞。有关交织问题后续章节还会展开。

5.2.2 立体交叉口设计

1）完全互通式立交

交叉过程中没有一个冲突点的立交形式被称为完全互通式立交，如苜蓿叶型立交、定向式立交、涡轮式立交等。区分完全互通式立交形式高级与否的重要因素之一是左转匝道是否先出后入。苜蓿叶型立交由于先入后出引发交织而不属于高级的互通式立交形式。定向式和涡轮式立交则属于较为高级的互通式立交形式，但造价较高。

2）非完全互通式立交

存在立体交叉的形式但仍有冲突点的立交被称为非完全互通式立交，如菱形立交等。常说的跨线桥也属非完全互通式立交。此类立交有效保障了主线交通的顺畅行驶，并兼顾了进出主路的转向交通。

5.3 适应机动车需求的道路设计"法则"

5.3.1 适应机动车行驶的转弯半径

在平曲线设计中，通常会基于行驶车速合理设定转弯半径。但应限于公路体系，城市道路则不应在这样的逻辑中讨论转弯半径问题。究其原因，城市道路中存在大量行人和非机动车，机动车不能主宰城市交通。因此，现实问题是：怎样减小慢行交通和机动化交通的"摩擦"？而现有规范、手册大都面向如何让机动车快速通过来制定规则，即适应机动车行驶的道路设计法则。这一点显然有悖于以人为本的设计初衷，原本属于公路设计体系的逻辑也不能照搬到城市道路。

因此，对城市道路，尤其是核心区道路设计，必须清醒地认识到慢行交通的重要性，为了保障他们的安全，应通过减小转弯半径来降低机动车转弯速度。不难看出，转弯半径应当是设计者设计城市道路时尊重行人、倡导以人为本的一个重要设计工具（相较于政策工具）。

5.3.2 适应机动车流量的道路宽度

既有的规范、教材中多提到双向 6 车道乃至 8 车道的城市干道宽度。一方面，这些道路设计方法参考了苏联模式而显得较为宽阔；另一方面，为了适应机动化进程，规范制定者希望能有较充裕的空间容纳一定的机动车规模。

这就好比交通供需平衡理论中，供给单方面适应需求，却忽视了供给会激发需求。当我们试图增加道路宽度以"适应"机动车快速增长时，事实上"引导"或"诱增"了更多人采用机动化工具。笔者曾利用南京市的居民出行调查数据和建成环境数据开展了多元统计回归分析，结果证实了这种"引导"或"诱增"的存在。

因此，时至今日，我们不得不反思传统道路宽度设计的合理性。小尺度的道路无疑将利于步行和自行车，而非小汽车。如西方及日本一些城市的平均道路宽度大都集中在 10~15 m 甚至更窄，值得关注。减少车道的有天津中新生态城、深圳华侨生态城。阿根廷布宜诺斯艾利斯曾经规划双向 20 车道的七九大道等，也许出于某种决策思维和具有一定的时代背景,但绝不应当成为街道设计的典范而推广。因为若干研究已经深刻表明,拓宽道路的后果是引致更大的交通需求,这一信息并未能在传统的"四阶段预测"中得以体现。

5.3.3 满足路边停车的慢行空间压缩

在美国,基于完整街道理念,为了给骑行者专属的行驶空间,可以在自行车流量相对较大的地区看到如图 5.1 所示的自行车道设置方法,即在机动车行车道和路侧停车带中间设置供自行车行驶的车道。同时该车道还承担着共享车道的功能,在无自行车行驶时,机动车可短时借用。无疑,这一设置将给骑行者带来安全隐患,但优良的驾驶习惯和严谨的交通规则保障着骑行者的人身安全。此外,即使是高峰时段,自行车道上骑行者也并非拥挤不堪。因此,道路边侧的机动车停车和启动过程对其的影响微乎其微。

图 5.1　西雅图市中心一号大街街景

美国很多城市的自行车道相比机动车道应属后生事物,并且是自行车"抢"走了原属机动车的行驶空间,但驾车人并未就此在行驶中挤压骑车人,相反处处谦让,事故率也有所下降。在国内,自行车道不断被蚕食,或者所谓"创新性"地将自行车道设置在行车道和停车道之间(与美国相仿),在没有完善相关交通法规和未形成良好驾车习惯的前提下,大量骑行者的安全性堪忧。并且,路边停车占用了大量慢行空间,相反给予了大量骑车人这类弱势群体狭小的骑行空间。西方常用一个词"protected"来形容自行车道得到安全保障,国内恐怕谁也不敢说如此的自行车道设计是受保护的,这终将导致自行车(包括人力和电动自行车)使用量的下降。

5.2.4　忽视行人非机动车的右转冲突

当前,学界和社会普遍的共识是既要不断提高交通服务水平,又要保证社会各阶层都能平等的享用城市交通资源,体现社会公平和以人为本。这些基本理念应当成为研究和解决城市交通问题的出发点和落脚点。

众所周知,交通问题、交通瓶颈最易发生在道路交叉口处。关于交叉口渠化设计,无论教学还是实践,都在强调左转机动车导致的冲突点最多,因此在某些交通流量较大、平面几何特征较为复杂的交叉口自然可以考虑禁左,以减少冲突点、保障机动车行车安全、减少信号灯相位数,措施简单而高效。现实中,禁左也恰恰是许多城市从提高路口通行效率出发采取的惯用措施。但笔者认为上述冲突点的分析不够全面,容易导致以偏概全。事实上,全然从机动车入手的分析和解决手段忽视了更需要保护和关注的非机动车及斑马线上的行人,有统计资料表明,交叉口处交通事故率与左转交通量和非机动车比例同样显著相关。

交叉口处必须考虑机动车与非机动车、机动车与行人的冲突问题,这些冲突会导致交叉口局部的车流、人流不畅,甚至发生交通事故,从而影响整个交叉口机动车、非机动车和行人的通行效率。这些摩擦和冲突典型的情况如下(图5.2):

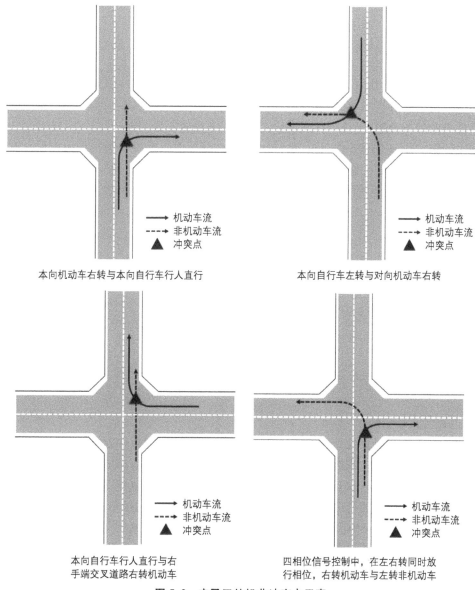

图 5.2　交叉口处机非冲突点示意

(1) 本向机动车右转与本向自行车行人直行。
(2) 本向自行车左转与对向机动车右转。

(3) 本向自行车行人直行与右手端交叉道路右转机动车。

(4) 四相位信号控制中，在左右转同时放行相位，右转机动车与左转非机动车。

此外，干道上设置的路侧公交专用道在邻近交叉口处不得不变为右转车道，使得公交专用道不再连续，公交车与社会车辆交织频繁，公交通行优先权难以体现。还有我们不愿意看到的，多起由于右转大客车司机视线盲区所引发的交通惨剧。由此可以得出的结论是：机动车右转大大影响了非机动车、行人甚至路侧公交车原本正常、高效、舒适的通行权利。因此有必要考虑路口禁右的措施。

与发达国家不同，中国拥有大量非机动车。北京市拥有 600 余万辆机动车的同时还有超过千万的非机动车。像南京这样同时拥有大量人力自行车和电动自行车的城市，非机动车加步行的出行比重是机动化出行的近两倍。但就是在这样的数据对比下，慢行交通空间仍然正在受到越来越多来自机动化交通方式的蚕食——某些城市将原来的自行车道改作机动车道，自行车与行人共用步行道空间；小汽车路边停车猖獗，导致原本属于慢性空间的自行车只能夹缝中骑行等等。这些都极不利于步行自行车的发展，路权得不到保障，与国家相关部委推进的绿色交通、步行自行车示范工程建设等背道而驰。

舒适的慢行交通空间需要回归，这一讨论的本质是将原本位于慢行交通行驶区域的冲突点转移到机动车左转位置上，还慢行空间"简单""纯净"的通行环境，提升效率的同时增强安全性。尽管笔者曾撰文指出禁右的路网设计策略，但规划设计的惯性似乎很难容忍这种相反思路的设计模式。

5.4 道路设计中的蜂腰、瓶颈和交织

前文指出，路网规划设计中往往重视机动车而忽视了慢行交通的安全、舒适和基本路权。但事实上，即使是面向机动车的行驶环境，其路网设计中仍存在大量问题，如蜂腰、瓶颈和交织。

5.4.1 蜂腰

1) 道路合流处的蜂腰

蜂腰是指多条道路上的交通量向少数道路上汇聚的局部道路网或节点地区，造成道路网的集束，使得一条道路（或桥梁、隧道）的服务面太大，造成交通拥堵。造成蜂腰的因素有自然条件（山、河、湖、江），也有基础设施隔离因素（如高速公路、铁路、城墙）。

还有城市用地布局的错位所导致的蜂腰，如南京由于雨花台风景区无法穿越，江宁和老城间的用地布局错位，导致已经饱和的机场高速只能与连接老城与江宁的重要通道——卡子门高架汇集后再连接不堪重负的双桥门立交的超级"蜂腰"（后文将展开介绍）。此类情况在各城市中并不鲜见。

2) 道路交叉处的蜂腰

另外一类特殊的蜂腰是指道路交叉口，当与原道路垂直的道路右转车辆不受圆形红灯影响时，垂直道路上的右转车流与原道路直行车流形成的蜂腰。因此，信号灯设置应尽量减少直行方向和垂直道路右转方向车流的交汇，以避免局部蜂腰的形成。

5.4.2 瓶颈

瓶颈多指同一条道路上,靠近的两个道路断面由于车道数和道路宽度变化等因素所造成的通行能力严重不匹配。

1) 路段上的瓶颈

(1) 显性或固定瓶颈

对于单条道路的路段,由于横断面设计通常是稳定、连续的,一般不会出现瓶颈路段,除非车道数突变。如南京位于内环北线的模范中路西向东进隧道段。模范中路地面道路正对隧道的为3车道,而隧道口横断面为单向2车道,这就导致在进入隧道的位置形成瓶颈,如图5.3所示。这是道路断面设计的失误,由于该类瓶颈相较于后文提到的瓶颈更为明显,可称之为显性瓶颈;又因其为道路基础设施自身存在的而又可称之为固定瓶颈。

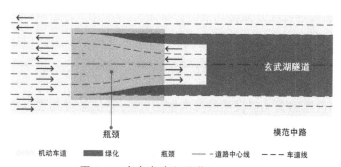

图 5.3 南京玄武湖隧道入口处瓶颈

(2) 隐性或活动瓶颈

不容忽视隐性瓶颈,如间断的合法路边停车和不合法的临时路边停车,如图5.4所示。显然,临时路边停车改变了所在道路横断面的路权格局,停放的机动车在驶入或驶离停车位时会造成局部拥塞。瓶颈路段的存在将在道路局部产生合流点,合流点的产生则大大影响了车速,使得拥挤态势以"波"的形式向车辆后方传播,进而影响整条路段的车流稳定性。这类瓶颈往往是活动的,被称为活动瓶颈,又因其不同于道路基础设施本身的瓶颈而可称为隐性瓶颈。

针对路段上的隐性瓶颈,南京交警在新街口核心区出台了限制各类机动车(公交车除外)在主次干道的违规上下客行为。从2018年11月12日起,南京交警对新街口核心商贸区周边道路进行严管,并对网约车设置"电子围栏",限制其在新街口范围主次干道上下客。为方便车辆停靠,交警部门在核心区范围内设置了46处规范化的停靠点。

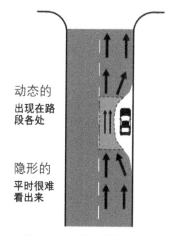

图 5.4 隐性瓶颈图解

该政策实施40天里共计现场处罚违停车辆190起(网约车28辆、出租车22辆、社会车辆140辆),电子警察抓拍488起。随着严管政策的广泛宣传,新街口地区违停车辆也越来越少,已经下降到了日均现场处罚仅4起,电子抓拍仅8.5起,新街口地区违停现象大幅改观。与此同时,新街口核心区域的道路(含支路街巷)拥堵延时指数从1.71下降到1.54,下降幅度近10%;道路的平均通行时速从13.1 km提高到了14.8 km,车速提升12.9%。

网约车则纷纷在其约车平台上调整起终点设置。以滴滴公司为例,该公司主动与南京交警合作,将原先主次干道上的200个乘车起终点进行调整,转移其中的120余个起终点在可停靠的支路并成功上线。同时,滴滴公司还在不断优化乘客出行体验,在大洋百货、东方商城和友谊广场3个大型商场试运行上车功能区。当乘客起点定位在这附近时,系统将自动推荐最近的两三个推荐上车点,对距离乘客较远的定位点还配置了步行引导图,方便乘客到达,试运行以来的效果表现令人满意。

在此,不得不提及被广泛使用的港湾式公交停靠站。"港湾"无疑是温暖、舒适和安全的,但国内近乎所有的港湾停靠站均占用了非机动车道和人行道,与鼓励公共交通优先发展和塑造良好慢行环境的理念相悖。公交车驶出"港湾"进入主路时,显然会出现一处瓶颈,社会车辆和公交车会争抢车道,车行不畅。即使在公交车侧方向或后方设置避让的标志,瓶颈已然存在,只不过问题没有那么严重。可以思考两点:① 让公交车进"港湾"、为社会车辆让出行驶空间是真的公交优先吗？② 公交站台如占用了非机动车道,则非机动车道在此处也形成了瓶颈,那么还需要港湾式公交停靠站吗？

2) 交叉口处的瓶颈

路口展宽是当前道路交叉口设计的标准做法,这一点从教材和规范便知。通常,有两种展宽方法。一种是向右侧展宽,利用非机动车道或机非隔离带增设一条右转车道;另一种则向左侧展宽,利用对向车道或中央分隔带增设左转车道。这种用空间弥补时间分配(信号灯配时)不足的做法看似合理,但存在问题。

进口道左转车道的增加意味着出口道宽度的缩减。一方面,从直对的方向,进口道2个直行车道很可能面对对面出口道的1个车道(图5.5),或进口道3个直行车道面对对面出口

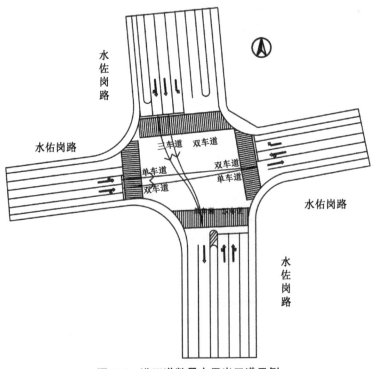

图5.5 进口道数量大于出口道示例

道2个车道,这是明显的瓶颈。因此,需研究交叉口进口道和出口道的车道数"对等"问题。当车道数不对等,瓶颈立显。当前的道路网规划和渠化设计未能就这一问题展开深入讨论和精细化设计。

此外,展宽后的供机动车行驶的道路宽度明显增加,尤其是右侧展宽。这意味着位于停车线前的人行横道线变长,这与西方城市缩减人行横道线的做法恰恰相反。

5.4.3 交织

道路车辆运行中,相对于冲突,交织是较为缓和的车辆间可能产生"摩擦"的活动。一般的,教材中将车辆交角度数较大的称为冲突点,而将交角度数较小的称之为交织点。同时,教材还提出了交织区、交织长度和交织区长度等概念。所谓交织区是指行驶方向相同的两股或多股交通流,沿着相当长的路段,不借助交通控制设施进行的交叉。

诚然,相较于冲突,我们更愿意看到交织,毕竟后者的安全性和效率均高于前者。但当变冲突为交织后,是否就意味着问题大为缓解?现实告诉我们也许并非如设想般美好,某种情况下仍需要回归冲突或增加信号灯。

1) 宽马路中的交织

相关教材在讲述可能通行能力和设计通行能力时都提及了对基本通行能力的修正及其系数,其中之一为车道修正系数。车道修正系数告诉我们:当道路断面上有多条车道时,道路通行能力并非简单的为多条车道通行能力之和,而是有一个折减。那么,是什么原因产生了折减?

交织可以回答这个问题。如果仅有一条车道,那么显而易见不存在车辆的变换车道。当有两条或两条以上车道,则存在由于变向而产生的变道行为。我们常见的路段车流快速行驶,而到了邻近交叉口位置,车速则下降明显。一方面是信号灯设置的原因,另一方面则因为面临在交叉口处的变向需求和交织行为。

因此,宽马路或有多条车道道路的通行能力将由于交织行为而受到影响,这种影响力度随着车道数的增加而增加。当一辆车从最右侧车道变道到最左侧车道,会影响所经过的每一条车道,受影响的相邻车道还会叠加这种影响,从而激化交织带来的矛盾。所以,在认识到宽马路占地大、过街难的同时,还需意识到交织的存在和负面影响。在工程实践中,应设置合理道路宽度。

《城市道路交通组织设计规范》(GB/T 36670—2018)中规定:为维持排队车辆的通行秩序,进口车道应在停止线后设置不少于30 m的禁止变换车道区。显然,这是出于减少交织影响的考虑,但降低道路宽度才是根本措施。

2) 环交中的交织

环形交叉口与一般的平面交叉口相比,具有基本无冲突点、车流连续、行驶安全、便于管理等优点,因而被许多城市在道路交叉口采用。理论上,一般的,当冲突点变为交织点后,可以无需考虑信号灯的设置,信号灯绝大多数情况下是为了减少冲突点。当然,这只是理论情况下。现实中,环形交叉口的环道上有交织无交叉,却也同时配备了信号灯。原因在哪里?

表象是车流过大、并由于需要频繁变道进出交叉口,使得环道上的交通秩序混乱。如果同步存在大量非机动车,则环交的交通状况会进一步恶化。而理论上,则是各种原因导致的交织区长度不足,如环岛形状、车道数过多、流量过大情形下交织区长度低于交织长度。此刻,只能寄希望于加设信号灯来缓解局部拥堵。

可见,变冲突为交织并非一劳永逸,交织有时也并非良药。在一些环形交叉口,常常并不具备足够的交织区,因而在设计环前必须认真研究设置的基本条件,如车流量、车道数、环交面积等。最重要的是明确交织区长度(此为供给)与交织长度(此为需求)的关系问题,若未能科学地分析交织区(段)长度与交织长度的关系问题,则变冲突为交织并减轻拥堵的美好愿景将无法实现。如若交织区长度确实不足并难以协调,则可考虑回归信号灯配置。

下列公式是英国环境部采用的无信号环形交叉口的通行能力计算公式:

$$C=\frac{160(W+e)}{1+\dfrac{W}{l}} \tag{5.1}$$

式中:C 为最大通行能力;l 为交织段长度;W 为交织段宽度;e 为环交入口宽度。

可见,交织段长度制约着环交通行能力。此外,实际通行能力是对上述公式的折减,需考虑交叉口的行人过街横向干扰、左转车辆比例、右转车辆比例和各相交道路流量均衡性等因素。

事实上,一般的教材都给出了环形交叉口适宜的交通量,无信号环交的通行能力因为缺少信号灯指示而显著低于十字信号交叉口。但某些情况下设置环交又是不得已而为之,如相交道路数量达到或超过5条,这就需要路网规划者谨慎设计,避免这种畸形路口的出现可能带来的局部设计困难。

3) 高快速路相邻出入口的交织

公路或城市快速路上,当合流区后面紧接着分流区,或当一条驶入匝道紧接着一条驶出匝道,并在二者之间有辅助车道连接时,就构成交织区。需要注意的是,这里的交织一定是由合流区、分流区共同组成的,只有其一则应为合流或分流,并非交织。

显然,如果车流在高快速路上先出后进,则不存在交织。这就是在互通式立交中我们经常讲到的定向式立交的优势和苜蓿叶型立交存在的不足,前者为先出后进,后者则为先进后出。对于先进后出,不可避免地存在交织,当出入主路的车辆较多、交织区长度不足时,交织困难并导致局部拥堵。

如南京快速内环的1865产业园上方高架由东向西长时间车行缓慢,其根本原因在于北向车流右转进入由东向西高架并与原道路上直行车流交汇,同时受交汇点前方不足700 m的出口匝道影响,交织现象严重。

但就交织区的合流部分,可在高快速路进口匝道设置红绿间隔式信号灯,以控制进入主路车流量。该方案也被称为匝道调节。在美国,匝道调节的一般定义为:在匝道上采用"stop-and-go"的"停-走"交通信号,控制匝道进入高速公路主线的车辆数。华盛顿州实施了该项匝道调节,以降低事故发生率,平顺主路交织。大多数的匝道调节允许每次绿灯通过1辆车,调节率大概在4~15 s。实施匝道调节的时间段一般为工作日上午六点至九点及下午三点至七点,并根据实时交通拥挤情况进行调整,以调整流量和平滑交通服务水平。实践表明,华盛顿州实施匝道调节后,该地区高速公路全范围内事故率降低30%,在Renton的I405高速公路上,匝道调节使得平均行程时间减少了3~16 min,匝道调节是一种比较有效的保障主路行驶顺畅、平顺主路交织的控制手段。

5.4.4 蜂腰、瓶颈与交织的叠加

不可忽视上述三者叠加的情形。两条道路汇集到一条道路后,如若立即面临交叉转向,则不可避免地存在车辆交织行为。这类情形非常多见,可能出现在城市密集路网上,由于不同方向车流汇集到一起再在短距离内面临转向,也会出现在城市快速路和对外道路上。下面,详细分析南京卡子门高架上方和南京白下路的中山南路与中华路段两处问题。前者属蜂腰叠加瓶颈和交织,后者属蜂腰叠加交织。

1) 蜂腰叠加瓶颈和交织案例

南京卡子门高架上方是典型的蜂腰,此处由南向北有两条重要的城市高快速路——机场高速和双龙大道交会于此(图5.6)。当机场高速的3股车道和双龙大道3股车道汇集后,车道数缩减到5条,此为瓶颈。并且,将立即面对前方双桥门立交的左转、直行和右转匝道,现实中很有可能5条车道上均有车辆去往各个匝道,因此产生交织。车流需在300 m内按照交通指示牌(多达40个汉字)的指引做出快速判断并完成交织。此外,在这300 m范围内还有一处驶离进入地面道路的匝道,这进一步加大了行驶难度。

复杂、多重的蜂腰叠加瓶颈和交织,使得双桥门立交南进口处拥挤不堪。那么,"始作俑者"是谁?

首先,当属城南地区特殊的城市空间布局、自然人文格局和用地布局的限制。该路段被西侧的雨花台风景区、老

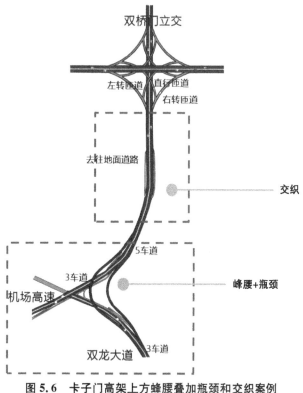

图5.6 卡子门高架上方蜂腰叠加瓶颈和交织案例

城南和东侧的原大校机场"夹击",同时又作为南京主城区通往禄口国际机场和南部江宁主城的必经之路,因此,蜂腰立显。

其次,要归结于不恰当的立交、高架匝道设计和建设。机场高速和从江宁进城利用卡子门高架的车流汇成一股车流同时要应对进入双桥门立交的变道,这一先天性设计缺陷导致了上文谈及的蜂腰、瓶颈和交织段长度不足等问题。当然,这恰恰为我们提供了教科书般的负面案例。

无疑,路网建设者们也有苦衷,如雨花台风景区的隔离,立交设计者则期望立交能为更多地方、更多人服务等,但这些苦衷带来的是大流量下的立交局部拥堵,这并不符合立交和快速路自身的特质。

2) 蜂腰叠加交织案例

现如今,我们在很多规划中看到"高密度、小尺度"的细密路网格局。诚然,这是应对大

网格和分担交通量的有力举措。但我们是否学习到了西方细密路网的精髓?

西方许多的细密路网大都设置单行线,显然,既然路网密度提高了,则应同步降低道路尺度。在这种情形下设置单行线是明智之举,既满足较小的道路尺度,密路网也非常适合设置单行线系统。而当前国内的许多密路网并没有考虑到这一细节,大都为双向行驶道路,并且没有考虑交叉口的禁止转向。由此带来的问题是:车流需要在较短的路段距离内完成跨车道的交织,以面对下一个交叉口的转向。南京的白下路(中华路至中山南路段)是一个较好的例子(图5.7)。由中华路北向西右转(圆灯控制)的车流,在东西向绿灯时仍能完成右转,两股车流形成交叉口处的蜂腰。如需在中山南路东向南左转,则需跨越3~4条车道。综合车型判断完成一次交织约需5 s,则交织段距离应至少为275 m,而实际交织段距离仅为185 m。

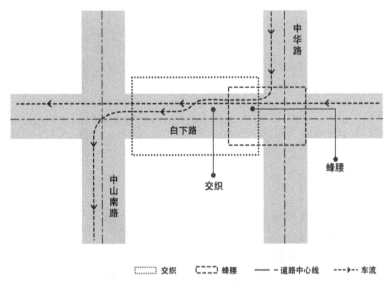

图5.7 南京白下路上的蜂腰与交织

因此,细密路网的道路尺度应是满足单行的,即使双向行驶也需在交叉口设置禁止转向标识,以适应密路网所能提供的较短的交织段距离。信号灯配置需考虑到路段交织行为,较短距离的路段不符合交织距离时,应给出合理建议,而不是简单、草率地给出路网图。城市规划师在这个问题上的认识不足,需要专业的交通工程师给予指点,以设计出既能分担车流量又不产生局部交织困难的细密道路网络。

倘若上述白下路与中山南路交叉口处的东进口直行道与西出口道车道数不匹配,则又将形成蜂腰叠加瓶颈和交织的复杂路口,这是常规路网规划设计中难以顾及的。

5.4.5 南京老城区案例分析

道路设计中大量存在着蜂腰、瓶颈和交织,尤其是老城区或中心区,由于历史等原因难以规划设计完备的路网体系。下文以南京老城为例,梳理和分析区内蜂腰、瓶颈和交织的分类和密度指标(图5.8)。

图5.8中,瓶颈分为3类,分别为:固定瓶颈(如某路段车道数突然缩窄)、活动瓶颈(由于存在非港湾式公交站台、出租车及网约车路边停靠等)和车道数不匹配形成的瓶颈(重点

5 道路工程学中的道路交通设计方法与思考

图 5.8 南京市老城区蜂腰、瓶颈与交织分布图

指交叉口的进口道和出口道车道数不一所导致)。两类蜂腰指:三岔路或 T 型交叉口、道路圆形红灯右转车辆与垂直道路上的直行绿灯车辆汇集。交织现象主要包括:环岛交织、公交车从路边停靠到前方最左侧车道左转产生的交织,以及临近交叉口处的等于或多于 4 条单向车道数的进口道交织。其中,交叉口的进口道和出口道车道数不一致所导致的瓶颈在大多数城市中非常普遍,这是传统拓宽渠化路口造成的后果,应予以重视并开展相关的道路交叉口优化设计,保障车道数一致。西方一些城市已经重视这一问题,并通过一些道路设计

和交通管理措施保障车道数的对应和匹配。

5.5 "无信控斑马线车让人"的理论与技术缺陷

《中华人民共和国道路交通安全法》第四十七条明确规定：机动车行经人行横道时，应当减速行驶；遇行人正在通过人行横道，应当停车让行；机动车行经没有交通信号的道路时，遇行人横过道路，应当避让。该条法规为我们描绘出了非常美好的愿景图：城市道路中的机动车通行和行人过街将不再是矛盾冲突的双方，而是相互包容和理解的交通共同体；街道也将充满人情味，而非讲求速度效率的单一功能场所。

因此，总体上，该条法规是一种进步的表现，但需我们做进一步剖析。如有信号灯，则路权划分明确，即使行人闯红灯，机动车也应让行，但如果让行仍造成事故，行人应承担部分责任；如无信号灯，则路权划分呈动态分配，即在机动车和行人间来回切换，在这种情形下容易造成交通事故和人员伤亡。前一种情形有信号灯，因为路权明确，绝大部分行人守法并能注意观察；后者，则因为一些不确定性，可能导致冲突，而现实中的确存在这类冲突引发的悲剧。那么，导致冲突的背后是否存在制度漏洞？下文将主要探讨后者，即无信控斑马线的通行情况，并从理论和技术两个层面深入分析所存在的缺陷。

5.5.1 理论层面的缺陷

1) 效率与公平

在小汽车迅猛增长的年代，道路规划设计容易强调通行效率而忽视行人过街的舒适性和安全性。主张机动车礼让行人体现的是社会的文明和时代的进步，当然，会有损通行效率。因此，需要思考的是通行能力的折损是否在可接受范围内。

按照车让人的规则，机动车在看到行人准备或正在通过斑马线时，应主动减速并等待行人通过后再通行。当人流量较小时，机动车减速、等待时间有限，因此通行能力折减幅度可接受。但当人流量较大时，如在城市的核心商圈，如果一味地车让人，显然将导致机动车道上的车流停滞不前和斑马线前的长时间拥堵，也就无从谈及效率。所以，一个重要的问题是：面对这样的情形，我们需要的是没有效率的公平，还是效率兼顾公平，或是公平兼顾效率？

车让人的初衷是为了从制度上最大限度地保障行人的过街安全，也为了保证良好的交通秩序。但倘若如制度设想的一样，行人过街畅通无阻，机动车却只能无限制等待，那么，这样的场景属于良好的交通秩序吗？恐怕也不符合规则制定者的预想。因此，公平必须结合效率。效率兼顾公平，意味着公平是在一定效率的基础之上，没有效率的公平则失去意义。

2) 道路宽度与模糊判断

首先要介绍间隙理论和临界间隙的概念。关于无信号交叉口通行能力的计算常采用间隙理论分析法。临界间隙(Critical Gap)是指交叉口一股车流需要穿越另一股车流时，等待穿越车流能够通过被穿越车流所需要的最小间隙。一般条件下，驾驶员会拒绝一些小于临界间隙的时间间隔，而接受一个大于临界间隙的时间间隔。

行人在过街的过程中，当遇到车流冲突时，也需在车流间隙穿行。行人穿行前，心理上会对即将通过的道路有一个安全性的判断。行人穿行前预估的穿越时间除受以往经验影响外,还在于其对道路状况提供的穿行时间的一个初步模糊判断,这个判断的依据由其所在的穿行点距被穿越车流头车的距离和头车的速度所决定。如果这个时间间隔大于行人所认为的临界间隙,行人则穿越,否则行人就会选择等待。

由此不难知晓,间隙理论同样适用于行人过街。但问题是,行人速度与车流速度相差较大,并且,行人和被穿越车流的驾驶员在临界间隙、停车视距等方面的认知不一,现实中往往出现人让车、车难以让人、人车互让、车撞人等有悖于车让人美好愿望的情况。从行人的视角结合道路宽度来看,当道路较窄、车速不快时,行人仅凭经验容易判断穿越所需时间和临界间隙的关系;但当道路较宽(如 30 m 以上)且车速较快时,则其对二者的关系难以给出准确判断,加上其对被穿越车流停车视距的模糊认识,若仓促过街则往往会产生我们不愿意看到的后果。也即存在一个行人对穿越较宽道路所需时间和停车视距的判断不可靠问题。由此可知,该制度在理论上仍存缺陷,人在多种情况下的认知与判断往往是模糊而非完全理性的。

行人对过街等待时间的忍受常有一个临界值。因此另一种情形是,在行人驻足等待过街时间超过某一阈值时(如 50 s),容易发生不顾后果强行横穿较宽道路而引发的悲剧。

5.5.2 技术层面的缺陷

道路交叉口设计中一个非常重要的知识点是视距三角形。基于冲突点,沿行车路线按停车视距后退得到两个车流的起点,两起点连线形成的类似三角形称之为视距三角形。为保障行车安全,视距三角形内妨碍视线的障碍物应清除。

行人过街过程中同样需要考虑视距三角形。当行人由车流右侧过街(由车流左侧过街同理),靠近路侧的机动车道上的车流率先减速,但靠近道路中心线的机动车道上的车流则可能难以观察到行人过街而未能及时、有效减速。当道路上有大量公交车和大巴车行驶时,由于视线受阻严重,这种情形更为多见。尽管车让人规则中明确提及需减速让行,但对减速到什么程度没有明确定义。在视线受阻的情形下,靠近道路中心线的机动车道上的驾驶员更难以减速到保障行人安全、舒适通过斑马线的那个临界速度,进而导致交通事故。

因此,尽管给予了行人优先过街的制度安排,但从技术上讲,行人过街的安全性仍得不到百分百的保障,也可以说,制度仍存在技术缺陷。

5.5.3 建议

因此,应从理论和技术层面认真研究车让人的环境前提,并潜心研究行人的过街心理,切莫高估了行人的认知水平,以堵住可能引发事故的缺陷和漏洞。美国国家交通发展战略(2018—2022 年)的四大战略之首即为"安全至上"(Safety First)。我们也应当在保障人的安全的基础上谈论效率与公平。

在德国,双向不超过 2 个车道的道路上才允许设置斑马线。主要考虑在较宽道路上,一来行人通过道路暴露在路面的时间较长,二来行人穿行斑马线被及时观察到的概率大大下降。在德国另外一项规定是:如果行人穿行量大,道路交通可能会长时间甚至完全中断,只能设置红绿灯。

因此,总体上,笔者建议在次干道以下等级、非城市核心区的路段上可设置无信号控制斑马线；核心区等人流量、车流量较高的地区应以信号控制斑马线为主，通过明确路权将人车矛盾和可能的事故率降到最低，并提高行车效率。对于处于弱势方的行人，应加强安全意识教育，并指导其对视距的认知和引导其安全过街。在提倡机动车"礼"让行人的同时，也应强调行人的回"礼"（有时一个微笑加一个挥手即可）。某种程度上，车让人的制度也是和谐社会的一种体现。

有一句话是：斑马线是文明线，也是生命线！车让人的制度安排无疑是社会进步的体现，但绝不能忽视安全性和生命的宝贵。如没有充足的安全保障和一定的通行效率，公平和美好夙愿都将变得苍白！

5.6 不完整街道与路权规划

5.6.1 完整街道理念在中国的适用性

曾经，完整街道（Complete Street）的理念在国内风靡。完整街道起源于北美一些国家。这些国家的一些城市长期重视小汽车的行驶而忽视了人行道和自行车道的建设，但在 TOD 策略、精明增长（Smart Growth）理念的驱使下，近年来，这些城市越来越重视街道设计的标准，因而提出了完整街道的理念，以保障道路上所有交通方式出行者的通行权。从根本上，完整街道将关注点放在了全方式出行的空间布置上，用以鼓励更多的慢行交通和减少机动化交通。

在国内，多年来非机动车是城市交通最为重要的交通方式之一。从以往看，中国城市的绝大多数道路已经是完整街道。但近年来，路边停车带侵占了自行车道，城市街道变得不再完整。本节，作者将不重点讨论完整街道，而从另一视角讨论不完整街道存在的必要性。

5.6.2 不完整街道理念下的道路设计

近年来，一些国内专家提出了传统的路网规划应当向路权规划转变的思路。笔者认为这是公交都市建设、公交优先战略下重大的也是极为标志性的规划思路转变。道路横断面是否需要为所有交通方式预留空间？答案是否定的。北美城市在此前重点关注了小汽车通行而忽略了慢行和公共交通行驶空间，那么我们能否效仿之，但反向操作，即重视公共交通和慢行交通的通行空间，适当缩减小汽车行驶空间。在此举 2 个典型案例。

1) 西雅图的公交隧道

谈及隧道，大多数人会认为其主要为小汽车行驶的空间，这一点无论在理论教材还是现实中均无可厚非。当我们寄希望于通过隧道或高架提高小汽车运输效率时，美国西雅图市恰恰为我们提供了创新的公共交通提速、提效解决思路：建设公交隧道而非机动车隧道，公共交通拥有独立路权（图 5.9）。

西雅图市中心公交隧道（Downtown Seattle Transit Tunnel）是一条公共运输隧道，全长约 2.1 km(1.3 mile)，北起第九大道（9th Avenue）和派克街（Pike Street），南至第五大道南（5th Avenue S.）和杰克逊街南（Jackson Street S.）。隧道开通时只供国王郡大都会运输局的巴士行驶，是世界上第一条投入营运的全封闭地下快速公交系统（BRT），自 2009 年起隧道亦供海湾运输署旗下的中央线(Central Link)轻轨行驶。

公交隧道的存在无疑大大提高了公交的运营效率,由于不存在与其他交通方式的干扰和冲突,隧道公交可谓绝对优先并一路畅通,其效率远非地面小汽车或其他公交可以比拟。同时,兼顾 Link 轻轨线的运营(Link 在该隧道中设有西湖站、大学路站、先锋广场站和国际区站),为乘客提供了更加便捷的公共交通换乘,大幅提高了公共交通的可达性。

图 5.9　西雅图市公交隧道的 University Street 车站

2) 波特兰的公交大桥

位于俄勒冈州波特兰市的提里库姆大桥(Tilikum Crossing)是美国首座禁止私人汽车通行的多用途大桥(图 5.10)。它将承载波特兰轻轨(MAX light rail trains)以及波特兰的有轨电车和公交车,当然,两侧还有人行通道和自行车车道——但没有私人汽车。

图 5.10　波特兰市提里库姆大桥实景

提里库姆大桥似乎在昭示:波特兰市正在展望未来,或许汽车是过去发展中的一个重要组成部分,但未来更需要一个混合、有效和平衡的交通系统;汽车的使用确实在扩张,但不可能永远扩张下去,公共交通必将是城市可持续发展的重要元素,因此道路断面不必是完整的,缺失的断面更加"迷人"。

在中国,我们恰恰需要这样的拥有独立路权和排他路权的专用道路断面,以响应公交优先和公交都市建设。有关路权规划的内容后续章节仍有讨论。

5.6.3　突显主导路权的街道断面设计

《伟大的街道》一书为我们展示了世界级街道的宏伟蓝图。"伟大的街道"一词是美国城市建设与规划学者阿兰·B.雅各布斯(Alan B. Jacobs)在他的著作中提出的。所谓的"伟大的街道",并不就是指尺度巨大、格局宏伟,而是指在特征与品质方面(如平面、横断面、尺寸、细部、肌理等)都非常优秀的街道。散步的场所、物质舒适性、清晰的边界、悦目的景观、协调性、良好的维护管理等都是伟大街道所应具备的显著特征。这条街道除了它的交通功能之外,还应该有它聚集人气、显露城市性格的各路招数,能够为这个区域或城市带来凝聚力。

从凸显主导路权的角度,西班牙巴塞罗那的兰布拉斯大街无疑最具特色(图 5.11)。兰布拉斯大街始于港口处的哥伦布雕像,止于加泰罗尼亚广场;能够提供散步、约会、聊天的场所,十步一位街头艺人;步行空间位于街道中央,宽 11~24 m,树木成为其屏障及头顶上的华盖,步行道上的人能够瞥见两侧商店中的情形;行人拥有一段具有优先权的通行空间,行人设定了整条街道的速度与基调;机动车道被推至街道两侧,这是反常规的做法,人与车在空间上被置换。

图 5.11　兰布拉斯大街实景

5.7　面向低影响开发的道路设计

当前,海绵城市建设方兴未艾。海绵城市建设的主旨是回归自然,切实落实生态文明的建设要求。这种发展方式的根本性转变,涉及城市建设诸多方面的变革,城市道路设计就是其中之一。西方较早地提出了绿色街道(Green Street)概念,其重在道路边侧的调蓄池设计和施工材料,本质是将道路看作另一类场地,进而分析其蓄水和排水功能。中国的海绵城市道路规划设计如何变革才能满足海绵城市的建设要求并进一步起到助推作用,在业内尚未达成共识。即便已有一些规划实践,但定量研究面向低影响开发(Low Impact Development)的道路优化设计还处于初级阶段,迫切需要更为精细化、系统化的道路设计技术方法(包括横断面、平面和纵断面,下文简称"三面")。

因此,可以开展的工作包括:适应城镇道路特征和快速排水要求的道路横断面设计优化技术(包括横坡设计优化、路内下沉绿地宽度设计、下沉绿地汇水入口设计);面向雨水漫流路径优化和积水深度模拟控制的城镇道路平面和纵断面联合设计优化技术;面向交叉口汇水区防涝的城镇道路横断面和纵断面联合设计优化技术;基于道路平面、横断面、纵断面优化设计及防控重点内涝地段海绵体应用的城镇道路时空淹没模型开发、模拟与反馈平台构建。

具体的,包含以下4个方面:

(1) 横断面设计优化:各等级道路断面及路内绿化面积优化;加速排水的各等级道路横坡优化设计;道路径流汇入路内绿化带的入口控制设计。

(2) 纵断面设计优化:道路雨水径流量-流速-淹没模型研究;基于道路竖向优化控制的地表雨水漫流路径设计与积水深度模拟。

(3) 平面设计优化:面向径流快速汇入水系廊道的干道平面线形设计。

(4) 道路"三面"综合优化技术及开发模拟:道路交叉口汇水区的道路"三面"综合优化技术;基于平面线形、竖向与横断面优化设计的道路淹没模型开发、模拟与反馈。

6 交通工程学中的交通规划理论方法与思考

　　交通工程学是从道路工程学科中派生出来的一门较年轻的学科,主要研究交通规律及其应用。它把人(驾驶者及乘客)、车(交通工具)、路(交通基础设施及交通环境)等与交通有关的几个方面综合在道路交通这个统一体中进行研究,通过建立三者时空关系,寻求出行效率最大、交通事故最少、通行速度最快、运输费用最省、环境影响最小、能源消耗最低的交通系统规划、建设与管理方案,从而达到安全、迅速、经济、方便、舒适、节能及降低公害的目的。总体来说,交通工程学是以软科学研究为主,兼顾硬件的综合性学科。

　　尽管各国学者对交通工程学的理解、认识不完全一致,但以下两个方面能够形成共识:交通工程学是从道路工程学分化出来的,它的主要研究对象是道路交通;交通工程学以交通流理论为基础构建交通模型,并应用到规划、设计、管理等方面,主要解决道路交通系统规划与管理中的科学问题。近30年来,交通工程学因与交通规划结合较为紧密,或者说交通工程学因成为城市交通规划重要的理论基础而发展迅速。

　　本章将主要就交通工程学中与交通规划相关的理论做简要介绍,并思考交通规划理论与方法中存在的问题,如:居民出行调查抽样率、交通出行率、重力模型阻抗函数、交通方式分担率预测、交通分配方法,以及现代城市交通规划核心理论的角色定位与思考。

6.1 现代城市交通规划核心理论

　　20世纪五六十年代的美国芝加哥地区交通研究(Chicago Area Transportation Study)中提出的"生成—分布—方式划分—分配"的预测方法标志着"四阶段预测"方法的形成[①],并随后在全世界得以传播,从而成为现代城市交通规划的理论基础(或称其为核心理论)。该模型将每个人的出行按交通小区(Traffic Analysis Zone,或称交通分析区,简称TAZ)进行统计分析,从而得到以TAZ为单位的集计分析模型。"四阶段预测"方法由于其清晰的思路和模型结构、相对简单的数据收集和处理,在世界各地的交通规划中扮演着重要角色。计算机技术的提高进一步使得"四阶段预测"的计算更加精确、可靠,卡洛尔博士团队在芝加哥地区交通研究中开发了计算机软件用于交通分配。

---

① 也有说法指出,芝加哥地区交通研究仅提出了"生成—分布—分配"的三阶段模型,后在日本广岛都市圈的交通规划中提出了交通方式划分预测,"四阶段预测"方法由此应运而生。

"四阶段预测"方法是指在居民出行OD调查的基础上,开展现状居民出行模拟和未来居民出行预测。其内容包括交通发生与吸引(第一阶段,统称为交通生成),交通分布(第二阶段),交通方式划分(第三阶段)和交通分配(第四阶段)。过程示意图如图6.1所示。

各阶段常规的交通模型及模型参数标定需要开展相应的居民出行调查,其内容简要介绍如下。

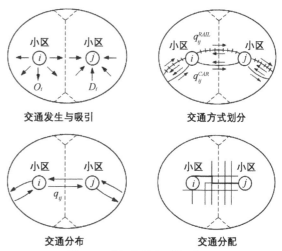

图 6.1 "四阶段预测"示意

6.1.1 居民出行调查

出行是交通规划的一个最基本的概念。出行是指交通元(人、货、车)从出发地到目的地移动的全过程。根据交通元的不同,人员出行、货物出行和车辆出行,相应的调查称作客流调查、货流调查和车流调查。在大交通系统中,"出行"又被称为"旅行",而将"出行"一词专门留给城市交通系统。

在交通规划时,城市交通的出行是指:交通元在城市道路上的移动,而在机关、团体、企事业内部、住宅小区内和公园中的移动不能叫出行;并且还往往给移动距离规定一个下限,如规定:步行单程时间≥5 min,自行车单程≥400 m,才叫出行。

居民出行是构成城市交通的主要部分,因此对居民出行状况进行全面调查在城市交通规划中占有十分重要的地位。居民出行调查的内容包括居民的职业、年龄、性别、收入等基础情况,以及各次出行的起点、讫点、时间、距离、出行目的、所采用的交通工具等出行情况。

国内外在进行城市居民出行调查时所采用的方法主要有家访调查、电话询问调查、明信片调查、工作出行调查、职工询问调查等。美国早期的居民出行调查表格如图6.2所示。有些方法适宜全面的调查,有些方法则适用于对居民出行调查某一方面的补充。国内目前较为常用的是家访调查。

传统的居民出行调查是获取交通出行数据的最主要来源,但随着居民出行活动频率及事件类型复杂程度的增加,其在调查数据精度、调查成本、数据更新周期等方面不足的缺陷日益显现,越来越难以满足现代交通规划、建设对数据精度、可靠性及实时动态性等方面的要求。尽管近年来一些发达城市开始探索一种新型居民出行调查技术——手持GPS终端设备调查,但其设备采购成本不容小觑。

不得不提及的是关于调查抽样率的选取。从20世纪80年代天津开展的首个大规模居民出行调查至今,已有数百个大中小城市开展了千余次的居民出行调查工作。一个显著特征是:由于调查工作量大、牵扯面广、后续数据处理耗时长等因素,这些调查均采用了较小的抽样率,大都在5%以下;一些特大城市的交通年报中的居民出行调查仅覆盖不到千分之一的人口,显然难以由点及面,结论容易以偏概全。因此,如何高效地获取居民出行行为特征数据成为每一个综合交通规划的难题。在信息化社会,手机数据为此打开了一扇门,但数据获取较为困难。

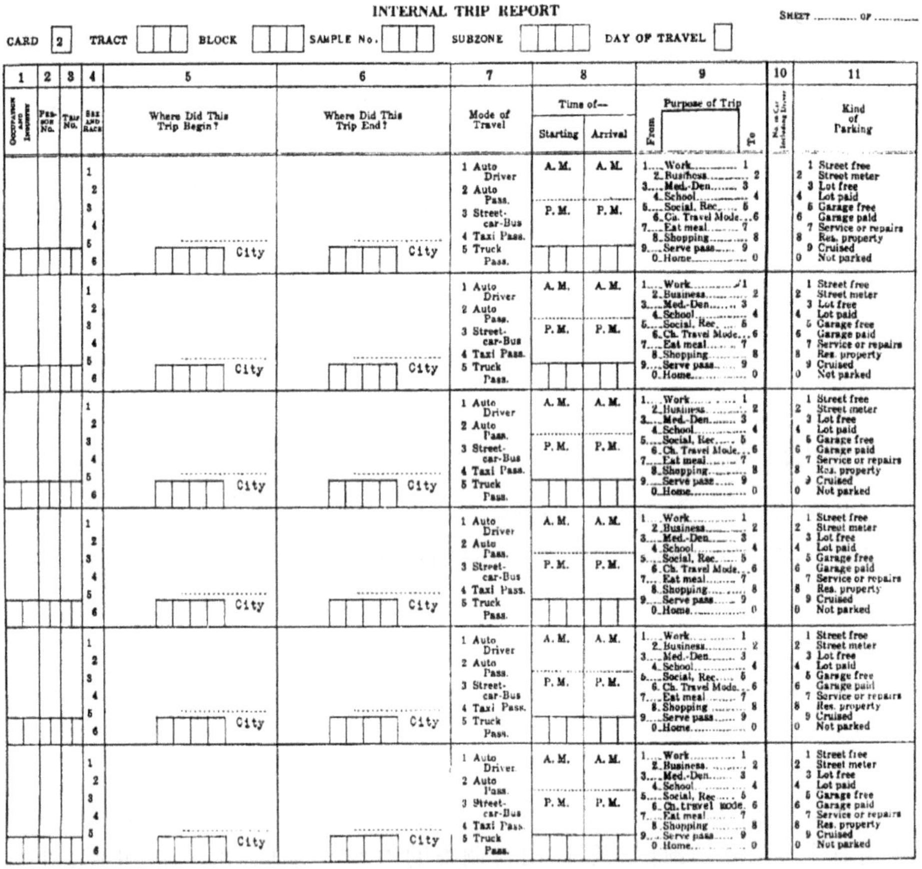

INTERNAL TRIP REPORT

SHEET .... OF ....

CARD [2] TRACT [ ] BLOCK [ ] SAMPLE No. [ ] SUBZONE [ ] DAY OF TRAVEL [ ]

1	2	3	4	5	6	7	8		9	10	11
Occupation and Industry	Person No.	Trip No.	Sex and Race	Where Did This Trip Begin?	Where Did This Trip End?	Mode of Travel	Time of— Starting	Time of— Arrival	Purpose of Trip From / To	No. in Car Including Driver	Kind of Parking
			1 2 3 4 5 6	City	City	1 Auto Driver 2 Auto Pass. 3 Street-car-Bus 4 Taxi Pass. 5 Truck Pass.	A. M. P. M.	A. M. P. M.	1...Work...1 2...Business...2 3...Med.-Den...3 4...School...4 5...Social, Rec...5 6...Ch. Travel Mode...6 7...Eat meal...7 8...Shopping...8 9...Serve pass...9 0...Home...0		1 Street free 2 Street meter 3 Lot free 4 Lot paid 5 Garage free 6 Garage paid 7 Service or repairs 8 Res. property 9 Cruised 0 Not parked
			1 2 3 4 5 6	City	City	1 Auto Driver 2 Auto Pass. 3 Street-car-Bus 4 Taxi Pass. 5 Truck Pass.	A. M. P. M.	A. M. P. M.	1...Work...1 2...Business...2 3...Med.-Den...3 4...School...4 5...Social, Rec...5 6...Ch. Travel Mode...6 7...Eat meal...7 8...Shopping...8 9...Serve pass...9 0...Home...0		1 Street free 2 Street meter 3 Lot free 4 Lot paid 5 Garage free 6 Garage paid 7 Service or repairs 8 Res. property 9 Cruised 0 Not parked
			1 2 3 4 5 6	City	City	1 Auto Driver 2 Auto Pass. 3 Street-car-Bus 4 Taxi Pass. 5 Truck Pass.	A. M. P. M.	A. M. P. M.	1...Work...1 2...Business...2 3...Med.-Den...3 4...School...4 5...Social, Rec...5 6...Ch. Travel Mode...6 7...Eat meal...7 8...Shopping...8 9...Serve pass...9 0...Home...0		1 Street free 2 Street meter 3 Lot free 4 Lot paid 5 Garage free 6 Garage paid 7 Service or repairs 8 Res. property 9 Cruised 0 Not parked
			1 2 3 4 5 6	City	City	1 Auto Driver 2 Auto Pass. 3 Street-car-Bus 4 Taxi Pass. 5 Truck Pass.	A. M. P. M.	A. M. P. M.	1...Work...1 2...Business...2 3...Med.-Den...3 4...School...4 5...Social, Rec...5 6...Ch. Travel Mode...6 7...Eat meal...7 8...Shopping...8 9...Serve pass...9 0...Home...0		1 Street free 2 Street meter 3 Lot free 4 Lot paid 5 Garage free 6 Garage paid 7 Service or repairs 8 Res. property 9 Cruised 0 Not parked
			1 2 3 4 5 6	City	City	1 Auto Driver 2 Auto Pass. 3 Street-car-Bus 4 Taxi Pass. 5 Truck Pass.	A. M. P. M.	A. M. P. M.	1...Work...1 2...Business...2 3...Med.-Den...3 4...School...4 5...Social, Rec...5 6...Ch. Travel Mode...6 7...Eat meal...7 8...Shopping...8 9...Serve pass...9 0...Home...0		1 Street free 2 Street meter 3 Lot free 4 Lot paid 5 Garage free 6 Garage paid 7 Service or repairs 8 Res. property 9 Cruised 0 Not parked
			1 2 3 4 5 6	City	City	1 Auto Driver 2 Auto Pass. 3 Street-car-Bus 4 Taxi Pass. 5 Truck Pass.	A. M. P. M.	A. M. P. M.	1...Work...1 2...Business...2 3...Med.-Den...3 4...School...4 5...Social, Rec...5 6...Ch. travel mode...6 7...Eat meal...7 8...Shopping...8 9...Serve pass...9 0...Home...0		1 Street free 2 Street meter 3 Lot free 4 Lot paid 5 Garage free 6 Garage paid 7 Service or repairs 8 Res. property 9 Cruised 0 Not parked

图 6.2　美国早期的居民出行调查表

6.1.2　交通生成

生成预测包括出行发生量和吸引量预测，出行发生量预测常采用原单位法：

$$P_i = \sum_k R_{ik} T_{ik} \tag{6.1}$$

式中，P_i 为交通小区 i 的出行发生量；R_{ik} 为交通区 i 出行目的 k 的出行率；T_{ik} 为交通区 i 出行目的 k 的人口数。

出行吸引量预测采用吸引率法，建立吸引量与人口、就业岗位间的线性关系。

$$A_j = \alpha \cdot T_j + \sum_k \beta_k \cdot E_{jk} \tag{6.2}$$

式中，A_j 为交通区 j 的出行吸引量；T_j 为交通区 j 的人口数；E_{jk} 为交通区 j 岗位 k 的数量；α、β_k 为关联系数。

除了按上述公式之外，还需对具有特殊活跃性的地区（如重大商业区、交通枢纽等）考虑加入特殊的核心地区系数。

6.1.3　交通分布

居民出行分布预测是以现状 OD 调查资料为基础，标定某种形式预测模型的待定参数，然后将预测的发生、吸引量代入模型计算出 OD 分布值。交通分布预测一般有增长系数法和重力模型法,通常利用双约束重力模型进行交通分布预测。模型结构如下:

$$T_{ij} = a_i P_i b_j A_j f(d_{ij}) \tag{6.3}$$

守恒法则(即约束条件)为:

$$\sum_j T_{ij} = P_i, \quad \sum_i T_{ij} = A_j$$

式中,T_{ij} 为由交通区 i 发生并吸引至小区 j 的出行量;P_i 为交通区 i 的发生量;A_j 为交通区 j 的吸引量;$f(d_{ij})$ 为阻抗函数,反映交通区间交通便利程度的指标,是对交通区间交通设施状况和交通工具状况的综合反映;d_{ij} 为交通区 i 与交通区 j 间的出行效用,可用距离或广义费用表征;a 为待定参数。

交通分布模型通常采用重力模型形式,用起点 TAZ 的交通发生量和终点 TAZ 的吸引量替代原重力模型中的两个物体重力,距离阻抗函数则采用了多个函数形式,如幂函数、指数函数、复合函数等。需要注意的是,交通分布量并非单调递增或递减,因此幂函数和指数函数并不符合出行特征,这一点将在后文中重点谈及。

6.1.4 交通方式划分

交通方式划分(Modal Split)是"四阶段预测"中非常重要的环节。交通方式划分就是出行者出行时选择交通工具的比例,它以居民出行调查的数据为基础,研究人们出行时的交通方式选择行为,建立模型从而预测基础设施或交通服务水平等条件变化时交通方式间交通需求的变化。交通方式预测方法主要包括转移曲线法、回归模型法、概率模型法等。

在我国复杂的交通方式结构情况下,对不同特点不同种类的交通方式可采用不同的预测方法。根据各种交通方式的特点,交通方式可分为自由类、条件类和竞争类三种,三类交通方式有不同的影响因素和分担规律。因此应采用不同的模型、方法对其进行预测。

从目前国内城市交通预测的实践来看,在进行居民出行方式划分的预测中,一个普遍的趋势是定性分析和定量分析相结合。在宏观上依据未来国家经济政策、交通政策及相关城市的比较对未来城市交通结构做出估计,然后在此基础上进行微观预测。因为影响居民出行方式结构的因素很多,社会、经济、政策、城市布局、交通基础设施水平、地理环境及居民出行行为心理、生活水平等均从不同侧面影响居民出行方式结构,其演变规律很难用单一的数学模型或表达式来描述。尤其是在我国经济水平、居民的物质生活水平还相对落后,居民出行以非弹性出行占绝大部分,居民出行方式可选择余地不大的情况下,传统单纯的转移曲线法或概率选择法等难以适用。所以在居民出行方式划分的预测中,一般采用这样的思路:宏观与微观相结合,宏观预测指导微观预测。

6.1.5 交通分配

将交通分布和交通方式划分预测的结果依据某种规则分配在规划路网上,并依此评价路网(含路段和交叉口)负荷水平。通常采用的分配方法如非平衡分配模型和平衡类分配模型,可利用 TransCAD、Emme/3 等交通软件进行分配。非平衡交通分配一般采用多路径-容量限制分配法,平衡类的交通分配过程中则需满足两个 Wardrop 原理,具体理论方法可参见相关文献。

四阶段中的交通分配通常采用非平衡法中的多路径迭代分配规则,即交通量分配在多条路径中,但并非仅分配一次,而是将OD表分为若干个OD子表,每分配完一个OD子表,迭代计算各条路径的路阻,为下一次OD分配做好准备。因此,多路径迭代式分配随着迭代次数的增加,精度有所增加。最终叠加每次分配的各条路段和交叉口流量,并分析负荷度。整个流程如图6.3所示。

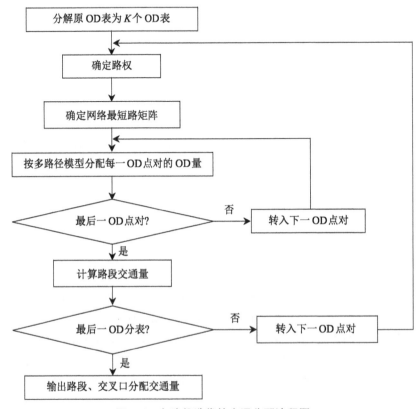

图6.3　多路径迭代的交通分配流程图

需要注意的是,分配规则基于路阻,即路径的出行时间。但理论上,每条路径的出行时间并非为所有人知晓,这意味着分配规则与出行者的判断能力之间有所差异,或者说分配规则过于理性,难以模拟真实的出行者的选择规律和偏好。

6.2　多模式交通与城市综合交通体系规划

6.2.1　多模式交通规划

最早期的交通规划产生于20世纪五六十年代的美国,只关心公路网的扩大和延伸。那时的美国官员很想顺应汽车大量使用的潮流并利用政府的资金来修建公路,汽车制造商们则成功地游说并用汽油税来修建道路系统。但到了20世纪六七十年代,交通规划的政策环境开始朝着一个更模式化、协调化的大都市交通运输系统转变,交通规划行业明显缺乏能够采用多模式交通规划的技术手段、数据和方法。多模式交通规划过程可定义为：找出问题的症结、制定方案、评估解决问题的办法、选择最佳行动方案并通过采用包括所有可行交通运输模式的方式来达到社区目标的过程。多模式交通规划认可一个事实，就是大都市地区的交通问题没有单一的解决办法。为了处理交通运输复杂的特性和交叉作用，一个协调的行动方案是非常必要的。

6.2.2 城市综合交通体系规划

城市综合交通体系规划的原型可追溯到芝加哥地区交通规划中所采用的六步骤流程：数据收集(Data Collection)、预测(Forecasts)、目标构想(Goal Formulation)、网络规划方案预设(Preparation of Network Proposals)、方案测试(Testing of Proposals)和方案评价(Evaluation of Proposals)。

现今，编制城市综合交通体系规划的工作过程一般可划分为：现状调研、专题研究、纲要成果、规划成果四个阶段。具体规划内容包括：交通发展战略、原则目标、对外交通系统、城市道路网规划、公共交通线网规划、慢行交通系统规划、客运枢纽规划、城市停车系统规划、货运系统规划、交通管理与交通信息化、近期规划、规划实施保障等12个方面。

城市综合交通体系规划的核心仍为前述的"四阶段预测"模型。事实上，从"四阶段预测"方法的起源即可知其主要针对小汽车，而并不能很好地适应所有交通方式，因此基于此模型的综合交通体系规划在理论基础上存在"隐患"。

《城市综合交通体系规划编制办法》（建城〔2010〕13号）明确了城市综合交通体系规划是城市总体规划的重要组成部分，城市综合交通体系规划应当与城市总体规划同步编制，相互反馈与协调，经技术审查后的城市综合交通体系规划成果应纳入城市总体规划进行审批。

城市综合交通体系规划与此前业内的城市综合交通规划内容相仿，工作流程见图6.4。

6.3 对交通小区划分的思考

进行道路交通规划时需要全面了解交通源及交通源之间的交通流，但交通源一般是大量的，不可能对每个交通源进行单独研究。因此在道路交通规划的研究过程中，需要将交通源合并成若干小区，即TAZ。交通小区划分是否适当直接影响到交通调查、分析、预测的工作量及精度。

划分TAZ的主要目的是：将交通需求的产生、吸引与一定区域的社会经济指标联系起来；将交通需求在空间上的流动用小区之间的交通分布图表现出来；便于用交通分配理论模拟道路网上的交通流。

进行道路交通规划时，交通区划分的多少、大小，应视研究目的和交通复杂程度而定。一般来说，城市交通规划中的交通区划分较小，区域交通规划中的交通区划分较大；规划区域内的交通区划分较小，规划区域外的交通区划分较大；交通矛盾突出的区域交通区划分较小，反之交通区划分较大。

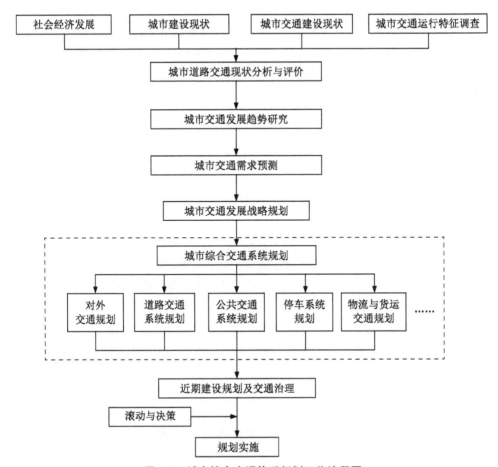

图 6.4　城市综合交通体系规划工作流程图

通常,由于基础资料(如经济、人口等)一般都是按照行政区划采集、统计、规划的,因此为了便于采集基础资料,交通区的划分一般不打破行政区划。在研究交通区之间的交通流时,交通区是被作为一个交通源。因此,当交通区划分区域内有河流、铁路等天然或人工分隔时,一般应将其作为交通区的边界。

传统的划分方法主要是根据行政区域、同质性、分区数量适当、分区人口及其他划分原则进行划分,在个数、大小、功能性质方面有所约束并难以准确掌握交通小区间的内在联系,在精度和工作量上较难平衡。由此,产生了基于 POI(兴趣点)空间聚类的划分方法。借用 POI 数据描述人们在地理实体间的具体交通流信息的特点,基于空间相关性、局部热点分析、聚类分析等方法识别城市热点、空间格局、城市功能区来对交通小区划分做出改进和创新。基于 POI 空间聚类的交通小区划分方法面向城市空间特征,是以数字城市或智慧城市背景下空间数据和交通需求数据易于获取为前提,从 POI 类型、数量、结构、分布来对交通小区进行划分,满足了交通小区在个数、大小、功能性质方面的约束,相对比较客观。

近年来,手机数据应用的兴起给城市交通调查分析带来了新思路和新方法,但面向手机数据和基于基站的划分方法一定迥异于传统交通小区的划分方法。基站是手机数据的最小颗粒度,包含了路过该基站的所有手机和出行信息,覆盖范围半径市区大约为 100～500 m,郊区大约为 400～1 000 m。GIS 软件中容易根据泰森多边形操作来划分每个基站覆盖范围并作为最小单元的交通小区,但由于基站覆盖范围受到地形、建筑物等的干扰,难以准确判断实际覆盖空间。因此,需通过某些手段减少这些误差,最简单的方法是将若干个相邻基站覆盖范围集合到一个交通小区。

下图为昆山市手机数据分析的交通小区划分。具体划分方法为:①在 ArcGIS 中生成基于基站的泰森多边形;②每个 TAZ 应包含 5 个以上的基站形成的泰森多边形,以减小由于难以准确判别基站实际覆盖范围所带来的误差,在基站密度较低的地区,这一数字不小于 3 个,并尽量减少长条、弯曲、犄角等不规则形状的 TAZ;③统筹、调整每个 TAZ 的用地规模约为 1～3 km^2,人口密度大的地区 TAZ 用地规模小些,人口密度小的地区 TAZ 用地规模大些。最终,将昆山中心城区 1 296 个基站覆盖范围聚集至 98 个 TAZs(图 6.5)。这类 TAZs 因基于手机信号和基站而可称之为 TAZ-CB(Cell-Based)。

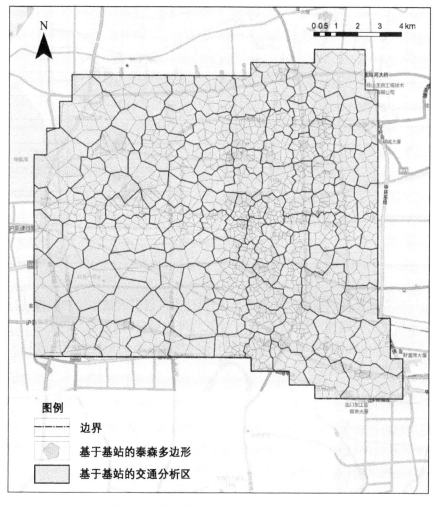

图 6.5 基于手机数据的昆山中心城区交通分析区划分结果

6.4 对居民出行调查抽样率的思考

抽样率的大小直接关系到人力、财力的付出,而为了提高精度,必然要求调查样本量越多越好,这就造成了一对矛盾。目前国内进行城市居民出行调查时,基本没有成型的抽样率理论模型作基础,也没有分析抽样率大小与精度的关系,抽样率的确定多采用国外经验值,并结合该城市的实际情况做一定微调。总体上,抽样率困扰着研究者及设计单位。并且,国内多个特大城市的居民出行抽样率呈现下降的趋势,如表 6.1 所示。

表 6.1 北京、上海、广州等市居民出行调查抽样率演变表

城市	调查次数及年份	调查样本	母体/万人	抽样率/%
北京市	第一次(1986 年)	26.0 万人	582	4.5
	第二次(2000 年)	20.1 万人	1 356	1.5
	第三次(2005 年)	20.8 万人	1 538	1.4
	第四次(2010 年)	15.0 万人	1 961	0.8
	第五次(2014 年)	4.0 万户	505	0.8
上海市	第一次(1986 年)	24.0 万人	1 232	2.0
	第二次(1995 年)	13.0 万人	1 415	1.0
	第三次(2004 年)	9.0 万人	1 710	0.5
	第四次(2009 年)	15.0 万人	1 888	0.8
	第五次(2014 年)	7.5 万户	2 415	0.9
广州市	第一次(1984 年)	1.9 万户	225	3.0
	第二次(2005 年)	7.8 万户	810	3.0
	第三次(2017 年)	8.2 万户	1 404	1.8

居民出行调查是典型的抽样调查。因此,笔者认为可以引入概率论和数理统计学原理,利用部分城市居民出行调查资料,考虑调查对象的母体数量、调查分析的目标以及抽样方法,通过分析误差来确定抽样率模型,用以计算不同规模城市的居民出行调查抽样率,并改变以往仅凭主观决定的做法。

6.4.1 简单随机抽样率

简单随机抽样也称为单纯随机抽样、纯随机抽样,是指从总体 N 个单位中任意抽取 n 个单位作为样本,使每个可能的样本被抽中的概率相等的一种抽样方式。大多数居民出行调查均采用简单随机抽样。简单随机抽样率的公式如下:

$$p=\frac{n}{N}=\frac{(u_a S/d)^2}{N+(u_a S/d)^2}=\frac{(u_a S)^2}{d^2 N+(u_a S)^2} \tag{6.4}$$

式中,S^2 为样本方差;u_a 是标准正态分布的双侧 α 分位数,与置信度有关;N 为居民总人

数,即母体数量;d 为允许误差。

但问题是:在调查过程中,真的是简单的而非复杂的? 随机的还是特定的? 显然,如果不是简单的、随机的,那么为保证精度,实际采用的抽样率应高于基于简单随机抽样理论推导得出的抽样率。图 6.6 是南京市 2012 年实施的居民出行调查采样点分布图,显然,在空间分布上,难以符合随机抽样的要求。

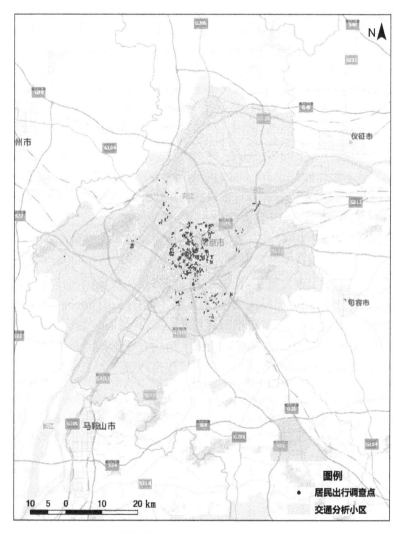

图 6.6　南京市 2012 年居民出行调查采样点分布图

事实上,简单随机抽样的确难以准确实施,对于极大规模的居民出行调查而言,是一个理论上简单化而实际操作中难以简单化的调查方法,并易导致较大的样本偏差而非样本误差。在此必须重申样本误差和样本偏差的概念。样本误差是指一组随机选择的样本观点,可能无法真实地反映全部人群的看法,误差的大小会随着样本数量的增加而减小。但样本偏差是指随机选择的样本可能无法代表母体,这意味着这些样本可能根本就不是随机抽取的,从而导致"精确的错误"。

6.4.2 分层抽样率

所谓分层抽样,即将母体分为若干类型(层次),然后在各层次做随机(或等距)抽样,而不是直接从母体中随机抽样。此法的优点在于通过分类,使各类个体之间的差异缩小,有利于抽出有代表性的样本,但抽样的过程较为复杂,误差分析也较为复杂。相较于不分层的简单随机抽样,分层抽样无疑是一类更高级的抽样方法。可以预想,由于事先做了分类(层),将相似群体归为一类,再实施随机抽样,因此分层抽样率应小于简单随机抽样率。

一般情况下,一座城市存在如下 3 种类型的居住地:

第一类是建筑年代很早的平房或街坊(一般位于城市的老城区或古城区)。这类居住地,小汽车的停放非常困难。且居民大多数为年纪较大的长者,因而该居住地的小汽车出行比例极低。有的居民全天仅在街坊内部串门或购物等,步行距离和自行车出行时间没有达到定义一次出行的基本条件,因此平均出行次数较低。

第二类是建成有一段历史的多层住宅(如 20 世纪 90 年代左右建成的居民楼)。由于建成年代稍早,对于停车位的配建没有足够的认识,导致居民购买小汽车的愿望大大降低。采用小汽车出行的比例不高,小汽车拥有量低也成为该居住地弹性出行次数偏低的重要原因,因此总体上平均出行次数低于新开发的住宅。

第三类是城市新区或开发区,新开发的住宅往往配建较为充足的停车位,房价较高使得入住的家庭收入偏高,因此,这类居住地的小汽车出行比例较高。同时,对于这一类型的家庭,由于其生活成本高,工作较为繁忙,基于家的工作出行次数偏低,而非基于家的工作出行次数相对较高,休闲娱乐性质的出行次数也较高,总体上日均出行次数相对较高。

从以上的分析不难发现,对于城市中的新开发小区、建成有一段历史的多层住宅和老城中的街坊 3 类居住地,其平均出行次数和出行方式结构有着迥异的差别,非常适合根据这些差异进行合理的划分,应用分层抽样的方法开展居民出行调查。

分层抽样率的公式如下:

$$f = \frac{\left(\sum_{h=1}^{L} W_h S_h\right)^2}{\sum_{h=1}^{L} W_h S_h^2 + N\left(\frac{d}{u_a}\right)^2} \tag{6.5}$$

$$f_h = f \frac{S_h}{\sum_{h=1}^{L} W_h S_h} \tag{6.6}$$

式中,f 为总体抽样率;f_h 为第 h 层(类)的抽样率;S_h^2 为第 h 层(类)的样本方差;W_h 表示层权($=N_h/N$);N_h 为第 h 层(类)的总数;u_a 是标准正态分布的双侧 α 分位数,与置信度有关;N 为居民总人数,即母体数量;d 为允许误差。

下面,以昆山老城区为例,按照基于居住地分层的居民出行调查方法,给出具体措施和抽样率。老城区下辖 3 个街道,24 个社区,平均每个社区 5 500 人左右,见图 6.7。昆山老城区的居住地可以基本划分为 3 类,即新开发小区(一类)、已有 10~20 年建成时间的居民楼(二类)和平房聚集的老街坊式居住地(三类)。根据实地调查,将 24 个社区居住地的特征分门别类：高板桥、新昆、玉峰、大西门、白马泾、仓基为一类；朝阳门、正阳路为三类；其他均为二类。

根据公式（6.5），得到总体抽样率 f 为 5.30%，3 类居住地的居民出行调查抽样率分别为 4.41%、5.66% 和 4.80%。在抽样率的制订中，还需注意调查采样、回收表格及计算机录入等整个环节中的工作失误所带来的实际抽样率的降低，因此应在考虑这些因素的情况下适当提高总体及分层的抽样率。若整个环节中"损失"15%，则总体抽样率为 6.24%，3 类居住地的居民出行调查抽样率分别为 5.19%、6.66% 和 5.65%，调查人数分别为 1 522 人、6 069 人和 767 人。不过，相类似的，分层抽样中每层中的抽样过程也可能存在不够随机的问题，从而影响结论。

图 6.7　昆山老城区社区分布图

6.4.3　交通年报数据可靠性及可比性

居民出行调查在一张完整调查表中集中了大量被调查信息，或称观测值。这些观测值由于样本量的选取而不可避免地产生误差。如前所述，目前国内多地的居民出行调查样本量和抽样率选取各异，那么根据一定样本量得到的结论是否可靠？据此可引出居民出行抽样调查结论可靠性这一术语，意指抽样调查结论的数值"满足科学性定义和分析过程的准确程度"，简单说来即"可被信赖的程度"。可靠性的评判标准则可源自误差分析理论。与误差分析相关的概念、方法可参阅数理统计书籍。下文将结合南京市 2011 年和 2012 年居民出行调查的主要结论，评判其统计数据的可靠性。

1）人均出行次数的可靠性和可比性

人均出行次数是居民出行调查中最容易获取的指标，也是表征当前和预测未来全天出行量的重要基础数据。根据《南京市交通发展年报》2012 版和 2013 版中所反映的 2011 年和 2012 年居民出行调查结论，人均出行次数分别为 2.76 人次/日和 2.74 人次/日。

为了显示不同年份尤其是相邻年份间同一计量指标的区别（这些区别很有可能会在 0.01 的数量级上），通常要求人均出行次数的有效数字能够达到小数点后两位（如 2.74），因此其自带绝对误差（即最小刻度的一半）为 0.005。接下来，需要了解根据实际抽样率得到的绝对误差。

根据前述抽样率公式不难得到下式：

$$d = s u_\alpha \sqrt{\frac{1-f}{Nf}} \qquad (6.7)$$

式中，所有符号详见表 6.2。并依据 2011 年和 2012 年居民出行调查数据（汇总至表 6.2），可知绝对误差分别为 0.024 99 和 0.024 71，显然均大于 0.005，这表明人均出行次数这一指标的可靠性严重不足。事实上，抽样率仅为 1‰～2‰ 的居民出行调查很难获取可靠性强的统计结论。

表 6.2 符号含义及数值表

人均日全方式出行				人均日轨道交通出行 & 轨道交通日出行比重			
符号	含义	数值		符号	含义	数值	
		2012 年	2011 年			2012 年	2011 年
s	人均出行次数标准差	0.975 2*	0.967 8**	s_r	人均轨道交通出行次数标准差	0.414 5*	0.400 3**
S^2	人均出行次数方差	0.951 0*	0.936 7**	S_r^2	人均轨道交通出行次数方差	0.171 8*	0.160 2**
u_α	标准正态分布的双侧 α 分位数	1.96		u_α	标准正态分布的双侧 α 分位数	1.96	
N	总体,即南京江南八区总人口数	3 736 200*	3 711 000**	N	总体,即南京江南八区总人口数	3 736 200*	3 711 000**
n	样本量,即抽样人口数	5 974*	5 749**	n	样本量,即抽样人口数	5 974*	5 749**
f	实际抽样率	0.159 9%	0.155 0%	f	实际抽样率	0.159 9%	0.155 0%
				d_r	绝对误差	0.010 50	0.010 34
d	绝对误差	0.024 71	0.024 99	$D_{r\%}$	轨道交通出行比重绝对误差%	0.441 5	0.400 5
X	人均全方式出行次数	2.74±0.024 71	2.76±0.024 99	X_r	轨道交通人均日出行次数	0.182 4	0.179 9
				$X_{r\%}$	轨道交通出行比重%	5.6±0.441 5	5.1±0.400 5
CH	取值重合区域比重	≈60%		$CH_{r\%}$	取值重合区域比重	≈40%	
$\hat{X}$	修正人均出行次数	2.75	2.75	$\widehat{X_{r\%}}$	修正轨道交通出行比重%	5.6	4.8
ε	理论绝对误差(即最小刻度的一半)	0.005	0.005	$\varepsilon_{r\%}$	理论绝对误差(即最小刻度的一半)	0.000 5(或 0.05%)	0.000 5(或 0.05%)
$\hat{f}$	理论抽样率	≈5%	≈5%	$\hat{f}$	理论抽样率	≈9%	≈9%
$\hat{n}$	理论样本量	≈180 000	≈180 000	$\hat{n}$	理论样本量	≈330 000	≈330 000

* 数据来源:2012 年南京市居民出行调查数据库。** 数据来源:2011 年南京市居民出行调查数据库。

进一步修正现有数据。0.024 99 和 0.024 71 可近似为 0.025,是最小刻度一半 0.005 的近 5 倍之多,因此需要修正现有数据 2.76±0.025 和 2.74±0.025。科学取值应为绝对误差的偶数倍,即 0.025 的偶数倍或 0.05 的倍数,因此,2011 年和 2012 年修正后的人均出行次数应分别为 2.75 人次/日和 2.75 人次/日。显然,按照实际抽样率和调查样本量,无法区分相邻年份人均日出行次数的大小变化,这与交通年报上显示的有 0.02 人次/日差异的结论截然不同。

2) 出行方式比重的可靠性和可比性

居民出行方式结构是居民出行调查中相对容易获取的指标,也是表征当前和预测未来出行方式结构的重要基础数据。《南京市交通发展年报》2012 版和 2013 版中所反映的 2011 年和 2012 年居民出行调查结论如表 6.3 所示。

表 6.3 2011 年和 2012 年南京主城八区居民出行方式结构表(%)

年份	步行	非机动车	公共汽(电)车	轨道交通	私人汽车	出租车	摩托车	单位车	其他
2011 年	26.6	35.7	18.3	5.1	8.1	2.5	0.5	2.9	0.3
2012 年	26.7	31.3	19.7	5.6	10.5	2.4	0.5	3.2	0.1

数据来源:《南京市交通发展年报》2012 版和 2013 版。

为了显示不同年份尤其是相邻年份间同一计量指标的区别,通常要求出行方式比重的有效数字(非百分比)能够达到小数点后三位(如 0.056)。因此,对应的自带绝对误差(即最小刻度的一半)为 0.000 5。下面以轨道交通出行比重为例分析结论的可靠性。

首先,应形成如下共识:依据居民出行调查统计分析得到的轨道交通出行方式结构 $X\%$,应等价于轨道交通人均日出行次数 X_r 除以人均日全方式出行次数 X,即 X_r/X。然后,计算轨道交通人均日出行次数的标准方差 s_r 和绝对误差 d_r,并考虑误差传递,进一步计算轨道交通出行比重的绝对误差 $D_{r\%}$。

$$D_{r\%} = |\partial(X_r/X)/\partial X_r| d_r + |\partial(X_r/X)/\partial X| d = d_r/X + dX_r/X^2 \quad (6.8)$$

公式中的符号含义详见表 6.2。经计算,可知两个年份的轨道交通出行比例分别为 $0.051\pm0.004\,005$ 和 $0.056\pm0.004\,415$,其绝对误差均大于 0.000 5,可靠性严重不足。若简化两个绝对误差为 0.004,考虑到科学取值应为绝对误差的偶数倍,即 0.004 的偶数倍或 0.008 的倍数,则 2011 年和 2012 年修正后的轨道交通出行比例 $\widehat{X_{r\%}}$ 应分别为 0.048 和 0.056 或 4.8% 和 5.6%。显然,交通年报上显示的有 0.5% 差异并不准确。

住房城乡建设部于 2014 年印发了《城市综合交通体系规划交通调查导则》,其中明确规定:在城市综合交通体系规划中,100 万人口以上城市的最小抽样率不低于 1%,50 万~100 万人口城市不低于 2%,20 万~50 万人口城市不低于 3%,20 万人口以下城市不低于 5%。但未给出依据或说明。2011 年修订的《江苏省城市综合交通规划导则》给出了类似的抽样率,但也仅仅是寥寥数字不加说明。笔者认为,两本导则中的推荐抽样率与本节的推算结果相去甚远,显示出当前业内交通调查的指导性文件仍缺乏科学性。2016 年正式实施的北京市地方标准《城市交通综合调查技术规程》更是回避了抽样率问题。

一些专家赞赏交通规划在城市规划中属于最具科学性的分支,但同时又有一批同行持保留态度,这显然与数据的可靠性、模型的精准度有关。因此,如何保证和提高数据调查、分析的科学性尤为重要。近年来,一些城市采用了大数据与传统交通信息采集的综合调查手段,拟扩大抽样范围,更精确地体现交通出行特征,是很好的尝试。

6.5 对交通出行率的思考

交通出行率是交通预测模型中的重要指标,通常由居民出行调查得到,根据原单位类型可分为人口原单位、用地原单位,人口又可分为不同特征(年龄、收入、拥车水平等)群体,用地可分为不同性质用地。如为加拿大温哥华市 CBD 建立的出行吸引量回归方程如下:

$$T = 1\,560 + 14.322X_1 + 10.534\,2X_2 + 3.670X_3 \tag{6.9}$$

式中，T 为交通吸引量；X_1 为商业楼板面积；X_2 为服务业及办公大楼的楼板面积；X_3 为建造与批发业的楼板面积(以上均以 1 000 平方英尺为单位)。

西方由于预测工作早于国内，因此对出行率的研究较为系统，如美国交通工程师协会(ITE)已经编写到了第十版的《交通生成率手册》(*Trip Generation Manual*，10th)。进入 21 世纪，随着我国城市交通规划的规范化和交通影响评价工作的普及，各地相继出版适应各自城市的生成率手册，如北京(2009)、苏州(2014)均出台各自的出行率手册，供地方规划部门和设计单位使用。

但该工作并非没有瑕疵。美国加州大学洛杉矶分校的唐纳德·舒普(Donald Shoup)教授在 2002 年的文章 *Truth in Transportation Planning* 中，猛烈地抨击了美国交通工程师协会推荐的出行率指标的随意性和非科学性，认为：由于针对某一类建筑仅调查了不多的样本，因此很难回归得到一个较为精确的出行率指标；同时，因为忽视了城市间的差异、城市内部空间区位的差异等等，该指标的适用性进一步下降。如果交通规划中最为重要的数据分析源自这些较随意的调查和精度不高的分析结论，那么谁又敢赞同该交通规划的科学性？国内的现状近乎如此。

因此，如何找到一个科学的确定出行率的方法？也许，当前较为流行的手机数据能够担此大任。手机数据以其覆盖面广、数据量大的优势也许可以分析得到令人满意的结论。表 6.4 是笔者应用昆山市中心城区的手机信令数据和建筑普查数据，回归拟合得到的各类性质用地单位建筑面积的交通生成率(方法同前文提到的温哥华 CBD 建立的回归方程)，部分指标的显著性较好，可以使用(具体分析见后续章节)。

表 6.4 通勤出行发生率回归结果

单位：人次/(千平方米·高峰小时)

用地分类			居住大类参与回归			居住亚类参与回归		
符号		类型	全部 TAZs	一类 TAZs	二类 TAZs	全部 TAZs	一类 TAZs	二类 TAZs
大类	亚类							
R		居住用地	1.97**	2.02**	1.30**	×	×	×
	R_1	一类居住用地	×	×	×	1.50*	1.63*	—
	R_2	二类居住用地	×	×	×	1.77**	1.71**	1.16**
	R_3	三类居住用地	×	×	×	4.29	—	7.37*
	R_a	公寓用地	×	×	×	17.02**	26.66**	16.73**
	R_b	商住混合用地	×	×	×	—	—	—
	R_x	居住配套用地	×	×	×	—	—	—
A		公共管理与公共服务用地	—	—	—	—	—	—
B		商业服务业设施用地	1.48**	1.35*	—	1.21**	0.99*	—
G		绿地与广场用地	—	—	—	—	—	—
M		工业用地	1.63**	1.56**	2.91**	1.39**	1.43**	1.39*
S		道路与交通设施用地						

(续表)

用地分类			居住大类参与回归			居住亚类参与回归		
符号		类型	全部 TAZs	一类 TAZs	二类 TAZs	全部 TAZs	一类 TAZs	二类 TAZs
大类	亚类							
U		公用设施用地	—	—	—	11.81*	13.70*	—
W		物流仓储用地	—	—	38.75**	—	—	—
H		城乡建设用地	21.36**	—	9.83*	—	—	—
模型统计		R^2	0.911	0.917	0.953	0.953	0.956	0.959
		调整R^2	0.906	0.912	0.945	0.946	0.952	0.954
		标准方差	906.345	974.263	514.947	668.199	719.244	474.628

注：TAZ意为交通分析区或交通小区；"×"表示该变量未参与回归；"—"表示回归系数不显著，未显示在列表中；"**"表示 $p<0.01$；"*"表示 $p<0.05$；回归结果未扩样。

无论是居民调查数据还是手机数据都是现状数据，现状数据只能得到现状出行率。从基年到目标年的发展过程中，所采用的出行率随时间推移是否稳定是一个值得关注的问题。另外一种声音是，为什么要预测遥远的未来，那有太多的不确定性，预测近期才是一件看起来更为合理的事情。现状出行率显然可以用于交通影响评价（简称"TIA"）。

6.6 对重力模型的思考

6.6.1 重力模型的简单化模拟

经典教材中在讲到交通分布预测时，通常会介绍重力模型。重力模型的原型来自力学，用于描述两个物体间相互作用，一般与物体质量成正比，与距离的平方成反比。重力模型公式易于理解，但不可否认的是，重力模型是对现实交通出行分布的模拟，并非真实出行情况。从影响交通出行分布的影响因素来看，重力模型更难以包容若干因素，所以是较为简单的数学模型。现实情况下，影响分布的因素众多，如市中心和郊区都有大型购物中心，但由于市中心停车难、郊区停车位充足，因此对于购物出行，居民会选择去往郊区的购物中心。不难发现，此时影响交通出行分布的因素在重力模型中无从体现，足见重力模型的简单化。

因此，易于理解和使用的重力模型可以作为基础模型，但需要在此基础上添加新的变量，如停车设施、地铁便利性等，同时还需在宏观层面探讨城市空间结构对交通出行分布的影响。

6.6.2 阻抗函数形式讨论

重力模型中的阻抗函数（或摩擦系数、摩阻系数）形式是决定预测精度的重要方面。在传统预测过程中，通常利用居民出行调查数据中的距离指标回归阻抗函数中的参数。一般的，阻抗函数有幂函数、指数函数、伽马函数（或复合函数）等形式，见公式 6.10、6.11、6.12，其中，t_{ij} 为出行起终点的距离或广义费用，其余为待定参数。前二者的曲线呈现单调递减，而后者则先增长后下降,呈现出随距离变化的非单调性。

$$f(t_{ij}) = a \cdot t_{ij}^{a} \tag{6.10}$$

$$f(t_{ij}) = a \cdot e^{-t_{ij}} \tag{6.11}$$

$$f(t_{ij}) = a \cdot t_{ij}^{a} \cdot e^{-t_{ij}} \tag{6.12}$$

米歇尔·梅耶尔(Michael Meyer)编著的经典教材 *Urban Transportation Planning* 中提到了波特兰市基于家的通勤出行(HBW),其距离频度分布为先扬后抑,并非单调递减(见图6.8)。手机数据和精确的地图测距则为我们展现了更为精确的出行距离分布特征。图6.9为昆山市中心城区的案例,显然,出行距离的频度分布特征为先增长后下降。

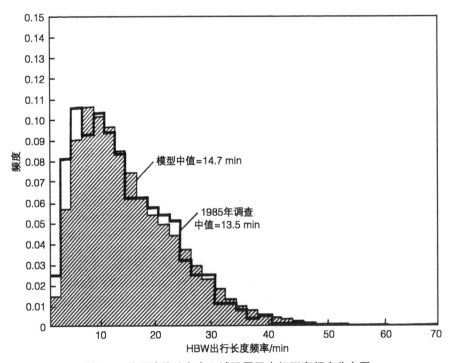

图6.8 美国波特兰市中心城区居民出行距离频度分布图

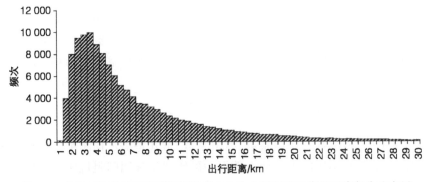

图6.9 基于手机数据和地图测距的昆山市中心城区居民出行距离频次分布图

那么，阻抗函数的形式应该是怎样的？瑞利函数是出行距离分布函数的一种，是根据概率论，由随机理论推导出来的一种交通阻抗函数，函数表达式如下：

$$f(t_{ij}) = a \cdot t_{ij} \cdot e^{-\beta t_{ij}^2} \tag{6.13}$$

基于上述复合函数和瑞利函数的函数表达式，我们可以归纳出更一般的交通阻抗函数的表达形式，表达式如下：

$$f(t_{ij}) = a \cdot t_{ij}^\alpha \cdot e^{-\beta t_{ij}^\gamma} \tag{6.14}$$

运用上述复合函数、瑞利函数和一般阻抗函数形式，拟合昆山中心城区的居民出行数据，可以得到拟合度较高的阻抗函数参数，如图6.10和表6.5所示。

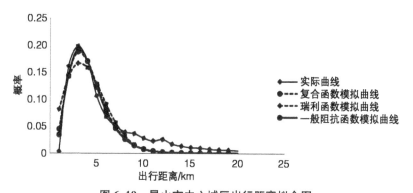

图6.10　昆山市中心城区出行距离拟合图

表6.5　中心城区各模拟函数拟合度和误差值

项　目	复合函数	瑞利函数	一般阻抗函数
R^2	0.923	0.837	0.939
误差平方和	0.027%	0.057%	0.021%

三种类型函数在SPSS回归结果中的R^2分别为0.923、0.837和0.939，一般阻抗函数的拟合度最高。因此，推荐该形式为最一般的阻抗函数形式。这一分析过程将在后续章节中详细阐述。但是，与交通出行率相类似的问题是：拟合参数仅代表现状，是否随时间推移而发生变化不得而知。

6.7　对交通方式划分的思考

当前，出现在交通规划中的分担率分析范式主要存在两个方面问题：①容易落入主观，如公共交通分担率、小汽车分担率，仅有宏观预判，缺少有力证据，因此主观性过强；②"四阶段预测"本质上是一类集计方法，适用于规划的交通方式分担率预测也是如此，但集计方法抹杀了个体出行行为的异质性，使得该预测过程和结果的说服力不够。总体上，规划实践中的公交分担率难以有充足的理论和方法依据，因此可称之为基于"信念"的预测方法。

相较于规划,研究中的分担率分析范式更为科学,逻辑性较强。由于多个学科均非常关注出行行为特征,因此,交通界、规划界和地理界人士都给予了足够的关注。交通界多关注影响交通出行方式选择的因素,并主要从个人属性、交通政策、出行目的、舒适度、天气、地形地质等角度;规划界的研究则始于 TOD 理论的诞生,多从建成环境(Built Environment)着手,探讨土地开发强度、混合度等因素对出行方式选择的影响,加州大学伯克利分校罗伯特·瑟夫洛(Robert Cervero)教授将这些因素总结为 3D(Density, Diversity, Design),后又有学者衍生至 5D(增加了 Distance, Destination Accessibility);地理界则多以多元统计回归来定量描述建成环境、社会经济属性、偏好等对出行行为的影响,并同时关注通勤出行和弹性出行。由于分担率是交通界常用的术语和技术指标,因此规划界和地理界在其研究中均未明确提及,他们更关注个体行为。

从研究范式的角度,当前出行方式选择或分担率的影响因素研究主要有如下 3 种方法。

(1) 集计模型(Aggregated Model)(这里的集计模型不是"四阶段预测"的集计模型),采用多元线性回归(Multiple Linear Regression, MLR)。将个体属性、出行行为及建成环境变量全部转化为对应于某一街区或 TAZ 的连续数值,因而可使用 MLR。将数据集计到 TAZ 的优势在于 TAZ 的划分原则决定了区内的土地利用相对较为统一,因此可以较好地体现建成环境对出行的影响。但此类研究存在如下两点缺陷:① 过于关注出行起点的建成环境变量而忽视了出行终点的建成环境。出行终点建成环境的重要性在某些基于北美城市郊区居民的研究中,作为其出行终点的城市中心区的建成环境可能在较大程度上影响郊区居民的通勤出行方式选择;② 个体行为过程会被集计数据掩盖,这是由方法所决定的。但总体说来,集计模型和 MLR 因其表达方式简单、易于理解、分析简便等优势仍得到较为广泛的应用。而事实上,接近一半的出行行为研究均使用集计模型,这类模型尤其多应用于针对公交分担率、公交出行率和 VMT(Vehicle Miles Traveled,车英里)的研究中。

(2) 部分非集计模型(Partially Disaggregated Model),一般采用 Logit 回归模型。个体属性和出行方式选择均属离散分布。但建成环境的变量取值是基于样本所在区域或 TAZs,如智利圣地亚哥、美国蒙哥马利、中国上海等地的实证研究。或者,出行时耗、可达性因子不是基于个体,而是基于某个 TAZ 或 TAZs 间的数据。因并非所有自变量都基于个体(有的基于 TAZ),这种方法可称之为部分非集计模型。影响该方法研究结论的关键在于样本所在 TAZs 的范围设定。当设定的 TAZs 范围较大时,将因用于回归的建成环境数据量偏少而降低研究精度,并可能产生有偏差的结论。

(3) 完全非集计模型(Completely Disaggregated Model),仍然基于非集计建模思路,采用非集计的出行者社会经济属性和出行行为数据。但建成环境变量的取值与方法(2)有所不同,其取值基于样本出行起点的一定距离(如 1/4 或 1/2 英里)覆盖范围内的建成环境,而非样本出行起点所在 TAZ 的建成环境。这种方法可称之为完全非集计模型,更能准确地反映影响出行者出行行为最为紧密的建成环境。但在街区内建成环境和社会经济属性与街区外存在显著特征差异或具有较明晰街区边界的情况下,这种方法由于没有采用以肌理特征相似的完整街区为单位的建成环境数据,而使建成环境的自变量因无法反映这种显著性差异而可能影响最终结论。

对前述的 3 种分析方法进行小结可知:① 集计模型应采用多元线性回归,模型更为简洁,结论更为清晰,更适用于非郊区居民出行行为和因变量为集计数据的情况;② 当因变量为离散类型数据时,应采用针对个体的非集计模型,可运用 Logit 及其衍生模型开展研究; ③ 完全非集计模型和集计模型会使研究思路更为清晰,并提高结果的可读性;④ 对于同样一套数据,由于对建成环境的测算方法不同,部分非集计模型和完全非集计模型的分析结论是有差异的。

自变量或影响因子通常有以下五大类:出行者社会经济属性(包括:年龄、性别、收入、是否拥有公交 IC 卡或驾照等),土地利用特征(包括:土地利用容积率、用地混合度、建筑密度、可达性等),街道模式特征(包括:街道连通度、路网密度、人行道设置率等),公交系统特征(包括:公交线网密度、公交线网重复率、公交站点密度等)和出行时距特征(包括:出行时耗、出行距离、出行费用等)。由于中国城市的道路断面大多都包含人行道,因此人行道设置率在中国的研究并非必要。

影响因子的选择则更加重要,将直接决定研究结论是否能够很好地解释影响出行行为的原因。但目前影响因子的选择尚无明确的规定和要求,也未能形成一致性的结论。有的研究仅考虑土地利用,有的研究仅考虑社会经济因素,有的则同时考虑了土地利用和社会经济属性,还有一些研究则分别建立涵盖较少因子的基本模型和涵盖较多因子的扩展模型,通过多次回归分析来说明考虑某些因子后能够取得更好的解释效果。

由以上分析可知,现有研究中的研究方法和考虑的自变量并不统一,但研究范式正朝向一个更加合乎理解一致性的方向发展。影响因素需要进行全面考虑,否则会因忽视某些自变量及其对其他自变量的交互作用而不能得到满意的回归结果及其解释。国内外的定量分析显示:建成环境因素、出行者社会经济因素等均可能对出行行为产生影响,但具体的影响因子、影响方式(正相关或负相关)、显著性等则因研究区而异。

6.8 有限理性的"交通人"

6.8.1 "经济人""社会人"与"管理人"

首先,引入"经济人""社会人""管理人"的概念。

西方古典经济学中的"经济人"假设,认为人的思考和行为都是目标理性的,唯一试图获得的经济好处就是物质性补偿的最大化。"经济人"常作为经济学和某些心理学分析的基本假设。"经济人"的实质就是对"人"进行抽象,是指为了经济学分析、解释、推导的需要,对微观的人的特点进行抽象,并根据这种抽象分析其决策和行为。通过抽象可以避免陷入对"人性"本身无边无际的争论,以更有效地讨论相关的经济学主题。这种抽象实际上就是将人不当成"人",而是当成一种纯粹的"经济动物",这种"动物"本身并不存在,所以局限难以避免。

"社会人"模式是另一种应用于经济学中的假设。它由旧制度主义经济学家提出,想以之来取代"经济人"模式。它的基本内涵是:作为一种社会存在,除了物质经济利益之外,人还追求安全、自尊、情感、社会地位等等的需要;人所做出的选择,必须建立在他个人的社会经验、不断的学习过程以及构成其日常生活组成部分的个人之间相互作用的基础之上。因此,人的行为是直接依赖于他生活在其中的社会文化环境的,所以要从每个人的现实存在和他与环境的关系上去理解人,去解释人的经济行为。

作为经济管理学基础理论的"管理人"模式在人的"有限理性"假说的基础上提出。这种理论认为,在现实世界中,人受到自身在认识和计算能力方面固有的限制,以及信息不完全、时间有限的制约,只能在力所能及的范围内进行选择。因此,不论主观愿望怎样,人们都只是追求可以实现的"满意的状态"而不是"利益最大化"。

由以上"经济人""社会人""管理人"的表述可知,"社会人"做出选择所考虑的问题高于"经济人"假设,即使"经济人"的目标可量化,"社会人"由于加入了情感等因素也难以定量描述。"社会人"是物质利益与精神利益的综合体。"管理人"模式则抛弃了"经济人"假设,是一种与现实更契合的思考模式。而"管理人"与"经济人"最大的差异在于前者遵从"有限理性"假说,后者则遵从"完全理性"。显然,存在于现实生活中的活生生的人难以做到完全理性,正如"管理人"模式追求的"满意的状态",也许退而求其次,满意度才是人追求的现实目标。

6.8.2 "交通人"

出行心理分析告诉我们,人的认知水平是有限的,尤其是当面对诸多不确定因素的情况下。出行者并不总是按照概率法则评估和分析不确定事件,人们在不确定条件下有可能依靠直觉和经验走捷径,这种方式做出的决策并非最优化,只能是近似优化。因此,交通系统并不符合"效率假说"或"最优假说",即事实不存在一个最优化的交通系统。并且,即使从长远来看,这种非最优或非平衡的状态也无法从交通系统中消失。同时,与"经济人"相仿的"交通人"——常见的交通规划中所假设的那个精明的总能精确计算各种概率的出行者,也不存在。所以,在交通政策制定过程中,在面向用户出行方式选择和路径选择的规划设计中,必须增加对出行者心理状态与变化的考虑。

具体的,在交通分配中,无论是平衡分配还是非平衡分配的理论模型都非常复杂并且需要大量参数和信息,而计算能力上的有限性约束了人们对最优出行方案的判断。因此,实际出行往往遵循满意原则,当路径较多而又缺乏实时道路路况信息的指引,出行者会选择一条他们常走的并且基本满意的路径。有意思的是,思考与估算往往也有成本,有时甚至超出了它们应有的价值,此时理性的做法就是非理性的。在干路和支路两条路径供其选择的条件下,绝大多数人会拒绝后者而去利用道路设计条件更好、贯通性更好、方向感和位置感更加明确的前者,即使这些道路上的交通状况比支路要差。一项根据对墨尔本的调查指出,街道越是重要和有名气,被使用的频率就越高。这些都是模糊厌恶(Ambiguity Aversion)的一种体现。

交通规划面临未来的难预测、信息的不对称、公共利益的不确定性等难题。因此,有限理性应该成为交通规划、研究和决策中的基本假设。我们经常提及"以人为本"理念,但往往更多关注的是人的出行"需求",而缺乏人的"心理"状态和变化对出行决策的影响分析。这就迫切需要探讨和研究基于出行心理,尤其是当面对诸多不确定因素时的交通规划设计与评价方法。目前已有研究考虑在建模时增加出行者感知效用的概念,即心理感知时间与实际时间的误差,并提出感知成本,即由于感知效用所导致的时间偏差,进一步转化为成本因素;或建立了多方式有限理性分层 Logit 模型,来描述出行者的方式选择行为,模型假设当方式间的成本差在无差异区间内时,出行者依据偏好或随机进行方式选择。这些研究都是非常好的尝试,希望在未来能够利用心理学的相关理论更科学地指导交通决策与实践。

6.9 现代城市交通规划核心理论的角色定位与思考

6.9.1 定位

基于上述的介绍和思考,不难看出,现代城市交通规划的核心理论——"四阶段预测"存在系统误差。笔者认为其角色定位可放在城市交通发展模式的适应性分析或城市交通发展的战略分析上,应偏重宏观层面的分析应用。

城市交通发展模式的适应性问题,归根结底是城市交通方式结构的适应性问题。在当前各地普遍崇尚建设低碳城市、生态城市,以及能源危机、气候变化问题突出的背景下,营造和建立怎样的交通方式结构以形成与社会、经济、环境、城市等相适应的交通发展模式,是摆在我们面前的重要问题。

适应性视角下的城市道路交通规划首先可以城市交通发展模式为切入点,并将其划分为若干个发展情景,然后在各个情景下进一步剖析交通供给与需求的适应性问题,通过测试分析指出合理的发展情景。适应性分析框架如图 6.11 所示。

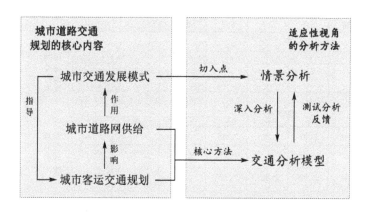

图 6.11 适应性分析方法框架图

情景分析(Scenario Analysis)是研究未来不确定状况的一种管理决策工具。情景是指未来状况以及能使事态由现在向未来发展的一系列状态,情景分析就是采用科学手段对未来的状态进行描述和分析,由于未来发展存在不确定性,因此情景分析描述的是某种事态未来几种最可能的发展轨迹。2000 年以来,情景分析的国际研究依然十分活跃,如今,情景分析已被广泛应用于社会、经济、环境、地理、规划等领域,并成为展现和预测未来的重要方法。

例如对某市中短期交通模式的情景分析如下:

(1)情景一:维持现状。维持现状的交通基础设施基本不变,测试交通设施对中短期城市交通需求的适应性。

(2)情景二:同步增加快速道路和公交系统建设。维持现状的发展力度,加大快速路的建设步伐,提升主城区的快速疏解能力。同时有两条地铁线中短期建成通车,测试在此背景下的城市交通运行状况。

（3）情景三：在情景二的基础上更加重视发展公共交通，特别是大容量快速轨道交通。加大轨道交通的投资力度，争取 4 条地铁线开通运营。测试在此背景下的城市交通运行状况。

运用"四阶段预测"方法对以上三种设定的情景进行测试（图 6.12），并与现状相应的指标进行对比，分析不同发展情景下城市交通的运行情况，可以反映城市交通的改善程度。通过对比分析，可能得到的结论如下：如果依据现状基础设施发展下去，随着城市人口的快速增长，空间迅速拓展，交通拥堵愈加严重；若加快快速路的建设，并且按照轨道建设计划建成两条地铁线，则交通运行状况有所改善，但拥堵依旧严重；而大力发展公共交通，特别是 4 条轨道交通建成并投入运营，则交通有明显改善，但市中心的改善效果并不乐观（这可能是其他方面如就业岗位高度集中等因素所导致）。三种情景中，情景三的发展态势相对最为乐观，应作为中短期的主导发展目标。

总体测试结果

	基准年交通量	2020方案一	2020方案二	2020方案三	方案一增幅	方案二增幅	方案三增幅	
全天出行量（全方式）/万次	274.4	364.6	364.6	364.6	19.8%	19.8%	19.8%	总体出行水平
高峰小时出行量（全方式）/万次	43.8	65.6	65.6	65.6	32.0%	32.0%	32.0%	
高峰小时机动车出行量/万PCU	0.88	13.1	10.9	8.7	1 488.6%	1 238.6%	988.6%	

路网总体运营水平

	基准年	方案一	方案二	方案三	评价指标			
主城干道饱和度	—	—	—	—	0.78	0.65	0.56	路网总体运行水平
快速路分担率/万PCU		3.6	3.2	2.6	27.4%	28.9%	30.1%	
老城干道饱和度					0.81	0.67	0.62	
老城区平均车速/(km·h⁻¹)					23.1	26.7	27.3	

道路交通量（早高峰）

	基准年	方案一	方案二	方案三	饱和度	饱和度	饱和度	
过河通道交通量/PCU（跨二道河）	5 158	8 431	6 720	5 615	0.84	0.67	0.56	关键断面服务水平
过河通道交通量/PCU（跨大运河）	9 557	30 965	26 047	21 443	0.87	0.73	0.61	
跨宁通高速公路交通量	4 512	39 289	32 741	26 192	0.85	0.71	0.57	

战略方案	方案一		方案二		方案三		
	小汽车出行比例	公共交通出行比例	小汽车出行比例	公共交通出行比例	小汽车出行比例	公共交通出行比例	方式结构
交通方式预测	29%	18%	23%	24%	19%	28%	

图 6.12 某市运用需求预测开展情景分析的测试结果

6.9.2 思考

其一，西方学者常讨论交通与土地利用的互动关系，但显然，"四阶段预测"方法基于了确定的土地利用。而事实上，土地利用分布会随着交通系统的变化而变化，其中的一个重要因子是可达性。这一点也可用萨伊定律（Say's Law）来解释，即"供给能够创造其本身的需求"。可见：交通与土地利用是互动关系，互为因果；"四阶段预测"模型是单向的，尽管预测结果可以作为土地利用的调整依据，但具体的调整方法仍需探索。换一种理解：交通需求与交通行为同时受到交通设施或交通系统服务水平的影响,但"四阶段预测"方法中一般不包含反映交通服务水平的变量,因此,无法用这些模型就交通服务水平与交通需求的相互关系进行讨论。

其二,交通需求预测源于美国小汽车迅猛增长的年代。因此,主要面向小汽车出行的需求预测和基于此的基础设施建设,成为城市交通规划、建设的主导方向,但就目前中国所处的时代背景和国情而言不甚合理。城市交通基础设施的规划与建设过多地偏重于以小汽车为主的快速路、主干路和路外停车场,城市交通治堵策略重点针对了小汽车,设施建设和交通政策以小汽车通畅行驶为目标,而为步行、自行车、公交出行的政策制定明显滞后。

其三,即使上述模型和方法应用于公共交通网络的分析,也不能忽视模型之外的因素在起作用,如图 6.13 所示的市民意见、公众参与。也即不能简单地将物理模型和公式用于方案制定,因为公共交通带有公益属性而需要置于社会学范畴探讨相关方案。

其四,北美一些城市的规划研究均更为重视 VMT 而非需求预测中得到的

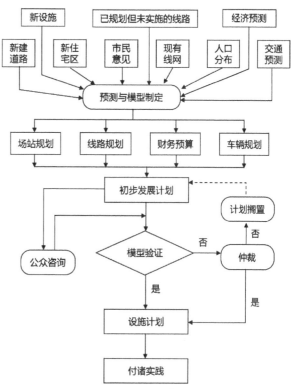

图 6.13 香港常规公交专营公司"五年公交线路规划"流程图

LOS(Level of Service,服务水平)评价指标。事实上,VMT 指标因包含出行时耗或出行距离等占用道路时空信息而显得更为全面。图 6.14 表达了美国波特兰-温哥华地区在一系列积极的城市与交通规划发展策略(城市增长边界、TOD 簇群、轻轨建设等)指引下,VMT 相较于其他地区截然不同的变化。

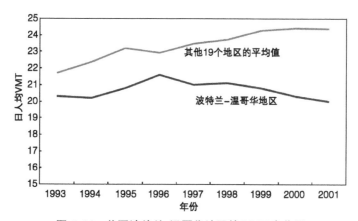

图 6.14 美国波特兰-温哥华地区的 VMT 变化图

最后,模型预测的精度是最为使用者所诟病和怀疑的软肋,严重影响了模型可信度,这也是模型发展过程中最为致命的因素。一方面固然是由于技术问题,更重要的是重大交通基础设施建设申报问题。模型预测结果作为资金申请、项目决策的依据,不可避免地受到各利益相关方为获取资金支持、项目上马而施加的压力,模型结果被刻意修正,"深陷以数学方法系统性应用最终仅为地方决策提供一块科学'遮羞布'这一错误方向"。

7 人文地理学中的交通研究理论方法与思考

人文地理学隶属于地理学,是以人地关系的理论为基础,探讨各种人文现象的地理分布、扩散和变化,以及人类社会活动的地域结构的形成和发展规律的一门学科。按照研究对象,可以将其分为社会文化地理学、政治地理学、经济地理学、城市地理学等分支(图7.1)。社会文化地理学包括人种地理学、人口地理学、聚落地理学、社会地理学、文化地理学等;政治地理学包括军事地理学等;经济地理学包括农业地理学、工业地理学、商业地理学、交通地理学以及旅游地理学等;城市地理学曾是聚落地理学的分支,原本隶属于社会文化地理学,经过几十年发展,其研究内容和对象逐渐丰富,已成为人文地理学的一个独立分支。本章所涉及的各种理论及相关模型均属于人文地理学范畴,重点讨论人文地理学中与交通相关的研究视角、研究理论与研究方法。

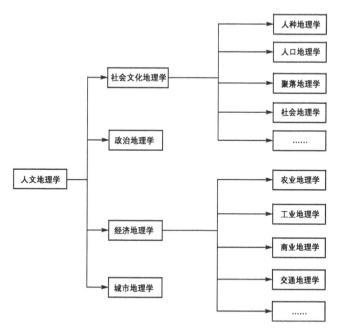

图 7.1　地理学相关分支

本章基于人文地理学的视角,从区位论、空间交互作用、交通方式以及交通对土地利用的影响等方面总结了城市交通研究的相关理论与研究方法,最后在信息化的时代背景下,探讨了ICT(Information and Communications Technology)对传统城市交通地理学研究方法的影响。

7.1 区位论中的交通影响因素

交通是影响区位的重要因素,地理学中的交通研究视角随着区位论的形成与发展不断深入。从19世纪20年代区位论形成以来,根据研究特点的不同可以分为古典区位论、近代区位论以及现代区位论。区域空间中的交通现象是影响区位的重要因素。交通现象是从出发地到目的地,通过连接出发地、中转站、目的地的交通线,使人或物发生移动的现象(图7.2)。交通现象影响区域空间的经济活动及产业布局,也是区位论中最重要的影响因素之一。

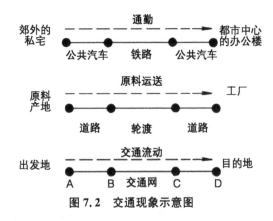

图 7.2 交通现象示意图

7.1.1 古典区位论

古典区位论(1820—1920年代)属于微观的局部均衡理论,研究方法是以单一区位因素的静态分析为主,其特点是立足于单一的企业或中心,着眼于成本、交通运输费用最省。因此,古典区位论被称为西方区位理论的成本学派。古典区位论的代表主要有杜能农业区位论与韦伯工业区位论。

1) 杜能农业区位论(Agricultural Location Theory)

区位是指厂商经营生产活动的位置,如何确定最佳位置就是古典区位理论所关心的问题。德国经济学家杜能(J. H. Thünen)最早注意到区位对运输费用的影响,在19世纪初叶他所出版的《孤立国同农业和国民经济的关系》(1826年)一书中,杜能指出距离城市远近的地租差异即区位地租或经济地租,是决定农业土地利用方式和农作物布局的关键因素。由此,他提出了以城市为中心呈六个同心圆状分布的农业地带理论,即著名的"杜能环"。农业区位示意见图7.3。

2) 韦伯工业区位论(Industrial Location Theory)

德国经济学家韦伯(Alfred Weber)继承了杜能的思想,在20世纪初叶发表了两部名著《论工业区位》(1909年)和《工业区位理论》(1914年)。在两部著作中,韦伯得出三条区位法则——运输区位法则、劳动区位法则和集聚或分散法则。他认为运输费用决定着工业区位的基本方向,理想的工业区位是运距和运量最低的地点。除运费以外,韦伯又增加了劳动力费用因素与集聚因素,认为由于这两个因素的存在,原有根据运输费用所选择的区位将发生变化。工业区位示意见图7.4。

7.1.2 近代区位论

随着自由资本主义时代向垄断资本主义时代的过渡,第二、第三产业逐渐取代第一产业成了国民经济的主导部门。同时随着交通运输网的发达和劳动生产率的提高,市场问题成为产业能否盈利,甚至能否存在的关键。这时,在考虑成本和运费的同时,也更加注意市场区划分和市场网络理论结构。此时的区位论从立足单一的企业或者工厂转变为立足于城市

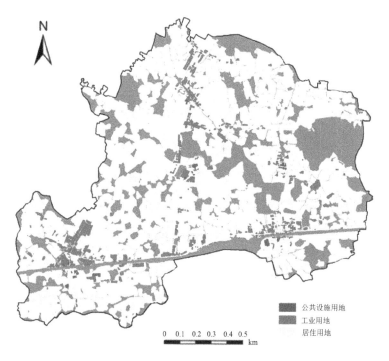

图 7.3 农业区位示意图

或者地区,着眼于成本、运费最省发展转变为追求市场的扩大,由过去静态分析转变为多因素的动态分析视角,区位论也由成本学派逐步发展为近代区位(1920—1940 年代)的市场学派。近代区位论的主要代表有克里斯塔勒中心地理论、帕兰德市场竞争区位论、廖什市场区位论、高兹海港区位论以及胡佛运输区位论。

1) 克里斯塔勒中心地理论(Central Place Theory)

德国地理学家克里斯塔勒(Christaller)的中心地理论最具代表性,在其名著《德国南部的中心地》

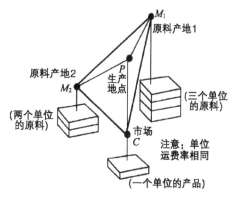

图 7.4 工业区位示意图

一书中,克里斯塔勒将区位理论扩展到聚落分布和市场研究,认为组织物质财富生产和流通的最有效的空间结构是一个以中心城市为中心的、由相应的多级市场区组成的网络体系。在此基础上,克氏提出了正六边形的中心地网络体系(图 7.5)。

2) 帕兰德市场竞争区位论(Competitive Location Theory)

市场竞争区位论(图 7.6)是瑞典经济学家帕兰德(T. Palander)提出的。该理论采用动态经济分析方法研究竞争产业的市场区。基本观点是人口分布变化、新技术和新产品的引进都可以改变原市场的分布状况,使市场重新分布。A 企业与 B 企业由于技术引进不同造成生产费用的变化(对商业企业来说,可视为由于进价或货源不同造成成本变化),从而引起市场区变动。理论的基本要点可以概括为四个方面:第一,地方价格决定市场空间范围;第二,地方价格由生产价格与运费共同决定;第三,市场 A、B 的相交处价格一致;第四,市场范围会受到其他企业行为的影响。

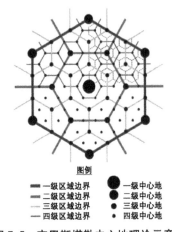

图 7.5　克里斯塔勒中心地理论示意图

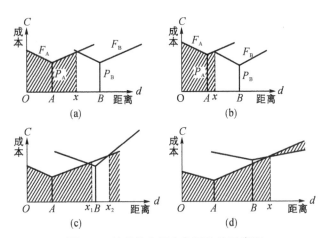

图 7.6　帕兰德市场竞争区位论示意图

3）廖什市场区位论（Losch's Location Theory）

德国经济学家廖什（August Losch）则在 1940 年出版的《经济空间秩序》一书中，将利润原则应用于区位研究，并从宏观的一般均衡角度考察工业区位问题，从而建立了以市场为中心的工业区位理论和作为市场体系的经济景观论。廖什最大利润区位论的市场是蜂窝状的正六边形"面"状市场。在垄断竞争情况下，首先着眼于确定均衡价格和销售量，即平均生产费用曲线和需求曲线的交点，再以此来确定市场地域均衡时的面积和形状（图 7.7）。

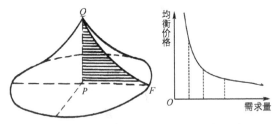

图 7.7　廖什市场区与需求圆锥体示意

4）高兹海港区位论（Seaport Location Theory）

1943 年德国学者高兹（E. A. Kautz）发表了题为《海港区位论》一文，开创了港口区位理论研究的先河。高兹应用韦伯工业区位论的思想和方法，把港口和腹地联系起来分析，以总体费用最小原则来求出海港建设选址的最优区位。高兹认为，决定海港选址区位的有运输费用、劳动力费用和资本投入三个主要因素，它们构成港口区位因子体系，其中运输费用决定海港区位的基本方向，劳动力费用和资本因子对由运输费用决定的港口区位进行修正，最终得到最优区位，主要内容包括：①指向海上距离最短的位置；②指向建港投资最小的地点；③指向连接海港的廉价运输的腹地。港口空间结构演化的理想时序模型见图 7.8。

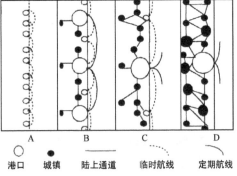

图 7.8　高兹港口空间结构演化理想时序模型

5）胡佛运输区位论（E. M. Hoover Engency Theory）

美国空间经济学家胡佛（E. M. Hoover）在其 1948 年出版的《经济活动的区位》著作中首先提出了运输费用结构理论，将运输费用划分为由装卸费用和线路营运费用两部分组成，由于包括仓库、码头、营业机构、维修等开支的装卸费用不受运行里程的影响,因此,不同运输方式都存在着不同技术特征的运输费用递减现象,从而修正了韦伯理论中运费与距离成比例的基本图形。胡佛特别重视运输结构的影响,他认为运输距离、运输方向、运输量以及其他交通运输条件的变化,往往会引起经济活动区位选择的变化,从运输费用的角度分析:在什么情况下企业的最佳区位接近市场;什么情况下接近原料地;什么情况下企业布局在二者的中间地点。因此,他提出运费率递减律和发挥各种运输方式的优势来综合考虑区位的布局变化(图7.9)。

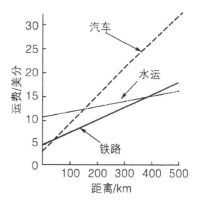

图7.9 胡佛运输区位论中运输方式、运费与距离之间的关系

7.1.3 现代区位论

现代区位论(1950年代以后)在研究内容上,从注重区位的经济产出到以人的生存发展为目标,强调协调人与自然的关系;在研究对象上,从市场机制研究转向政府干预和计划调节机制的研究,从单个经济单位的区位研究走向区域总体的研究,将现代区位与区域开发问题的研究相结合,如涉及区域地理环境、经济条件、自然条件、人口、教育、科技水平、消费水平、资本形成、经济政策和规划等各个方面的宏观的综合的分析研究。区位论也由此发展为现代的行为学派。在研究方法上,由静态空间区位选择转入区域各发展阶段空间经济分布和结构变化以及过程的动态研究。

1) 增长极理论(Growth Pole)

法国经济学家弗郎索瓦·佩鲁(Francois Perroux)提出,如果把发生支配效应的经济空间看作力场,那么位于这个力场中推进性单元就可以描述为增长极。增长极是围绕推进性的主导工业部门而组织的有活力的高度联合的一组产业,它不仅能迅速增长,而且能通过乘数效应推动其他部门的增长。因此,增长并非出现在所有地方,而是以不同强度首先出现在一些增长点或增长极上,这些增长点或增长极通过不同的渠道向外扩散,对整个经济产生不同的最终影响。他借喻了磁场内部运动在磁极最强这一规律,称经济发展的这种区域极化为增长极。

2) 点轴开发理论(Point-Axis Theory)

点轴开发理论(点轴理论)由我国著名地理学家陆大道先生提出。点轴开发模式是增长极理论的延伸。随着经济的发展,经济中心逐渐增加,点与点之间,由于生产要素交换需要交通线路以及动力供应线、水源供应线等,相互连接起来就是轴线。这种轴线首先是为区域增长极服务的,但轴线一经形成,对人口、产业也具有吸引力,吸引人口、产业向轴线两侧集聚,并产生新的增长点。点轴贯通,就形成点轴系统。因此,点轴开发可以理解为从发达区域大大小小的经济中心(点)沿交通线路向不发达区域纵深地发展推移。点轴发展到一定阶段后,整个区域呈现出网络化发展态势,区域发展逐渐走向均衡。增长极发展到点轴再到网络,是在区域经济由低级阶段向高级阶段的发展过程中,随着区域交通运输体系及城市体系的不断完善而必然呈现出的区域空间格局的变化,也是区域产业布局必须遵循的规律(图7.10)。

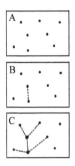
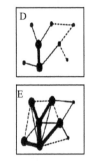

图7.10 区域网络化演变示意图

3）流空间理论（Space of Flow）

流空间由社会学家卡斯特（Manuel Castells）于1990年首先提出。他认为流空间是通过流动而运作的共享时间的社会实践的物质组织，并认为流空间不是我们社会中唯一的空间逻辑，但依然是支配性的空间逻辑。简单来讲就是流空间定义为在网络空间导引作用下的位空间新的表现形式，它强调时间层面的信息交流和距离层面的物质移动。流空间的空间网络是一种高级一体化的网络结构，是一个复杂的巨系统。此处的网络化与先前在区域发展过程中的空间网络化有所不同：其一，以信息网络为其基础架构；其二，它是全球范围的；其三，系统一体化趋势明显；其四，紧密性和强度增加；其五，不断壮大和扩展。卡斯特认为这样的网络可能存有等级，但没有中心，节点之间的关系是非对称的，全球经济空间结构将逐渐向网络化格局转变。与工业时代中心化的组织支配模式不同，信息时代的空间逻辑是建立一个全球化的网络空间，这种模式更容易适应在流空间中发生的变化。城市是网络的节点，城市的功能就是网络的服务、管理和控制中心。一个国家或地区属于网络的一部分，地域性、中心化及集聚和扩散仍然是该部分经济增长的主要表现形式，或以全球驱动为主导，或以地方驱动为主导，要视具体区域展开分析。

物质化仍然是流空间的外部形态。这种物质化和流空间含义不同，一方面它是信息流引导作用下的物质流，通过交通廊道实现位置移动，而在ICTs（包含信息与通信技术、信息与通信技术应用、信息传播技术、信息通信技术）作用下得以组织和整合，因此它的流动更趋于合理和有序，在此基础上达到流量最小，流速最快的目标；另一方面是物质流对信息流的物质作用突出表现在信息流对物质的依附性上。如果要做更深层次的理解，可在流空间两大组成空间的相互作用中体现。在ICTs基础上体现出信息可达性。具体而言，二者的相互作用体现在以下4个方面：一是协同作用，指网络空间和位空间将继续同时存在、相互影响和共同发展；二是替代作用，指信息流代替物质流，网络空间代替位空间；三是增强作用，指ICTs的潜在应用改善由公路、铁路和航空网所构建的交通网络的容量、效率和吸引力以及由信息流衍生出的新的物质流；四是补充作用，信息流可以实现位空间由于距离约束不能实现的瞬时交流或是其他方面的不足，如一些特殊事件的紧急处理、流动的网络信息传递和查询等。

7.2 空间交互模型

7.2.1 基本思想

空间交互（Spatial Interaction）是人员、货物或信息在起点和终点之间的有意识的移动。它是在地理空间上表达的运输需求/供应关系。空间相互作用涉及各种各样的运动，例如上班旅行、移民、旅游、公共设施的使用、信息或资本的传递、零售活动的市场领域、国际贸易和货运分配。空间交互网络研究的一个基本问题就是在已知各地点的人口(或经济产值、流出总量等反映地点体量差异的指标)和地点之间距离(或移动成本、出行时间等反映地点之间阻隔程度的指标)等数据的前提下,预测地点之间空间交互的强度(即流量)。解决这类问题的模型在区域科学和经济地理学中被称为空间交互模型,在交通学科中也有所应用。

经济活动是指在一定的社会组织与秩序之下,人类为了求生存而经由劳动过程或支付适当代价以取得及利用各种生活资料的一切活动。简言之,经济活动是以满足人的需求为目的。这里的经济活动是在空间语境下的,指的是各类工厂、零售等商业布局。一个大型的超市供给各类商品,居民有需求,被吸引前来购物,这是产生流动,或称空间相互作用。一个简单的事实是,在起点和终点之间发生移动,强调空间相互作用所产生的成本(如出行成本)低于这种相互作用产生的效益(如本次出行目的下的收益)。因此,通勤者愿意开一个小时的车,因为这种交互与收入挂钩。空间相互作用发生所必需的三种相互依赖的条件(图7.11)分别是:互补性(Complementarity)、中介机会(Intervening Opportunity)、可运输性(Transferability)。

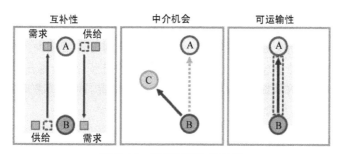

图 7.11 空间相互作用条件

空间交互模型(Spatial Interaction Model)的基本假设为空间交互流是源点属性、目标点属性和源点与目标点之间距离的函数。空间相互作用模型的一般公式如下:

$$T_{ij} = f(V_i, W_j, S_{ij}) \tag{7.1}$$

式中,V_i表示源点i的人口数;W_j表示目标点j地就业岗位数;S_{ij}表示i与j地之间的距离函数。该公式可以衍生出重力模型、潜力模型、零售模型三种交互模型(图7.12),其中在交通需求预测领域,最常见也最基本的是重力模型。

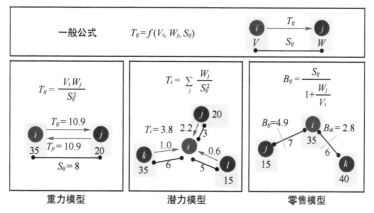

图 7.12 空间交互模型示意图

7.2.2 重力模型

重力模型(Gravity Model)在交通需求预测研究中应用广泛,是交通研究的重要基础模型之一。模拟物理学中的牛顿的万有引力定律,交通区 i、j 之间出行量与交通区 i 的产生量和交通区 j 的吸引量的乘积成正比,与交通区 i、j 之间的交通阻抗(时间、费用、距离等)成反比。

1955年Casey第一次将重力模型用于地域内两个城镇之间购物出行预测。重力模型法认为交通区 i 到 j 的出行分布量不仅与社会经济因素(驱动因素)有关,而且还与时间、空间等阻碍因素有关。重力模型的公式为:

$$t_{ij} = k\frac{P_i P_j}{d_{ij}^2} \Rightarrow t_{ij} = k\frac{O_i D_j}{C_{ij}^\gamma} \Rightarrow t_{ij} = k\frac{O_i^\alpha D_j^\beta}{C_{ij}^\gamma} \Rightarrow t_{ij} = k \cdot O_i^\alpha \cdot D_j^\beta \cdot f(C_{ij}) \quad (7.2)$$

式中,P_i、P_j 为小区 i、j 的人口数;O_i、D_j 为小区 i 的交通产生量与小区 j 的交通吸引量;C_{ij} 为小区 i、j 间的阻抗(距离、费用等);k、α、β、γ 为模型参数。$f(C_{ij})$ 称为阻抗函数,最初认为它是减函数,表示当交通阻抗增加时函数值降低,即出行量减少。常用的阻抗函数形式有指数函数、幂函数。随着学科的发展与技术手段的进步,越来越多的实践证明瑞丽函数、伽马函数等先增后减的函数是符合城市实际出行的情况,而单调递减的指数函数与幂函数在实际运用中将带来较大的误差。

7.2.3 可达性模型

本节所提可达性模型是在一般重力模型的基础上进行深化(有关可达性研究方法将在后续章节中予以介绍),如城市地理领域常讨论就业可达性模型,沈青发表的 *Location Characteristics of Inner-City Neighborhoods and Employment Accessibility of Low-Wage Workers* 一文,因被引量近500次(来源:谷歌学术)而成为广泛认可的就业可达性模型之一。该模型最大的优势在于同时考虑了供给(寻求就业人数)和需求(就业岗位数)两方面因素,使可达性结果更加准确、可信,同时可分别测算不同交通方式可达性。模型原型如下:

$$A_i^v = \sum_j \frac{O_j f(C_{ij}^v)}{\sum_m \sum_k P_k^m f(C_{kj}^m)} \quad (7.3)$$

式中,A_i^v 为住在第 i 区、第 v 种交通方式就业可达性;O_j 为第 j 区的就业机会数;P_k^m 为住在第 k 区、以 m 种交通方式寻找就业机会的人数;$f(C_{ij}^v)$ 和 $f(C_{kj}^m)$ 均为交通摩阻函数(Impedance Function);若城市中存在 M 种交通方式,则 $v, m=1, 2, \cdots, M$。

就业可达性已经算是较为成熟的空间交互模型。

7.2.4 无参数空间交互模型

研究认为,一个地点被出行者所感受的机会数是该地点的实际机会数按某种方式衰减后剩余的部分。引力模型中用一个阻抗函数描述这种衰减,但这一函数中不可避免地要引入可调参数。

闫小勇等提出一种新的衰减机制,认为个体在选择目的地的时候会考虑起终点之间其他个体对目的地机会数的竞争效应。为体现这种竞争效应,假设出行者选择一个目的地的概率正比于目的地的机会数(假设为正比于人口数),反比于出行者所在地点到目的地之间的人口总数,将这一模型命名为人口权重机会模型(PWO模型),模型如下:

$$P_{ij} \propto \frac{m_j}{s_{ji}} \tag{7.4}$$

式中,P_{ij} 为从 i 地到 j 地的概率;m_j 为目的地人口数;s_{ji} 为起终点之间的出行人口总数。

并用 5 个美国城市的居民出行调查数据、6 个欧洲城市的社交网络签到数据、1 个非洲城市的手机信令数据以及 2 个中国城市的出租车 GPS 数据验证了模型的准确率,得到了较好的预测效果。但 PWO 模型本质上是静态模型,缺乏对个体连续移动过程的刻画,因而无法再现个体移动轨迹的时空统计模式。而后,考虑到个体空间网络交互与群体空间网络交互相互结合,将记忆性随机游走模型与 PWO 模型相结合,提出一种统一模型。假设每个地点对于个体来说有一个固有的吸引力,这与个体是否访问过该地点无关,可以通过 PWO 模型计算这个固定吸引力;而地点的另一部分吸引力则是由个体的记忆性带来的,即个体访问过的地点相对于他没有访问过的地点会多出一部分附加吸引力。根据实际数据中观察到个体访问地点频率分布近似服从齐普夫定律,假设各地点的附加吸引力依齐普夫定律递减,即被访问越多的地点其排序就越靠前,那么出行者在每步移动过程中选择一个地点的概率:

$$P_{ij} \propto \frac{m_j}{s_{ji}}\left(1+\frac{\lambda}{r_j}\right) \tag{7.5}$$

式中,λ 为记忆强度参数;r_j 为地点 j 附加吸引力的排序。

运用科特迪瓦全国的手机用户通信记录、新浪微博上中国大陆用户的签到记录、Foursquare 网站上美国大陆用户的签到记录和 Gowalla 网站上比利时用户的签到记录可以验证上述模型的预测效果,并得到更为准确的结果。

7.3 交通运输方式与交通终端

交通运输方式亦称"交通运输类型"。按交通线路和运输工具同地理环境的关系,视其自然媒介的差异,可分为陆地交通、水上交通、空中交通、特种交通等运输方式。按运输过程所使用的交通线路、运输工具、牵引力的不同来区分,有铁路、河运、海运、公路(汽车)、航空、管道、索道、畜力、人力等运输方式。根据各种交通运输方式的技术设备特征,目前运营的现代化运输方式主要有铁路、水运、公路、航空、管道等 5 种,不同运输方式的优缺点如表7.1 所示。

由于不同的交通运输方式、技术性能、对地理环境的适应性、产生的投资、运输成本、运输能耗、固定资产效率、劳动生产率等经济指标各异,其适用范围也不一样,因而各运输方式都有自己的优点和缺点,在全国统一的交通运输系统中,各有其重要地位和局限性。现代化经济发展对交通运输的要求是:载运量大、成本低、投资少、运输安全、速度快、受季节和环境变化的影响小。

表 7.1 不同运输方式的优缺点

运输方式	简介	优点	缺点
铁路	使用铁路列车运送货物的运输方式	廉价、较少受自然天气的影响、计划性强、运输能力可靠、安全准时	建设投资大、时间长、灵活性较差,不适合较短距离的运输业务
水运	使用船舶运送客货的运输方式	运量大、适合长距离运输	时耗长、灵活性差
公路	在公路上运送旅客和货物的运输方式	适合短途、地势崎岖、人烟稀少、铁路和水运不发达的边远和经济落后地区	不适合长距离运输
航空	使用飞机及其他航空器运送人员、货物、邮件的运输方式	快速、机动、适合远距离客货运、适合精密贵重物品的运输	成本高、运量小、易受自然天气影响
管道	使用管道作为运输工具的一种长距离输送液体和气体物资的输送方式	运量大、快速便捷、安全可靠	专用性强、灵活性差、固定投资成本高

根据交通运输地理(The Geography of Transport Systems)的相关定义,交通终端(Transport Terminal)是指旅客和货物运输的中心和中间地点,可能是涉及相同运输方式和不同运输方式的交换站,可以作为货物和旅客集合或分散的场所。按照运输方式的不同可以分为铁路终端、港口、机场、公路终端等,按照服务对象的不同可以分为客运终端和货运终端等。

客运终端活动测量最常见的指标是处理的旅客数量,客运终端的吞吐量预测主要有回归预测法、弹性系数法、灰色预测模型、三次指数平滑法以及 BP(反传)神经网络方法。回归预测法根据历年的数据,建立 GDP 与吞吐量的线性回归方程,并根据经济预测获得的规划年的国民经济发展指标预测得出规划年的终端吞吐量。弹性系数法利用国民经济中运量的增长速度跟国民生产总值的增长速度的比例关系来预测运量。灰色预测模型是通过少量的、不完全的信息,建立数学模型并做出预测。三次指数平滑法则是数理统计中利用已有数据序列进行三次加数处理,得出数列未来发展趋势的预测方法。随着计算机网络技术的发展,运用多层前馈网络的误差反向算法成了吞吐量预测的新技术方法。由于货物种类繁多,衡量重量和价值的标准很难进行比较和组合,因此研究者试图根据货物给码头带来的附加值来"称重"货物。货运终端货运量的测算主要有"不来梅规则"与"安特卫普规则"。"不来梅规则"是不来梅港在 1982 年首次采用的一种方法,是根据对一吨不同货物的装卸过程中所产生的人工成本进行的调查。结果表明,处理 1t 杂货等于干散货 3t,液体散货 12t。"安特卫普规则"将最高的附加值视为是水果的处理。以此为基准,处理附加值为林产品 3.0 t=水果 1.0 t=汽车 1.5 t=集装箱 7 t=谷物 12 t=原油 47 t。

地理位置和空间关系对交通枢纽的性能和发展有着重要的影响。交通终端主要有绝对位置和相对位置两个维度。终端绝对位置通常有严格的要求,它们的地理位置决定因素可能在形成性能方面发挥重要作用。相对位置是指相对于网络中其他终端的位置。终端的空间关系是形成竞争的一个极为重要的因素。绝对位置和相对位置共同为地理在理解交通枢纽中的基本意义提供了依据。

港口的初始选址很大程度上取决于地理因素。港口从靠近市中心的原始场地演变而来,以几个简单的码头为特征(如图 7.13 中的标号 1),在工业革命之前,港口在其本身的终端功能上还比较不完备,与港口有关的活动主要集中在直接毗邻港口的仓库和批发市场。工业革命则引发了几个影响港口活动的变化,为处理日益增长客货量以及更大的船只而扩大码头(如图 7.13 中的标号 2)。随着船只变大,更多码头得以建设(如图 7.13 中的标号 3)。铁路与港口的联动又使得海运在一定程度上扩展了码头附近的内陆市场。港口相关活动也扩展到工业等领域,这种扩张主要发生在下游。接下来是集装箱、矿石、粮食、石油、煤炭等货运专用码头的建设(如图 7.13 中的标号 4),仓储需求明显扩大,更大容量的船只往往需要疏浚或建造长码头,以便进入更深的水域。对一些条件稍差的港口来说,这种需求意味着只有从原来的选址移走,处理能力才能提高。通常位于市中心附近的港口旧址被废弃,港口设施改作其他用途(滨水公园、住宅及商业发展等)(如图 7.13 中的标号 5)。

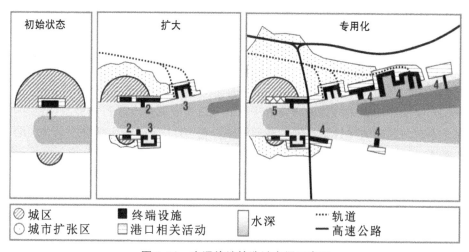

图 7.13　交通终端的选址布局示意图

机场需要很大的场地,因此一般位于城市地区的边缘。许多建于 20 世纪 40 年代和 50 年代的机场现在都被后来的大都市发展所包围。这些机场作为增长极,将商业、工业和住宅开发吸引到城市的这些片区。

铁路终点站不像机场和港口那样占地广阔,它们受到选址限制的影响较小。这些地点当时可能处于城市地区的边缘,但现在却被城市发展所包围。客运铁路终端常常位于市中心,很大程度上是 CBD 的一部分,常常是典型的建筑物,反映铁路所代表的力量和重要性。货运铁路终端则不需要集中,因为需要大量的空间来布置多条轨道,所以它们更有可能完全位于开敞绿地。货运铁路终端往往会吸引更多的制造业活动,因此会发展成为重要的工业区。

相对位置是指场所相对于其他场所的位置。可达性是相对的,因为位置的情况会随着时间而变化。终端之间的空间关系是竞争中的一个重要因素,尤其是港口和铁路码头,地理学家已经开发了一些概念来探索这些位置特征。中心性(Centrality)是相对位置的一个重要概念,交通可达性与规模相匹配,因此许多大型终端是由中心产生的。中间性(Intermediacy)这一术语适用于经常因为其处于其他地方之间而获得优势的地点。利用起转运的能力一直是许多终端的一个重要特点。腹地与前陆是交通终端相对位置的概念。腹地是指港口的市场面积,即港口用于运输和分配货物的土地面积。腹地可以分为自然腹地与竞争性腹地。前陆指的是港口和由港口航运服务连接起来的海外市场,是与一个港口进行商业关系的海上空间。它包括与港口进行商业交流的海外客户,向世界各地广泛的市场提供服务被认为是一种优势。

基尼系数(Gini Coefficient)与德尔菲法(Delphi Forecasting)是交通终端相关领域的两种研究方法。地理学家在许多情况下使用基尼系数,例如评估一组相邻区域(或国家)之间的收入分配,或者测量其他空间现象,例如种族隔离、工业区位、资源配置公平性。作为运输地理学的一种方法,它的主要目的是测量交通集中度,主要是在码头,例如评估港口系统集中度的变化。运输的规模经济有利于运输枢纽交通的集中,因此近几十年来,海运交通的基尼系数趋于增加,尽管可能没有达到预期的程度。

德尔菲预测是一种非定量预测方法。与许多使用涉及定量分析的所谓客观预测的方法不同,德尔菲法是基于专家意见的。实质是由许多专家在精心管理的序列中多次对意见和预测的评估。专家选择是德尔菲预测中最重要的因素之一。必须对这个问题有一定知识,并代表各种背景。数量不能太小,不能太窄,也不能太大,难以协调。人们普遍认为,10~15位专家可以为预测提供良好的基础。在交通领域德尔菲法用来预测港口的交通趋势,影响交通的因素评价、交通设计的方案比选、站点选址、交通人性化水平评价等。除了上述两种研究方法,与交通终端相关的其他研究方法有研究轨道交通站点步行接驳范围的多项Logit模型、基于系统可靠度的地铁站点施工交通影响分析、基于站点吸引的公交客流OD分布概率模型、基于AHP(层次分析预测法)的公共自行车站点选址的模糊综合评判等。

关于交通终端的内容,城市地理学与交通运输地理学都有研究,但侧重点差别较大。与交通运输地理学不同的是,城市地理学研究的主体是城市,因而仅讨论了交通终端对于城市发展有明显影响的部分。城市地理学中的交通终端主要有两个部分,一个是由交通终端的积极作用引发的促进城市产生与发展的讨论,另一个则为交通终端可能会为城市带来消极交通问题的预防与解决措施讨论。

7.4　交通与土地利用

人文地理的核心是研究人地关系,其表现形式为人口与土地之间的数量关系。交通作为影响土地开发利用的重要因素,对人口与土地开发之间的数量关系产生明显的影响。交通是人类活动影响自然、局部改造自然的媒介,并通过改变土地利用来实现。交通技术的变革引发了城市形态的演变。从步行马车时代的高密度集聚形态到有轨电车时代的星状形态,再到小汽车时代的"摊大饼"形态,交通不断通过引导土地利用来塑造城市形态,城市形态的改变又反过来倒逼交通技术的变革。土地与交通的双向互动关系引发人口与土地开发在交通干线附近集聚,原来的自然景观不断发生变化,产生人类活动的痕迹,形成现代城市景观。因此研究交通与土地利用的关系对于研究人口在不同地理位置上的集聚及联系具有重要的作用。

7.4.1　互动关系的理论研究

交通与城市土地利用紧密相关。土地使用分布决定着交通出行的需求及分布,交通出行需要交通设施来满足,交通系统中的交通基础设施分布使得空间联系成为可能,并可以此来衡量可达性,而可达性在空间上的分布是决定人们选址的要素之一,同时又是促使土地使用系统变化的原因之一。交通与土地使用之间的关系就像是"鸡生蛋还是蛋生鸡"的关系一样,两者之间的互动关系是双向循环的。

关于交通与土地使用双向互动的解释理论主要有技术性理论、经济性理论和社会性理论三种,其中技术性理论影响最为广泛。

在19世纪60年代,美国开始了土地使用与交通互动的关系研究。1956年Hansen通过华盛顿地区的事例证明了可达性较好的地区开发机会更高。之后交通与土地利用互动循环成了美国规划过程中必须考虑的内容之一。以此为基础,重力模型被作为理论基础首先对空间互动关系进行了模型阐释。后来,Wilson在1967年采用统计学的方法对传统的重力模型进行改进。1976年Snickars和Weibull采用信息理论对传统的重力模型进行了改进。1983年Anas将McFadden于1973年在心理学领域创立的随机效用理论应用于该研究,第一次在理论中引入对人的决策行为的模拟。劳瑞模型于1964年建立,其理论基础为居住地选择模型与服务零售业供给模型,以及两个模型的循环反馈。之后的一系列模型研究均在劳瑞模型的基础上开展。技术性理论首先假设人们的出行有一定的规律性,从而根据观测或者调查获取人们出行的实际规律,并将其用于对未来的预测。因此该理论存在以下缺点:①假设交通与土地使用是静态平衡的,实际上这种平衡是不存在的;②缺乏市场经济要素。交通费用是唯一的经济参数,且仅仅用在人们比较、选择不同交通方式的过程中。这两方面缺点在之后20多年的研究中一直存在,近年来动态系统和非集计模型理论的发展正努力消除上述缺点。虽然缺点存在,但是其仍为揭示个人出行、居住就业地选择及其互动关系的理想模型。

经济性理论是以经济理论为基础来解释城市的发展。经济发展带来了产业分工与劳动分工,从而产生了城市。交通可达性、自然资源、土地价格等决定了在某个地区资金流和物流的聚集,即城市产生的可能性、经济规模效应、集聚效应促进了城市发展的经济优势,城市的经济规模决定了城市的人口规模。城市内部的空间格局同样遵循经济学规律,其中最有影响力的就是"地租理论",该理论要点为:①具有良好可达性的地点则具有良好的投资吸引力和更高的市场价值(以土地价格或者地租价格体现);②不同公司或者个人根据自己的利润水平或收入水平来决定所选择的地点。

社会性理论从社会学的角度出发,通过研究不同人群之间的相互作用阐释城市和城市空间发展的机理。根据社会学理论,城市社会由不同人群或者不同阶层组成,他们之间有机的相互关系形成了一个生物系统——城市,而其间的相互作用是城市发展的最基本原因。由社会性理论演变出一系列理论用以解释城市空间的拓展,例如城市扇形分区理论、城市单中心理论、城市多中心理论等。与社会性理论相关的社会地理学认为,个体活动必须在时间、空间、交通工具、社会制度等因素限制下进行选择,不同活动在限制下有不同的"预算额度"(预期值)。在预算额度下,个体寻求最大化的活动或者活动机会。该理论应用于交通,得出个体通过提升自己的交通工具(机动化水平)扩大自己的活动范围,从而阐释了"出行速度的提高并未带来总出行时间的节省,而只是促使单次出行距离更长或总出行次数的增加"现象产生的原因。

交通可以带来经济效益,对经济有直接影响和间接影响。交通能给社会经济带来发展机会。当交通出现问题时,则可能错失经济发展机会,带来了巨大的消极影响。交通对经济影响分为直接影响和间接影响。直接影响与可达性变化相关,即交通可以扩大市场,节省时间与成本。间接影响与乘数效应相关,即商品价格下降(或商品种类增加)。交通带来大量的经济效益,包括直接经济效益(与收入相关)和间接经济效益(与可获得性相关)。整体来看,交通系统影响着交通供需、微观经济(部门)和宏观经济(整体经济)的水平。

　　交通对经济过程的影响:①地理专业化。交通和通信技术的改进有利于地理专业化进程,提高生产力和空间互动。高效的交通有利于贸易,特定区域将倾向于专门生产与其他领域相比具有最大优势(或最不利)的商品和服务。地域专业化促进了经济生产力的发展,该过程在经济理论中称为比较优势。②大规模生产。高效可靠的交通系统支撑货物进一步运输,有利于规模经济的大规模生产,获得更多的市场。交通效率越高,则市场越大,生产规模越大。③竞争加剧。当运输有效时,特定产品(或服务)的潜在市场会增加,竞争也会增加。消费者可以通过竞争获得更广泛的商品和服务,从而降低成本、提高质量、促进创新。④土地价值增加。一般,与良好交通设施相邻或提供服务的土地具有更大的价值。然而,位于机场和高速公路附近的土地由于靠近噪声和污染源,土地价值下降。

　　目前技术性理论、经济性理论与社会性理论关于交通与土地利用互动理论已经有了一些结论,具体来说这些结论表明了一些重要的城市空间因素及交通系统元素,如城市密度、就业密度、小区设计、区位、城市大小、交通可达性、交通成本和时间之间的影响。土地使用对交通出行行为的影响可以概括为以下几点:①如果出行成本不增加的话,高密度住宅并不能有效地减少平均出行距离;②就业场所的高密度集中分布会使得城市中平均交通出行距离增加;③具有吸引力的小区设施可以看作是降低出行距离的拉动因素;④因为出行到城市周边地区一般会有较长的出行距离,出行距离与城市的大小正向相关;⑤根据固定出行成本理论,城市土地使用政策对交通出行频率的影响很小甚至没有;⑥较高的居住和就业密度、公共交通的大规模集聚、良好的公共交通可达性可促使人们选择公共交通出行;⑦良好的小区设计、短距离的工作可达性或工作与居住混合分布可促使人们使用自行车或者步行。交通对土地使用及交通出行方式的影响是通过交通对一个区域可达性的变化的影响来表现的。高可达性会增加一个区域对各种各样的土地使用的吸引力,因而影响城市的开发方向。然而如果一个城市的整体可达性都高了,它将会造成整个城市结构更加分散。从另一方面来看,交通政策对交通模式的影响远比土地使用和交通之间的相互作用清楚和深刻。通勤成本和通勤时间对出行距离和出行频率有反向影响,而可达性对以上两者有正向影响。对交通模式的选择依赖于该模式与其他所有模式相比更具有吸引力;通常来说,最快和最便宜的模式会占有比较高的比例。

7.4.2　互动关系的建模研究

　　20世纪60年代初期,Wingo与Alonso在总结城市经济学、地理学、交通规划学等研究的基础上,提出了土地使用和交通系统整合模型理论的雏形。假定单中心城市建筑密度呈现同心圆向外递减下降的趋势,城市活动的总成本由当地的土地租金、消费费用以及到市中心的交通成本构成,各种活动的价格曲线取决于其所在各区位的净收益大小。该理论首次通过可达性与土地租金水平之间的互补关系,建立了土地使用与交通之间的关系。随着土地使用模型的发展,越来越多的研究学者认识到交通与土地使用政策以及土地使用与交通政策是息息相关的,必须综合考虑他们的相互作用、相互影响。目前西方常使用的城市土利用与交通模型有 17 个,如表 7.2 所示。

表 7.2 土地利用与交通模型

模型	内 容	开 发 者
BOYCE	地点和出行选择模型	Boyce
CUFM	加州城市未来模型	University of California at Berkeley
DELTA/START	土地使用 DELTA 模型包和 START 交通模型包	Davids Simmonds Consultancy, MVA Consultants 和 the Institute of Transport Studies (ITS) of the University of Leeds
HUDS	哈佛城市开发模拟器	Kain 和 Apgar
IMREL	居住和就业地点整合模型	Anderstig 和 Mattsson
IRPUD	Dortmund 区域模型	Wegener
ITLUP	整合的交通与土地使用模型包	Putman
KIM	非线性城市平衡模型	Kim
LILT	Leeds 整合的交通与土地使用模型	Mackett
MEPLAN	整合模型包	Marcial Echenique 和 Partners
METROSIM	微观经济土地使用和交通模型	Anas
MUSSA	五阶段土地使用和交通模型	Martinez for Santiago de Chile
POLIS	优化土地使用信息系统	Prastacos for the Association of Bay Area Governments
RURBAN	随机利用 URBAN 模型	Miyamoto
STASA	基于 Master 方程的整合的交通和城市/区域模型	Haag
TRANUS	交通和土地使用模型	de la Barra
URBANSIM	新居民居住地点选择微观经济模型	Waddell

7.4.3 协调发展的政策研究

关于成功的交通与土地使用政策体系定义不尽相同,比较详尽的定义是 1999 年欧共体在进行 TRANSLAND 项目研究时所做的定义:成功的交通与土地使用政策体系可以优化城市的空间结构及活动,辅助实现城市交通系统与土地使用的平衡,提高城市可达性,提高可持续交通模式的方式分担率,减少城市拥堵,提高城市道路安全性,减少空气污染、噪声和景观破坏,从而构建和维持一个向上、健康、和谐的城市。

在政策体系研究方面,ISGLUTI(国际土地利用/交通相互关系研究组)等进行了一系列模型研究,并以欧洲、北美、日本等地区的城市进行了一系列实验,得出了一系列交通与土地使用的有效政策。1991 年荷兰交通与区域发展研究部针对荷兰城市交通与土地使用发展战略对 8 种未来城市发展形态进行了模型研究,得出结论:紧凑型城市发展战略不符合大城市可持续发展的要求,而更加适合中小城市的发展。1970 年,德国多特蒙德地区进行了政策模型模拟,其中涉及四种政策体系——土地使用变化、交通成本变化、出行速度变化和上述三种政策的综合,针对 1970—2015 年的影响结果,对区域二氧化碳排放情况进行了分析,得出必须将交通与土地使用政策进行整合才能取得满意效果的结论。

近 10 年来,在欧盟委员会的资助下,欧洲各国研究机构合作开展了一系列新的交通与土地使用相关的课题研究,主要内容包括：开发一套综合的模型与评估方法,用来评价交通战略对社会经济的影响；分析城市交通与土地使用综合规划的新政策以及今后交通与土地使用研究领域需要探索的问题；研究、开发和测试交通与土地使用一体化政策、手段和综合评估方法,以将欧洲可持续的城市长期发展战略具体化进而例证化；提供符合可持续发展要求的土地使用与交通协调发展的城市发展导则；通过研究整合土地使用与交通规划的方法来对交通需求进行调控,希望通过交通与土地使用结合的方法来减少各国和区域的小汽车使用量,以赢得由此带来的经济、社会和环境效益等。

7.5 交通网络与空间演变

交通网络是一定地域范围内,各种交通运输方式相互联合、各种交通运输线点紧密交织形成的不同种类、形式和层次的交通运输线网有机组合而成的整体交通网络。交通网络是建立在地域空间上的复杂网络,是人类社会经济活动的重要组织形式和城市体系结构的重要表征,其中交通节点形成设施网络,交通线路构成径路网络,而节点与线路的结合形成交通组织网络。

交通网络发挥着承载社会活动与引导区域空间发展的作用,对地域空间的组织与发展具有引导、支撑和保障能力。城市交通网络基于城市交通基础设施网络,是城市空间发展的引擎,可以整合城市空间资源,提高城市时空转换能力与效率,引导和优化城市空间形态发展。区域交通网络基于区域交通基础设施网络,是区域各种网络要素流的依托和保障,可以引导区域空间发展与城镇体系演化,支撑区域一体化。城市和区域空间应与交通网络协同发展,充分发挥交通网络的引导和支撑作用可促进地域空间的可持续发展。

7.5.1 城市交通网络与城市空间增长的耦合

1) 城市交通网络定义与分类

城市交通网络是城市范围内由各层次交通节点与交通线路以不同形式组成的网络结构,构成了城市内部空间的组织联系通道,是城市扩张的骨架和脉络,发挥着承载社会活动与引导城市空间发展的作用。

城市交通网络按结构通常可分为方格网式、带形、环形放射式、自由式和混合式五种基本类型(图7.14)。方格网式城市交通网络,表现为规则的棋盘式布局,交通网络中没有明显的中心节点,整体交通分配比较均匀,但对角向交通不便,如北京老城区；带形城市交通网络,表现为以一条或几条干道为轴而延伸开来的带状形式,对地形、水系的适应性好,但易导致各区分散与交通轴向拥堵的问题,如兰州；环形放射式城市交通网络,表现为以中心为起点向四周放射干道,同时以围绕中心不同距离的环道连通各放射线干道,网络中各部分之间均有较为畅通的联系,但易将过多的交通引入市中心,如成都；自由式城市交通网络,一般因地制宜随地形而布置,形式多变,这种网络结构能够较好地结合自然,但会面临通达不便的问题,如重庆；混合式城市交通网络,通常指以方格网式、带形、环形放射式及自由式等几种类型相互组合而形成的网络结构,结合了各种结构的优点,如常见的方格式网加环形放射式网的城市网络结构,就是城市发展到一定规模后形成的一种混合式城市交通网络。

7 人文地理学中的交通研究理论方法与思考

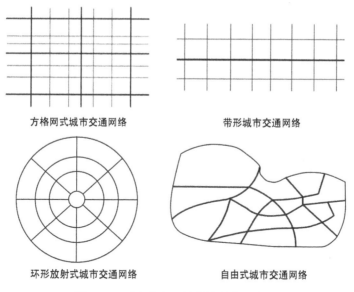

图 7.14 城市交通网络结构分类示意图

2) 城市交通网络与城市空间结构的耦合发展

步行马车时代,城市交通枢纽尚未发展,城市交通网络结构简单,城市空间结构主要随着离城市中心的距离远近而发展成为同心环结构,以城市中心为核心而高密度聚集。有轨电车时代,通过火车等轨道交通的长距离出行使城市交通网络结构获得突破性发展,轨道从城市中心放射式蔓延,火车站等交通枢纽产生的吸引力使得人口、商业等要素不均匀分布,城市用地沿轨道线路高密度集中开发,城市空间沿轨道线路向外拓展,于是星状和扇形城市空间结构代替了旧的同心环结构。小汽车时代,随着公路进一步发展,原本由轨道交通导致的放射性道路不均质的情况被不断完善,使得整个城市的交通网络结构开始在更大范围内趋于均质化与分散化,城市中心的吸引力逐渐降低,城市空间向外蔓延,城市空间结构发展为低密度、松散的"摊大饼"式结构。后小汽车时代,公共交通逐步成为城市主导交通方式,交通枢纽等网络节点的吸引力增强,其空间组织作用也进一步加强,促进了城市多中心的形成。多种交通方式交织与运输效率提升使得城市交通网络结构也更为复杂、紧密、有机,城市空间结构发展为更加复杂的多中心圈层式结构。

3) 城市交通网络与空间增长耦合原理

城市交通网络是城市空间结构发展的动脉,以城市道路、轨道、铁路等具有层次性的城市交通基础设施网络构成基础。以轨道交通网络为例,轨道交通网络通过为周边地区提供高效的交通服务,促进社会经济活动沿轨道交通线路集聚,推动用地混合布局和高效开发,从而引导城市空间增长。

可达性是城市交通网络与土地利用之间产生联系的纽带。城市交通网络基于城市交通基础设施,以高可达性为基础合理安排城市交通网络沿线土地利用,将对整个城市空间结构的优化调整产生重要影响。轨道交通网络建设可以提高周边地区的可达性,吸引社会经济活动沿轨道线路集聚,引导周边地区合理开发或再开发,从而促进城市空间沿轨道交通发展方向拓展,也促进了交通网络周边土地利用格局的优化,推动城市空间结构合理化调整;同时,城市用地的集中建设也为轨道交通提供较为稳定的客源基础,轨道交通网络与城市空间结构之间会形成相互促进的良性循环关系。如今,随着城市规模的日益增大,交通拥堵等问题也愈发严重,而大力发展以轨道交通为骨架的公共交通系统则是缓堵治堵的重要手段之一。轨道交通网络的建设有利于城市中心人口的疏散,促进城市副中心的形成,使城市空间结构更加合理,从而缓解城市拥堵等问题。以轨道交通网络来组织城市空间,并依托TOD模式塑造多中心的城市空间结构也已成为各大城市的建设重点。

轨道交通网络的外部性通过经济发展影响城市空间结构。作为大型城市交通基础设施,轨道交通网络具有极强的外部性,对城市乃至区域的人口分布、要素流动和土地利用都会产生影响。轨道交通网络可以优化与整合城市空间资源,通过对城市生产要素的合理布局与组织促进生产效率的提高,促进城市经济发展。在香港与东京等轨道交通系统极为发达的城市,各大轨道交通公司都会依靠站点周边房地产开发盈利。"站城一体化"的开发模式可以促进轨道交通网络中的节点枢纽功能与城市功能的融合,通过一定的聚集效应,在轨道枢纽周边开发用地和组织要素,将商业、居住、商务等复合化功能引入轨道交通网络,与人流的集聚形成良性互动,产生城市经济发展节点;随后由点到面扩散发展,进一步推动站点周边用地的综合开发,形成基于该交通枢纽的功能区,从而影响城市空间结构。在轨道交通网络建设过程中,以轨道交通与城市土地利用的深度结合为基础,其外部性可以通过经济发展实现轨道交通网络与城市空间结构之间的协同互动关系。

7.5.2 区域交通网络与城镇体系演化的耦合

1) 区域交通网络定义与分类

区域交通网络是一定地域范围内由多种不同运输方式的交通网络组合而成的整体交通网络,也是保障区域经济发展的重要交通基础设施网。其支撑着区域内各种要素的流动,发挥着引导城镇空间发展、推进区域协同一体化的作用。

区域交通网络按结构可分为全通式、辐射式(亦称星形放射式)、树形、带形和环形五种基本类型(图 7.15)。不同形式的区域交通网络具有不同的特征,也具有不同的优缺点。全通式区域交通网络,网络中各节点之间全部以线路相连通,交通联系很密切,各节点之间运距最短,运输可靠性高且费用最省,但是基本线路建设最多;辐射式区域交通网络,围绕着区域中心节点而建立,以中心节点为起点向区域周边放射交通线路,该中心节点在区域交通中占据核心位置并发挥枢纽作用,整体上基本线路建设较少,但运输可靠性一般,中心枢纽交通压力最大;树形区域交通网络,网络中所有节点分层次以线路贯通一体,底层节点逐层向上与顶层节点链接,整体而言连接各节点的基本线路建设最少,但是底层节点之间的联系不便,运输可靠性较差;带形区域交通网络,网络中所有节点以线路依次相连,每个节点只与相近两个节点连接,基本线路建设较少,但是运输可靠性最差;环形区域交通网络,网络中所有节点连接成为环形,基本线路建设较少且不中断,但是运输可靠性中等,当某个环节断裂时网络会受到极大影响。由于地域范围广大且情况复杂,区域交通网络通常由不同的基本形式组合而成,无法简单归结为某一种类型,合理的区域交通网络形式组合有助于推进区域协同一体化,产生良好的经济、社会和环境效益。

2) 城镇体系规划中的区域交通网络

在城镇体系规划中,区域交通网络一直都是重点研究内容。20世纪80年代,为了弥补

7 人文地理学中的交通研究理论方法与思考

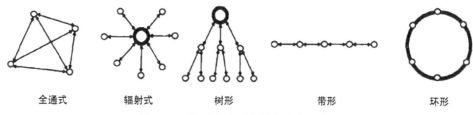

全通式　　　辐射式　　　树形　　　带形　　　环形

图 7.15　区域交通网络结构分类示意图

中国区域规划的缺位,宋家泰、顾朝林在《城镇体系规划的理论与方法初探》中首次系统提出了城镇体系规划理论与方法,将城镇体系规划的基本内容归纳为"三结构一网络",包括城镇体系的地域空间结构、等级规模结构、职能类型结构和网络系统组织。其中,网络系统组织主要考虑区域综合交通体系与基础设施布局等因素,研究城镇网络结构的组织,依托区域交通网络形成城乡通开的网状有机经济联系和开放系统。这一时期,城镇体系规划中的区域交通网络主要发挥配套与支撑作用。

在此基础上,有的省区进一步推动了城镇体系规划编制内容改革,从原来的"三结构一网络"改为区域空间结构、城镇空间结构、生态空间结构和交通空间结构"四个结构"。其中交通空间结构规划基于区域交通网络,强调以区域交通网络的导向作用来引导区域空间差别化发展。这一时期,城镇体系规划中的区域交通网络主要发挥整合空间资源和引导城镇空间发展的作用。

进入国土空间规划时代,城镇体系规划融入国土空间规划的各个层次之中,其内容还是以城镇体系的地域空间结构、等级规模结构、职能类型结构与基础设施网络布局为主。这一时期,区域交通网络是国土空间的骨架,引领区域空间演变和社会经济发展,发挥促进国土空间开发保护、助力城乡协调发展、推进区域协同一体化发展的作用。

3）区域交通网络与城镇体系演化耦合原理

区域交通网络是区域国土空间的骨架,也是城镇体系演化的重要引导。十九大以来,为了促进区域发展,城市群成为新型城镇化主体形态,区域城镇体系的研究也愈发重要,而城镇体系的演化有赖于区域交通网络的建设连通。区域交通网络基于区域交通基础设施网,支撑区域各种要素的流动,促进城镇体系职能分工协作,影响区域土地利用,从而推动城镇体系空间结构的演化。

区域交通网络是地域空间结构演化的骨架,能够引领和支撑国土空间的拓展。区域空间可达性因交通网络建设而产生变化,对区域土地利用和空间形态等多方面产生影响,从而推动地域空间结构的演变。点轴开发理论指出,在一定区域范围内,生产要素在"点"上集聚之后,会以高可达性的交通干线为"轴"呈现蔓延式发展的趋势。在交通轴线的组织与引导下,区域空间会逐渐形成一个有机的空间结构体系。以高铁线网为例,其高速化的特点可以大幅度压缩区域的时空距离,赋予沿线地区极高的可达性,使得沿线城镇的相对区位条件也产生相应的变化,更具有交通优势与发展潜力。在空间相互作用下,各种性质的用地沿高铁线路布局,表现为向区域交通网络集中的趋势,而城镇空间也随高铁线路而组织,表现为沿区域交通网络蔓延的趋势。在区域交通网络的引导下,区域内的城镇建成区和产业发展组团往往会沿着主要交通通道布局,各种设施及人口向沿线两侧集聚,引导区域空间沿交通线

113

路轴向发展,表现出明显的"廊道效应",从而推进地域空间结构逐步从单中心结构向多中心结构演化,影响区域城镇体系的整体空间格局。

区域交通网络是地域经济活动和空间相互作用的结果,可以促进区域中各种生产要素在时空上的集聚,多层次的区域交通网络建设将促进区域城镇体系职能分工协作与规模合理调整。区域交通网络基于交通基础设施网,可以支撑重大产业布局,通过溢出效应带动周围经济的发展,引导城镇体系建设和地区产业结构的调整与布局。城市群是未来我国推进城镇化的主体形态,随着城市产业分工协作的推进,城镇体系职能分工将在更大的区域范围内合理组织,而区域交通网络可以促进生产要素的快速流动和产业集聚。国内外城市群发展大多也是以交通网络为基础,重点发展沿线城镇,以便于运输与因地制宜为原则,凭借交通优势引导各类产业向这些城镇适度集中,发挥规模效益,从而确定各个城镇的主导产业和职能。在区域交通网络中,各个城镇的城市职能会由于不同的交通区位而呈现出差异化,而各个城镇的发展定位与能级划分也会在区域分工之中得到进一步明确。此外,在生产要素的集聚过程中,不同交通区位的城镇也会产生不同强度的吸引力,各类生产要素依托区域交通网络在区域引力场中快速流动,最终呈现出不同规模层次的城镇体系。整体而言,区域交通网络对区域经济与生产力布局有着积极作用,通过促进区域中各种生产要素的聚集与流动,从而影响区域城镇体系的职能分工与规模调整。

7.5.3 案例研究

1) 轨道交通引导哥本哈根城市空间拓展

丹麦首都哥本哈根通过建设城市轨道网络来引导城市空间发展,轨道线路从中心城区向外放射出去,沿线及各个站点形成城市发展的交通走廊,利用轨道交通的整合优势,引导城市的用地形态和空间结构发展。

哥本哈根的"手指形态规划"以城市轨道网络来引导区域发展,是世界上著名的TOD成功案例。1947年,哥本哈根提出了著名的"手指形态规划",规定城市空间要沿着若干条放射性交通走廊轴向集中开发,"五根手指"从中心城区向北侧、西南、南侧延伸,城市轨道交通线路沿着这些走廊从中心城区向外辐射(图7.16)。在TOD模式的组织下,城市大部分公共建筑和高密度住宅区都被集中在轨道交通车站周边,使得沿线的土地开发与轨道交通网络的建设整合在了一起。轨道交通系统能够方便有效地服务于沿线地区,而沿线土地开发的同时也为轨道交通系统提供了足够的客源。哥本哈根在建设轨道交通网络时,一直紧密结合沿线土地开发,围绕轨道交通站点集约式开发,形成多层次城市中心,以轨道线路及站点布局来引导城市空间发展。1987年,哥本哈根区域规划的修订版中,规定所有区域重要功能单位都必须布局在距离轨道交通车站1 km的范围之内。1993年,哥本哈根区域规划修订版中规定,要严格依照国家环境部的"限制引导"政策,有轨道交通服务的市镇城市建设必须集中在距离轨道交通车站1 km的规划区域内。2019年,最新的哥本哈根指状规划文件中规定,城市用地扩张必须与以轨道交通为代表的公共服务设施相协调,且城市公共功能应布置在公交站点服务范围内(600~1 000 m)。在空间延伸方面,城市空间始终沿着轨道交通线路走向拓展。1947年"指状规划"中新城镇发展范围为2~3 km,空间延伸轴宽度也保持在这一范围内,长度为7~15 km,但随着城市扩张,2019版指状规划中城镇发展范围已达到3~6 km,延伸轴长度增长到22~33 km,但总体而言城市空间还是按"手指形态"拓展。

7 人文地理学中的交通研究理论方法与思考

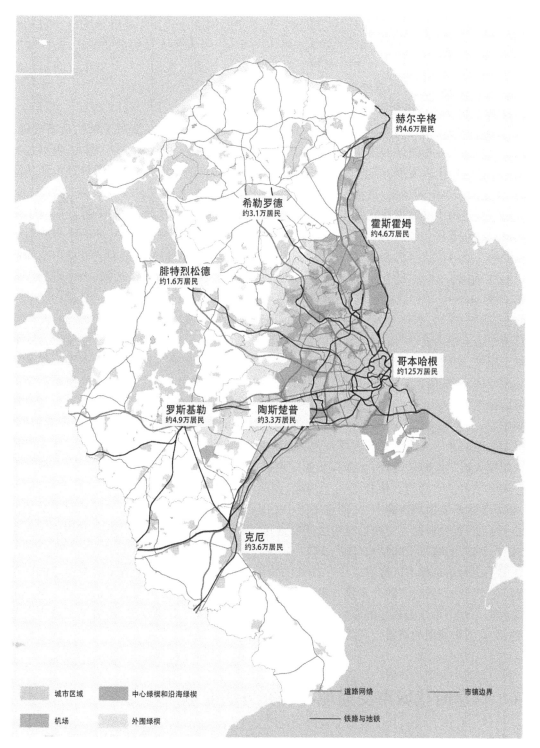

图 7.16 哥本哈根轨道交通网络与城市空间结构的关系示意图

(图片来源:Danish Business Authority. Fingerplan 2019. Copenhagen:Danish Business Authority,2019.)

115

哥本哈根的"手指形态规划"证明,以轨道交通网络为依托的TOD城市开发模式可以引导城市空间有序发展,促进城市可持续发展。轨道交通网络充分发挥了引导城市空间发展的作用,在放射形交通走廊范围内与用地开发相互促进,带来了大量的通勤客流,而这些通勤客流又反过来促进了轨道交通沿线的土地开发,从而使轨道交通网络与城市空间结构协同发展,形成了相互促进的良性循环关系。

2) 东京山手线促进多中心城市空间结构的形成

在东京市轨道交通网络中,市域环状铁路山手线承担着都市区交通走廊的重要功能。依托轨道线路上各枢纽站的区位优势与客流资源,通过"站城一体化"的开发模式,吸引各类相关产业在周边集聚发展,促进了生产要素的流动与资源的有效重组,进而引导城市的功能布局,优化大城市空间结构,推动东京都市圈由单中心向多中心转变。

山手线是由不同时期修建的多条线路区段组合而成的铁路环线,是一个有机衔接了地铁和市域铁路等多条线路的"环形+放射"状的巨型轨道交通网络。其中,环形线与放射线交点处的交通区位优势极为明显,往往引起资源集聚与城市功能演化,进而改变城市空间结构。通过"站城一体化"的开发模式,山手环线上基于主要换乘枢纽的大规模、大体量的综合化车站城(station city)成批建成,将百货、居住、商业设施等开进交通枢纽,在交通功能外发展商业、商务、休闲、居住等多种功能,促进生产要素集聚与城市经济发展。一方面,换乘枢纽具备交通运输功能,可以为乘客提供良好的出行服务;另一方面,车站城的建设也为乘客提供了用餐、购物及就业等各种选择。大量客流与资源集聚在换乘枢纽,也就逐渐形成了繁荣的商务区、商业区、娱乐区等片区,这也是城市副中心的雏形。东京利用这些换乘枢纽的交通区位优势,从1970年代开始推行多中心的城市空间结构——以交通枢纽为基础建设城市副中心,引导东京都市区由高度聚集的单中心结构向多中心结构转变。"环形+放射"状的巨型轨道交通网络可以充分发挥轨道交通快速、大运量的优势,几乎完美承担了东京都市区大规模人流集散的任务;而在提高交通效率的同时,也促进了各类要素的流动,形成了更为协调的城市空间结构。依托于山手环线,周边地区的新宿、池袋、涩谷、上野、大崎、锦丝町、临海等渐渐成为城市副中心,而这些副中心基本上也都位于山手线与放射状轨道交通线路的交汇处,充分利用了交通枢纽对生产要素和客流的集聚效应,与东京站一起构成了东京都"一核七心"的城市空间结构(图7.17)。

山手线为东京都市区提供了一个高效的轨道交通枢纽体系,依托诸多换乘枢纽的区位优势,通过"站城一体化"的开发模式吸引客流与生产要素,促进了生产要素的流动与资源的有效重组。以山手线为核心的东京轨道交通网络不仅提高了交通效率,还引导了城市空间发展,促成了集约型的城市空间形态与多中心的城市空间结构。

7.6 信息时代城市交通地理研究方法变革

信息革命是指信息加工和传递成本剧降的计算机、通信和软件等信息技术的进步,以及由此带来的社会、经济与技术的变化。在信息技术的作用下,世界正变得越来越依赖于电子通信,人类也开始从工业化时代进入了信息时代。信息通信技术对交通带来最直接的影响,交通作为联系城市经济活动、居民出行行为以及城市与区域空间作用的载体,同样发生了巨

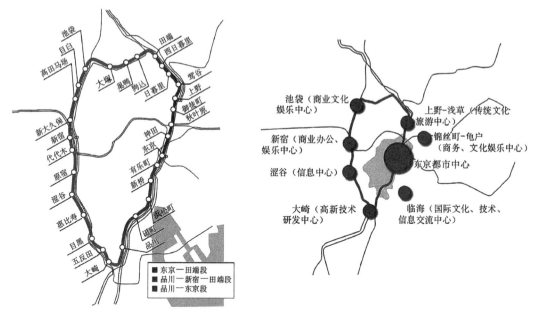

图 7.17 东京山手环线轨道交通网络与城市空间结构的关系示意图

大的变化。

7.6.1 ICT 与赛博空间的产生

信息技术的不断发展反映了对距离的不断超越,同时由于信息活动日益重要,它还表现为物理因素在发展中作用的相对下降。就信息技术本身而言,"网络不承认几何学,从根本上是反空间的",或者是无限场所。赛博空间是由计算机生成的景观,连接世界上所有人、计算机以及各种信息源的全球计算机网络虚拟空间。他与传统的地理空间截然不同,他的虚拟、瞬时和互动特性是变革性的,明显区别于以实体、距离和边界所定义的传统地理空间,已经没有了场所感,或者说场所感意义不大,网络信息空间在本质上是没有中心的。赛博空间开辟了崭新的后地理与后历史阶段。借助网络计算机,我们可以利用跳跃的方式穿过地理空间的物理的和社会的维度。信息技术的发展催生了技术决定论的社会氛围。

随着信息流动的发达,时间空间以及相互关系发生了巨大的变化。地理实体空间对于人类的约束力逐渐减小,空间距离将不成为人类各种活动的主要障碍,时空观念发生转变。虚拟空间的出现打破了原有的时空关系格局,对传统的地理空间产生极大的冲击。纯粹的空间以及地表事物的空间,如区域、腹地、空间等概念都需要重新理解与定义。传统的地理空间关系中,地理邻近、集聚经济是非常重要的概念,空间关系的表达也由于功能上的等级联系而表现出圈层扩散格局。在赛博空间的影响下,地理空间被压缩,其流动性也增强,空间已经超越了原有场所空间的历史性含义,最大限度地克服了水平和垂直方向的空间和距离摩擦,从而表现为某些特定空间互动作用不断强化。新的时空观表现为传统时空尺度的多维扩展:从区域时空到全球时空,从时空同步到时空异步,时空统一与时空分离。

空间结构是地理学研究的核心主题,由于时空概念被重新定义,使得以空间问题为核心内容的地理学面临着根本性变革。人地关系、交通、空间、地域和景观等都将发生较大变化。

7.6.2 ICT对时间空间的压缩

在ICT背景下,城市经济活动与区域联系打破了传统中心地理论的格局,时间距离成为影响商业区位的核心机制。传统的中心地理论中,利润原则与就近原则使得生产者之间的间距尽量大,消费者尽量选择近的市场,交通作为联系空间的载体,对经济活动的分布起到了拉近作用。在ICT背景下,时间成本对于经济空间组织的影响地位日益显著。比如时间成本成为O2O电子商务区位核心机制的首要因素,原来依靠传统交通布局分布的实体商业空间格局可能被打破,在郊区形成新的集聚。近年来,以卡斯特流空间为代表的区域网络结构研究得到学界广泛认可,其打破了传统中心地理论静态研究方法,转向区域经济活动及联系的动态变化视角。总之,区域经济活动应该是动态变化的,时间成本成了影响消费出行决策的重要因素,但不变的是,可达性仍然是商业区位优势的重要衡量指标。

ICT背景下的交通技术变革对时空产生压缩,对传统的城市地理交通带来巨大变革。交通运输地理学研究的主要对象是空间、距离与流动,科学主义认为的世界是客观的,认为空间和距离是独立于人的观念之外的客观存在,是刚性不变的,能够通过尺度真实地测量出来。人本主义地理学认为世界是根据人的感知形成的观念中的影响,因此对空间和距离的感知和度量离不开社会发展阶段与技术发展水平。信息技术虽然没有客观地改变空间尺寸的大小,但人们却感觉这个世界在不断"变小"。ICT时代高铁技术的发展使得区域时空收敛现象更加明显。长三角地区一直以来是我国社会经济发展联系最活跃的地区之一。自明清以来,区域交通体系不断完善。从时间纵断面来看,上海到南京的时间从1900年以前航运的24h到1930年蒸汽机车时代的5h,再到普通铁路的2h以及现代高铁时代的1h,两地的时间距离随着技术的变革不断压缩。从时间横断面来看,上海到南京采用不同的交通方式,耗费不同的时间,给人的时间距离差别巨大。

随着信息流动的发达,时间空间以及相互关系发生了巨大的变化。地理实体空间对于人类的约束力逐渐减小,空间距离将不成为人类各种活动的主要障碍,时空观念发生转变。空间结构是地理学研究的核心主题,由于时空概念被重新定义,使得以空间问题为核心内容的地理学面临着根本性变革,而交通作为联系空间的载体也将发生较大变化。

7.6.3 ICT对交通出行的改变

在ICT背景下,城市居民的行为发生了变化,但信息通信技术没有毁灭空间,反而重新强调了城市需求和社交距离与密度。ICT对居民出行行为的影响引发了交通学者的关注,因为传统的"四阶段预测"方法在理论研究、实际应用和预测方面大多是就出行论出行,这种局限性被越来越多学者批判。ICT将对出行行为的研究转变到整个活动-移动行为系统的方面。早在19世纪70年代,有人预测ICT的发展将最终使得人类的生活无需出行。但大量的实证表明,人们确实可以通过ICT的应用,如远程办公、远程会议等形式减少出行,但是由于社会、文化等因素在人类活动中的重要影响,ICT不能完全替代居民的日常出行。

大量学者的研究表明,ICT对包括出行在内的实体活动的作用可以分为替代、促进、改变以及中性四大类:通过网上银行付款代替银行实体交易活动及伴随其产生的出行,这类作用可以总结为ICT对实体活动的替代作用导致相关实体活动及其出行发生频率的下降;促进是指由于ICT利用导致某类活动的产生或者增加,例如网上对于某种电影好评而产生的去影院观影的实体活动与出行;改变是指像导航功能一样,利用 ICT 导致出行、某种活动方式方法或者路线的改变优化;中性则是指 ICT 对于出行行为无特别显著影响。

在所有的 ICT 对出行实体活动影响的研究中,居民通过 ICT 进行的活动分为义务性活动、维持性活动以及任意性活动。义务性活动包括远程办公、视频会议等,维持性活动包括网上购物、服务等,任意性活动是指网上娱乐活动。相关研究表明,义务性活动使得工作出行次数减少,活动空间压缩,出行距离也变小,但相应的非工作出行增加,其他活动增加。但大量的实证表明,网上购物等维持性活动对于购物出行没有发生明显的替代作用,网上购物与实体购物之间表现出的是一种相互促进的作用。

目前国内对于 ICT 与交通出行行为之间的关系研究还处于起步阶段,相比于 ICT 的飞速发展,ICT 的研究比较落后。在信息时代的背景下,在中国制度、经济、社会转型的背景下,ICT 对城市居民的日常生活、娱乐以及生活方式的改变有着广阔的研究前景。

8 交通与地理信息系统分析方法及技术应用

随着地理信息技术的快速发展,地理信息系统在交通运输系统中扮演的角色越来越重要,尤其作为交通和地理信息科学重要分支的交通地理信息系统,为研究当前城市交通问题提供了有效的技术手段,并在交通模型、城市交通管理、交通规划以及交通服务出行等方面发挥了不可替代的作用。

交通最大的特点是空间性,而表达空间地理特征、采集空间信息、处理并分析空间数据是地理信息系统的优势,因此地理信息系统与交通学科的结合既是技术需求也是学科发展的趋势。大量学者已将地理信息系统定量的空间分析方法用于交通研究,如交通规划模型,使得交通模型预测结果的精确性得到改善、工作效率得到大大提高;有的大城市也开始尝试建立基于地理信息系统的综合交通信息平台,有效提升了决策过程的科学性和交通管理的精细化水平……然而,一方面当前大多高校对交通运输、交通工程等专业学生的 GIS 理论知识和应用技能培养尚不够重视,交通学科人才的知识结构中地理信息系统所占比例还不够高;另一方面,传统的地理信息系统教材、课程主要面向地理学从业人员,侧重于传授基础的原理和方法,而较少完整地展示地理信息系统在城市交通的具体应用,这些都制约着地理信息系统在城市交通学研究、实践中的广泛应用。可以说,地理信息系统在我国交通领域尚未实质性普及。

因此,本章将着重讲解作为地理信息系统核心内容的空间分析方法以及与之相关的空间数据、数据模型等概念,并介绍地理信息系统在交通规划、交通信息服务于交通可达性研究中的具体应用。

8.1 地理信息系统概述

在当今的信息时代,作为信息技术重要组成部分的地理信息系统的作用日益凸显,社会需求日益增大,广泛地应用在地理、交通、社会、环境、规划等学科领域。简而言之,地理信息系统是管理和分析空间数据的科学技术,能够为有关生产和管理部门提供可靠的地理空间信息。

8.1.1 地理信息系统基本概念

什么是地理信息系统? 地理信息系统(Geographical Information System, GIS)的具体概念对理解交通地理信息系统很有必要。不同学者、不同组织机构对其认识和定义不尽相同。国内经典教材多引用美国联邦数字地图协调委员会(Federal Interagency Coordinating Committee on Digital Cartography,FICCDC)对GIS的定义：地理信息系统是由计算机硬件、软件和不同方法组成的系统,该系统设计用来支持空间数据的采集、管理、处理、分析、建模和显示,以便理解复杂的规划和管理问题,其操作对象是空间数据,包含空间数据采集子系统、空间数据管理子系统、空间数据处理和分析子系统、空间数据可视化表达与输出子系统等。

通过上述定义,地理信息系统可理解为是具有采集、管理、分析、统计和表达空间数据能力的系统,拥有空间数据管理、空间分析和空间数据可视化三大主要功能,能够为相关决策过程提供有用的地理信息;地理信息系统与其他信息系统的主要区别在于其存储和处理的信息是包含空间特征的,能够解决一般信息系统难以胜任的空间性问题。

当前,常见的地理信息系统专业软件有美国 ESRI(环境系统研究所)公司的 ArcGIS,开源软件 QGIS、国内超图公司的 SuperMap、中国地质大学的 MapGIS 等。

8.1.2 空间数据简介

1) 空间数据概念

空间数据又称地理数据,是 GIS 的操作对象,因而也是 GIS 的核心。通常,空间特征是指地理现象的空间位置及其相互关系,其数据称为空间特征数据;属性特征表示地理现象的名称、类型和数量等非定位信息,其数据称为属性特征数据。根据地理现象在空间上的几何图形表示方式,可将其抽象为点、线、面 3 种类型,采用矢量和栅格两种数据组织形式,分别称之为矢量数据结构和栅格数据结构。在 GIS 应用中,空间特征数据和属性特征数据统称为空间数据。依据数据来源的不同,空间数据可划分为地图数据、影像数据和文本数据;按照数据结构的不同,可分为矢量数据和栅格数据两类;依据数据特征的不同,可划分为空间数据和非空间属性数据;依据几何特征的不同,可分为点、线、面、体。

2) 空间数据基本特征

空间数据具有 3 个基本特征：空间特征、属性特征及时间特征(图 8.1)。①空间特征又称定位特征,空间特征表示现象的空间位置或现在所处的地理位置、形状和大小等几何特征,以及与相邻地理现象和过程的空间关系,包括方位关系、拓扑关系、相邻关系、相似关系等。一般以坐标数据表示,例如笛卡儿坐标系等。②属性特征又称非定位特征,表示实际现象或特征,包括变量、级别、数量特征和名称等。③时间特征是指一定区域内的地理现象和过程随着时间的变化情况,称为时态数据。

例如,路网数据中呈不同分布状态的道路在空间坐标系上呈不同分布状态,是空间信息;"主干道""次干道""支路"表示

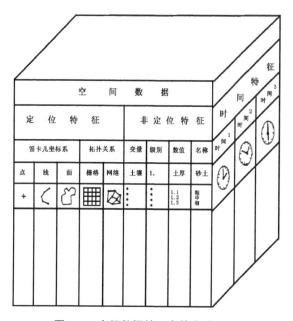

图 8.1 空间数据的 3 个基本特征

不同等级道路,是属性信息;不同道路相互关联,如主干道 1 与次干道 1 在某节点处相连接,主干道 1 的节点 1 和节点 2 相邻接,节点 1 分别与三条道路(弧段)相关联等,则是拓扑信息。

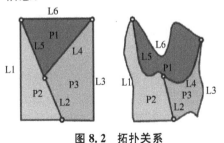

图 8.2 拓扑关系

3) 空间拓扑关系

拓扑关系指物体在空间中相互之间位置关系的定性描述,并且这些关系不会因为物体的弯曲和拉伸等弹性形变发生改变(图 8.2)。例如街道中心线与人口普查区块共享公共几何,相邻的土地利用斑块共享公共边界。通常,拓扑数据模型通过将空间对象(点、线和面要素)表示为拓扑原始数据(节点、多边形和弧段)的基础图表来管理空间关系(图 8.3)。凡是具有网状结构特征的地理要素,都存在节点、弧段和多边形之间的拓扑关系(图 8.4)。

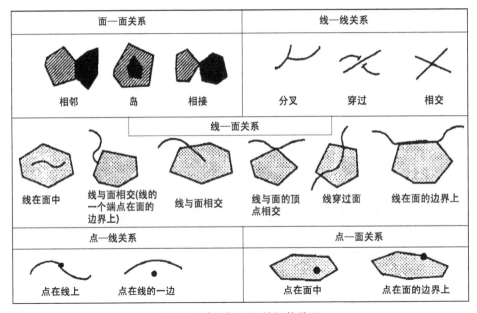

图 8.3 点、线、面间的拓扑关系

空间数据的拓扑关系主要包含拓扑邻接、拓扑关联、拓扑包含三种类型,其中:拓扑邻接指存在于空间图形的相同类型元素之间的拓扑关系,例如节点邻接关系、弧段邻接关系、多边形邻接关系;拓扑关联指存在于不同类型空间元素之间的拓扑关系;拓扑包含指存在于空间图形的相同类型但不同等级的元素之间的拓扑关系,又可细分为简单包含、多层包含和等价包含三种形式。

在地理信息系统中,拓扑关系是组织和管理空间数据、进行要素间空间分析的基础。首先,根据拓扑关系,不需要利用坐标或者计算距离就可以确定一种地理实体相对于另一种地理实体的空间位置关系,因为拓扑数据已经清楚地反映出地理实体之间的逻辑结构关系。其次,拓扑关系有利于空间要素的查询。例如某一条道路邻接的土地利用类型有哪些。最后,拓扑关系可作为工具,重建地理实体,保障空间数据的完整性。例如处理用地多边形之间重叠的边界或空隙,实现道路的选取,进行最佳路径的计算等。

4) 空间数据模型与结构

空间数据模型是世界中空间实体及其相互间联系的概念,它为描述空间数据的组织和设计空间数据库模式提供着基本方法,主要包含场模型、要素模型和网络模型(也称为节点-弧段模型)3 种,最常用的空间模型是属于要素模型的矢量数据模型和属于场模型的栅格数据模型。数据结构即数据的组织形式,而空间数据结构是适合于计算机系统存储、管理和处理的地学图形的逻辑结构,是地理实体的空间排列方式和相互关系的抽象描述,是对空间数据的一种理解和解释。只有充分理解地理信息系统所使用的特定的数据结构,才能正确地使用系统,常见的有矢量数据结构和栅格数据结构。

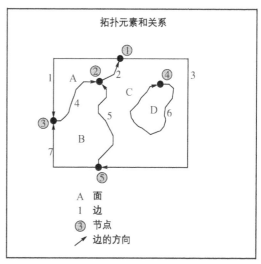

图 8.4 拓扑元素和关系

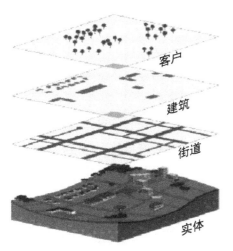

图 8.5 矢量数据模型表示的地理实体

(1) 矢量数据模型与结构

矢量模型的表达源于原型空间实体本身,通过记录地理空间实体坐标的方式精确地表示点、线、面等实体的空间位置和形状(图 8.5)。一个点的位置可以二维或者三维中的坐标的单一集合来描述。线通常由有序的两个或者多个坐标对集合来表示,面通常由边界来定义,而边界是由形成封闭的环状的一条或多条线组成。矢量数据模型的特点是属性隐含但定位明显,通常用以表达城镇点、道路网、水系、行政区划等。

矢量数据结构具体依据是否可以准确表示地理实体之间的空间相互关系又可分为实体数据结构和拓扑数据结构。

在实体数据结构中,空间数据以基本的点、线、多边形为单元单独组织,不含有拓扑关系的信息,数据结构直观简单。点、线和多边形有各自的坐标数据,彼此不关联,其中每个多边形都以闭合线段存储,多边形的公共边界被数字化两次和存储两次,存在数据冗余和数据不一致的问题,而且不能表示岛、洞等复杂图形。比如,ESRI 公司著名的 Shapefile 文件便采用实体数据结构描述空间数据的几何和属性特征(图 8.6)。

在拓扑数据结构中,点是相互独立的,点连成弧段,弧段构成面。每条弧段始于起始节点,止于中止节点,并与左右多边形相邻接。拓扑数据结构由弧段坐标文件、弧段文件、节点文件和多边形文

点:(X, Y)
线:$(X_1, Y_1), \cdots, (X_n, Y_n)$
多边形:$(X_1, Y_1), \cdots, (X_n, Y_n), (X_1, Y_1)$

图 8.6 实体型数据结构示意

件等一系列包含拓扑关系的数据文件组成,弧段是拓扑数据结构的基本对象,其中弧段坐标文件记录组成弧段的点的坐标(图8.7、表8.1),弧段文件记录每个弧段的弧段标识码、起始节点、终止节点、左多边形和右多边形(图8.7、表8.2)。节点文件记录每个节点的节点标识码、节点坐标及与该节点连接的弧段标识码等(图8.7、表8.3)。多边形文件记录每个多边形标识码、组成该多边形的弧段标识码以及相关属性等(图8.7、表8.4)。

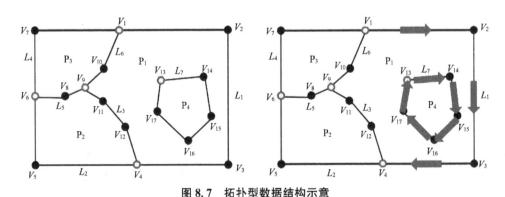

图8.7 拓扑型数据结构示意

表8.1 弧段坐标文件

弧段号	坐标串
L_1	$x_1, y_1, x_2, y_2, x_3, y_3, x_4, y_4$
L_2	$x_4, y_4, x_5, y_5, x_6, y_6$
⋮	⋮
L_7	$x_{13}, y_{13}, x_{14}, y_{14}, x_{15}, y_{15}, x_{16}, y_{16}$

表8.2 弧段文件

弧段号	起点	终点	左多边形	右多边形
L_1	V_1	V_4	P_0	P_1
L_2	V_4	V_6	P_0	P_2
⋮	⋮	⋮	⋮	⋮
L_7	V_{13}	V_{13}	P_1	P_4

表8.3 节点文件

节点号	坐标	弧段
V_1	x_1, y_1	L_1, L_4, L_6
V_4	x_4, y_4	L_1, L_2, L_3
⋮	⋮	⋮
V_{13}	x_{13}, y_{13}	L_7

表8.4 多边形文件

多边形号	弧段号	其他多边形属性
P_1	$L_1, L_3, L_6, -L_7$	⋯
P_2	L_2, L_3, L_5	⋯
P_3	L_4, L_5, L_6	⋯
P_4	L_7	⋯

(2)栅格数据模型与结构

栅格数据模型将连续空间离散化并用规则的格网覆盖整个空间,其中格网的像元值与该位置上的空间特征相对应,通常表达土地利用分布、人口密度分布、温度湿度场等,特点是属性明显但定位隐含(图8.8)。栅格数据结构是通过将地理空间划分为许多矩形单元格(栅格),以栅格记录该位置对应地理实体的某种属性值,表示该栅格的属性类型或量值,其空间位置用行和列标识,栅格数据可用最简单的二维矩阵存储。

在栅格数据结构中,点由一个单元网格表示。线由一串有序的相互连接的单元网格表示,各个网格的值相同。多边形由聚集在一起的相互连接的单元网格组成,区域内部的网格值相同,但与外部网格的值不同。

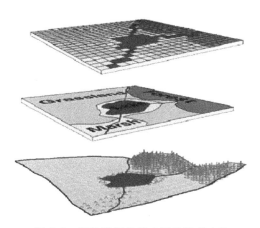

图 8.8　栅格数据模型表示的地理实体

栅格结构和矢量结构在表示空间数据上可以是同样有效的,两种数据格式各自的优缺点如表 8.5 所示。

表 8.5　栅格与矢量数据格式的优缺点比较

数据类型	优　　点	缺　　点
矢量数据	1. 数据结构紧凑、冗余度低 2. 有利于网络和检索分析 3. 图形可视化质量好 4. 长度与面积计算、形状和图形编辑、几何变换操作较为方便	1. 数据结构复杂 2. 多边形叠置分析、邻域搜索较困难
栅格数据	1. 数据结构简单 2. 便于进行空间分析和地表模拟 3. 现势性较强	1. 数据量大 2. 投影转换比较复杂

通常,为降低栅格数据的冗余度,除了二维矩阵这种直接编码方式外,栅格数据常常采用游程长度编码、四叉树编码、块式编码、链式编码等存储结构存储。

(3) 网络数据模型与结构

网络数据模型用于描述离散的对象,通过目标之间的相关联接(如路径)相互连接多个空间实体,可以看成是基于点对象和线对象及其拓扑关系的集合的描述,通常表达交通网、管线网、电力网等对象,是交通领域最常用的数据模型(图 8.9)。网络数据模型相关现象的精确形状不是非常重要,重要的是具体现象之间的距离或者阻力的度量,参与网络分析运算的对象除了网络本身外,还包括与网络相关的设施,如商业网点、枢纽、站点等。在街道交通网络图的基础上为应急救护车辆导航,在街道交通网络图的基础上寻找最优的邮政投递路线,在电力网络图中计算电力负载,零售商业网点的选址……均是网络模型广泛应用的案例。

图论(Graph Theory)是网络分析数据结构和相关方法的理论基础。图(Graph)并不是通常意义下的几何图形,而是表示对象与对象之间关系的抽象方法。一个图是由非空节点(Node)集合和其中节点偶对形成边(Edge)的集合所组成。如果给图的每条边规定一个方向,那么得到的图称为有向图,其边也称为有向边。在有向图中,与一个节点相关联的边有出边和入边之分,而与一个有向边关联的两个点也有起点和终点之分。根据图中节点

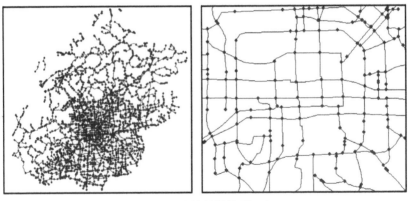

图 8.9 网络数据模型示意

(Node)是否有边(Edge)连接,可以得到图的邻接矩阵,还可以对每条边设置不同的阻抗(Impedance),如边的长度、通过边花费的时间、通过边所需要的经济成本、是否设置单行线(图 8.10)。通过阻抗的设置,节点可划分禁止物质或资源在网络上流动的障碍点、接受或分配资源的中心点(商业中心等)、资源增减的站点或节点(公交站点等)、用于控制物质或资源在网络上有向流动的点(如道路路网中的某个路口只能直行或只允许左转、右转、U 型转)。

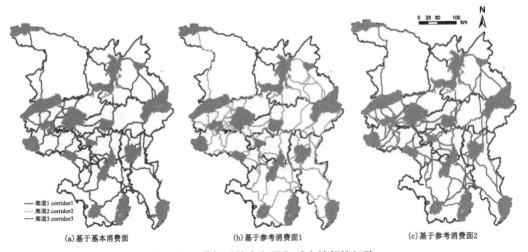

图 8.10 带权重的有向图和对应的邻接矩阵

网络模型的结构用矢量数据结构和网络拓扑关系表共同实现,其中矢量数据结构表示网络中的边(Edge),网络拓扑关系表基于图论中的有向图结构,表示网络中的各种拓扑关系。

8.1.3 空间分析方法简介

空间分析(Spatial Analysis)指通过分析算法对空间数据的处理,获取新的地理对象的空间位置、空间分布、空间形态等信息的分析技术,是地理信息系统的核心功能,也是区别于传统信息系统最主要的特征之一。

按照空间数据的形式可以把空间分析分为矢量数据的空间分析(如:矢量叠置分析、矢量邻近性分析、网络分析)和栅格数据的空间分析(如：数字高程模型分析、栅格地图代数、栅格邻近性分析、栅格统计分析),其中网络数据模型构建与网络分析广泛地应用在交通规划领域(表8.6)。

表8.6 地理信息系统主要的空间分析方法

空间分析类型		功能	用途举例
空间叠置分析	点与多边形的叠置	确定点落入的多边形,为点赋予多边形的属性或为多边形赋予点的属性;如果有多个点分布在一个多边形内,采用一些特殊规则,可将点的数目或各点属性的总和等信息叠加到多边形	公交站点数据和交通小区面数据叠置,确定公交站点所属的交通小区,计算交通小区包含的公交站点数量 代表就业岗位、人口的点数据和交通小区面数据叠置,统计每个交通小区内的人口数量、就业岗位数
	线与多边形的叠置	产生一个新的数据层,每条线被它穿过的多边形打断成新弧段图层,同时产生一个相应的属性数据表记录原线和多边形的属性信息	公交线网数据和交通小区面数据叠置,计算公交线路在各交通小区内的长度 路网数据和交通小区面叠置,计算每个交通小区各类道路的长度、路网密度
	多边形与多边形的叠置	包含联合(Union)、相交(Intersect)、识别(Identity)、擦去(Erase)、更新(Update)五种方式,原来多边形要素分割成新数据层,新数据层综合了原来两层或多层的属性	行政界线切割路网,每条道路具有所在行政区域名称的字段
空间邻近度分析	缓冲区分析	缓冲区表示地理实体的影响范围或服务范围,缓冲区分析在点、线、面周围自动建立一定宽度范围的多边形,从而实现数据的二维空间扩展的信息分析	公交站点500米服务范围 交通线两侧划定的绿化带 道路拓宽需要拆迁的房屋
	Voronoi多边形分析(泰森多边形分析)	根据离散分布的已知数据点对研究区域进行划分,使得划分成的多边形覆盖整个区域,各多边形到其内数据点的距离小于任何到其他数据点的距离,数据点的数据可表达多表型内其他所有数据点	在GIS分析中常用于进行快速的赋值
空间插值	—	假定估算点的数值受到邻近已知点的影响比距离较远的已知点的影响更大,用已知点来估算其他点数值的过程,常用于将离散点的测量数据转换为连续的数据曲面,以表达连续场分布的地理实体。常见的插值方法有反距离权重插值、样条插值、克里金插值等	根据采样点的降雨量,估计区域其他位置的降雨量
地形分析	可视分析	构造视线,进行通视分析、视域分析	
	表面分析	计算坡度、坡向、挖方量、填方量,产生等高线和阴影图	
网络分析	路径分析	研究网络的状态,模拟分析资源在网络上的流动和分配情况,实现对网络结构及其资源等的优化。网络数据的几何结构表示网络的地理分布位置,其中拓扑结构表示网络中元素的连接关系,如道路之间的连通性质。设定起点、终点和经过点后,在网络中找到一条或多条通过这些点并符合一定条件的路径,如最优路径或最短路径。用矢量数据结构确定最短路径的最常见算法有Dijkstra算法	最优公共交通线路选择 城市消防站和急救中心的布局 服务区/吸引区分析 可达性分析
	资源分配	将资源由分配中心向四周分配或者由四周向收集中心聚拢	城市消防站和急救中心的布局、快递分拣

以强大的叠置分析为例。叠置分析是地理信息系统常用的提取空间隐含信息的手段之一,是将有关图层组成的数据层叠加产生一个新数据层的操作,不仅包含空间关系的比较,还包含属性关系的比较,其结果综合了原来两层或多层要素所具有的属性。针对矢量数据,叠置分析分为点与多边形的叠置、线与多边形的叠置和多边形与多边形的叠置(图8.11),依次按照判断空间位置、计算和生成新的几何图形、处理属性信息的步骤进行。针对栅格数据,叠置分析基于常数、数学变换和逻辑运算对数据层进行代数运算(加、减、乘、除、乘方等)、数学变换(指数、对数、三角变换等)和逻辑运算(与、或、非、异或等)。

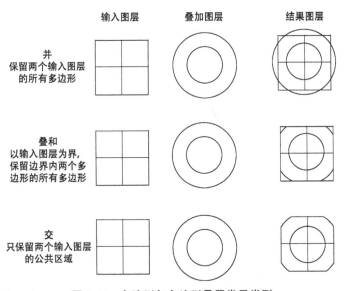

图8.11 多边形与多边形叠置常见类型

地理信息科学是集地理学、计算机科学、测绘学、遥感学等学科为一体的交叉学科,涉及的知识体系非常庞大。由于篇幅限制,更多关于空间数据变换、空间数据压缩与重分类、空间数据插值、空间数据库与空间查询、空间分析算法与原理、空间数据可视化、地理信息系统应用模型等地理信息系统知识在此不展开讲述,感兴趣的读者可查阅相关地理信息系统原理书籍。

8.2 交通地理信息系统

在当今信息时代,交通规划、建设和管理中涉及的信息具有面广、量大、复杂等特点,且绝大多数信息具有空间特征。人们需要一种有效的数据采集、整合、存储和管理,并作为规划、建设、决策和管理等方面的工具。交通地理信息系统(Geographical Information System for Transportation, GIS-T)正是在这种供需关系下发展起来,逐步形成其独特的技术体系和理论内涵,并应用在交通规划、建设和管理中。

交通地理信息系统从地理信息科学研究的方法和技术角度出发,运用空间分析与统计的方法对城市交通从空间概念进行建模,不但可以存储、处理、管理和更新城市交通网络的空间数据,而且辅助城市交通线路规划和交通管理,为解决现代城市交通问题提供了可靠的技术手段。

8.2.1 交通地理信息系统的基本概念

交通地理信息系统是地理信息系统在交通领域的具体应用和延伸,是在传统地理信息系统基础上,充分考虑交通现象的线性特征和网络特征,并附之专门的交通建模手段而形成的专门化系统。简言之,交通地理信息系统是收集、存储、分析和处理与交通相关信息的地理信息系统,是地理信息系统和交通的有机集成系统。

具体地讲,交通地理信息系统覆盖整个交通运输体系,包括公路、铁路、航空、水运、管道等。交通地理信息系统是专门化的地理信息系统,是地理信息系统在交通领域的延伸,是地理信息系统与多种交通信息分析和处理技术的集成。其次,交通地理信息系统的研究对象是具有线性分布和网络分布的交通信息,以及交通信息的影响与被影响区域信息。在功能上,交通地理信息系统具有地理信息系统的全部空间分析功能,并融入了各种交通规划、设计模型和相应的工具。值得一提的是,由于交通运输系统天然的线性分布和网络分布特征,交通地理信息系统需要从网络结构和交通需求特点来研究专门的交通信息采集方案、数据组织方式和管理方式,并考虑其独特的线性结构特点。

总之,交通地理信息系统是将地理信息系统技术、数据通信传输技术、电子传感与控制技术以及计算机处理技术等,有效地集成并运用于整个运输管理体系,从而建立起一种在大范围、全方位发挥作用的,实时准确的、高效的综合运输和管理系统,实现运输工具在交通网络上的运行管理。

8.2.2 交通地理信息系统的特点

交通信息存在线性、动态性和复杂性的特点,因此交通地理信息系统除了具有一般地理信息系统的特点外,还具有线性参照系统、动态分段技术和网络拓扑关系的特点。

1) 线性参照系统

线性参照系统(Linear Referencing System,LRS)是一种存储和维护发生在网络上的事件或现象(如路面质量、事故、功能等级、交通流、维修区)等的技术手段,通过"固定位置+偏移量"的方式来定位交通网络中的空间要素。

交通网络是在地理空间中呈线性分布并形成网络的线性构造物,由于交通运输部门管理着大量的线性交通网络,采用线性参照系统描述交通网络与相关属性的位置特征是必然。实际上,线性参照系统适合于描述所有在地理空间呈网络分布的人工、自然系统,如交通网络、河道网络体系、电信管网以及在这些网络上流动的物流如车辆、人流等。传统地理信息系统与交通地理信息系统在线性目标表达上的核心问题之一就是实现二维坐标定位和一维坐标定位之间的相互转换。

采用线性参照系统的优点是能够仅用一个参数而不是两个参数(如经度、纬度或平面直角坐标系统中的纵坐标、横坐标),根据线性结构来定位属性和事件。只要指定沿某个线性构造的起点和终点,就能够动态地参考和创建此线性构造的各个部分而无需直接存储各部分的数据。

一个典型的线性参照系统由三部分组成,即交通网络、线性参照方法以及基准。交通网络通常表达为节点-弧段型拓扑网络模型。线性参照方法是指线性特征是任意未知点的位置,可以通过到已知点的距离和方向(相对于所属道路里程值)来确定的方法,是网络中事件位置传播的有效手段。此外,采用坐标描述的点在和路网匹配时,因精度问题往往出现偏离道路的情况,而用线性参照方法描述的点能够很好地与道路匹配。基准全称大地测量基准,包含椭球体、椭球定位和方向、大地原点三部分,常见的基准有北京54坐标、西安80坐标、WGS 84坐标。

2) 动态分段技术

动态分段(Dynamic Segmentation)的思想于1989年由美国威斯康星州交通厅的维弗莱特先生首先提出,与线性参照系统紧密相关,是实现交通地理信息系统中管理和分析以线性参照系统为特征的数据的主要技术。它在传统网络数据模型的基础上,利用线性参照系统和相应算法,在需要分析、显示、查询及输出时,在不改变要素位置(坐标)的前提下,建立线性要素上任意段与多重属性信息之间关联的技术,即其本质是在不改变原有数据结构的基础上实现对多重属性信息关系的表。

动态分段技术舍弃了属性与弧段、节点的一一对应关系,将属性从节点-弧段拓扑结构中分离出来,可以很好地表达线性要素的分段属性和多重属性表达,并实现几何数据和属性数据之间的双向查询,多重属性的动态查询与分析。它大大提高了地理信息系统对线性数据处理的能力,解决了传统地理信息系统只能处理一个固定属性数据集的问题。此外,动态分段还能为线性位置参照构建路径系统。可以说,没有动态分段技术的支撑,就无法实现具有真正意义上的交通地理信息系统。

3) 网络拓扑关系

如8.1.2所述,交通地理系统使用具备完整拓扑关系的网络数据模型数据,能够胜任网络分析任务。

8.2.3 交通地理信息系统数据模型

如前所述,地理信息系统常采用场模型、要素模型和网络模型3种数据模型,交通地理信息系统主要使用网络模型(节点-弧段模型)表达道路交通网络、公共交通网络。

1) 道路交通网络的表达

网络模型在交通系统中最常见的就是用来表达道路交通网络,包括城市街道网络的表达及公路网络的表达。在街道网络中,节点用于表达街道交叉口,弧段用于表达交叉口之间的街道段。相似的,在公路网络中,节点用于表达互通式立交,而弧段则用于表达公路段。此外,在实际应用中,由于道路通行方向的限制,通常利用两条方向相反的弧段来表示双向街道或流向不同的平行公路段。

在实际应用中,道路交叉口可以有不同尺度的多种表达形式,如图8.12所示。图8.12(a)将交叉口表达为一个单一的节点,这种方法简单直接,但是不利于交叉口处转向阻抗(如左转比直行需要耗费更多的时间)和转向限制的表达。针对此问题的一个解决方法就是扩展节点,使用4个节点来表达交叉口,节点之间的弧段描述了转向行为,如图8.12(b)所示。这种方法虽然解决了转向信息的表达问题,但是会带来大量的数据冗余,导致网络分析效率的下降。因此,在实际应用中,通常采用如图8.12(a)所示的单节点表示,再辅以转向表来描述交叉口处的转向行为。转向表记录了交叉口处所有的转向信息,一条转向记录由一条进入弧段、一条离开弧段和转向阻抗表示。

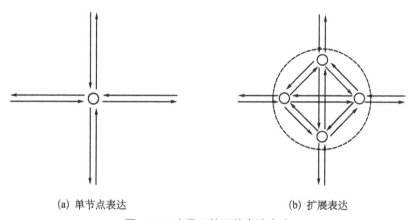

(a) 单节点表达　　　　　　　　(b) 扩展表达

图 8.12　交叉口的两种表达方法

2) 公共交通网络的表达

城市公共交通是指城市范围内运营的公共汽车、轨道交通、渡轮、索道等交通模式。其中,节点为站点,弧段为站点之间的连接或不同公共交通线路之间的转接(图 8.13)。转接弧段还能实现不同交通模式之间的连接,如连接街道网络与公交系统。

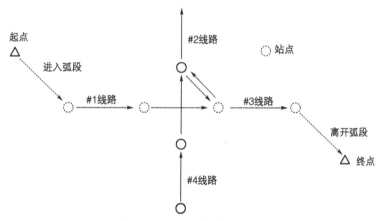

图 8.13　公共交通网络的表达

3) 网络数据模型的不足

基于图论的网络模型尽管简单易用,广泛应用主流交通地理信息系统平台中,但仍存在许多不足。

首先,网络模型的一大特点就是"平面强化"(Planar Enforcement),即平面上相交的两条弧段必须产生节点。平面强化的实施保证了空间数据的拓扑致性,然而它将完整的道路在节点处打断或在道路立体相交的地方增加本不存在的节点,导致许多问题:①道路失去了完整的语义特征,组成一条街道的路段并不"知道"它们是同一条街道的组成部分。路段的独立性使得针对整条道路或街道实体进行操作的效率不高,完整性维护困难。②产生大量的数据冗余,例如道路的名称和等级需要在相应的路段记录上重复存储多次。③数据更新困难,如增加 1 个新的节点,将改变整个节点-弧段拓扑结构,导致数据库中大量数据的更改。④增加实际上本不存在的节点,从而致使拓扑搜索和网络分析的效率降低。

其次,网络模型难以处理分段属性。网络模型要求弧段具有均质性,即从起点到终点的属性值不发生变化。但事实上,线性地物的某一部分(段)或某几部分具有不同属性值的情况常出现。网络模型通常处理上述问题是在属性变化处增设节点,将完整的弧段分成属性一致的几段。然而,这样导致节点数量剧增,造成大量的数据冗余,严重影响网络分析的效率。

并且,网络模型难以处理线性要素在同一位置包含多种属性信息的问题。例如,在城市中,一条路段有多条公交线路经过,而经过每条路段上的公交线路数目可能不同。但是一条弧段只与属性表中的一条记录对应。如果每种属性都以一个字段记录,为了表达多种属性,可能需要很多个字段,而且可能某些字段在很多记录上都是空的,产生严重的数据冗余。

最后,网络模型难以处理站点问题。网络模型中节点通常是路段的起止点,而交通地理信息系统中节点往往是与网络几何特征无关的位置点,如公交车站。因此当用网络数据结构存储此类信息时,必须通过引入伪节点的方式将弧段断开,这同样会导致节点数量剧增,造成大量的数据冗余,严重影响网络分析的效率。

8.3　地理信息系统在城市交通中的应用

8.3.1　地理信息系统应用于交通规划

随着地理信息系统技术的普及以及交通规划定量化技术的发展,交通规划发展呈现出数据多样且类型繁多、高运算速度、结果高精度要求和快速可视化需求的局面,地理信息系统技术也成为交通规划的调查数据管理、分析和交通需求建模等工作中不可或缺的技术方法。

1) 地理信息系统管理交通规划涉及的空间数据具有优势

交通规划工作涉及基础调查资料、模型运算结果等各种数据,不仅体量庞大,而且种类繁多,传统的数据库已难以有效地管理这些庞杂的数据,尤其交通网络拓扑结构数据、交通需求矩阵数据,而地理信息系统在操作空间数据上具有天然的优势。交通规划中的土地利用、交通需求、交通网络等数据属于典型的空间数据,适合采用地理信息系统管理和表达。

2) 地理信息系统的空间分析功能提高交通需求预测的精度与效率

交通网络日益复杂,道路网络涉及千万节点和路段,交通需求预测作为交通规划的重点工作之一,对需求预测模型的运算速度和精度提出了更高的要求。而地理信息系统具有强大的空间分析功能,例如:通过网络分析功能能够快速计算交通网络之间的各项指标,通过空间叠置功能能够迅速统计得到交通小区人口和岗位数量、各类道路的长度等,极大地提高交通系统分析、评价工作的效率。

3) 地理信息系统丰富的可视化功能为交通规划成果的表达提供便利

交通规划过程中产生的分析、计算和评价结果可以方便地借助地理信息系统直观、丰富的可视化功能来表达、生成专题图,既方便规划人员之间的技术交流,也使得交通规划结果易于被决策者理解和接受。

4）地理信息系统深度融入交通规划软件

当前，集成地理信息系统功能并专门用于交通需求预测和规划方案评估的交通规划软件已渗透到交通规划工作的各个阶段。

TransCAD 是 GIS 应用于交通规划软件的开创者和领跑者。TransCAD 是由美国 Caliper 公司开发的一个完全基于地理信息系统的交通规划软件，拥有强大的 GIS 功能。Caliper 公司 1988 年发布 TransCAD 的第一个版本，TransCAD 是首家独创、唯一专为交通运输业设计的 GIS 软件，它集 GIS 与交通模型功能于一体，提供任何别的 GIS 或交通模型软件所不能及的综合功能。非交通专业的人士可以完全将 TransCAD 当作一个通用的 GIS 软件来使用。而在交通规划方面，TransCAD 不仅提供了传统的四阶段交通需求预测模型和非集计模型等，还提供了物流规划、数理统计、GISDK（地理信息系统开发工具）扩展编程等特色功能，后续版本还加入了动态交通分配、模型管理器等先进的功能。

当然，其他交通规划软件也引入了相应的 GIS 功能。Cube 是美国 Citilabs 公司推出的交通规划软件包，核心是 Cube Base，将 Cube 系统中的其他软件整合成一套易用的建模与分析工具，并能与地理信息系统软件 ArcGIS 直接衔接。Cube 包含的软件包括 Cube Voyager（客流预测）、Cube Cargo（货流预测）、Cube Dynasim（交通仿真）、Cube Avenue（中观模拟）、Cube Analyst（O-D 矩阵估算）、Cube Land（土地使用模拟）以及 Cube Polar（空气质量预测）。EMME/2 软件最初是由加拿大蒙特利尔大学的交通研究中心开发的，后为 INRO 咨询公司继承，建模非常灵活。在其基础上，EMME/3 整合了 ArcGIS 的部分功能，能够提供较强的路网编辑、图形分析和报告能力。

8.3.2 地理信息系统应用于交通信息服务

随着社会发展、生活节奏的加快，节省时间、提高效率成为普遍的追求。在市场和技术的双重驱动之下，地理信息系统、空间定位技术、移动通信技术、人工智能等技术的迅速发展使得快速传递人们的地理位置成为可能，伴随着各种应用的交通信息服务也悄然兴起，如智能导航系统、路径规划服务、基于位置的服务、自动驾驶等。总的来说，地理信息系统是交通信息服务发展的一大助力。

1）智能导航系统应用

车载终端和无线网络相互配合能够获取车辆实时的绝对或相对位置信息，并根据用户需求为其提供与位置相关的交通信息服务或实现决策支持。

交通信息服务不仅为具备车载终端的用户提供了一种方便、快捷和实用的增值服务，而且商业网点信息、路况信息、天气信息等多种环境信息与空间信息的融合将为所有出行用户提供功能更加强大、全面和人性化的信息服务。当前中国的导航产业正蓬勃发展，北斗全球系统建设也将于 2020 年全面完成，未来基于实时交通信息的智能导航系统具有极大的应用价值和市场前景。

2）路径规划服务

我国几乎所有的大中城市都存在不同程度的交通拥堵，而城市交通问题已成为城市发展的瓶颈之一。交通疏导、车辆导航及个人出行路径规划的需求日益增长，社会和居民都迫切需要以动态导航为目的的交通信息服务，从而引导出行并规划出行线路。目前，出行信息系统（TIS）正在向着高级出行者信息系统（ATIS）、智能出行者信息系统（ITIS）的方向发展。

无论是 ATIS 还是 ITIS 都要求多源、实时的交通信息为出行者提供即时的、个性化的动态路径规划和导引服务。动态路径规划和导引服务主要涉及动态交通信息的采集和处理、面向道路数据组织和管理的时空数据模型、动态交通信息与道路网信息的快速高效融合、交通仿真与流量短时预测以及信息发布与服务等关键技术。

此外，近年来自动驾驶、智能网联车方兴未艾，而路径规划作为其中最为关键的技术之一是保障车辆安全驾驶的重要前提。地理信息系统强大的空间数据存储、空间分析能力能有效降低车辆感知包含车道线信息、交通灯信息、交通标志等在内的复杂道路环境和存储相应属性信息的难度。当前地理信息系统对自动驾驶的主要贡献也体现在路径规划技术，如车辆在局部地图中的精确定位、融合激光雷达、GPS 和 IMU（惯性测量装置）数据的 GIS 动态构建方法、道路匹配算法、针对非结构化道路环境适用于自动驾驶的路径规划算法等。

3) 基于位置的服务

基于位置的服务（Location Based Service，LBS）是通过移动终端和无线网络的配合，确定出移动用户当前所在的实际地理位置，从而提供用户需要的与位置相关的某项服务。当前，从个人到行业对基于位置的信息服务需求越来越强烈。出行者期望知道自己所在的位置，进而查询附近有哪些酒店、加油站、娱乐场所和旅游景点等；驾驶员希望知道如何从当前位置到达目的地，走哪条路最近或最省时，当前的交通状况如何等；监护人希望能实时监护老人儿童等弱势群体，以确保进行有效监管；紧急救援部门希望能准确定位事故地点，然后据此部署最佳的救援方案，以保证救援的及时性和有效性；城市管理和公安警务等行业也都需要位置相关信息的支持……LBS 涉及的智能搜索、地理编码与反编码、多尺度自适应表达等关键技术均与地理信息系统有关。

8.3.3 地理信息系统应用于交通可达性研究

可达性（Accessibility）是人们对城市交通系统资源的占有以及对活动空间和交往机会的利用，内涵涉及土地利用、交通系统、时间和个体因子等 4 个要素。其中，空间相互作用可达性模型与效用可达性模型综合考虑了土地利用和交通需求、空间阻隔等因素，广泛应用于土地利用与交通协调发展研究。可达性是城市规划师、地理学家、经济学家以及与所有居民所关注的重要指标。

在交通运输和土地利用规划实践中，可达性建立了交通系统与用地之间的系统性联系，可达性因此被认为是城市发展研究中交通与用地协调发展的核心和重要的绩效指标，例如在美国，许多长距离运输计划和研究便采用了可达性研究。

交通可达性的三种表现形式：①交通可达性水平，基于区域内公共交通的服务距离和频率的公共交通可达性指标，以专题地图的形式展示可达性水平的空间分布；②等时线图，展示特定区域到其他区域的时间或一定时间内可到达的区域，用以辅助交通设施规划决策并比较不同交通方式服务范围的差异；③服务范围，描述特定区域在一定时间内可到达的工作地点或不同形式的服务情况。通常，可达性在交通地理信息系统的空间分析技术和空间数据管理支持下实现，如构建道路中心线模型、表达多层面空间网络、定量计算出行阻抗等，将交通问题放到了社会层面进行思考。

在城市的微观尺度，以上海为例，许多学者以包含步行可达性、轨道交通站域可达性等在内的交通可达性为主要影响因子，从而评价上海商业、办公以及居住空间的空间经济效益,为精细化的规划导控提供决策支持。在区域尺度,可达性同样用于评估重大交通基础设施带来的区域交通格局变化,如以苏通大桥为代表的过江快速通道、以港珠澳大桥为代表的跨海通道、高铁的建设对相对落后城市区位优势的提升作用及其带来的时空效应、交通影响等。

  总的来说,交通地理信息系统是地理信息系统研究的一个重要方向。在理论方面,交通地理信息系统为交通系统提供了空间模型和空间分析等独特理论与方法支持,尤其是时间数据模型和分析方法的研究,为智能交通系统发展提供时间依赖的关键技术,这一切将直接推动高效的和人性化的交通系统建设。在应用方面,交通地理信息系统的发展也直接推动智能导航、物流配送和位置服务等核心应用的相关产业发展,应用前景广阔。

第三篇
交通问题的用地逻辑

9 宏观层面城市形态与公共交通研究

交通工具的变革引发了城市形态的演变,不同时期诞生和兴盛的交通工具对应着不同的城市形态。小汽车时代的到来伴随着城市走向"摊大饼"式蔓延,引发了许多城市问题。国外对于"摊大饼"式的城市发展模式早已提出了批判,并采取一系列措施控制城市的无序蔓延。20世纪70年代,美国提出了精明增长(Smart Growth)思想,俄勒冈州的波特兰市则是最早提出城市增长边界(Urban Growth Boundary)的城市之一,并秉承公共交通引导土地开发的发展思路,取得了瞩目的成就。此外,丹麦哥本哈根和中国香港等城市的公共交通成功经验对于可持续的城市交通发展和城市形态塑造也有着重要的启示作用。与之相关的另一概念为公交都市(Transit Metropolis),这一源自西方的重要理念重在公共交通与城市形态的契合,但国内相关部委和行业有着不同的解读。

本章将首先简述交通方式与城市形态的演变,而后提出公交都市案例,说明城市与公交的适应性。接下来,分别从路网结构、物理学原理等视角探讨交通出行与城市形态的关联。期望从公共交通与城市形态的关联性视角对我国城市交通的可持续发展有所借鉴。

9.1 交通方式与城市形态的演变

19世纪以来,交通工具发生多次变革,伴随着交通方式变革的是城市形态的演变。从交通工具的发展历程来看,可以分为4个时期:步行马车时代、有轨电车时代、汽车时代和后汽车时代。对应的城市形态可划分为3种,分别是步行城市、公共交通城市和汽车与后汽车城市(表9.1)。

9.1.1 步行马车时代

19世纪50年代之前,人们的出行方式主要是步行。由于出行时间的限制,人们一般在4~5 km的可达范围内活动,这个时期的城市表现出人口高密度、土地利用高度混合和街道狭窄的主要特征,体现了高密度的集聚形态。19世纪50年代至90年代,马车开始作为公共交通工具在城市中使用,这种公共交通工具有固定的轨道线路,普通城市居民也可以乘坐马车出行,人们出行范围进一步扩大,城市开始出现沿着马车轨道向外延伸的星状发展态势。

9.1.2 有轨电车时代

19世纪90年代至20世纪20年代是西方工业飞速发展的时期。城市人口的集聚加剧了城市环境的恶化,资产阶级在利益的驱动之下急需向外扩张城市。而蒸汽机车的发明为这种城市扩张需求提供了技术支持,城市周边沿蒸汽火车线路出现次级中心商业区,开始呈现串珠状发展趋势。但由于蒸汽机车自身的局限性,城市向外扩展的程度还有一定的局限,直至有轨电车的发明,城市开始沿轨道线加速向外放射发展,城市结构出现明显的变化。

9.1.3 汽车时代

20世纪20年代以后,小汽车开始出现,并凭借其建设成本低、服务面广、机动性强等一系列优势迅速崛起。这个时期的城市结构再一次出现明显变化,城市开始由高密度集聚形态转向低密度蔓延的发展形态。"二战"后的20年,小汽车进一步普及,加上高速公路和环路的建设,为汽车出行提供了更加便利的条件,"摊大饼"式的城市蔓延越发明显。

9.1.4 后汽车时代

进入21世纪以后,小汽车的激增带来大量的城市问题,以去小汽车化、回归公共交通、鼓励慢行方式出行的绿色交通理念开始复兴。2016年,"共享"理念兴起,共享单车、共享汽车等共享出行方式的出现正引发城市交通体系的复兴变革。世界经济论坛、英国艾伦麦克阿瑟基金会、国际能源署以及世界资源研究所研究的循环与共享经济的本质是实现服务与物质消耗的脱钩发展,借用到交通领域可以理解为利用较少的汽车保有量或者相对稳定的交通设施来满足持续增长的出行需求,那么将公共交通作为城市的主导交通是必然选择。

表9.1 交通方式与城市形态的演变

时间	1890年代前	1890—1920年代	1920年代以后	
			1920年代—21世纪末	21世纪以后
交通工具	步行、马车	有轨电车	小汽车	公共交通+共享单车+步行
土地利用特点	高密度、紧凑集聚	沿交通干线向外扩张	低密度、松散	功能混合、集约高效
影响因素	人本身行动能力	技术发展	汽车普及、高速公路建设等	气候变化、城市交通问题、人的需求
城市形态表征	紧凑圆形	星状、带状	摊大饼	控制增量、盘活存量、形态基本保持不变
	(a) (b)	(c)	(d)	(e) (f)

注:(a)、(b)为步行、马车时代,(c)为有轨电车时代,(d)为小汽车出现早期,(e)、(f)为小汽车普及与后汽车时代。

城市交通方式的变革为城市形态的演变提供了必要条件,而城市形态的发展又反过来对城市交通提出新的要求。城市交通与城市形态存在一种复杂的双向互动关系,不同的城市形态要求不同的交通发展模式与其相适应,而不同的城市交通发展模式又在引导着城市的土地开发利用方式,塑造一种与之相适应的城市形态。长远看来,城市交通与城市形态之间可以近似地看成是一种函数关系,即不同的交通方式塑造了不同的城市规模与城市形态,而决定交通方式的内在机制是人们的出行方式,出行方式的转变则缘起交通工具的变革。

因此，交通工具的变革对城市形态的演变具有内在的作用机制，如图 9.1 所示。

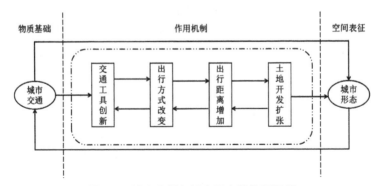

图 9.1　城市交通与城市形态的作用机制

显而易见的是，步行、小汽车出行具有面状特征，公共交通则具备线性特征。前者的出行无明显方向指引，而后者恰恰具有引领、约束人的出行方向的功能。因此，前者往往与"摊大饼"相对应，后者则可塑造我们想要的城市形态。

9.2　"城市适应公交"与公交都市

图 9.2 是不同类型公共交通的运量和速度指标。当然，广义的公共交通还应包括轮渡、公共自行车等。那么，提供了大中运量的公共交通方式，是否一定会对应大中规模的客流呢？这显然与城市形态息息相关。

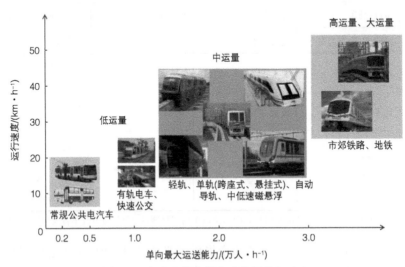

图 9.2　各类公共交通方式的运能与速度

9.2.1　无序与有序

"摊大饼"的核心特征即城市圈层式、蔓延式增长，因而用地是连续的、非间断的。这显然有利于市政设施的布设,但却不利于交通出行的组织。很简单的道理是,因为蔓延,所以出行方向无法约束,而使得交通出行呈现无序的状态。这种无序是方向上的无序,又因为无序导致公共交通客流分散、无法聚力形成大中运量的公交客流走廊,从而难以组织起高效的公共交通,这进一步加大了小汽车的驾行优势,促使"摊大饼"与小汽车交通相互"配合",公共交通相比则渐渐失色。

在无序出行已经形成的前提下想实现交通模式向公共交通的转变,将是一件非常困难与艰巨的任务。但我们又时常将公交都市、公交导向、公交优先挂在嘴边。因此,如何塑造合理的城市形态,又如何促使公共交通能够发挥优势,问题摆在我们面前。哥本哈根的手指状发展模式是很好的借鉴案例。

公共交通的运营和使用一定要是规模化的,才能可持续。因此,首先要打破的是分散化出行,将交通出行凝聚在轴线或者客流走廊上。"摊大饼"显然难以胜任,沿轴线发展的城市则脱颖而出,可以担负起建设公交都市、崇尚公交导向的重任。事实上,轴线发展城市天生具备发展公共交通的"基因"。当然,不同的声音是,我国许多城市属于高密度"摊大饼",因此,可以形成大中运量的客流走廊,客流量本身不是问题。此言不虚,但问题是"摊大饼"下,这样的走廊影响范围仍有限,更多的出行仍趋于无序而适合小汽车。

规划方面希望通过城市增长方式的调整来控制城市的无序扩张,其中最典型的就是绿环或绿带边界的控制。在北京的总体规划中,规划师希望通过城市绿环的方式来控制城市的增长,制定出一条如精明增长理论所说的城市增长边界。1994 年,北京市政府正式批准了首都规划委员会办公室的《关于实施市区规划绿化隔离地区绿化的请示》。这一选择受到田园城市规划思想的影响,但是实际的结果并没有向规划师设想的方向发展。到 2003 年 5 月,北京市的绿化隔离带中已建有 30 多个楼盘项目。

更值得鼓励的是以绿楔间隔的公共交通走廊型的城市形态或空间扩张方式,将新的开发集中于公共交通枢纽,这有利于公共交通的组织,实现有控制的紧凑型疏解,实现"低碳城市"的目标,并且可以结合城市发展的实际需要在走廊方向实施分段分时序的开发。墨尔本在 1960 年代后期就开始推进"绿楔规划"。这种发展模式可以较好地适应人口增长的不确定性,鼓励公共交通的发展和实现城乡发展的协调。

即使是利于发展公共交通的城市形态,也需考虑以公共交通的可达性水平来确定土地开发强度。如香港一直强调以轨道为骨干,公共交通为支撑的土地开发建设模式,提出通过土地利用与交通的最优化模型来拟定香港的土地利用原则和城市发展方向。香港是先确立一个地区可能的最大交通容量,再将其作为土地开发强度的上限。内陆城市规划的一般程序则是先确定土地利用功能和强度之后再寻求匹配的交通设施设计。笔者认为:香港的"先交通后土地"的开发时序是值得鼓励和学习的,并且,体现了"有序"的另一层含义——有计划的。

9.2.2 城市适应公交

"公交适应城市还是城市适应公交?"是罗伯特·瑟夫洛(Robert Cervero)教授在其著作中提到的,却少有人关注。当城市形态或城市格局已定,再去谋求公共交通的发展,则"巧妇难为无米之炊",因为公共交通的大中容量特征很可能与"摊大饼"的城市形态格格不入。因此,需要构建的是"城市适应公交"的发展模式,即当确立了公共交通为主体的城市交通模式,则城市形态应朝向利于发挥公共交通优势的方向演变和拓展。

公交都市响应了"城市适应公交",是公共交通与城市发展形态和谐共存、在发展过程中不断相互支持和促进的一种城市发展模式,通过公共交通与土地利用的紧密结合和默契配合,有效地发挥公共交通优势,将整个区域带向一条可持续发展的道路。公交都市一词最先由罗伯特·瑟夫洛在其著作《公交都市》中提出。公交都市是指一个公共交通服务与城市形态和谐发展的区域,倡导城市公共交通主动引导城市发展,强调城市公共交通与城市人居、环境、结构功能、空间布局默契协调,共存共促。公交都市具有较高的城市公共交通分担比例、紧凑的城市空间布局、多元化的城市公共交通服务网络、以人为本的城市公共交通优先政策、高效的城市交通综合治理。

当然,公交都市并非将公共交通与小汽车交通绝对化地对立起来,应该承认对于某些需求,小汽车交通有其合理性。公交都市所要追求的是构建摆脱小汽车依赖的城市。

下文选取丹麦哥本哈根、中国香港、美国波特兰以及中国南京来探讨城市是如何适应公交的,以为国内公交都市建设提供借鉴。

9.2.3 公交都市案例

1) 丹麦哥本哈根

哥本哈根是典型的指状城市,是交通与土地协调发展的优秀案例之一。哥本哈根的指状发展形态是在1947年的区域规划中确定的。在这版规划中,确定了城市的交通走廊由市中心沿着5个方向向外辐射的指状形态,土地开发被限制在5个手指状的走廊中,绿化带将每个手指分隔开来,政府采取严格的措施来保证中间绿化带不被土地开发蚕食。在指状形态确定的后续规划中,公共交通引导土地开发一直作为区域规划的核心思想贯彻其中,并且总体上,区域规划一直引导着指状发展形态保持不变。现行的哥本哈根城市规划要求,工业用地的位置要与城市主要公共交通网络衔接,服务业及相关产业的位置要布设在区域性轨道交通的车站,特别是历史保护区以外的现有车站周围1 km的范围内,最好是500 m范围内。总之,哥本哈根的区域规划以及相关政策一直引导着城市的土地开发围绕交通走廊集中展开。交通和土地利用的协调发展使得哥本哈根形成了有效的、放射性的向心通勤模式,以及一个有生命力的市中心。

2) 中国香港

香港不仅是世界上人口密度最大的城市之一,同时还是世界上公认的公交都市。香港主要的公共交通是轨道交通,港铁公司作为香港轨道交通的开发者,也是世界上少有的可以盈利的轨道交通投资者。香港模式的成功得益于"R+P"的开发模式,这种开发模式下的城市形态表现出条带状。实际上,香港的发展是一种"人跟线走"的方式,反映在城市用地上就是轨道交通引导城市土地开发利用。香港的土地开发利用都是沿着轨道交通线路集中展开的,并成功地将土地功能配置、建筑设计与周边的社区融为一体。土地沿轨道交通走廊实行高密度的开发,因此在空间上形成轴线的发展形态,土地利用随着轨道交通走廊向外延伸,城市形态在相应的方向上呈现带状。

也有将香港公交都市建设称之为"美丽的错误",可参阅《香港公交都市剖析》一书。该书认为:香港公交都市的形成并非政府有意促使它形成的,无论是在港英政府时期还是在香港特区政府时期,殖民统治地区的经济基础和殖民文化所形成的独特施政策略,造就了香港不健康的城市空间衍生现象。可以说,香港公交都市的形成更多是一种无心插柳柳成荫的结果。港英政府时期和香港特区政府时期相似的施政策略如表9.2所示。

表9.2 港英政府时期和香港特区政府时期相似的施政策略

项目	港英政府	香港特区政府
施政方针	维护英国对香港地区的控制,保持香港殖民统治的稳定,促进香港经济的繁荣	维护"一国两制"大政方针,保持香港特区的相对独立性,促进香港经济的繁荣稳定
执政能力	殖民统治者不会进行长远建设计划,凡事以满足目前的管治需要为主	回归后的香港官员以公务员自居,保持政治中立原则,公务员一般缺乏长远规划的视野与任务
财税政策	以土地收入为主	以土地收入为主
土地利用策略	交通和土地相结合的开发理念,采用集约式的城市土地利用方针	延续交通和土地相结合的开发理念,采用集约式的城市土地利用方针
交通与规划政策	港英政府在移交主权之前确立了香港的城市规划体制,并加紧了交通规划与建设工作	特区政府在回归后未开展大型和重要的交通规划,仅仅在政策上宣布需加强轨道交通为香港城市交通的主干网络
政府与市场的关系	港英政府在城市管理机制方面坚持"官商共治"方针,政府将大部分的服务交由市场经营	特区政府对原有的"市场主导、政府扶持"政策有弱化趋势,但是基本上社会已接受了这个理念,甚至被确定为香港的核心价值观
对资本的态度	亲英资,排斥华资	英资和华资并重
住房政策	港英政府在新市镇中建设了大量公屋	在第一届行政长官建设公屋失败后,第二任行政长官不再向市场供应土地导致住房价格飙升
民生	亲殖民统治宗主国	亲资本

香港公交都市是建立在施政者对土地开发的别有用心之上的,这也就造成了香港对土地利益的依赖一直延续至今。林郑月娥表示房屋是香港目前社会面对最严峻的民生问题,而土地是这个问题的本质。这一届特区政府能不能够摆脱长期以来对土地财政的依赖,同时又保持高效的公交服务水平,将会是一个巨大的考验。香港上层建筑的根源在于港英政府时期的殖民统治地区经济基础和殖民观念及文化,这决定了其他城市绝无完全照搬香港公交都市经验的可能。

3) 美国波特兰

美国波特兰市是最早将精明增长理念付诸实践并划定城市增长边界的城市之一,通过划定城市增长边界来控制城市的"摊大饼"式蔓延。波特兰于1994年编制了 *2040 Growth Concept*,先讨论城市增长模式的不同情景,以及各情景对于城市发展的影响,在此基础上再划定城市增长边界。该规划首先设定了4种情景(图9.3):基本情景即按照以前模式增长;理念A为扩张现有城市增长边界来容纳一些增长;理念B为不扩张现有城市边界,进行更加紧凑的开发以及土地交通系统的更加有效的利用;理念C强调都市区周边的城市将作为增长的潜在区域。随后进行公众调研,让公众对于发展情景进行选择,最后推出最终方案。

最终确定的2040建议增长方式鼓励中心和走廊的增长,强调城市增长边界内的再发展。其土地使用决议旨在:①鼓励更有效地利用城市土地、位于主要街道和主要交通线路上的商业中心;②保护城市增长边界内外的自然区域、公园、溪流和农田;③提倡包括所有类型出行方式的交通系统,如骑自行车、步行和使用公共交通、汽车和货运等;④与周边城市合

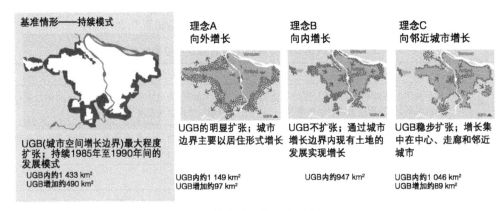

图 9.3 波特兰城市增长边界方案比选

作,保持社区之间的分离;⑤为该地区所有居民提供多样化的住房选择。

波特兰的增长边界管理要求城市内部沿轨道交通轴线进行土地的紧凑开发。横穿珍珠区核心地带的有轨电车和河滨南区的有轨电车不仅提供了上万的就业岗位和住宅,还带动了线路周边 2~3 个旧工业区的复兴。由此可见,有轨电车的建设有效地刺激了沿线土地的开发,提升了轨道交通沿线及站点的土地价格,吸引了较多的客流,进一步解决了城市交通拥堵问题。波特兰集中在有轨电车线路附近开发 TOD 项目,整个城市的土地开发利用呈现出条带状。

哥本哈根、香港及波特兰的城市形态与城市发展轴线如表 9.3 所示。上述三座公交都市还应分别得益于连续一致的城市与区域规划、轨道交通引领城市拓展和城市增长边界约束。除此之外,还有许多典型的公交都市采用公共交通引导土地开发的城市发展模式。如瑞典斯德哥尔摩沿走廊线形的以公共交通为导向的社区发展产生了高效、双向平衡的交通流,整个城市的土地利用形态在空间上表现为沿轨道交通的带状分布形态。

表 9.3 哥本哈根、香港和波特兰土地利用形态

城市	哥本哈根	香港	波特兰
共性	公共交通引导土地开发、TOD 开发模式、城市适应公交		
城市形态与发展轴线			

4) 中国南京

中国内陆,如首批公交都市示范城市——南京市,创新地提出了基于哥本哈根手指状的城市形态的公共交通系统。规划提出:交通全面引领城市空间拓展,优化用地空间布局结构,实现城市用地的精明增长。规划避免了许多城市"摊大饼"式的发展格局,结合南京地域内的山脉、湖泊等地理条件,强化交通引领城市空间拓展,构建交通走廊引导发展下的都市区"江北带形、江南指状"空间布局。江南地区以主城为掌心,龙潭、汤山、湖熟、禄口和板桥

形成五大指状发展轴(图 9.4)。这一开敞式发展格局与哥本哈根极为相似,同时也是塑造公交都市的基本条件。因此,轨道交通必然会发展成为南京市主体的客运体系,并形成轨道交通为支撑、常规公交为补充、主次协调、快慢结合的公交都市模式。当然,也有争议指出,南京的手指状空间结构较为牵强(后文仍将讨论)。

这些城市大都奉行以公共交通来引导城市土地开发利用的规划理念,公共交通的线性特点决定了这种理念下的城市形态或城市结构,即一种轴向发展或者说带状发展的土地利用形态。这种城市形态下的交通出行保持着一种有序的状态,呈现出一种定向式的运动特征,而"摊大饼"式的城市形态,交通出行显得混乱无序,因而交通问题更为严峻。

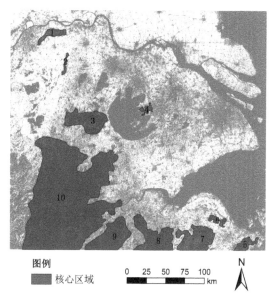

图 9.4　南京市城市空间结构拓展

9.3　道路网视角下的公交出行与城市形态

城市公共交通系统是依托于城市道路网络而存在的,城市路网形态或结构必然对公共交通存在影响,一些典型的城市路网如指状路网、环形放射状路网、方格网,由于它们各自的网络拓扑结构不同,其公共交通组织、交通出行成本等也各不相同,这些都影响着人们出行方式的选择。已有的研究虽然分析了道路网密度对公共交通的影响,但由于缺少描述道路衔接关系的评价指标,故尚未开展道路网拓扑结构对公共交通的影响分析,也就难以从道路网布局结构特性上分析其对公共交通的影响。此外,城市的路网布局结构又深受城市形态的影响,如哥本哈根的指状城市形态决定其公共交通的指状发展形态。因此,城市形态会对城市的公共交通出行产生影响。下文关于路网与公交的研究从另一视角可以说明交通出行与城市形态的关联性。

9.3.1　方法与模型

基本方法为:使用介数中心势来描述城市路网布局结构特点,选取国内 29 个大中城市进行定量研究,试图揭示城市路网布局结构与公共交通出行的关系,并从路网布局结构这一视角对公共交通导向的城市形态提出建议。

1) 介数中心势

路网结构集聚度指标用来评价一个路网整体结构的中心化程度,即该路网的拓扑结构是分散的还是集聚的。在网络结构特性分析中,通常采用网络中心势指标描述作为一个整体的网络在多大程度上具有一个中心化的结构,即整个网络是在多大程度上围绕着某些核心节点组织起来的。进一步研究发现,在点度中心势(Degree Centralization)、邻近中心势

(Closeness Centralization)和介数中心势 3 个网络中心势指标中,介数中心势对前述道路网集聚程度的描述能力最强,因此选择介数中心势作为道路网结构集聚度的计算指标。

介数中心势能够反映网络总体层次的中心势水平,它是网络中最核心点的介数中心度与其他各点介数中心度之差的总和与最大可能的差值之比,广泛应用于社交网络、产业集群、交通运输等研究中,其计算公式如下:

$$C_B = \frac{\sum_{i=1}^{N}(C_{i^*,B} - C_{i,B})}{N^3 - 4N^2 + 5N - 2} \tag{9.1}$$

式中,$C_{i,B}$ 为节点 i 的介数中心度,它是 1 个节点位于网络中其他任意 2 个节点之间最短路径上的概率,即 1 个节点在多大程度上位于网络中其他节点的"中间",它描述了位于中间的节点对其他节点在战略上的控制性和影响力;i^* 为介数中心度指标最大的节点。$C_{i,B}$ 的计算公式如下:

$$C_{i,B} = \frac{1}{(N-1)(N-2)} \sum_{\substack{j,k \in N \\ j \neq k; j,k \neq i}} \frac{n_{jk}(i)}{n_{jk}} \tag{9.2}$$

式中,n_{jk} 为节点 j 至 k 的最短路径数目;$n_{jk}(i)$ 为节点 j 至 k 的最短路径中经过 i 节点的数目。

下文的实证分析中除了分析路网拓扑结构指标以外,还需将各个城市的经济发展状况、公共交通供给情况、道路网的相关指标、城市地形条件以及建成区面积等纳入影响因子中,剔除由于城市规模和公共交通投资等因素所产生的误差或干扰,并控制这些变量,以揭示人均公共交通出行次数和城市路网布局结构的相关性。

2) 模型建立

影响居民使用公共交通的因子有很多,如出行时距因子(平均出行时耗)、土地利用因子(土地利用混合度、建筑密度等)、道路设计因子(路网密度、道路平均宽度等)、公交供给因子(公共汽车站台密度、公共汽车线网密度等)以及社会经济属性因子等。由于案例研究侧重于多个城市之间的比较,尺度较大,因此选取城市路网的介数中心势(BC)作为衡量城市街道模式特征的指标,以人均 GDP(perGDP)表示城市经济发展状况,万人公交拥有量(mbo)反映了城市公交供给情况,人均道路面积(perroad)和城市固定资产投资(fai)来表示城市建成环境。考虑到地形坡度可能对城市的交通出行模式产生影响,分别用 0、1、2 代表平原城市、介于平原和山地之间的城市以及山地城市的坡度指数(topography),并加入解释变量。由于城市规模对出行距离有显著影响,从而对城市交通结构有比较明显的影响,因此加入城市规模(scale)变量(用市辖区建成区面积表示)。当然,介数中心度某种程度也会反映城市形态等城市尺度的建成环境特征。上述变量描述如表 9.4 所示。

表 9.4 变量描述

变量	描述
perptt	人均公交出行次数
BC	介数中心势
perGDP	人均地区生产总值/万元

(续表)

变量	描述
mbo	每万人拥有公交车数量/辆
perroad	人均城市道路面积/m²
fai	固定资产投资/千亿元
topography	地形指数
scale	城市规模/km²

下文以人均公交出行次数(perptt)为被解释变量,构建多元线性回归模型。由于被解释变量的数值相对自变量数值较大,且为了赋予自变量 BC 合适的意义,因此对被解释变量取对数处理,即构建半弹性模型。

$$\log(perptt) = \beta_0 + \beta_1 BC + \beta_2 perGDP + \beta_3 mbo + \beta_4 perroad + \beta_5 fai \\ + \beta_6 topography + \beta_7 scale + \mu \tag{9.3}$$

估计 β_1 的意义为:BC 值每增加 1,被解释变量 perptt 增加 β_1 倍。

9.3.2 数据及处理

1) 数据整理

本研究的目的是分析城市路网布局结构对公共交通的影响,因此所选取的研究对象的路网布局结构应具有较好的代表性,且城市公共交通的发展也应较为均衡。选取北京、上海、深圳、兰州等29个直辖市、省会和副省级城市及其他重要城市进行研究。其中,兰州由于地形的限制,是典型的带状城市,它的路网布局结构也呈典型的带状分布;深圳市呈带状组团的城市形态,路网的组织也是带状布局;北京主城延续历史上的形态,路网布局结构为方格网状结构;成都具有较为明显的环形放射状路网形态。

模型的被解释变量人均公交出行次数及自变量人均 GDP、万人公交拥有量、人均道路面积、城市固定资产投资、城市规模均来自于《中国城市统计年鉴(2014)》。部分城市数据如表9.5所示。

表9.5 各城市解释变量数据

城市	perptt /(次·a⁻¹)	mbo /辆	perGDP /万元	perroad /m²	fai /千亿元	topography	scale /km²
北京	389	18.95	15.43	7.72	6.75	0	1 306
成都	291	18.01	11.47	13.18	3.90	2	529
大连	348	16.72	16.31	14.48	4.31	2	396
哈尔滨	250	12.65	6.83	10.04	3.84	0	391
海口	190	9.95	5.55	8.98	0.65	0	124
合肥	281	16.01	12.77	22.72	3.12	0	393

（续表）

城市	perptt /(次·a⁻¹)	mbo /辆	perGDP /万元	perroad /m²	fai /千亿元	topography	scale /km²
呼和浩特	283	29.25	15.87	17.41	0.97	0	230
昆明	308	17.76	9.77	14.26	2.08	2	397
兰州	307	10.91	6.04	11.78	0.86	2	207
洛阳	149	8.84	6.34	11.74	0.74	2	192
南昌	267	15.39	9.98	15.28	2.01	1	250
南京	166	10.80	12.46	19.84	5.09	0	713
南宁	196	9.69	7.21	12.61	1.73	2	283
宁波	210	19.75	18.90	12.61	1.93	1	295
青岛	276	16.86	14.07	21.45	2.76	1	470
厦门	457	19.72	15.32	18.14	1.34	1	282
上海	199	12.25	15.64	7.28	5.64	0	999
深圳	848	98.53	46.77	37.03	2.50	2	871
沈阳	219	10.50	11.09	14.82	5.06	0	455
石家庄	253	18.04	6.76	18.07	1.90	0	217
苏州	191	13.50	19.88	24.05	3.07	1	441
太原	193	9.91	7.79	12.53	1.48	0	320
天津	166	11.77	15.99	15.14	8.46	0	736
西安	300	14.00	7.05	12.09	4.39	1	424
西宁	330	15.21	5.55	7.15	0.60	2	85
银川	291	18.79	7.71	17.77	0.47	2	149
长春	201	12.98	9.81	18.58	2.66	0	452
长沙	247	13.89	15.07	10.01	2.69	2	326
郑州	200	11.11	6.45	7.42	2.50	0	383

2）路网拓扑结构构建

由于原始法的路网拓扑结构构建方法较为简便，且与人在现实生活的实际经验相符，更为直观，因此选取原始法构建路网的拓扑结构。首先在地图软件中提取研究城市的市辖区卫星影像图，在 AutoCAD 软件中对研究城市的主干路和次干路矢量化，再将矢量化结果导入 ArcGIS 软件中，使用 Utility Network Analysis 工具构建路网的几何网络即得到研究城市的干路网原始图（图 9.5 和图 9.6）。

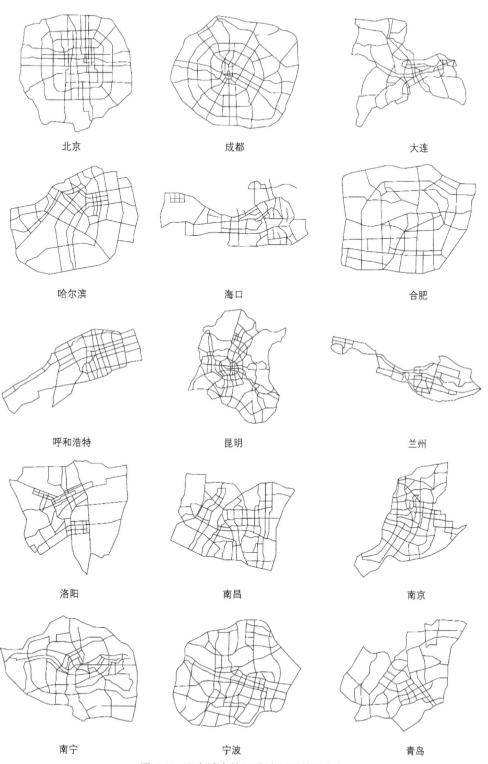

图 9.5 研究城市的干路路网原始图(1)

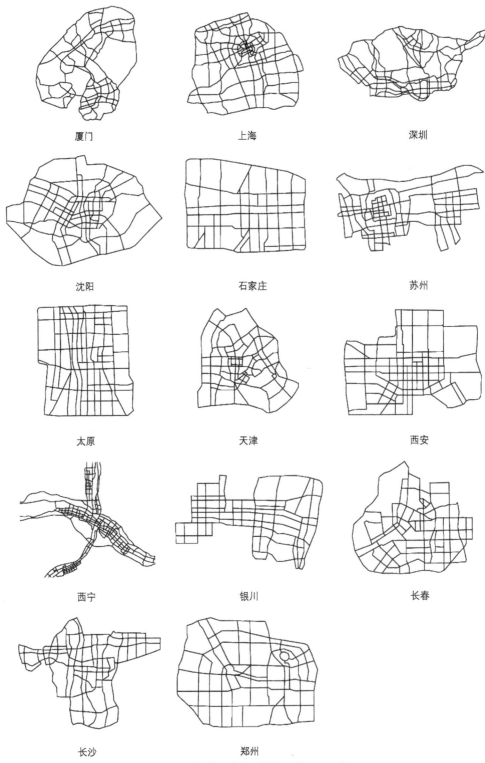

图 9.6 研究城市的干路路网原始图(2)

3) Pajek 分析

Pajek 是大型复杂网络分析工具,是用于研究目前所存在的各种复杂非线性网络的有力工具。利用它能够分析各种复杂网络的问题,广泛应用于分析社会网络、家谱、网络分析、航空网络、电网等问题。它的数据对象之一是 Networks 数据,扩展名为.net,在生成 Networks 文件时,需要输入网络中的各节点名称和边的名称(用这条边两端节点的序号表示)。

由 ArcGIS 构建的几何网络能够显示各节点的序号,将节点和节点之间的无方向连线输入复杂网络计算工具 Pajek 软件中进行介数中心势的运算,得到各研究城市的路网介数中心势即 BC 值。Pajek 的分析图如图 9.7、图 9.8 所示,图中圆点为道路节点,不同大小代表不同节点的介数中心度,方括号内的数值为节点的介数中心度,方括号外的数值为节点的名称。

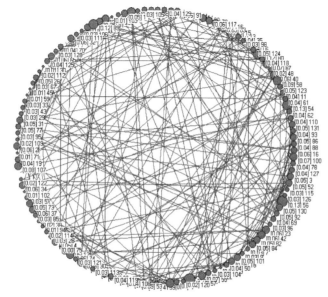

图 9.7　北京市主要道路路网拓扑结构图(全局)

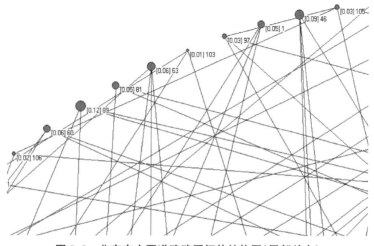

图 9.8　北京市主要道路路网拓扑结构图(局部放大)

可以看出,带型城市如兰州、深圳、西宁等放射状城市的BC值要高于环形、方格网状城市,如北京、沈阳等。各城市BC值及解释变量的摘要统计如表9.6和表9.7所示。

表9.6 各城市BC值

城市	BC值	城市	BC值
兰州	0.231 59	青岛	0.142 17
深圳	0.228 65	呼和浩特	0.140 26
西宁	0.225 88	宁波	0.132 65
南昌	0.189 09	合肥	0.131 27
石家庄	0.188 92	南宁	0.127 35
厦门	0.188 10	南京	0.108 78
大连	0.184 86	北京	0.107 18
太原	0.180 52	成都	0.097 40
昆明	0.173 23	西安	0.094 94
银川	0.164 09	洛阳	0.092 96
长春	0.160 32	天津	0.090 33
海口	0.152 03	郑州	0.084 13
苏州	0.151 68	哈尔滨	0.079 26
上海	0.146 76	沈阳	0.076 54
长沙	0.143 72		

表9.7 摘要统计量

变量	均值	标准偏差	城市数量
perptt	5.549 491	0.353 835 4	29
BC	0.144 521	0.044 094 8	29
mbo	17.646 207	16.152 175 3	29
perGDP	12.410 124	7.902 472 8	29
perroad	14.971 724	6.285 119 7	29
fai	2.879 800 0	1.958 828 9	29
topography	0.896 551 7	0.884 534 9	29
scale	424.689 655 2	272.485 530 9	29

9.3.3 回归分析

选择普通最小二乘法(Ordinary Least Square,OLS)分析得到各系数估计值和相关统计量(表9.8)。

表 9.8　OLS 结果

变量	系数	标准偏差	t 统计量	P 值
C	4.855 221	0.239 112	20.305 18	0.000
BC	2.588 606	1.237 035	2.092 588	0.048 7
perGDP	−0.019 97	0.014 536	−1.373 7	0.184
mbo	0.021 984	0.006 512	3.375 721	0.002 9
perroad	−0.003 89	0.010 798	−0.360 11	0.722 4
fai	0.041 514	0.046 754	0.887 918	0.384 6
topography	0.072 664	0.055 415	1.311 268	0.203 9
scale	0.000 121	0.000 332	0.365 295	0.718 5
R^2	0.700 749	Mean dependent var		5.549 491
Adjusted R-squared	0.600 999	S.D. dependent var		0.353 835
S.E. of regression	0.223 506	Akaike info criterion		0.070 191
Sum squared resid	1.049 05	Schwarz criterion		0.447 376
Log likelihood	6.982 234	Hannan-Quinn criter.		0.188 32
F-statistic	7.025 026	Durbin-Watson stat		1.781 513
Prob(F-statistic)	0.000 224			

方程式为：

$$\log(\widehat{perptt}) = 4.86 + 2.64BC - 0.02perGDP + 0.02mbo - 0.005perroad \\ + 0.05fai + 0.07topography + 0.000\,1scale \quad (9.4)$$

$n=29, R^2=0.60$

模型的 F 检验显著,调整 R^2 较大,模型拟合效果较好,具有统计学意义。从回归分析的结果来看,城市路网的介数中心势(BC 值)与人均公交出行次数在 95% 的置信度下存在显著的正相关性,即人均公交出行次数随城市路网介数中心势的增加而增加。BC 值的系数显著大于零,为 2.59,这表明在此模型下,BC 值每提高 0.1,人均公交出行次数将提高 25.9%。

9.3.4　结论与启示

以我国 29 个城市为样本,建立多元线性回归模型来估计城市路网布局结构对居民使用公共交通程度的影响。在控制了其他因素后,结果显示,城市路网布局结构与居民使用公共交通程度存在显著的相关性,城市路网介数中心势越大,即该路网越具有中心化趋势,城市居民人均公交出行次数越多,居民的公共交通使用率越高。

在保持人均 GDP、万人公交拥有量、人均道路面积、城市固定资产投资、城市地形等变量不变的情况下,相较于方格网状路网城市及环形路网城市,路网为带状或呈放射状轴向发展的城市的人均公交出行次数更多,即放射状路网可能比方格网状路网更有利于公共交通的发展。例如,深圳市以深南大道贯穿东西,沿轴向发展,因此其路网的集聚度较高。

2014年深圳市人均公交出行次数多达848次,除了深圳市较高的每万人公交车拥有量,也与深圳较高的BC值分不开。BC值较低的城市有沈阳、郑州等城市,皆以方格网状路网为主要形态,辅以外围的环路,没有较为主要的交通节点,因此,路网的集聚程度较低。其中,2014年郑州市的人均公交出行次数仅为200次左右,不及深圳市人均公交出行次数的1/4。

分析其原因,有以下3个方面:① 带状及放射状路网有利于城市中心区与周边郊区、各个组团之间的交通联系,有利于公交线路的组织。② 依托于几个主要节点的路网布局模式有利于公共交通换乘的设置,并降低公共交通的运营成本和提高公交服务水平。③ 一些带状城市地形复杂,坡度较大,不适宜使用自行车出行,也会促进公共交通的使用。

方格网状路网对应的公交线路普遍较为分散,公共交通组织难以满足各个方向的出行需求。乘客换乘次数多,且由于交叉口较多,容易造成拥堵,公交体验差。方格网状路网由于连通性、可达性和灵活性要优于放射状路网,容易发挥小汽车"门到门"的优势,从而促进了小汽车的发展。

从模型的分析结果可知,介数中心势是影响人均公交出行次数的重要因素。若想提高城市的人均公交出行次数,增大城市路网的介数中心势、采用轴向或放射状的路网布局结构是一个重要手段。例如,哥本哈根和库里蒂巴等城市依托交通廊道轴线[图9.9(a)]进行发展,城市路网集聚度高,城市拓展和公共交通的发展同步进行,是世界著名的公交都市;北京的方格网加环路的路网布局结构[图9.9(b)]造成了北京"圈层式""摊大饼式"发展,公交分担率虽不低却也低于分担更多的小汽车,从而造成交通拥挤、用地浪费等一系列问题。

最后需要强调的是:道路网布局结构、公交线网布局结构本质上是城市形态的一种体现;为了构建"城市适应公交"型城市,城市形态应以带状、星型等多廊道、多中心结构为主,以构造集聚度高的道路网和公交线网,并促进人们对公共交通的使用和偏爱。这是本节研究的初心。

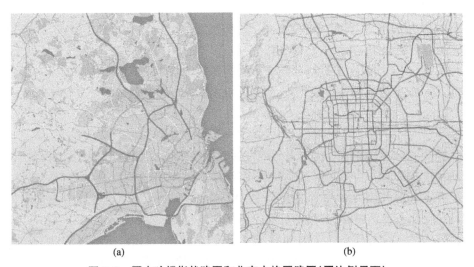

图9.9 哥本哈根指状路网和北京方格网路网(同比例尺下)

9.4 物理学视角下的交通出行与城市形态

城市形态与交通出行有着紧密的联系。对比典型公交都市的交通出行特征与城市形态可以发现，不同城市形态的交通特征有很大不同。本节引入物理学中的"布朗运动"(Brownian Motion)和"电荷运动"(Particle Motion)来形象模拟"摊大饼式"和带形城市形态下的城市交通出行特征。

9.4.1 "布朗运动"中的无序

布朗运动是物理学上的概念，最早由英国植物学家罗伯特·布朗(Robert Brown)在花粉水溶液中观察到，是指悬浮在流体中的微小颗粒表现出的一种无规则运动。布朗运动具有明显的随机无规则特点。

将布朗运动的概念引入到城市交通出行中来可以非常形象地描述无规则的城市交通出行特征。城市中的每一个自由个体可以类似的看成布朗运动的微小粒子，当城市发展倾向于低密度蔓延的"摊大饼"式，则人们的交通出行无特定方向，会受到来自城市周围其他任何一个地方的引力作用（或者自身需求的推力作用），而表现出一种随机的、无规则的、混乱的方式，所有的自由个体都在做无规则的布朗运动。这种"摊大饼"式城市形态中的通勤较为混乱，通勤发生在区域内的任何两地之间，因此各个方向的通勤相互影响、相互制约，交通效率低下，最终加重交通拥堵（表9.9）。

表9.9 "摊大饼"形态下的交通出行特点

项目	布朗运动	交通出行
运动本体	微小粒子	自由个体
发生条件	碰撞	势能差、交通线路连通
运动特点	无约束、方向随机、运动无序	
影响因素	温度、粒子大小等	路阻、可达性等

9.4.2 "电荷运动"中的有序

电荷运动同为物理学上的概念，本节中提到的电荷运动特指电流形成过程中，导体中自由电荷的有规则的定向运动。电荷运动具有明显规则，是一种定向运动，电荷运动形成了电流，电流的产生需要电势差和电路连通两个条件，其中电阻是影响电流大小的因素之一，电阻越大，电流越小。

将电荷运动的概念引入到城市交通出行中来，可以形象地描述带形城市形态下规则的交通出行特征。交通出行是城市个体出于某种目的、满足某种需求而产生的。出发地与目的地存在一种类似于电势差的势能差，例如职住不平衡。因此，个体会离开居住地寻找就业岗位，所有个体出行的集合，继而产生了交通流。城市中的自由个体可以看作自由电荷，势能差看作电势差，类似于自由电荷在电势差作用下形成电流，自由个体在势能差的作用就形成了交通流（通勤流）。路阻与电阻相似，两地之间的路阻越大，两地之间产生的通勤交通流量越小,人们会倾向于选择阻抗相对较小的地方就业。这种电荷定向运动的交通流形成了通勤轴,交通出行固定在了两地的交通线路周围,形成一种带状或定向的交通出行模式,人们的出行沿固定的轴向分布,避免了与其他交通出行方向的干扰,提高了城市交通效率(表9.10)。

表 9.10 "带形"形态下的交通出行特点

	电荷运动	交通出行
宏观表现	电泳	交通流
运动本体	胶体粒子	自由个体
发生条件	外加电场	势能差、交通线连通
运动特点	定向运动	定向运动
影响因素	是否有外加电场	路阻

上述两种城市形态下的交通出行表现出明显的差异,带状城市形态比"摊大饼"式的城市形态更适合公共交通的发展。"摊大饼"式的城市形态下,各类用地分散在整个区域的不同地点,因此人们的目的地具有随机性,交通出行方向也具有随机性。个体的出行类似于布朗运动的颗粒,方向随机。而公共交通具有定向的特点,在一定程度上无法满足人们的出行需求,因此更多的人选择小汽车出行,而各个方向产生的小汽车交通流之间会产生明显的相互影响,与现有的公共交通也相互影响,降低整个城市的交通出行效率。相反,带状的城市形态与公共交通的线性特征相吻合,人们的出行大都固定在交通走廊沿线,便捷的公共交通足以满足人们的出行需求,而且没有混乱无序的交通流相互影响,人们更加倾向于选择公共交通,整个城市的交通出行效率也大大提高(表9.11)。

表 9.11 不同城市形态下的交通出行特点

城市形态	摊大饼式	带形
交通流向	各个方向	沿交通干线轴向
出行特点	随机混乱	定向规则
类比	布朗运动	电荷运动
交通效率	低效	高效
图示	 a b	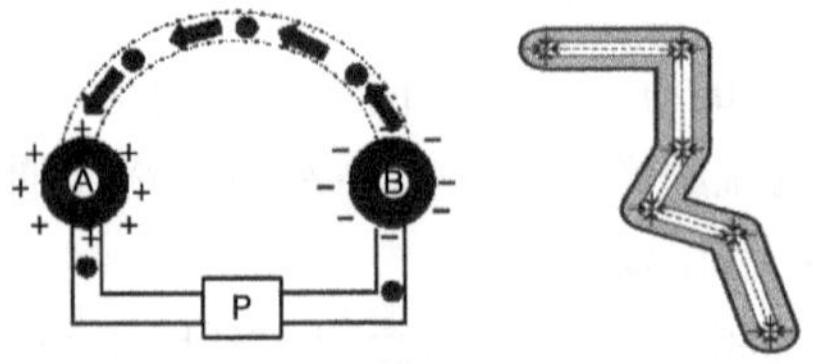 c d
备注	a:布朗运动特点 b:"摊大饼"下的无序出行	c:电荷运动特点 d:带形下的有序出行

城市交通出行应当形成一种有序的"电荷运动",而非"布朗运动"。带形城市下的交通出行是一种高效的"电荷运动",而"摊大饼"式城市形态下的交通出行混乱无序,交通问题突

出。但目前我国城市的发展仍处于"摊大饼"式的发展模式上,这必然导致棘手的城市交通问题,严重影响了城市的可持续发展。

一个发达的、高品质的公共交通系统需同时具备客流集约性和空间有序性两个前提。我国很多城市的人口密集,不难满足第一个前提,但空间有序性严重不足,城市的无序扩张使得居住、就业和生活的空间分布紊乱不堪,有序性无从保障,也因此,城市蔓延极不适应公交客流培育和公交系统成长,不利于城市与交通的可持续发展。

高德地图 2019 年度交通报告指出,超大城市中,深圳公交的换乘系数最小,为 1.376,其 93% 的公交出行至多换乘 1 次;西宁公交的换乘系数则在中型城市中最小,为 1.196。无独有偶,公交出行的平均步行距离分析结果也显示,两座城市在各自规模类型城市中均为最小。这是否从另一角度证实了本文中的相关研究结论呢?

城市空间形态很大程度上决定了一座城市公共交通发展的可持续性和道路拥堵概率,这对于拥有高密度人口的中国城市尤其如此。事实上,在城市形态和空间结构问题上,国外 1990 年代涌现出的新城市主义、紧凑城市、精明增长、城市增长边界等早已指出城市空间形态应能适应公共交通及其换乘,而不是相反。也因此,我们可以大胆地提出"公交导向的城市规划""公交引导城市转型",甚至"公交引领城市建设"。应抛弃"摊大饼"的规划手法,并提出科学的空间规划策略和交通组织方式并严格执行,走以大容量公共交通为导向的"走廊式"发展模式之路,才能促使空间组织和交通组织的"双重有序"的形成。

10 中观层面住房选择与交通出行研究

居住用地是城市最重要的土地利用类型，占城市建设用地总面积的 1/3 以上。居住地是绝大多数居民交通出行的起点及终点。一方面，居住用地分布对城市交通需求与交通流量分布起着重要作用；另一方面，城市交通系统也会对居民的住房选择产生影响。更直接的，人们会衡量包含住房价格和交通出行成本的综合成本。如奥地利维也纳研发了一套涵盖出行花费在内的房屋成本计算系统，并具有提供多种出行方式选择的可视化功能。

本章首先从城市空间结构的角度出发，介绍居住选择与交通出行的互动关系，并利用特征价格法（Hedonic Price Method）分析交通设施对住房价格的影响；接下来探讨与住房关系最为密切的一类交通行为——通勤，它也是造成我国大城市交通拥堵的最主要因素，并以南京市为例，运用结构方程分析城市居民通勤行为的影响因素；最后在借鉴美国经验的基础上，尝试将交通成本纳入住房可支付性的计算，从而更加全面、客观地衡量住房市场的健康程度和居民的居住负担。

10.1 居住选择与交通出行

10.1.1 理论视角下的住房与交通

1) 城市空间结构概念

城市经济学、城市规划学、城市地理学等学科都曾从不同角度对城市空间结构的形成和演变进行描述和分析。用系统理论的语汇表述，城市空间结构是指城市要素的空间分布和相互作用的内在机制，使各个子系统整合成为城市系统。从城市结构的空间属性来看，城市结构形态包括形式和过程两个方面，形式是指物质要素和活动要素的空间分布模式，过程则是指要素之间的相互作用，表现为各种交通流。

一般来说，城市空间结构取决于城市土地的利用方式（功能和构成）以及强度。它决定了城市空间构成的二维基面和基本形态格局，即城市形态。城市交通则是由城市活动而衍生出来的人或物的空间移动；土地利用方式在受到交通可达性制约的同时也影响交通可达性。因此可以认为，城市的土地构成和区位关系，决定了居住、工作、购物、制造和消费等活动的空间分布和出行需要；而城市中各项活动的空间联系方式与强度，也反过来影响着城市内部的空间结构形态。

2）城市空间结构理论

现代城市空间结构理论的发展可以追溯至20世纪60年代，三位城市经济学家威廉·阿隆索（William Alonso）、理查德·慕斯（Richard F. Muth）和埃德温·米尔斯（Edwin S. Mills）在当时提出了单中心城市模型，又称AMM城市空间结构模型，在学界被公认为是现代城市空间结构理论发展的基础。该模型以一种高度抽象的方式对城市空间结构给出了解释，并提供了一个有效的理论框架，研究城市居民在住房成本和通勤成本之间的权衡过程，以及由此产生的职住地空间选择行为。该模型假设城市中的就业高度集中在中心地区（CBD），居民的通勤流向以向心型为主，"单中心城市模型"也因此得名。在此假设下，居民愿意为城市中各个区位的住房所支付的租金就在空间上形成了"竞租曲线（Bid-rent Curve）"，并进一步推导出住房成本和通勤成本具有此消彼长的关系。随着与城市CBD距离的增加，土地价格、住房租金、人口与建筑密度在城市空间内部呈现负梯度。

AMM模型展示了一个城市空间的一般均衡状态，其所建立的研究范式一直被后人沿用，并能够在实际中对城市空间结构做出有力的解释。基于这样一种抽象模型假设，不少学者进行了适当的扩展，使其更加贴近于现实。如，不同收入人群的居住群分（Income Sorting）理论，认为伴随收入的增加，家庭通勤成本收入弹性和住房需求收入弹性会发生变化，进而导致不同收入水平的家庭的竞租曲线斜率不同。对美国城市的实证研究结果对此提出质疑，认为郊区住房较新而市中心治安环境较差等会对收入分布和竞租曲线产生不同的影响。此外，如果考虑购物、就学等非通勤需求以及市中心的污染，竞租曲线也会发生变化，在不同方向上、不同区域内空间梯度会存在差异。郑思齐等发现在中国城市中，周边环境对不同偏好家庭具有不同的吸引作用。

随着城市的不断发展，该模型的局限性逐渐显现，表现在：① 单中心城市模型已无法解释目前许多的城市；② 市场是完全的而且就业地集中分布在中央商务区的假定，与实际相差较大。因而此模型受到较多质疑，认为利用同心圆模型无法有效地预测城市通勤需求，而后过剩通勤（Excess Commuting）等概念被提出。

3）理论视角下的住房与交通关系

基于上文提到的单中心城市结构模型可知，居民对于住宅的选择和支付意愿一定程度上取决于对住房成本和交通成本（包括金钱成本和时间成本）的综合考量与权衡。在模型中，就业地集中分布在CBD，土地价格随着与市中心的距离的增加而降低。其中，位于中心区附近的住房无疑具有较高的交通便利性与较低的交通成本，但其优越的区位条件也带来了高昂的住房成本，且用地紧张、设施老化、人口拥挤等影响使得居住环境较差；远离市区的住房则有着较低的居住成本和较为优良的居住环境，但交通成本上升。这使得住房与交通条件特征在个体层面形成了微妙的博弈关系。

值得注意的是，随着现代城市中更加多样的交通方式的涌现，各类交通的通达性也影响着住房的选择结果。交通的通达性是指居住区与外部联系的便利程度，它直接关系着居民上下班、外出活动和子女上学的方便程度。因此，一些住房即便远离市区，但若交通通达性很好（如在地铁站附近），也会成为居民偏好的居住区位。当然，其居住成本也会随之上升。

目前在我国的一些城市，房价长期居高不下，这直接影响了普通居民居住地选择的自由度。在住房成本远高于交通成本的前提下，人们往往只能选择在负担得起的区位买房，因此，在许多大城市中（如北京、上海），大量家庭在远郊区居住，由此需要承担较高的交通出行成本。

10.1.2 交通设施对住房价格的影响

1) 交通设施与房价的特征价格模型构建

住宅产品具有耐久性、空间固定性等特点,是一种异质性商品,产品之间在构成使用价值的各个特征上有明显的差异,如住宅的位置、层次、朝向、户型结构等。对于异质性商品,一般采用特征价格模型(Hedonic Price Model,HPM)来进行研究。

以凯尔文·约翰·兰卡斯特(Kelvin J. Lancaster)的消费者理论和舍温·罗森(Sherwin Rosen)的特征价格理论为理论基础的特征价格模型,认为商品其实是多特征要素的集合,而消费者对于商品的每种特征都有一定的边际支付意愿。因此,住宅的价格将由于内在特征的不同而不同,一套住宅的价格是其包含特征的边际价格或隐含价格之和。国际上许多研究应用该模型研究分析得出住宅特征要素和价格之间的关系,包括区位特征、环境特征等。交通设施作为一种具有极强外部效应的公共产品,对商品住房价格存在着显著的影响。因此,运用特征价格理论对交通设施和房价的关系进行分析具有较强的解释力和可行性。一般来说,对于交通设施条件的测度一般采用"交通可达性"来衡量,如个体的通勤时间和通勤成本等。特征价格法的基本原理如下:

(1) 两个假设:商品的异质性和市场的隐含性

特征价格理论认为,公众对于产品的需求并不是针对产品本身而是其所包含的特征集合。因此家庭购买住宅时,也期望将这种"投入"转化为使用效用,而效用高低的主要区别在于住宅包含的特征强度,如购买交通可达性高的住宅以期获得低成本的通勤。市场的隐含性则指的是在商品的生产、交换和消费的过程中,总的价格和交易是可观察的,但每个产品特征对应一个隐含市场,产品市场一般可以理解为由多个隐含市场构成。

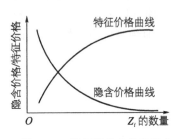

图 10.1 特征价格曲线和隐含价格曲线

(2) 两个概念:特征价格函数和隐含价格函数

特征价格函数是针对商品而言的,指的是产品总价格与产品特征数量之间的函数关系。一般而言,住房的价格随着特征 Z_i(如交通可达性)的增强而增加,由于边际效用递减,该曲线上升趋势渐渐缓和。

隐含价格函数是针对产品特征而言的,指的是特定产品中某一产品特征的隐含价格(边际价格)与产品特征强度之间的关系。如图 10.1 所示,在一套住宅中,受到边际效用递减的影响,随着特征 Z_i 的增强,该特征的隐含价格将下降。

(3) 住宅产品特征价格模型的表达

具体将特征价格法应用到住房产品的价格分析中,可以把总体的住房价格表征为各住房特征的数量与特征价格乘积的总和:

$$P = c + \sum_{n=1}^{N} \beta_n X_n + \varepsilon \tag{10.1}$$

式中,P 为住房单价或总价;c 为常数项;$X_1,\cdots,X_n$ 分别为 N 个住房特征;$\beta_1,\cdots,\beta_n$ 分别为这些特征对应的特征价格;ε 为随机误差项。

根据特征价格模型,将各同质化的住房特征作为住房消费的对象,其消费数量可以直接度量。同时,利用大量实际交易数据进行回归分析,还可估计得到一定时间范围和市场范围内各住房特征的特征价格值,这就实现了商品价格(住房特征价格)和商品数量(住房特征取值)的分离,使得特征价格模型能够成为住房价格指数编制过程中进行质量调整的有效工具。但是,在如何具体应用特征价格模型上,特征价格法的不同形式间存在着显著差异。

一般的特征价格分析中,住房特征可以分为两大类,一类是住房本身的特征,如面积、户型、楼层、年代、朝向、装修情况、小区环境等;另一类是和区位有关的特征,包括距市中心的距离、学区划分、公共服务设施(医院、商业、公园等)的可达性、交通设施(轨道交通、公交车站等)的可达性等。

2)交通设施对住房价格的影响分析

20世纪70年代,国外学者已提出了城市轨道交通的发展会给其周边房地产带来增值效益,政府应将增值产生的效益在轨道建设者之间进行分配,用于弥补建设投资和运营成本。美国洛杉矶红线地铁建设利用了该方法。在周边房地产增值效益返还方面,日本则采取了联络道负担税、特别效益税等方式形成成功的实践经验。慕斯在区位理论基础上研究了交通费用与住房费用的关系,提出了城市住房的地理位置受到了交通费用和房价的双重影响。住房同 CBD 的距离越远,其出行(如购物,工作)的交通费用就越大。然而一些学者发现,房地产价格与公共品的可达性的关系可能并不是单调的。美国的 Sedway 公司在1997年研究了旧金山海湾地区快速运输电气火车系统对周边住宅价格的影响,其研究结果表明,对于独立性住宅,距离该系统的车站每增加 1 609.347 m(1 mile),房价将减少 3 200~3 700 美元,车站周边公寓租金比其他的要高 6%~15%。一项针对韩国的研究发现,虽然距离交通枢纽站很近可以提高家庭出行的便利程度,但是越接近交通枢纽站,交通越堵塞、噪声越大,所以距离最近的商品住房价格反而更低。

对我国而言,随着城市快速扩张和机动车的普及,城市交通问题开始日益突出。同时,交通条件的变化和改善,对房地产业的发展产生了较大影响。近年来,因各大城市中的地铁建设而造成土地区位条件变化的现象逐渐开始被关注,对地铁沿线的住房研究有所增加。研究结论主要有:① 轨道交通对沿线地价和房价价值变动会产生重大影响;② 北京地铁13号线 500 m 的影响范围内,住房价格有 1 000 元/m² 的溢价;③ 深圳地铁周边 400~600 m 范围内,商品住房价格平均增长 23% 和 16%;④ 居民愿意为居住在地铁站、公交车站和公园周边 0.8 km 范围内分别支付住房价格的 17.1%、12.4% 和 6.4%。

国际上对城市交通和住房价格关系的相关研究大多是从消费者行为学开始,整个研究过程定性与定量相结合,将土地利用模式与城市公共交通协调进行系统分析。国外利用特征价格的方法研究城市交通与房价的关系在不断的发展和成熟,从单因素分析交通成本模型到多因素的综合分析,发展到线性支出系统函数研究等。我国在这方面的研究较少,研究方法多还停留在单因素分析交通成本阶段,缺少较为科学的研究方法和定量结论。目前,我国一些较大的城市开始重视城市轨道交通与土地利用规划的重要性,也产生比较成熟的规划实践。城市交通的发展为房地产开发活动的有序进行提供了规划指导,适当超前的城市交通规划可为房地产的发展提供良好的条件,使房地产价格向良性方向发展。

3)南京市轨道交通对住房价格的影响

下面以南京市为例,通过定量分析方法,采用特征价格模型,综合运用 GIS、SPSS 等分析工具,从影响住房价格的因素及程度差异、到达轨道交通站点的不同距离对住房价格的影响两个方面阐释轨道交通站点对住房价格的影响。从南京安居客房产网上爬取 7 000 余条南京市近地铁站的二手房房屋信息(通过勾选网站上的"近地铁"选项筛选出地铁房)。从网站上主要获取影响房价的自身要素数据,包括房源信息(所在地址、建造年代、房屋户型、建筑面积、所在楼层、有无配套电梯、房屋单价)和小区信息(容积率、绿化率、物业费)。同时整合影响房价的宏观外部要素数据,包括轨道交通站点、南京市道路网络、学校 POI 点和医院 POI 点。

模型中各变量定义如表 10.1 所示。医院和学校密度的计算方法为对医院和学校各自的 POI 点数据进行点密度分析,再通过采样获取每一个住房点的医院和学校密度值。到城市 CBD 和轨道交通站点的最短距离则通过 GIS 的网络分析模块进行分析计算。通过回归分析,得到结果如表 10.2 所示,在显著的变量中,对房价影响较大的 6 项因素是优质小学学区、到最近地铁站点的距离、容积率、有无电梯、户型以及到城市 CBD 的距离,说明是不是优质小学的学区房对房价的影响最大,其次是轨道交通站点。住房离地铁站点的距离每缩短 1 000 m,房价上涨 6.4%。

表 10.1　特征价格模型中自变量与因变量定义

变量类别	变量名称	变量描述
因变量	住宅价格/(元·m^{-2})	房屋总价/建筑面积
房屋质量特征自变量	房屋户型	建筑面积/房间数
	建筑层数	房源所在建筑的最高层数
	电梯	住房是否安装电梯(是=1,否=0)
	建筑年代	住房的建筑年份
小区质量特征自变量	小区容积率	表征小区环境质量
	小区绿化率/%	表征小区环境质量
	小区物业费/(元·m^{-2})	表征小区服务质量
	与 CBD 距离/m	房源到最近的 CBD 的道路距离
区位质量特征自变量	医院密度	房源所在位置的医院点密度综合值
	学校密度	房源所在位置的学校点密度综合值
	是否为优质小学学区房	住房所在学区(排名前五公办小学学区=2,排名六到十公办小学学区=1,其他=0)
轨道交通特征自变量	轨道交通站点距离/m	房源到最近的轨道交通站点的道路距离

表 10.2　回归分析结果

模型 $R^2=0.487$	非标准化系数 B	标准误差	标准系数	t	Sig.
(常量)	13.133	1.493		8.798	0.000
距 CBD 距离	−0.017	0.001	−0.367	−31.326	0.000
地铁站点距离	−0.064	0.005	−0.147	−13.2	0.000
建设年代	−0.001	0.001	−0.030	−1.971	0.049
户型	0.018	0.001	0.186	17.492	0.000
楼层	0.001	0.001	0.012	0.841	0.400
容积率	−0.039	0.004	−0.126	−9.826	0.000
绿化率	0.001	0.001	0.025	2.262	0.024
物业费	−0.002	0.000	−0.132	−13.026	0.000

(续表)

模型 $R^2=0.487$	非标准化系数 B	标准误差	标准系数	t	Sig.
电梯	−0.027	0.011	−0.03	−2.334	0.020
学校密度	0.002	0.000	0.260	12.592	0.000
医院密度	0.000	0.000	−0.019	−1.033	0.302
学区_值	0.132	0.016	0.092	8.195	0.000

接下来根据住房与最近地铁站点的距离将数据样本划分为若干部分,对每一个子样本进行回归分析,对比结果中轨道交通距离变量的显著性和回归系数。回归结果如表10.3所示,地铁距离变量在<500 m、1 000～1 500 m、2 000～5 000 m 距离分段的模型中对房价影响显著。其中500 m 内影响为正,说明在这一范围内负外部效应超过了地铁站带来的房价增值。在1 000～1 500 m 和2 000 m 之外的范围,影响为负,且前者系数绝对值更大,与假设相符,说明地铁带来的房价增值效益随范围增加而降低。在1 000～1 500 m 距离段,房屋与地铁站点距离每减少1 km,房价上升23.5%;在2 000～5 000 m 距离段,房屋与地铁站点的距离每减少1 km,房价上涨8.5%。

表10.3 距地铁不同距离段内样本回归分析结果

模型(样本数)	地铁距离变量			模型参数 R^2
	非标准化系数 B	t	Sig.	
<500 m(628)	1.031	11.328	0.000	0.660
500～1 000 m(1 092)	0.029	0.418	0.676	0.552
1 000～1 500 m(1 905)	−0.235	−3.003	0.003	0.554
1 500～2 000 m(932)	0.094	0.984	0.326	0.580
2 000～5 000 m(2 113)	−0.085	−7.447	0.000	0.468

综上,本研究发现:①轨道交通站点对近地铁二手房房价的影响仅次于优质小学学区房的影响。除此之外,小区和房屋质量特征也对近地铁二手房房价有较大影响。②住房均价随着距地铁站的距离上升呈现先上升后下降的趋势。500 m 内轨道交通站点对房价产生负影响。1～1.5 km 和2 km 之外轨道交通站点能显著提高房价,其中1～1.5 km 是受影响最大的区段。地铁带来的增值效益随范围增加而越不明显。

10.2 职住失衡与交通拥堵

10.2.1 空间错配理论

在城市职住关系研究中,空间错配(spatial mismatch)是指城市低收入者受通勤成本承受能力、就业获得能力或市场歧视等因素的影响,形成就业地和居住地分离、居住地空间集聚的现象。该理论将城市就业、贫困与城市结构联系了起来,在城市发展政策、城市结构演变和城市福利经济等方面具有现实意义。

空间错配理论源于美国学者约翰·凯因(John F. Kain)于1968年提出的空间错配假设,理论的提出最初是为了解释20世纪60年代美国大都市区黑人失业率增加的背后机制。凯因认为造成美国内城黑人大量失业的原因是20世纪40年代开始的就业郊区化。大量工作岗位特别是低技能工作岗位随着中上阶层白人郊区化而开始外移,而黑人由于在郊区住房市场受到的种族歧视以及高房价等因素不能同步迁移,最终被留在城市中心区,这些都导致他们必须承担长距离的通勤或是失业。

这一观点起初并没有引起关注,直到1985年后大量研究和争论才逐渐出现。争论的焦点是种族歧视之于空间错配的"贡献"。虽然有争论,但在这一期间,学者们也达成了一些共识,这些共识承认了种族差异是引起空间错配的原因之一,但同时强调了空间(就业可达性)原因,空间问题尤其是就业可达性问题开始被重视,不同职业的可达性可以解释年轻人就业的种族差异,空间错配是岗位分散降低了内城居民的就业可达性,相对提高了内城居民通勤时间所致。通勤成本的限制使得黑人只能通过牺牲大量的通勤时间来换取工作,他们的工作机会受到空间错位的影响,从而造成大量人口失业。同时,与白人相比,黑人更难得到住宅质量与工资上的补偿,使黑人深陷于弱势群体的地位。至此,以就业可达性为核心、以空间分析为主的错配理论基本形成。

为更好地观察不同属性人群的空间分离程度,很多学者将通勤时间和距离作为测度空间错位程度的指标,虽然进行了大量的研究,但在结论上并未统一。目前空间错配理论的解释力及其政策应用仍存较多争议。例如认为空间错配现象虽然存在,但在不同地区有较大差异;种族问题并不是空间错配的真正原因,一些实证方法的缺陷会导致"虚假"的空间错配。后期也有学者从更多元的视角对空间错配机制进行解释,例如内环郊区衰退(Inner-Ring Suburban Decline)模型,将城市分为繁荣的中心CBD、衰退的内城、衰退的郊区内环、繁荣的郊区外环。该模型改进了以往郊区化研究中将城市结构简单划分为内城和郊区的做法,更好地解释了大都市区空间错配的产生机制。对波士顿都会区的研究发现,尽管就业出现分散化与郊区化的趋势,但城市中心对于受教育水平有限的就业人群来说仍是工作机会最集中的区域,这一结论对空间错配理论的基本前提假设进行了否定。此外,交通出行方式比住宅区位对就业可达性产生的影响更大;如果低收入人口能够拥有机动车,则其就业选择将很少受到空间距离的制约,这对传统上单纯以通勤距离或时间测度错配的方法提出了挑战。总而言之,空间错配的理论演绎及其应用研究都在不断深化和发展。

随着我国快速城镇化和住房市场的成熟,中国城乡空间结构正发生着巨大变化。一方面,城市近郊相对便宜的房价吸引大量中低收入居民集聚于此,并且城市轨道交通快速、大运量的优势和私人汽车的普及也间接加剧了居住郊区化;另一方面,由于主流的工作机会仍集中在主城区,近郊居民不得不牺牲大量的时间和精力奔波于住区和工作地,出现了所谓的居住就业空间错位或职住失衡现象。与美国城市研究中关注弱势群体的"空间错配"不同,我国城市居住和就业的空间错配是普遍存在的。

10.2.2 城市居民通勤行为的影响因素

近年来,我国城市职住失衡的负面效应愈发明显:居住与就业区位的空间不匹配将会使职住空间距离增加,造成通勤的成本升高、通勤的时间增大,进而造成城市的运行效率低下等诸多问题;从环保角度来看,由通勤问题所引发的空气污染问题同样也会使生态环境恶化,进而对人体的健康产生危害。居住和就业的空间匹配关系是影响城市交通效率的重要因素之一,与居民汽车保有量、城市交通规划等因素共同决定着城市交通的效率与特征。职住分离现象的加剧,会导致城市居民的通勤距离和通勤时间出现明显的增加。目前,居民通勤时的交通拥堵问题已经成为制约大城市健康快速发展、提升居民工作生活质量的制约因素,是众多大城市病中亟待解决的问题之一。

1) 国内外相关研究综述

城市规模方面,对美国不同规模城市的通勤时耗分析后发现,城市中心居民的通勤时间随着城市规模的增大而增加,外围居民的通勤时间则与城市规模没有明显的相关关系。城市密度方面,较高的城市密度能够使居住、就业、休闲娱乐等城市社会活动在空间上更加集聚,有利于出行时间的降低。但是过高的密度也会导致交通流的集中,造成交通拥堵,反而会延长通勤时耗。城市结构方面,已有的研究结果并不一致。一部分学者认为,多中心的城市空间结构有利于疏解单中心的功能过度集聚,缓解交通拥堵和提高交通效率,并且居民能够临近城市外围的就业副中心居住,这些都有助于减少通勤时间和距离。国内针对广州和上海的研究,也提出了支持多中心城市空间结构减少通勤时耗的实证依据。然而,罗伯特·瑟夫洛对美国旧金山湾区的研究显示,就业中心分散化并没有使平均通勤时间和距离缩短,反而促进其增加;另一项针对加拿大魁北克的实证研究同样发现,城市空间结构由单中心向多中心转化后通勤时间反而变长。

除了上述宏观层面的城市特征外,城市规划学者更侧重于探讨城市建成环境与交通出行之间的关系。土地混合使用方面,多认为居住地和工作地的土地混合使用度和人均机动车通勤距离呈现负相关。可达性方面,一般认为在公共交通设施可达性较好的区域,公交的通勤分担率更高而小汽车的通勤分担率更低。

城市空间结构和建成环境涵盖了居民通勤在城市土地利用、经济活动分布等方面的影响因素,而作为通勤行为的主体,个人及家庭因素的影响同样不可忽视,这些社会经济属性主要包括年龄、性别、家庭构成、收入、受教育水平、职业、通勤方式和小汽车拥有量等。

2) 南京城市居民通勤距离影响因素实证研究

经典的城市经济学理论认为住房区位、住房质量和住房价格具有相互作用,本研究试图在既有研究的基础上,进一步分析住房质量和价格对通勤距离是否具有影响,并讨论四者的交互关系。

选取南京主城区居民为研究对象。调查问卷包括被访者及家庭成员的通勤情况、家庭社会经济属性和住房属性。共收到填写问卷 3 188 份,筛选出含有效地址信息的问卷共 1 103 份。将家庭住址和工作地址在百度地图开发接口中反求其经纬度坐标,后导入 ArcGIS 得到职住的空间位置并计算通勤距离。

采用结构方程模型作为分析工具。选择住房区位、住房质量与住房环境为潜变量。采用住房距离市中心(新街口)的距离、住房距离最近地铁站的距离、住房周边的公交站点密度和商业设施密度 4 个观测变量来表征住房区位,距离越近、密度越高,则区位条件越好。采用住房面积、建成年代和社区环境 3 个观测变量来表征住房质量,由于社区环境的判断比较主观且难以量化,故采用物业费来衡量社区的环境,一般物业费越高,则社区环境越好。住房价格和通勤距离为观测变量。

基于既有研究和理论,对结构方程中各变量的相互影响做出如下假设:

H1：区位条件对通勤距离有负向因果作用关系。
H2：住房质量对通勤距离有正向因果作用关系。
H3：住房价格对通勤距离有正向因果作用关系。
H4：区位条件对住房质量和住房价格分别具有负向和正向因果作用关系。
H5：住房质量对住房价格有正向因果作用关系。

通过调查问卷获取相关数据并依据前文假设构建了结构方程模型，在此基础上利用AMOS软件进行分析得到如图10.2所示结果。

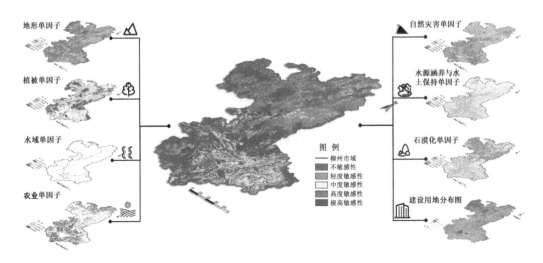

图 10.2　结构方程模型标准化系数分布

注：① 路径系数为 0.38，表示自变量变化 1 个标准差将影响因变量变化 0.38 个标准差；
　　② $A^{0.85} \rightarrow B^{1.04} \rightarrow C$ 表示 A 通过 B 而影响 C 的一条路径，该路径中 A 对 C 的间接效应为 $(0.85)\times(1.04)$。

从模型回归系数表的显著性可以看出，大部分变量的荷载系数或路径系数都在 0.001 水平上显著，最弱的也在 0.1 水平上显著，说明各变量之间的作用均达到了良好效果，其中标准化回归系数是将上述荷载系数和路径系数进行归一化处理后得到的值。

（1）观测变量对潜变量（区位条件、住房质量）的解释

从区位条件来看，交通设施和商业设施密度与之成正比，而距市中心距离和最近地铁站距离与之成反比，其中距市中心距离是决定区位条件最为关键的因素，对其解释程度几乎是最近地铁站距离的 2 倍。此外，公交站密度与商业设施密度的相关性较高，因为交通设施密集的地区往往意味着服务业发达、商业设施集中，反之亦然。

从住房质量来看，住房年代、物业费和住房面积均与之成正比，其中代表居住环境的物业费对住房质量的解释最为突出，其次为住房面积；住房年代相比另外两个因素对住房质量的解释程度不高，但是与物业费的高低有一定的相关关系，城市老旧社区的物业费一般也更低。

（2）通勤距离影响因素分析

由模型系数可知，区位条件、住房价格与通勤距离有直接而显著的因果关系，前者为负向因果关系，后者为正向因果关系，假设 H1、H3 成立；但是不同情境下的区位优势对通勤距离的作用结果不同，一般而言，区位条件好意味着当地发展较为成熟、就业机会多，就近就业可能性大，因此区位条件越好、通勤距离越小，呈负向因果关系；但是城市新区凭借超前配置

的交通、商业设施,也能获得较高的区位得分,但是通勤距离反而增加了,这就能解释为什么区位条件—住房价格—通勤距离的一系列正比关系。但是区位条件对通勤距离的总体效应系数为负(0.2×0.07−0.24=−0.226),因此区位与通勤距离仍是负向因果关系。

住房价格也与通勤距离成正向因果关系,但是作用程度远不及区位条件的高。城市新区的住房价格相对老城区较高,通勤距离一般也会更长,然而近年来在城市新区逐步形成了次级CBD和高新产业园,尤其吸纳了很多高素质人才,而这些人才有能力承担新区较高的房价,也就实现了短距离通勤,因此,住房价格与通勤距离的相关性减弱了。

最后,住房质量与通勤距离没有直接而显著的因果关系,假设H2不成立。住房质量较差的往往集中在老城区,自然通勤距离较近;但是老城区也有不少新建或改造的社区,可以实现较短通勤。此外,同上文解释的一样,就业中心不再局限于传统的市中心,有着众多新兴产业园和办公大楼的城市新区也能吸纳大量就业者且收入较高,与当地居民的能力和需求相适应,因此也实现了较短通勤。综上,住房质量与通勤距离并不存在直接而显著的因果作用关系,但是住房质量可以通过作用于住房价格间接影响通勤距离,假设H5成立。

(3) 通勤距离影响因素之间的交互作用分析

从模型结果来看,区位条件与住房质量无显著因果关系,假设H4不成立。老城区有老旧住房也有新建住房,好的楼盘既可能在老城区也可能在新城区,两者并无必然联系。住房质量对通勤距离的总体效应标准化系数为0.072 8(1.04×0.07=0.072 8),区位条件对通勤距离的总体效应标准化系数为−0.226(0.2×0.07−0.24=−0.226),意味着区位条件每减少1个单位,需要提高住房质量或住房价格3个单位,才能平衡通勤距离的增加。此外,住房质量对住房价格的影响大小几乎是区位条件对住房价格的影响的5倍。另一方面,商业设施密度可在一定程度上反映用地的混合性,商业设施密度每增加1个单位,通勤距离将减少0.124 3(−0.226×0.55=−0.124 3)个单位,甚至高于住房价格对通勤距离0.07个单位的影响,说明用地混合性的提高对缩短通勤距离有极大的帮助。

(4) 居民属性决策机制

选择年龄、家庭收入两个连续变量探讨居民属性对上文基本模型的影响。

年龄决策机制方面,本研究将被调查者分为4个年龄段:19~30岁、31~40岁、41~50岁和51~60岁。模型系数均在0.1及以上水平显著,且通过模型检验。经分析发现,年龄与区位因素和住房质量因素均存在正向因果作用关系,意味着年龄越大的居民越青睐区位条件好的住宅,并且对住房质量的要求也更高。年龄对通勤距离的间接影响具有正负效应,一方面,通过作用于区位间接影响通勤距离,表现在随着年龄增长,居民的通勤距离有减少的趋势;另一方面,年龄增长对住房质量和区位的要求也增高,自然住房价格也会增加,从模型的传递方向来看,通勤距离反而会随之增长。但是由于年龄通过区位作用于通勤距离的总体效应为0.066 8[0.08×(−0.23)+0.08×0.19+ 0.07=0.066 8],而年龄通过住房质量作用于通勤距离的总体效应为0.010 2(0.14×1.04×0.07=0.010 2),因此总体而言,年龄与通勤距离可认为存在微弱的正向因果关系(图10.3)。

家庭收入决策机制方面,本研究将被调查者的家庭收入分为12类:2 000元以下、2 001~3 000元、3 001~4 000元、4 001~5 000元、5 001~6 000元、6 001~8 000元、8 001~10 000元、10 001~15 000元、15 001~20 000元、20 001~30 000元、30 001~40 000元和40 000元以上。该模型系数均在0.1及以上水平显著,并通过模型检验。分析发现,家庭收入与区位条件没有显著作用关系,而与住房质量有正向因果作用关系,与住房价格总体效应也为正[(−0.04)+0.32×1.05=0.296],因此可认为家庭收入通过作用于住房质量和住房价格间接与通勤距离呈正向因果关系(图10.4)。

3) 规划建议

基于上节对城市居民通勤距离影响因素研究主要结论的总结,本节将尝试从减少通勤距离角度,探讨城市规划应如何应对。

① 鼓励多中心的城市结构。从本次研究结果中可以发现,区位是影响通勤距离最关键的因素。更具体而言,住房距市中心的远近是影响通勤距离的核心要素。但同时也应该看到新兴就业中心的发展,一定程度上分担了老城区的就业压力,住在近郊的居民也能实现短距离通勤。所以,鼓励多中心的城市结构,可以促进城市组团发展,改善由于城市规模扩大,城市"外围"居民区位逐渐变差对于通勤距离的负面影响。

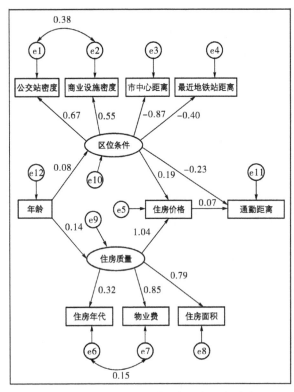

图 10.3 年龄机制模型标准化系数分布

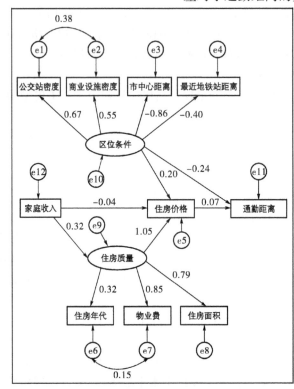

图 10.4 家庭收入决策机制标准化系数分布

② 鼓励步行范围内的土地功能混合。用地混合性的提高对于缩短通勤距离也有积极效果，因为土地混合程度越高，潜在的岗位数越多、种类也更加丰富，越有利于营造社区尺度的职住平衡，创造更多的就近居住上班的机会，极大地满足近距离通勤。

③ 鼓励高质量的住宅。住房价格以及极大影响住房价格的住房质量因素也与通勤距离成正向因果关系。虽然伴随着新区就业中心的发展，这种关系逐步弱化，但是住房质量的提高对于拉动地方经济有积极作用，也能带动地方就业，因而对于通勤距离的缩短也是有重要意义的。

10.3 纳入交通成本的住房可支付性评估

10.3.1 美国住房与交通综合负担评估

近年来，城市住房消费快速增长。尽管从全国平均数据来看，住房支出仍是位列食品烟酒支出后的第二大日常消费支出，但在城市地区，特别是大城市，住房消费则是城市家庭最主要的开销。如2018年上半年，北京人均居住支出占居民消费总支出的比重高达36.3%。因此，房价也成为制约居民住房区位选择的重要因素。与此同时，交通支出也是家庭消费支出的重要组成部分。仅仅就住房价格本身来看，在同等住房条件和居住环境下，居住在城市中心区的住房成本通常要高于居住于都市区边缘。然而，居住在都市区边缘往往意味着工作地与居住地相距较远，在通勤上要花费更高的时间成本与经济成本，从而在一定程度上削弱住房本身的价格优势。一直以来，住房可支付性都是衡量住房市场健康程度的重要指标；而传统的住房负担能力评估仅注重对居民居住成本的评价，交通成本作为家庭预算中愈发重要的部分没有被纳入考虑范围。住房与交通综合负担评估的研究在此需求下应运而生。

根据美国的相关研究，住房与交通综合负担评估主要通过构建住房与交通负担能力指数（Housing and Transportation Affordability Index）来实现。其计算的是一个社区（人口普查单元）的平均住房成本与平均交通成本之和与社区平均收入的比值。住房成本包括住房当前销售价格与租金。交通成本则覆盖所有交通出行方式所花费的成本之和。2006年美国公交导向发展中心（Centre for Transit Oriented Development）和社区技术中心（Centre for Neighborhood Technology，简称CNT）发表负担能力指数的相关研究，并选取明尼阿波利斯—圣保罗地区开展了实证研究。负担能力指数通过7个建成环境变量与2个家庭变量描述3个因变量（汽车保有量、汽车使用与公共交通使用）的变化，将建成环境变量从家庭变量中分离出来，在进行交通成本计算时排除了家庭特征的影响。

在负担能力指数研究的基础上，CNT在2010年发布了住房与交通综合负担评估报告《芝加哥大都市区住房与交通综合负担评估》（简称DAHB）。芝加哥大都市区房价相对合理并且拥有全美第二大公共交通系统，是一个相对经济实惠的居住地。然而该地区在能源与房地产市场的动荡中也未能幸免，经济适用房与交通的需求难以满足。同时芝加哥大都市区的人口预计在2010年到2040年的30年间由现有的860万人增加到1090万人。出于降低碳排放量与降低居民生活成本的双重需求，芝加哥必须为未来做好规划，满足低收入与中等收入家庭的住房需求，使得这些家庭既能获得多种交通选择，又能清楚了解相关成本；因此对于芝加哥地区的住房与交通综合负担评估具有较为迫切的必要性。DAHB运用CNT

交通成本模型构建住房与交通综合负担指数。该模型基于多元回归分析,描述了3个因变量(汽车保有量、汽车使用与公共交通使用)与家庭自变量和邻里自变量之间的关系。3个家庭自变量分别为家庭收入、家庭规模、每个家庭工作人数。6个邻里自变量分别为居住密度、工作可获得性、步行环境要素、用地功能混合、交通可达性指数、平均上班通勤时间。总交通成本为汽车保有、汽车使用和公共交通使用成本三者之和。

根据 DAHB 对芝加哥大都市区的住房与交通综合负担评估结果,尽管大都市区边缘的平均住房负担低于城市核心区的住房负担,但由于居住在这些社区所带来的高昂的交通成本,住房费用的减少被交通费用的上涨抵消。综合看来,在芝加哥大都市区居住于城市核心区的住房与交通综合负担指数相对较低。

2012年,CNT 对住房与交通综合负担评估做了一定的改进,将自变量的数量由原来的9个增加到10个。其中包括4个家庭变量,分别为收入中位数、人均收入、平均家庭规模、家庭平均通勤人数;另外包括7个邻里变量,分别为居住密度、总密度(总密度为总家庭数与总土地英亩数的比值)、平均街区规模、交叉口密度、公共交通连通性、公共交通覆盖面积(由街区内任一公交站点出发 30 min 内可达的公交站点及其周边约 1 609 m、工作可获得性(通过重力模型计算工作获得指数)。为建立回归方程,对各预测变量分别进行检验,首先确定样本的分布,其次检验与准则变量的关系强度。该交通成本模型采用了综合回归分析的方法,忽略了邻里自变量与家庭自变量之间的差异,以便从所有自变量中取得较好的拟合。每个模型的预测结果都乘以每个部分的适当价格(汽车、里程、公共交通出行),以获得该方面的运输成本。交通总费用按汽车保有、汽车使用与公共交通使用 3 个费用组成部分之和计算。为了在构建综合负担指数时排除家庭特征的影响,需要对描述家庭特征的相关变量进行控制。3个家庭变量(家庭收入、家庭规模、每个家庭工作人数)被设置为固定值以控制家庭特征函数的因变量变化,剩下的变化仅受建成环境函数影响。由此 CNT 提出"典型家庭模型",即一个定义为收入为地区收入中位数、拥有地区平均家庭规模以及平均通勤人数的家庭。通过构建"典型家庭模型",排除了家庭特征对运输成本的影响,运输成本的变化仅与居住区位有关。

CNT 认为 15% 是家庭交通支出的合理水平,与 30% 的住房负担能力标准相结合,CNT 确立了不超过 45% 的住房与交通综合负担标准。同时 CNT 还提出了"区位效率"的概念。区位效率高的社区是紧凑的、功能混合的、公共交通便利的社区;区位效率高的社区一般邻近学校、购物场所与工作地点。虽然选择居住在区位效率高的社区通常意味着要付出更多的住房成本,然而根据住房与交通综合负担评估的结果表明,区位效率相比住房成本有时会对整体的可支付能力具有更显著的影响。居住在人口密度较低的社区居民可能会支付更少的住房费用,但与此同时交通费用则要相应高得多。这些社区的家庭拥有更多的汽车和驾驶里程以满足日常交通需求,交通成本的提升往往超过了低成本住房带来的节省。此外随着出行对汽车的依赖性减少,具有区位效率的社区还具有更低的碳排放量,从而在一定程度上减轻了环境负担。

10.3.2 南京市住房与交通可支付能力评估

1) 国内相关研究进展

对比国外以 CNT 为代表的研究机构对住房与交通综合负担评估的研究,目前国内对于住房与交通综合负担评估的研究相对匮乏。一些学者开展了住房可支付性的理论研究与实证研究,多数研究仅从宏观层面进行城市间的比较,而聚焦城市内部空间特征的研究相对较少。如改进国外住房与交通综合负担评估计算方法,并计算北京的住房与交通综合可支付指数及研究指数的空间分布特征;将时间成本纳入交通成本计算,开展南京市的住房与交通可支付能力空间特征研究;通过与美国城市横向对比,指出中美在住房与交通可支付能力的空间格局差异。下文主要介绍针对南京的住房与交通可支付能力评估实证研究。

2) 研究区概况

随着近年来南京社会经济的飞速发展与城市基础设施建设,南京市住房价格也随之飙升。仅在2009年到2015年间,南京主城区商品住宅均价由1万元/m²上涨到2万元/m²,以12%的年平均增长率稳步上涨。其中位于主城区的鼓楼区、玄武区、秦淮区、建邺区住宅均价更是突破了23 000元/m²。21世纪以来,受南京市大力推进"一城三区"及开发区建设影响,南京市城市用地扩张进入加速阶段,建成区面积由2000年的354.10 km²发展到2016年的1 024.02 km²。随着城市范围扩张,职住分离现象明显,加之交通拥堵,南京平均通勤时间不断增加。2016年滴滴发布的《长三角城市智能出行大数据报告》显示,南京居民上班平均通勤距离为13 km,平均花在上班通勤的时间为36 min。

3) 研究方法及数据来源

在借鉴CNT的住房与交通综合负担评估方法的基础上,从个体化与家庭原单位法两个方面计算南京市的住房与交通综合支付能力指数。个体化的住房与交通可支付能力计算以家庭为单位度量家庭在住房与交通方面的实际支付能力。住房成本的计算按房源分为二手房与租房两种类型。二手房的住房成本计算以交通小区为单位通过搜房网平台获取各交通小区的平均销售单价,以南京中心城区户均住房面积81 m²为标准,计算每月按揭还款额。租房的住房成本计算以搜房网统计的每个交通小区的平均月租来计算。个体化的交通成本通过城市居民出行调查计算每个家庭的日交通支出,按每月22个工作日,得到每个家庭每月的交通货币成本。时间成本按个人小时工资收入将时间成本折算为货币并计入总交通成本。

家庭原单位法排除了家庭特征的影响,仅研究交通小区区位和住房与交通可支付能力之间的关系,为南京住房与交通综合负担水平提供空间参考。家庭原单位法的住房成本计算与个体化的住房成本计算方法相同,在房源划分上按照3种不同类型来计算:新房、二手房与租房。交通成本以一个交通小区到其他所有小区的通勤平均时间成本与货币成本来计算,时间成本以个人小时工资收入货币化。

具体的计算公式为:

住房与交通可支付能力指数=(月交通成本+月住房成本)/家庭月可支配收入

4) 结论

借鉴美国住房与交通综合负担评估中以45%为合理标准,下文由于研究中将货币化的时间成本也纳入成本计算,故以60%作为合理的支付标准。基于家庭原单位法的住房与交通可支付能力研究从按家庭收入,分别从低收入家庭、中等收入家庭、高收入家庭3个层面展开。低收入家庭仅可通过公交出行,而中等收入家庭与高收入家庭的出行方式除公交出行外还包括小汽车出行。

对于低收入家庭来说，主要通过公交通勤，新房、二手房、租房的平均负担水平为161%、98%、59%。仅租房的综合负担在可承受范围内（图10.5）。从可支付能力指数的空间分布来看，研究区内大部分地区的租房综合负担维持在60%以下。而对于新房与二手房来说，除六合、浦口等距离主城核心区较远的区域综合负担在60%以下，大部分地区的综合负担水平都高于60%，其中主城核心区与仙林的综合负担均在80%以上，部分地区超过1。

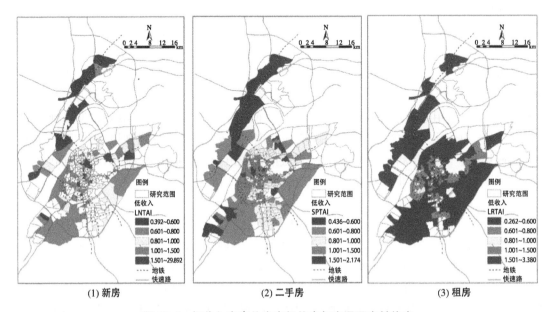

图10.5　低收入家庭公交出行住房与交通可支付能力

选择公交出行的中等收入家庭的新房、二手房、租房的平均可支付能力指数分别为88%、55%和35%，即二手房与租房的综合负担在合理范围内。选择小汽车出行的中等收入家庭在3种不同情景下的平均综合负担分别为93%、61%与41%，综合负担略高于公交出行的中等收入家庭，但租房与二手房也基本在可负担范围内。从空间分布来看，中等收入家庭基本能够负担研究区全域的租房成本。选择公交出行的中等收入家庭的二手房综合负担能力在空间上呈现出明显的"核心—圈层"结构特征。主城核心地区二手房住房负担均在80%以上，部分地区超过1，而核心区外围的主城与河西大部分地区综合负担在60%~80%，主城范围内仅城北与城南地区综合负担保持在60%以下。与公交出行相比，对于选择小汽车出行的中等收入家庭来说，位于仙林与主城地铁沿线的小区负担增加明显。

选择公交出行的高收入家庭在3种情景下的平均综合负担分别为48%、32%、22%，选择小汽车出行的负担能力分别为49%、33%、23%。两种不同出行方式带来的综合负担的变化微乎其微。除极少部分高档住宅之外，高收入家庭基本能够负担研究区所有地区的住宅。高收入家庭可以任意选择住房地点、住房类型与出行方式。

基于交通调查的个性化住房与交通可支付能力研究显示，租房与二手房的平均支出分别为4 283元与6 900元，平均负担水平为94%。二手房的综合负担同样呈现出"中心高、外围低"的特征。仅麒麟、板桥、浦口的少部分地区综合负担在60%以下，江宁与主城大部分地区的负担水平在80%～100%,主城核心区部分地区综合负担超过100%。相比之下,租房的综合负担水平相对较轻,平均负担水平为58%。主城核心区外围综合负担水平基本位于60%以下。主城、仙林与河西新城负担较重,大部分地区负担水平在60%～80%,部分地区负担水平超过100%(图10.6)。

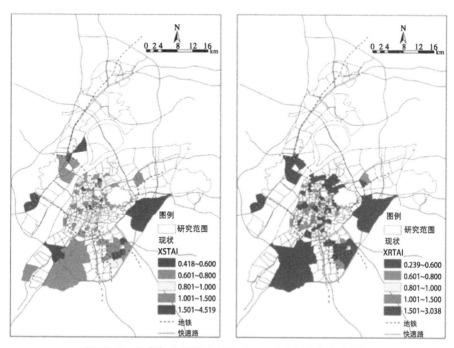

图10.6 住房与交通可支付能力:二手房(左)和租房(右)

5) 北京与芝加哥的空间特征对比

根据郑思齐等针对北京的住房与交通综合可支付性指数相关研究,北京的综合负担同样呈现出"中心高、外围低"的空间特征。同时,过度的职住分离带来了交通拥堵和过高的通勤成本,造成一些片区如就业密集的朝阳区CBD以南地区、海淀区中关村西北地区与住宅密集的回龙观、天通苑地区可支付能力较差。在南京同样出现了类似的情况:南京的迈皋桥地区、孝陵卫地区等片区住宅密集,缺少就业;而浦口高新开发区、雨花门等片区就业密集,也造成了较高的通勤成本。

CNT在芝加哥展开的住房与交通综合负担评估(图10.7)显示,芝加哥的城市中心区可支付能力最强,郊区可支付能力较弱,呈现出"中间低、四周高"的空间特征,与南京、北京等中国城市的"核心—圈层"结构截然相反。这一方面是由于南京的住房负担相比芝加哥较重,弱化了交通成本对于综合负担的影响。另一方面,受不同的城市结构影响,南京的住房负担结构也与芝加哥有着显著差异。与紧凑发展的中国城市不同,小汽车的普及与高速公路网建设,导致美国城市低密度蔓延。由此造成的郊区化现象体现在住房负担上形成了芝加哥住房的"三分结构",即中心和远郊区住房负担较低,近郊区住房负担较高。相反南京城市中心区住房负担较高,由中心区向外围递减。不论是在中国还是美国的综合负担评估研究中,轨道交通对交通成本都有明显的影响,综合负担在轨道交通沿线呈现出梯度变化。

| 城市交通学研究方法 |

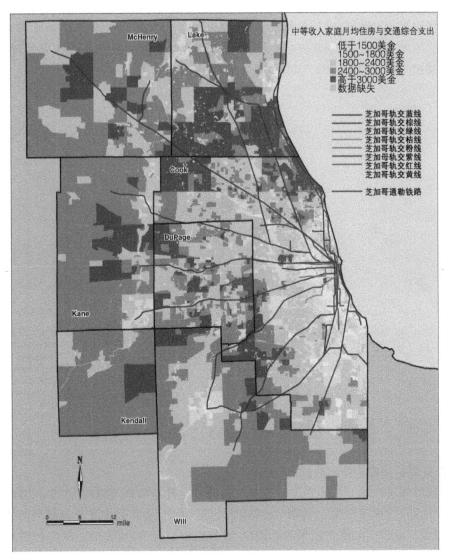

图 10.7 芝加哥住房与交通可负担评估

6）规划建议

就我国的实际情况来看，住房支出仍然在所有生活支出中占据主导地位，因此如何采取措施切实有效地降低居民住房负担是地方政府需要面对的首要难题。在研究中发现，低收入家庭的住房负担较重，在可支付范围内的住宅选择较少，主城区的住房更是远远超过其可承受范围。地方政府应完善保障房建设，减轻中低收入家庭的住房负担。从空间分布来看，南京的保障房选址大都远离主城区，以市区为界、围绕绕城公路呈带状分布，部分分布于长江以北。在主城区内也应考虑适量配建保障性住房，并将保障性住房选址定于公共交通发达的片区，以降低低收入居民生活负担。此外，政府还应当对房地产市场实施宏观调控，以抑制南京房价的持续上升，避免居民住房负担加重。

公交导向型发展模式（TOD）能够打造紧凑的、交通便利的社区，结合南京的地铁规划建

174

设,能够放大地铁对交通成本的显著影响,以减轻居民选择公共交通出行的货币成本与时间成本。公共交通系统发达的社区还能够降低居民对私人交通的依赖,促使居民选择公共交通出行。选择公共交通出行能够减少家庭在交通上的支出,另外公共交通出行能够缓解交通拥堵,降低私人交通出行的时间成本。

研究表明,南京存在显著的职住分离现象,部分片区用地功能单一沦为"卧城",如浦口的柳州东路、天润城等片区;而就业相对密集地分布于主城区的CBD或产业园内,造成了较高的通勤成本。降低住房与交通综合负担的根本性措施之一是用地规划与交通规划相协调,打造紧凑的、混合的社区。在规划中应通过提高用地的功能混合度,在片区内创造更多的就业机会,打造职住平衡的片区。从根本上减少不必要的长距离通勤,以减轻居民的交通负担。

近年来,更加兼顾公平的公交导向型开发(eTOD)成为一些地区加强公交服务、引导空间开发、住房开发和统筹社会影响的重要策略,应予以重视。统筹公交导向型开发与保障性住房,对促进社区、城市经济、环境和交通的可持续发展等具有重要意义。

11 微观层面建成环境与交通出行行为研究

11.1 概念界定

11.1.1 建成环境概念内涵

人类对自然环境的适应性改造自诞生以来从未停止,建成环境(Built Environment)在这一人工改造的过程中逐渐形成。

在社会科学领域,建成环境相对自然环境而言,指的是为人类活动提供场所的人工环境,包含建筑、绿地公园以及交通系统等,它被定义为人们在日常生活和工作中,不断创造并修改重构的人造空间。

在城市规划领域,建成环境有别于自然环境,它是人类文明的产物,指的是包括大型城市环境在内的为人类活动提供支撑的人工环境,兼有广阔性与聚集性的特征,通常包含土地利用模式、城市设计和交通系统3个部分。对建成环境的早期规划研究与建造实践可以追溯到希腊古典时期的米利都城,它遵循由西方古典城市规划之父希波丹姆提出的"希波丹姆斯规划模式"探求人工对城市秩序的改造。19世纪末和20世纪初以芝加哥规划为代表的城市美化运动和以纽约中央公园为代表的城市自然主义改造都是对建成环境美感重塑的有益尝试。到20世纪中叶,现代主义的"冷漠"设计影响了城市工作和公共空间的特征。20世纪后期对场所(包括建筑环境)开始重视与复兴,并扩展至健康和其他研究领域。

在建筑学与环境心理学领域,建成环境是建筑师建造出的建筑物的集合。纵观古今中外,大部分的建成环境均采用了设计结合自然的建筑形式,这也更好地适应了人们的心理;但由于部分建筑师过于强调个性化设计或者现代化标准化设计,有时建成环境又与自然格格不入或者呈现出千城一面的形象。

在景观设计领域,建成环境与自然环境是对立的概念。像美国纽约中央公园这样的完全人造的自然景观,则模糊了两者之间的界限。

在交通行为研究领域,建成环境是土地利用、交通系统和基础设施等多种物质环境要素构成的组合空间。建成环境可由以下9个要素(9D)进行描述:密度(Density)、多样性(Diversity)、城市设计(Design)、目的地交通可达性(Destination Accessibility)、公交邻近度(Distance to Transit)、到市中心的距离(Distance to City Center)、停车供给与成本需求

(Demand of Parking Supply and Cost)、人口统计(Demographics)以及当地饮食环境(Dietary Habit)。Handy 等提出包含 2 个层面和 5 个维度的建成环境模型。这两个层面指社区层面(Neighborhood)与区域层面(Regional),5 个维度包括密度与强度(Density and Intensity)、用地混合度(Landuse Mix)、街道连接度(Street Connectivity)、街道尺度(Street Scale)、美观度(Aesthetic Qualities)。此外,区域层面指标还包括区域结构(Regional Structure)。

在公共健康领域,建成环境是指经过健康化设计的物质环境,作为促进居民体力活动和身心健康的重要因素,建成环境是城市规划主动干预健康的重要切入点。包括健康食品获取、社区公园、步行适宜性和自行车适宜性等。研究表明,社区的营造方式可以影响社区居民的身体活动和心理健康。步行性较强的社区肥胖率较低,居民体育活动增加,他们的抑郁率和酗酒率也较低。这些步行友好型社区的主要特征是为社区居民构建了直达出行目的地的安全、便捷的人行道系统,被认为有助于提高居民进行体育锻炼的频率,进而对健康产生积极影响。

目前,对于建成环境的界定通常是一种跨学科领域的描述,包括经济学、法律、公共政策、公共卫生、管理、地理、设计、工程、技术和环境可持续性等相关领域,强调建成环境的设计、建造、管理和使用是一个相互关联的整体。

与建成环境相关的概念还有人工环境与城市建成区等。人工环境是指由于人类活动而形成的环境,它包括由人工形成的物质能量和精神产品以及人类活动过程中形成的社会环境。这种人工形成的生活环境,具体又可分为广义的人工环境与狭义的人工环境。建成环境与狭义人工环境概念类似,强调由人为设置边界面围合成的空间环境。城市建成区相当于城市的实体地域(或景观地域),该地域指城市行政区内实际已成片开发建设,使用性质为城市建设用地,以非农用地和非农经济活动为主体的城市型景观分布范围。

11.1.2 居民出行行为度量

快速城市化创造了一种以汽车为基础的机动文化,允许个人和家庭在市区而不是自己的社区寻找就业机会、住房、购物和娱乐场所。城市空间结构的不断演变可能会对人们的出行方式、出行时长以及出行距离产生重大影响。研究建成环境如何影响交通出行行为可以帮助政策制定者制定鼓励减少小汽车出行的发展政策。在过去的几十年中,学术界对建成环境与交通出行行为之间的关系进行了诸多的研究尝试,对居民交通出行行为的度量包括以下内容:

- 车辆行驶里程数(Vehicle Miles Traveled,VMT)
- 车辆行驶小时数(Vehicle Hours Traveled,VHT)
- 出行次数(Vehicle Trips,VT)
- 出行模式(Travel Modes)
- 出行路线(Travel Route)
- 出行顺序(Travel Sequence)
- 出行频率(Travel Frequency)
- 出行目的(Traveler Purposes)

- 出行态度(Traveler Attitudes)
- 出行同伴(Traveler Companions)
- 居住自我选择(Residential Self-Selection)
- 交通拥堵(Congestion)
- 通勤时长(Commute Length)
- 距工作地的距离(Distance to Work)
- 距市中心的距离(Distance to City Center)
- 距公交站点的距离(Distance to Transit)
- 汽车保有量(Car Ownership),等等。

11.1.3 居民主动式出行及其健康效应

主动式出行(Active Travel)又称为主动式移动,是指除机动车出行方式以外,仅利用人的身体活动进行运动的出行方式。最主要的主动出行方式是步行和自行车,也包括其他出行方式,例如跑步、滑板和旱冰等。在某些高纬度和海拔高度较高的地区或者在冬季,主动式出行还可能包括越野滑雪和雪鞋行走。当前,世界上一些发达国家主动出行次数占全部出行次数的比重如表11.1所示。欧洲大陆国家的主动出行比重较高,尤其是荷兰的主动出行比重高达48%,而与此相反的是英国和美国的主动出行比重较小,特别是美国的主动出行比重仅为荷兰的1/4,而自行车出行比重更是只有1%(表11.1)。

表11.1 部分发达国家主动出行次数占全部出行次数的比例

项 目	荷兰	丹麦	德国	瑞典	芬兰	英国	美国
步行比例	19%	18%	22%	24%	23%	22%	11%
自行车出行比例	29%	16%	12%	10%	9%	2%	1%
主动出行比例	48%	34%	34%	34%	32%	24%	12%

与工业化早期应对急性传染病等健康问题不同,在当今的机动化时代,对健康的关注焦点已经逐渐转向慢性疾病。有研究显示,当前城市居民的亚健康状态与慢性病发生都与现代城市生活方式密切相关,例如缺乏体力活动与依赖机动车出行。这里的体力活动指任何由骨骼肌运动导致的能量消耗活动,除包括体育锻炼和体力劳动外,还包括主动式出行。主动出行可以帮助实现世界卫生组织(WHO)与美国卫生及公共服务部(USDHHS)建议每周进行150 min以上中等强度有氧运动的目标。有学者参加英国卫生部(UK's Department of Health)的研究项目,发现包括心脑血管疾病、肌肉骨骼疾病、癌症以及心理健康和精神疾病等在内的慢性病与体力活动存在较强关系,并分析了体力活动对各种慢性病预防治疗效应强弱,结果表明体力活动对于冠心病、2型糖尿病、骨质疏松、腰部病变、大肠癌与乳腺癌有较强的预防与治疗作用。国内有些学者研究步行与血压、甘油三酯、体重指数、腰臀比的关系,证明步行对健康有显著的正向作用。主动出行通过提高出行者本身的身体素质和降低肥胖等慢性病的发生比例来提升出行者的健康水平,同时通过减少化石燃料的燃烧达到减少氮氧化物和二氧化碳等温室气体与细微颗粒物的排放,为生态环境带来正外部效益。

11.2 建成环境对居民出行行为的影响机制

11.2.1 建成环境对居民出行行为影响的一般机制

建成环境对居民出行行为的影响可从城市基础要素和其他潜在影响要素两个方面进行解读,如图 11.1 所示。

1) 基础影响要素

城市建成环境对居民出行行为的影响主要体现在城市规模、城市结构、城市形态、城市土地利用模式和城市交通基础设施布局等要素对居民出行的影响。

城市规模影响居民的平均出行距离与出行时间。城市规模增大,居民出行距离增加,居民对机动化交通的依赖性越高,慢行交通出行量越少。城市规模决定城市客运交通需求量的大小及其空间距离分布,影响人们对交通方式的选择。

城市空间结构包括单中心与多中心。单中心的城市结构使得居民出行空间分布呈现明显的就近性和向心性;而多中心

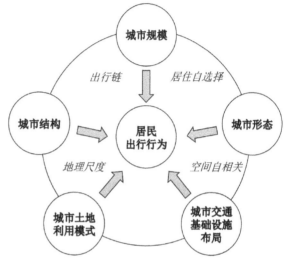

图 11.1 建成环境对居民出行行为影响的一般机制

的城市结构使得居民的出行方式趋于分散,更加依赖小汽车,公共交通和非机动化出行方式比重较低。有学者研究荷兰的城市形态对小汽车出行时间的影响,他们将多中心城市结构区分为 4 个日常城市系统(DUS)——集中化、分散化、交叉通勤和交换通勤,研究结果表明住宅密度和 4 种 DUS 类型与小汽车通勤时间有关。

从城市形态角度分析,带状城市因受自然条件限制,居民出行依赖城市的主要交通干线;组团城市居民在组团间出行会选择公共交通或小汽车出行;星型城市居民在市中心出行可选择公共交通,在城市郊区出行可选择私人交通;格网城市交通系统连接度比其他城市形态更为高效,可着力发展公共交通网络。

城市土地利用模式是城市交通模式形成的基础。低密度分散化的土地利用模式适合发展相对自由的交通方式,而高密度集中化的土地利用模式适合发展高运载力的交通方式。20 世纪 90 年代提出的新城市主义和公交导向型土地开发模式(TOD),其理论基础就是城市发展的位置和土地利用规划设计可以改变居住和就业机会的可达性,从而改变居民出行模式选择。需要指出,虽然土地利用多样性的提升有助于促进主动出行,但是其作用范围是有限的。有研究表明住宅密度、混合土地使用和设施的邻近程度仅对居住 1 千米内的出行行为产生显著影响。

城市交通基础设施布局对居民出行行为有直接影响。美国学者研究表明,出行者选择交通方式的一个主要原因是停车成本及可用性,在大城市搜索停车位的时间比中小城市长

得多，且找到停车位后的步行距离比中小城市要长。德国学者发现，大城市居民比小城镇居民更倾向于把汽车留在家里进行短途出行，这是因为大城市交通密度高且缺乏停车位，使用汽车的成本较高。交通基础设施对慢行交通模式也有显著影响。自行车的使用更依赖于自行车基础设施的可用性和安全性，而缺乏步行设施是步行最主要的障碍。

2）潜在影响因素

在分析建成环境对居民出行行为的影响机制时，需要考虑居住自选择、空间自相关、出行链和地理尺度等方面的潜在影响。

居住自选择是指个人依据自身出行态度进行有偏好的居住和出行选择，而不是依据建成环境特征进行出行的随机选择。例如喜欢乘坐公共交通而不是开小汽车的居民在选择居住地时倾向于选择拥有较好公共交通服务的小区，在这种情况下，建成环境特征对减少小汽车出行的影响程度无法进行单独分辨，需要将出行态度作为控制因子，来分析建成环境对居民出行的影响。忽视居住的自选择问题可能导致错误估计土地利用对出行行为的影响。

空间自相关是建成环境与居民行为分析中的常见问题。当研究对象与其周边邻近区域在某些空间方面呈现相似特征的趋势时，就会发生空间自相关。对于空间自相关，当前主要的处理方法为构建空间邻近矩阵，表示不同空间位置两两在地理上的相互邻近特征，通过在回归模型中添加该矩阵控制空间自相关的影响。也有研究通过采用多层模型模拟区域之间和基本单位之间的异质性。例如，有学者应用多层回归方法将家庭、地理区域和出行者的差异一同纳入建模考虑，研究出行者的性别和年龄对出行行为的影响。有学者根据城市形态和交通网络类型对不同的城市社区进行调查，将多层模型用于个人和社区两个层面的分析，结果表明城市形态和交通网络类型对出行活动的影响不大。有学者进一步引入多级交叉分类模型，考虑居住区域和工作区域的聚类影响，并使用通勤数据分析交通出行模式选择，发现将个体空间聚类到居住和工作场所可以获得更准确的建模结果。

居民出行行程的顺序和组合决定了个人的出行决策，所以行程间的依赖性，即出行链也是建成环境对居民出行影响的潜在调节因素。认识到出行链在交通出行行为建模中的重要性，可以更好地解释与出行行为相关的建成环境要素。有学者发现小汽车在时间灵活性和携带货物商品的便利性方面比公共交通更具吸引力，但是居住地附近的交通可达性和复杂性与女性不开小汽车出行相关。还有学者控制了自选择和出行行程的复杂性后，研究居住密度对小汽车拥有量和使用小汽车出行的影响，研究发现如果出行行程需要更多的停留，人们更倾向选择小汽车出行。有研究表明城市社区距中心区距离和公交线网密度对以生计为目的的出行行为影响较大，而建成环境中的土地混合利用指数对以生活为目的的出行行为影响较大。

研究建成环境对居民出行的影响还需要考虑地理尺度问题。当前大多数出行行为研究都使用人口普查区或交通影响区（TAZ）作为分析的基本地理单位，不同地理尺度下测量的数据（如土地利用数据和出行调查数据），可能生成不一致的分析结果。如何选择最适合的地理尺度取决于研究问题和研究目的。例如，研究通勤出行则与较大的城市尺度相关，而研究非机动出行则更多关注社区尺度的建成环境特征。有学者建议使用多个地理尺度的建成环境变量研究出行行为，虽然这样给数据分析和结果解释带来一定的困难，但在现实中土地利用政策在多个尺度上都会发生作用，对比分析多个地理尺度便于我们更好的发现在特定地理尺度发生的重要影响机制。

11.2.2 建成环境对城市特殊群体出行的影响

1) 建成环境对老年人出行的影响

据世界卫生组织的统计与预测,2009 年全世界 65 岁以上的老年人已有 3.9 亿人,而到 2025 年这一数据将要翻倍。受到曾经的计划生育政策的影响,中国老龄化的增长速度和比重都超过了世界平均水平。根据国家统计局发布的数据,截至 2018 年底,60 周岁及以上人口 24 949 万人,占总人口的 17.9%;其中 65 周岁及以上人口 16 658 万人,占总人口的 11.9%。据国外研究学者测算,2050 年中国 60 岁以上老年人将达 4.8 亿,占世界老年总人口的 34.1%。这意味着全球平均每 3 个老人当中,就有一位来自中国,中国将成为高度老龄化的国家。老年人在人口比例和绝对数量上的快速增长将对整个社会产生一系列影响,其中包括出行行为的重要影响。而出行的自由度是老年人独立生活的先决条件,是其健康状况的重要表征,是老年人享用服务设施、融入建成环境、实现社会参与的前提。然而,由于老年人自身身体机能的退化和城市建成环境影响的双重制约,老年人日常出行行为减弱的现象越来越突出,老年人在出行和健康方面的社会公平性面临严峻挑战。因此,分析城市建成环境与老年人出行行为之间的相互关系具有重大意义。

既有关于城市建成环境与老年人出行行为的研究多集中在 3 个方面:第一,论证城市建成环境与出行行为之间的相关性。有学者通过回顾 1990—2010 年间城市建成环境与出行行为研究,指出既有的实证研究证实了城市建成环境和老年人出行行为之间存在相关性。还有学者通过对老年人生活质量的调查,得出城市建成环境通过影响老年人的出行行为,最终影响老年人的身心健康机制。第二,研究城市建成环境对老年人出行行为的具体影响因子。有学者关注城市开发强度,通过对韩国首尔地区的调查研究,指出城市开发强度达到一定值后,老年人的步行出行时间和频率都会大幅降低。有学者还发现公共空间和设施的高可达性与老年人的出行行为呈正相关,在公园、绿地可达性高的地区,老年人每周步行时间更长。有学者研究好的街道设计是否会让老年人感到更加舒适和安全,提高老年人对人行道的使用率。还有学者通过对美国老年人的抽样调查,指出生活在郊区的老年人步行范围内的设施和场所能够改善其出行行为,特别是那些不依靠小汽车出行的老人。第三,研究社区服务设施对老年人日常出行的影响。社区作为承载老年人居住生活与社会交往的主要空间载体,其建成环境与老年人的健康紧密相关。社区服务设施是老年人日常出行的主要目的地,其服务水平直接影响老年人的生活质量。老年人的出行行为和满意程度与社区服务设施的类型、布局、组合方式以及道路网络和环境等因素有明显的相关性。当前我国正在大力推行"以家庭为核心、以社区为依托、以专业化服务为依靠"的居家养老方式。该方式注重家庭养老的同时,强调社区服务的重要作用,鼓励老年人追求健康、尊严以及更多实现社会参与。

既有研究已取得较为丰富的阶段性成果,但在研究视角、内容和方法方面仍存在不足和分歧,有关老年人出行行为与城市建成环境之间的内在关联和影响机制,需要更为清晰的理论解释和更为可靠的经验证据。

2) 建成环境对儿童出行的影响

城市建成环境对儿童的身心健康产生重要影响。联合国儿童基金会于 1996 年发起儿童友好型城市倡议,提出共同创建安全、包容、充分响应儿童需求的城市和社区。儿童友好型城市需要儿童的人身安全有保障,能参与家庭、文化、社会生活,能生活在清洁、无污染、安全、有绿化空间的环境中,能与朋友见面、有地方供他们玩耍和娱乐。既有研究对于建成环境对儿童出行的影响,主要关注两个方面:一是儿童的积极通学行为,二是儿童的休闲出行行为。

儿童的积极通学行为指通过利用步行、自行车等积极的交通模式完成通学的一种行为方式。学生保持低碳环保通勤行为的同时,还能够有效提升锻炼机会,提高身体素质。学者们研究了不同的建成环境对儿童积极通学行为的影响,结果不尽相同。有研究指出,市区的学生更愿意积极地去上学,在更适合步行的社区里的学生也是如此。美国佛罗里达州的盖恩斯维尔市的研究则发现,人行道密度与步行上学的可能性呈正相关;但在挪威,通学路线的人行道比例对儿童的独立行动能力没有显著影响。交叉口密度和较低的死胡同密度是俄勒冈州本德和斯普林菲尔德中学生步行上下学的积极影响因素;然而多伦多市交叉口密度与中学生的步行上学的可能性之间呈负相关。交叉口密度对学生主动出行有可能受到交通量的影响,如果交通量大,学生在高连通性区域步行的可能性较小,但在交通量低的区域步行的可能性较大。与积极上下学可能性增加相关的其他建成环境因素包括对邻里安全的感知。缺乏交通信号灯,需要穿过高速公路或主干道才能到达学校,可能对学生的主动通学造成严重阻碍。有学者以加拿大的中等城市为例,研究儿童的PM2.5(细颗粒物)空气污染暴露如何受其交通出行方式和城市/社区建成环境影响。结果表明步行上下学的学生接触的PM 2.5浓度低于小汽车或乘坐校车出行的学生,这证明步行的出行方式(积极通学行为)相对于机动化的出行方式更有利于儿童的生理健康,规划师应该更大限度地营造能促进儿童积极通学行为的社区与城市。有学者以美国得克萨斯州为例,研究城市的建成环境与父母的偏好对儿童积极通学行为的影响。研究发现,良好的建成环境,合适的通学距离,以及公立学校这些因素可促进儿童的积极通学行为;同时,母亲对附近交通状况的担忧会阻碍孩子的积极通学行为,而父亲工作的灵活性有助于更多的积极通学行为。

对于儿童休闲出行行为的研究相对缺乏。有学者研究瑞典儿童有组织休闲活动的模式选择,还有学者研究儿童和家长在美国戴维斯参加足球比赛时的出行模式选择。已有研究或仅局限于对建成环境属性的考虑,或对儿童有组织的休闲活动,如体育、舞蹈、音乐、艺术课等进行了研究,而对无组织的休闲活动,如公园游玩等,则很少进行探索。

11.3 建成环境对居民出行影响的案例研究

11.3.1 大城市案例——江苏南京

1) 研究背景与研究问题的提出

新城建设源于19世纪末霍华德先生提出的"田园城市"理论,目的在于控制大城市的规模和提高人民的居住水平。在西方,如英国,从1946年建设第一座新城斯蒂夫尼奇(Stevenage)起,新城的建设与发展经历了3个阶段,其规划与建设模式日渐成熟。1990年代,我国正处于高速城市化阶段,许多特大城市、大城市开始选择通过新城建设来拓展城市增长空间,如上海浦东新区、南京仙西新城等。据国家发展改革委城市和小城镇改革发展中心(2014)的调查显示,全国90%的地级市正在规划建设新城新区,部分城市新城总面积已达现有建成区的7~8倍。

建成环境、社会经济属性、自选择因素对于交通行为的影响研究仍在发展中。建成环境因素对于交通的影响不是一个确定性的结论,具体的影响因子、影响方式、显著性等因研究区而异。密度、土地利用多样性、道路系统设计、可达性等因素常被用于对建成环境的描述。国内外在对于建成环境和出行行为的定量研究中,需要根据变量特征选取不同的计量模型。常用来建模的交通出行特征是出行频率、出行距离、出行模式选择和车行里程。

一方面,如火如荼的新城建设为城市启动了新的经济增长点,为旧城人口疏解和功能重组划定了空间;但另一方面,新城规划和建设中也存在一些问题,如建设尺度偏大、道路尺度非人性化等。正是基于这样的基本认识,本小节以南京河西新城为例,从交通出行的视角,探讨新城规划建设的功与过。通过既有新城规划方案对于居民交通出行影响的研究,衡量新城规划建设策略是否有效,也可从实证角度为广泛实践的新城建设提供参考。

2) 研究区概况与研究方法

研究区域为南京河西新城中部地区。河西新城位于南京西南部,总面积约 94 km²(图11.2)。河西新城被认为是一个高标准规划、高起点建设的样板新城,也是南京发展史上第

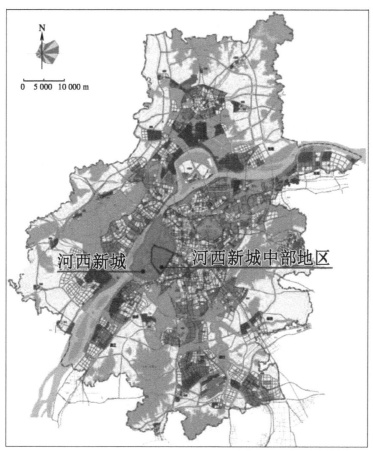

图 11.2 河西新城与河西新城中部地区区位

一个先整体统一规划后组织实施建设的区域。河西新城区划分为北部、中部、南部以及西部江心洲 4 个地区。中部地区位于纬七路以南、绕城公路以北,面积约为 21 km²,将逐步形成新区现代服务业聚集区、中高标准居住区、滨江休闲地与都市产业园(南京河西新城区开发建设指挥部)。南京河西新城北部地区发展的开始时间较早,南部地区规划建设刚刚起步,中部地区最能够体现规划引导下的新城发展情境。

结合已有的基础资料和数据,我们采用了多分类逻辑回归模型(MNL),该模型已广泛应用于居民出行模式选择研究。MNL 用于考察建成环境因子(即土地利用因子、道路设计因子、公交供给因子)、出行时间和社会经济因子(个人及家庭属性因子)对居民出行选择的影响,特别关注对于小汽车出行与公共交通出行选择的影响。采用部分非集计模型进行分析,即个体属性和出行方式选择均属离散分布,但建成环境的变量取值是基于样本所在区域。

出行数据来源于南京市 2012 年通过入户家访完成的南京市居民一日出行调查,研究区域内共计调查 599 个受访者。一日出行问卷包含被调查对象的个人及家庭信息(如年龄、性别、家庭收入等)以及具体的出行行为信息(包括出行起讫点、出行方式、出行时刻、出行频次等)。土地利用数据来源于南京市土地利用现状图,运用 ArcGIS 软件进行配准和数字化。经过数据处理得到交通小区(TAZ)的建筑密度和容积率。街道特征数据依据南京市土地利用现状图和相关矢量图。公交供给数据中的公共汽车线路和站台数据来源于 NICTP 积累的南京市公交线网矢量数据。对于建成环境的描述,从土地利用因子、道路设计因子、公交供给因子三方面进行初步自变量选取。对于交通小区的特征变量,为了保持变量之间的相对独立方向,减少变量间的共线性,先进行斯皮尔曼相关分析,对初选变量进行筛选。最终模型中的自变量以尽端路口密度、道路宽度和路网密度代表道路设计因子;以土地利用混合度、到达地性质表征街区的土地利用因子;以公共汽车站台密度、公交线路重复率和距地铁距离代表公交供给因子,以上述变量和社会经济变量为依据建立模型。

为模拟土地利用、道路设计、公交供给、个人属性因子和个体通勤方式选择的关系,首先假定一个基本的多项逻辑回归模型如下:

$$\text{Logit}(P_1/P_2) = f(SD_i, RD_i, LU_i, PT_i, T_i) \tag{11.1}$$

式中,Logit (P_1/P_2) = 任意两种交通方式优势比的自然对数值;"i" = 1,2,…,指代样本个体;SD_i 为个体社会经济属性;RD_i 为道路设计因子;LU_i 为土地利用因子;PT_i 为公共交通供给因子;T_i 代表出行时间(min);建成环境数据基于 TAZ,个体属性的数据基于居民个体。

以小汽车作为其他 3 种通勤方式的共同对比参照目标,将以上模型转化为如下 3 个应用分析模型:

$$\text{Logit}(P_{\text{walk}}/P_{\text{car}}) = \beta a_0 + \beta a_1 x_1 + \beta a_2 x_2 + \beta a_3 x_3 + \cdots \tag{11.2}$$

$$\text{Logit}(P_{\text{bike}}/P_{\text{car}}) = \beta b_0 + \beta b_1 x_1 + \beta b_2 x_2 + \beta b_3 x_3 + \cdots \tag{11.3}$$

$$\text{Logit}(P_{\text{public transit}}/P_{\text{car}}) = \beta c_0 + \beta c_1 x_1 + \beta c_2 x_2 + \beta c_3 x_3 + \cdots \tag{11.4}$$

模型拟合信息中,比检验的显著水平 $P<0.001$,结合模型 R^2 来看,模型拟合度较好。

3) 研究结果与结论

多元 logistic 回归结果如表 11.2 所示。

11 微观层面建成环境与交通出行行为研究

表 11.2　多分类 logistic 回归结果

变量类型	变量	步行/小汽车 B	步行/小汽车 Exp(B)	自行车/小汽车 B	自行车/小汽车 Exp(B)	公共交通/小汽车 B	公共交通/小汽车 Exp(B)
	截距	17.335**		12.004**		4.849	
出行特征因子	出行时间	−0.065**	0.937	−0.033**	0.967	0.07**	1.073
道路设计因子	出发地路网密度	−0.222**	0.801	−0.196**	0.822	−0.188**	0.829
	到达地路网密度	−0.067	0.936	−0.027	0.974	0.009	1.009
道路设计因子	出发地尽端路口密度	0.311	1.364	0.251	1.285	0.701**	2.016
	到达地尽端路口密度	0.13	1.139	−0.036	0.964	0.706**	2.025
	出发地道路宽度	−0.113**	0.893	−0.051**	0.95	0.003	1.003
	到达地道路宽度	−0.1**	0.904	−0.002	0.998	0.013	1.013
土地利用因子	出发地土地利用混合度	0.074	1.076	0.544	1.723	−1.336	0.263
	到达地土地利用混合度	−1.734	0.177	−1.999**	0.135	0.222	1.248
	到达地性质为住宅(以其他为参照)	−2.701	0.067	−1.943	0.143	−3.561**	0.028
	到达地性质为学校	−1.423	0.241	−1.193	0.303	−2.871*	0.057
	到达地性质为办公场所	−1.503	0.223	−1.471	0.23	−2.516*	0.081
	到达地性质为商业金融	−1.24	0.289	−2.181	0.113	−1.87	0.154
	到达地性质为文化娱乐	0.633	1.883	−3.027*	0.048	−2.483	0.083
	到达地性质为医疗卫生	−21.928	3.00E−10	−3.816**	0.022	−2.688	0.068
	到达地性质为工厂、工地	17.007**	24 314 801.2	16.95**	22 976 726.56	17.425	36 937 169.36
	到达地性质为公园、绿地	21.581	2 358 143 864	−2.138	0.118	14.617	2 228 742.688
公交供给因子	出发地重复率	−0.073**	0.93	−0.048*	0.953	0.051*	1.053
	到达地重复率	0.073*	1.076	0.012	1.012	0.042	1.043
	到达地公交站点密度	0.008	1.008	−0.046	0.955	−0.041	0.959
	出发地公交站点密度	0.023	1.023	0.002	1.002	0.082	1.085
	出发地距地铁站距离	0	1	0	1	0	1
	到达地距地铁站距离	0.001**	1.001	0	1	0	1
社会经济因子	家庭小汽车拥有数量	−2.297	0.101	−2.215	0.109	−1.412	0.244
	性别为男性(以女性为参照)	−1.638**	0.194	−1.63**	0.196	−2.29**	0.101
	年龄为19岁及以下(以60岁以上为参照,下同)	−2.075	0.126	−0.723	0.485	0.211	1.234
	年龄为20~24岁	−3.601**	0.027	−1.009	0.365	−1.351	0.259
	年龄为25~29岁	−4.278**	0.014	−1.296	0.274	−2.884**	0.056
	年龄为30~39岁	−4.894**	0.007	−1.856	0.156	−3.418**	0.033
	年龄为40~49岁	−3.743**	0.024	−1.155	0.315	−2.831**	0.059
	年龄为50~59岁	−2.815**	0.06	−0.82	0.44	−2.149**	0.117
	受教育程度为初中及以下(以大专、本科及以上为参照,下同)	2.118	8.313	2.473**	11.856	2.703**	14.929
	受教育程度为高中及中专	−1.093**	0.335	−0.075	0.928	−0.137	0.872
	家庭年收入为2万元以下(以10万元以上为参照,下同)	0.225	1.252	0.903	2.466	0.717	2.048
	家庭年收入为2万~5万元	0.326	1.385	0.029	1.029	0.891	2.437
	家庭年收入为5万~10万元	0.481	1.618	−0.168	0.845	−0.024	0.976

注:**表示满足95%的置信度;*表示满足90%的置信度。

道路设计因子对居民出行行为的选择有一定的影响。在"步行/小汽车""自行车/小汽车"和"公共交通/小汽车"比较中,出发地路网密度具有显著性,道路密度提高对小汽车出行存在一定程度的促进作用。在"公共交通/小汽车"比较中,尽端路口密度的增大会使居民选择公交出行的概率增大,尽端路口多的地区,道路通达性不好,公交出行相对于小汽车出行承担了更多的出行量。在"步行/小汽车"比较中,出发地、到达地道路宽度增加,小汽车的选择概率会增大。"自行车/小汽车"模型中,出发地道路宽度增加,选择小汽车出行的概率会增大。两个模型中道路宽度 OR 值分别为 1.120/1.106 和 1.053,道路宽度提升一个单位,选择小汽车出行与步行出行的可能性比值为原来相应比值的 1.120/1.106 倍和 1.053 倍。新城中宽阔的道路并不适宜步行或是骑行,而步行和骑行是公共交通出行链中的重要组成部分,因而较窄的支路对非小汽车出行有较大积极意义。增加道路宽度容易刺激小汽车出行增加,在新城交通中应当审慎考虑修建宽阔道路的后果,如需修建,一定要统筹步行、骑行、公交及小汽车之间的路权。

土地利用混合度对新城居民的"公共交通/小汽车"的选择不存在显著影响。在"自行车/小汽车"比较中,土地利用混合度的增加使得更多居民选择小汽车出行,这与国外的一些研究成果不一致。分析其原因,这一结果可以归因于河西新城土地利用混合尺度较大,新城离市中心有一定距离,用地相对充裕,河西新城中大体量城市综合体数量较多,社区级别的小尺度商业、公共服务等设施较少。此外,许多综合体提供大量的停车位以及低廉甚至免费的停车费用,极大地促进了小汽车的出行。例如,南京雨润国际广场总建筑面积约 23 万 m^2,配建了约 2 000 个停车位,停车免费(2014 年调研时)。到达地性质对居民出行行为选择有一定影响。在"步行/小汽车"比较中,到达地为工厂、工地时,选择步行出行的概率较大。在"自行车/小汽车"比较中,到达地为商业金融、文化娱乐及医疗卫生场所时,选择自行车出行的概率较小。在"公共交通/小汽车"比较中,去往住宅、文化娱乐、医疗卫生、学校及办公等场所的出行中,居民选择小汽车出行的概率更大。单纯交通因素和居民个人因素不能完全解释这一结果,城市规划中公共服务设施的配置是否均等对于居民出行有着一定程度的影响。

公交供给因子总体上对居民出行选择有一定影响。在"公共交通/小汽车"比较中,出发地公交线网重复率影响有显著性,说明重复率对公交出行有促进作用。同时,公交站点密度不具有显著性,这说明线网重复率比站点密度更具有促进公交出行的意义,有利于提升公交出行时的换乘便利程度。在"步行/小汽车"比较中,到达地距地铁站距离会促进居民的步行出行。到地铁站的距离对于居民公交出行影响不显著,可能因为 2012 年时,河西地区运营的两条地铁线站点较少,在公共交通中的承担比重不大。

社会经济因子方面,出行者拥有的小汽车数量对于出行选择的影响较大,在 3 个模型中其显著性都为 0.000(OR 值分别为 9.901,9.174 和 4.098)。这表明出行者拥有的小汽车量增加一个单位,他选择小汽车出行与其他交通方式出行的可能性比值增加非常明显。小汽车拥有量对于小汽车/公交出行的选择有很大的影响,与国外学者对于波士顿的研究一致。这体现了小汽车购买和使用的刚性,小汽车拥有者是不会轻易放弃他投入了大量资金的运输方式的(王缉宪,1997)。性别变量具有显著性,男性居民更倾向于小汽车出行。年龄方面,其中 25~59 岁的居民与 60 岁以上居民相比更倾向于小汽车出行,这个年龄段的居民大部分是已经有一定经济条件的人,买车的可能性较大,60 岁以上居民受身体条件限制,选择小汽车出行概率较小。受教育程度方面,在"步行/小汽车"比较中,大专、本科及以上教育程度的居民与高中及中专的居民相比更倾向于步行。"自行车/小汽车""公共交通/小汽车"比较中,受教育程度为初中及以下的居民更倾向于选择自行车、公共交通出行。家庭收入对于居民出行选择无明显影响。

新城建设中,城市规划占绝对的主导地位。新城的建设模式受到人为规划的强烈影响,而规划结果对于居民生活出行的影响是衡量新城模式至关重要的因素。河西地区虽然道路密度较大,但较大的道路宽度形成了不易于步行、骑行的街道环境。河西新城主干路红线宽度为 50~80 m,次干路红线为 35~40 m,支路红线为 16~28 m,且以 28 m 宽度支路居多。部分次干路和支路设计中的人行道部分过于狭窄(部分人行道宽度为 1.5~2 m),行人路权弱于小汽车。从定量分析得出,大尺度的马路会降低人们步行、骑行出行的积极性,减弱了道路两旁的联系。宽阔的车行道、飞驰而过的汽车和行人稀少的道路无不显示小汽车导向型郊区的特征。河西新城多数地区的土地利用模式较为单一,大部分居住区仍为封闭式街区。土地混合利用尺度较大,社区级商业服务设施尚不完善,沿街商业配置较少,街道魅力不足。公共服务设施吸引的交通出行多为小汽车出行,布局存在可优化之处。此外,完善公交线网,提升公交线网重复率将有助于居民公交出行的增加。

11.3.2 小城市案例——福建长汀

1) 研究背景与研究问题的提出

中国大城市的出行行为研究丰富,而小城市居民出行研究相对缺乏。根据最新的城市分类规范,人口少于 50 万的城市被列为小城市。近几十年来,中国大多数小城市中心地区发展加速,并向城市郊区迅速扩张。这些城市的中心区通常具有相对较高的人口密度、集中的设施、混合的土地用途和多样化的活动。但郊区的人口较少,并且通常发展为单一土地利用占据主导,例如工业区或住宅区。小城市快节奏的发展也导致了与大城市类似的机动车增加和严重的交通拥堵。2012 年,中国开始实施"新型城镇化"战略。这项国家政策不仅促进小城市的进一步发展,也刺激这些城市对机动出行的需求。城市规划需要制定有效的土地利用和交通战略,通过鼓励人们选择非机动的出行方式,在小城市保持传统的"绿色交通"(例如步行,骑自行车和乘坐公共汽车)。

中国小城市的发展背景,如经济增长、城市形态、基础设施建设和家庭社会经济特征均与大城市不同。因此,小城市居民的出行行为与我们在大城市所了解的不同。例如,为了减少交通拥堵、空气污染和温室气体排放,中国的大城市通过建设轨道交通系统,增加新的公交线路和改善服务,大力推动公共交通。在上海这样的城市,公共交通出行的比例很高,公交和轨道交通几乎占据了中心区出行总量的 1/3。相比之下,由于交通网络规模有限,服务质量差,出发和到达频繁延误,以及公交车数量规模偏小,公共交通在中国大多数小城市表现出较小的出行模式占比(不到 10%)。

总的来说,我们对小城市的交通问题知之较少,已有的研究分析不足以指导城市规划和政策制定的实践。本小节以福建长汀为例,探讨中国小城市居民出行行为的主要特征是什么,在小城市哪些建成环境因素影响居民的出行方式选择。

2) 研究区概况与研究方法

长汀县位于福建省西南部山区,1994 年被评为中国历史文化名城。随着经济的快速增长和城市发展,城市建成区从 2005 年的 6.4 km² 增加到 2014 年的 11.1 km²。2014 年末,长汀共有 40 万城乡居民。长汀是一个典型的单中心城市,主要的行政、教育、商业和服务用地集中在历史中心区,住宅区从中心区延伸到郊区。自 2000 年以来,城市边缘形成了一个以纺织、服装、食品加工和机械制造业为主的工业区。近年来,长汀一直致力于将产业从传统制造业转变为现代物流和电子商务。因此,传统工业区地位已经下降,而新开发的郊区也越来越多地创造就业机会。根据长汀的土地利用特点,我们将 21 个社区划分为 4 个区域:中心城区(4 个区)、城郊结合部(4 个区)、工业区(3 个区)、城市郊区(10 个区)(图 11.3)。

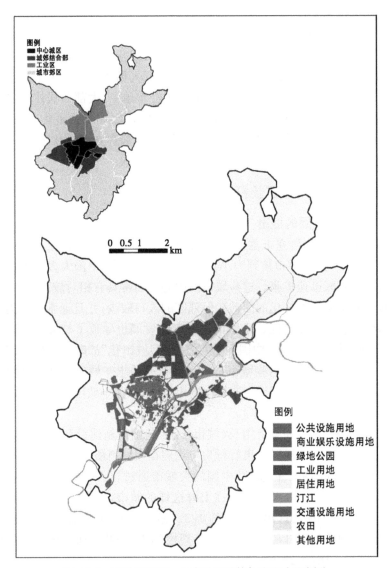

图 11.3 研究区区位、土地利用现状与交通小区划分

长汀地处低山丘陵地区,传统街道比较狭窄,导致电动车和摩托车成为居民优先选择的交通出行方式。虽然长汀的人口迅速增加,但由于城市规模相对较小,通勤和休闲出行距离适中。然而,历史中心区的狭窄道路和集中的土地使用功能使得电动车和摩托车在中心城

区与汽车、步行和自行车高度混合。近年来,交通堵塞和事故发生率上升,特别是在通勤高峰时段。公共交通自2004年以来发展缓慢。研究区共有7条公交线路,很大程度上是重复的。目前的公交线路主要集中在中心城区或连接中心区和郊区。公交服务质量低,站点不够。长汀面临的这些交通问题并不是独一无二的,它们在中国的小城市很常见。

我们于2016年1月对当地居民进行了调查。最终收集了1 470份有效问卷,包括工作日出行的1 049份问卷和周末出行的421份问卷。每个家庭只填写一份调查问卷并报告三类信息:①受访者的社会经济特征,包括年龄、性别、家庭收入和汽车保有量;②受访者的出行特征,包括在典型工作日或周末每次出行的出发地和目的地、出行模式、出行目的、每次出行的开始和结束时间以及出行距离;③受访者对不同出行方式和建成环境的态度。建成环境特征数据来自土地利用和道路网地图以及当地政府提供的人口普查数据,主要包括人口密度、道路密度、交叉口密度以及出发地和目的地的土地利用混合程度。

根据收集到的出行特征数据,我们估算活动持续时间,并为每个受访者构建出行链。活动持续时间估算是问卷中一次出行的结束时间与下一次出行的开始时间之间的时差。出行链被定义为在家中开始和结束的一系列户外活动。我们区分了基于通勤的简单链和复杂链。简单链仅包含工作出行。复杂链包括工作和休闲活动出行,如购物、娱乐(例如去餐馆、电影院、体育馆等)、拜访朋友和其他活动。如果复杂的出行链涉及多个出行模式,我们使用通勤模式作为主要出行模式。工作日的出行主要集中在通勤上。工作日单纯的非工作活动出行仅占总数的一小部分,我们没有将其纳入分析之中。由于样本量小,我们也没有纳入周末休闲活动的出行链。

我们的调查确定了7种出行方式:步行、自行车、电动车、摩托车、公共汽车、出租车和私人小汽车。使用出租车出行的受访者占比不到1%,因此我们在分析中删除了这些受访者。由于长汀的交通拥堵似乎主要是由电动车和摩托车引起的,我们询问每个受访者是否应该在市中心城区限制这些车辆(1表示是,0表示否)。我们还要求每个受访者分别对工作环境、空气质量、绿地和休闲环境评价他/她的满意度(1表示不满意,2表示中立,3表示满意)。我们使用熵指数(ENT)来测量每个地区的土地利用混合度。我们在工作日选择了4种与工作活动相关的土地使用类型:公共服务、商业、工业和住宅;在周末选择了3种与休闲活动相关的土地利用类型:商业、绿地和住宅。

我们采用多分类逻辑回归模型(MNL)。因变量是模式选择,有4种选择:步行/自行车、电动车/摩托车、公共汽车、汽车。我们的自变量包括社会经济特征、出行特征、态度特征和建成环境特征。

3) 研究结果与结论

研究结果表明,4种类型区域的建成环境差异很大,如表11.3所示。中心城区的土地使用比其他地区更加混杂,人口密度从中心城区向郊区和工业区递减。城市郊区过渡区和郊区的住宅用地比例相对较大(超过50%),而工业区主要是工业用地(69.2%)。商业用地在中心城区(8.2%)和城市郊区过渡区(5.7%)的比例较高,但在工业区(2.0%)和郊区(0.6%)的比例较低。此外,公共设施用地在工业区很稀缺(仅0.7%),在其他三类地区内比例相近。由于中心城区主要由历史街区组成,街区较小,街道较窄(通常只有一条车道宽)。该地区的街道密度最高,为17.5 km/km^2,交叉口密度为183个/km^2,公交车站密度为11个/km^2。工业区的街道密度最低,公共交通设施最少。

表 11.3 4 类不同地区的建成环境要素

变量	城市中心区	城郊接合部	工业区	城市郊区	ANOVA
建成区面积/km^2	2.5	2.2	2.2	4.2	0.203
居住用地占比/%	37.2	56.9	24.5	53	0.024
公共设施占比/%	9.0	8.0	0.7	9.0	0.254
商业娱乐设施占比/%	8.2	5.7	2.0	0.6	0.000
工业用地占比/%	37.0	7.0	69.2	23.0	0.000
绿地公园占比/%	1.7	4.0	1.3	4.8	0.864
工作日熵指数(0—1)	0.67	0.60	0.49	0.51	0.280
休闲日熵指数(0—1)	0.50	0.30	0.21	0.15	0.014
交叉口密度/(个·km^{-2})	183	41	29	34	0.000
路网密度/(km·km^{-2})	17.5	9.6	8.6	10.1	0.069
公交站点密度/(个·km^{-2})	11	8	1	3	0.000
人口密度/(人·km^{-2})	21 717	12 945	4 851	7 582	0.015

研究发现:工作日有更多的男性通勤,在周末进行非通勤出行的多为女性。近一半的受访者年家庭收入超过 10 万元。超过 35% 的受访者拥有汽车,但中心城区的比例较低。绝大多数受访者希望限制电动车和摩托车(58%),尤其是来自工业区和郊区的受访者。4 个区域的满意度指标近似(超过 2),这意味着受访者对生活环境总体上感到满意。不同区域不同时段受访者的出行特征有差异。在工作日,随着机动化程度提高,通勤距离从 1.2 km(步行/自行车)增加到 4.3 km(车)。乘坐公共汽车的平均通勤距离为 2.6 km,电动车或摩托车的平均通勤距离为 2.9 km,这表明电动车和摩托车在中距离通勤中起着重要作用。每种出行模式的非通勤行程距离比通勤距离略短。这表明居民往往在住所附近进行休闲活动,但是工作地点离家较远。与居住在其他地区的受访者相比,居住在中心城区的受访者步行或骑行的距离相对较短。相比之下,居住在工业区和郊区的受访者休闲活动有更长的出行距离。这证明中心城区的土地利用混合格局有利于非机动模式的短距离通勤,而工业区和郊区相对同质的土地利用增加了人们休闲活动的时间成本。通勤出行包括从家到工作地点以及从工作地点到家的通勤。我们的分析主要集中在早上(上午 7:00~上午 8:00)和下午早些时候(下午 1:00~下午 2:00)的家到工作的通勤。下午早些时候的高峰时段通常不存在于中国的大城市。这可能是因为长汀的工作距离相对较短,而且午休时间为两小时,这在小城市很常见。许多人回家吃午饭,然后回到工作场所。在这两个时段,电动车/摩托车是最常用的出行模式(超过 60%),其次是步行/自行车,然后是汽车,而公共汽车只有很小的份额(小于 2%)(表 11.4)。

多分类逻辑回归模型的结果表明在社会经济特征变量中,性别、家庭收入和汽车拥有量与模式选择显著相关。我们可以推断出男性更喜欢汽车而非电动车/摩托车出行,并且在工作日和周末都喜欢骑电动车/摩托车而非散步/骑自行车。家庭收入的增加与选择步行或骑车的可能性降低以及汽车使用概率增高(相对于电动车、摩托车)有关。私人小汽车拥有量与人们的私家车使用频率呈现出显著的正相关关系,这表明机动化对出行模式选择有重要影响。

表11.4 工作日与周末居民出行多分类逻辑回归模型结果（参考类别为电动车/摩托车）

变量	工作日						Variable	周末					
	步行/自行车		公交		私家车			步行/自行车		公交		私家车	
	Odds Ratio	Sig.	Odds Ratio	Sig.	Odds Ratio	Sig.		Odds Ratio	Sig.	Odds Ratio	Sig.	Odds Ratio	Sig.
社会经济因子							**社会经济因子**						
性别（男性=1）	0.676	0.003	1.096	0.802	2.490	0.000	性别（男性=1）	0.427	0.000	0.114	0.061	2.180	0.012
家庭年收入（参考类别：<50 000元）							家庭年收入（参考类别：<50 000元）						
50 000～100 000元	0.639	0.017	0.490	0.222	0.988	0.978	50 000～100 000元	0.780	0.399	—	—	0.530	0.246
>100 000元	0.615	0.008	1.345	0.561	2.329	0.046	>100 000元	0.603	0.064	—	—	0.277	0.011
是否拥有小汽车（是=1）	1.248	0.129	1.180	0.681	72.394	0.000	是否拥有小汽车（是=1）	1.089	0.723	0.372	0.338	46.022	0.000
出行特征因子							**出行特征因子**						
高峰时段（参考类别：其他时段）							出行目的（参考类别：其他目的）						
7:00 AM—8:00 AM	0.810	0.165	0.611	0.200	1.120	0.613	购物	2.533	0.000	18.001	0.020	1.053	0.891
1:00 PM—2:00 PM	0.648	0.011	0.171	0.006	0.973	0.914	娱乐	4.527	0.002	19.989	0.075	0.716	0.668
复杂出行链（是=1）	0.783	0.454	1.818	0.450	3.281	0.018	走亲访友	2.070	0.078	8.014	0.175	2.267	0.120
通勤距离（km）	0.314	0.000	0.999	0.990	1.265	0.000	通勤距离（km）	0.244	0.000	1.134	0.512	1.184	0.002
出行态度因子							**出行态度因子**						
应该禁止电动车/摩托车	1.355	0.024	0.933	0.854	1.306	0.177	应该禁止电动车/摩托车	1.535	0.039	0.856	0.860	1.276	0.439
建成环境因子							**建成环境因子**						
居住地土地利用多样性指数	0.698	0.478	0.391	0.506	0.261	0.065	居住地土地利用多样性指数	1.585	0.489	6.147	0.479	0.333	0.260
工作地土地利用多样性指数	1.320	0.632	91.313	0.005	0.036	0.000	活动地土地利用多样性指数	0.571	0.438	0.232	0.589	0.212	0.136
在同一社区通勤	0.880	0.579	1.077	0.901	0.356	0.002	在同一社区出行	1.055	0.882	—	—	0.361	0.043
居住在中心城区	0.692	0.233	0.436	0.354	0.494	0.065	居住在中心城区	1.712	0.226	—	—	1.328	0.665
居住在城乡结合部	0.843	0.508	0.286	0.126	1.028	0.932	居住在城乡结合部	0.924	0.826	0.418	0.393	0.779	0.610
居住在工业区	0.553	0.054	1.532	0.481	0.694	0.354	居住在工业区	0.280	0.013	1.151	0.899	0.187	0.023
同一社区：中心城区	2.043	0.053	1.825	0.601	5.854	0.001	同一社区：中心城区	0.472	0.244	—	—	2.762	0.269
同一社区：城乡结合部	1.642	0.175	0.001	0.867	2.901	0.088	同一社区：城乡结合部	2.654	0.112	0.115	0.000	6.022	0.043
同一社区：工业区	4.087	0.013	3.184	0.278	2.031	0.391	同一社区：工业区	1.087	0.928	0.549	0.000	15.988	0.032
模型拟合度	Log-likelihood：−1234.27 McFadden R2：0.323 Likelihood ratio test：chisq=1177.75 （$p\ value$=0.000）						模型拟合度	Log-likelihood：−493.73 McFadden R2：0.361 Likelihood ratio test：chisq=557.36 （$p\ value$=0.000）					

在出行特征变量中,下午高峰时段的通勤与较低的步行/骑自行车可能性(相对于电动车、摩托车)相关。如果通勤行程是复杂链,相对于选择电动车/摩托车的参考模式,驾车的可能性增加了3.28倍。此外,出行距离显著影响模式选择。通勤距离每增加1 km,与骑电动车/摩托车相比,驾驶汽车的可能性增加了1.27倍,步行/骑车的可能性减少了0.31倍。对于周末的非通勤出行,这些概率变化分1.18倍和0.24倍。这些结果表明,人们长途出行喜欢驾驶私家车,短途出行喜欢步行/骑车。然而,通勤距离对于公共汽车的选择没有显著影响。态度变量存在对某些模式选择的影响。对于支持电动车/摩托车限行的人来说,步行或骑自行车的可能性在工作日的通勤出行中增加了1.36倍,在非通勤出行中增加了1.54倍。这意味着当人们对电动车或摩托车持消极态度时,他们通过步行或骑自行车出行的可能性会显著增加。

我们将出发地和目的地的土地利用多样性作为模式选择的解释变量。工作地点的土地利用指数与通勤模式选择显著相关。具体来说,如果工作地点的土地使用更加多样化,人们喜欢公共汽车而非电动车/摩托车,更不用说私家车了。家庭和活动地点的土地利用指数对非通勤出行没有统计学意义。这意味着小城市的土地利用多样性不会像大城市那样影响人们对休闲活动的模式选择。相反,出行距离和出行目的是休闲活动模式选择的主要影响因素。当人们去购物及参加娱乐活动时,他们更喜欢步行/骑自行车而非电动车/摩托车。

我们在"跨越不同类型区域出行"和"在同一区域内出行"之间加入了交互作用,有助于更好地理解职住平衡对出行模式选择的影响。职位不平衡通常会导致更高的私家车使用率。对于在中心城区内通勤的人来说,相比于从中心城区到其他地区的通勤,选择步行/骑自行车的概率增加了2.04倍,驾驶私家车的概率增加了5.85倍(与电动车/摩托车相比)。它表明,促进中心城区的就业平衡可能会刺激非机动车和私家车使用,这与大城市的情况不一致。这是不是典型的小城市特点需要额外的案例研究。对于在工业区内通勤的人来说,与从工业区到其他区域的通勤相比,选择步行/骑自行车比选择电动车/摩托车的概率增加了4.1倍,这意味着工业区的职住平衡可以鼓励居民选择步行/骑自行车的交通出行方式。在周末,对于在城郊结合部内进行休闲活动的人来说,与从结合部到其他地区的人相比,选择公共汽车的概率减少了0.12倍,驾驶私家车概率增加了6.0倍(相比于电动车/摩托车)。来自工业区的休闲出行表现出对模式选择的类似负面影响。这些研究结果表明,尽管土地利用多样性对周末的模式选择没有显著影响,但周末地处城乡结合部和工业区的居民更喜欢选择私人机动化出行方式进行休闲活动。中心城区对居民周末的出行模式选择没有显著影响。

研究发现,中国小城市居民的出行行为与大城市相比,既有相似之处也有不同之处。休闲活动的平均出行距离短于平均通勤距离。随着出行距离的增加,人们出行模式的机动化程度提高。由于地理规模较小,长汀的出行距离比大城市短。例如,长汀的平均通勤距离为2.6 km,而北京市不同类型居民区的平均出行距离为3.7~11.9 km。长汀购物和娱乐活动的平均出行距离分别为1.5 km和1.7 km,北京分别为1.98~4.64 km和1.84~6.04 km。相对较短的通勤距离和上班文化,使长汀的大多数职工能够在家中午休,从而导致下午早些时候出现大城市没有的通勤高峰时段。出行链在长汀不太常见,因为链式出行仅占所有通勤出行的3.9%,在休闲出行中的占比不到1%。相比之下,在北京26.7%的人进行了复杂的通勤出行(家—工作—其他活动—家),71.7%的出行者在假期选择复杂出行。短途出行距离和丘陵建成环境也导致当地居民选择更灵活和个性化的出行模式。电动车和摩托车在长汀比在典型的大城市中更受欢迎,占通勤出行的 2/3,而公共交通的作用非常有限。在周末,由于闲暇时间的增多,许多人从电动车和摩托车转向步行和自行车,公共交通出行模式所占份额仍然极低。值得指出的是,公共交通的低使用度可以有不同的解释:一方面,它可能表明小城市的人对公共汽车的偏好较低;另一方面,因为现有公共交通服务质量低,频率和覆盖范围不足,限制了人们的选择。

11.4 健康城市交通规划策略

11.4.1 促进居民主动出行的健康城市交通规划策略

城镇建设对自然环境和人类健康具有显著的影响。国内外学者已经对建成环境与健康的关系进行了大量的理论探讨,指出不适宜的建成环境对公共健康有显著的负面影响,并将相关成果逐渐运用于城市规划实践和交通项目的评估。通过改造建成环境,引导健康的生活方式逐渐成为国际城市规划新的理念。主要经验包括:① 设立专项资金以改善建成环境,使其有利于促进公共健康;② 将公共健康理念纳入交通与城市规划决策进程;③ 增强微观规划设计,提高建成环境对体力活动的吸引力;④ 评估大型项目规划和建设的健康影响;⑤ 积极推进建成环境与公众健康的教育和技术支撑。在我国,一方面应充分借鉴西方研究和实践经验;另一方面注重我国城市特有的空间特征,例如高密度开发、高公共交通分担率等。加强对城市规划与公共健康之间关系的研究。逐步将"健康促进"理念纳入城市规划编制。在我国现有交通影响评价的基础上,积极开展建设项目的健康影响评估。

案例研究表明控制社会经济和出行特征后,态度因素和建成环境因素会影响模式选择。例如对电动车和摩托车的负面态度可能会使一些人转向使用步行和骑自行车。规划师和政策制定者应考虑更多地教育人们,了解对汽车和摩托车依赖可能造成的社会和环境后果。这些方法有助于重塑人们对公交车和其他私人机动车的态度,以及随后的选择。经济发展和城市扩张导致就业和人口从城市中心区转移到工业区和郊区,更好的职住平衡可以促进步行和骑自行车。交通和土地利用政策需要根据当地情况加以区分,交通出行的引导需要精细化的城市管理,同时要设计适当的策略以实现更多目标和理想结果。鉴于步行和骑自行车出行模式的重要性,应该做出更大的努力来改善步行和骑自行车的设施和出行体验。

11.4.2 儿童与老年人友好型健康城市交通规划策略

提高儿童上学的安全性首先应从规划布局上保障设施布置的空间均衡性与质量,缩短儿童上学出行距离,减少儿童暴露在危险环境下的可能性。其次,应规划合适的街区尺度,不能盲目设计"小街区、密路网",这将会导致更密的交叉口,增加儿童交通危险暴露的可能性,因此需要综合考虑交叉口密度与街区尺度,同时通过良好的交通管理来降低安全隐患。

随着老龄化时代的到来,城市建设尤其是社区建设的种种不适应性已经逐渐显露出来。为提高老年人生活质量,中国的社区建设需要增强社区交通设施的便利性,特别是便利的公共交通设施可以提高老年人的日出行次数及出行距离,扩展其活动范围并提高其机动性。

更为重要的是,关于老年人出行行为的研究表明,城市设施的合理布局,尤其是土地功能的综合开发,将在有限的空间里大大提高老年人的出行频率,丰富老年人的生活空间。因此与公共交通和步行结合的多功能土地利用将是提高老年人生活质量的重要途径之一。

11.4.3 健康城市公共交通规划策略

规划师对公交和非机动交通出行的健康效应日益理解和重视。通过合理的交通规划、设计和政策的支撑,不仅可以促进城市居民参与体力活动,增强城市居民的健康水平,并且可以提升这些交通方式的竞争力,刺激一部分机动车使用者重新评估和选择交通工具。从整个交通系统来说,主动出行可以降低机动车的负外部性,进而降低交通拥堵和空气污染,保障城市居民总体健康福祉。为了实现这一目标,需要城市政府对交通规划进行精细化的设计和管理,并以公交优先或非机动交通优先的政策加以支持。组织专门性的公交优先机构,设立公交优先执行委员会或是公交优先工作组,从政策、规划等方面全面落实公交优先的战略,帮助提高公共交通的运营效率和乘坐体验。相关部门应当通过各种信息媒介来不断提高市民对公交出行的认识,提倡居民多使用公共交通,减少使用小汽车。

城市道路设计应当更多地考虑弱势群体需求,体现路权分配的公正公平。平衡道路断面设计中步行、骑行、公交出行与小汽车出行间的路权。步行是完整出行的重要组成部分,倡导公交出行的同时也要给予步行和自行车优先政策。考虑交通优先的顺序应该是 POD>BOD>TOD>XOD>COD(良好步行环境为导向的开发建设>以方便自行车使用为导向的开发建设>以公共交通为导向的开发建设>城市形象改善工程>小汽车导向的发展)。

此外,笔者想强调的是:居民出行行为与出行心理不无关系。因此,无论是交通规划中的交通方式划分预测还是交通分布预测,都不应脱离人的心理。有效、科学的交通出行心理分析,能够完善以促进健康为目的的交通规划策略。

12 公交都市内涵式发展思路与方法

从世界范围来看，公共交通与小汽车在不断地进行艰难的竞争，在许多城市，城市公交的市场份额正迅速减少。批评者认为大部分原因在于公交系统的运营和管理不善、公共交通服务水平不高，但忽视了发展公共交通的土地利用逻辑。将公交发展困境归结为运营和管理问题实际上纵容了其他层面也许是更重要层面的无序建设，而其对公共交通发展的影响是巨大的。

公交都市是国际大都市发展到高级阶段，在交通资源和环境资源约束的背景下，为应对小汽车高速增长、交通拥堵和能源、环境危机所采取的一项城市战略。公交都市的内涵绝不仅限于从属于部门制度的"公交优先"计划，而是从城市发展的高度，创造一种有利于公共交通出行的城市环境。

构建公交都市最为核心和关键的要素就是妥善处理好人、交通和土地三者的关系。公交都市物质建设层面最为重要的是城市空间布局形态，哥本哈根、库里蒂巴和新加坡等城市正是因其公共交通服务与城市形态之间的和谐共生而成为国际公认的著名的公交都市。沿轨道线和站点的土地开发反映公共交通与土地利用协调一体化的尺度和深度，城市道路交通设施则从供给（硬件）和服务（软件）角度为构建公交都市提供最基层的物质条件。我国某些特大城市尽管有全世界少有的轨道里程，但这仅能称之为轨道都市，因缺少公共交通与城市形态的匹配而难以称之为公交都市。

基于上述分析，本章将从宏微观土地利用（城市形态、新镇及居住区）、道路交通设施（多层次公交、路网布局结构、步行空间及静态交通）两方面提出公交都市内涵式建设的策略及路径。

12.1 公交导向的城市形态

12.1.1 城市空间形态与交通组织的"双重有序"

公共交通绝非仅仅只是一种交通系统，其内部还含有深刻的土地利用逻辑。有机疏散之父沙里宁认为，根治城市病必须从改变城市的结构和形态入手。因此，城市空间形态应能适应公共交通及其换乘，而非相反。当前，我国正处于快速城镇化进程中，城市向周边区域蔓延导致生活就业范围不断扩大，而应与用地相协调的公共交通发展滞后，诱发大量小汽车出行，形成出行无序和高耗能的交通模式，不利于城市与交通的可持续发展。因此，需要提出科学的空间规划策略和交通组织方式——以公交带动城市发展,实行大容量公共交通为导向的走廊式发展模式,促使空间组织和交通组织的"双重有序"的形成,为实现健康城镇化打好基础。

城市是否采用多中心的方式发展及其发展的成功与否,很大程度上取决于公共交通的战略引导和超前规划,对新区开发而言意味着公共交通投资要在时间上先行于土地开发和高速公路建设。主干路网成型后的公共交通建设显然是事倍功半的,典型的如在地方主要公路系统建成后20余年才开始建设大容量公共交通的美国洛杉矶,其公交分担率远低于几乎同时开发的巴西库里蒂巴。

12.1.2 交通分担率视角下的"摊大饼"尺度

有学者认为,城市的发展需要集聚,以降低公共服务设施的单位成本。因此,作者并不排斥一定规模的城市"摊大饼"。那么问题是,多大的"饼"是合适的?而类似于哥本哈根手指状的"饼"外用地延伸的尺度又是怎样的?

以南京为例,图12.1是依据2011年和2012年南京市居民出行调查(共约一万份调查问卷)得到的不同方式分担率的距离曲线。

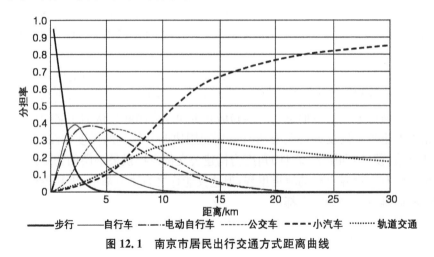

图 12.1 南京市居民出行交通方式距离曲线

作者意图找到小汽车出行比重较高、增速较快的那个距离阈值。由上图不难发现,阈值约为 8 km。因此,计算半径为 8 km 的圆的面积在 200 km² 左右,南京市主城区(长江以南、绕越高速以北)的用地规模恰恰接近这个数值。因此,南京"摊大饼"的规模约为 200 km²,这张"饼"向外延伸的城市增长空间应为轴或带状,以满足规划轨道交通和鼓励公共交通出行的目标。南京市的一些规划中也提出了类似哥本哈根的手指状城市形态,但与哥本哈根显著不同的是:哥本哈根的"手指"粗约 2~5 km,而南京市的"手指"粗细不一,尺寸为 4~10 km 不等。

12.1.3 时间维度的职住平衡分析

在谈到城市空间结构、新城建设时,往往会提及另一非常重要的规划理念,即职住平衡。无可否认,职住平衡已成为被广泛接受的规划信条,但对其的质疑之声也一直不断。对职住平衡的质疑多在新开发组团的空间或地域层面,这种质疑是否合理笔者无从判断,但王树盛等认为应追求时间维度上的平衡,以之引导城市空间布局和交通组织可能更为切实可行。时间层面的职住平衡应努力做到将城市任意两点之间的通达时间约束在某一范围之内,使大多数城市居民都可以比较快捷地到达工作地点。因此不必过多考虑在片区、组团范围内平衡职住,而是在交通走廊织就的网络中实现居住、就业的平衡,走廊内的居民能在可接受的时间内在居住地和就业地之间通达,哥本哈根、斯德哥尔摩、新加坡等城市就是这方面的成功范例,这可从其公交走廊高峰时段的单向客流量对比中得到证实。因此,更应该倡导"公交走廊内的职住平衡"。

12.2 公交导向的新镇及居住区设计

12.2.1 居住区与公共交通设施的"接口"设置

塑造公共交通导向的土地利用模式需要从宏观(城市空间形态)和微观(居住区)两个层面同时入手,但目前对公共交通导向的土地利用实践和研究大多未深入到微观设计层面,而居住区是市民做出是否采用公共交通的决定的最主要场所。因此,公共交通与居住区规划设计的进一步协调是促进公共交通发展的重要内容。经典的美国雷德朋(Radburn)社区不是公交导向的,因为公交线路难以深入慢行交通的出行领域。这为我们敲响了警钟,动辄十几、几十公顷的居住区会因街区过大而拉长步行至公交站点的距离,从而不利于公交出行。为协调居住与交通的相互关系,需采用公交引导的住宅开发模式即打造公交社区(Transit Village),落实城市交通规划与土地利用规划对接、公共交通建设与住宅区建设对接、公交站点设置与居民出行需求对接,应将城市住宅的管理及建设发展整合到机动性规划中。需要考虑如何将公共交通整合到居住区以及提高公共交通的服务质量,而非单一的公共交通系统优化和居住区规划设计。

将公共交通整合到居住区,对于私密性要求较高的低密度高档住宅,除了从住区规模上控制外,似乎很难找到更高明的办法。而对于中低档住宅包括政府大力推进的保障房建设,则可尝试按照香港海怡半岛的模式设计住宅楼、步行道和公共交通系统。海怡半岛位于港岛南部海岸,用地约为 15 hm²,人口约为 45 000 人,人口密度极高,住宅平均接近 40 层。该区以适宜步行距离为半径框定用地范围,公共汽车终点站结合商业服务设施形成的公共中心能够深入到用地

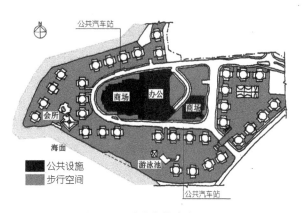

图 12.2 香港海怡半岛平面

的几何中心,并在不长的环行车道上设置两对车站,使区内居民步行到站距离平均不足百米,十分便捷。地下车库入口则设在居住区入口处,将对住区内步行的影响减少到最小(图 12.2)。

当代中国大陆的住宅小区通常以道路为界自成一体,从而切断了与城市街道系统的有机联系。海怡半岛模式不同于内向、封闭的邻里单元,公共交通因嵌入居住单元内部而使居住单元的中心成为与城市其他地域和功能的接口;居住区与城市其他地区的界限被弱化;居住区公共设施与城市公共设施的界限也变得模糊;设施的服务半径由步行距离和公共交通系统的服务范围共同决定。因此,特定的规划布局及完善的公共交通系统组织具有综合优越性,能推动城市在拓展与更新过程中不断地复制公共交通导向的土地利用模式。更加重要的是,应将城市住宅的管理及建设发展整合到机动性规划中,并建立针对开发商的激励机制。成功的例子如南京河西新城的和府奥园小区,通过地下车库与轨道站点的地下步行通道整合(图12.3),淡化了私密性居住区与城市公共设施的界限和隔离。

图12.3 南京和府奥园小区实景

图12.4 新加坡榜鹅新镇实景

12.2.2 公交社(镇)区内的生活平衡分析

延续上文对于职住平衡的探讨,需要进一步指出的是:虽然倡导在走廊覆盖范围内平衡职住,但并非极端的"一头放居住、一头放就业"方式,用地混合仍非常重要。对于非工作活动如居民日常的购物、娱乐等,通常能就近则不求远。这其实是一种与职住无关的居住与生活需求的平衡,可在小尺度的社(镇)区内实现,并且这种生活平衡之于城市交通的意义和效用并不亚于职住平衡。如新加坡政府为了改变城市居民的出行习惯,减缓交通拥塞,节约能源,调整了城市的建设方向和发展布局,在大都市内建立若干个相对独立的、有完善生活服务设施的新镇,减少居民出行距离,如榜鹅(Punggol)新镇(图12.4)。因此,"公交走廊内职住平衡、公交社(镇)区内生活平衡"对于大都市而言不失为一种理想的模式,快速公交系统和用地混合则是实现这一模式的基本保障。在此,社(镇)区的边界显得同样重要。

TOD中的"oriented"意为"面向",此处的"面向"既指其本意——朝向,也包含引申含义——以……为目标。典型的如站点周边建筑设施朝向站点布局的斯德哥尔摩的魏林比（Vallingby）新镇和香港轨道交通九龙站。这些案例中的建筑物朝向因做足了"导向性"而使得公共交通被大多数人认可和采纳。

12.3 多层次公共交通系统构建

经过20世纪末以来十几年的公交事业发展，全国城市的公交运营、管理水平及分担率普遍提高。一些较发达的大城市在城镇化和机动化进程中表现出对公共交通发展的高度重视，通过大规模基础设施建设和资金投入使公交分担率已达到30%甚至更高的水平（为不含步行的比重，下同），如南京；但从公交分担率的走向来看，再进一步的建设和投入并未能如愿地提高分担率，相反有所下降。这意味着：①之前较粗糙和简单的投资型拉动已然走到了十字路口，南京公交事业发展已经达到了"30%上限"；②居民对于公交的需求并不单单是从线路和站点数量上，而是从"质"的角度对公共交通提出了更高要求，包括舒适度、准点率、等车时间、步行环境、换乘便利性等。因此，除提高公交信息化、智能化水平，营造换乘便利的多层次公交显得尤为重要。

公交分担率经历过较大幅度增长后的滞涨，原因还在于私家车的迅猛增长和使用频率的非理性。一些城市开通了轨道交通后客流量发生了转移，但并非从私家车方式转移，而是从常规公交方式转移到了轨道交通。因此，应进一步提高公共交通的服务水平，尤其是在直达性和快捷性方面有所创新和突破，甚至出台一些个性化的措施，以转变小汽车拥有者的出行方式。定制公交是近年来地面公交的创新案例。

另一方面，创新的公交线网模式有待挖掘。市民对公共交通服务能力提升的要求之一即为便捷换乘，而当前许多城市的公交站点间缺乏便捷道路、有盖连廊，导致换乘不便。2009年广州开创的"摆渡线+灵活线"模式（图12.5）既整合了BRT线路快速通行，又使得普通公交线路可以与BRT线路在站点内同站换乘，最大限度地发挥出了BRT线路的运载能力，不失为一次公交线网模式的创新。此外，这一模式对周边土地利用、开发将会起到积极的作用。

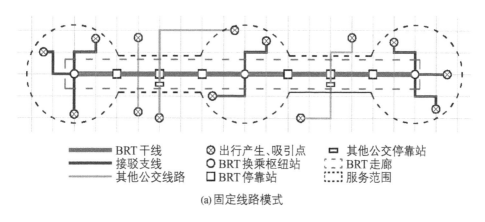

(a) 固定线路模式

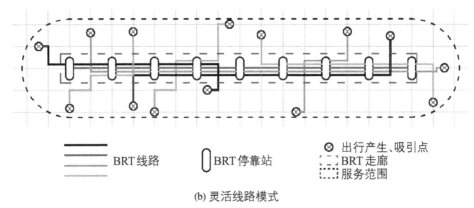

(b) 灵活线路模式

图 12.5　广州 BRT 及"摆渡线＋灵活线"公交线网模式示意

12.4　公交导向的路权及路网布局结构研究

不能期望立体轨道交通(主要指地铁和轻轨)解决所有问题,公交都市不等同于轨道都市。在道路网设计上,也需适应公共交通发展,并探寻建立公交导向的路网规划模式和解决方案。

12.4.1　公交导向的路权设计及等级重构

路权问题是是否切实实施"公交优先"计划和践行"公交都市"战略的根本问题。彼得·卡尔索普直言:交通拥堵解决方案取决于路权的分配,你朝哪个方向赋权,哪个方向的交通分担率就会增加。因此,应在道路断面的路权问题上为公共交通争得更多空间,以体现公交优先。以瑞士苏黎世的经验为例(图 12.6)。苏黎世对路权的分配原则严格依据公共交通与机动车出行比例,目前公共交通与机动车出行分别为 50%,因此路权分配也是有轨电车专用道和公交专用道占路权的 50%,并且保障有轨电车和公共汽车的优先路权和交叉口优先通行权,尽可能消除社会车辆通行对公共交通运营的干扰。如汇集全球顶级奢华品牌零售店的火车站大街班霍夫街(Bahnhofstrasse),红线宽度不足 30 m,中央设置了两条有轨电车专用道,两侧分别是近 10 m 的人行道及行道树,全路段无小汽车行驶空间。

图 12.6　苏黎世火车站大街

苏黎世案例最大的借鉴意义在于在不"大拆大建"的前提下同样能够打造一座世界级的公交都市,这一点值得一面提公交优先,一面却在大兴土木建设快速路的中国城市深思。寄希望于利用地下和高架轨道交通满足城市客运需求,实质是将地面道路让位于小汽车——尤其是在没有很好地考虑路网布局结构及尺度时。最好的例证是北京市轨道交通日客流量超千万人次已呈常态化,却依然不能改变地面道路交通极度拥堵的现状。

公交导向下的道路等级划分将公共交通及非机动交通提升到优先地位。在道路等级划分过程中主要考虑土地利用、公交路权倾斜方式及慢行环境打造3个要素;重点考虑土地利用性质与强度,将道路现状条件与土地利用特征相结合,打造城市公交廊道;以慢行通道网络系统支持公共交通,满足最后一公里出行需求;通过公交路权倾斜政策保障公交导向路网的实现。根据以上原则及要点,将现有道路重新划分为:骨架路、公交优先级道路、基础路及慢行通道(表12.1)。

表12.1 公交导向下道路等级划分方式

道路类别	道路功能	交通流性质	公交优先形式
骨架路	连接各城市组团的主要路网,保证城市(组团)间的快速联系	长距离交通、机动化交通	—
公交优先级道路	城市公交廊道,给予公交路权倾斜的道路,形成覆盖全城的公交道路网络	中长距离交通、机动化交通	空间/时间绝对优先
基础路	满足组团内出行需求的道路,串联其他道路	中短距离交通	选择性的空间相对优先
慢行通道	提供良好慢行环境,支撑公共交通发展	非机动化交通	—

骨架路为连接组团之间的道路,是为满足长距离、快速机动交通而设置,为城市中两侧用地开发量较大、刚性出行交通流较多的道路。在路网规划中需合理控制骨架路网密度,既保证车辆快速、高效通行,又不影响公共交通的主导地位。

公交优先级道路是构成城市公交网络系统的主要道路,以公共交通方式串联各居住片区、办公区、娱乐生活区,满足市民的刚性出行与弹性出行需求。此类道路为城市中出行量最大、两侧用地开发强度最高的道路,设置硬性隔离措施,形成公交专用道,并在交叉口给予公交车辆一定优先通行权,保证公交系统的高效运行。

基础路作为骨架道路与公交专用道路的补充,覆盖全区,连接其他道路构成完整道路系统。该类道路深入城市各组团内部,设置常规公交,接驳需求量较小的公交出行。

慢行通道严禁机动交通车辆通行,创造安全、舒适的步行环境,使行人便捷、顺畅到达公交站点,在此基础上提供交往、娱乐、休憩的场所。公交网络系统在站点设置、换乘等方面需充分考虑与慢行交通相衔接,以良好的慢行交通环境支撑公共交通发展。

根据上述思想重构的汕头中心城区道路分级体系如图12.7所示。

12.4.2 公交导向的路网布局结构设计

道路既是公交的载体又是小汽车的载体,微观层面道路还是公共交通站点与出行终端间的联系通道,道路的走向、宽度、等级、成网率等均在影响着出行方式选择。因此,道路网络特征应适应和引导公交出行,进而使道路成为引导公交增量出行和小汽车减量出行的载

图 12.7　汕头中心城区道路分级体系

体。现实中存在的一些问题需要反思。

首先,道路网规划模式的导向性及转型。由于城乡规划领域没有提出自己的道路设计规范而直接沿用交通工程的相关标准,加之深受柯布西耶的功能主义思想影响,当前在道路设计上速度至上,道路尺度显著放大,速度和效率的目标导向很大程度上诱导了小汽车的使用,实质是一种小汽车导向的路网规划模式,并直接导致自行车的低效运行和诸多步行障碍,从而进一步引发小汽车依赖。正如城市形态要能适应公共交通发展,路网格局也需适应公共交通发展。

其次,机械地满足公交覆盖的路网建设,其效果往往与规划初衷相背离。近年来,政府部门和学界都在提倡"公交优先"和建设覆盖面更广的公交骨干优先网络。尽管提高路网密度和连通性有助于实现相关规范对 300～500 m 内有公交站点的覆盖要求,但简单、机械的路网规划方式却未能有效提高可步行性和促进公交出行,相反导致小汽车交通在此类高连通性路网中随机散布,公交陷入了恶性循环,并逐步形成对出行行为"弱控制"和"弱规划"的交通模式,不利于组织公交和节能降耗。因此,仅关注密度和连通度而忽视其他特征要素的路网布局很可能使出行方式向有利于小汽车的方向倾斜。

对南京市多个小区出行方式的调查研究发现,公交分担率并非简单地随路网密度增长而增长。因此,通常认为的"加密路网能够促进步行并进而提高公交使用率"这一表述并不准确。根据统计回归分析(图 12.8),可修正为:在公交客流有一定基础或公交分担率中等偏高的地区,公交分担率往往伴随路网密度同步提高。其实,很多城市的公交运营现状已经能够体现出原表述的不精准,如英国的密尔顿·凯恩斯(Milton Keynes)新城。因为加密路网一方面增加了连通度和步行适宜性,扩大了公交覆盖范围,但同时也强化了小汽车"门到门"的优势。当使用小汽车已经成为一些人的生活习惯或代表相当部分人的出行意愿时,单纯提升路网密度非但不会促进公交出行,相反会以当斯定律的方式促进小汽车使用。这一认识对于我国许多小汽车普及率较高的城市的发展尤为重要。

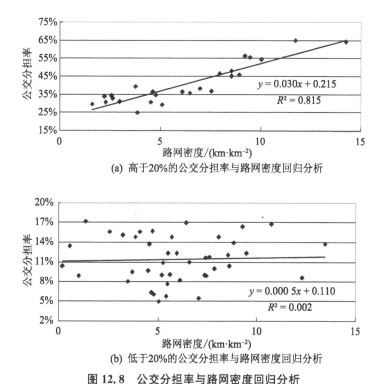

(a) 高于20%的公交分担率与路网密度回归分析

(b) 低于20%的公交分担率与路网密度回归分析

图 12.8 公交分担率与路网密度回归分析

在备受瞩目的雄安新区规划方案中，我们欣喜地看到：规划师们正在谋求更高密度和连通度的慢行路网，以及更低密度和连通度的机动化路网。这是有助于提升公交分担率的路网环节的规划策略，同时隐含着前文提及的路权设计的思想(图 12.9)。

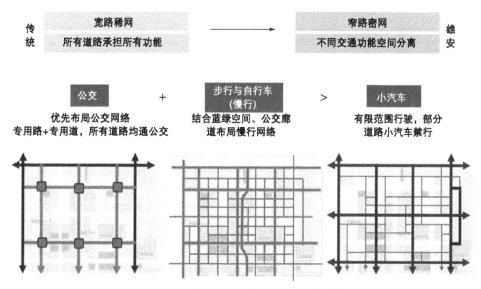

图 12.9 雄安新区道路网规划初步方案

可见,城市道路网的布局形态、密度及等级等核心要素是影响公交导向型发展、交通与土地利用一体化实际成效的重要方面。改变粗放式的道路用地增长模式,谋求精细化的道路网规划和布局优化模式应当成为当前及今后相当一段时期的努力方向。因此,在关注路权问题的同时,需面向中国城市采集出行行为数据,开展其与路网连通度、道路密度、道路尺度的相关性分析和影响机理研究,以从路网层面更全面地支持公交导向和较少小汽车依赖。

12.4.3 强化步行空间与叠加路网

微观层面的路网缺乏与公交站点设施的有效整合。在较小的空间层面,如公交站点,往往重视了公交设施布局,却忽视了站点与周边用地及出行终端整合的效率问题,二者之间缺乏有机、高效的道路媒介作联系,如无高品质的步行系统接驳站点、站点设在居住区的边界且有干道相隔等。彼得·卡尔索普曾表示:高品质的步行环境才是 TOD 成功的关键。因此,应当深刻认识道路作为公交站点与用地及建筑间的联系通道应是有机的而非松散的这一重要命题,并加强慢行空间设计和提高步行舒适度(如借鉴新加坡的有盖连廊)。

在路网设计问题上,我们可以从美国伯克利(Berkley)得到借鉴。伯克利市建于 20 世纪初期的以互联栅格为基础的传统社区,其栅格系统已被转换成尽端式街道和环形街道,所采用的办法是设置植被带作为交通屏障,或在选定地点设置混凝土浇筑的大型花架横穿街道以阻挡汽车的通行,但行人和自行车仍能继续使用这些栅格(图 12.10)。最初,这一计划受到社区居民的拥护,但受到那些失去汽车出入口的区外人士的强烈厌恶。尽管如此,此类步行连续而机动车非连续的叠加街道模式所得到的广泛支持已经足以让它成为一个经典,并为多位城市设计学者所赞赏。

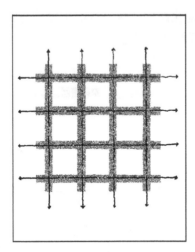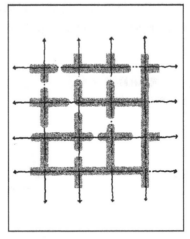

图 12.10　美国伯克利路网翻新案例

(左图为完整的栅格街道模式;右图为完整的步行自行车栅格网及非连续汽车路网)

除此之外,西方还就绿色街道(或绿街系统)展开研究与设计,绿色街道被认为是绿色基础设施的重要组成部分。绿色街道是城市高质量发展时期提出的一个关于现行道路系统整改的概念,是城市街道以小汽车为主导向以人为本的一次观念转变,旨在构建活力、低碳、健康、安全、快捷的、推动宜居城市和公平社会建设的城市道路系统。又一重要概念是完整街道(Complete Street),这一源自北美的通过尊重慢行等路权方式的追求断面路权完整化的理念无疑是正确的,但在中国,城市道路的横断面一直以来都包含有步行、自行车、公交和小汽车。因此,这一理念更像是北美城市向中国等地方城市的学习。恰恰相反,从路权角度,笔者认为当前我国更需要非完整街道而不是完整街道,如公交专用路,以凸显公交优先通行和实现路网规划向路权规划的转变。

12.5 公交导向下的静态交通"退化"设计

当前,国内城市普遍面临停车难问题,但对停车难的解决途径缺乏审慎思考,停车资源配置缺乏对引导公交出行的考虑,仅依靠供给上的满足将会导致道路交通的进一步拥堵。建筑设计中,几乎所有地下停车场均能直通上层建筑(包括居民楼和公共建筑),这无疑为小汽车出行提供了便利,小汽车可以从居住区的地下停车场驶出,沿着驾车人心中既定的行驶路线到达目的地或目的地建筑物的另一地下停车场。那么,公交导向下的静态交通应当如何设计呢? 在此不妨比较国内外的一些做法。

地处南京老城中心且在地铁 1 号线和 3 号线交会处建设的江苏第一高楼——紫峰大厦,配建了惊人的 1 200 个地下停车位(超过上海金茂大厦的 800 个机动车位)。其实,如果在这些具有邻近公共交通优势的区域减量配置停车设施,并促成多方式零距离换乘,应当能够引导出行方式向公共交通转变。如引领公共交通出行风尚的摩天大楼——伦敦夏德(Shard)大厦仅配置了 48 个车位(表 12.2)。因此,建设公交都市,明智的做法应当是市中心区和轨道交通沿线区域静态交通设施的"退化"设计,停车场与公共交通的资源配置应"此消彼长","退化"过程则应遵循渐进的原则。

表 12.2 紫峰大厦与夏德大厦建设指标对照

对比项目	紫峰大厦	夏德大厦
所处城市	中国,南京	英国,伦敦
竣工年份	2010 年 9 月	2012 年 6 月
设计单位	美国 SOM 建筑设计事务所 华东建筑设计研究院有限公司	意大利伦佐·皮亚诺建筑事务所
主体功能	商业、办公、酒店	居住、办公
高度/m	450	310
层数	92	95
建筑面积/m^2	260 000	110 000
停车位数量/个	1 200	48

2019 年初,荷兰阿姆斯特丹政府官员发表声明称,将进一步推进市中心区的停车位减少工作。按照计划,市核心区的停车位每年将减少 1 500 个。至 2025 年底,全市的停车位减少总量预计将达 11 200 个。部分社区现已开始设想利用玫瑰丛、长椅和滑梯来取代原停车位空间,将街道空间还给居民。随着停车空间的减少,人们将更青睐自行车等绿色出行方式,而坚持开车的人则将面临更高的停车费用。

无疑,静态交通"退化"的设计理念会面临社会及舆论压力。因此,保守的做法是:首先提供发达的公共交通系统以满足机动性要求,而公共交通是否可持续还需以"城市适应公交"的理念去设计优化适应公共交通发展的城市形态。这里体现的是公交都市构建的逆向思维和土地利用逻辑。

12.6 结语

1989年,荷兰阿姆斯特丹市的规划局局长奥斯康在北京市规划局做过短期学术交流,他曾对北京交通的改进提出过很好的建议,如:交通管理把小汽车的通行作为重点并给予优先的便利是不对的,应该优先的是公共交通。

1992年,英国著名规划师,同时是二战后"大伦敦规划"和弥尔顿·凯恩斯新城的主要编制者,华特·波尔(Walter Bor)应聘为北京市城市规划顾问,他提出北京应充分考虑是否需要像其他国家的一些城市那样试图满足并适应机动车的行驶需要。他指出北京应建设成为可持续的、经济的、以公共交通为主的城市。

21世纪以来,美国著名规划师彼得·卡尔索普曾多次来到中国内地,他指出:中国许多规划建设模式正是著名的"城市毁灭者"柯布西耶先生的梦想,一味从提高汽车效率出发的观点正在毁灭城市最核心的机能,中国城镇化发展能够实现宜居、繁荣和低碳的时间窗口非常有限。

应当感谢西方学者的忠告,并重新审视那些我们已经运用娴熟的规划原则和方法。当前,四面八方的城市扩张,体量巨大而又封闭的居住区,以道路建设投资拉动经济增长的模式,打通道路微循环、挖掘路边停车及优化道路级配等缓堵策略,似乎均以小汽车交通为导向,这会导致非常危险的后果。没有思想的规划如同一盘散沙,没有导向性的发展势必将陷入迷途,并可能导致名义上与实质上的自相矛盾。

城市交通是城市可持续发展的基础,也是影响城市竞争力的重要方面。以构建公交都市为契机,我们不能再一次错失解决城市交通问题的良机,更不能再用传统的方法去解决因使用传统方法所导致的问题。限行、限号、限购等行政管理措施只是推迟了交通拥堵到来的时间,且其合法性和有效性广受质疑。应当在城市与交通规划建设的开始阶段就充分研究并遵循不依赖小汽车的绿色发展路径(主要从土地利用和道路交通系统两个层面),并建立完善的、科学的公交导向型发展机制与规划模式,力争塑造成功的公交都市,创造更美好的城市未来。

13 城市更新与交通更新

改革开放以来,我国经历了人类历史上速度最快、规模最大的城市化进程。近年来,我国的城镇化率上升至65%,城市发展逐步从粗放式扩张转向内涵式增长,从增量开发转变为存量开发,城市更新已经成为城市发展的重要手段。与此同时,城市更新更是一种城市空间改造活动,其主要对老旧社区、衰败地区的空间进行规划重组,使老城能够满足新时代下城市发展的新需求,为健康城市、绿色城市、宜居城市、韧性城市提供空间基础,不断提升城市人居环境质量、人民生活质量、城市竞争力,走出一条中国特色城市发展道路。

城市交通作为城市发展过程中的重要组成部分,在城市更新中发挥着重要作用。在城市存量更新背景下的交通更新主要关注现有片区的交通设施更新、交通效率优化以及以交通更新为抓手的城市品质提升规划。转入高质量优存量发展模式的当下,如何优化既有城市交通设施,构建更加安全、高效、绿色、可靠的交通系统,以适应和引导新时代中国城市交通需求成为新课题。

13.1 城市更新发展脉络

城市自出现以来就伴随着更新的需求,如同细胞的新陈代谢。城市随时在面临空间品质恶化、社会经济发展与城市形态不匹配的情况,这时就需要将旧有的低品质空间进行升级改造,从这个意义上说,"城市更新"是与城市发展相伴相生的一种过程与形式。

但现代意义上的"城市更新"出现于20世纪50年代,彼时西方工业国家的城市面临郊区化问题严重、工业区衰落、城市内生动力不足等负外部性问题,同时在人本主义思想影响下,城市规划领域开始聚焦于公众参与、职住平衡等关于"空间正义"的视角。于是在1958年8月荷兰海牙市召开的城市更新第一次研究会上正式提出"城市更新"这一议题,即:"城市更新是将城市发展过程中出现阻碍城市化进程的障碍有计划地重建,使城市保持发展活力。通过现代科学技术手段和可持续城市发展的概念,有目的地为城市中不适合现代城市生活的地区进行必要的重建活动。"

城市更新不局限于城市局部的物质空间改造,而包含从"大城市"到"小社区"在内的各个尺度以及地下空间的更新改造。

13.1.1 城市更新的发展历程

1) 健康导向:清除贫民窟(二战后—20世纪50年代)

二战后,面对战争造成的城市破坏,人们开始进行战后重建工作。后工业时代经济的繁荣也为这一时期的城市重建提供了物质基础，为了改善城市形象并更有效地利用市中心土地，一场大规模的贫民窟清理运动在西方展开。

英国和美国成为关注城市居住环境更新活动的先驱。作为最早进行工业化的国家之一，英国早在 20 世纪 30 年代就开始颁布与城市更新相关的法规，旨在通过制度层面保障城市更新。二战后，美国政府采取自上而下的方式进行城市美化运动，市中心开展大规模改建和更新，尤其是贫民窟。

这一时期，"城市更新"还未被理论界正式提出，其主要关注改造贫民窟和城市美化活动，旨在提升城市居民的居住质量和城市价值。

2) 宜居导向：社区更新(20 世纪 50 年代—20 世纪 70 年代)

这一阶段西方城市面临严重的贫困问题，战后的城市中心区衰败严重，成为犯罪和贫困的温床，甚至已经影响到城市品质与居民安全。此时的城市成为贫困问题的主要战场，而城市更新被视为反贫困的主要手段之一。在此背景下，美国住房与都市发展部提出了"现代城市计划"(Model Cities Program)，该计划在大城市的特定区域制定了全面的方案，将城市整治作为首要任务。到了 20 世纪 70 年代，城市更新逐渐从原先的大规模改造演变为以邻里为基础、小规模分期改造的方式。

社会福利色彩的社区更新在这一时期兴起，旨在让原居民享受更多社会服务和福利待遇。然而，由于政府的承诺与实际存在较大差距，最终导致政府负担沉重。这种模式的不可持续性为后来市场导向的城市更新埋下了隐患。

3) 复兴导向：旧城再开发(20 世纪 70 年代—20 世纪 80 年代)

20 世纪 70 年代，私营部门开始进入城市更新领域，并逐渐成为主导力量，公共部门则在城市更新中扮演次要角色。

由于开发主体的变更，这一时期的城市更新较为关注城市中消费空间和商业空间的再开发与再利用。此种更新方式虽然是私营部门追求投资回报的手段，但在客观上减缓了城市中心区的衰败，所以这种更新方式被许多国家沿用至今，用来促进城市中心区的发展。

这种采用"自下而上"的更新方式相较于过去的"自上而下"，不仅能够减轻政府的负担，而且使更新过程更富有活力。不同的主体对空间有不同的需求，因此更新创造出的空间也呈现多样性，为城市的多元发展提供了机制保障。

但需要注意的是，这一阶段的更新方式在经济层面取得了巨大的成功，但在社会层面则造成了"绅士化"现象。大量中心区原住民迁出，取而代之的是标准化和商业化的"中产空间"，不利于城市内涵的延续。

4) 人本导向：综合开发利用(20 世纪 90 年代至今)

进入 20 世纪 90 年代，人们开始高度关注人居环境建设，强调通过社会、经济和物质等多方面的综合治理来解决城市问题，同时强调社区的积极参与。在此时期，保护社区的历史建筑、维持社会结构，与消除衰退、破坏现象变得同样重要。

人们特别强调居民的参与是社区全面复兴的重要特点。拥有产权的居民愿意将他们的所有权结合起来，以便在所有开发收益中按比例分享利润。在美国，这一时期私人开发商主导的以振兴经济为目的的商业性开发逐渐演变为经济、环境和社会等多目标的综合性更新。

旧城高品质的再开发成为这一时期的主题。在开发方式上，强调多元主体参与城市更新过程，注重"增长管理"和"精明增长"的管控方式。在价值倾向上，关注城市公平和包容性发展,致力让经济社会发展的成果惠及全体人民。这意味着人们共同承担发展责任,拥有均等的发展机会,并分享发展红利,形成最大公约数,以增强发展的持续性和内生动力。

5) 小结

二战以来,城市更新逐渐从改善居住环境的方法,逐步过渡成为城市再开发、再利用的方式,如今已经成为广大发达城市进行空间升级和社区环境品质塑造的基本方法,其伴随着城市的不断演替与进化。城市更新发展历程如表13.1所示。在存量发展时代,城市更新通过"社区营造""精明增长"等管控方法进行空间再生产,为城市人文空间蔓延和空间品质提升提供了内生动力。

表 13.1 城市更新发展历程

时期	二战后至1950年代	1960年代至1970年代	1970年代至1980年代	1990年代至今
主题	城市振兴	城市再开发	城市再生	城市复兴
重点	强调经济振兴与居住品质提升,解决社会贫困、就业困境和社会冲突	注重城市空间的功能重构和土地价值的实现,采取以地产开发为主导的公私合作模式	为应对经济衰退的传统工业区引入市场力量,进行物质、空间、经济和社会多维度的综合整治	体现人本思想和可持续发展观,强调社区角色参与和社会、经济、物质环境、文化传承等多维度的治理

表格来源:作者自制。

13.1.2 不同国家的城市更新方法比较

不同国家的城市更新方法比较见表13.2所示。

表 13.2 不同国家的城市更新方法比较

国家		时期								
		20世纪初	20世纪30年代	二战时期	20世纪50年代	20世纪60年代	20世纪70年代	20世纪80年代	20世纪90年代	21世纪初
美国	城市更新重点	以卫生环境改善为主导的城市美化运动		以经济振兴为目标的城市更新计划			以人文复苏为主方向的城市更新运动			
	规划思想与规划理论	"邻里单位"、有机疏散		场景理论		"区域主义"、人文主义	对"大规模推倒重建"的批判		"创意阶层"	
法国	城市更新重点	以大规模的开发和修建为主的城市更新				保护旧城和建设新城			更加注重社会问题的解决的城市更新	
	规划思想与规划理论	"百科式的全书"式城市规划	"集中主义"			"区域主义"、人文主义			"社区指向"	"精明增长"
德国	城市更新重点	以拆除重建为主的城市更新				注重保护、维护和更新旧住宅			注重传统城市空间和城市文明延续与保护	
	规划思想与规划理论	"住宅更新""未来建设"				"区域主义"、对"大规模推倒重建"的批判			"人本主义""历史保护"	
英国	城市更新重点	以政府为主导,以住宅区更新为主					以市场为主导的城市更新		基于多方面合作的城市更新	
	规划思想与规划理论	"田园城市"	"区域规划"和城市科学	开启大伦敦规划		工业人口重新分布	"绅士化"	"人本需求"(以人为度)	城市复兴	

表格来源:作者自制。

13.1.3 中国城市更新脉络

中国的城乡规划体系起源于计划经济时期,早期的城市规划和更新活动主要由政府主导,改革开放以来,市场和社会力量逐渐增强,城市更新呈现出政府、企业、社会多元参与和共同治理的新趋势。根据中国城镇化进程和城市建设政策的变化,可以将中国的城市更新划分为四个重要发展阶段(表13.3)。

第一阶段(1949—1977年),主要集中在"变消费城市为生产城市"和"社会主义工业化建设"的基本国策下。由于财政匮乏,主要关注基本卫生、安全和合理居住问题。旧城改造的重点是解决城市职工住房问题,并结合工业布局和结构改善。建设用地大多选择在城市新区,旧城主要进行填空补实。

第二阶段(1978—1989年),在1984年颁布的《城市规划条例》中提出"旧城区的改建"应遵循加强维护、合理利用、适当调整、逐步改造的原则。国民经济的复苏和市场融资的支持使得城市更新成为城市建设的关键问题。城市更新逐渐引起人们的关注。

第三阶段(1990—2011年),伴随土地使用权出让和财政分税制的建立,城市更新通过"自下而上"的人口城镇化和"自上而下"的土地财政双重驱动,通过正式的制度路径获得融资资金。从这一阶段起,城市更新在我国逐渐开始成为一种投资开发方式。

第四阶段(2012年至今),城镇化率逐年攀升,城市更新成为存量规划时代的必然选择。面对生态环境和粗放发展的困局,城市更新开始更注重城市内涵发展、城市品质提升、产业转型升级以及土地集约利用等重大问题。城市更新的原则目标和内在机制发生了深刻转变。

表13.3 我国城市更新演进阶段及主要特征

特征	时间			
	第一阶段 (1949—1977年)	第二阶段 (1978—1989年)	第三阶段 (1990—2011年)	第四阶段 (2012年至今)
发展方针	变消费城市为生产城市	控制大城市规模,合理发展中等城市,积极发展小城市	从"严格控制大城市规模"到"大中小城市协调发展"	尊重城市发展规律、发挥市场主导作用,提高城市治理能力,解决城市病
空间层次	关注城市局部的环境整治与最基本的设施更新	在部分城市着手推进各种类型的城市更新试点项目	全国范围内的大规模城市更新活动	重点城市的城市更新理念、模式、机制转型示范
更新机制	完全由政府财政支持,但财政较为紧缺	初步建立市场机制,但在试点项目中依旧以政府投资为主	全面引入市场机制,由政府和市场共同推动	建立国家治理体系,吸引社会力量加入城市更新
社会范畴	摆脱旧中国遗留下来的贫困落后状况	以还清居住和基础设施方面的历史欠账为主要任务	出现显著的"增长联盟"行为,效率导向重于社会公平	多方参与、社会共治,社会力量成为新的主题之一
更新重点	着眼于改造棚户和危房简屋	职工住房和基础设施	重大基础设施建设、老工业基地改造、历史街区保护与整治、城中村改造	创意产业园区数字化升级、生态修复、城市修补、老旧小区改造、老工业区更新改造
更新策略	充分利用,逐步改造	填空补实、旧房改造、旧区改造	旧城改造、旧区开发	有机更新、"城市双修"、社区微更新

表格来源:中则智库。

13.2 交通更新发展

13.2.1 交通更新

城市交通是城市空间内的重要组成部分,在城市更新进行的同时也会对相应区域内的交通状况、交通设施、交通管理等方面进行改造与更新,使交通空间不仅能满足城市更新对于空间品质的要求,还能在交通功能上有所提升,这方面的更新被称为交通更新。

需要注意的是,交通更新在城市更新中的作用不仅是辅助城市更新目标的达成,其还可以通过预测未来的交通需求等手段,提升该地区的交通可达性,从而促进人流、货流、信息流的传递,促进地区形成正向发展反馈机制。

与城市更新类似,交通更新主要关注交通方面的物质建成环境,即路网布局、轨道交通设施、公共交通设施、慢行交通设施等建成设施。相较于传统的交通规划和城市更新,交通更新作为二者的"中间地带",更为关注"整体与局部"的关系:在城市空间中关注具体区域的品质提升;在具体区域或具体方案层面则更为关注其对于城市整体的影响。

在城市存量背景下,交通更新研究更关注交通高质量发展,更注重交通规划和交通治理的综合统筹,典型的更新方式有 TOR(Transit-Oriented Renovation)模式更新和站城一体化更新。未来的交通更新借助数智技术手段,能更好地探寻交通问题内在成因和变化规律,进行深层次、精细化研究。

13.2.2 TOR 模式更新

1) TOR 模式的特点

近年来,一些学者提出了以公共交通为导向的城市更新模式,被称为 TOR。TOR 模式是从 TOD(Transit-Oriented Development)模式演变而来的新型建设模式。

TOR 以站点为基础,通过对站点周边区域进行品质提升,从而提升交通沿线的吸引力,将人流、物流、资金流吸引至站点周围,达到更新的目标。其与 TOD 有着共通的理论基础,但与 TOD 模式相较亦有所不同。

(1) TOR 更新思维方面:从增量开发转变为存量的系统更新

它将过去的物业增量开发模式转变为更适应存量发展时代的更新提升模式,致力于更精准、更充分地利用城市中已有的空间资源,通过减量提质来激活存量资源。TOR 模式倡导一种基于城市存量发展的系统性思维,将站城一体化区域融入城市系统,通过空间一体化更新、设施一体化更新、环境一体化更新、交通一体化更新等进行多要素、多维度、多层次的复合化、系统性提升。

(2) TOR 模式的关注重点方面:从单纯的土地增值转变为综合效益优先

TOR 模式以城市和人的总体需求为出发点,避免了"就站点论站点、就开发论开发",更加关注社会效益与经济效益的互融和平衡,强调总体效益的最优化,而非单一的土地资产增值。

(3) TOR 模式的建设方式方面:从整体或阶段开发转向长期动态协商优化

与传统的 TOD 模式不同,TOR 模式采用长期动态协商的建设方式,根据城市不断发展的进程,在多方协调下形成一种交通更新机制。

2) TOR 模式下轨道交通引领城市更新的内容、策略与路径

(1) 更新策略

在 TOR 模式下,站城一体化改造以问题为导向。TOR 模式对常住人群、地铁客流、服务设施、用地布局、交通衔接、环境品质等方面进行调研和实地踏勘,了解站城一体化区域存在的核心问题。基于这些问题,从结构、功能、环境、品质、风貌、资产等 6 个角度提出更新的重点,并制定了近期的更新方案,同时明确了实施保障等相关内容。

(2) 更新内容

在站点层面的更新内容主要包括以下几个方面:首先预测未来的乘客流量,根据预测结果对现有的车站空间进行扩容,并提升轨道交通运力,以满足未来城市发展的需求;其次根据现状车站交通组织存在的问题,优化交通流线组织,提高交通效率、安全性和舒适度,确保车站的人流集散高效、安全;另外,根据对主要客流人群的需求分析结果,在车站增设人性化的服务设施,为乘客提供便捷、舒适的出行体验。通过这些措施全面提升站点的运营和服务水平,以更好地满足城市未来交通需求。

13.3 案例分析

13.3.1 交通基础设施的"加法"式更新

1) 案例一:纽约哈德逊广场地区再开发项目

(1) 概况

位于纽约曼哈顿主城区西侧的哈德逊广场地区由 43 街、第八大道、30 街和西区高速公路所围合(图 13.1),西接哈德逊河,毗邻纽约高线公园三期项目(HighLine Park,值得一提的是,纽约高线公园是由废弃铁路更新创造而成的城市新地标,本身也是交通更新与城市更新相辅相成造就的著名案例)。1986 年,该地区东侧的宾夕法尼亚州车站容量过载,西侧铁路站场——约翰卡默勒西区堆场(John D. Caemmerer West Side Storage Yard)建成并投入使用,以提升铁路的运载力。此外,铁路下侧的哈德逊隧道同样承担了重要的入境交通流。至此,哈德逊广场地区成为这一重要的交通廊道上的枢纽。

因铁路而兴,随铁路而衰,交通的发展在带来客流的同时,也带来了许多问题。铁路的长期运营严重割裂了城市肌理,加之公共服务设施和运营模式的落后,地区发展不堪重负。纽约政府于 2005 年正式启动哈德逊广场再开发项目(Hudson Yards Redevelopment Project, HYRP),历经多次转型,仍在持续建设中,本节主要分析该项目前期更新工作。

(2) 挑战

在这场政府主导参与的城市更新中,从规划到实施均面临着诸多挑战。

首先,铁路客流逐年攀升,交通运力稍显不足。该地的铁路和公交设施均位于东侧区域,西侧区域缺乏便捷的公共交通和通勤铁路,随着铁路客流的增加,客运及货运能力渐弱且愈发呈现出东西失衡的局面。由于哈德逊广场地区重要的交通作用,面对超负荷客流,东部的交通枢纽日渐乏力,这不仅对本地区居民造成了困扰,更是给新泽西州和曼哈顿两地出

13 城市更新与交通更新

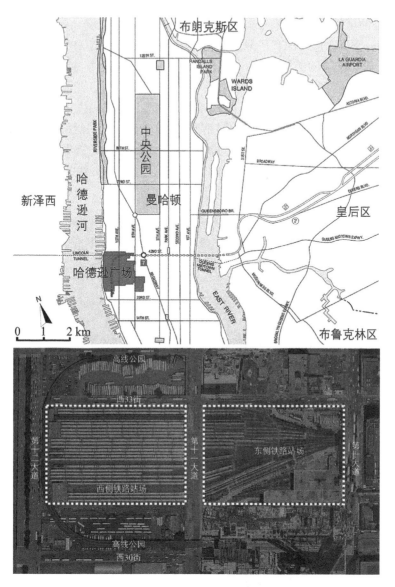

图 13.1　哈德逊广场区位图(上)和更新前的哈德逊广场(下)

行的乘客带来了不便。

其次,综合交通枢纽有待完善,公交可达性亟待提升。广场东侧的公交场站并未充分融入宾州车站等关键交通枢纽的整体布局,乘客出站后的步行距离过长,换乘不便。

最后,传统制造业衰败,低密度用地亟需转型。经济的发展呼吁该地区低密度的制造业区过渡、升级为中高密度的混合开发区,而这类土地利用的转型,需要以公共交通为导向的发展战略的支撑。

（3）策略

为了解决该地区面临的种种问题,纽约市政府主导,纽约大都会交通局、私人企业等多方参与,共同确定了以公共交通为导向的发展战略,巩固提升重要交通枢纽的地位,以点带面,联动区域发展。

其中最重要的项目当属 2011 年美铁发布的"门户计划"(Gateway Project),规划新建哈德逊河铁路隧道,并将改造中的莫伊尼汉车站(Moynihan Station)和宾夕法尼亚火车站结合扩建,提升交通基础设施的综合运力(图 13.2)。在更新过程中,地铁 7 号线的扩建是重中之重。自 2003 年起,纽约市政府、纽约市大都会交通局、纽约城市规划委员会等几次提出地铁 7 号线的扩建计划,直至 2011 年"门户计划"的提出正式确定了将 7 号线延伸至莫伊尼汉车站的方案,并于 2015 年 9 月正式投入使用。至此,7 号线将哈德逊广场并入纽约市主要地铁线路网,地区可达性大幅度增强,整个大都市区的连通程度显著提升。哈德逊广场的门户区位优势得到了充分的发挥,极大提升了曼哈顿市中心-新泽西州及周边区域的通勤效率,破除了地区经济进一步发展的难题。

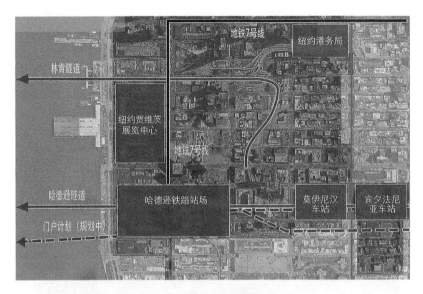

图 13.2　哈德逊广场地区交通分布

图 13.3　哈德逊广场更新后

高质量、高连通性的公共交通系统为地区带去了新的发展动力,此后哈德逊广场地区顺应自身交通枢纽优势,采取"节点＋交通走廊"的规划模式,周边土地横向混合利用与竖向高密度开发相结合,实现了地区紧凑高效发展(图 13.3)。

(4) 启示

纽约哈德逊广场地区的城市更新是典型的通过交通基础设施的"加法"式更新而提升城市活力的案例,而我国城市发展正逐步从增量开发转向存量更新,同时面临着老城活力再造的严峻课题,可以从中获取值得吸收借鉴的经验。

哈德逊广场地区的开发项目以交通基础设施的提升为更新契机,充分利用区际重要交通节点地位,发挥门户区位优势,在实现地区城市更新的同时,突破交通联系和经济发展的双重瓶颈，带动了整个纽约大都市区域的经济跃迁。

此外，该地区的更新注重沿交通节点＋轨道(公交)走廊的高强度开发，将城市功能和人口有计划地集中在交通走廊两侧和枢纽周边，与外围区域开发并呈阶梯状强度递减。针对特定区域有重点地进行高容积率更新，其他区域适当留白，提升城区活力的同时，也为城市发展留有余地，有助于未来可持续的更新发展。

2）案例二：深圳市梅林关片区依托枢纽整合低效存量用地

（1）概况

深圳市土地资源稀缺，城市可建设用地规模小且均已实现开发利用，其在存量开发探索中有着丰富的经验，已逐渐形成一套符合自身发展特点的城市更新路径。

梅林关，拥堵的代名词。梅林关片区位于深圳市城市发展中轴，是南北向交通主轴。自1982年6月在深圳特区与非特区之间设立特区管理线（俗称"二线"）以来，外地人前往深圳，必须持边防证经过各大小检查站审核后才能通行。梅林关，就是其中的一个站点。

随着特区一体化，梅林关口的概念名存实亡，但是梅林关片区城镇化进程中遗留下来的相关交通及市政设施得以保留。梅林关枢纽为城市轨道交通枢纽，汇集1条规划城际铁路（广深中轴城际铁路）、3条城市轨道交通线路（地铁4号线、6号线以及即将开工建设的地铁22号线）以及常规配套交通于一体（图13.4和图13.5）。

（2）挑战

在满足通勤需求和升级地区发展的双重呼吁下，围绕梅林关枢纽周边低效存量用地开展了一体化综合开发工作。在此之前，需要明确片区存在的主要问题以及更新的重要突破口。

首先，高峰时期拥堵严重，交通设施亟需提升。梅林关现状交通量与车道数不匹配，大量车辆汇集至梅林关枢纽，造成交通拥堵。梅林关"治堵"从未结束，途经此地的上班族"英雄难过梅林关"，拥堵问题的解决需要多方面的协同和多主体的参与。

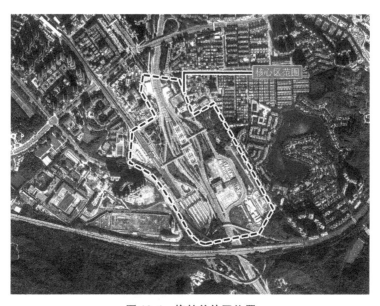

图13.4 梅林关片区位置

图 13.5　梅林关片区范围及现状交通设施示意

其次,站域土地利用低效,开发模式亟待升级。随着梅林关片区被市级国土空间规划纳入深圳都市核心区范围,低容积率、单一用地的土地开发利用模式显然不适应高强度、高效率的发展需求,梅林关片区低效的土地利用现状亟须改变,而依托枢纽建设集约混合的 TOD 片区是最佳选择。

最后,交通枢纽综合性不足,行人友好性有待加强。作为自然山体下如此大型的立体交通枢纽,梅林关也未免患上割裂自然格局、影响步行体验的"通病"。在此情形下,机动交通与慢行交通的接洽如何进行,仍是个值得探讨的课题。

(3) 策略

梅林关通过的四条策略,实现了更新和优化(图 13.6 和图 13.7)。

第一,用地混合促进站城一体化。依托交通枢纽建设,增加站点周边用地混合度,推动站域内的职住平衡。第二,综合枢纽实现互惠互利。依托现有枢纽,结合公共交通网络,打造综合一体化交通枢纽,实现换乘接驳零距离,促进城市轨道和站点周边商业的共同获利。第三,优化路网,分离快慢、境内外交通。一方面通过道路路权的再划分,实现机非、快慢分离;另一方面,过境交通采用半下沉处理,内部交通通过高架跨越主干道,实现东西高效互动。第四,慢行交通串联车行节点。构建梅林关、城市、绿地山体相联系的慢行系统,便于市民和游客便捷地实现游、通、行结合,实现交通枢纽和商业区、居住区、公园等的互通。

深圳梅林关通过 4 个策略对片区低效存量用地进行再造,围绕城市轨道交通车站进行统筹一体化开发建设,转变既有低效用地模式,实现站产城一体化,使片区焕发新活力。

(4) 启示

存量用地背景下,TOD 综合开发能够实现土地资源集约利用的创新,既能整体改善城市形象,又能解决城市轨道交通建设资金问题并提升客流,从而实现城市轨道交通建设与运营可持续发展。

深圳作为城市更新实践探索的先行军,拥有丰富的存量开发经验可以供我国其他城市学习借鉴。"轨道交通+城市更新"是深圳市在不断的实践中总结出的依托轨道交通建设开展的大片区统筹开发模式,TOD 发展依托存量用地更新改造,实现土地的集约化利用以及效益的最大化。

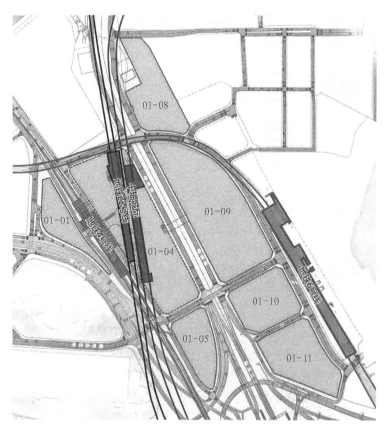

图 13.6 现状及规划轨道交通线路分布

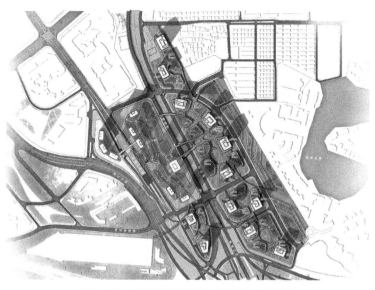

图 13.7 城市更新后梅林关枢纽总平面图

13.3.2 交通基础设施的"减法"式更新

案例：巴黎梵尚线林荫步道改造项目

（1）概况

巴黎梵尚线林荫步道(La Promenade Plantée)位于巴黎市12区，西起巴士底歌剧院东侧，东止于巴黎环线之外的梵尚森林(Bois de Vincennes，又译为"文森森林""文森绿地")，全长4.5 km(图13.8)。整体呈现出包含高架桥、与城市地面平交的广场以及隧道在内的多样性空间形态。

1859年，为了适应当时巴黎的扩张，该林荫道的前身——梵尚铁路建成并投入使用，经过梵尚森林通往巴黎郊区，全长54 km。随着1929年巴黎铁路开通，梵尚铁路逐渐落寞，二战后更趋于沉寂，1969年梵尚线正式停运。

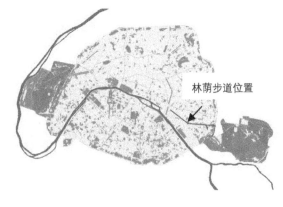

图13.8 林荫步道位置

（2）挑战

快速交通路网与城市空间的协调问题一直被不断地探讨。梵尚线路废弃之后遗存的铁路干线在失去原本的交通价值后，更像是城市的一道"伤痕"。

第一，割裂城市肌理，破坏环境品质。对于城市规划师和设计者来说，如何去处理破坏城市风貌的废弃干线，尤其是针对高架部分，是个左右为难的问题：拆除，意味着揭城市的伤疤；保留，仿佛又在继续落寞；新建，何尝不是"欲盖弥彰"。

其次，造成区域阻隔，产生社会分异。当高架桥南北两侧分别逐步形成中产阶级住区和平民街区之后，高架路段不仅形成了空间上的隔阂，更对社会造成了实质的分隔，无处不表明着城市的无奈和社会的叹息。

（3）策略

首先，针对铁路起点站的改造，采取了拆除重建的更新措施，巴士底车站拆除后于原址重新建造了新的巴士底歌剧院，成为新的地标建筑。拆除车站在提供建设用地的同时，调整了用地属性，使城市面貌焕然一新，为城市注入了新的活力，为巴黎市民的公共生活增添了新的色彩。

图13.9 高架绿道现状

其次，针对线路的高架桥部分，采取了更新改造的方案，将原有的交通空间改造为"商业＋公园"。高架桥上铁路轨道被改造为花草成荫的空中绿道，发展成为世界首个高架公园；高架桥下空间被改造为销售、展览高品质艺术品的商业空间，并植入咖啡厅、展厅、餐厅、沙龙等公共休闲、交流空间(图13.9)。

这一更新,消弭了空间隔阂的同时,也为南北两侧不同阶层的市民提供了交流的场所,打破了社交壁垒。

第三,高架绿道沿线串联起了一系列街头公园和绿地,打通了城市的慢行路网,为城市的慢行交通系统增添了具有时代风格的、拥有历史记忆的独特风光。同样的线路,其功能已经由原来的"割裂"城市空间,转变为如今的"缝合"城市空间。

(4) 启示

巴黎梵尚线林荫步道是世界上首个在旧有高架铁路线上建设的公园,该项目直接、间接影响了包括上文提到的纽约高线公园在内的诸多利用废弃铁路、高速路等交通干线开展的城市更新改造项目,对我国交通线路过境地区的城市更新、废弃交通干线空间盘活、高架桥下空间再利用等具有借鉴意义。

一方面,快速交通干线等交通基础设施作为城市交通重要的基础设施部分,对城市的发展起着不可或缺的重要作用。同时,快速干线对城市空间的分割问题饱受争议,在斟酌干路选址的同时,也要恰当地处理废弃的线路。针对后者,巴黎梵尚线的改造为世界提供了优秀的参考答卷。

另一方面,交通基础设施存在众多"隐秘的角落",相较于欧美大刀阔斧地改造为更具公共属性的空间、日本小修小补地设计为时尚地标,中国绝大多数城市还处在桥下停车或"种树养花"的粗放阶段。无论是快速路、跨线桥还是立交桥,高架线路的桥下空间在城市存量发展的语境下,都存在巨大的改造更新潜力。

13.3.3 站点周边土地开发强度的"加法"式更新

案例:日本富山市选址优化规划

(1) 概况

随着世界城市建设进入存量发展时期,越来越多的城市逐渐呈现出人口减少、经济衰退等特征,城市收缩已经成为一种新的城市发展趋势。日本自 2008 年以来,伴随少子化、老龄化进程的加速,人口持续减少,中小城市呈现出低密度无序蔓延乃至疏化趋势,相当一部分片区的公共服务设施的使用率降低、维护成本相对上升。

针对中小城市普遍的城市收缩现象,日本在 2014 年修订《城市再生特别措施法》时,提出了"选址优化规划",即以从扩张型城市向集约型城市转型发展为主要理念,将城市空间结构调整为以轨道交通体系为主要发展轴带,促进城市公共设施和居住需求向轨道站点周边集聚,形成紧凑发展的新空间结构,从而满足城市收缩的现实需要。选址优化规划秉承紧凑发展理念,强调相关城市功能向轨道站点周边地区集聚,重视步行半径这一基本尺度的规划原则,其中包含低碳生态规划、紧凑城市等规划理念。2015 年,日本提出了建设"紧凑型+网络型城市"的设想。随后,日本开展了大量的选址优化规划实践,富山市正是其中的典型代表。

富山市,富山县首府,位于日本北陆地方富山县中部,人口和面积均位于富山县各管辖市区之首。2005 年,旧富山市与大泽野町、妇中町、八尾町、山田村、大山町、细入村等 7 个町村合并为现在的富山市,自然形成了"中心城区+多组团"的城市空间格局。由于市町村合并的政策和宽松的土地用途管制制度,在市辖区规模陡然扩大六倍的同时,富山市成为日本人口密度最低的城市,随之而来的还有一系列城市住房、经济等问题,表现出以市中心经济衰退和多个町村空间扩张为表征的星状收缩模式。

(2) 挑战

首先,人口呈现出少子、老龄化趋势。伴随着人口出生率降低、老龄化率持续攀升,加之富山市存在人口的外迁,社会的养老负担加剧,公共服务设施尤其是公共交通的运行更是举步维艰。而发展公共交通是日本应对老龄化社会而采取的重要举措,相对成本的提高与需求的不断加大,成为阻碍富山市公共交通持续发展的两座大山。

其次,经济持续衰退,人口加剧外流。劳动力的减少直接导致了部分劳动力趋向型企业的外迁,而金融、餐饮、住宿等收益较高的企业投资更加倾向于人口密集的大都市圈,同时大都市圈也是年轻人的主要流向,长此以往,富山市陷入经济持续低迷的恶性循环。

第三,市中心趋于萎靡、日益空洞化。人口的减少引发市中心的衰退,商业落寞,活力降低,地价贬值,地方税源萎缩,提升公共服务水平的能力受限。人口密度相对更低的郊区情况更加不容乐观。富山市的更新优化迫在眉睫。

(3) 策略

富山市的更新规划以选址优化规划为指导。日本的选址优化规划同 TOD 规划模式相似,均依托轨道交通和常规公交系统形成城市空间组织的结构网络,其主要内容可分为城市功能引导区域、居住引导区域、引导设施三部分:首先,通过便利的交通站点来确定一定范围(理论为半径 800~1 000 m,实际规划范围可能较小)的城市功能引导区域,确保该区域范围内拥有足够的生活和工作服务功能,这一区域类似于 TOD 组团中的核心区域;其次,将人口集聚在城市功能引导区域附近,以确保居住引导区域内足够的人口密度,维持公共服务的完备性、舒适性和可持续性,这一区域类似于 TOD 组团中的次级区域;第三,在规划已确定的区域中分级分类合理布置充足完备的、高品质的基础设施和福利设施(图 13.10 和图 13.11)。

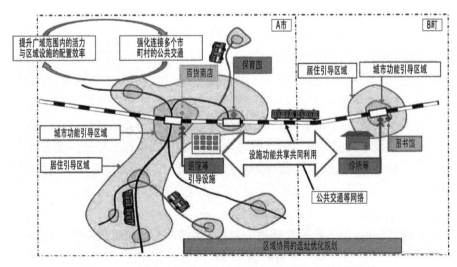

图 13.10　城市功能引导区域、居住引导区域以及引导设施

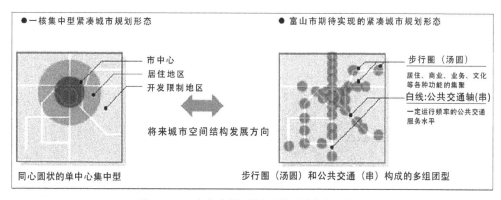

图 13.11 富山市"汤圆和串"型城市空间构想

在城市结构规划方面,强调依托轨道交通和常规公交网络连接不同节点,确保站点周边区域较高的人口密度,以维持公共服务的可持续性。此外,富山市还将城市建设区域、外围田园区域和自然环境区域之间的关系完整清晰地表达并划分了出来。依托网络上的交通站点,人口和空间开发双重集聚,在站点周边形成了老龄友好的、圈层式的空间组织模式,塑造出了独特的"紧凑化+网络化"的城市空间结构。

在土地利用规划方面,针对包括中心城区在内的 14 个市域生活圈,将其中的火车站和公交站的步行圈设定为地域生活节点(汤圆),并从中选定公共交通轴线上火车站和公交站的步行圈作为城市功能引导地区和居住促进地区,持续引导城市功能向中心城区、地域生活节点及公共交通廊道(串)沿线集聚整合,确保满足居住和日常生活功能的需求。

在道路交通规划方面,通过扩大中心城区和地域生活节点的公共交通便利地区范围、提高这些地区居住密度的方法来抑制城市衰退。为使市民能够便捷地乘坐公共交通前往中心城区购物,在中心城区和地域生活节点之间、各个地域生活节点之间布置公共交通轴线,使中心城区以外的居民也能方便利用多样化的城市功能设施,通过路面电车和快速公交的网络化以及补助奖励制度引导人口的渐进性集聚(图 13.12)。公共交通网络的形成使中心城区和地域生活节点之间的人流量得到保障,许多大型购物中心开始由郊区迁入中心城区,中心城区和地域生活节点的主要商铺迁入量呈现回暖趋势。

(4) 启示

选址优化规划的骨架实际上是个轨道交通与常规公交结合的复合系统,其主要结构是轨道线路,在重要的轨道站点形成城市功能引导区域的节点布局;公交线路则形成更广泛的支撑网络。值得注意的是,选址优化规划不仅仅是存量发展时代中针对城市收缩问题应运而生的特殊的 TOD 规划模式,它秉承低碳生态、紧凑发展的理念,依托轨道交通收缩城市规模的规划方法,体现出明显的"公交引导收缩"特征,拓展了 TOD 模式的内涵,丰富了 TOD 模式的规划方法与应用方式。

与日本不同的是,我国中小城市虽然也呈现出城市收缩态势,但中小城市,尤其是地方县城,鲜少设有轨道交通,无法依托轨道交通线路进行相关城市功能的布置。而这种特点恰恰代表着其在公共交通设施运营成本方面的优势,同时避免了公共交通和慢行交通转入地下而让位于小汽车出行,让更多的绿色出行显现在地上,更便于真正地做到公交优先于小汽车。这正与日本的成功经验殊途同归。

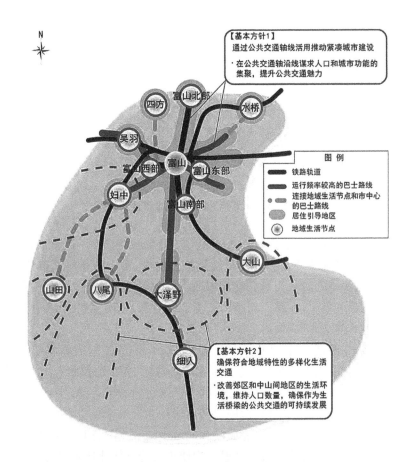

图 13.12　符合地域特性的公共交通活性化基本方针

13.3.4　城市更新视角下的停车发展及治理策略

案例：美国帕萨迪纳市老城停车政策改革

（1）概况

自 20 世纪初起，美国的私人小汽车拥有量持续攀升，停车需求激增。建成年代较早的市中心无法满足市民庞大的停车需求，加剧了美国老牌较发达城市市中心的衰退。无序蔓延的郊区化发展模式亟须改变，市中心的振兴迫在眉睫，当务之急便是停车政策的改革。

帕萨迪纳市（City of Pasadena）是美国加利福尼亚州洛杉矶市的下辖城市，位于洛杉矶市中心东北部 18 km 处（图 13.13）。该市成立于 1886 年，现管辖面积约 59.9 km^2。

帕萨迪纳老城（Old Pasadena）是该市最初的商业中心，位于现在的费尔奥克斯大道和科罗拉多大道的交会处。彼时老帕萨迪纳以其冬季温和的气候、繁荣富裕的生活、"黄金遍地"的工作机遇吸引了全国的关注和众多的游客，并迅速扩张、壮大，一度成为集商业、艺术、社会运动等于一体的城市中心。

到了 20 世纪 60 年代末，该地区在经历了数十年的人口和商业的繁荣之后，同当时美国许多城市中心一样，陷入了发展的困境。

13 城市更新与交通更新

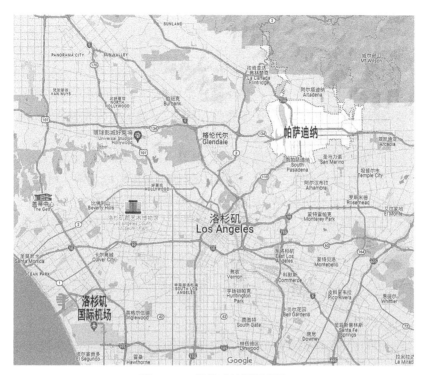

图 13.13　帕萨迪纳城的区位

(2) 挑战

由于受到美国经济大萧条的波及，20 世纪 40 年代末期的帕萨迪纳市已不复旧时繁华。市中心地区充斥着廉价旅馆、酒吧、赌馆、当铺和色情场所，谋杀率和纵火率飙升，彻底从繁华中心沦为市民避之不及的贫民窟。

二战后，市民汽车拥有量激增，老帕萨迪纳市道路运载能力不足以支撑猛增的交通量，停车位的供给严重不足，市中心的服务业、商业逐渐向东部新兴的、建有大量停车位的南湖大道(South Lake)地区转移，大批拥有汽车的居民也随之迁往或搬去郊区，市中心人口整体减少，原市中心变得更加凄凉。值得庆幸的是，市中心衰落带来的低廉的房价，吸引了一批艺术家和时髦人士的入驻，也正是他们在后续的老城文脉的保护和城市环境的美化中起到了重要作用。20 世纪 70 年代后期，市政府为了振兴市中心所采取的老城破旧建筑的拆除新建行为，强行植入的新建筑和肌理破坏了老城的历史文脉，引发市民不满，效果适得其反。

(3) 策略

在配建停车政策改革方面：第一，降低下限配建标准以缓解其对老城发展的束缚。通过降低下限标准，减轻商业经营者的成本压力，提升投资和创业激情。第二，制定政策以公共、共享停车位替代配建停车位。采用"分区停车信用项目"(Zoning Parking Credit Program)和停车信贷制度(Parking Credit Program)，允许开发商购买公共停车位信贷证替代配建停车位，并考虑停车共享等因素，每个公共停车位出让 1.5 个停车信贷证。第三，TOD 区域停车标准折减并转为上限要求。将原有的 TOD 区域停车标准下限要求折减一定系数，并将折减后的指标定为上限标准，以此减少停车位数量，来减少 TOD 区域的小汽车通行，提高公共交通和慢行交通的出行。

在路外公用停车政策改革方面:第一,建设市政公共停车设施。将现有的公共停车场改建为市政公共停车楼,停车场集零为整,提高土地利用效率和停车位利用效率。此外,市政公共停车楼的"停车+步行"设置,提高了老城的步行活力和可达性,并提高了商业的活力。第二,鼓励私人建设公用停车设施、鼓励私人停车设施公用。政府在出让土地和审批开发项目时,通过提出建议、提供专项资金支持等鼓励开发建设公共停车场,另外,鼓励企业停车场对公共开放,收益归企业所有,既盘活了闲置停车用地,又满足了汽车拥有者的使用要求,同时满足了政府的管理和企业的收益需求。

在路内停车政策改革方面:采取"停车受益区"(Parking Benefit District)政策,即将路内停车收费用于本地公共服务,"取之于民,用之于民"的政策极大地缓解了市民对于停车收费政策的排斥情绪。唐纳德·舒普(Donald Shoup)称老帕萨迪纳城为全美第一个停车受益区,停车收费最终用于该地区的环境改善、设施修缮等,这类停车受益区政策投入后取得了显著成效,广受好评。

帕萨迪纳老城在1995年获得了第一届"伟大的美国主街奖"(Great National MainStreet Award),并获得了地方政府和学术界的高度认可,成为美国城市中心更新的典型案例。

(4) 启示

停车政策改革是帕萨迪纳老城的更新中最主要的助推剂,其中许多创新的改革政策为世界上其他老城区的停车改革提供了值得借鉴的宝贵经验。

首先,尊重市场对于停车配建的自由权。明确停车设施应为市场供需关系所主导,而且政府管控兜底。放缓老城区商业停车配建的下限约束,刚性的下限标准不仅增加了商户的经营成本,还会刺激停车需求、破坏老城公共环境的塑造。根据市场的供需关系弹性配置停车位并确定停车收费标准,可以提高商户建设停车位的主动性,改善老城区的公共空间环境。

其次,多部门协同解决更新区域停车困境。停车设施在空间的唯一性要求规划设计者协调统筹,使用上的竞争性要求高效的基层管理,服务的排他性要求利民合理的政策规章。尤其老城的更新往往要综合考虑历史文化的保护传承和多利益主体的协调,停车位的位置、数量、收费标准、步行可达性均有独特的提升需求。针对老城适老化需求,应适当降低停车配比,减少停车供给缓解需求的过度增长,鼓励发展公共交通和慢行交通,降低机动车的出行。

13.4 城市更新与交通更新关系探讨

在城市存量更新和高质量发展的转型背景下,城市更新与交通更新作为重要的发展工具,两者相互依托,密不可分。

13.4.1 问题与挑战

(1) 城市更新与交通更新协同性不足

交通更新作为牵一发而动全身的建设项目,难以独立开展,实际推进往往需要政府城建部门的介入。过往的交通规划更多作为专项规划开展,不同建设部门之间的协调性不强,难以实现交通和用地的协同规划,由此产生了许多积重难返的城市问题。存量发展背景下,城市更新与交通更新的协同机制仍需要进行更具实质性的探索研究。

(2) 各自为政体制下的交通更新滞后性显著

城市更新在盘活用地、提高土地利用效率、提升居民生活品质的同时,往往也带来了更大的交通量和交通流,而交通设施建设投资高、耗时长、影响大等的特质决定了交通更新的相对滞后性。相较于传统的交通规划,交通更新更多关注中近期的改造提质以及交通设施全生命周期的"规建管养运"。因此,更新时序的统筹和区际、城际间的交通联系需要进一步探索。

(3) 交通更新技术方法的精确性和科学性有待加强

一方面,前期规划阶段有待更精确、更科学的定量分析方法的参与;另一方面,交通更新的实时监测机制和定量评估体系目前仍不健全,更新完成后的使用反馈、运营维护、系统自适应等方面有待深入探索。城市交通问题的研判和形成因素的剖析日益复杂多样,面对庞大的数据和个性化的需求,城市更新工作需要大数据、人工智能等新技术的加盟。

13.4.2 交通更新与城市更新的关系

交通更新的开展往往以城市更新为契机。首先,国内的交通更新实践项目大多依托于城市更新项目开展。无论是交通提升引领的城市更新,还是城市更新呼吁的交通更新,其涉及的改造项目,大多被冠以"城市更新"的名号,这不仅是因为城市更新在提升对象上具有更高的覆盖面,也是由于当前交通更新的号召力相对有限。其次,交通更新的开展需要城市更新整体统筹和协调。一方面,存量发展涉及到多利益主体,需要多部门的参与、沟通、协调。另一方面,由于交通基础设施对城市空间具有"框定"的作用,因此在涉及到交通更新的项目中,具体的实施时序需与城市更新的其他工程做统筹安排。

城市更新的完成离不开交通更新。城市发展带来的交通拥堵、运载力不足、环境污染、公共空间品质降低等问题亟需通过交通更新来破题(图 13.14)。

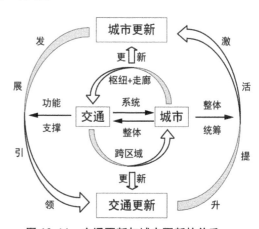

图 13.14 交通更新与城市更新的关系

首先,城市交通服务能力和水平的提升离不开交通更新的参与。老城区在发展过程中,原有的道路及其他交通设施难以负荷日益增长的人口密度和随之快速涌入的机动车流,使得通行极为困难的同时,也降低了原住民的生活品质和幸福度;其次,高品质的出行环境有助于老城区活力的重塑与提升。通过交通更新实现片区公共交通系统的提升,完善慢行交通网络,扩大公共汽车和步行、自行车的路权,有助于更好的实现城市更新所需要达成的提升社区人居活力和幸福度的愿景;第三,结合交通更新进行的城市开发质量的提升更加协调、更加可持续。交通更新从城市骨架开始修补,提升交通枢纽以激活城市更新,沿交通廊道推动城市更新,血肉随脉络生长,骨肉共生,健康且持续。交通更新的深层次参与,为城市更新中用地的盘活和老城高效集约发展打了一剂强心针。

第四篇
交通发展的协同思维

14 空间规划体系下的交通、空间与产业协同研究

伴随规划管理体制的变革,重构层次化的国土空间规划体系问题被提上了重要议程。但是在讨论的空间规划体系中,似乎缺少了对综合交通规划的关注。在新一轮国务院机构改革中,自然资源部担负起统一管理土地利用规划、主体功能区规划、城市总体规划等的职责,为构建国土空间规划体系完成了必要的组织准备。在此背景下,区域交通规划和城市交通规划,需要融入自然资源部推进的空间规划体系。这并非简单地将相关工作纳入其中,而是需要根据新的工作目标和管理机制对相关规划编制进行相应的变革。

交通与城乡空间布局,以及产业空间布局之间具有紧密的相关性,是国土空间战略中的重要调控手段。空间规划体系和多规合一背景下的交通规划难以脱离产业、空间等要素。但是,除当前备受重视的"三区三线"("三区"是指生态、农业、城镇三类空间;"三线"是指生态保护红线、基本农田和城镇开发边界三条控制线)外,对于实际空间结构起到重要调控作用且协调空间资源配置的综合交通骨架,并未引起足够的重视。

新时期,应站在更高的层面看待交通设施的重要作用并开展交通与产业、空间的协同规划研究。本章将首先介绍荷兰空间规划体系,指出空间规划背景下的交通、产业和空间三要素协同规划的重要性;然后,给出国内外相关案例,并分析三要素之间的相互关系;最终,以南京市为例探讨其协同发展战略,并提出一种新型的综合交通规划体系。

14.1 荷兰空间规划启示

荷兰的空间规划作为公共政策的典型,其部门体系十分成熟。而事实上,其现状体系是在 2010 年机构改革的基础上逐步形成的,如图 14.1 所示。2010 年,原住房、空间规划和环境部(VROM)撤销,空间规划部从部委名称中消失,原有职能拆分并入新成立的经济事务部(EZ)、内政部(BZK)以及基础设施和环境部(IenM)3 个部门。该改革实际上正是一个部门重组、多规合一的过程,有机结合了经济、社会、政治、环境、城乡规划等多个学科。事实上,城市的空间布局是多方因素影响作用的最终结果,空间规划部绝不仅仅是孤立或凌驾于其他部门而存在的,其撤销动作也是西方城市规划自 20 世纪 60 年代开始逐步由"规划蓝图"走向"公共政策"的趋势使然。通过机构改革,现荷兰规划部门中,经济事务部负责能源及排放管理事务,内政部则关注居住、移民等问题,而基础设施和环境部把控包括交通规划及环境事务等。对于低地之国荷兰而言,能源、居住和环境问题无疑是目前国家发展战略层面的三大突出问题,而这三大问题与交通问题密不可分。能源布局直接影响高新产业布局及高

效交通运输,住房和移民问题则作用与反作用于交通通勤流线与产城空间布局。环境问题方面,水环境则是荷兰人世代赖以生存的景观设施和交通基础设施。

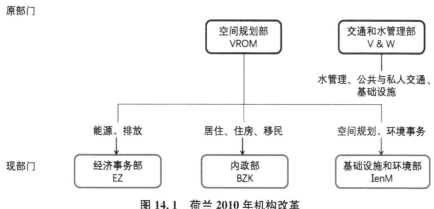

图 14.1　荷兰 2010 年机构改革

机构重组后,2012 年基础设施和环境部(IenM)颁布了新的《国家级基础设施和空间愿景规划》,简化了与国家利益直接相关政策的清单,取消了上级对下级规划的审批。自此,"结构愿景"(Structure Vision)取代"国家重大规划决策报告"。国家层面的结构愿景所提出的概念和目标,相对应地辅以政府政策、实施策略、可操作的具体项目,以及基于当前和未来社会经济条件的可行性评估。这次大胆、彻底的改革实现了多法合一、多规合一、多证合一,替代三级政府传统的结构愿景和地方的土地利用规划。愿景规划是一种对于未来的预测策略引导规划方法。过去的规划方法是为了解决城市问题,而现在则是通过策略导向规划对未来可能发生的城市问题进行预测。规划和决策者们更多地将目光转向未来城市发展的前景,表现为对城市规划策略的整合,以期更好地发挥城市多边潜能。不同于中国的法定规划图则,分门别类的每张图独立地表述规划主题,荷兰的愿景规划则是将核心规划思想集中体现在一张图中,并强调展现最终品质/价值(Quality/Values)。荷兰的《空间规划法》始终秉承一个中心思想,那就是规划主要是一项统筹协调活动。

2010 年,荷兰的规划机构改革后,基础设施和环境部从原来不具有财政职能的规划研究部门转变为荷兰政府预算最多的部门之一,负责编制"基础设施和空间结构愿景"(SVIR),加强了中央政府对核心空间要素的干预能力。根据基础设施和环境部(IenM)官网,部门主要的研究问题是:城市和区域规划、设计方法在多大程度上可以作为一般地区转型和特定交通发展的催化剂。该职能部门专注于城市宜居性和可达性,意图在设计良好、清洁、安全的环境中提高城市的流动性和机动性。通过公路、铁路、水路和空中的强大连接,抵御洪水并提高空气和水的质量,打造一个宜居、方便和安全的荷兰。不难看出,其立足点是结合城市基础设施、环境景观和地域空间三者,任何要素都非孤立存在,而最终践行目标则始终落实在城市综合品质的提高。

该部门于 2012 年 3 月颁布的《基础设施和空间结构愿景(2040)》报告,综合替代了上轮国家空间规划报告、重点区域规划《兰斯塔德规划 2040》《国家交通战略与政策》等若干中央政策性文件。在报告中,政府提供了国家层面的空间和流动政策的全面图景。在未来的 30 年里,荷兰的空间发展战略将与经济增长与竞争力、交通可达性、环境的宜居性和安全性这几个概念紧密结合。中央政府侧重于具有国家意义的可达性问题，如铁路、公路、管道以及机场和(海运)港口等。荷兰非常注重可持续环境问题，图14.2可以理解为荷兰的国家空间规划结构图，图面紧扣竞争力、宜居性和安全性三大部门主题，致力于紧密基础设施和环境的联系，产业方面划定了阿姆斯特丹商务中心、东南部智力港等，环境方面则表现在海上风电厂、绿港、保留的海岸基础等，同时重点阐释基础设施规划布局，包括港口、铁路、公路、管道、航道等。基础设施和空间结构愿景图虽然没有地方性强制法律效应，但是它是多个部门规划整合协调的统筹型"多规合一"的规划。强调上层国家政府对于整体规划的战略性管控，往往是统筹上下级规划关系最直接的方式。它清晰明确地展示了未来空间规划图景，仿佛提供了一副眼镜让利益相关者可以透过这张图展望未来，更强调对于未来价值的诉说与传递，而不是简单直接地展示干预过程或实施动作。

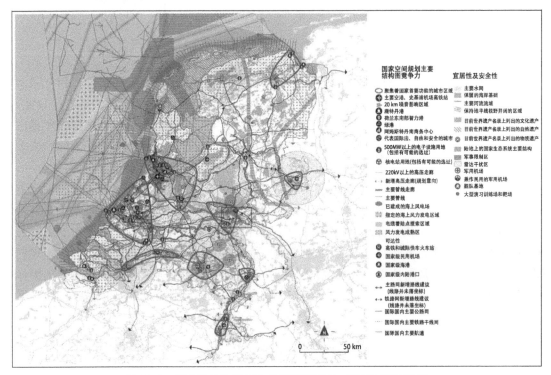

图14.2　基础设施和空间结构愿景(2040)：国家空间结构图

不同于国内的总平面图等蓝图式规划，荷兰代替以结构愿景图。蓝图式总平面图强调最终成果及法律效应，我们从中能获取的信息往往只有土地利用，不同的色块体现了不同土地利用类型，有着强制性、硬边界、模式化的特征。而愿景图作为一种有诱导和协商手段，直接面向利益相关者。结构性的愿景在图面表达上是抽象的，但对于未来空间品质目标达成却是清晰而明确的，以确定的方式表达未来的不确定。

荷兰的教育体系也一样严格践行愿景式规划教育。如代尔夫特理工大学强调策略导向的规划方法，而非设计导向方法。其反复强调愿景图的重要性。通过大量的理论研究及实地分析，梳理出论点和论据以构建科学合理的结构愿景，并在明确清晰的愿景基础上，再进一步探讨空间规划策略及原则，实际实施，利益协商，空间设计及建成反馈等。愿景可以说是一切干预动作的总前提与大背景。笔者认为,构建科学合理的结构愿景这一步骤在国内的教育体系中是严重缺乏的,"就交通论交通"将使交通问题仅仅停留在分析与描述阶段,而"愿景"的理念成为指导解决问题的关键支撑点。

由于荷兰是低地国家,长期受到海水倒灌等水灾的威胁,水务管理具有保卫国土安全的重要意义,是荷兰最早出现的区域管理机构之一。因此荷兰将基础设施、水管理、空间进行结合,将荷兰视作工作区,诉求建立一个便利、安全和可持续的国家。而对于中国,在新型城镇化战略背景下,交通、产业、空间的矛盾及战略意义突出,根据经典地理学理论,产业发展对空间布局和交通系统的驱动作用也更为明显。与此同时,"多规合一"指导下发,要求在"三规合一"的基础上,通过进一步增强多部门之间的协调沟通,实现同一城市的空间实体内不同专业之间的融合,统一城市空间功能布局,并促进各行业的可持续性发展。这对于现代交通系统规划提出了新的发展要求,也提供了新的发展机遇。据此,传统的单一、单向、封闭的城市交通规划模式亟须向交通产业空间三要素统筹融合的综合城市交通体系转变。笔者以综合交通基础设施、产业布局及空间结构优化与完善在城市内部的协同为重点,提出建立新型综合交通规划体系的构想。

无论是荷兰还是中国,推行"多规合一"的目的是类似的:为政府提供一个多要素整合的、简便有力的规划管理工具,扫清规划重叠矛盾,去除烦琐的审批程序,确保开发项目符合各方利益。荷兰政府不惜花较长的时间,通过多方咨询、广泛参与的方式先行修编规划法,为新规划类型提供必要的法律支撑,给"多规合一"合法的地位和编制执行的依据,这些是值得中国规划部门借鉴的。

14.2 交通空间产业协同发展的案例借鉴

14.2.1 荷兰鹿特丹港区

作为各种物流交汇形成的特色海港集合体,鹿特丹港通过河道、空运、公路、铁路、管道等多式多效联运系统将货物送往遍布欧洲的目的地。空间方面,鹿港港区拓展出了集内河航运与公路铁路集疏运于一体的腹地支撑系统,形成24 h、48 h物流圈,并在其2020年规划中提出"创建高质量港口",目标是将城市港口发展为集港口活动、住房、就业、休闲娱乐和商务为一体的都市活力区域。相应的,鹿特丹港在产业方面则发展出了集群分层式结构的港口航运服务业。内部核心区主要提供船舶停靠、货运装卸以及转运服务;次核心区发展船用设备制造业和码头建造及港务工程等相关产业;外围延伸区则以区域综合服务业及交通运输业为主。交通方面,作为一个完整、有机、高效的集疏运系统,内河、铁路、公路、管道和城市内部的交通网络构建出了具有高度整体性的立体的综合运输系统,并与欧洲的综合交通管网相连通。该举措成功地将各个功能各具特色的独立港口码头连接起来,同时承接了港口工业区和生活区,见图14.3。

一方面,港口直接产业和关联产业共同形成"港口产业链群",对周边城市和区域的社会经济的空间布局有巨大影响和带动作用;另一方面,城市及港区的区域土地利用、空间结构等也在强化引导不同产业相适应的转型与演变,尤其是第三产业的发展。鹿港综合立体集

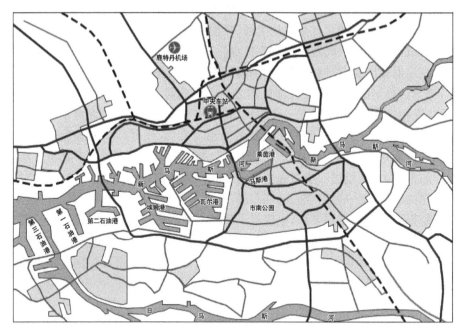

图 14.3　鹿特丹港口空间布局

疏运系统深受港口产业和空间发展的动态影响,并同时反作用于二者,这些经验和做法在综合交通体系建设中值得借鉴。

14.2.2　德国鲁尔工业区

在经历了煤炭危机和钢铁危机后,德国鲁尔工业区以重型工业主导的经济结构的弊端逐渐暴露。原先以原料为导向的产业布局模式造成了空间上区域发展不均,部分区域开发过度,区域用地紧张,生产力布局也随着煤矿开采方向移动而呈现向北发展的趋势。对此,鲁尔区在综合考量交通、产业、空间等要素的基础上,因势利导地制定了一系列改进措施。

产业布局和空间规划方面,鲁尔区总体规划提出了合理划分发展地带以均衡全区生产力的设想(图 14.4)。主要表现为,边缘发展地带主要布局新企业,对于存量产业有选择性地由中心区域向外围迁移,并对传统产业实行关、停、并、转。综合交通系统方面,针对区域内部交通负荷过重的问题,为加强边缘和核心地区的交通联系,鲁尔煤管区开发协会提出发展区内快车线,改造现有线路。一系列综合交通系统改造措施对区域未来的产业和空间调整与发展奠定了积极基础。如今的鲁尔区铁路线长达 10 000 km,年货运量超过 1.50×10^8 t。6 条水运内航道促进了水陆联运,与南北向交通线路组成综合运输系统,把全区彼此分隔的工业区和城市紧密地衔接起来。

14.2.3　中国长沙

长沙市综合交通体系规划与城市总体规划、轨道交通线网规划同步编制,以交通、产业、空间三要素统筹规划作为规划的顶层设计制度。综合交通网络以城市空间结构、产业布局为基础,进一步落实区域重大交通设施走廊及枢纽,按照"客内货外、内外衔接"的原则进行布局。

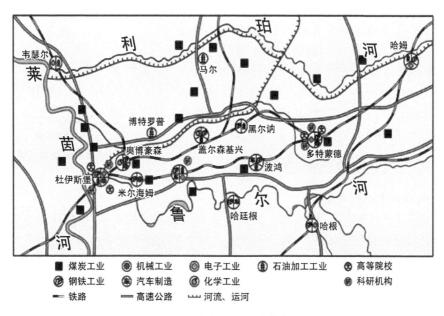

图 14.4 鲁尔区工业地带布局

长沙市交通和资源条件区域分布不均,导致发展规模空间差距较大。东部地区优势明显,沪昆铁路、京广铁路等国家级交通设施穿过,长沙南站是带动周边发展的强力引擎。规划高铁枢纽地区以发展区域生产性服务业为主,而空港区域宜发展临空产业如高端物流业。经开区的装备制造业属于资本密集型产业,发挥临近黄花机场的区位优势,继续强化未来发展。相对来说,西部地区的交通基础和资源条件不佳,但通过政府的政策推动与扶持,高新区与望开区依托高速公路发展出食品加工、印刷包装、电子制造等产业;规划未来依托雷锋湖枢纽,扩大发展空间,形成长沙市河西城市副中心,打造现代综合服务业。北部地区拥有霞凝港、货运北站等交通设施,应结合运输系统,布局初级产品加工业、仓储物流等产业。

14.3 交通空间产业协同规划的理论探索

传统的交通规划往往与产业和空间规划割裂开,是在产业布局和城市空间结构形成之后,再根据城市需求而进行规划的,容易造成供给滞后,本末倒置,以至于负反馈于城市发展。随着新型城镇化、"多规合一"等国家指导政策的提出,城市综合交通体系规划亟须加强与城市总体规划的衔接度,在规划理念上以交通、产业、空间三要素协同为指导。笔者从三要素互动发展的基本关系入手,强调三要素的整体性与同时性,分别分析交通引导下的产业、空间发展战略以及产业、空间引导下的交通运输发展战略,以论证新时期下综合交通体系规划转型的必要性,并结合南京市实例提出三要素协同发展为基础的综合交通体系规划。

空间上,不同性质的城市功能体的形成是基于区域落实的产业类型差异。例如现代生产性服务业作为信息密集型产业,是商务聚集区形成的必要条件。各种城市功能体的有机组合引导城市形成稳定的空间结构。合理的城市空间结构对人流及产业具有显著的集聚作用,将显著强化区域交通设施自身的功能,反过来对人流及产业产生更强的集聚作用。作为城市空间结构的核心要素,产业结构的调整以及产业布局的优化从根本上影响着城市空间结构的变化;而城市空间结构的调整与优化同样离不开产业的支撑和引导。由此,三要素协同发展、互动反馈,从而产生推动城市发展的最大合力,如图14.5所示。

图14.5 三要素基本关系示意

14.3.1 交通引导下的产业、空间发展

1) 交通引导下的产业发展

德国经济学家杜能在其著作《孤立国同农业和国民经济的关系》中提出农业圈层理论。他认为在完全竞争的市场框架下,农业生产方式的空间配置不完全由自然条件决定,还要考虑到运输因素的影响。随着劳动生产率日趋提高,第二、三产业和交通运输网的发展使得产业布局理论纵深发展。产业布局所依赖的经济条件更加综合,包括地理位置、自然资源、科学技术和社会经济条件等,其中地理位置包括了交通区位优势。交通发展对产业布局的优化有很大的促进作用,交通基础设施将对区域内城市间物流和人流、城市经济关系及产业布局、整合产生重要的影响,形成城市间交通和产业布局的新格局。同时,产业布局的优化又反作用于交通的发展。

交通经济带是一个以交通线为基础条件而形成的带状经济组织,由工业、资源、城市等集聚而成。我国学者张文尝认为,应基于交通经济带,发展综合交通运输走廊或过境轴,轴两侧的基础条件利于大型和中型城市的产生与发展,形成主要发展第二产业和第三产业的经济区域。

作为现代化经济的催化剂,公路尤其是高速公路往往伴随着产业群体聚集,是产业经济带快速发展的重要条件之一。公路的建设和运营可以推动沿线地区经济发展并引导经济结构调整与产业升级。例如,公路的修建发展直接造成公路运输业产值比重上升,继而改善了沿线投资环境,更有利于资金、技术、人才的引进,促进第三产业包括高新技术产业的发展,对当地经济结构的调整起到积极作用。

2) 交通引导下的空间发展

作为城市空间组成要素之一的交通要素对城市空间或城市群体空间的形成和演进具有重要作用。这是因为土地利用方式的确定作为城市(群)空间结构的核心,其与地块的交通可达性密切相关。因此,土地利用方式与交通之间的相互作用是影响城市空间形态与结构演变的重要因子。

对于城市自身来说,在交通运输方式变革的影响下,其空间形态呈现出圆状—星状—圆状的循环式增长。对于城市群体来说,早期以水运和铁路为主导的交通方式促成了城市群体空间的形成,而现代的快速交通运输方式(如高速公路、高速铁路等)的发展,城市及其所在区域空间扩展更具灵活性,由各种规模和层次城市组成的城市群体网络就此产生。

小汽车和城市快速公共交通(由轨道交通和快速公共汽车构成)将成为未来城市交通主导的两种方式。通过设置公共交通走廊,在城市中心区和公共交通走廊沿线规划TOD导向的住区,将形成"紧凑型城市和开敞型区域"相结合的空间形态。而小汽车的发展对城市空间增长的影响体现在"郊区化"现象的出现。"门到门"的交通方式首先带动郊区住宅发展,随后促使大型购物中心在郊区布局。目前正在形成的边缘城市对城市空间形态变化产生新的影响,带来了分散、低密度的城市空间。

14.3.2 产业、空间引导下的交通运输

1) 产业引导下的交通运输

一方面,城市产业布局的调整直接影响交通需求。产业布局影响着就业人口分布,而就业人口在工作地点和居住地点之间发生的通勤位移对交通流的分布造成影响。现代产业集聚使得大量产业高密度化,就业人口密度增加,这直接增加了交通需求。

另一方面,产业集聚现象还会影响交通供给。例如,为促进产业集聚地区持续发展,政府相关部门会组织编制相应的交通规划,建设并完善交通基础设施,通过增加交通供给的方式促进城市交通系统发展。

2) 空间引导下的交通运输

城市层面上,早期的"单中心"城市的城市功能在市域范围内高度融合与集中。城市交通形态表现为发散辐射状的日常通勤流以及中心城区内部发生的随机多向无序交通流,这显然是由于小汽车"门到门"优势的发挥。而随着城市功能"多中心"的形成与发展,城市趋向于轴线发展,则交通流形态也同步趋于"多中心"和轴线式,这将促进公共交通的高效组织。

城市群层面上,城市群空间结构的演化也会影响区域交通需求总量、交通运输方式、交通运输布局。交通需求总量方面,从出行起点到讫点的交通流量与起点的总出行发生量和讫点总吸引量成正比,与两点之间的距离成反比。因此可以说,在交通阻抗不变的情况下,两城市之间的交通流量与两城市的规模成正比。交通运输方式的变化表现在,由城市群发展初期以内部交通发展为主的城市间单一的、联系较少的交通运输方式,向由各种运输方式兴起,最终形成综合运输网络的过程。交通运输布局方面,不同空间分布类型的城市体系,决定了其内部各中心城市间的相互交流的空间格局,从而对应着不同布局形式的区域运输网络。如单中心城市体系,城市间的交通运输网络布局形式主要是中心-腹地蛛网交通线网;双中心城市体系则主要引导产生发达的带状综合交通运输走廊;多中心网络化城市体系则是以运输走廊为骨架的发达的综合交通运输网络为主。

14.3.3 新型综合交通规划方法的构建

构建新型的综合交通规划体系是运用整体性思维,结合城市交通、产业、空间规模、布局以及结构的现状及发展潜力,动态衡量城市在不同尺度、不同层面上的综合交通运输网络布局中的地位,目的是提升城市战略产业的竞争力。

首先是在对资源、资本、信息三种集聚型产业差异化选址的基础上,统筹考虑城镇等级与规模、职能结构、城市发展方向和区域战略,进行科学空间布局。其次要做到多要素多层面协同,基于不同城市层面的视野进行空间审视。综合考虑国民经济与社会发展规划,城镇体系规划、城市总体规划和综合交通运输体系规划的互动优化与统筹协调。最后,对于中心城市内部交通网络,应结合城市功能结构和用地布局重点落实公交优先发展战略,而对外综合交通体系及枢纽体系规划,则应合理串接公、铁、水、空,融合周边产业,联动城市内外发展,寻求促进枢纽特性与产业布局融合、引导并支撑多式联运的新型一体化规划技术体系。

14.4 南京交通空间产业协同发展的探索

南京市新一轮总体规划的修编工作把优化城乡交通网络、提高城乡交通服务水平作为重点。规划进一步整合城乡交通资源、充分利用和协调好城乡交通资源、引导城市空间优化和支撑产业转型创新,为新一轮跨越式发展提供有力支撑。

14.4.1 现状分析及建议

(1) 都市区:包括六城区、雨花台区、栖霞区、江宁区、浦口区全部和六合区大部分以及溧水,是南京高度城市化地区、高层次产业承载区,快速路系统、轨道交通等重大交通设施完善。建议应以新兴产业和优势产业为重点,引导加快发展先进制造业。对关键通道进一步规划以及对重大枢纽设施深化布局。

(2) 中心城区:包括主城,仙林、东山、江北三个副城。仙林以高等教育和高新技术产业为主,与绿色生态环境协调发展。东山新市区融入山水城林,是教育科研、知识创新和高新技术产业基地,建议重点对城市道路网进行深化完善,注重公交线网的优化和公交优先方案的推进。东山新城则定位为南京都市区南部重要的增长极地区,长三角重要的战略性新兴产业基地、大学科教创新园区、交通物流枢纽区,城乡统筹的高品质都市化发展先行区,因此应注重公路、铁路方式联运,以及与主城的公共客运联系。江北新区作为全国重要的科技创新基地和先进产业基地,是南京都市圈北部的综合服务中心和综合交通枢纽。建议规划强调公交引领,形成以轨道交通和中运量新公交为骨干,常规公交为主体,出租车和水上巴士为补充的多层次一体化公共客运交通体系。

(3) 老城区:作为南京历史文化的集中承载地,老城现状人口与功能过于集中,交通总体运行水平较差,出现了出入通道拥堵等问题。规划建议老城主要发展先进制造业和综合服务业,并协调好快速机动化交通环境下的历史肌理的保护与更新,注重慢行交通的连续性和通畅性。

14.4.2 新型综合交通体系规划

以三要素统筹规划作为规划的顶层制度设计,以此为指导开展综合交通体系规划。具体的,在协调城市产业、空间、交通设施的基础上,以支撑和引导重大产业布局、构建和谋划城市空间指状开敞式发展格局、保障城市客货运交通高效运行为核心目标,对城市轨道交通、快速路系统、客运和货运枢纽等骨干交通基础设施进行规划布局(图14.6)。

(1) 规划与都市区近似"手形"空间结构相适应,围绕中心城密集城市化地区(手掌)加密轨道线网,向外围地区构建快线支撑引导城市轴向组团开发。强调轨道线网规划与城市总体规划同步修编,规划线网要与城市主要发展轴向相适应,强调其对城市布局调整和土地开发的引导作用。

(2) 规划提出快速路系统与高速公路共同构成"井字三环、轴向放射、组团快联"的高快速路系统。快速路系统契合"一带五轴"的城镇空间布局,引导轴向发展;衔接对外交通港站与放射通道;兼顾沿轴线城镇快速出行需求。

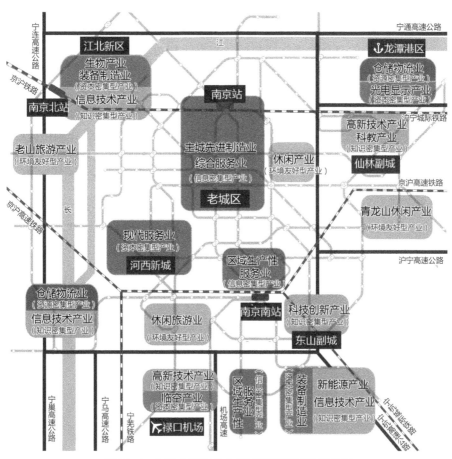

图 14.6　南京交通产业空间三要素发展趋势分析

(3) 构建市级/市中心级客运枢纽(群)、副城/副中心级客运枢纽(群)和新城/片区级客运枢纽多级综合客运枢纽,以轨道、快速公交、干线公交为枢纽发展主体支撑,包括新街口中心枢纽群、河西 CBD 枢纽群、江北中心区枢纽群、东山中心区枢纽群、仙林中心枢纽群等。

(4) 完善货运集疏运体系,建设疏港铁路支线、疏港航道和疏港公路及后方堆场。依照"港产城一体化"发展思路,围绕综合保税区建设、集疏运体系完善,加快推进海港枢纽经济区的开发建设。如龙潭港区应主动融入长三角区域经济,打造世界级光电显示产业基地和国家级长江航运物流枢纽,成为长江经济带崛起的现代临港新城。

(5) 完善跨江通道修建,完善复合多式联运交通系统。随着南京江北新区上升到国家战略,南北两岸之间的基本交通联系日趋紧密,规划形成多条城市轨道交通过江通道和高快速路跨江桥隧。运输方式上,突破原有的"港到港"的概念,提供"门到门"的运输服务。完善多式联运服务,促进内陆货物多式联运化,连通国际多式联运系统,进而改变从长江到沿海的运输版图,同时拓展港口腹地,提升总体综合实力,完善综合运输体系,统筹铁路、公路、航空、管道建设,打造长江经济带、综合交通运输走廊中的重要支点。

交通产业空间三要素统筹规划是城市可持续快速发展的基本保障,同时是国家空间规划体系和"多规合一"中交通层面的创新规划思路。交通方式的变革及交通设施的规划发展是影响城市空间和区域产业发展的重要因素,而产业在空间上的合理落实引导形成稳定的城市结构,反过来强化了区域交通设施自身功能,进而集聚人流和产业,实现城市三要素的进一步发展升级。传统的交通规划往往与产业和空间割裂,是在产业布局和城市空间结构形成之后,再根据城市需求开展实施,容易造成供给滞后,本末倒置,以至于负反馈于城市自身的发展。现状南京市出现的老城及中心区交通过分集中,路面交通日益恶化以及某些外围片区功能单一,城市潮汐交通日趋强大,跨区通道紧张状况不断加剧的现象恰恰是割裂了三要素统筹规划带来的直接后果。当前南京市处在经济转型加速、产业高端化加速、城市化进展加速的关键时期,为进一步整合城乡交通资源、引导城市空间优化和支撑产业转型创新,应从整体上衔接和融合城市总体规划与综合交通体系规划,结合产业、空间探索构建城市新型综合交通体系。

15 城镇空间低碳绿色交通分区

15.1 城市交通与碳排放

交通是碳排放的主要来源之一。目前,全球有大约 10%~15% 的温室气体以及超过 20% 的因能源消耗造成的 CO_2 排放来源于交通领域。因此,减少碳排放对交通发展也提出了新要求。"低碳交通"也因此而成为许多国家共同追求的目标。当前绿色低碳已成为城市交通评价的重要一环,其指标体系通常包括公共交通分担率、新能源汽车普及率、公交线网密度、人均出行里程碳排放水平等。人均出行里程碳排放水平是由土地利用布局、交通系统网络和交通设施供给、交通运营管理等因素综合决定,是判断绿色交通的一个重要指标。

根据政府间气候变化专门委员会(Intergovernmental Panel on Climate Change, IPCC)提供的碳排放计算方法,交通碳排放计算方法可分为以下两种:

1) 以能源消耗为核心的计算方法

$$E = \sum_{\alpha}[f_\alpha \cdot EF_\alpha] \tag{15.1}$$

式中,E 为 CO_2 排放量(kg);f_α 为燃料消耗量(TJ),IPCC 建议采用国内官方部门发布的统计数据;EF_α 为排放因子(kg/TJ),等于燃料的含碳值乘以 44/12;α 为燃料类型(如汽油、柴油、天然气等)。

IPCC 建议采用适合本国燃料质量和构成的排放因子数据,其次是使用 IPCC 缺省因子(如表 15.1 或参考 IPCC 排放因子数据库 Emission Factor Database, EFDB)。

表 15.1 IPCC 道路交通建议排放因子(2019 版)

燃料类型	排放因子/(kg/TJ)	最低值	最高值
汽油	69 300	67 500	73 000
天然气/柴油	74 100	72 600	74 800
液化石油气	63 100	61 600	65 600
煤油	71 900	70 800	73 700
润滑油	73 300	71 900	75 200
压缩天然气	56 100	54 300	58 300
液化天然气	56 100	54 300	58 300

2) 以出行数据为核心的计算方法

$$E = \sum_b [D_b \cdot EF_b] + \sum_b C_b \qquad (15.2)$$

式中，E 为 CO_2 排放量（kg）；D_b 为某种交通工具在热稳定引擎运行阶段所行驶的距离（km）；C_b 为启动阶段的排放（kg）；EF_b 为排放因子，与燃料类型、车型、能效、排放控制技术和行驶条件等因素相关（kg/km）；b 为车辆类型（如小汽车、大货车等）。

由于不同型号交通工具对应的单位移动距离排放因子相差很大，难以准确取值，因此不建议使用基于出行数据的计算方法估算行业整体的碳排放，也未提供单位距离排放因子等计算参数，但该方法与移动距离、周转量等交通指标直接挂钩，在小范围计算交通碳排放时具有清晰直观、数据易获取等优点，因此被国内外广泛应用于城市、社区层面的交通领域碳排放计算。

英国在 2007 年发布《低碳交通创新战略》(Low Carbon Transport Innovation Strategy)，对公路、航空、铁路等交通方式提出面向未来的低碳交通技术转型方向，2009 年制定了《英国低碳转型计划》(The UK Low Carbon Transition Plan)，并成立了低排放汽车工作室(Office for Low Emission Vehicles)，鼓励向新能源和新技术研发转变。2009 年 4 月，美国国会颁布了《2009 美国清洁能源与安全法案（草案）》(American Clean Energy and Security Act of 2009)，许多城市对高载客率车辆给予优先通行权，提倡多人合乘等策略。法国政府在 20 世纪 90 年代中期颁布《交通出行规划》(Plan de déplacements urbains)，鼓励发展慢行交通和骨干公交，并于 1996 年推出《大气保护和节能法》(Loi sur l'air et l'utilisation rationnelle de l'énergie)，成为低碳交通实施的有效政策依据。新加坡对高峰期进入城市最拥堵区域的车辆实施拥堵收费，以期缓解交通拥堵。日本主要通过以轨道交通引导都市区拓展的方式强化土地集约利用，减少机动车使用。中国香港交通部门通过合并、缩短和更改公交线路，调整公交站点以及公交发车班次等，使公交线路及车辆能够及时满足乘客需求，香港居民出行中使用公共交通的比例高达 90%。

总结来看，低碳交通的实现途径主要包括 3 个方面：在能源技术层面，为进一步降低单位能源的碳排放量而使用更为绿色低碳的能源；在交通工具层面，为进一步降低单位里程的碳排放量而使用高效节能的交通工具；在城市规划层面，为进一步支持公共交通或步行、自行车等绿色低碳交通模式，以城市空间规划与管理的手段形成面向低碳的城市空间结构。

15.2 城镇交通模式的分类与碳排放特征

城镇交通模式是指城市在特定的用地布局、人口密度、经济水平、社会环境等条件下形成的交通方式结构，以及各种交通方式承担出行量的比重。交通模式的选择对城市交通的发展具有重要的战略意义。交通模式的比例关系，反映了不同交通方式在交通系统中的功能与地位，对城市交通规划、建设、运营和管理具有非常重要的指导作用。纵观国外城市交通发展模式的演变过程，在特定的历史环境下，与不同城市交通方式的功能定位，参考其规模结构、地理气候条件，城市交通发展模式主要可分为以下 3 种类型。

1) 小汽车主导

这一模式以小汽车交通为主体，如部分北美城市和澳大利亚。该模式的特点是城市人口密度较低,但拥有丰富的道路资源,并且小汽车的购买成本及使用成本均较低,日常出行中小汽车出行的比例为整个交通出行结构中的最高水平。这种交通模式下,城市空间向郊区延伸而使得城市中心逐渐衰败,城市大量人口向郊区转移,出行距离延长,进一步刺激人们愈发依赖小汽车出行。同时,为了满足小汽车的发展,占用大量土地、过度依赖石油能源,破坏生态环境,造成温室气体的大量排放和严重的交通拥堵。从生态和低碳视角,这是一种不可持续的交通发展模式。

2) 公共交通主导

公共交通包括轨道交通、快速公交系统(Bus Rapid Transit,BRT)、常规公交等,代表的国家和地区有日本、新加坡、中国香港等。相对于小汽车而言,这种模式平均载客量大,运载效率高,可以满足大运量的出行需求,有效缓解交通拥堵的状况,方便居民出行。出行过程中的平均占地面积小,城市发展相对集约,单位能耗和单位污染气体排放均较低,解决了城市能源紧缺、环境污染、土地过度开发等问题。这一模式已逐渐成为世界各国大城市寻求交通可持续发展的最佳选择。如今,东京都市圈内轨道交通线路里程超过 3 000 km,每天的客运量超过 4 000 万人次。香港公共交通日均客流基本维持在千万人次的水平,其中常规公交近 600 万人次,轨道交通约 370 万人次。

3) 慢行交通主导

作为绿色出行方式,自行车与步行出行具有零碳排放、不消耗能源、出行成本最低、占地面积最小等优势,能解决城市交通中"最后一公里"的末端衔接问题,在短距离出行中具有不可替代的作用,是建设低碳交通不可或缺的重要组成部分。欧洲的哥本哈根、阿姆斯特丹等地慢行交通比例高达 35%~45%。电动自行车也是一类慢行交通,由于其能源污染的异地排放特征也被归为低碳绿色交通方式。

交通是全球能源消耗和二氧化碳排放的重点领域,低碳交通一直是我国交通的发展方向。低碳交通是以实现低能耗、低污染、低排放为目标的交通发展模式。其落脚点在于降低单位客运量的碳排放强度,减缓和控制二氧化碳排放的增长速度;逐步减少对化石高碳能源的过度依赖,研究开发替代新能源和低碳新技术,引导交通系统的用能结构低碳化;提高各种交通方式的运营效率以及加快车辆装备技术的创新,促进交通工具降低碳排放水平。

不同交通方式的碳排放量有较大差异。根据交通运输部科学研究院的测算结果,不同交通方式的二氧化碳排放强度和能耗强度由高至低依次为:私人小汽车、出租汽车、摩托车、公共汽车、快速公交、地铁、自行车(图 15.1)。从节能减排的角度来看,城市交通是交通运输

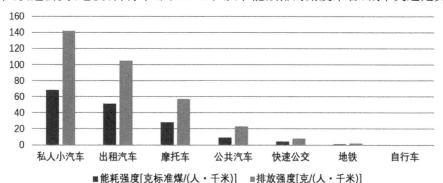

图 15.1 不同交通方式的能耗强度和二氧化碳排放强度比较

业中最有减排潜力的领域,公共交通与慢行交通远优于小汽车交通,也是低碳交通的重要发展方向。

15.3 城镇空间交通分区与管控策略

城市各个区域,由于受到交通发展水平、土地利用情况、规划引导要求等因素的影响,客观上要求充分发挥城市各片区的功能。交通分区是以城市交通规划、建设与管理要求为目的,以城市用地不同交通特征为基础的城市建设用地规划,每一个交通分区都是一个具有相似用地特征与交通特征的集合。发达国家侧重将交通分区和交通调查、土地使用调查、社会经济调查建立联系。在宏观层面,通过制定差别化的交通方式发展政策,合理控制小汽车交通分担率。

伦敦城市开发政府部门同样针对伦敦大都市圈构建了交通政策战略评价模型,将大伦敦分为中央伦敦、内伦敦以及外伦敦三类,如图 15.2 所示。公共交通与小汽车交通在三类区域的分布比例分别控制为 1∶0.16,1∶0.78,1∶3.14。对于内伦敦区域,提倡小汽车交通与公共交通协调发展,对于中央伦敦区域则以限制小汽车交通出行方式为主,通过交通资源的倾向性配置实施交通需求管理,达到鼓励绿色交通、减少碳排放的目的。

图 15.2　伦敦市交通战略政策分区

为进一步改善伦敦空气污染状况,伦敦市政府在 2008 年推出"低排放区"(Low Emission Zone,LEZ)汽车尾气排放管制政策。在 2015 年 3 月,市政府确认自 2020 年 9 月起在伦敦中心区实施"超低排放区"(Ultra Low Emission Zone,ULEZ);2019 年 4 月 8 日,伦敦市长宣布将这一政策提前 17 个月实行。

该项政策规定,在"超低排放区"设立全时段管控区域,对进入该区域的高排放车辆征收费用,管控范围与拥堵收费区一致。按照管控要求,驾驶一辆超过排放标准的小汽车,在一天内进出管控区域,除了缴纳15英镑拥堵费之外,还需缴纳12.5英镑排放费。收缴费用主要用于自行车道、公交和地铁的改善。

该政策自2019年4月正式实施至今,已初具成效。管控区域内,道路二氧化氮排放量减少了44%,二氧化碳排放量减少了6%。2021年10月起,超低排放区扩大至南北环路,约占伦敦市域面积的四分之一。

图15.3 超低排放区管控范围扩大

此外,荷兰提出ABC分区方案,A区为公共交通高可达性区域,小汽车分担率控制在10%~20%;B区为公共交通和小汽车交通均便捷到达区域,小汽车分担率控制在35%以下;C区为公共交通低可达区域,小汽车分担率不受限制。

15.4 城镇空间交通模式发展适宜性分析

城镇空间交通模式决定了与之对应的交通模式分区。交通模式分区服务于大范围片区或组团,引导各类交通方式在不同片区充分发挥优势与效用,公平分担社会成本。构建差别化的交通分区有利于综合交通系统各构成要素的平衡发展、运行协调,同时利于和城市用地布局结合,引导城市各片区的用地开发,有效节约资源并切实减少碳排放,促进城市交通的可持续发展。

确定城镇空间交通分区首先需开展城市空间交通模式发展适宜性评价。城市总体格局以及交通需求和供给总特征是宏观交通分区方法以及技术政策提出的重要依据。其中城市总体格局为主要依据,交通需求与供给特性为参考依据。具体来看,需结合城镇空间和交通承载的相关指标,明确相适应的分区主导交通模式类型。

1) 分析框架

分析框架整体分为两部分(图15.4),第一部分即评价指标构建。城镇空间构建三级指标,其中物质环境类指标、发展潜力类指标为一级指标,下分四个二级指标,分别为自然属性指标、建成环境指标、社会经济指标和交通承载力指标。为避免指标间存在共线性从而降低模型拟合精度,可对各指标开展关联度分析,剔除、整合关联度较高的指标。确定适宜的因子权重打分方法,构建评价指标体系,得到交通方式发展适宜性分区。

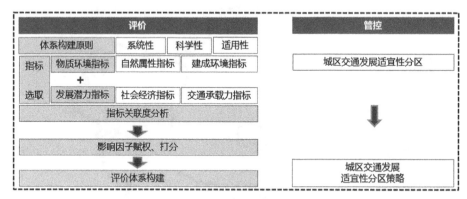

图15.4 分析框架

第二部分为管控策略制定。对城镇空间开展交通模式发展适宜性评价后,根据单一交通方式发展适宜性和多交通方式叠加发展适宜性评价结果,对城镇空间不同分区的交通基础设施供给水平提出相应的政策建议。

2) 指标体系

分析交通方式发展适宜性的影响因子,重点考虑数据获取可行性,从物质环境和发展潜力两方面选取三级指标共17个因子作为评价指标。具体指标及分级分类如表15.2所示。

表15.2 评价指标

一级指标	二级指标	三级指标	分级处理
物质环境类指标	自然属性指标	坡度	按照<3°、3°~8°、8°~15°、15°~25°、>25°分为5级
		起伏度	按照<25 m、25~50 m、50~100 m、100~200 m、>200 m分为5级
		水系	有水系赋值为1,无水系赋值为0
		生态保护红线	生态保护红线范围内赋值为1,范围外赋值为0
		永久基本农田	永久基本农田范围内赋值为1,范围外赋值为0
		自然灾害	发生过自然灾害或为灾害易发区赋值为1,反之赋值为0
	建成环境指标	用地性质	按照《城市用地分类与规划建设用地分类标准》大类标准,分为8类赋值
		建筑密度	统计建筑面积与研究单元用地面积比例,采用自然断点法分为5级赋值
		公服优势度	采用网络分析法,按到该地理位置的实际交通距离(0~3 km、3~5 km、5~8 km、8~10 km、10 km以上)分5级赋值
		区位	按照老城区、新区中心、新区外围、郊区分为4级赋值

(续表)

一级指标	二级指标	三级指标	分级处理
发展潜力类指标	社会经济指标	人口密度	统计人口与研究单元面积比例,采用自然断点法分为5级赋值
		房价	统计研究单元内平均房价,采用自然断点法分为5级赋值
	交通承载力指标	各等级路网密度	分别计算快速路、主干路、次干路、支路长度与研究单元面积比例,采用自然断点法分为5级赋值
		街道尺度	统计研究单元内快速路以下各等级道路平均红线宽度,采用自然断点法分为5级赋值
		道路连通度	根据公式计算后,采用自然断点法分为5级赋值

3) 赋权方法

指标权重的确定是多要素综合评价中的关键环节,权重确定的合理性将直接影响评价结果的可靠性和有效性。现有应用较为广泛的方法可总结为主观赋权法、客观赋权法和主客观综合法。

4) 管控策略

根据交通发展适宜性分区划定结果,可将城镇空间划分为慢行优先发展区、公交优先发展区、公交-小汽车协调发展区、小汽车宽松发展区4类交通分区,对应实施不同交通管控策略。其中慢行优先发展区主要为步行与非机动车出行,碳排放量较低,可称为超低碳排放区;公交优先发展区内公共交通占比较高,对小汽车交通有所限制,可定义为低碳排放区;公交-小汽车协调发展区以公共交通和小汽车共同提供城市移动性(Urban Mobility),即为中碳排放区;小汽车宽松发展区多为城市外围工业区及高新技术产业区等区域,小汽车出行依赖度较高,即为高碳排放区。不同分区的管控原则如表15.3所示。

表15.3 不同分区管控策略

交通分区	慢行优先发展区	公交优先发展区	公交-小汽车协调发展区	小汽车宽松发展区
交通模式	步行和非机动车主导	公交和慢行主导	鼓励公共交通主导,适度控制小汽车	小汽车相对自由发展
道路网络	改善支路形成微循环,限制道路扩容	改善升级主干路,完善公交专用道	完善包括快速路和主干路的道路网络系统	客货通道适当分离
公共交通	站点500 m全覆盖,定制公交	优化轨道及公交线路,提高公交站点可达性,重视公交与慢行换乘衔接	快速公交走廊	支线公交网络
停车系统	严格限制停车供应	严格控制停车供应	适度控制停车供应	适度提高停车供应
慢行系统	改善道路横断面,营造良好舒适的步行和自行车出行环境	重视公共之间以及慢行与公共交通的接驳	改善道路横断面,完善慢行系统	主要道路慢行系统连续

(1) 慢行优先发展区(或称超低碳排放区)

慢行优先发展区主要集中在老城范围内,这类区域交通设施扩容有限,机动车交通与慢行交通矛盾冲突较大,应以严格限制小汽车交通、完善慢行基础设施、营造良好的慢行出行环境为首要原则。

该类分区以步行和自行车交通为主导,限制甚至减少停车设施供应,采用高收费标准,可适当划定小汽车限制或禁止通行区;不考虑道路设施扩容,通过改善支路促进微循环;发展短距离定制公交,做到公共交通500 m范围全覆盖;改善道路横断面,确保慢行空间安全、连续,充分保障慢行路权,做好共享单车、电动车的运营管理,营造良好舒适的步行和自行车出行环境。

(2) 公交优先发展区(或称低碳排放区)

公交优先发展区主要在商业区、居住区及主要发展廊道,公共交通可以满足这类区域中的大运量出行需求。应严格控制小汽车交通、高强度发展公共交通,同时重视步行和自行车的接驳需求。

该类分区以公共交通和慢行交通为主导,公共交通的投资、建设、运行均优先于其他交通方式。限制小汽车停车设施供应;改造升级主干路,完善公交专用道;优化轨道及公交线路,形成高密度的公共交通网络,做到站点高覆盖、高可达;重视公共交通之间以及公共交通和慢行交通的换乘接驳,以公共交通引导的TOD模式开发建设用地,吸引居民使用公共交通出行。

(3) 公交-小汽车协调发展区(或称中碳排放区)

公交-小汽车协调发展区多位于新城区域,开发强度较高,应以公共交通与小汽车协调发展为原则,做好公共交通与小汽车的衔接,以公交枢纽引导高强度开发。

该类分区仍鼓励公共交通主导,并原则上适度控制小汽车发展,二者成良性竞争状态。完善包括快速路和主干路的道路网络系统;规划快速公交走廊,加强与中心城区的联系;鼓励停车换乘;改善道路横断面,完善慢行系统。

(4) 小汽车宽松发展区(或称高碳排放区)

小汽车宽松发展区通常位于城市外围工业区及高新技术产业区等区域,此类区域通常开发强度不高,货运量较大,公共交通和慢行出行需求较少,交通设施扩容空间充足,个体化交通依赖性较强。

该类区域对小汽车限制较少,通行基本无限制;可适度提高停车设施供给,降低停车收费标准;应保障客货通道适当分离;保证主要道路慢行空间连续。

15.5 南京市中心城区交通发展适宜性评价及低碳交通政策分区研究

本研究以南京市中心城区为例,根据前文确定的评价方法和流程,首先对各评价指标下的各交通方式发展适宜性展开单因子评价,然后分交通方式做加权叠置分析,最后以比较栅格内各交通方式分值的方法得出全交通方式叠加结果,并据此划分低碳交通政策分区,分别从主导交通模式、道路网络、小汽车限制、公共交通供给、慢行系统打造等方面分别提出对应措施。

1) 研究背景

南京市是我国东西、南北交通交汇点上重要的枢纽城市。南京下辖11个区2个县,空间规模较大,路面公交和小汽车已无法适应其成长发展的需求。中心城与外围新城之间需要快速化、集约化的出行方式,建立由快速轨道交通、城市路面公交以及出租车共同构成的公共交通体系是南京都市发展的必然选择。中心城与郊区、核心区与外围区的居民出行分布特征和土地利用性质、开发强度等差别较大,需建立差别化的交通供应和交通管理政策。

2) 综合评价

(1) 权重计算

各交通相关的规范及标准里，都写明了对交通发展有重要影响的因素。如《城市步行和自行车交通系统规划标准(GB/T 51439—2021)》提出应根据城市不同片区的功能定位、活动特点、人口密度、公共服务设施分布、道路交通运输条件以及地形、水体等自然环境因素，提出差异化的交通分区，各城市可根据实际情况制定具体的分区原则。2020年1月自然资源部办公厅印发的《资源环境承载能力和国土空间开发适宜性评价指南(试行)》，为"双评价"工作的流程及指标体系给出了参考。根据前文出行方式影响因素总结可以发现，群体主观因素以及部分群体客观因素如降水、气温等更多体现在城市整体层面，难以在栅格层面精细化，而个体主观因素和个体客观因素中的性别、受教育程度等因素难以获取数据并做栅格量化对比，因此在指标选择时不予考虑(表15.4)。最终从科学简便、数据易获取的角度出发，结合相关规范以及出行方式影响因素，将群体客观因素、居民收入等纳入评价指标体系。本次中心城区交通发展适宜性评价选取自然属性指标、建成环境指标、社会经济指标、交通供给指标四类指标，下分20个二级指标(表15.5~表15.7)。数据来自地理空间数据云、南京市政务数据开放平台、百度地图、南京市文化与旅游局、链家、OSM地图等网站，使用层次分析法和CRITIC权重法两种赋权方法，分别计算了各类指标的权重并加权得出各指标综合权重。层次分析法通过两两判断指标间重要性程度，构建判断矩阵确定权重。层次分析法可以将一个复杂问题分解为多层结构，通过构建判断矩阵两两比较指标间的重要性及重要程度，求得各指标对其他指标的优先权重，最后再用加权和的方法确定指标的最终权重。CRITIC权重法通过分别比较两项指标变异程度和相关性来确定指标权重。变异程度使用标准差表示，标准差越大则数据波动越大，权重就会越高；相关性使用相关系数表示，指标之间的相关系数越大，则权重越低。将两者数值相乘后归一化处理，即得到样本的最终权重。如图15.5所示，首先计算三级指标权重，将计算后的权重带入原始数据计算对应的二级指标数值，重复两种方法的赋权流程，得到各类指标综合权重。

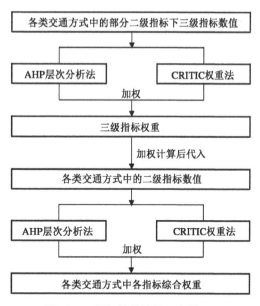

图 15.5 指标计算流程示意图

表 15.4 三级评价指标权重一览表

评价因子		水体		区位条件		历史文化资源密度	
		保护视角	亲水视角	到中心距离	是否为中心	地上保护视角	地下重点保护
燃油小汽车	主观	0.500	0.500	0.300	0.700	0.800	0.200
	客观	0.414	0.586	0.628	0.372	1.000	0.000
	综合	0.414	0.586	0.419	0.581	1.000	0.000

(续表)

评价因子		水体		区位条件		历史文化资源密度	
		保护视角	亲水视角	到中心距离	是否为中心	地上保护视角	地下重点保护
新能源小汽车	主观	0.500	0.500	0.300	0.700	0.800	0.200
	客观	0.414	0.586	0.628	0.372	1.000	0.000
	综合	0.414	0.586	0.419	0.581	1.000	0.000
轨道交通	主观	0.650	0.350	0.650	0.350	0.400	0.600
	客观	0.474	0.526	0.731	0.269	0.310	0.690
	综合	0.626	0.374	0.835	0.165	0.230	0.770
常规公交	主观	0.500	0.500	0.550	0.450	0.800	0.200
	客观	0.414	0.586	0.731	0.269	1.000	0.000
	综合	0.414	0.586	0.769	0.231	1.000	0.000
骑行交通	主观	0.260	0.740	0.450	0.550	0.900	0.100
	客观	0.372	0.628	0.731	0.269	1.000	0.000
	综合	0.172	0.828	0.689	0.311	1.000	0.000
步行交通	主观	0.260	0.740	0.450	0.550	0.900	0.100
	客观	0.372	0.628	0.731	0.269	1.000	0.000
	综合	0.172	0.828	0.689	0.311	1.000	0.000

表 15.5 评价指标权重一览表—1

指标类型	评价因子	小汽车			轨道交通		
		主观	客观	综合	主观	客观	综合
自然属性	高程	0.000	0.000	0.000	0.016	0.016	0.004
	坡度	0.036	0.066	0.046	0.028	0.028	0.012
	起伏度	0.020	0.061	0.024	0.025	0.054	0.020
	水体	0.100	0.048	0.094	0.015	0.071	0.016
	地质灾害	0.008	0.036	0.006	0.018	0.060	0.016
	空气环境质量	0.008	0.016	0.003	0.013	0.017	0.003
建成环境	区位条件	0.099	0.036	0.070	0.096	0.056	0.079
	土地利用性质	0.068	0.069	0.092	0.058	0.074	0.064
	土地利用混合度	0.065	0.078	0.100	0.040	0.081	0.048
	开发强度	0.045	0.081	0.071	0.086	0.071	0.090
	公服设施优势度	0.027	0.023	0.012	0.079	0.057	0.067
	历史文化资源密度	0.026	0.010	0.005	0.093	0.092	0.126
	职住密度	0.027	0.103	0.054	0.134	0.107	0.212
社会经济	平均房价	0.124	0.035	0.085	0.068	0.038	0.038
交通供给	路网密度	0.055	0.046	0.049	0.000	0.000	0.000
	道路连通度	0.050	0.063	0.062	0.000	0.000	0.000
	轨道交通线路	0.050	0.094	0.093	0.092	0.047	0.064
	轨道站点可达性	0.083	0.012	0.020	0.000	0.000	0.000
	公交线网密度	0.021	0.073	0.031	0.082	0.084	0.102
	公交站点可达性	0.087	0.050	0.085	0.056	0.047	0.039

表 15.6 评价指标权重一览表—2

指标类型	评价因子	常规公交			骑行交通		
		主观	客观	综合	主观	客观	综合
自然属性	高程	0.000	0.000	0.000	0.000	0.000	0.000
	坡度	0.026	0.069	0.030	0.092	0.069	0.115
	起伏度	0.021	0.068	0.024	0.058	0.061	0.063
	水体	0.023	0.099	0.038	0.047	0.092	0.078
	地质灾害	0.015	0.039	0.010	0.033	0.040	0.024
	空气环境质量	0.015	0.016	0.004	0.039	0.016	0.011
建成环境	区位条件	0.112	0.057	0.106	0.097	0.053	0.092
	土地利用性质	0.084	0.073	0.102	0.058	0.079	0.083
	土地利用混合度	0.062	0.085	0.087	0.054	0.091	0.088
	开发强度	0.078	0.086	0.111	0.052	0.086	0.080
	公服设施优势度	0.065	0.026	0.028	0.068	0.027	0.033
	历史文化资源密度	0.013	0.008	0.002	0.025	0.001	0.000
	职住密度	0.087	0.085	0.122	0.032	0.000	0.000
社会经济	平均房价	0.052	0.037	0.032	0.041	0.038	0.028
交通供给	路网密度	0.067	0.049	0.054	0.036	0.110	0.072
	道路连通度	0.056	0.067	0.063	0.031	0.069	0.039
	轨道交通线路	0.064	0.026	0.028	0.032	0.026	0.015
	轨道站点可达性	0.061	0.028	0.028	0.089	0.047	0.075
	公交线网密度	0.099	0.080	0.131	0.062	0.084	0.094
	公交站点可达性	0.000	0.000	0.000	0.053	0.011	0.010

表 15.7 评价指标权重一览表—3

指标类型	评价因子	步行交通		
		主观	客观	综合
自然属性	高程	0.000	0.000	0.000
	坡度	0.049	0.068	0.061
	起伏度	0.034	0.061	0.037
	水体	0.048	0.087	0.075
	地质灾害	0.019	0.038	0.013
	空气环境质量	0.023	0.016	0.007

(续表)

指标类型	评价因子	步行交通		
		主观	客观	综合
建成环境	区位条件	0.125	0.050	0.113
	土地利用性质	0.057	0.076	0.079
	土地利用混合度	0.077	0.083	0.115
	开发强度	0.064	0.083	0.095
	公服设施优势度	0.090	0.025	0.040
	历史文化资源密度	0.027	0.001	0.000
	职住密度	0.030	0.000	0.000
社会经济	平均房价	0.033	0.037	0.022
交通供给	路网密度	0.036	0.106	0.069
	道路连通度	0.038	0.065	0.045
	轨道交通线路	0.027	0.024	0.012
	轨道站点可达性	0.057	0.087	0.089
	公交线网密度	0.071	0.076	0.098
	公交站点可达性	0.095	0.018	0.031

由于燃油小汽车和新能源小汽车赋分方式较为相似，两者各指标权重相差不大，土地利用混合度和轨道交通线路所占权重较高；影响轨道交通出行的因素中，职住密度权重最高，其次是历史文化资源密度和公交线网密度；对常规公交来说，公交线网密度和职住密度，以及区位条件和土地利用性质权重较高；与慢行交通出行相关的指标中，公交线网密度、土地利用混合度、区位条件等指标所占权重均在前列。

(2) 分方式交通发展适宜性评价

如图 15.6 所示，根据权重计算各类交通方式发展适宜性评价分值，各方式分值基本在 2.1~8.5 之间，没有过高或过低的区域。燃油小汽车和新能源小汽车分值分布大致相同，在 2.9~8.3 之间，48%的栅格在 6 分以上，集中在仙林北部和浦口西南部，老城区范围内得分基本在 4 分以下；轨道交通分值在 2.2~9.2 之间，6 分以上的栅格占 35.8%，6.8%的栅格在 7.5 分以上，分布较为集中，聚集在老城区范围内及其周边，与中心城区职住密度分布呈现类似特征；常规公交分值在 2.0~8.1 之间，19.6%的栅格在 6 分以上，除了六合北部、浦口南部和仙林非中心区域以外的区域分值都不低，与轨道交通线路走向有一定重合；骑行分值在 3.3~8.8 之间，6 分以上的栅格占比 47.1%，步行交通分值在 1.7~8.4 之间，22.2%的栅格在 6 分以上，二者高分段均集中在老城区和地区中心，城区外围分布较散。

(3) 交通发展适宜性综合评价

研究中，分方式交通发展适宜性评价结果，是以单个栅格单元内各交通方式间分值差异率计算得到该栅格最适宜发展的交通方式，为方便统计分类，对部分交通方式做重分类处理。将"骑行步行"分类为"慢行交通","轨道交通"与"常规公交"分类为"公共交通"。整合后主导交通方式分为慢行交通、轨道交通、轨道交通＋慢行交通、公共交通＋慢行交通、公共交通、常规公交＋慢行交通、常规公交、小汽车＋慢行交通、小汽车＋轨道交通、全交通方式、燃油小汽车＋新能源小汽车共 11 类。考虑南京有大量公园和景区更加适宜慢行交通发展，因此取慢行交通为大型公园绿地主导交通方式。

(a) 燃油小汽车发展适宜性分布图

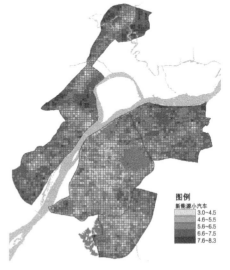

(b) 新能源小汽车发展适宜性分布图

(c) 轨道交通发展适宜性分布图

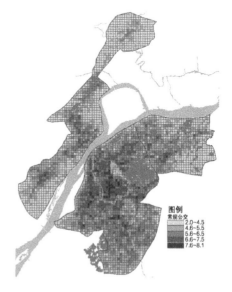

(d) 常规公交发展适宜性分布图

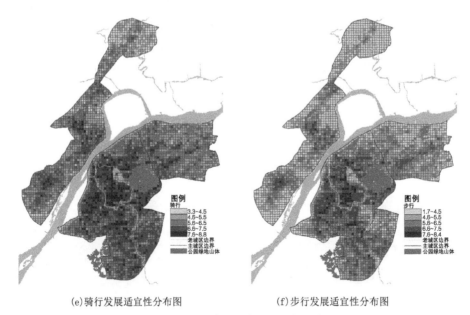

(e) 骑行发展适宜性分布图　　　　　　(f) 步行发展适宜性分布图

图 15.6　分方式交通发展适宜性分布图

如图 15.7 所示,在所有栅格中,适宜发展小汽车的栅格占比最大,约占总数的 32%,基本分散在中心城区周边;全交通方式发展地区约占 22.5%,聚集在江北七里河、仙林政府、仙林湖公园、东山副城九龙湖周边;轨道交通集中在老城区范围内,约占总数的 8%,这与《南京市城市总体规划(2011—2020)》中确定的"老城区重点发展以轨道交通为骨架的公共交通体

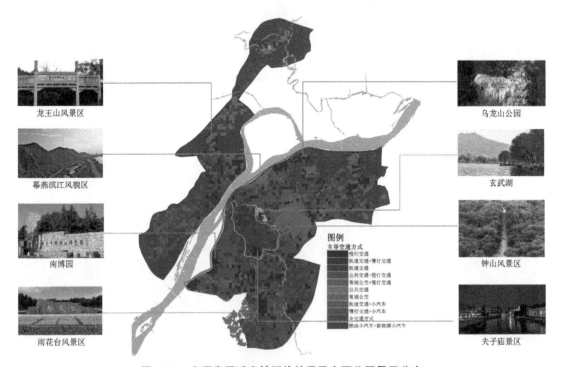

图 15.7　交通发展适宜性评价结果及主要公园景区分布

系"模式相吻合;常规公交和慢行主导的地区集中在除老城区以外的主城区范围,以及江北新区和东山副城的地区中心周边,约占26%;慢行主导区域约占11.5%,主要分布在玄武湖、钟山风景区、鱼嘴湿地公园等区域。

3) 交通方式与低碳交通政策分区转化

(1) 交通方式与低碳交通政策分区转化

为更好地帮助交通分区政策的制定,研究以各交通方式碳排放特征为基础,从减少碳排放角度将中心城区划分为超低碳排放区、低碳排放区、低碳排放潜力区和碳排放宽松区四类。碳排放宽松区即小汽车宽松发展区,小汽车出行依赖度较高,对小汽车通行类型不做强制要求,交通发展无明显限制;低碳排放潜力区即全交通方式发展区,鼓励公共交通发展,适度控制燃油小汽车发展;低碳排放区即公共交通优先发展区,严格控制燃油小汽车交通;超低碳排放区即慢行交通优先发展区,碳排放量较低,限制小汽车交通发展并减少小汽车相关基础设施提供。其中,由于在所有客运交通方式中,轨道交通人均碳排放量最低,且南京市中心城区小汽车发展适宜性评价分值极低,结合老城区交通拥堵情况,将老城区范围内轨道交通适宜发展区一同归类为超低碳排放区。这与伦敦超低排放区划分情况一致,伦敦超低排放区范围为原交通拥堵收费区域,且轨道交通线路聚集。主导交通方式和低碳交通分区对应关系如表15.8所示。

表15.8 主导交通方式与低碳交通政策分区对应表

低碳交通政策分区	主导交通方式	主要特征
超低碳排放区	慢行交通、轨道交通、轨道交通+慢行交通	慢行交通优先发展
低碳排放区	常规公交、公共交通、常规公交+慢行交通、公共交通+轨道交通	公共交通优先发展
低碳排放潜力区	小汽车+轨道交通、小汽车+慢行、全交通方式	绿色交通和小汽车竞争发展
碳排放宽松区	燃油小汽车+新能源小汽车	小汽车宽松发展

(2) 低碳交通政策分区划分结果

综合评判后得到南京市中心城区低碳交通政策分区结果(图15.8)。超低碳排放区集中在老城区范围内,以及浦口公园周边、百家湖周边、江宁市民中心周边、仙林中心等副城中心区域,以及绿博园、玄武湖等大型绿地景区等地,多位于长江南岸,除老城内,其布局较为分散,单个分区面积较小;低碳排放区包括主城区和东山副城中心区域内超低碳排放区以外的区域,以及浦口凤凰山、弘阳广场、太子山公园、六合雄州、马群等区域;低碳排放潜力区和碳排放宽松区均分布在中心城区外围,基本处于浦口、六合、栖霞中心区以外区域,碳排放宽松区也多集中于工业区或未完全开发地区。

(3) 低碳分区交通发展政策建议

① 超低碳排放区:以轨道交通和慢行主导,集中在老城区范围内,以及江宁市民中心、仙林中心、玄武湖等处。这些地区或交通设施扩容有限,机动车交通与慢行交通矛盾冲突较大,或有大量公园绿地,为保护现有城市环境,应以严格限制小汽车交通、完善慢行基础设施、营造良好的慢行出行环境为首要原则。该分区除老城区以轨道交通为主以外,其他区域均以步行和骑行交通为主导。道路网络方面,不考虑道路设施扩容,可适当降低城市道路等级,压缩小汽车道路空间,道路资源向常规公交和慢行交通倾斜。对于城市拥堵问题,可通过改善支路、打通断头路提升道路连通性,促进交通微循环。小汽车管理方面,限制甚至减少

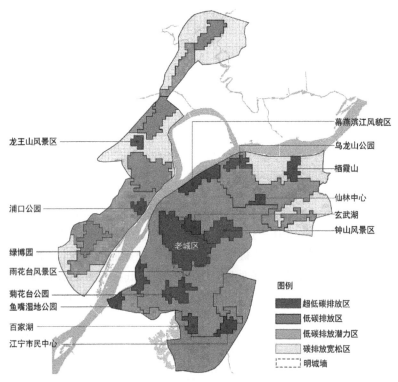

图 15.8　中心城区低碳交通政策分区图

停车设施供应，撤销路内停车位，公共停车场采用高收费标准，加强停车管理。从交通拥堵的角度出发，可适当划定小汽车限制或禁止通行区，如在夫子庙商圈周边划定小汽车限时限速通行区，尤其是节假日期间，分时段限制小汽车通行，代之以公共交通或慢行，缓解高峰期交通拥堵状况。从空气环境质量提升角度来看，可限制燃油小汽车进入该分区，对进入该分区的燃油汽车收费一定费用，新能源汽车在特定时段可以免费通行。公共交通方面，完善以轨道交通为主导的多元公共交通体系。南京市中心城区的轨道交通发展已经较为成熟，基本覆盖整个超低碳排放区，可进一步强化轨道交通与其他绿色交通的衔接，如加强轨道站点周边共享单车、共享电动车的管理；明确公交路权，合理加强公交专用道建设，提升公共交通相对运行效率和服务水平，将公交优先落到实处；发展短距离定制公交，考虑到老城区范围内有玄武湖、秦淮河等多处旅游景点，可规划多条旅游线路公交，避免私人小汽车大量进入这些区域。慢行交通方面，改善道路横断面，确保慢行空间安全、连续，除快速路外，任意道路均需设置慢行专用道，保证非机动车道和人行道空间，较为狭窄的街巷也应明确这两者的首要通行等级。充分保障路段及路口慢行路权，可在交叉口设置慢行信号灯，优先保障慢行交叉口通行权。通过绿化、街道家具、标示指引等营造良好舒适的步行和骑行出行环境。

② 低碳排放区：即公交和慢行主导区，主要聚集在主城区及其他副城的商业区、居住区及主要发展廊道，公共交通可以很好地满足这类区域中的大运量出行需求。应严格控制小汽车交通，高强度发展公共交通，以公交枢纽引导高强度开发，同时重视步行和骑行的接驳需求。该类分区以公共交通和慢行交通为主导，公共交通的投资、建设、运行均优先于其他交通方式。道路网络方面，改造升级主干路，完善公交专用道，保障人口密集区的公交专用

道路设施供给。增加道路绿化面积,减少车辆碳排放对城市环境的污染影响。小汽车管理方面,限制停车设施供应,分区域调整收费标准,对路内停车收取高额费用。在人口密集地区或主要商业区域鼓励停车换乘,可将公共交通付款码与停车场信息连接,停车换乘者可相应减少停车费用。分时段分区域限制燃油小汽车进入,新能源汽车基本无限制通行。公共交通方面,根据居民出行需求优化轨道及公交线路,形成高密度公共交通网络,做到线路高覆盖、站点高可达。低碳排放区范围较大,分散在长江两侧,公共交通建设应加强各副城与主城区的联系,适当增加过江线路,发展快速或长距离定制公交。重视公共交通之间以及公共交通和慢行交通的换乘接驳,以公共交通引导的 TOD 模式开发建设用地,通过公共交通车辆设施改造升级提高公共交通竞争力,吸引居民使用公共交通出行。慢行交通方面,完善慢行基础设施以保障慢行交通与公共交通之间的衔接,尤其是公共交通站点服务范围未能覆盖的区域,这些区域需做好慢行专用道和配套设施建设,营造良好的出行环境,提升出行体验。其他地区保证慢行系统的连续、安全与舒适性,加强停车管理。

③ 低碳排放潜力区:即全交通方式发展区,位于江北、东山、仙林副城中心周边地区。该类分区仍鼓励公共交通主导,并原则上适度控制小汽车发展,做好公共交通与小汽车的衔接,二者成良性竞争状态。道路网络方面,完善包括快速路和主干路在内的道路网络系统,不要求压缩小汽车道路资源,保证绿色交通道路空间连续安全,运行少受小汽车影响即可。小汽车管理方面,适度控制停车设施供应,公共停车场可采取停车楼、"摩天轮"等集约型停车方式,或将行政、学校等单位的停车位共享为社会停车位,控制停车位总量,做到尽量不新增停车空间。对燃油小汽车通行权限不做限制,控制其进入人流量较大商圈时通行速度在 30 km/h 以内,保证绿色交通通行安全。公共交通方面,规划快速公交走廊,加强各副城与主城区的联系,以及副城中心与周边区域的公共交通衔接。完善公共交通网络,加强轨道交通和常规公交的换乘衔接,公共交通线路需连接城市关键节点,缩短居民出行距离和综合时耗,提高公共交通服务范围及运行速度,增加公共交通竞争力。慢行交通方面,改善道路横断面,完善慢行基础设施,修复慢行断点,确保慢行网络的高连通性与安全性。

④ 碳排放宽松区:即小汽车宽松发展区,对碳排放量无强制要求,位于中心城区外围工业区及高新技术产业区等区域。此类区域通常开发强度不高,货运量较大,公共交通和慢行出行需求较少,交通设施扩容空间充足,个体化交通依赖性较强。该类分区对小汽车限制较少,全区通行基本无限制,对通行小汽车类型不做强制要求。可使用空间充足,可适度增加路网密度,提高停车设施供给,并降低停车收费标准。保证达到公交支持区标准的区域有公共交通服务覆盖,以及主要道路慢行空间的连续。

16 交通枢纽周边用地增长预测

经济全球化进程的加快有力地推动了资源和生产要素在全球范围的合理配置,以及资本和产品的全球性流动。同时高铁、航空等高速交通方式的飞速发展正在加剧交通时代变革,综合交通枢纽节点正在重塑全球城市定位、国家战略布局和区域与城市发展进程。在此背景下,交通枢纽作为资源转换的关键节点,在城市经济发展和城市地位提升中起到日益重要的作用,交通枢纽节点的重要性不仅体现在交通设施本身上,而且体现在交通枢纽节点对城市经济发展的带动作用,以及对交通枢纽周边地区的规划与土地开发的影响方面。因此城市在发展过程中应抓住交通枢纽的优势条件,使交通优势充分转化为城市发展优势。

16.1 交通枢纽发展区

随着交通强国战略的提出以及交通枢纽的快速建设,不少地方寄希望于建设大规模交通枢纽以作为推进新一轮城市增长和城市化发展的重要契机。交通枢纽具备良好的交通区位优势,可以实现产业生产产品的集散与流动,良好的交通枢纽可以发挥其交通优势来带动相关产业发展,相关产业布置在交通枢纽周围也可以提升枢纽的能级与规模,从而实现产业与枢纽的良性互动。

1) 临空经济

临空经济,指的是依托大型枢纽机场的综合优势发展具有航空指向性的产业集群,从而对机场周边地区的产业产生直接、间接的经济影响,促使资本、技术、人力等生产要素在机场周边集聚的一种具有现代服务性特征与新经济时代特征的新型产业。

临空经济的核心支撑是机场的交通运输枢纽功能,其核心区域地理位置紧邻机场,交通便利,具有特殊的区位优势,级差地租效应明显,适宜重点发展与机场功能紧密对接、集聚高端生产要素、附加值高的相关产业,排除占地面积大、技术层次低的一般开发型产业。在产业定位上,选择有较长产业链和较强关联效应的产业,能够将该产业的优势辐射到产业链上的其他环节。根据机场定位与产业发展定位,空港经济区需集聚发展航空物流业、运输服务业、航空制造业、临空高科技产业、临空现代服务业及空港衍生产业。依托机场、航空货物中心和快件集散中心等枢纽地位,积极引进发展临空产业,推动产业创新升级,形成以航空运输为基础、航空关联产业为支撑的高端产业体系。通过空港枢纽经济区建设,打开国际门户,参与全球产业分工合作,为加快产业转型升级发展创造更好条件,具体圈层结构模型见图 16.1。

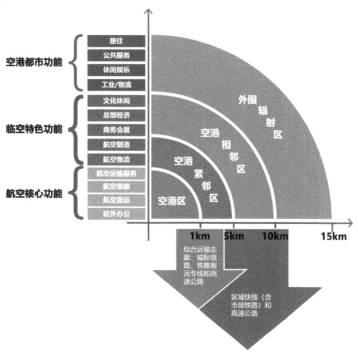

图 16.1 "临空经济区发展"圈层结构模型

以京津冀城市群为例,城市群内某副中心城市机场区位优势显著,距离市中心较近,与城市港口亦联系紧密,依托城市机场发展起来的空港经济区,集临空经济、临空商务、临空物流、临空制造业、临空服务业于一体,逐步由机场航站区阶段、航空港起步阶段、临空经济区阶段、航空城阶段实现了基础设施、营商环境、运输能力、人才培养、创新资源、经济规模的储备,与此同时,通过产业链的转型、龙头企业的引入、机场设施改造升级等一系列措施,目前正逐步向航空大都市演进。

2) 临港经济

临港产业门类主要包括以港口装卸、运输功能为主的港口直接产业,与港口直接产业有着紧密联系的现代物流业等港口共生产业,凭借港口综合条件而形成的石化、钢铁、电力加工制造业等港口依存产业,以及与港口直接产业、共生产业、依存产业相关的金融、保险、商贸、娱乐等服务业。一个服务高效、产业高端、环境生态的临港经济区,能够充分发挥港口货物集散和要素集聚的优势,延长临港产业链、提高附加值,通过打造港口物流和资源配置中心,促进产业规模化发展,最终形成基于港口资源和需求实力的高附加值临港国际化产业集群,具体圈层结构模型见图 16.2。

以珠三角某中心城市为例,其港口由 4 大港区和珠江口锚地组成,地处珠江三角洲中心地带,交通发达,航运条件优越。港口通过统筹区域发展,逐步形成了各港区协调发展的产业布局。其中,某一深海港区承担各种集装箱和散货运输以及保税、物流、临港工业开发等功能;另一个港区以物资运输为主;此外港口还有一个区域承担沿海、近洋集装箱运输、散货运输和沿海粮食中转。港口产业围绕各港区的主要功能分布,目前,港口的传统业务发展良

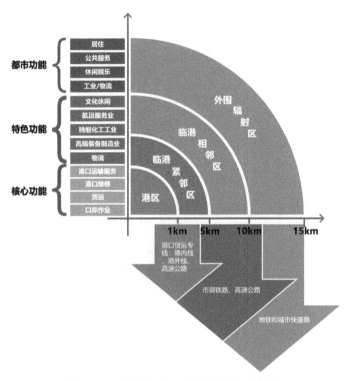

图 16.2 "临港经济区发展"圈层结构模型

好。依托港口优质的区位条件及资源条件,其周边集聚了一批临港产业,如石化、汽车制造、造船工业、食品加工等传统产业,以及以金融贸易、娱乐业、服务业为主的新兴产业,形成了多个分工明确的产业发展组团。

3) 高铁枢纽经济

高速铁路良好的发展前景为许多设站城市提供了成功的发展机遇,带动了城市的快速发展和城市经济的转型。

高铁对区域经济发展具有很强的带动作用。在高铁辐射影响范围内,城市有能力承接区域内其他城市的产业外溢,有条件吸引优势企业集聚,吸纳中高端产业总部入驻。通过紧抓高铁时代带来的发展机遇,依托区域型铁路枢纽站点,增强对区域的辐射力,以高端商务商贸、文化创意、信息技术咨询、健康服务、旅游服务等为重点,引进相关产业集聚发展,加快构建高铁枢纽商务商业圈。与此同时,在高铁站的影响下,区域还会随核心产业的发展衍生出零售、休闲娱乐等相关配套产业来满足区域内工作或生活的人群。

高铁车站的建设会带来沿线城市整体性的人口与产业的增长,增强沿线城市的集聚能力,并带动地区发展。着重体现在高速铁路枢纽从建设到通车初期的年份里,地价和房地产交易量快速上涨。除此之外,高铁最有竞争力的距离约为 500~600 km,最佳的时间是 2 h,2 h 恰好是商务活动当天往返最合适的时间,因此可以围绕高铁枢纽来发展商贸产业,打造城市商贸产业增长极或区域服务中心。

高铁站及其周边开发为圈层式,通常为"3 个发展区"的结构模型,即第一圈层(Primary development zones)、第二圈层(Secondary development zones)和第三圈层(Tertiary development zones),如图 16.3 所示,具体圈层结构模型见图 16.4。

第一圈层为核心地区,距离车站 5～10 min距离,具备地铁、公交、步行等便利和换乘交通方式,在功能布局上强调商业商贸、商务办公与交通枢纽的紧密结合。一般认为高铁站点 500 m 范围内是车站发挥最基本作用的功能组织区域,具有开发强度高、建筑密度大、投资最为密集等特点,也是交通换乘的最佳区域。主要发展高等级的商务办公产业,建筑密度和建筑高度都非常高。

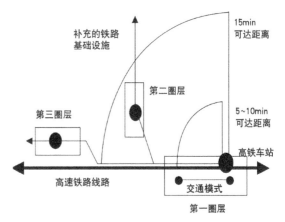

图 16.3　发展区与高速铁路站点的相互关系

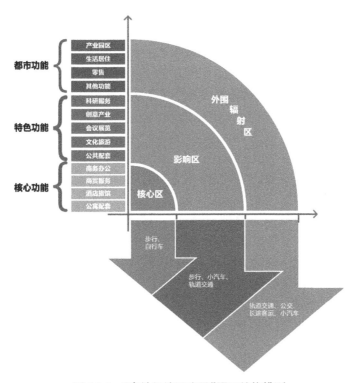

图 16.4　"高铁经济区发展"圈层结构模型

第二圈层为影响地区,距离车站 10～15 min 距离,该区域是弹性区域,是对第一圈层功能的补充、延伸以及扩展。该区域在产业开发上一般可以为办公、居住、文化、教育、医疗、科研服务、创意产业等。这一区域内的功能与高铁站点之间关联上逐步弱化,强调了高铁站点枢纽对城市发展的带动效应,以及对土地经济价值的培育。

第三圈层为外围的辐射地区,会引起相应功能的变化,但整体影响不明显。无论是功能结构还是空间结构,与高铁站点的直接关联性已经较弱。该区域的边界是开放的。规划设计与研究的重点已转变为从整个城市的角度,主要是城市基本产业,包括居住、零售、产业园区等,较多考虑的是城市与高铁站点的交通衔接关系、高铁对于整个城市的带动发展机遇等问题。

以长三角某副中心城市为例，为满足新区相对独立发展和作为国家级新区所带来的城市功能和交通能级的提升，拟在区域内建设集长途客运、地铁、公交、出租、航空等多种运输方式为一体的大型综合客运枢纽。与此同时，枢纽将发展金融科技与智慧型双创产业作为经济发展的定位，实现枢纽交通与产业的协同发展，打造枢纽经济。通过分析各类成功的交通枢纽产业发展案例、上位规划、资源禀赋条件，最终确定了以门户商贸、花园总部、科技研发、旅游配套、健康服务为主导产业，并按照"三圈层"结构布局交通枢纽：第一圈层内重点构建枢纽型商贸经济，通过立体开发在站区 500 m 的范围内植入铁路运输功能、城市公共交通功能、枢纽商务功能、商业服务功能，在空间组织上，通过地下通道和架空走廊等形式将车站与车站周边的下一代综合体、国际会展中心等功能衔接起来，真正做到站城一体化；第二圈层其南侧植入服务于整个新区的商业中心，同时由于该圈层与高铁关系最为紧密，对企业总部吸引力最强，适宜发展总部经济，因此在地区一侧植入现代咨询服务机构园区与机构总部园区；第三圈层的南侧发展服务型健康经济与人文型旅游经济产业，其中健康经济产业选取与高铁资源关系较为紧密的产业，旅游经济产业重点打造复合功能的旅游综合体，北侧区域布局智慧型服务经济产业，如金融管理业和数据产业配套的数据中心、后台研发、培训机构等功能，鉴于技术保密、数据安全等要求，该圈层的企业对园区独立化管理的程度要求相对较高。除此之外，还提出了分期实施策略以及产城融合发展策略等，在各个方面对枢纽的产业与交通协同发展提出了具体的引导与实施措施。

16.2　交通枢纽与城镇空间增长协同

随着经济全球化进程的加快和高速交通时代的到来，综合交通枢纽在城市发展过程中的作用日益凸显，迫切需要实现交通、产业、空间等多要素在枢纽节点的融合，产生推动城市发展的最大合力。交通枢纽节点在城市地位提升、经济发展、产业集聚、空间拓展中发挥了重要作用，因此各个城市在发展规划中应制定枢纽节点交通、产业、空间协同发展战略：以交通枢纽作为交通与城市产业、空间协同的载体，发展枢纽经济；结合枢纽交通特征，分别对空港、海港、高铁枢纽和轨道交通站点地区的产业业态进行定位，根据交通节点特征的不同，对节点产业实施圈层式布局。

1) 机场地区：以空港为集聚核，发展空港枢纽经济区

航空与机场发展带动了人们对机场周边地区的关注，并引发了一种新城市化模式的探讨，这是交通运输促进经济发展的第 5 次浪潮，被称为航空时代（前 4 次分别是海运港口运输时代、内河运输时代、铁路运输时代和汽车运输时代）。对于机场周边地区产业快速增长与集聚的现象，称之为航空城（Aviation city）、机场城（Airport city）、航空商务集群（Air-commerce cluster）、机场集群（Airport cluster）和空港都市区（Aerotropolis）等。空港城、航空都市区概念来源于早期对机场周边地区产业的分析与研究。

成都天府临空经济区发展定位为成渝世界级机场群核心枢纽、临空产业创新发展高地、向西向南开放窗口、现代化空港新城。根据《成都天府临空经济区建设方案》，规划结构中的"一核四区"涵盖了天府机场、航空物流与口岸贸易区、临空高端制造业区、临空现代服务业区、科技创新与成果转化区。其中,航空物流与口岸贸易区重点布局航空保税物流、跨境电子商务、进境指定口岸、航空口岸贸易、航空维修服务等产业,并为机场未来向东拓展预留建设用地;临空高端制造业区依托成都未来科技城与资阳临空经济区,重点布局航空发动机、消费电子、智能制造装备、人工智能机器人、医疗器械等产业,并为产业链上下游企业集聚提供优势条件;临空现代服务业区重点布局高端商务商贸、总部经济、文化创意、休闲旅游等业态,打造临空综合服务集聚区;科技创新与成果转化区重点布局技术研发、产业孵化、航空科教、国际医疗服务等,加快打造高端人才聚集区和创新成果源发区。

2) 港口地区:以海港为集聚核,发展海港枢纽经济区

依据联合国贸易发展委员会在1992年提出的港口代际划分方法,18世纪以前,主要承担货运与转运功能的为第一代港口,港口只是船舶装卸活动的场所;18世纪初至20世纪中叶,第二代港口除仓储、装卸搬运等基本物流功能外,部分产业开始围绕港口集聚,临港产业的发展初具雏形;20世纪五六十年代至20世纪末,第三代港口区域竞争力提升,逐步发展成为集物流中心、贸易中心、金融中心和工业中心于一体的综合性区域;20世纪末至今,第四代港口的国际化程度显著提升,逐步发展为兼具国际贸易调度、产业研发与集聚功能的国际化港口。作为区域、全球供应链的重要组成部分,海港枢纽经济区的地位进一步上升,而在生态文明建设的背景下,"生态港"等理念也随之发展。

南京港位于长江和东部沿海"T"型经济发展战略带结合部,是我国25个沿海主要港口之一和对外开放一类口岸,是国际性、多功能、综合型江海转运主枢纽港。目前,南京港水路、公路、铁路、航空和管道五种运输方式俱全,经济腹地广阔,货物集疏运便利,是长三角辐射带动中西部地区发展的重要门户和长江经济带区域性航运物流中心。《南京海港枢纽经济区建设三年行动计划(2018—2020)年》中对南京港的发展提出了建设畅达的综合交通枢纽、打造开放的交通运输体系、构建完善的航运服务功能、营造优质的营商发展环境、创建融合的港产城发展格局五项重点任务。未来将按照南京海港枢纽经济区"一带、两核、三区"的总体空间布局,依托江海转运主枢纽港,加快枢纽设施建设,提升辐射带动作用,并围绕"4+4+1"主导产业,加快产业项目建设和转型升级,积极打造长江经济带上重要的新兴产业集聚区,促进港产城融合发展。

3) 高铁站点地区:以高铁站等城际站点为集聚核,发展高铁枢纽经济区

交通枢纽节点投入运营后,随着客货流量的增大,节点附近的各种基础设施和服务设施不断得以完善,交通功能向多功能综合发展。由于交通枢纽节点的建设和运营改善了周边地区的区位条件与基础设施,提高了近邻地区的可达性,使得其近邻地区成为区域内吸引投资的重要场所,促进了近邻地区的发展和繁荣。此时,需要交通设施以及城市经济、政策发展推动力来与该地区的优势相叠加,推动该地区的发展,形成"引力+推力"的作用模式。此外,实现高铁和空港联运,可以大幅节约时间成本,吸引对时间敏感的产业,如展览物流业、高新技术产业及现代服务业,进一步引领城市产业升级。倡导"站城一体"综合体开发,可以为未来发展预留足够空间,站区交通与居住、商业金融、商务办公等多功能融为一体,混合开发。

高铁新城的建设以站点为核心向外延伸。日本新横滨开发阶段性目标明确,城市建设有序。首先是基础设施建设;其次考虑产业需求,利用便利的基础设施和交通条件吸引企业进驻,通过提供工作岗位聚集人气后逐渐满足食品、生活用品、娱乐设施等多样化需求,丰富城市的生活功能；发展后期，更新城市功能，改善城市环境，为居民提供良好的生活环境，实现职住平衡。产业是高铁新城集聚人气、形成内在发展动力的基础和前提，打造支柱产业是彰显城市特色的重要环节。新横滨以站点为核心，接驳地铁、高速公路，实现与空港联运，满足了IT产业发展的基础条件，为企业提供政策支持和技术指导。

长沙高铁新城处于京广和沪昆两条高铁交会的黄金十字枢纽地区，通过磁浮轨道交通实现与黄花国际机场空铁联运，成为集高铁、地铁、磁浮、城铁、公交、长途汽车等多种交通工具零换乘的交通枢纽，也是长沙东部开放型经济的重要组成部分和临空经济示范区的重要组团，将建成区域开放桥头堡、省会城市副中心、现代产业集聚区。其主导产业为高端商贸、现代物流、金融证券、总部经济、创意设计、文博会展和服务外包七大类。高铁新城重点打造六大产业功能区组团。在武广核心片区，打造高铁核心商务功能区组团；在黄兴北片，依托浏阳河自然景观，构建高品质休闲生活区组团；在黄兴东片，打造综合公共服务区组团；在黄兴中片，以长沙国际会展中心为引擎，构建会展商务功能区组团；在黄兴南片，打造高端物流服务区组团；在潭阳洲区域，打造园艺博览展示区组团。

4）交通枢纽与城镇空间增长协同发展

随着城市的郊区化和城市外围快速环线系统的完善，城乡边缘带进入了飞速发展的阶段。这些边缘带往往都通过交通走廊与机场、港口、铁路站点有着便捷的交通联系，将这一区位优势和自身的特点相结合，通过科技园、技术城、工业园及城市次中心等各种形式发展起来。区域和整个交通枢纽节点腹地经济的不断发展、区域经济外向性的扩大增强了交通节点的枢纽地位，从而使得交通枢纽节点所在的都市在世界城市体系和交通枢纽体系中的地位得到了提高。

此外，交通枢纽节点经济区的形成已经不仅仅是产业经济自然增长下的产物，同时还成为当地政府出于刺激经济发展的目的主动规划的产物。对具备足够区域经济基础支撑和产业运输基础的交通枢纽，政府的规划建设也成为强化枢纽地区经济增长极作用的途径之一。

16.3 交通枢纽周边用地增长预测方法

1）节点-场所模型

无论在高速铁路车站地区，还是在机场周边地区，新的规划理念都是在寻求节点交通价值与城市功能价值的平衡发展，而且这些枢纽地区的城市功能价值越来越大，直接影响了整个城市或者都市区。在荷兰，已经把这些地区定义为新关键性节点，并把它上升到国家的空间规划政策层面。

国外针对高速铁路车站地区与空港周边地区等交通枢纽地区的发展问题，强调把交通枢纽与城市规划结合起来考虑，重点关注节点交通价值和城市功能价值两个方面。所谓节点交通价值指交通枢纽本身作为重要的交通设施所反映的交通功能与设施属性，日交通量是反映这个价值的重要指标；而城市功能价值是指枢纽地区对城市功能发展的影响和催化所产生的价值，比如围绕交通枢纽承担了城市多少商务功能等。

一个场所有很好的可达性，将吸引商业、住宅和其他设施的集聚，功能集聚的同时也会相应带来交通量的增长。如果场所具备了商业、办公等设施，而交通的可达性较弱，这些城市功能将难以持续增长。因此城市功能价值的增长和节点交通价值的增长都存在着边际效益递减的关系,两者之间平衡发展是目前交通枢纽地区发展的主流思想。

节点-场所(Node-Place)模型是通过定量化地测度站点地区节点价值(交通支持)和场所价值(城市功能),综合评价两者的发展水平和协调程度的模型。贝托里尼(Bertolini)认为城市轨道站点已不单是交通枢纽或城市场所,它与周边地区整合在一起,被赋予了更多的城市功能性意义,具有节点与场所的双重属性:轨道站点通过提升所在地区的交通容量和可达性,能够吸引商业、办公等竞租能力强的活动在其周边集聚,促使用地的原有性质和开发强度发生改变,而站点地区功能的强化反过来又为轨道交通的发展提供了充足的客流支撑。贝托里尼将轨道站点地区在城市中的作用总结为节点-场所模型(图 16.5),用以识别轨道站点地区发展的潜力或短板。轨道站点地区既是多样化的交通网络节点,也是一个临时或永久的场所,借助节点-场所模型可分析轨道站点地区的发展短板。

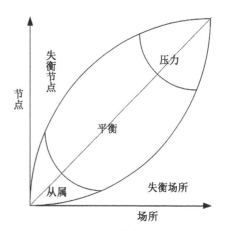

图 16.5　Bertolini 的节点-场所模型

通过对节点-场所模型进行应用研究,有利于优化地域空间结构,提升枢纽周边空间功能,丰富枢纽周边空间发展的理论研究,对制定枢纽周边空间发展规划具有重要启示。但节点-场所模型还存在一些局限性:①节点-场所模型是一种定性而非定量的模型。不同状态下的边界具有相对不稳定性,因此会形成较为模糊的边界区域,这种边界被研究者直接用于对测度结果的分类评价。②节点、场所的价值评价是对相对大小的粗略判断。在节点-场所模型中,评价方法不能很好地体现土地利用和交通两个要素之间的关系。③应用范围较为局限。对于地铁和高铁的研究运用较多,而对其他类型的交通设施/枢纽的研究运用较少。

2) 用地增长模型构建

首先,通过对交通枢纽周边用地增长驱动因素以及经济区布局结构、时空发展脉络进行研究,可厘清研究范围并构建影响因素的指标体系。其次,构建交通枢纽及其空间因素的数据库,对分析所需采用的数据进行预处理。最后,构建多元线性模型和空间计量模型,形成交通枢纽周边用地增长模型,模型及优化思路如下:

(1) 逐步多元线性回归

针对每个机场周边 0~3 km,3~5 km,5~10 km(高铁站点周边 0~2 km,2~4 km,4~8 km)建立一个多元线性方程,构建多元线性回归分析模型,公式如下:

$$Y_1 = b_1 + \beta_1 x_1 + \beta_2 x_2 + \cdots + \beta_n x_n + \varepsilon_1 \tag{16.1}$$

$$Y_2 = b_2 + \beta_1 x_1 + \beta_2 x_2 + \cdots + \beta_n x_n + \varepsilon_2 \tag{16.2}$$

……

$$Y_n = b_n + \beta_1 x_n + \beta_2 x_{n2} + \cdots + \beta_n x_n + \varepsilon_n \tag{16.3}$$

式中,Y_n 为第 n 个机场(高铁)周边的用地增长面积;x_n 为第 n 个影响机场(高铁)周边用地增长的因素;β_n 为第 n 个影响机场(高铁)周边用地增长因素的标准化系数;ε_n 为误差项。

(2) 空间计量模型

① 空间滞后模型(Spatial Lag Model,SLM):考虑区域间的空间相关性,将自相关效应归结为因变量与其邻接值之间的相关性,在等式中添加空间滞后项来解决相关性问题,公式如下:

$$Y_i = \alpha + \rho \sum_{j=1}^{N} W_{ij} Y_j + \beta X_i + \varepsilon_i \tag{16.4}$$

式中,Y_i 代表 i 地区的观测值;Y_j 代表 j 地区的观测值;α 为常数项;ρ 为空间自回归系数,其用于反映区域样本观测值间的空间依赖性,该系数揭示了某一区域观测值在程度和方向上受邻近区域观测值的影响,换言之,它反映了邻近区域观测值对特定区域观测值的影响程度以及影响的方向;W_{ij} 表示 $n \times n$ 阶空间权重矩阵 W 的第 i 行 j 列个元素;$\sum_{j=1}^{N} W_{ij} Y_j$ 表示除 i 地区之外其他相邻机场周边用地增长的加权平均值;X_i 为其他解释变量;β 为回归系数;ε_i 为残差扰动项。

② 空间误差模型(Spatial Error Model,SEM):将自相关效应视为残差结构的一部分,假设空间单元的误差项之间存在空间自相关,公式如下:

$$Y_i = \alpha_j + \beta X_i + \varepsilon_i \tag{16.5}$$

$$\varepsilon_i = \lambda \sum_{j=1}^{N} W_{ij} \varepsilon_i + \mu_i \tag{16.6}$$

式中,W_{ij} 表示 $n \times n$ 阶空间权重矩阵 W 的第 i 行第 j 列个元素;λ 为各机场用地增长的空间误差反应系数,用于衡量因变量的误差冲击对本机场周边用地增长的影响程度;$\sum_{j=1}^{N} W_{ij} \varepsilon_i$ 为因变量的空间滞后误差项,即 i 机场以外其他相邻机场周边要素集聚带来的用地增长误差冲击的加权平均值;μ_i 为残差扰动项。

3) 模型应用

模型可用于新建(扩建)交通枢纽周边用地功能布局的合理性评价,也可作为现有交通枢纽周边产业集聚及用地规划的参考依据。

(1) 机场枢纽

选取机场周边 0~5 km 圈层范围(空港区和紧邻空港区)和 5~10 km 圈层(空港相邻区)作为用地增长的研究范围,且依据对机场周边用地增幅的分析,将紧邻空港区划分为 0~3 km(紧邻空港核心区)与 3~5 km(紧邻空港扩展区),对其中空间要素进行统计。选取机场周边圈层用地增长面积(km²)为被解释变量,包括 0~3 km 范围内用地增长、3~5 km 范围内用地增长、5~10 km 范围内用地增长。选取最能反映机场容量的变量作为核心解释变量,包括旅客吞吐量(百万人)和货邮吞吐量(万吨)等。

为进一步完善模型,在城市和机场所在区域层面控制区位、经济、产业和交通变量,其中:根据距离衰减规律,选取到市中心的距离(km)作为反映机场区位的控制变量;在交通层面,陆侧交通越便捷,机场的可达性越好,各类要素更易向机场周边集聚,选取路网长度(km)、经过机场的轨道交通线路数量(条)、公共交通站点数量(个)和到最近高铁站的距离(km)作为反映机场陆侧可达性的控制变量;在经济层面,选取空间 GDP(1 km² 范围)来代表机场所处区域的经济发展状况,GDP 数据可反映城市腹地经济实力;选取机场周边

16 交通枢纽周边用地增长预测

典型第二产业和第三产业(生活性、生产性服务业)的密度作为产业结构的控制变量。

考虑机场属地化改革的影响,将改革前(2000年)的数据作为历史用地数据,用2020年的数据作为现状用地数据。采用中科院中国多时期土地利用/土地覆盖遥感监测数据库(CNLUCC)精度30 m 的2000年和2020年的土地利用数据,在ArcGIS中通过重分类和栅格转面工具对建设用地面积进行提取,并且分别计算机场各圈层的建设用地面积。用地增长情况如图16.6所示。

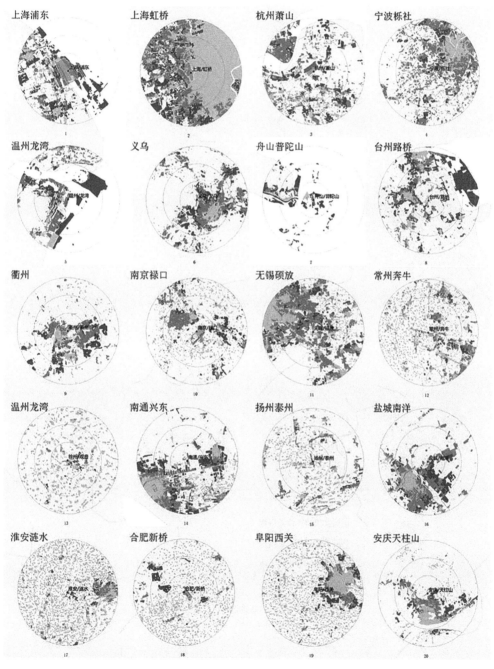

a.

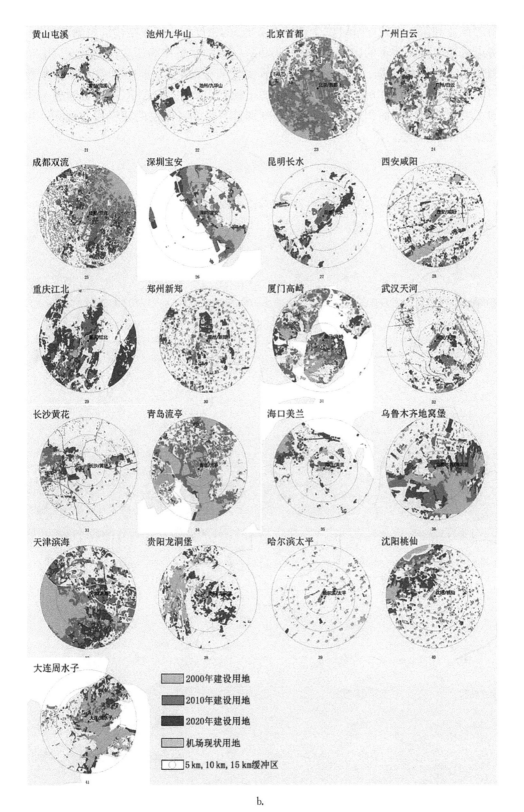

b.

图 16.6 2000—2020 年机场周边土地增长图

以核心解释变量机场因素作为解释变量构建各圈层模型,第(1)(4)列探索航空客流和航空物流对机场周边建设用地集聚的影响;在第(2)(5)列中添加了控制变量,包括区位因素、交通因素和经济因素;在第(3)(6)列中继续添加控制变量产业因素,在各模型中未参与回归的元素在表格中的系数为空值(表16.1)。

表16.1 机场周边用地增长多元线性回归模型结果

变量类型		(1)	(2)	(3)	(4)	(5)	(6)
		被解释变量:机场半径0～3 km内用地增长			被解释变量:机场半径3～5 km内用地增长		
机场因素	旅客吞吐量	0.128***	0.214***	0.159***	0.460	−0.036	0.159
	货邮吞吐量	−0.087	−0.054	0.027	0.038**	0.030*	0.036**
区位因素	到市中心的距离		−0.278***	−0.247***		−0.278***	−0.273**
交通因素	轨道交通线路数量		2.708***	2.396***		2.196*	0.176
	公共交通站点数量		−0.002***	−0.002***		0.010	0.014
	路网长度		0.119	0.011		0.006**	0.008***
经济因素	空间GDP		0.005**	0.082		0.104	0.027
产业因素	生产企业			0.175***			−0.084
	医疗机构			−0.789*			−0.110
	生活服务			0.171			0.033**
	仓储物流			−0.77			−0.274
	风景名胜			−0.014			−0.155
CONSTANT	常量	5.519***	10.147***	9.129***	13.724***	9.890***	5.813***
	R^2	0.369	0.656	0.725	0.324	0.523	0.553
	Adjusted R^2	0.353	0.607	0.676	0.306	0.470	0.481
	DW	2.47	2.38	2.92	2.42	2.10	2.08
	AICc	232.89	215.984	208.832	300.644	268.544	259.059

注:表中每一列,是对公式的单独回归,模型(1)～(3)、(4)～(6)分别是对所有机场周边用地增长的逐步回归结果;"空白"表示无此项;*** 为 $p<0.01$,** 为 $p<0.05$,* 为 $p<0.1$。

由回归结果可知,在最终用地增长模型的拟合优度上,随着到机场距离的逐渐增加,拟合优度逐渐降低:空港核心区(0～3 km)＞空港扩展区(3～5 km)＞空港相邻区(5～10 km)。紧邻空港区(0～5 km)的用地增长模型比空港相邻区(5～10 km)的用地增长模型拟合程度更好。

核心解释变量中,旅客吞吐量在空港核心区和空港相邻区显著,但货邮吞吐量均不显著,货邮吞吐量仅在空港扩展区显著。当被解释变量是机场半径0～3 km内建设用地增长时,机场因素(旅客吞吐量)、区位因素、交通因素(轨道交通线路数量、公共交通站点数量)、经济因素(空间GDP)和产业因素(生产企业、医疗机构)的回归结果显著。其中旅客吞吐量、空间GDP、轨道交通线路数量对用地有显著的促增作用;到市中心的距离、公交站点数量、医疗机构密度则对用地增长有负向影响。

当被解释变量是机场半径3～5 km内建设用地增长时,机场因素(货邮吞吐量)、区位因素、交通因素(轨道交通线路数量)、经济因素(空间GDP)和产业因素(商业设施)的回归结果显著。其中,货邮吞吐量、空间GDP、轨道交通线路数量对用地增长有正向影响;到市中心的距离对用地增长有负向影响。

当被解释变量是机场半径 5~10 km 内建设用地增长时,机场因素(旅客吞吐量)、区位因素、经济因素(空间 GDP)、交通因素(路网长度)的回归结果显著。其中旅客吞吐量、空间 GDP 和路网长度对用地增长有正向影响;到市中心的距离对用地增长有负向影响。

在没有加入控制变量时,航空客流量对机场周边用地具有显著的促增效应;加入了控制变量后,航空客流量对机场周边用地增长的影响依然为正,且通过 5% 的显著性检验,即航空客流量提升能促进机场周边的要素集聚,同时带来用地的增长。

航空客货量对航空枢纽周边用地发展的影响存在差别。紧邻空港核心区和空港相邻区的客运量在 5% 的水平下显著,而货运量均不显著;紧邻空港扩展区的货运量在 5% 的水平下显著,但客运量不显著。

① 紧邻空港区

由表 16.2 可知,在空港核心区用地增长模型中,拟合程度最好的模型是综合考虑机场因素、区位因素、交通因素和产业因素的回归模型,Adjusted R^2=0.676。机场周边的用地增长与核心解释变量旅客吞吐量最相关(β=0.756),旅客吞吐量对空港核心区的建设用地有显著的促增作用,旅客吞吐量每增加 100 万人次,空港核心区的用地增加 16 hm^2。

表 16.2 0~3 km 机场周边用地增长多元线性回归模型结果

0~3 km		未标准化系数		标准化系数	显著性	共线性
		B	标准误差	Beta	p	VIF
CONSTANT	常量	9.129***	1.543		0.000	
机场因素	旅客吞吐量	0.159***	0.035	0.756	0.000	3.463
区位因素	到市中心的距离	−0.247***	0.073	−0.413	0.002	1.843
交通因素	轨道交通线路数量	2.396**	0.876	0.444	0.010	3.262
	公共交通站点数量	−0.002***	0.000	−0.630	0.000	2.545
产业因素	公司企业	0.175***	0.048	0.532	0.001	2.586
	医疗机构	−0.789*	0.391	−0.260	0.051	2.045
F		14.938***				
Adjusted R^2		0.676				

注:*** 为 $p<0.01$,** 为 $p<0.05$,* 为 $p<0.1$。

由表 16.3 可知,在空港扩展区用地增长模型中,拟合程度最好的模型是综合考虑机场因素、区位因素、交通因素和产业因素的回归模型,Adjusted R^2=0.481。机场周边的用地增长与路网长度最相关(β=0.399),其次是货邮吞吐量(β=0.337),说明在空港扩展区,货邮吞吐量和路网长度是最能影响用地增长的指标。货邮吞吐量在 5% 的水平上对空港扩展区的用地有显著的促增效应,货邮吞吐量每增加 100 万吨,空港扩展区的建设用地面积增加 360 hm^2。

表 16.3 3~5 km 机场周边用地增长多元线性回归模型结果

3~5 km		未标准化系数		标准化系数	显著性	共线性
		B	标准误差	Beta	p	VIF
CONSTANT	常量	5.813***	3.501		0.005	
机场因素	货邮吞吐量	0.036**	0.015	0.337	0.017	1.403

(续表)

3～5 km		未标准化系数		标准化系数	显著性	共线性
		B	标准误差	Beta	p	VIF
区位因素	到市中心的距离	−0.273**	0.129	−0.307	0.041	1.621
交通因素	路网长度	0.008***	0.002	0.399	0.002	1.135
产业因素	商业设施	0.033**	0.016	0.274	0.047	1.362
F		10.280***				
Adjusted R^2		0.481				

注：*** 为 $p<0.01$，** 为 $p<0.05$，* 为 $p<0.1$。

由表 16.4 可知，在紧邻空港区用地增长模型中，拟合程度最好的模型是综合考虑机场因素、区位因素和交通因素的回归模型，Adjusted $R^2=0.554$。机场周边的用地增长与区位因素最相关（$\beta=-0.512$），其次是机场因素（$\beta=0.500$），说明在紧邻空港区，客流量和到市中心的距离是最能影响用地增长的指标。在其他变量固定不变的情况下，机场旅客吞吐量每增加 100 万人次，0～5 km 内建设用地增加 23 hm²；机场到市中心的距离每减少 1 km，紧邻空港区建设用地增加 68 hm²。

表 16.4　0～5 km 机场周边用地增长多元线性回归模型结果

0～5 km		未标准化系数		标准化系数	显著性	共线性
		B	标准误差	Beta	p	VIF
CONSTANT	常量	22.965***	2.774		0.000	
机场因素	旅客吞吐量	0.233***	0.844	0.500	0.009	2.946
区位因素	到市中心的距离	−0.676***	0.150	−0.512	0.000	1.154
交通因素	轨道交通线路数量	3.797*	2.100	0.319	0.079	2.792
F		17.546***				
Adjusted R^2		0.554				

注：*** 为 $p<0.01$，** 为 $p<0.05$，* 为 $p<0.1$。

② 空港相邻区

由表 16.5 可知，在空港相邻区用地增长模型中，拟合程度最好的模型是综合考虑机场因素、区位因素和交通因素的回归模型，Adjusted $R^2=0.433$。机场周边的用地增长与区位因素最相关（$\beta=-0.417$），其次是交通因素（$\beta=0.394$），说明在空港相邻区，区位因素和交通因素是最能影响用地增长的指标。在其他变量固定不变的情况下，公路网长度每增加 1 km，空港相邻区建设用地增加 2.7 hm²；机场旅客吞吐量每增加 100 万人次，空港相邻区建设用地增加 40 hm²。

表 16.5　5～10 km 机场周边用地增长多元线性回归模型结果

5～10 km		未标准化系数		标准化系数	显著性	共线性
		B	标准误差	Beta	p	VIF
CONSTANT	常量	30.210**	11.340		0.011	
机场因素	旅客吞吐量	0.399**	0.172	0.354	0.026	1.644

(续表)

5～10 km		未标准化系数		标准化系数	显著性	共线性
		B	标准误差	Beta	p	VIF
区位因素	到市中心的距离	−1.335***	0.416	−0.417	0.003	1.191
交通因素	路网长度	0.027***	0.010	0.394	0.009	1.428
F		11.181***				
Adjusted R^2		0.433				

注：*** 为 $p<0.01$，** 为 $p<0.05$，* 为 $p<0.1$。

在模型优化部分，首先定义邻接关系，并采用基于空间距离的空间权重矩阵（Distance based spatial weights）设置权重。使用 ArcGIS 软件和 GeoDa 对因变量进行全局莫兰指数检验，验证数据是否存在空间上的相关性。Moran's I 参数显示，机场周边 0～5 km 建设用地增长、5～10 km 建设用地增长分别在 99%、90%、95% 的置信度下存在显著空间正相关，可以进行空间计量模型的构建。考虑到模型实际意义，以多元线性回归模型筛选出的显著因素为自变量构建 SLM 和 SEM 模型。

在 Breusch-Pagan 检验中，0～5 km 模型的 p 值均不显著，说明模型不存在异方差问题，而 5～10 km 模型部分 p 值显著，下一步对模型进行拉格朗日检验。

若 LM-lag 的检验值相对 LM-error 显著，且 Robust LM(lag) 值相对 Robust LM(error) 显著，应选择建立 SLM 模型；反之，建立 SEM 模型。表 16.6 展示了 4 种经典的 LM 检验结果，在 0～5 km 模型的检验中，所有系数均不显著，故采用 OLS 模型；在 5～10 km 模型中，LM-lag 值较 LM-Error 值更显著，Robust LM-lag 值较 Robust LM-error 值更显著，故均建立 SLM 模型。

表 16.6 机场周边用地增长模型拉格朗日检验

拉格朗日检验	0～3 km 模型			3～5 km 模型			5～10 km 模型		
模型 P 值	(1)	(2)	(3)	(4)	(5)	(6)	(7)	(8)	(9)
Moran's I (error)	0.29	0.84	0.52	0.42	0.55	0.28	0.00	0.00	0.00
Lagrange Multiplier(lag)	0.44	0.98	0.76	0.95	0.87	0.68	0.03	0.03	0.00
Robust LM (lag)	0.78	0.59	0.53	0.79	0.50	0.52	0.02	0.02	0.00
Lagrange Multiplier(error)	0.28	0.54	0.85	0.93	0.82	0.97	0.14	0.18	0.04
Robust LM (error)	0.41	0.42	0.56	0.78	0.49	0.62	0.10	0.08	0.07
模型选择	OLS	OLS	OLS	OLS	OLS	OLS	SLM	SLM	SLM

由拉格朗日检验结果可知：可以为空港相邻区（5～10 km）构建 SLM 模型。表 16.7 所示，紧邻空港区（0～5 km）未通过 OLS 模型的空间依赖性检验，说明紧邻空港区的用地增长在地理上相对独立，不存在空间依赖性和空间溢出效应。而距离机场更远的空港相邻区的用地增长存在空间溢出效应，各模型的空间滞后系数 ρ 均在 1% 的水平上显著为正。以拟合度最好的模型(6)来看，空港相邻区的用地增长平均每增加 1 km^2，会向邻近地区溢出 0.784 km^2。(4)(5)(6)模型中客流量均对用地增长有显著的正向促进作用，均在 1%

的水平上显著,随着控制变量的增加,模型拟合度提升,旅客吞吐量每增加 100 万人次,空港相邻区的用地增长平均增加 37.5 hm²。

表 16.7　机场半径 5～10 km 内用地增长影响因素空间计量检验结果

空港相邻区		(1)	(2)	(3)	(4)	(5)	(6)
		被解释变量:机场半径 5～10 km 内用地增长					
变量类型		OLS			SLM		
机场因素	旅客吞吐量	0.409***	0.392**	0.399**	0.463***	0.390***	0.375***
	货邮吞吐量	−0.403	−0.397	−0.168			
区位因素	到市中心的距离		−0.419	−1.335***			−1.307***
经济因素	空间 GDP		0.148	0.168			
产业因素	二产		7.526**	0.078		7.879**	
	三产		0.065	0.060			
交通因素	路网长度			0.027***			0.008***
	轨道交通线路数量			0.167			
CONSTANT	常量	31.152***	27.203***	30.210**	3.882	−2.283	−5.119
ρ		—	—	—	0.648***	0.696***	0.784***
R^2		0.167	0.255	0.475	0.244	0.343	0.579

注:表中每一列,是对公式的单独回归,模型(1)～(3)是对所有机场周边用地增长的逐步回归结果,模型(4)～(6)是对(1)～(3)进行的 SLM 模型构建;"空白"表示无此项;*** 为 $p<0.01$,** 为 $p<0.05$,* 为 $p<0.1$。

主要结论如下:

其一,紧临空港区是机场要素集聚的核心区,航空客流在更大程度上影响机场 0～3 km 内的用地增长;航空物流则对 3～5 km 内的用地增长有显著的促进作用。

其二,距离是机场周边要素集聚的关键因素,在紧邻空港区用地的增长受到机场和主城区增长极的双重影响。

其三,交通衔接对机场周边要素集聚起到正向的推动作用,但要考虑其互补效应与替代效应。

(2) 高铁站点枢纽

如图 16.7 所示,研究核心区为高铁站点周边 0～2 km 的圈层范围,扩展区为高铁站点周边 2～4 km 的圈层范围,影响区为高铁站点周边 4～8 km 的圈层范围。将影响高铁周边用地增长的因素归纳为五类,分别为高铁因素、区位因素、人口因素、交通因素和产业因素。

被解释变量为高铁周边建设用地的面积增长大小(km²),分为核心区、扩展区、影响区三类。

高铁因素:选择最能代表高铁容量的客流量(万人)为核心解释变量,预计客流量的增加会促进高铁站点周边的用地增长。

区位因素:选取到市中心的距离(km)作为反映高铁站点区位的控制变量,距市中心距离的增加会对高铁站点周边的建设用地增长有负向影响。

人口因素:选取高铁站点周边空间人口的数量(万人)作为反映地区住宅和就业岗位集聚的衡量指标。高铁站点周边的人口越多,代表住区和公司企业数量越多。

交通因素:选取公路网长度(km)、经过高铁的轨道交通线路数量(条)、公共交通线路数量(条)和长途汽车站数量(个)作为反映高铁站点周边交通因素的重要指标,交通要素的集聚会促进高铁站点周边用地的增长。

产业因素:采用不同类别产业的密度来反映高铁站点周边的产业发展情况。高铁站点周边的产业以服务业为主,包括基本服务产业、衍生服务产业和相关服务产业三类。其中,基本服务产业包括餐饮服务、购物服务、住宿服务三类;衍生服务产业包括金融保险服务和公司企业两类;相关服务产业包括科教文化、医疗保健和体育休闲三类。

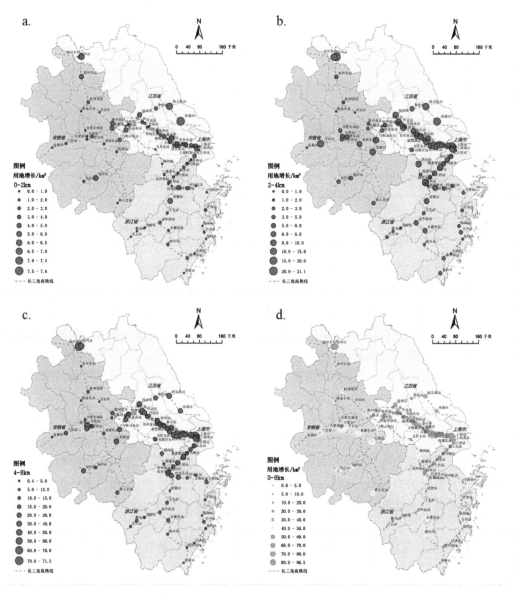

图 16.7　高铁站点周边建成用地增长

注:a 为 0~2 km 圈层用地增长;b 为 2~4 km 圈层用地增长;c 为 4~8 km 圈层用地增长;d 为 0~8 km 圈层用地增长

以核心解释变量高铁因素作为解释变量构建0~2 km核心圈层、2~4 km扩展圈层、4~8 km影响圈层的用地增长预测模型。表16.8是对0~2 km核心圈层、2~4 km扩展圈层用地增长的逐步回归模型构建。模型(1)~(3)是核心圈层的用地增长模型构建,其中模型(1)(2)是考虑了高铁因素、人口因素、区位因素、产业因素的模型,模型(1)是产业大类参与回归,模型(2)是产业中类参与回归,模型(3)是增加了交通控制变量、考虑全要素的回归模型,拟合程度最高。模型(4)~(6)是扩展圈层的用地增长模型构建,其中模型(4)(5)是考虑了高铁因素、区位因素、产业因素、交通因素的模型,模型(4)是产业大类参与回归,模型(5)是产业中类参与回归,模型(6)是增加了人口控制变量、考虑全要素的回归模型,拟合程度最高。在各模型中未参与回归的元素在表格中的系数为空值。

由回归结果可知,高铁客流在核心圈层和扩展圈层显著,高铁客流在5%的水平上对用地增长表现出显著的促进效应。高铁客流量每增加100万人次,0~2 km内建设用地增加25 hm^2。此外,在核心圈层,用地增长与空间人口、住宿服务、医疗保健服务、轨道交通线路数量有关。综合考虑客流、产业、交通的模型拟合程度更好。而在扩展圈层,高铁客流量每增加100万人次,2~4 km内建设用地增加37 hm^2。此外,在扩展圈层,用地增长与空间人口、到市中心的距离、公司企业数量有关。综合考虑客流量和空间人口的模型拟合程度更好。

表16.8 高铁站点周边用地增长多元线性回归模型结果(0~2 km,2~4 km)

变量类型		(1)	(2)	(3)	(4)	(5)	(6)
		被解释变量:高铁半径0~2 km内用地增长			被解释变量:高铁半径2~4 km内用地增长		
高铁因素	客流量	0.199***	0.226**	0.247**	0.180	0.182	0.373**
人口因素	空间人口	0.014**	0.133	0.156			0.058***
区位因素	到市中心的距离	−0.172	−0.188	−0.162	−0.082**	−0.081**	−0.182
产业因素	a 基本服务产业	0.013		−0.210	−0.033		−0.015
	a1 餐饮服务		0.110	−0.157		0.138	0.049
	a2 购物服务		−0.085	−0.201		−0.051	−0.047
	a3 住宿服务		0.731***	0.361**		−0.145	0.098
	b 衍生服务产业	0.035		−0.044	0.090***		−0.056
	b1 金融保险		0.072	−0.218		0.105	0.079
	b2 公司企业		0.065	−0.029	0.095***		−0.080
	c 相关服务产业	0.082		−0.166	0.123		0.053
	c1 科教文化		0.015	−0.108		0.139	0.084
	c2 医疗保健		−0.260*	−0.289		0.086	−0.015
	c3 体育休闲		0.238	0.017		0.179	0.066
交通因素	轨道交通线路数量			1.186**	0.182	0.185	0.139
CONSTANT	常量	1.528***	1.623***	1.262***	5.749***	5.791***	2.552***
	R^2	0.178	0.235	0.307	0.254	0.250	0.363
	Adjusted R^2	0.143	0.186	0.261	0.222	0.217	0.335

(续表)

		(1)	(2)	(3)	(4)	(5)	(6)
DW		1.526	1.626	1.465	1.972	2.001	1.894
AICc		183.667	180.8	177.335	258.834	259.103	251.122

注:表中每一列,是对公式的单独回归,模型(1)~(3)、(4)~(6)分别是对所有高铁周边用地增长的逐步回归结果;"空白"表示无此项;*** 为 $p<0.01$,** 为 $p<0.05$,* 为 $p<0.1$。

表 16.9 为 0~4 km 圈层和 4~8 km 圈层的逐步回归模型构建,其中影响圈层(4~8 km)的用地增长模型的拟合程度较高,但高铁客流均不显著。第(1)(4)列,模型考虑了高铁因素、区位因素和产业因素(大类);第(2)(5)列,模型考虑了高铁因素、区位因素和产业因素(小类);第(3)(6)列,构建全要素逐步回归模型,综合考虑了高铁因素、区位因素、人口因素、产业因素、交通因素的多元线性全要素回归。

由回归结果可知,其中考虑了全部因素的回归模型(6)拟合程度较好,空间人口、到市中心的距离、长途汽车站数量均在 1% 水平上对用地增长表现出显著的促进效应,路网长度在 5% 水平上对用地表现出显著的促增效应;当产业大类进行回归时,模型拟合度较产业小类较低,到市中心的距离、长途汽车站数量、a 基本服务产业、b 衍生服务产业、c 相关服务产业的回归结果均显著,其中 a 基本服务产业和 b 衍生服务产业在 1% 水平上显著;当产业小类进行回归时,模型(2)中客流量、到市中心的距离、b2 公司企业的回归结果显著,其中公司企业在 5% 水平上显著。模型(5)中到市中心的距离、长途汽车站数量、a1 餐饮服务、a2 购物服务和 b2 公司企业的回归结果显著,其中 a2 购物服务和 b2 公司企业在 1% 水平上显著。在影响圈层,交通因素(长途汽车站数量)、衍生服务业(公司企业)对用地增长有正向影响;区位因素(到市中心的距离)、基本服务产业(购物服务)则对用地增长有负向影响。

表 16.9 高铁站点周边用地增长多元线性回归模型结果(0~4 km,4~8 km)

变量类型		(1)	(2)	(3)	(4)	(5)	(6)
		被解释变量:高铁半径 0~4 km 内用地增长			被解释变量:高铁半径 4~8 km 内用地增长		
高铁因素	客流量	0.454*	0.459***	0.571***	0.120	0.089	−0.057
人口因素	空间人口			0.072**			0.213***
区位因素	到市中心的距离	−0.104**	−0.102**	−0.202	−0.359***	−0.332***	−0.300***
产业因素	a 基本服务产业	−0.115		0.111	−0.275***		−0.108
	a1 餐饮服务	0.066	0.099	0.416		0.643**	−0.005
	a2 购物服务	−0.182	−0.144	0.089		−0.388***	−0.140
	a3 住宿服务	0.209	0.222	0.193		−0.148	0.004
	b 衍生服务产业	0.108***		0.050	0.598***		−0.070
	b1 金融保险	0.092	0.124	0.138		−0.301	−0.046
	b2 公司企业	−0.808	0.114**	0.027		0.527***	−0.065
	c 相关服务产业	0.133		0.108	0.975*		0.009
	c1 科教文化	0.133	0.154	0.096		1.175	0.089
	c2 医疗保健	0.019	0.050	0.079		−0.327	−0.145
	c3 体育休闲	0.222	0.234	0.127		−0.160	0.068

(续表)

		(1)	(2)	(3)	(4)	(5)	(6)
交通因素	长途汽车站数量			0.104	2.424**	1.931**	3.006***
	路网长度			0.076	0.437	0.187	0.137**
CONSTANT	常量	7.399***	7.444***	4.155***	17.776***	19.072***	2.492
R^2		0.304	0.299	0.352	0.644	0.665	0.648
Adjusted R^2		0.258	0.253	0.325	0.603	0.627	0.617
DW		1.770	1.796	1.653	1.741	1.670	1.687
AICc		288.913	289.242	283.294	369.125	365.964	366.475

注：表中每一列，是对公式的单独回归，模型(1)~(3)、(4)~(6)分别是对所有高铁周边用地增长的逐步回归结果；"空白"表示无此项；*** 为 $p<0.01$，** 为 $p<0.05$，* 为 $p<0.1$。

① 核心区

由表 16.10 可知，在核心区用地增长模型中，拟合程度最好的模型是综合考虑高铁客流、产业因素和交通因素的回归模型，Adjusted $R^2=0.307$。高铁周边的用地增长与轨道交通线路数量最相关（$\beta=0.302$），轨道交通线路数量每增加一条，核心区的用地增加 1 km²；核心解释变量高铁客流量对核心区的建设用地有显著的促增作用，高铁客流量每增加 100 万人次，核心区的用地增加 25 hm²。此外，住宿服务也在 5% 的水平上对核心区用地表现出显著的促增效应。

表 16.10　0~2 km 高铁站点周边用地增长多元线性回归模型结果

0~2 km	未标准化系数		标准化系数	显著性	共线性
	B	标准误差	Beta	p	VIF
常量	3.766***	1.139		0.002	
客流量	0.247**	0.002	0.257	0.045	1.010
a3 住宿服务	0.361**	0.160	0.289	0.029	1.066
轨道交通线路数量	1.186**	0.503	0.302	0.023	1.070
F	6.651***				
Adjusted R^2 (R^2)	0.307(0.261)				

注：*** 为 $p<0.01$，** 为 $p<0.05$，* 为 $p<0.1$。

② 扩展区

由表 16.11 可知，在扩展区用地增长模型中，拟合程度最好的模型是综合考虑高铁客流和空间人口的回归模型，Adjusted $R^2=0.363$。高铁周边的用地增长与高铁客流量最相关（$\beta=0.546$），高铁客流量对影响区的建设用地在 1% 的水平上有显著的促增作用，客流量每增加 100 万人次，核心区的用地增加 37 hm²。此外，在高铁周边的常住人口也在 5% 的水平上对核心区用地增长表现出显著的促进效应。

表 16.11　2~4 km 高铁站点周边用地增长多元线性回归模型结果

2~4 km	未标准化系数		标准化系数	显著性	共线性
	B	标准误差	Beta	p	VIF
常量	2.552***	0.771		0.002	
客流量	0.373***	0.013	0.546	0.000	1.001

(续表)

2~4 km	未标准化系数		标准化系数	显著性	共线性
	B	标准误差	Beta	p	VIF
人口	0.004**	0.002	0.236	0.047	1.001
F	13.087***				
Adjusted R^2 (R^2)	0.363(0.335)				

注：*** 为 $p<0.01$，** 为 $p<0.05$，* 为 $p<0.1$。

③ 影响区

由表 16.12 可知，在影响区用地增长模型中，拟合程度最好的模型是综合考虑区位、交通（长途公交车站数量）和产业（餐饮服务、购物服务、公司企业）的回归模型，Adjusted R^2 = 0.627。产业因素对用地增长有显著影响，但影响程度不确定。由模型可见，基本服务业中的餐饮服务对用地有促增效应，购物服务的系数为负；衍生服务产业中的公司企业对用地增长的影响在 1% 水平上有显著的促进效益。

表 16.12 4~8 km 高铁站点周边用地增长多元线性回归模型结果

4~8 km	未标准化系数		标准化系数	显著性	共线性
	B	标准误差	Beta	p	VIF
常量	2.492	5.054		0.624	
到市中心的距离	−0.332***	0.096	−0.321	0.001	1.136
长途公交车站数量	1.931**	0.931	0.200	0.044	1.228
a1 餐饮服务	0.643**	0.317	0.391	0.048	4.878
a2 购物服务	−0.388***	0.106	−0.511	0.001	2.574
b2 公司企业	0.527***	0.145	0.485	0.001	2.352
F	17.503***				
Adjusted R^2	0.627				

注：*** 为 $p<0.01$，** 为 $p<0.05$，* 为 $p<0.1$。

在模型优化部分，整体与前文机场部分的优化步骤相同。Moran's I 参数显示，高铁周边 2~4 km 建设用地增长、0~4 km 建设用地增长、4~8 km 建设用地增长均在 99% 置信度下存在显著空间正相关，且存在空间聚集特征，可以进行空间计量模型的构建。考虑到模型实际意义，以多元线性回归模型筛选出的显著因素为自变量构建 SLM 和 SEM 模型。

0~4 km 的用地增长模型 Breusch-Pagan test 和 KoenkerBassett test 的 P 值显著，说明模型存在异方差问题，需要进一步构建空间计量模型。

依据前文的准则，进行 LM 检验。由于核心区（0~2 km）的 Moran's I 指数不显著，故不对其进行拉格朗日检验。对扩展区（2~4 km）进行拉格朗日检验，各项指标均不显著，故不能进行空间计量模型的构建。因此对 4~8 km 圈层进行拉格朗日检验。

由表 16.13 知，模型(2)的 LM-error 检验值显著，LM-lag 的检验值不显著，应建立空间误差模型（SEM）；模型(1)(3)均为 LM-lag 的检验值显著，LM-error 的检验值不显著，应建立空间滞后模型（SLM）。

表 16.13 高铁站点周边用地增长模型拉格朗日检验

拉格朗日检验	4～8 km 模型		
模型 P 值	(1)	(2)	(3)
Moran's I(error)	0.092	0.022	0.057
Lagrange Multiplier(lag)	0.022	0.139	0.013
Robust LM(lag)	0.021	0.023	0.018
Lagrange Multiplier (error)	0.345	0.008	0.252
Robust LM(error)	0.320	0.626	0.366
模型选择	SLM	SEM	SLM

由拉格朗日检验的结果可知:可以为距高铁站点 4～8 km 圈层构建空间计量模型。而 0～2 km 和 2～4 km 未通过 OLS 模型的空间依赖性检验,说明高铁核心区的用地增长不受高铁站点的影响,在地理上相对独立,而影响区的用地增长存在空间依赖性。经模型参数比较,4～8 km 圈层的最优模型为 SLM 模型,故对其建立空间滞后模型。

由表 16.14 知,在 4～8 km 的用地增长模型中,以拟合度最好的模型(6)来看,空间滞后系数 ρ 在 5% 的水平上显著为正。各模型中客流量均不显著,说明高铁客流量对影响区的用地增长的影响不显著(高铁客流量对用地增长的影响范围相对机场来说较小)。随着控制变量的增加,模型拟合度提升,且模型(6)的空间人口在 1% 的水平上显著,影响区用地增长和空间人口、到市中心的距离、长途汽车站数量和路网长度相关。其中空间人口每增加 100 万人次,4～8 km 内建设用地平均增加 18.6 hm²。

表 16.14 高铁站点半径 4～8 km 内用地增长影响因素空间计量检验结果

空港相邻区		(1)	(2)	(3)	(4)	(5)	(6)
		被解释变量:高铁站点半径 4～8 km 内用地增长					
变量类型		OLS			SLM		
高铁因素	客流量	0.120	0.089	−0.057			
人口因素	空间人口			0.213***			0.186***
区位因素	到市中心的距离	−0.359***	−0.332***	−0.300***	−0.320***	−0.302***	−0.267***
产业因素	a 基本服务产业	−0.275***		−0.108	−0.226***		
	a1 餐饮服务		0.643**	−0.005		0.576**	
	a2 购物服务		−0.388***	−0.140		−0.327***	
	a3 住宿服务		−0.148	0.004			
	b 衍生服务产业	0.598***		−0.070	0.488***		
	b1 金融保险		−0.301	−0.046			
	b2 公司企业		0.527***	−0.065		0.448***	
	c 相关服务产业	0.975*		0.009	0.895*		
	c1 科教文化		1.175	0.089			
	c2 医疗保健		−0.327	−0.145			
	c3 体育休闲		−0.160	0.068			

(续表)

		(1)	(2)	(3)	(4)	(5)	(6)
交通因素	长途汽车站数量	2.424**	1.931**	3.006***	2.127**	1.739**	2.587***
	路网长度		0.187	0.137**			0.105**
CONSTANT	常量	17.776***	19.072***	2.492	12.279***	14.114***	−0.251
ρ					0.279*	0.247*	0.315**
R^2		0.644	0.665	0.648	0.676	0.690	0.692
Adjusted R^2		0.603	0.627	0.617			
DW		1.741	1.670	1.687			

注：表中每一列，是对公式的单独回归，模型(1)~(3)是对所有机场周边用地增长的逐步回归结果，模型(4)~(6)是对(1)~(3)进行的 SLM 模型构建；"空白"表示无此项；*** 为 $p<0.01$，** 为 $p<0.05$，* 为 $p<0.1$。

主要结论如下：

其一，客流量是高铁周边用地增长的核心内生因素。核心区是高铁要素集聚的核心范围，高铁客流量对 0~4 km 的用地有显著的促增效应。

其二，人口是高铁周边用地增长的关键因素，由人口带来的居住用地的增长，是和机场周边"无人区"的差异化体现。

其三，生活性服务业和生产性服务业在高铁站点周边的影响范围存在差异。生活性服务业促进了高铁周边核心区的用地增长，而生产性服务业现阶段在更大程度上促进了扩展区的用地增长。

其四，交通和区位是制约用地增长的基本因素，高铁站点周边用地增长离不开良好的区位环境和便捷的交通条件。

空港核心区、扩展区用地增长预测模型如表 16.15 所示。

表 16.15　空港核心区、扩展区用地增长预测模型

圈层	空港核心区	空港扩展区
模型	$y_1 = 0.159x_1 - 0.247x_3 + 2.396x_4 - 0.002x_5 + 0.175x_7 - 0.789x_8 + 9.129$	$y_2 = 0.036x_2 - 0.273x_3 + 2.396x_4 + 0.008x_6 + 0.033x_9 + 5.813$
备注	x_1 为旅客吞吐量(百万人)，x_2 为货邮吞吐量(万吨)，x_3 为到市中心的距离(km)，x_4 为轨道交通线路数量(条)，x_5 为公交站点数量(个)，x_6 为线路长度(km)，x_7 为生产企业(密度)，x_8 为医疗机构(密度)，x_9 为生活服务(密度)	

4) 新建机场预测

鄂州花湖机场(又称鄂州顺丰机场)于 2022 年 7 月正式通航。花湖机场是亚洲第一个航空物流枢纽，如表 16.16 所示，预测 2030 年旅客吞吐量达 150 万人次、货邮吞吐量达 330 万吨。2014 年全球货运机场排名前 5 的机场货物吞吐量均在 250 万吨以上。预计鄂州 2035 年建成航空城，进入航空都市区发展期，远期 2049 年实现航空都市区成熟期。

最新的以鄂州花湖机场为核心的规划中，鄂州航空都市区西起鄂黄大桥连接线，南接汉鄂高速，东、北直抵长江，规划总用地范围为 166 km²，其中到 2025 年，机场建设核心区用地 14.41 km²。

按照模型，如表 16.17 所示，预测到 2025 年，核心区用地增长 5.04 km²，扩展区用地增长 12.77 km²，增加面积共计 17.81 km²；到 2030 年，核心区用地增长 5.12 km²，扩展区用

增长15.83 km²,增加面积共计20.95 km²;到2035年,核心区用地增长6.15 km²,扩展区用地增长20.15 km²,增加面积共计26.30 km²。

表16.16 鄂州花湖机场临空经济区发展目标

年份	旅客吞吐量/万人	货邮吞吐量/万吨	规划核心区建设用地规模
2023(现状)	10(自2020年5月3日)	30~40	
2025(预测)	100	245	14.41 km²
2030(预测)	150	330	
2035(预测)	800	450	

表16.17 鄂州花湖机场临空经济区核心区现状建设用地及预测面积

建设用地范围	0~3 km	0~5 km
2025年预测面积/km²	5.04	17.81
2030年预测面积/km²	5.12	20.95
2035年预测面积/km²	6.15	26.30

故到2025年,依据模型预测鄂州花湖国际机场在紧邻空港区建设用地面积共计17.81 km²(规划面积为14.41 km²),误差为23%,与规划相差较多,规划面积较为保守。

5) 扩建机场预测

依据构建的用地增长模型,对禄口机场周边的用地增长进行预测。南京禄口机场于1997年正式通航,2020年旅客吞吐量已达到3 058万人,排名全国第12位;货邮吞吐量37.5万吨(2.6%),排名全国第11位。其位于长三角城市群、南京都市圈和皖江城市带交汇点,等级为4F。禄口国际机场是面向全国、连接世界的综合枢纽导向型区域性航空枢纽。

南京空港枢纽经济区核心区发展规划预测禄口机场2030年旅客吞吐量700万人次,货运量105万吨。规划空港枢纽经济区核心区控制面积81.84 km²,其中机场枢纽28.67 km²,规划远景预留39 km²;江宁片区28.39 km²;溧水片区24.78 km²。《南京临空经济示范区总体发展规划》中明确了南京临空经济示范区"一核两翼六区"的空间结构,根据产业布局将禄口临空经济区核心区划分为包括航空现代物流区、临空高新产业区等6个功能区。

如图16.8所示,现状城镇建设用地约19.42 km²,占总用地面积的23.41%。工业、物

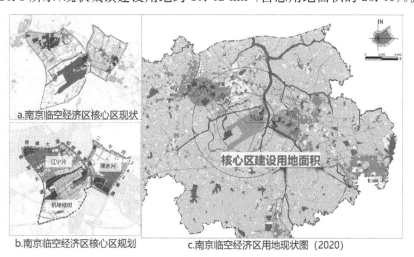

图16.8 南京临空经济区用地现状图(2020)

流仓储用地面积偏小,分别为 3.71 km² 和 0.9 km²,仅占总用地面积的 4.47% 和 1.08%。规划城镇建设用地约 37.3 km²(至 2030 年),占总用地面积的 45.95%。工业用地面积提高到 8.47 km²,物流仓储用地面积提高到 6.56 km²,分别占总用地面积的 10.43% 和 8.08%。

南京禄口机场为扩建机场,依据前文用地增长模型,假设除客货流量其他要素都不变的情况下,计算空港核心区和空港拓展区的用地增长。如表 16.18 所示,2020 年南京在紧邻空港区(空港核心区和空港扩展区)的建设用地面积一共为 29.7 km²,预测客货流量参考《南京临空经济示范区总体发展规划》。

表 16.18　南京禄口机场临空经济区发展目标

年份	旅客吞吐量/万人	货邮吞吐量/万吨	规划核心区建设用地规模
2020(现状)	3 058	37.5	29.7 km²
2025(预测)	5 000	75	
2030(预测)	7 000	105	37.3 km²
2035(预测)	8 800	140	

表 16.19　南京禄口机场临空经济区核心区现状建设用地及预测面积

建设用地范围	0～3 km	0～5 km
2020 年预测面积/km²	11.7	29.7
2025 年预测面积/km²	14.9	34.3
2030 年预测面积/km²	18.1	38.6
2035 年预测面积/km²	21.0	42.6

分别按照空港核心区和空港扩展区的用地增长模型,如表 16.19 所示,计算 2025、2030 和 2035 年的用地增长和总建设用地面积。旅客吞吐量每增加 100 万人次,空港核心区(0～3 km)的用地增加 0.16 km²。货邮吞吐量每增加 1 万,空港扩展区(3～5 km)的用地增加 0.036 km²。预测到 2025 年,核心区用地增长 3.2 km²,扩展区用地增长 1.4 km²,增加面积共计 4.6 km²;到 2030 年,核心区用地增长 6.4 km²,扩展区用地增长 2.5 km²,增加面积共计 8.9 km²;到 2035 年,核心区用地增长 9.3 km²,扩展区用地增长 3.6 km²,增加面积共计 12.9 km²。

故到 2030 年南京禄口国际机场在紧邻空港区建设用地面积共计 38.6 km²(规划为 37.3 km²),一定程度上说明规划中核心区的建设用地面积是具有合理性的。

6) 新建高铁站点预测

南京北站建成后将是南京主要客运枢纽之一,如图 16.9 所示为南京北站枢纽经济区规划范围,其集多种交通方式于一体,作为长江经济带北沿江铁路的重要节点,承担着上海、苏北至内地的交通运输,是南京北部重要的综合性枢纽。将尚未建成的南京北站作为研究对象,通过构建的回归模型对未来高铁站区的用地增长规模进行预测。

依据南京北站枢纽经济区发展规划,南京北站的分阶段发展重点中将 2020—2030 年规划为南京北站增长极构筑阶段,预计客流量达到 746 万人/年。

由于南京北站尚未建成,周边设施与人口尚未受到高铁站点的影响,故用规划的容量作

16 交通枢纽周边用地增长预测

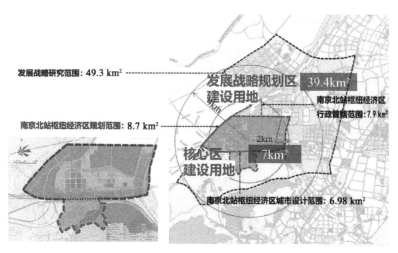

图 16.9 南京北站枢纽经济区规划范围

为预测依据。如表 16.20 所示模型,南京北站周边 0~2 km 范围内,现状(2020 年)建设用地为 3.97 km²,到 2030 年,预计为 8.62 km²。在南京北站 0~4 km 范围内现状建设用地为 10.26 km²,到 2030 年,预计为 31.16 km²(表 16.21)。

表 16.20 高铁核心区、扩展区用地增长预测模型

圈层	高铁核心区	高铁扩展区
模型	$y_1 = 0.247x_1 + 0.361x_3 + 1.186x_5 + 1.262$	$y_2 = 0.373x_1 + 0.273x_2 + 2.552$
备注	x_1 为客流量(万人),x_2 为人口(万人),x_3 为住宿服务(密度),x_4 为公司企业(密度),x_5 为公交站点数量(个)	

表 16.21 南京北站建设用地预测表

年份	2020 年	2030 年
核心区(0~2 km)	3.97 km²	8.62 km²
扩展区(2~4 km)	6.29 km²	22.54 km²
总面积(0~4 km)	10.26 km²	31.16 km²

据南京北站枢纽经济区发展规划(到 2035 年),其核心区规划范围 8.7 km²(其中建设用地面积 7 km²),发展战略规划范围共 49.3 km²(其中建设用地面积 39.4 km²)。笔者预测到 2030 年核心区建设用地将为 8.62 km²,总面积 31.16 km²。说明南京北站核心区规划面积适度保守,误差约为 23%;而发展战略规划区较为超前,误差约为 20%。

7)扩建高铁站点预测

2018 年 5 月,《新建杭州经绍兴至台州铁路全线初步设计》经浙江省发改委批复,将实施绍兴北站的扩建工程,绍兴北站将发展成为一个"多换乘"综合枢纽,总投资 613 亿元,核心区规划总用地面积约 35.7 hm²。目前,绍兴北站有 2 台 6 线,扩建后将增至 4 台 12 线。预计至 2030 年,绍兴北站年发送旅客将在 850 万人次以上。

依据核心区(0~2 km)用地增长模型,客流量每增加 100 万人次,0~2 km 内增加 0.25 km²,到 2030 年,核心区用地共增长 1.125 km²;依据扩展区(2~4 km)用地增长模型,客流量每增加 100 万人次,2～4 km 内增加 0.37 km²,到 2030 年,扩展区用地共增长 1.665 km²。

现状(2020 年)绍兴北站周边 0～2 km 建设用地 7.36 km²,到 2030 年,绍兴北站核心区建设用地预计为 8.50 km²。现状(2020 年)绍兴北站周边 2～4 km 建设用地 13.24 km²,到 2030 年,绍兴北站扩展区建设用地预计为 14.90 km²(表 16.22)。

表 16.22 绍兴北站建设用地预测表

年份	2020 年(现状)	2030 年
核心区(0～2 km)	7.36 km²	8.50 km²
扩展区(2～4 km)	13.24 km²	14.90 km²

8) 交通枢纽与用地增长综合协同评价

(1) 基础分析

通过空间分析方法梳理交通枢纽节点与周边地块、都市区以及城市群等不同层面的城镇空间、产业集聚和综合交通的特征;通过三要素协同规划理论识别区域、城市以及内外衔接方面的问题。

(2) 要素协同

通过定量和定性相结合的分析方法,识别产业集聚的区位差异与优势,提出产业门类选择及区位选择建议;在城市总体规划等相关规划指导下,明确周边建设用地空间发展模式,提出区域战略空间节点和用地布局等;在综合交通运输体系规划指导下,梳理综合交通系统,规划对外综合交通体系及相关枢纽的空间布局,包括高速公路及公路网的完善、出入口调整,高铁、国铁和城际铁路等多层次轨道系统衔接及集疏运系统规划等。

(3) 网络构建

通过功能结构、用地布局和综合交通骨干网络三者间的协同分析,将以道路为主体的传统发展模式转变为以轨道为主体的公共交通模式去组织区域的产业、空间,统筹协调好多层次轨道交通系统与交通枢纽节点建设地块的关系。

17 非城镇空间线性交通设施选址优化

17.1 交通设施选址与用地协同矛盾

交通网络是国土空间的骨架,交通设施是国土空间中的重要基础设施,支撑着国土空间各要素的合理运行。总体规划中,交通设施用地多数情况下占城乡建设用地面积的15%～20%,对用地布局的影响极大。交通设施具有城镇开发边界内外兼而有之、跨越不同管制分区、综合立体、复合开发等特点。按照所属城镇开发边界内外位置,交通设施可分为城镇空间交通设施和非城镇空间交通设施。作为建设空间,交通设施通常以点状或线状形态存在。点状设施如车站、码头、停车场等,线状设施如铁路、高速公路、城市道路、跨海大桥等。

交通设施在开发建设过程中,由于控制因素多、途经范围广,不可避免涉及穿越生态空间、农业空间和城镇空间。由于交通设施建设对环境的长期影响,若重要交通通道选址不当,或是交通基础资源的点位未在前期与国土空间规划充分衔接,可能诱发长期的环境灾害风险,危害动植物甚至人类的生活状况。因此,在交通设施的前期选址环节应谨慎评估各种影响选址的风险要素,明确交通设施与国土空间协同的总体原则,建立科学的多要素评价体系以及风险预控机制。

17.1.1 选址与生态空间的矛盾

生态空间是指具有自然属性、以提供生态服务或生态产品为主体功能的国土空间,包括森林、草原、湿地、河流、湖泊、滩涂、岸线、海洋、荒地、荒漠、戈壁、冰川、高山冻原、无居民海岛等。生态保护红线是指在生态空间范围内具有特殊重要生态功能、必须强制性严格保护的区域,是保障和维护国家生态安全的底线和生命线。通常包括具有重要水源涵养、生物多样性维护、水土保持、防风固沙、海洋生态稳定等功能的生态功能重要区域,以及水土流失、土地沙化、石漠化、盐渍化等生态环境敏感脆弱区域。

交通设施对生态空间的影响集中体现在破坏土壤结构、降低土地生产力、损害景观环境等方面。在施工阶段,土石方开挖和临时用地的压占可能直接导致土壤结构被破坏和地质岩层稳定性的下降,在水流冲刷、风蚀等因素的影响下,极易造成水土流失等自然灾害。路基边坡部位还随时有塌陷的可能,甚至引发山体坍塌、滑坡、河流淤积等。相关例证指出,广东省道路建设水土流失量每年超过450万立方米,直接造成的经济损失近80万元。除此之外,道路建设还可能通过改变土壤密度、水分含量、温度、光照强度、地表径流等造成植被净初级生产力

(Net Primary Productivity，NPP)的降低，不利于保障粮食安全和农业发展。此外，区域景观格局很大程度上决定了动植物生境特征，是区域生态安全格局的重要基础。而道路建设引起沿线土地利用的变化直接导致了景观破碎化程度加剧，特别是对湿地、水域等敏感生境影响极大，导致许多生物的自然生境遭到物理性破坏，原本的生活习性发生改变。而相对于道路本身，道路影响带(Road-effect Zone，即道路及其载体交通流量而形成的空间生态效应影响带)的范围更大，一些研究指出影响带的宽度甚至可能达到上百上千米。而在运营阶段，交通流量产生的噪声、空气污染、光源照明的影响往往数倍于交通设施本身的线性面积。

正因为线性交通设施建设对环境的潜在长期影响，科学合理地选线尤为重要。国家在近十年完善了关于生态保护红线的相关政策，保护准则日益明细。2017年出台的《关于划定并严守生态保护红线的若干意见》规定允许国家级重大项目调整生态保护红线；2018年8月，生态环境部出台《关于生态环境领域进一步深化"放管服"改革，推动经济高质量发展的指导意见》，提出确实无法避让的，建设单位应采取无害化穿(跨)越方式，或依法依规向有关行政主管部门履行穿越法定保护区的行政许可手续、强化减缓和补偿措施；2019年部门改制后，自然资源部在《关于在国土空间规划中统筹划定落实三条控制线的指导意见》中进一步明确了生态红线内仅允许对生态功能不造成破坏的有限人为活动，其中一条即为"必须且无法避让、符合县级以上国土空间规划的线性基础设施建设、防洪和供水设施建设与运行维护"。交通运输部《关于做好交通基础设施国土空间控制规划有关工作的通知》指出应做好路线走向与"三区三线"关系的细致摸查；对能否穿越相关规划，项目占地规模和占地类型是否符合相关要求应给出明确结论；对确需穿越自然保护区缓冲区或水源保护地二级保护区的项目，应充分论证穿越必要性并提出确保环境质量不降低的措施；必须占用基本农田的项目，应论证占用必要性、合理性和补划方案。

虽然法规层面确定了交通设施穿越生态空间的总体规定，但尚未有相关的技术文件出台。另一方面，由于我国生态敏感区范围大，区域分散，各级生态保护红线多为带状分布，因此实际结果往往是线性交通工程"避无可避"，极易破坏天然或人工的生态斑块和廊道，例如西北地区2011年线性工程用地违法比例超过50%；广东省2016、2017年连续两年线性工程违法用地面积占土地违法总量的近三分之一；浙江、江西等省2021年在建的公路项目中，近一半项目涉及生态红线穿越问题；汕头潮南区现状和规划的部分高等级道路穿过生态红线的情形较多，彻底避让的难度较大，有必要对交通设施建设合理性和穿越必要性重新论证（图17.1、图17.2）。

同时，交通设施的选址范围及形态并非一次规划即能确定。在经济压力、社会民生、成本控制、部门协调等要素叠加下，交通项目从规划到落地的多次论证环节存在高度的不确定性。而对于铁路等重大线性工程，地方政府往往不具备主要编制权限，较难保证建设过程中红线控制的一致性，因而预留红线多以概念性、图示性表达为主，可实践性较差。再加之少数部门依法调整、报批、论证的法治理念不强，多重因素导致线性交通设施选址存在"自说自话"、自由裁量权大的情况，最终往往在"可穿越可不穿越"的模棱两可中迫于满足建设指标而强行穿越，最终只能以生态补偿的方式"自圆其说"。

17.1.2 选址与农业空间的矛盾

农业空间指的是以农业生产和农村居民生活为主体功能，承担农产品生产和农村生活

17 非城镇空间线性交通设施选址优化

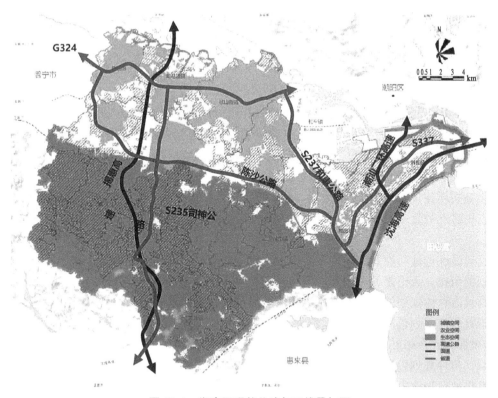

图 17.1 潮南区现状公路与三线叠加图

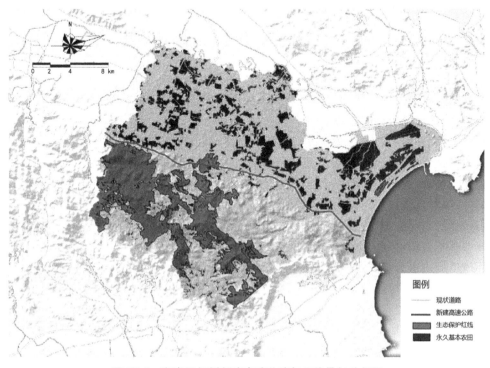

图 17.2 潮南区规划新建高速公路与三线叠加分析图

功能的国土空间,包括永久基本农田、一般农田等农业生产用地,以及村庄等农村生活用地。其中,基本农田是指按照一定时期人口和社会经济发展对农产品的需求,依据规划确定的不得占用的耕地,其调整需要经过一系列严格程序。2020年起实施的新《中华人民共和国土地管理法》中,确定在基本农田前面加上"永久"二字,体现了国家对永久基本农田保护的重视。

当前,虽然国家提出我国城市发展已进入存量时代,北京、上海、广州等大城市也提出促进存量提质增效,在国土空间规划中明确建设用地控制总量,但部分中小城镇还主要靠占地面积较大的工业园和新区来进行城市拓展。受外围基本农田的制约作用,新区和工业园往往面临与基本农田相互穿插的境况,导致城市空间结构愈发支离破碎。而串联城市用地的交通设施同样建设诉求大,推动力强,与基本农田的矛盾严重,且随着交通网络的进一步完善,"占用耕地数量多""优质耕地浪费多"的冲突也将愈发严重,长此以往甚至可能危害粮食安全。

交通设施选址与农业空间的矛盾很大程度上源于交通专项规划长期以来忽视与土地利用规划的衔接。无论是城市内部的道路网规划还是对外交通的公路或铁路网规划,都更加侧重与城市总体规划的全方面协调。在以前城市规划重发展、绘蓝图的思维下,交通设施也往往带有超前谋划色彩,其容量规模往往匹配城市发展指标的上限,如人口总量、用地总量等,甚至保有冗余拓展的空间;而土地利用规划重管控,刚性强,弹性弱,对耕地总量采取上限控制。两种规划思维的"打架"造成了交通设施在规划伊始即面临着未来与农田的矛盾,再加上耕地保护要求严格,基本农田调出程序复杂,依据自然资源部关于用地预审的相关规定,仅允许将极少数占用永久基本农田的重大建设项目纳入用地预审受理范围,其中包括:①机场项目。国家级规划(指国务院及其有关部门颁布,下同)明确的民用运输机场项目。②铁路项目。国家级规划明确的铁路项目、铁路专用线项目,国务院投资主管部门批准的城际铁路建设规划明确的城际铁路项目,国务院投资主管部门批准的城市轨道交通建设规划明确的城市轨道交通项目。③公路项目。国家级规划明确的公路项目,包括高速公路和国道项目,以及国家级规划明确的国防公路项目。此外,为解决当前地方存在的突出问题,也允许将省级公路网规划的部分公路项目纳入受理范围,包括省级高速公路和连接深度贫困地区、直接为该地区服务的省级公路。

如此一来,多数交通项目必须重新论证项目建设的必要性,确实难以避让的,在可行性研究阶段,也必须对占用永久基本农田的必要性和占用规模的合理性开展严格论证,报自然资源部用地预审;农用地转用和土地征收依法报批。

另外,虽然自然资源部也明确了占用永久基本农田的补划要求,即包括:①按照"数量不减、质量不降、布局稳定"的要求补划,并按照法定程序修改相应的土地利用总体规划。②补划的永久基本农田必须是坡度小于25度的耕地,原则上与现有永久基本农田集中连片。③占用城市周边永久基本农田的,原则上在城市周边范围内补划,经实地踏勘论证确实难以在城市周边补划的,按照空间由近及远、质量由高到低的要求补划。但各地在建设目标绩效和粮食安全底线的双重约束下,即便实现了耕地的总量平衡,在质量和布局层面也难以保证,而多数补充的耕地也往往地处偏远、配套设施不完善、水土条件差,即"占优补劣"的情况不在少数。基于此,有必要在交通设施选址时对可能占用的耕地开展综合质量评价,基于占补一体化原则确定理想的补充耕地方案。

17.1.3 选址与城镇空间的矛盾

城镇空间是以城镇居民生产、生活为主体功能的国土空间,包括城镇建设空间、工矿建设空间以及部分乡级政府驻地的开发建设空间。早期普铁和公路多为服务工矿企业运输而建设,多穿越中心城区。随着空间结构的调整和高铁、绕城高速的发展,过境交通与城市空间的矛盾愈发突出。首先,铁路和公路直接从城市形态层面分割两侧城市功能区,不仅割裂了两侧居民联系,还极易产生社会隔离,甚至加剧了两侧贫困社区群体的阶层固化。美国自20世纪50年代起,长期面临着民间对于高速公路割裂社区,损害社会多样性的指责。其次,铁路穿越城区,噪声、粉尘对城市环境形成负面影响。波士顿高架中央干道平均每天的拥堵时间超过10 h,曾是美国最拥挤的交通干道之一。除此之外,这条漆成绿色的钢铁高架路隔断了闹市区、滨水区和市场之间的历史连接,带来严重的噪声和污染,被波士顿人称为"绿色的怪物"。最终,当地政府在20世纪70年代提出中央干道再改造计划,提出用现有道路正下方的八至十车道地下高速路代替六车道高架公路,改造费用高达220亿美元(图17.3、图17.4)。

图 17.3 改造前的中央干道及其周边机动车停车场

图 17.4 波士顿"大开挖"项目实施后的机动车隧道

除此之外,较早的交通设施廊道占据了城区的主要交通走廊,不利于交通运输网络的整体升级,城区内部的客运站场周围一般都是老旧工业区,随着工业企业的逐步搬迁,枢纽区功能也将逐步退化,面临再转型升级的困境。国内不少城市正在尝试将旧的铁路站点外迁及拆除高架路,为此耗费了大量的经济和社会成本,也因涉及复杂的产权归属问题而举步维艰。由此,交通设施选址规划应谨慎考虑交通设施与城镇空间开发的适配性。

17.2 线性交通设施选址适宜性评价

17.2.1 选址适宜性评价

适宜性的概念源于土地开发适宜性评价,是指土地的自然和社会属性决定了其在某一特定功能用途上的适宜或限制程度。土地的属性通常由地形、地质、水文、土壤、区位、生物等特征决定。土地开发适宜性评价中,主体是各种土地特征要素,客体是土地用途开发,评价过程本质上是评估二者的协调程度,即对于任何一种土地,评估某种特定的功能开发或保护是否能发挥最大的功能价值。

选址适宜性评价即将用地视为具备不同抗干扰力的生态系统,主体是土地的各种生态要素,客体是交通建设行为,也即不同的土地具备承载交通设施建设的能力不一,评估过程是为了区分交通设施对不同土地的影响程度,从而降低对整体生态系统的影响。一方面生态系统本身具备一定的稳定性和抗干扰力,而部分地基稳定性差的用地本身则不适宜交通建设,另一些具备调节水文、支撑土壤及生态恢复功能的生态产品如果被过多侵占,则可能导致生态系统整体稳定性下降,有损生态效益的发挥。另一方面,交通设施是不同线形组合的三维几何曲线,线形的各项曲线指标必须满足相关技术标准。某些受限的地理空间不具备满足线形控制的条件,因而也不适宜交通设施选址和穿越。

考虑交通设施穿越/避让的空间效应,开展选址适宜性评价可分为两条逻辑:一是用地的自然环境特征对交通建设的承载和制约能力;二是交通建设引起的人类社会活动变化,体现在可达性增强引起的运输条件改善,因要素集聚和扩散导致的社会经济空间重组。二者相互关联,贯穿在交通设施建设始末,并以此为基础建立评价体系。

承载力因素包括地形条件、地质水文、地物环境、生态系统价值及符合交通设施技术标准的地理特征;发展性因素包括居民点和旅游景点连通性。

(1) 地形条件。复杂的地形条件与地质灾害的发生存在较大的正相关性。除此之外,高程也显著影响了纵坡大小,地形的不稳定也增加了道路填挖的难度和工程量。

(2) 地质水文。交通设施沿途的地貌反映了地质构造、岩石性质、地形发育等自然条件的综合差异。平原和盆地等相对平坦的地貌类型较山地丘陵而言,发生滑坡等地质灾害的概率更低,车辆在公路和铁路上行驶的过程中更易保持良好的载重能力;地下水环境、类型、储量考验了道路边坡、路堤的稳定性。

(3) 地物环境。对于地球表面的森林、村落、河流等,线路穿越易增加额外拆迁成本和环境成本;同时,交通设施也需与地表以下的各类市政管道相互协调,并行敷设时保持一定安全间距。

(4) 生态系统价值。不同生态系统具有多种与其服务功能相对应的价值。交通设施建设易造成沿线土地利用类型的变更,导致植被生产力的降低和景观破碎化程度加剧,降低了生态系统服务价值和生产总值,不利于生物多样性的维系。因此,交通设施应尽可能避让生态系统服务价值较高及生态敏感性较强的区域,减少对环境损坏的负外部性。

(5) 符合交通设施技术标准的地理特征。公路和铁路设计相关规范给定了车速条件下某些线形指标的极限取值。基于地理空间和交通设施间的适应性特征,地理要素还需建立基于线形约束的指标准则层。由于复杂的线形组合极易诱发交通事故,因此描述三维线形变化的空间曲率指标也一并纳入指标层中。

(6) 居民点和旅游景点连通性。对旅游景点和居民点而言,高速公路建设带来的地区可达性的提升有利于吸引客流和方便出行。但考虑到线路直接穿越居民点则会增加额外经济和噪声成本,可以将距离居民点和旅游景点100～2 000 m作为最有利于高速公路发挥交通价值的区段。基于上述选线影响因素,建立交通选线适宜性评价指标体系(表17.1)。

表17.1 交通选线适宜性评价指标体系

目标层	指标层	准则层	说明
限制性因素评价	地形条件	高程	高程显著影响了纵坡大小
		坡度	坡度影响行车舒适度和路面稳定
		起伏度	起伏度较大的公路建设成本高
	地质水文	地质类型	不良地质易造成交通事故多发
		地下水强度	地下水强度影响路堤的稳定性
		距地震断裂带距离	交通建设应避开灾害多发区
	地物环境	与地表环境的距离	线路穿越易增加额外拆迁成本和环境成本
		与地下管线的距离	公路/铁路建设需要开挖地下,须与地下管线保持一定安全间距
	生态系统价值	生态系统类型	生态系统类型影响了价值服务量的高低
		景观格局指数	体现了系统稳定性和抗干扰能力
		物种多样性指数	描述了物种的区域集聚度
	符合交通设施技术标准的地理特征	可容纳极限平曲线半径	与车辆行驶平稳性有关
		可容纳极限竖曲线半径	竖曲线半径取值大小影响停车视距和驾驶感受
		空间曲率	空间曲率与事故率之间呈现抛物线函数关系
发展性因素评价	居民点和旅游景点连通性	距离居民点距离	交通建设带来居民点、旅游景区可达性的提高
		距离旅游点距离	

17.2.2 避让分区建立

避让分区即基于用地对交通设施选址的适宜性,在空间上划分出某些需要避让交通设施或需要采取其他特殊准入手段才能允许交通设施穿越的分区。其目的是通过政策分区实行交通设施准入的差异化限制,以最大程度避免交通设施穿越生态脆弱区域的潜在风险。建立步骤包括影响要素分级,确定权重,要素得分加权叠加等。选址避让分区可分为禁止穿越区、严格限制穿越区、一般限制穿越区、无特殊穿越要求区四类。

(1) 禁止穿越区

指在任何条件下原则上均不允许交通设施选址途经、穿越的区域,包括国家级生态保护红线、自然保护地核心保护区、部分省市的省级生态保护红线中规定的禁止任何开发建设活动的区域以及选址适宜性评价中生态保护价值极高、极应采取避让的区域。

(2) 严格限制穿越区

指仅在必须且无法避让情况下,国家重大交通项目可选址穿越的区域,包括生态保护红线中除禁止穿越区外的其他区域,基本农田范围,以及在选址适宜性评价中生态保护价值高、需设定特殊准入规则或采取严格生态管控手段才能允许穿越的区域。穿越该区需尽可能采用"无害化"方式,最大程度降低环境影响和采用生态补偿措施。

(3) 一般限制穿越区

指允许多数交通建设项目选址穿越的区域,包括未列入生态保护红线或基本农田范围,但也存在一定生态保护要求,或生态基底本身较脆弱的区域。穿越该区同样要遵循"无害化"原则,以及在项目全周期采取降低环境影响的措施。

(4) 无特殊穿越要求区

指对交通建设项目选址穿越限制条件较小的区域,用地各方面属性均较适宜开发,一般以城镇空间为主。

17.3　考虑生态损益补偿的选址评估

适宜性评价和交通设施选址避让分区结果对模拟选线有重要参考价值,一方面人工选线应避免穿越禁止穿越区、最大程度回避严格限制穿越区,尽可能在一般限制穿越区和无特殊穿越要求区确定线路走向;另一方面可借助计算机的智能算法,通过最短路径或遗传算法实现交通路线的自动寻优,模拟建立一条或多条预备线路。若想进一步优化线路走向,则需要基于线路穿越的模拟建设工程费用、环境损益费用、安全性评价费用等来综合比较。其中,对交通设施选址和穿越造成生态价值折减的情况,可通过将环境影响货币化的方式使之转化为可类比的经济单位量来作比较。

生态系统生产总值(Gross Ecosystem Product,GEP)是指一定区域在一定时间内,生态系统为人类提供最终产品与服务及其经济价值的总和,是一定区域生态系统为人类福祉所贡献的总货币价值。受全球生态系统服务价值功能评估等成果启发,我国学者欧阳志云等在2013年首次提出这一概念,提出从生态产品提供价值、生态系统调节服务价值与生态系统文化价值三个角度开展核算,提供了量化生态资源价值的基础。GEP核算不仅可以用来评估某一个区域的生态效益,即一个县、市、省和国家的生态系统对社会经济发展的支撑作用和对人类福祉的贡献,还可以将其看作是生态系统服务价值与GDP的接口,用以判断经济增长与生态保护间的协调程度,推动区域发展公平和质量并进。

交通设施建设导致地区生态价值折减主要体现在两方面:其一是交通设施及其构筑物在建设全环节对土地的占用,其中不乏优质的耕地,导致土地无法提供生态产品(如各类农作物产品),无法发挥原定水平的调解服务(如保持土壤、生物固碳、水源涵养、大气净化等);其二是交通设施沿线环境影响区土地利用的类型和景观也会产生剧烈变化,在产业集聚作用的影响下,原有的农业用地可能将逐步转为建设用地,致使原有景观格局的破碎化。环境影响区的范围可能从几百米到几千米。

因此,在交通设施选址环节可尝试开展生态价值折减评估,确定总体生态补偿价值量。计算步骤包括:

(1) 计算交通设施建设导致的局部 GEP 下降量,其中产品与服务的功能量核算所需数据主要通过遥感系统、生态系统及其要素的监测体系获得。

(2) 计算各类生态系统产品与服务功能的价格,可依据实际市场情况和土地利用特征灵活采用各种方法,常见的包括市场价值法、机会成本法、基于支付意愿的模拟市场法等。

(3) 确定生态系统生态总值与国民生产总值间的换算系数。由于各个地区对生产价值实现和愿意为其支付的意愿不一致,因此生态系统生态总值与国民生产总值间并非一一对等的关系。相关研究认为可以将反映人民生活水平(贫困、温饱、小康、富裕、极富)的恩格尔系数做数值变换后作为换算系数,一般情况下,恩格尔系数越低,生活水平越高,愿意支付给生态产品的期望和能力越强,则换算系数值越大。

对于某些采取主动绕行生态空间而不惜增加线路工程费用的交通选址方案,可比较其与直接穿越生态空间造成 GEP 降低的方案在保护地区发展上的综合效益优劣。将直接穿越造成的局部 GEP 下降费用和产生的额外生态补偿费用相加,再乘以补偿系数即可得到地区愿意支付的生态产品补偿费用,并与主动绕行增加的工程费用投入和未来增加的运营投入作比较。如果局部 GEP 的折减费用高于绕行产生的经济费用,表明直接穿越的方案不利于综合效益的最优,换言之,其交通建设是以降低生态效益为代价;而主动绕行的方案一定程度上保护了生态环境,是促进区域长久可持续发展的有益选择。

18 新技术下的城市空间结构与形态演变

近些年来,随着人工智能、大数据云计算以及 5G 通信等新兴技术在交通运输领域的迅猛发展,城市交通正经历着前所未有的变革,居民出行方式也在逐渐改变。这种变革不仅深刻影响着交通出行,还对城市空间结构与运营方式提出了新的挑战和机遇。交通不仅是城市空间的构成要素,也是城市空间演化的动力之一。在城市发展的各阶段都存在城市交通规模或方式的相应变化,而城市交通的变化又对城市空间演化带来反作用。一方面,交通运输促进城市的空间发展。基于交通-土地利用模型(图 18.1)可知,交通通过影响可达性进而影响城市地价,从而改善人口在城市的空间分布,实现居民出行行为活动的空间扩张。交通的发展也有利于推动城市空间结构的优化,促进城市功能区划的完善和再分类,合理引导城市空间向外扩展。另一方面,城市空间的演变也影响着居民出行方式的选择,城市蔓延使得城市空间尺度延展,适应城市尺度的优势出行方式不断更迭,进而影响城市交通出行结构。

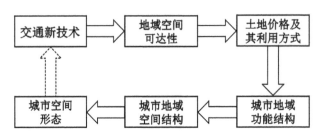

图 18.1 交通-土地利用相互作用机制反馈环

图片来源:作者自绘

新技术正深刻改变城市交通发展业态,从传统的私人车辆到共享出行、自动驾驶等新兴模式的崛起,正在重塑居民出行模式。这种变革不仅影响着个人出行,其对于城市交通规划运营以及城市空间结构演变同样意义深远。因此,分析并探讨交通新兴技术对城市空间的影响机理,能够为城市空间的精准管控和城市结构的深度优化提供科学依据和决策支持;探索交通-城市的空间协同规律,也能够为新型城镇化、综合交通体系等一系列发展规划、基本政策的制定提供理论和技术支撑。

本章旨在围绕交通工具和交通组织模式两方面,分析新技术对城市结构和形态的影响。

18 新技术下的城市空间结构与形态演变

18.1 城市空间结构与形态

18.1.1 城市空间结构

城市空间结构(Urban Spatial Structure),也称城市地域结构,指构成城市的各类功能区(居住区、商业区、行政区、工业区、文化区、旅游区和绿化区等)的空间组合与分布方式。城市空间结构这一概念涉及城市中不同地段、社区、区域等要素的地理布局与空间连接关系。按照功能区的组合与分布状况,可将其分为同心圆,扇形,多核心等模式,如图18.2所示。

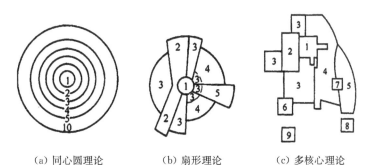

(a) 同心圆理论　　　(b) 扇形理论　　　(c) 多核心理论

1-中央商务区;2-批发和轻工业区;3-低收入者居住区;4-中产阶级居住区;5-高收入者居住区
6-重工业区;7-外围商务区;8-郊区居住区;9-郊区工业区;10-外围通勤区

图 18.2　三类典型城市空间结构

图片来源:吴志强,李德华.城市规划原理[M].4版.北京:中国建筑工业出版社,2010.

18.1.2 城市空间形态

城市空间形态(Urban Morphology),也称城市外部轮廓,指构成城市的建筑、街道、交通以及土地等各有形要素的空间布置方式,是城市实体组成要素及各类活动在空间上的投影。按照城市建成区主体平面形状,大致上可分为网格状、条带状、星状等,如表18.1所示。

表 18.1　主要城市形态类型分类

城市形态类型	模式图	描述	典型城市
网格状		城市由相互垂直的路网构成	旧金山、芝加哥
条带状		受自然条件或交通线影响,城市沿着山谷或水体岸线分布	兰州、深圳
星状		城市从中心沿自然地貌或沿交通线分布	延安

(续表)

城市形态类型	模式图	描述	典型城市
组团状		城市由若干块不连续的用地组成,不同组团之间被地形地貌分割	香港、重庆
环状		限于特殊地理条件,城市围绕山体、水体等进行发展	新加坡
环形放射状		城市围绕城市中心向四周扩展,交通线呈现环形和放射状	成都、郑州
卫星状		围绕城市中心,外围发展若干小城市	伦敦

表格来源:吴志强,李德华.城市规划原理[M].4版.北京:中国建筑工业出版社,2010.

城市空间结构和城市空间形态二者虽然概念不同,但仍在众多方面存在相同点:①对于任何一个城市而言,城市的空间结构和形态都是动态变化的,二者兼具面状扩展的特点,并且可以通过适度的政策、开发和交通措施引导发展;②二者在影响因素上具有相似性,都是社会经济、自然条件等多种因素共同作用的结果;③二者都是城市布局研究的重要内容,准确理解和把握城市各功能区的位置及其分布特征和空间表现的几何形态,可为城市规划建设提供重要依据。

18.2 交通工具变革的影响

18.2.1 自动驾驶汽车技术特征

自20世纪40年代以来,欧美等国家的汽车保有量开始迅速增长,城市及道路网络建设围绕私人机动化交通工具展开。我国城市交通目前形成了包括私人小汽车、常规公交和轨道交通等在内的多模式协调发展格局,但私家车一直是城市居民主要的出行方式。90年代以来,随着计算机视觉的发展,自动驾驶汽车(Autonomous Vehicle,AV)应运而生并经历飞速的进步,逐步引领交通工具的变革,为未来出行提供更广阔多元的方式。自动驾驶汽车通过使用传感技术,例如雷达、全球定位系统(Global Positioning System,GPS)和计算机视觉,以及高级控制系统,即传感器来协助驾驶员或取代驾驶员完全控制车辆。按其自动化程度可以分为辅助驾驶(Driver Assistance,DA)、部分自动驾驶(Partially Autonomous,PA)、有条件自动驾驶(Conditionally Autonomous,CA)、高度自动驾驶(Highly Autonomous,HA)、完全自动驾驶(Fully Autonomous,FA)五级,如表18.2所示。

表 18.2 自动驾驶汽车自动化程度分级

自动化等级	等级定义	控制	监视	失效应对	典型工况
	人监控驾驶环境				
L1(DA)	仅在特定环境下对方向和加减速中的一项操作提供支持,其他驾驶操作由人完成	人与系统	人	人	高速公路单车道基本路段及泊车工况
L2(PA)	对方向和加减速中的多项操作提供支持,其他驾驶操作由人完成	人与系统	人	人	高速公路及市区多车道基本路段,包括换道、环岛绕行、拥堵跟车等工况
	系统监控驾驶环境				
L3(CA)	由系统完成所有驾驶操作,根据系统请求,仅在部分工况提供干预	系统	系统	人	高速公路正常行驶工况,市区主次干道基本路段工况
L4(HA)	由系统完成所有驾驶操作,特定高风险场景下提出接管请求,驾驶员可不响应	系统	系统	系统	高速公路全部工况,市区基本路段、交叉口一般工况
L5(FA)	系统完成所有道路环境下操作,无需驾驶员介入	系统	系统	系统	所有工况

表格来源:吴娇蓉. 交通工程[M]. 北京:人民交通出版社,2018.

随着国内外自动驾驶汽车正式上路测试,其量产投放和规模化运营的时代即将到来。国内近些年来大力扶持自动驾驶产业发展,先后出台了众多管理办法和实施条例,持续完善法规体系。2023年11月工信部等四部委联合印发《关于开展智能网联汽车准入和上路通行试点工作的通知》,进一步明确了规划和指导要求。随着"十四五"规划"统筹推进基础设施建设,加快建设交通强国"这一目标的提出,自动驾驶行业也迎来前所未有的机遇。在国家大力扶持行业发展的基础上,各省份也结合自身实际制定和出台了一系列政策。2022年6月,深圳市发布《深圳经济特区智能网联汽车管理条例》作为国内首部相关法规,将有力推动L3级自动驾驶量产落地。预计到2025年国内L2级自动驾驶车渗透率达到50%,L3级自动驾驶车渗透率达到4%,未来市场发展空间广阔。国外相关政策文件同样关注推广自动驾驶的重要性,2022年发布的第二版《欧洲制定和实施可持续城市交通计划指南》(*European Guidelines for developing and implementing a Sustainable Urban Mobility Plan*,SUMP)提出了清晰的自动驾驶发展愿景,该文件呼吁应尽快采取前瞻性战略解决自动驾驶带来的影响,并应优先考虑城市宜居性而非自动驾驶友好性。基于上述讨论,图18.3给出了自动驾驶从规划到全面实施的预期时间表。

未来自动驾驶可基于产权所属关系划分为两类,即私有自动驾驶(Private Autonomous Vehicle,PAV)与共享自动驾驶(Shared Autonomous Vehicle,SAV)。私有自动驾驶解放了操作汽车所需的人力,提高了行驶速度以及规范性,带来了驾驶体验的巨变。然而这一模式在根本上受限于私有产权和个体出行需求,车辆闲置率仍较高且利用效率较低,不符合可持续绿色低碳交通的发展目标。创新扩散假说认为,新技术的普及将进一步刺激个体机动化出行需求的增长,同时转移了原本选择公共交通出行的客流,一定程度上加剧了交通拥

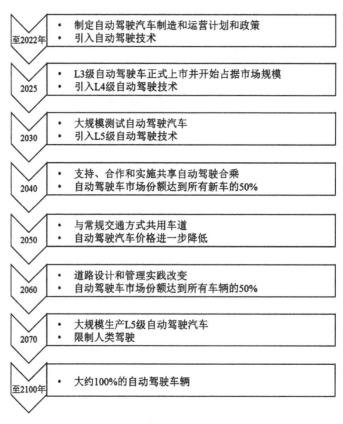

图 18.3　自动驾驶车辆发展历程预期时间表

图片来源：作者自绘

堵、能源消耗和碳排放。在共享经济的影响下，未来共享自动驾驶可能会成为主要的推广模式。这一模式将个体出行的灵活性与公共出行的低成本相结合，有望推动城市智能交通网络的建设。研究表明，当形成一定规模时，共享模式下每辆自动驾驶汽车可以取代 11~14 辆私人汽车。在大量共享行程数据的支持下，共享自动驾驶可实现协同路径优化，提高交通系统运行效率。

传统汽车和自动驾驶汽车的博弈将会是一个长期的、多元的、动态的过程，但随着技术的成熟，自动驾驶汽车毫无疑问将成为未来交通出行的主流，并且将为居民的可达性、城市交通系统和空间结构带来革命性的变化，自动驾驶汽车对于城市空间的影响机理如图 18.4 所示。自动驾驶汽车通过影响出

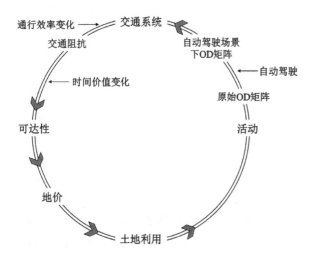

图 18.4　自动驾驶影响城市土地利用机制示意图

图片来源：作者自绘

行分布,改变交通分配过程中的路网阻抗,造成出行时间价值变化,带来不同区域之间可达性的差异,进而推动城市土地利用模式演变和基于用地的活动强度变化,如此循环往复,直至交通与城市之间形成新的协同关系。从城市空间结构与形态演变的角度,自动驾驶汽车带来的影响包括居住人口分布、交通设施、街区和产业四个方面。值得注意的是,本节提到的自动驾驶汽车一般为 L4 级及以上的高级别自动驾驶车。

18.2.2 对城市结构的影响

1) 居住空间

由于高等级自动驾驶汽车能够完成几乎所有工况下的驾驶操作,传统意义上的"驾驶人"概念将逐渐解放,允许在通勤过程中进行其他活动,进一步提升出行舒适度。现有研究普遍认为自动驾驶技术能够降低通勤时间成本,基于这一假设,可以推测城市居民可接受的通勤距离将不断增长,这可能吸引人口向城市外围搬迁,引发居住空间郊区化和城市蔓延。Wellik 等人的研究指出在 100% 自动驾驶场景下,居住在得克萨斯州奥斯汀大都市区的家庭数量将减少,而居住在郊区的家庭数量将增长。Wellik 认为居住空间位置的改变有赖于自动驾驶提高了可达性、机动性和便利性,降低了出行时间的机会成本。同样,Carrese 等基于网络问卷调查的研究指出,当意大利罗马市的自动驾驶渗透率达 50% 时,城市中心约 40% 的居民会迁移到市郊。

然而,上述研究场景大多基于私人自动驾驶汽车开展,共享自动驾驶汽车的普及对居住空间的影响同样值得关注。陆晓琳等基于自动驾驶使用模式构建出竞争型场景(私人自动驾驶占据主导)以及取代型场景(共享自动驾驶占据主导),仿真结果表明,竞争型场景下中心区居住人口密度会大幅下降,取代型场景下中心区居住人口密度反而会略微提升。P. Thakur 等以澳大利亚墨尔本都市区为研究对象,指出共享自动驾驶相较于私人自动驾驶能够较好地缓解居住空间郊区化。这一现象主要原因在于:①两种自动驾驶模式的可用性在城市的不同区域之间存在差异,私人自动驾驶更偏向于私人小汽车模式,而共享自动驾驶更偏向于作为公交补充的共享出行模式,在郊区覆盖较少,这导致在郊区使用共享自动驾驶的综合出行时间成本相对较高、便捷性较差;②根据居民传统出行感知,使用类似网约车的共享自动驾驶的单位里程费用高于使用类似私家车的私人自动驾驶,并且出行距离越长二者费用差距越明显,这在一定程度上限制了使用共享自动驾驶实现住宅郊区化。

然而,由于差异化的城镇化路径,国内外城市在自动驾驶导致的居住亲郊区化(pro-suburban)现象这一点上似乎很难达成一致。现有相关文章大多基于国外城市开展网络调查和仿真模拟,而国外城市的郊区化早在后工业化时期便开始涌现,其背后是完善的工业化体系和高度发达的市场经济,其郊区化模式业已成熟。而我国最早的郊区化源于改革开放后涌现的旧城改造和工业外迁,实际建立在城市土地有偿使用制度、住房制度改革和大规模危房改造的基础上,是一种政策导向的被动郊区化。这就导致城乡区域之间的各类要素流动具有明显的非均衡性,代表着优质社会资源的城市中心区吸引力仍占据主导地位。近些年来,严守城镇开发边界以防止城镇空间盲目扩张已成为可持续城市发展的共识,《上海市城市总体规划(2016—2040)》在全国范围内首次提出城市建设用地"负增长"目标,不断推进低效建设用地减量化,以盘活存量空间为核心推动城市更新。因此,即使在未来自动驾驶普及的场景下,国内大规模郊区化也很难实现,因为这在造成大规模职住不平衡的同时损失了集聚效应,资源优化配置和城市功能分散可能是受自动驾驶影响下国内城市空间结构演进的主要方向之一。

2) 交通空间

(1) 道路设施空间

基于人工智能系统的操控,自动驾驶汽车的感知-反应时间(Perception-Reaction Time,PRT)将远远低于人类驾驶员,从而有效降低车头间距,提升道路通行效率。这将有效推动地面道路空间的压缩,例如缩窄机动车道、缩窄或取消双向车道间的中央分隔带、缩窄交叉口过街间距和右转半径等。研究显示,在相同流量下自动驾驶汽车相对传统汽车可节省10%左右的道路空间,释放更多道路用地给城市街道空间。

作为一种新型交通工具,自动驾驶的落地将推动路权的进一步调整。受传统城市交通规划设计"车本位"观念影响,慢行交通路权始终未得到充分保障;而自动驾驶的精确避让能力和车行道空间的缩窄,将推动路权的重新划分。例如,有学者提出未来路权关系的转变将使得道路模式发生逆转,慢行道路将逐渐连续而车行道路将被打断,形成以慢行为主体的人-机混合交通流。然而,现有研究证实由于各交通参与者路权在空间上并未形成绝对隔离,混合交通流存在包含通行效率、安全等一系列问题,更高效的路权分配建立在自动驾驶汽车和传统汽车分道行驶的基础上。

(2) 停车用地空间

除了影响城市内部的物理范围外,自动驾驶汽车还有望通过减少停车需求来影响城市空间结构。谷歌自动驾驶团队指出,传统汽车在停车场的闲置时间较长,而自动驾驶汽车由于无需驾驶人操作,使其降低了对于停车的依赖。现有大量研究表明,共享自动驾驶通过更集约化的使用方式能够大幅削减停车空间。Wellik等指出,由于共享自动驾驶全面普及导致停车需求减少,可开发土地将增加19.4%~62.9%。Fagnant等调查认为每辆共享自动驾驶平均减少11个停车位。Zhang等指出在90%的共享自动驾驶渗透率下,停车用地面积减少多达2%,每辆共享自动驾驶的停车用地面积减少约8.6%。高渗透率的共享自动驾驶通过减少汽车拥有和增加乘车共享来降低居住和商业区的停车需求,此外,私人自动驾驶可以自动找寻外围车位实现泊车,使得停车空间从高密度建成区转移至城市外围,节省土地成本。Harper等指出随着渗透率的提高,私人自动驾驶每天需行驶更多的里程到CBD外围寻找车位,这将导致车辆行驶总里程提高0.9%~2.5%。

类似上述这种停车用地向外围转移的过程还会加剧交通拥堵,特别是在通勤高峰时段。自动驾驶汽车停车转移带来更高的空驶里程数,从而导致的碳排放和交通拥堵问题值得关注,可以通过合理的政策引导缓解这一问题。例如对于拥有私人自动驾驶且居住在城市郊区的出行者而言,可以推广优惠的P+R模式以减少进入城市中心的车辆。

3) 街区空间

机动化因素在传统街区设计中具有主导权,围绕车辆行驶及停放组织的街区道路结构深刻影响着公共空间布局,最终形成了"大街坊、封闭式"的固定模式,弱化了街区"人居空间"的定位。自动驾驶技术的采用压缩了交通空间、提高了道路安全性,使得人的活动空间再次回归成空间主角,从而引起街区空间支配权的转变。传统封闭式小区的内部空间将纳入城市的整体公共空间,沿街空余空间可改造为商业、慢行绿道或其他富有活力的公共空间,提升街道空间的利用效率,街区整体风貌也将随着交通信息传达方式的转变而变得更加整洁。总之,车行优先将向人的慢行和公共活动优先转变,街区也将重新成为宜游的活力交往空间。

4) 产业空间

未来商用自动驾驶的全面落地将推动城市产业空间结构的网络化转变,多中心、多层级互动的网络化空间结构将成为主要发展趋势。现有研究指出,新技术加快了生产要素在空间中的流动,这将进一步推动城市多中心点之间的功能互补,丰富区域尺度的协作与竞争互动。在这一趋势下,自动驾驶技术将进一步促进产业空间与生产生活空间在城市单元尺度上的深度融合,强调单元尺度的多功能混合,从而打造产业社区、产城融合单元,为企业全生命周期提供研究-创新-生产空间。徐晓峰等人以中国(上海)自由贸易试验区临港新片区概念性城市设计为例,探索了自动驾驶主导下的临港片区产业空间的新模式,认为自动驾驶能够充分统筹和融合内部交通与对外交通、客运交通与货运交通,在发挥产业空间集聚效应的同时实现不同圈层的功能互补。

在仓储物流方面,自动驾驶技术已被广泛应用于仓库内的货物搬运和分拣。产业园区作为典型"封闭+低速"场景,是自动驾驶商业化落地的首选,也是基于物流公司为制造工厂提供原材料零部件的及时运输商业场景。目前上海临港新片区物流园区在 12 km 的封闭路段测试无人驾驶,未来将在园区路网级别进行落地,以期通过数据管理平台来调度自动驾驶车辆,应用于封闭场景的生产作业。自动驾驶在物流行业的深度应用将不断优化库存模型,减少城市仓储用地规模,使得占地规模大且集约度低的传统物流仓储空间配置占比大幅下降。此外,自动驾驶技术推动虚拟和实体相结合的智慧新零售业态发展,集成无人驾驶-无人售卖的移动新零售店铺将逐渐取代现有便利店,削减零散化的商业用地规模,重塑商业空间格局。

18.2.3 对城市形态的影响

现有研究对自动驾驶如何影响城市形态演变讨论甚少,然而学者们在私人自动驾驶导致城市半径增加这一点上达成共识。由于新技术丰富了个体机动化出行体验,居民对于长距离通勤接受程度将提高,从而对职住空间分异持有更加包容的态度。Zakharenko 认为私人自动驾驶的普及会使城市半径增加 3.5%,开发土地面积增加 7.1%,住宅面积增加 7.6%。Litman 指出私人自动驾驶可能会导致 10%~30% 的城市扩张。如果不加引导,私人自动驾驶不断发展,最终很有可能导致"摊大饼"式的城市边界蔓延。

共享自动驾驶汽车对于城市形态演变的影响似乎更为乐观。不可否认,共享自动驾驶带来出行体验的提升必然激发更多长距离的机动化出行需求,但是由于共享属性使得它本质类似于公共交通等城市基础设施。因此,共享自动驾驶的蓬勃发展容易形成环中心区的多中心紧凑形态,其衍生机理类似于 TOD 的开发或公交导向的新城建设。

18.2.4 政策与规划应对措施

1) 影响

综上所述,以自动驾驶为代表的全新交通工具变革对城市空间结构和形态的演变主要有如下影响:

(1) 城市结构从层级化到扁平化

近代城市规划理论起源于霍华德(E. Howard)提出的"田园城市",其核心思想是功能理性主义下的城市分区。然而伴随着全新交通工具出现引起城市空间不断累积生长和更新,居住、工作、游憩和交通等功能分区将会不断重组和深度融合。城市功能从系统化到模块化的演变,是城市结构趋于扁平化的深层原因;研究表明,除了引发城市郊区化蔓延之外,自动驾驶汽车还将重新分配居住、商业和休闲活动空间以致密现有城市结构。

(2) 城市形态从中心化到多极化

伴随自动驾驶技术的落地,未来城市要素由中心区向外围组团传递的系统性将减弱,由此形成去中心化的扁平城市。现有研究表明,自动驾驶汽车通过降低出行成本和增强区域可达性导致分散的城市发展,由此可观测到中心城区周围的多中心形态。郊区将较少地依赖中心城区的辐射力和要素流动,而是发展为独立的综合节点城市。

(3) 城市空间从车本位到人本位

自动驾驶的落地将推动城市人本主义回归,城市功能将被分解到空间尺度更小、更加复合化的街区之中。自动驾驶汽车减少汽车保有量,从路内外停车释放的空间可用于建造更宽的慢行交通道路、新的公共设施、活动中心和高质量的休闲空间,并扩大混合用途开发,从而重构城市开放式活力街区。

2) 应对措施

尽管目前国内外都已经开展并坚决支持自动驾驶汽车的道路测试与实际使用,并为其市场化做出了巨大努力,但自动驾驶汽车短时间内仍很难成为一种常规的交通方式。长远来看,有必要基于自动驾驶汽车对城市空间的影响,结合当前城市面临的道路交通问题,制定政策与规划的应对措施以适应新的发展状况。

(1) 坚持国土空间规划视角下的全域管控思维

自动驾驶普及对城市空间结构和形态的关键影响在于可能导致居住空间郊区化蔓延,并进一步导致职住分异激化。因此为避免城镇空间盲目扩张"摊大饼",在国土空间规划背景下,应严格城镇开发边界管控,以"双评价"为基础合理划定城镇开发边界,从严控制集中建成区新增建设用地规模。

(2) 构建大运量公共交通与共享自动驾驶汽车相协调的城市客运交通体系

共享自动驾驶汽车是未来交通出行的重要方式,并且具备与传统公共交通相互补充的巨大潜力。Narayanan等指出,共享自动驾驶汽车可以与高效的公共交通系统相结合,以确保城市交通系统的可持续性。一方面,相较于公共交通,共享自动驾驶以集约化的方式提供更灵活的服务,替代载客率低的常规公交的同时,也可以解决"最后一公里"的接驳问题。这一思路可适用于机器人导向发展(Robot Oriented Development,ROD),居民通过共享自动驾驶到达落客区而后换乘大运量公共交通出行。另一方面,如果共享自动驾驶投放量过大,分流过多公交客流,增加道路交通量进而加剧交通拥堵,也并非城市客运交通可持续发展之道。因此,应始终以大运量公共交通为主体,以共享自动驾驶汽车等多种出行方式作为公共交通的必要补充。

(3) 制定针对私人自动驾驶汽车的交通需求管理措施

现有众多研究指出,私人自动驾驶汽车的使用更容易导致城市空间蔓延和通勤距离的进一步提高,从而加剧交通拥堵和碳排放量。因此,短期内应针对自动驾驶私人化采取必要的限制措施。然而仅仅靠限制拥有绝非接纳新技术的必要路径,而应通过交通需求管理手段引导其合理使用。拥堵收费和停车收费是自动驾驶时代交通需求管理的重要手段,通过基于行驶里程的道路使用收费,缓解自动驾驶高行驶里程带来的环境负外部性;对普通车辆与自动驾驶车辆实行价格歧视下的差异化停车收费定价,利用价格杠杆促进停车资源高效利用。

(4)开展面向混合交通流的城市交通规划设计研究

自动驾驶车辆的渗透是一个循序渐进的过程,普华永道研究报告指出到2030年,传统非自动驾驶车行驶里程仍占所有车辆总里程的44%,这意味着未来相当长的一段时间内,道路都将呈现自动驾驶车辆与人工驾驶车辆混行的"人机混驾"混合交通流状态。为了应对混合交通流相比传统交通流的种种新变化,现有城市交通规划设计应针对这些新特征在现有技术方法、框架内容、要素流程等方面做出调整和转变,提高规划的适应性以应对不确定性。

(5)统筹推进新型基础设施建设与自动驾驶立法

随着技术不断革新,日趋复杂的交通问题呼吁更广泛的数字治理。推动车路协同、边缘计算、智能感知等新型基础设施建设,可以满足自动驾驶车辆高效运行所需的环境配置。尽管自动驾驶新技术可以带来诸多便利,但其使用安全性、用户隐私性是长期面临的关键挑战。推动自动驾驶车辆及其使用的立法建设,厘清权益分配和责任认定同样极为必要。

18.3 交通组织模式演变的影响

18.3.1 "出行即服务"模式特征与发展

随着经济社会的发展和城镇化进程的加快,居民的出行需求日益旺盛,出行目的由以通勤为主的简单出行转变为非通勤占比提高的多目的复杂出行,对出行质量和服务体验的要求也逐渐提高,高效、安全、便捷、舒适逐渐成为影响居民出行方式选择的关键因素。移动互联网的发展和智能手机的普及使得交通出行软件进入到日常生活之中,在一定程度上满足了居民对出行品质的更高要求。然而,由于现有出行软件集成度低、出行方式组合不够灵活、出行信息不够完善、出行信息及平台过于分散等问题,居民个性化的出行需求难以得到全部满足。因此,城市交通行业亟需形成和推出面向全体使用人群的交通出行统筹方案,以及能够实现动态出行预测及接驳方案优化、提供更为优质便捷出行服务的平台。

随着智能化和共享经济的崛起,当前已形成以共享单车、分时租赁、网约车以及定制公交等为代表的新型"互联网+交通"服务模式,对传统交通工具拥有以及使用方式产生了显著影响。特别是在大城市中,更多的人选择通过共享交通工具来满足日常出行需求,这种方式不仅节省成本,还减少了交通拥堵和环境污染。近年来提出的"出行即服务(Mobility as a Service, MaaS)"理念逐渐为人们所熟知,并形成了一定的研究成果,拓宽了解决城市交通出行问题的思路。MaaS是一种交通管理与服务的新概念,旨在深刻理解出行需求,通过将各种交通模式全部整合在一个统一的服务体系与平台中,构建面向不同乘客需求的门到门全出行链的大交通生态体系。例如在芬兰赫尔辛基,MaaS Global平台联合了公共交通、共享单车、网约车等运营主体,推出了Whim应用程序,为乘客提供了整合出行方案和月票优惠服务。此外在提升出行便利性方面,MaaS平台可以针对不同出行场景提供便利程度和碳排放水平综合最优的出行方案,供出行者选择(图18.5)。

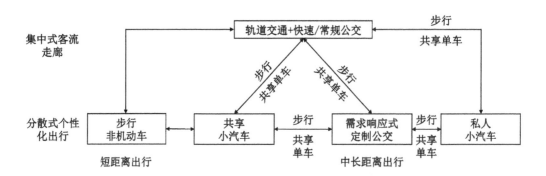

图 18.5　MaaS 交通组织与服务模式示意图

图片来源：吴娇蓉.交通工程[M].北京：人民交通出版社，2018.

MaaS 的产生意味着交通工具从私有化转变为共享化，交通出行转变为一种服务消费，其核心在于基于个体出行需求的定制出行链构建。MaaS 主要具有以下四方面的特征：

(1) 共享化：MaaS 模式强调"共享"理念，注重为乘客提供交通服务而不是拥有交通工具。出行者既是出行服务的享受者，也是出行数据的提供者。城市交通管理者基于共享化的出行数据，对交通系统进行精细化管理和调控，更好地满足城市居民的出行需求，提高城市交通的运行效率和服务质量。

(2) 一体化：MaaS 模式整合交通工具、交通信息、交通服务和支付体系等各类资源到一个服务平台之上，实现一次行程、一个账单、一次扣费、一码通行。

(3) 低碳化：MaaS 模式将各种交通方式（如地铁、公交、出租车、共享单车、网约车、定制公交等）整合在一起，通过平台完成匹配，削减了私人机动车的出行，扩大绿色出行的比例；同时可以根据交通流量和实时路况，为用户提供最佳出行方案，提高城市交通系统效率，最终降低交通碳排放量。

(4) 人本化：MaaS 模式关注将出行作为一种"服务"，注重以人为本。用户可以根据自己的需求和出行时间，选择最适合自己的出行方式，提高出行效率和舒适度，获取无缝衔接的出行服务体验。

MaaS 本质是一种基于公私合作（Public-Private-Partnership，PPP）的服务模式，一个成功的 MaaS 系统中应至少包含政府、MaaS 服务提供商和出行者三部分。政府主要通过政策引导等方式统筹各参与方，为 MaaS 提供良好的发展环境。服务提供商负责整合 MaaS 系统资源，由多元主体构成，例如公共交通、网约车等运输服务经营者；整合订票支付、提供资金支持的金融机构；提供高精度地图并基于大数据构建多模式出行链的技术支持商，图 18.6 给出了成熟的 MaaS 系统整合多资源的框架。基于上述框架，出行者即可通过一站式的出行规划和支付等增值服务，实现高效、经济、低碳的出行方案。

欧洲智能交通协会发布的《MaaS 和可持续城市出行规划》（*MaaS and Sustainable Urban Mobility Planning*）指出，成功的 MaaS 规划与实施需要以下四个阶段：

阶段一，准备与评估。联合各参与方建立团队与工作机制；确定总体 MaaS 规划框架；分析基本出行情况；制定工作计划与时间线。

阶段二，制定战略。在前期基础上，构建并整体评估 MaaS 未来愿景；为 MaaS 的实施设

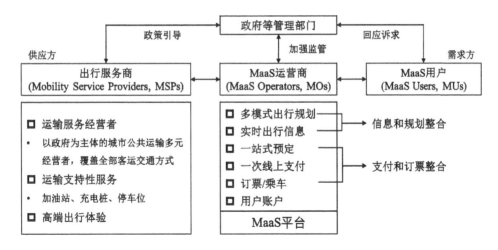

图 18.6　MaaS 系统整合流程
图片来源:世界资源研究所(WRI):《出行即服务实践指南介绍与案例集》

置目标与战略;设计 MaaS 的评估指标。

阶段三,制定措施。基于 MaaS 战略,制定详细的实施措施和方案;与相关方讨论措施并达成共识;制定实施方案与各方职责。

阶段四,实施与监控。采购服务并协调各方行动,关注项目进展并进行调整;分析阶段性的成功与失败经验。

18.3.2　对城市结构的影响

在 MaaS 模式的运营规模化和普及下,居民日常出行形式等都将发生变化,势必也将对城市空间带来较大改变。MaaS 对城市空间结构的影响机制与共享自动驾驶汽车相似,因此本节不再赘述。MaaS 与共享自动驾驶汽车二者的关键差异在于运量,MaaS 更偏向于提供大中运量的公共交通服务,而共享自动驾驶汽车一般仅能作为公共交通的补充。

基于可持续出行框架实施和开展 MaaS,一定程度上降低了居民的社会经济属性对于可达性的影响,提高了各类人群特别是无车家庭和弱势群体对城市的使用和融入参与,更好地维护了社会公平。因此,众多研究指出 MaaS 全面普及下,居民到达城市中心将更加便捷,使得城市中心活力提升,这一方面可能会导致中心建成区规模扩大,另一方面也将导致中心区具有更高的开发强度。此外,也有观点认为 MaaS 系统下城市中心区和郊区之间的界限将逐渐弱化,城市总体用地布局将更加均衡,职住空间失衡得到缓解。这是由于长距离通勤通常需要多种交通方式衔接完成,传统单一载体的公共交通服务耗时较长、可靠性偏低,而 MaaS 的高效特性减少了公交通勤时间。MaaS 同时提高了车辆的共享程度,特别是提高了私人小汽车的车辆运转率。MaaS 对近距离车辆的协调利用也可以显著缓解通勤交通压力,平衡工作和居住空间的潮汐交通。

MaaS 系统对于优化城市交通空间和街区空间同样具有一定贡献。公共交通的属性决定了 MaaS 推行下必然减少私人小汽车的拥有和使用,促进小汽车共享化,车辆闲置程度、停车场拥挤程度可以得到相应控制。因此,位于城市中心的停车场可以减少或部分转移到城市周边地区。小汽车交通量的减少将使得慢行交通空间增加,打造生态宜人的步行空间,增加非机动车行驶及停靠空间,提供安全舒适的骑行环境,最终扩大绿色出行比例。MaaS模式强调多种交通方式之间的无缝换乘衔接,因此交通空间中还需设计与各场所之间的上下客衔接空间,作为人行空间与机动车空间的分隔,保障出行者的安全和换乘效率。MaaS还可以在一定程度上增加城市公共空间的规模和比重,减少的停车场和交通设施用地可改造为城市公园和绿地等公共空间,街区将逐渐由适宜车辆的道路尺度转向人居空间。

18.3.3 对城市形态的影响

现有研究指出,MaaS作为可持续交通发展的载体,最适宜引导中尺度下的多中心城市形态发展,其原因在于MaaS带来的土地开发模式的转变。未来MaaS将以共享出行服务区为核心交通节点带动周边用地开发,公交导向的发展模式(TOD)可以逐步转向以移动为导向的发展模式(Mobility Oriented Development,MOD)。就目前而言,以城市综合交通枢纽为起点布局MaaS服务是最有前景且实践性最强的发展模式。主要由于城市中心区公交线网体系业已成熟,其低廉的票价与稳定的运营模式下形成了稳定的消费者群体,MaaS的新服务模式相比之下竞争力不足,而围绕城市综合交通枢纽布局定制化MaaS能够极佳地补充公益性集约型公交的发展缺陷。

以MaaS为代表的新型交通组织模式演变,将深度融合并且进一步推广TOD模式,特别是在大运量公交枢纽站域空间层面。作为世界级轨道交通强国,日本是最早开展TOD综合开发的国家之一。近些年来,为了应对人口老龄化和少子化等原因造成的人口持续减少和现有基础设施资源浪费,日本国土交通省开始尝试并推广"TOD+MaaS"的城市交通新发展模式。这一发展模式聚焦公共交通TOD大站点,构建完善的轨道交通网络,并将基础设施与居民集约至站点周围形成空间与人群的"紧凑"。在此基础上,融入"点-站-区"三级的MaaS服务体系:"点"指TOD站点周围的共享单车和共享汽车;"站"指TOD公交站点;"区"指由TOD站点及其影响范围构成的共享出行服务区,最终演变成为以共享出行区为核心的MOD模式。

"TOD+MaaS"新交通组织模式的普及可能推动围绕城市综合交通枢纽的新城建设,"网络化+紧凑型"的城市形态是今后轨道沿线市镇的发展趋势(图18.7)。"网络化"指构成城市客运交通系统的大运量干线网络,包含城际铁路和城市轨道交通;"紧凑型"指以"TOD+MaaS"为中心,周边构建诱导区布置配套服务设施吸引居住人口迁移,最终形成高密度、集聚型的站城融合。然而,这种城市形态的形成其背后逻辑链条复杂,未必能与中国现有国情和城市规划建设水平相适应,这一模式对中国城市形态演变的可能贡献在于促进都市圈化,缩小城市群内部差异,实现和发展区域交通一体化。现有研究指出,上海市与周边城市之间已经形成紧密跨城通勤联系,部分上海市域外的城镇与上海中心城区的通勤联系紧密程度已超越市域内的一些新城。"TOD+MaaS"模式能够较好地应对跨城通勤换乘在空间上不一致以及时间可靠性较差等问题,有潜力作为跨城功能联系的交通体系,支撑轨道与城市发展的协同关系。

18.3.4 政策与规划应对措施

发展MaaS不仅能提升用户的出行效率和品质,更重要的是与碳普惠的深度结合,推动公共交通导向的出行体系的变革。目前北京、上海、广州、济南等多地均开展了MaaS系统

18 新技术下的城市空间结构与形态演变

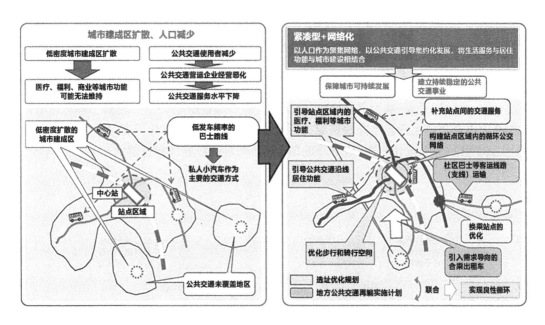

图 18.7　日本"紧凑型＋网络化"的城市形态策划案

图片来源：https://www.mlit.go.jp/hakusyo/mlit/h29/hakusho/h30/html/n1331000.html.

应用探索，相信 MaaS 助力智慧出行全面落地就在不远的未来。然而，MaaS 在中国城市的发展也同样面临一些挑战。目前针对 MaaS 的运营模式各地差异较大，尚未形成一致的商业模式；MaaS 系统多元参与者之间的协同需要进一步提升；如何建立完善的公众监督和社会治理体系的问题也亟待解决。

1）开展面向 MaaS 应用的适应性城市规划

MaaS 将推动城市空间结构和形态的重构，例如推动"网络化＋紧凑型"的多中心城市形态发展，缓解职住平衡矛盾，促进都市圈城际流动空间的形成。因此，MaaS 的应用对未来城市影响复杂，不应仅仅停留在结构简单的圈层上，或是形态上的"点-轴""中心-边缘"上，而应面向 MaaS 应用采用差异性、适应性的城市规划策略。例如可以将 MaaS 应用融入到战略性规划、控制性规划、行动计划等不同层次的规划体系中：战略性规划中主要考虑共享出行服务范围与城市空间的耦合关系；控制性规划中可以进一步确定共享出行设施具体位置和规模大小，并协调好其与现有城市基础设施空间的关系；行动计划中重点关注 MaaS 生态链上下游之间的协作关系以及出行行为的引导策略。

2）建设基于 MaaS 的城市综合交通体系

MaaS 将给城市出行"门到门、一站式"的服务提供最佳解决方案，并将重新定义未来的城市客运交通系统。以提升出行便利性为导向开展公共交通与新型交通组织模式的融合，建立以公共交通为主体的 MaaS 服务，政策制定者和规划部门应将城市公共利益放在首位，同时兼顾运营的可持续性。此外，MaaS 模式也可作为支持跨城通勤等都市圈内功能联系的城际快速交通体，推动都市圈之间公共资源的对接汇聚以及有机体内部深度融合。

3）完善针对 MaaS 的管理机制

促进公共交通与新型出行服务的融合，需要建立起公共部门对新型交通组织模式的管理机制,避免 MaaS 无序扩张和非理性经营。例如政府可以划定 MaaS 运营区域,或者通过运营许可和票价机制形成 MaaS 管理细则。公共部门还需建立相关政策法规,促进 MaaS 推广过程中的社会公平。例如 MaaS 平台应针对弱势群体(老年人、低龄儿童、残障人士、低收入人群等)提供出行优惠、无障碍设施以及现金支付服务等。此外,政府应关注与服务提供商之间的公共数据开放,基于道路使用、公交运营等多源数据(图 18.8)精确了解交通出行的需求,从而更合理地配置各类交通资源。后续应在合法合规的框架下促进公共数据资源的有序化共享开放和规范化利用,以不断提高 MaaS 系统的科学性和完善性。

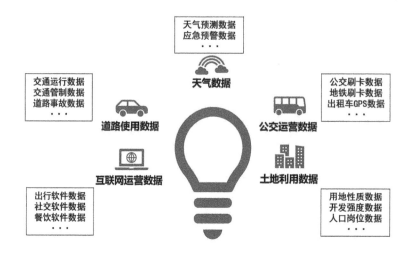

图 18.8　MaaS 系统中的多源数据共享

图片来源:江苏省城市交通规划研究中心

18.4　结语

城市空间结构与形态的演变是交通技术创新的生动反映,造成这些影响的根本逻辑在于:新技术的普及改变了不同区域的可达性,极大削弱了城市化空间扩散过程中距离导致的空间阻抗,淡化了城市核心区与边缘区之间的界限,并满足较高收入人群向生活环境更佳地区的迁移。从古至今,交通技术的每一次创新都塑造了一种城市空间组织形态的特殊模式。步行-马车时代,城市空间以星状向外拓展并伴随放射线间隙的填补推动环型结构的出现;有轨电车的发展推动了扇形城市的出现;而后市际和市郊铁路的蔓延强化了扇形城市形态的同时,带动了串珠状郊区走廊的生长;近代以来小汽车和道路交通设施的发展推动了城市中心向外呈辐射状的同心圆和多核心形态的形成。未来自动驾驶等新型交通工具以及 MaaS 等交通新业态的广泛普及,是否会与之前几代革新形成相似的类年轮形城市增长,或是带来差异化的城市空间组织模式,这些都是值得城市规划和交通工程学界思考并尝试解决的问题。

综上所述,基于交通新技术的发展从而理解城市结构变化、预测城市扩张,是未来智慧城市建设背景下突破发展瓶颈、促进高质量发展的关键切入点。应遵循交通新技术的空间扩散规律,从而预测未来城市化主轴线的作用力方向,并且通过运用宏观调控政策和规划手段建立起人本化、绿色低碳和可持续的城市发展结构和空间格局。

第五篇

相近学科的方法介入

19 可达性视角下的交通研究

从城市与区域统筹发展的视角来看,城市的发展定位必须建立在对自身与区域空间联系的认知基础上,其关键就是交通系统的空间连接,而交通可达性正体现了这种以交通系统为连接的不同空间位置间的联系,为测度城市与区域空间活动的时效性提供了有效的方法。城市在区域中所处的交通区位很大程度上决定了其区域地位,从而影响城市未来的发展方向和战略目标。从长远意义来说,交通可达性分析是判断城市区位现状以及未来趋势的重要依据,有利于对城市在区域内空间和产业中所扮演的角色进行综合把握和判断,对未来的发展做出合理的预期与评判。

本章首先对交通可达性的内涵进行阐述,之后重点介绍2个可达性视角下的交通研究案例:①极端天气对交通可达性的影响分析。全球气候变化背景下,极端天气事件愈加频繁,对城市交通系统正常运行影响巨大。该研究在交通可达性视角下定量分析暴雪天气对典型居住小区交通出行的影响,对提升应急管理和拥堵预防措施的决策科学性以及促进城市交通精细化管理有重要意义。②城市就业可达性分析。该研究聚焦西方更为关注而国内成果相对较少的就业可达性,重点突出了公共交通这一城市常见交通方式,同时又是中低收入群体重要出行工具的可达范围和能力,并且因为关注了群体分类而使得可达性研究可向公平性研究拓展。

19.1 交通可达性简述

在理解交通可达性的概念之前,需对可达性的概念和内涵建立初步的认识。实际上,与可达性相关的概念由来已久。正如卡尔奎斯特(Karlqvist)所说的那样,"通过最小的活动量,获得最大的接触机会,是人类活动的基本规律,而可达性是刻画这一基本规律的关键概念"。在区域尺度,可达性是空间经济结构再组织的"发生器",可达性的概念在区域地理学理论里以区位论的方式出现。在城市内部小尺度层面,Shen将城市空间定义为居民与他们的社会经济活动间一系列的地理关系的整合体,可达性则作为衡量这些地理关系深度和广度的指标。美国综合社会科学空间中心(CSISS)认为,对可达性概念和方法的分析,是理解社会、经济和政治观点的基础。

一般认为 Hansen 于 1959 年首次提出了可达性的概念,将其定义为交通网络中各节点相互作用机会的大小。Goodall 将可达性定义为一个空间位置对于其他的空间位置而言其能够被到达的难易程度,而不是在物理学上其有多远。更进一步的,与空间距离不同,可达性可以被定义为与特定的经济、社会机会要素及其所在位置相接触或互动的能力。尽管学者们在可达性的精确定义上仍然难以达成一致意见,但是他们普遍认为交通系统将可达性的基本含义与个体在空间中移动的能力联系起来。

通常认为交通可达性是指利用交通系统从某一给定区位到达活动地点的便利程度,是反映市场、综合经济、就业等可接近程度的一种基础度量,能够评价交通系统能否优质、高效地完成运输任务,评价交通政策能否达到高效、公平要求的一项综合性指标。交通可达性具有以下三方面特征:①空间特性。都反映了空间实体之间克服距离障碍进行交流的难易程度,因此它与区位、空间相互作用和空间尺度等概念紧密联系。②时间特性。空间实体之间的联系主要是通过交通系统来完成,时间是交通旅行中最基本的阻抗因素,交通成本在很大程度上依赖于通行时间的花费,因此通常用时间单位来衡量空间距离。③社会经济价值特性。通常交通可达性水平较高的地区也具有较高的经济发展水平、公共设施服务水平等等。从交通可达性的基本特征可以提取其基本属性,即空间距离和成本距离。空间距离反映空间实体相互联系经过的某种交通运输线路的长度,成本距离则反映经过该线路所花费的时间、经济等成本。

目前交通可达性常用的测度指标有最短出行时间、加权平均时间、等时圈面积、累计机会等,受到多方面因素的影响:①城市结构。城市结构往往通过城市规模与城市形状影响道路网络的效益,进而影响交通可达性。②土地利用。较高的城市土地利用密度和多样的土地功能布局通常意味着较高的交通可达性。③规划管理水平。城市良好的规划管理水平是维持高效交通系统的基础,由此可对交通可达性产生影响。④交通基础设施水平。交通设施供给的改善往往带来道路网络效益的提高,进而能够提高城市交通可达性水平。⑤交通方式。由于不同交通方式具有不同的出行成本,进而导致可达性的不同。正是由于可达性丰富的内涵特征和与城市结构、土地利用、交通设施等多方面的联系,可达性相比较于机动性指标更能抓住城市交通问题产生的实质,改变传统只以机动性指标来对城市交通规划方案或管理政策进行评价的做法,以更科学的方式定量监测方案与政策的实施效果,进而有助于构建可持续发展的城市交通。

近年来,各界均关注交通可达性的研究。比较常见的交通可达性研究重在分析区域机动化交通方式的可达性。由于国内高铁的迅速发展带来显著的时空压缩效应,国际上兴起了对高铁开通前后交通可达性变化的比较研究。总体上,区域性的交通可达性研究较为简单,因为对交通干线的速度赋值是稳定的。显然,城市范围内的交通可达性研究更为复杂。首先,道路车速是可变的,高峰时段与平峰时段的道路车速差异很大;其次,各条道路的车速均需赋值,而城市内部道路数量众多,情况复杂,难以准确赋值;再次,城市内部既有小汽车也有公共交通,应区分交通方式开展交通可达性的研究,如不同交通方式可达性空间分布与差异性分析。

19.2 极端天气下的可达性影响分析

城市交通是城市系统的重要组成部分,但其运行效率、可靠性和安全性受极端天气影响而降低。在当前全球气候变化背景下,随着极端天气事件出现频率变得愈加频繁,越来越多的学者开始关注极端天气对交通系统的影响。如上文所述,可达性指人们利用交通系统克服阻力从出发地到达目的地的便利程度,是国外管理者制定公平有效的交通管理政策时常采用的指标,受到多方面的因素影响。其中,以时间因素与交通因素构建的指标能够反映交通条件变化对居民出行产生的实际影响,时间因素通常作为可达性公式中的出行阻抗因子,并且是通勤出行者与交通管理者均非常关心的重要因素。对极端天气下的通勤出行而言,毋庸置疑时间可达性最具有指导性。因此,深入研究城市尺度下居民通勤出行可达性受极端天气影响的变化具有重要的现实意义。一方面研究揭示的通勤延误作为人性化、重要的交通信息能够服务于城市居民,方便居民合理安排通勤出行;另一方面,研究结果能够评判交通管理部门现有的应急措施效果并为今后制定针对性的管理措施提供科学的参考,通过使其及时响应极端天气,快速地确定易受影响的路段与范围,优化应急人员与应急资源的配置,指导相应交通基础设施的运营、维护和改善,不仅能够有效预防交通拥堵以及保证路网的可靠性,而且对促进城市交通精细化管理意义显著。

  国内外学者们针对极端天气对通勤铁路、城市以及农村的高速公路等的影响展开大量研究,发现不同地区、不同的道路类型对极端天气的反应不同,但由于数据的限制,现有研究往往集中在有限线路或者是某个具体路段,研究结果与路段、线路特点有关,而针对大尺度的交通网络、从空间角度出发探究极端天气带来影响的空间差异的研究还比较缺乏,但是了解不同区域的交通受影响程度显然对交通管理部门的应急管理和预警分析更有实际指导价值。在研究指标选取上,已有研究大多关注极端天气状况对交通如交通量、通行时间、交通服务延迟、出行费用、交通事故等的影响程度并采取统计学方法定量地分析不同天气状况、不同强度天气条件或不同天气条件相互作用等引起的上述指标的改变程度,较少涉及基于交通出行的可达性指标。然而,针对有限路段的交通量、车速等指标的研究不仅难以从出行视角揭示极端天气最终导致的出行延误,也难以为交通管理部门揭示极端天气引发的交通拥堵区域。

  近年来,随着互联网的普及和计算机数据处理能力的不断提高,大数据和开放数据逐渐形成了新的数据环境,其中互联网地图的网络数据服务接口(Web Service API)可提供出发地—目的地的实时出行时间,为研究大范围内可达性的变化提供了精确可靠的数据来源,使突破已有研究受到的数据限制成为可能。鉴于以往研究在研究尺度、指标选取以及交通管理政策指导方面的不足,并且考虑到暴雪在高峰时段对交通的影响最严重,本节从时间可达性和居民通勤出行视角出发,基于高德地图路径规划获取的实时出行数据[①],选取南京市三大副中心仙林、东山、江北的6个典型居住小区,探究2018年1月25日早高峰时段(8:15~8:45)暴雪天气对南京市主城区各路段行程车速的影响、居住小区到主城区各地点的可达性变化和通勤延误,以期为交通管理部门应对极端天气制定应急管理和拥堵预防措施提供决策依据,进而保证城市交通系统的稳定性与居民通勤时间的可靠度。

19.2.1 研究区域与数据

1) 研究区域概况

  南京市是东部地区重要的中心城市,长三角城市群唯一特大城市,具有较为完善的城市

---

① 互联网在线地图(如高德、百度、腾讯等)的路径规划API是一套以HTTP形式提供的步行、公交、驾车查询及行驶距离计算接口,包含驾车路径规划、公共交通路径规划等。路径规划API能够精确地、批量地返回城市不同地点之间通过公交、驾车等方式出行的最短时间出行方案,其中最短时间出行方案主要包含出行时间、出行距离、出行路径、路径所在各路段的通行时间、行程车速,是交通可达性研究可靠的新数据来源。具体爬取方法可参见《地图时空大数据爬取与规划分析教程》一书。

道路网。依据《南京市城市总体规划(2011—2020)》所划定的主城范围,本节选取南京市长江与绕城公路围合的主城地区作为研究区域。主城地区总面积约 360 km², 高度集聚南京的制造业就业、服务业就业(图 19.1);而仙林、东山、江北作为《南京市城市总体规划(2011—2020)》确定的南京市 3 个副城,分别位于南京主城东北部、南部和西北部。此外,位于研究区域中央的新街口地区是南京服务业就业中心、南京总体就业中心,是南京传统的市中心;位于研究区域西南的河西商务区逐渐聚集金融业、信息服务业、高端零售业等现代服务业,是南京打造的商务商贸中心与现代化国际性城市中心,是南京城市新中心。

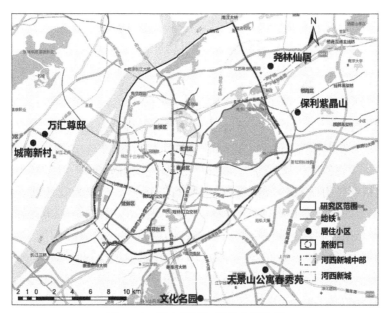

图 19.1 研究区域与居住小区位置

研究对象选取位于南京不同的副中心(江北、东山、仙林)的 6 个典型居住小区。每个副中心选取保障性住房、商品房两种类型的居住小区,其中各区域商品房小区紧邻地铁站点,而保障性住房小区距离地铁站点较远,但所有小区与市中心新街口的距离大致相当。该选取原则尽可能避免了与市中心距离、与轨道交通距离对研究结果的影响。居住小区的具体特征见表 19.1。

表 19.1 居住小区信息

小区名称	所属区域	与新街口距离/km	特 点
万汇尊邸	江北	12.1	紧邻地铁 10 号线
城南新村	江北	13.1	保障性住房,距地铁站点较远
文化名园	东山	12.7	紧邻地铁 3 号线
天景山公寓春秀苑	东山	13.2	保障性住房,远离地铁站点
保利紫晶山	仙林	12.6	紧邻地铁 2 号线
尧林仙居	仙林	12.8	保障性住房,远离地铁站点

2) 研究数据与方法

研究数据来源于高德地图的驾车路径规划接口。驾车路径规划接口是以 HTTP 形式,实现对出发点至目的地通过普通小汽车出行的通勤方案查询。通勤方案具体包含的内容有：出发点到目的地的总出行时间、出行轨迹，以及出行轨迹经过的各路段长度、路段通行时间等信息。其中，出行时间、路段通行时间综合考虑了道路通行能力、交通拥堵、道路限行等诸多因素，数据可信度较高。由于通勤时间既是影响早高峰时段可达性的最主要因素，能够最大程度地体现极端天气的影响，又是居民通勤出行最关心的问题，能够为交通管理部门制定应急措施提供指导，故本节将驾车出行的实时行程时间作为可达性的衡量指标：

$$A_{ij}=t_{ij} \tag{19.1}$$

式中，i 是居住小区 i；j 是主城区第 j 个格网；t_{ij} 是居住小区 i 到主城区 j 区域的实时行程时间；A_{ij} 是居住小区 i 到主城区 j 区域的交通可达性。

数据采集方面，本节将研究区域划分为大小一致的格网，以格网质心为数据遍历、采集、分析的基本单位。格网半径过大会导致格网质心对格网内部空间的代表性不足；格网半径过小则会增加数据量、延长数据采集时间，致使数据实时性较差。经过反复试验，本节认为 200 m 半径的格网较为合适，该半径的格网既可认为是均值空间、能够代表格网内部的出行，又能保证数据采集时间控制在 30 min 内、保证居住地-就业地出行时间的实时性。

因此，本节首先将研究区域划分为 200 m×200 m 的格网，利用 ArcGIS 相关工具获取形心的经纬度，以格网作为研究的分析单位，格网的形心所在地作为就业地。排除掉落入水域、山体、绿化用地的格网形心后，共计 7 034 个就业地。其次，编写采集通勤方案数据以及从通勤方案解译总出行时间、出行轨迹经过的各路段长度与通行时间的 Python 程序。再次，通过程序批量采集 2018 年 1 月 25 日（周五，暴雪天气）早高峰时段（8:15—8:45）与 2018 年 1 月 23 日（周二，正常天气）早高峰时段（8:15—8:45）6 个典型居住区到主城区各个就业地（格网质心）的通勤方案数据，总共采集到 84 408（2×6×7 034）个通勤方案。最后，通过程序解译通勤方案，获取每个通勤方案对应的总出行时间、出行轨迹上各路段的信息，将处理后得到的居住地-就业地矩阵导入 ArcGIS，进行路段行程车速、交通可达性变化量、变化幅度等分析。

极端天气事件下，路段行程车速的降低将直接导致通勤延误，其计算公式为：

$$V_i=\frac{\sum_{i=1}^{n}\frac{路段长度_i}{通行时间_j}}{n} \tag{19.2}$$

式中，V_i 是路段 i 的行程车速；n 是"驾车路径规划"API 返回路段 i 的次数。

可达性变化量 C_{ij} 和变化幅度 R_{ij} 不仅能够为居民提供从居住区 i 到目的地 j 的出行延误信息，C_{ij} 和 R_{ij} 在空间上的分布格局是预测交通拥堵区域、评判现有应急措施效果的良好指示；路段行程车速 V_i 的变化将进一步为交通管理部门指示应对极端天气的重点路段。

可达性变化量 C_{ij} 定义为：

$$C_{ij}=A_{\text{adverse }ij}-A_{\text{normal }ij} \tag{19.3}$$

式中，C_{ij} 是暴雪天气影响下早高峰时段居住小区 i 到主城区格网 j 的可达性变化量；$A_{\text{adverse }ij}$ 是 2018 年 1 月 25 日暴雪天气早高峰时段居住小区 i 到主城区格网 j 的可达性；$A_{\text{normal }ij}$ 是 2018 年 1 月 23 日正常天气早高峰时段居住小区 i 到主城区格网 j 的可达性。

变化幅度 R_{ij} 定义为:

$$R_{ij} = (A_{\text{adverse }ij} - A_{\text{normal }ij})/A_{\text{adverse }ij} \tag{19.4}$$

式中,R_{ij} 是暴雪影响下早高峰时段居住小区 i 到主城区格网 j 的可达性变化幅度。

19.2.2 正常天气交通可达性空间格局

2018年1月23日正常天气早高峰居民出行时间可达性绝大多数在70 min以内(图19.2)。由于南京市交通年报显示大部分南京人可忍受的最大出行时耗为45 min,故比较不同副中心居住小区、不同类型居住小区45 min到达主城区的范围大小。结果显示,江北的居住小区45 min平均可达的主城区范围为3个区域(江北、仙林、东山)最小,即万汇尊邸、城南新村45 min仅可达主城区范围的53.4%、42.6%,这是由于江北的居住小区跨江出行到主城区需经过拥堵的扬子江隧道、长江隧道、应天大街高架。不仅如此,江北居住小区短途出行(20 min)可达范围/45 min可达范围是0、0,30 min可达范围/45 min可达范围仅为9.0%、5.1%,远小于东山、仙林的居住小区,出行时间普遍较长(表19.2)。

此外,仙林的保利紫晶山、尧林仙居45 min可达范围最大,分别为主城面积的80.6%、75.1%;东山的文化名园、天景山公寓春秀苑45 min可达主城范围的45.8%、66.0%(表19.2)。

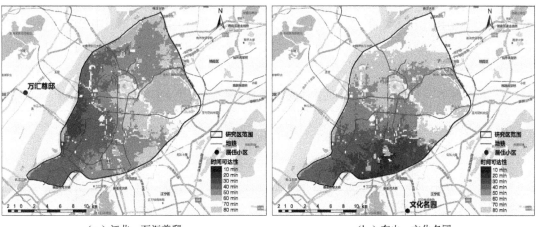
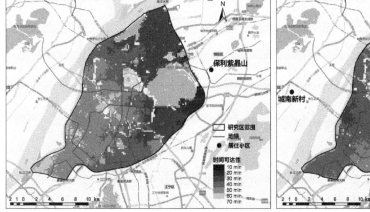
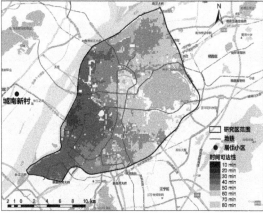

(a_1) 江北　万汇尊邸　　　　　　　　　　(b_1) 东山　文化名园

(c_1) 仙林　保利紫晶山　　　　　　　　　(a_2) 江北　城南新村

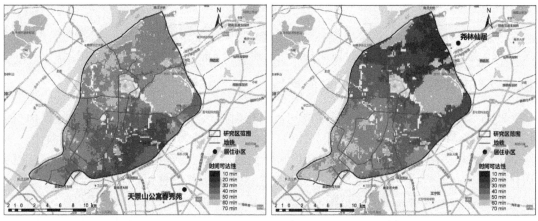

(b₂)东山 天景山公寓春秀苑　　　　　　　(c₂)仙林 尧林仙居

图 19.2　2018 年 1 月 23 日(正常天气)早高峰各居住区至主城区时间可达性

(注：a_1、b_1、c_1 为商品房小区，a_2、b_2、c_2 为保障性住房。)

总体上，江北、仙林的保障性住房小区(城南新村、尧林仙居)到主城可达范围小于该区域的商品房小区(万汇尊邸、保利紫晶山)，其中江北保障性住房(城南新村)与商品房(万汇尊邸)的可达范围比例差距高达 10.8%。尽管东山的天景山公寓春秀苑属于保障性住房，但由于其紧邻东山交通枢纽、高桥门枢纽，45 min 可达主城范围(66.0%)高于同处东山的商品房小区文化名园(45.8%)(表 19.2)。

表 19.2　2018 年 1 月 23 日(正常天气)早高峰各居住区至主城区不同可达范围比例　(%)

小区名称	区域	性质	45 min 可达范围/研究区域面积	10 min 可达范围/45 min 可达范围	20 min 可达范围/45 min 可达范围	30 min 可达范围/45 min 可达范围	40 min 可达范围/45 min 可达范围
万汇尊邸	江北	商品房	53.4	—	—	9.0	65.3
城南新村	江北	保障房	42.6	—	—	5.1	66.3
文化名园	东山	商品房	45.8	—	6.8	37.4	77.9
天景山公寓春秀苑	东山	保障房	66.0	—	1.0	16.2	57.7
保利紫晶山	仙林	商品房	80.6	0.2	5.6	41.1	73.5
尧林仙居	仙林	保障房	75.1	0.2	15.4	45.2	82.1

19.2.3　极端天气事件对可达性的影响分析

1) 可达性变化量分析

针对 2018 年 1 月 23 日正常天气小于 45 min 的出行，分析其在暴雪天气影响下的可达性变化量。江北万汇尊邸、城南新村到主城的可达性变化量在 -5～5 min 的比例仅为 6.2%、14.1%，分布呈现出双峰的形态，但其余 4 个居住小区可达性变化量在 -5～5 min 区间比例均在66.6%以上,表明江北居住小区出行时间受到暴雪影响最为严重;东山文化名园可达性变化量84.2%聚集在−5～5 min,天景山公寓春秀苑出行时间以增加为主,84.2%可达性变化量在0～10 min区间;仙林的保利紫晶山、尧林仙居出行时间波动最小,分别有93.9%、92.9%可达性变化量位于−5～5 min[图19.3(a)]。此外,所有居住小区变化量频数总体分布显示66.7%的可达性变化量在5 min内,92.6%在10 min内[图19.3(b)]。

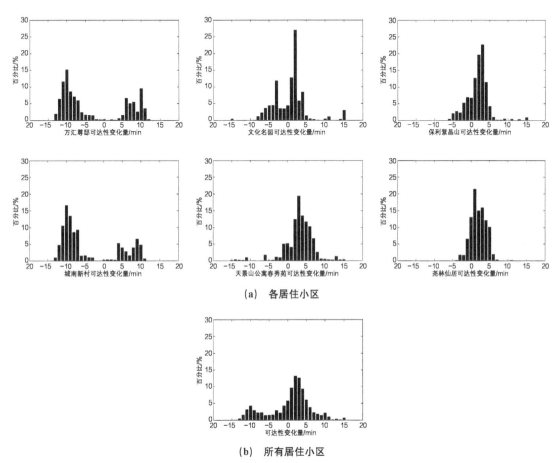

图19.3 各居住小区、所有居住小区时间可达性变化量频率分布

有研究显示,极端天气影响居民的出行速度、出行舒适性以及出行时间的可靠性,进而影响居民的弹性出行需求如文化体育、购物娱乐等出行,因此弹性出行需求集中的休息日的出行量受到极端天气影响较为严重。然而,由于研究时段(1月25日、1月23日早高峰8:15—8:45)多为工作、上学等非弹性通勤出行,故暴雪当日(1月25日)主城区总出行量基本不变。一方面,暴雪当日南京大量公交线路临时停运,地面公交客流涌向地铁,而南京地铁集团公司公布的数据显示轨道交通全线网客运315.5万,但市区线路1号线、2号线、3号线与10号线客流增幅不足7%,分别为6.3%、4.9%、4.0%与6.9%,市区的4号线客流增加量也仅为2.5万,故可认为轨道交通增长的客流主要来源于停运的地面公交。但考虑到就业单位可能允许员工在暴雪天气推迟上班时间以及小部分私家车主选择地铁方式通勤,可认为早高峰时段小汽车出行总量相对较少,但减少量不大。因此,不足7%的地铁客流增

长以及相对减少的小汽车出行量并不是地面道路减压的主要因素,不会引起暴雪天气下小汽车方式通勤时间大幅度减少。

另一方面,对于同一个出发点和目的地,两个均为正常天气下的早高峰可达性存在不完全一致的可能,从而出现可达性变化为负的误差,而 92.6% 不超过 10 min 的可达性绝对变化量在合理的误差允许范围内,表明暴雪天气影响下南京市早高峰出行延误不明显,交通管理部门的连夜扫雪除冰等应急管理工作成效显著,保障了居民通勤出行的基本正常。

进一步探究可达性变化量空间分布以揭示各区域的出行延误和交通拥堵范围。结果显示,在研究区域内可达性变化量的分布存在明显的空间差异。江北居住小区万汇尊邸、城南新村的交通可达性变化量格局呈现出扬子江隧道出口南部出行时间下降 5~10 min,北部增加 0~10 min[图 19.4(a_1),图 19.4(a_2)]。在线地图为江北居住小区跨江出行路径规划时,向北多选择扬子江隧道、扬子江大道、郑和中路、定淮门大街、幕府东路等,通过这些道路的时间对通勤时间影响最大且在暴雪天气十分拥堵,如扬子江隧道通过时间从 1 月 23 日的 6.76 min 上升到 13.71 min,导致北部的出行时间增加。与此相反,暴雪天气长江隧道通过时间分别为 5.9 min,路况为畅通,而 1 月 23 日通过时间则为 10.8 min,故隧道出口南部出行时间相应减少。

东山、仙林居住小区的可达性变化量则呈现以新街口为中心的市中心地区出行时间减少 0~10 min[图 19.4(b_1),图 19.4(c_1),图 19.4(c_2)],而研究区域外围地区出行时间增加 0~10 min 的格局[图 19.4(b_1),图 19.4(b_2),图 19.4(c_1),图 19.4(c_2)]。市中心出行时间减少的原因一方面在于小汽车出行量的相对减少,更重要的是 1 月 24 日夜至 1 月 25 日早南京市数十万人连夜扫雪除冰工作显著降低了暴雪带来的交通障碍与出行不便。研究区域的外围地区由于不是交通管理部门扫雪除冰工作的重点区域,故受暴雪对道路抗滑能力、行车速度的影响,出行时间增加 0~10 min。

特别的,河西商务区的河西大街沿江中东路、庐山路、黄山路、泰山路、凤台南路路段周边通勤时间增加在 10~15 min,甚至 15 min 以上[图 19.4(b_1),图 19.4(b_2),图 19.4(c_1)]。作为次就业中心的河西商务区道路宽阔,如梦都大街、河西大街等,主干路红线宽度达 50~80 m,次干路红线达 35~40 m,小汽车出行时间可靠性十分依赖道路状况。宽阔的道路在正常天气情况下有利于小汽车出行,但在暴雪天气影响区域交通设施的情况下,小汽车出行时间较正常天气增加高达 17.69 min。同样的,东山天景山公寓春秀苑紧邻东山枢纽、高桥门枢纽,其可达性与枢纽运营状况密切相关,而高速公路受极端天气影响较大,故天景山公寓春秀苑在暴雪天气影响下 45 min 可达的研究区范围内 87% 的通勤时间增加[图 19.4(b_2)]。

根据分析结果,尽管当前交通管理部门实行的扫雪除冰工作卓有成效,使得大部分的居民的出行延误控制在 10 min 内并且至新街口的通勤时间有所下降,但河西商务区域、跨江隧道出口地区以及交通枢纽附近路段在暴雪天气下的实际通行能力受到较大影响,是通勤延误的主要区域,今后应当作为交通管理部门实施预防极端天气下交通拥堵措施、维持路网可靠性措施的重要区域。

2) 可达性变化幅度分析

针对 1 月 23 日正常天气所有的出行,分析其在暴雪天气影响下的交通可达性变化幅度。

19 可达性视角下的交通研究

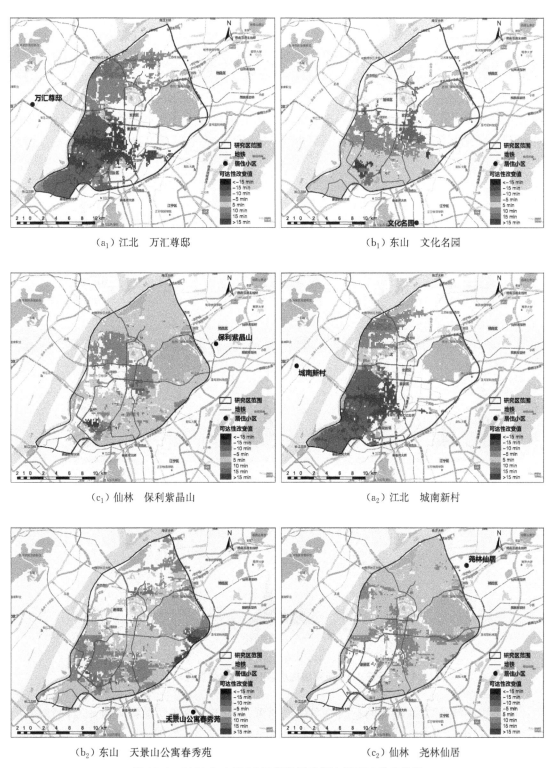

图 19.4　2018 年 1 月 25 日暴雪影响下交通可达性变化量

（注：a_1、b_1、c_1 为商品房小区，a_2、b_2、c_2 为保障性住房。）

江北万汇尊邸、城南新村到主城区的可达性变化幅度频率分布呈现双峰形态,分别有81.3%、82.2%位于-40%～-20%以及20%～40%区间;东山文化名园的可达性变化幅度有75.6%在-20%～20%区间,而天景山公寓春秀苑的变化幅度绝大部分为正,其中78%在0～30%区间;仙林保利紫晶山、尧林仙居到主城可达性变化幅度频率分布呈现对称形态,分别有97.5%、96.0%在-20%～20%区间,表明仙林居住小区到主城的交通可达性受到暴雪天气影响最小[图19.5(a)]。6个居住小区的可达性变化幅度频率合计统计的分布显示72.1%的频数位于-20%～20%区间[图19.5(b)]。

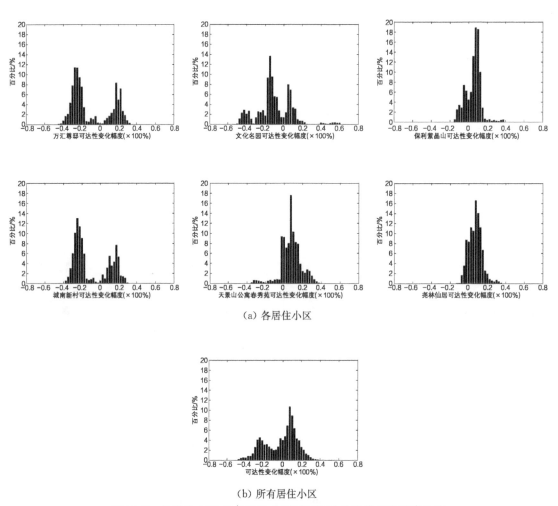

(a) 各居住小区

(b) 所有居住小区

图 19.5　各居住小区、所有居住小区时间可达性变化幅度频率分布

同样的,可达性变化幅度的空间分布格局与可达性变化量格局保持一致。以仙林居住小区为例,新街口为中心的市中心可达性变化幅度小于-20%,外围地区可达性变化幅度则集中在0～20%,目的地为河西商务区的可达性变化幅度相对较大(20%～40%)(图19.6)。分析结果同样指示未来交通管理部门应对暴雪天气时,管理工作的实施重点范围需将河西商务区纳入。

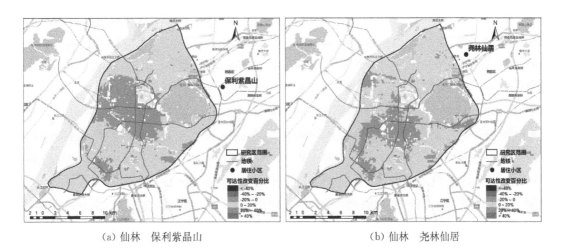

(a) 仙林　保利紫晶山　　　　　　　　　(b) 仙林　尧林仙居

图 19.6　2018 年 1 月 25 日暴雪影响下的仙林交通可达性变化幅度

19.2.4　极端天气事件对道路行程车速影响分析

暴雪天气首先影响道路的通行能力，即影响路段的行程车速和通过路段的行程时间，进而再对居民出行的可达性产生影响。因此需要进行暴雪天气前后，路段行程车速的变化分析，进一步识别路网中承受极端天气事件的薄弱路段与区域，以探究导致可达性变化量与变化幅度空间分布存在差异性的主要路段，也为交通管理部门提供更精确的受影响路段分布。

结果显示，暴雪天气下(1 月 25 日)早高峰 4.9%的路段行程车速提升，而 95.1%的路段行程车速下降，其中行程车速下降的路段有 88.8%集中在下降 20%内，9.9%集中在下降 20%~25%，仅 1.3%降幅超过 50%(图 19.7)，证实了应急管理工作的成效。新街口为中心的市中心路段行程车速升降幅度在 20%内。正常天气下(1 月 23 日)早高峰各路段行程车速空间分布如图 19.8 所示。行程车速降幅明显的路段集中在江北跨江至主城的扬子江隧道、草场门大街、定淮门大街、汉中门大街，通向河西商务区的雨花西路、江中东路、乐山路、邺城路以及各交通枢纽(图 19.9)，以上路段直接导致河西商务区明显的通勤延误。

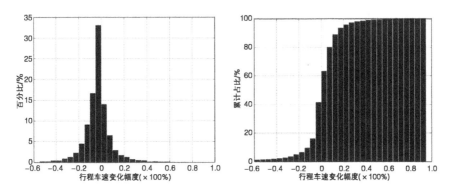

图 19.7　2018 年 1 月 25 日(暴雪天气)早高峰时段各路段行程车速变化幅度
频率分布(左)与累计频率分布(右)

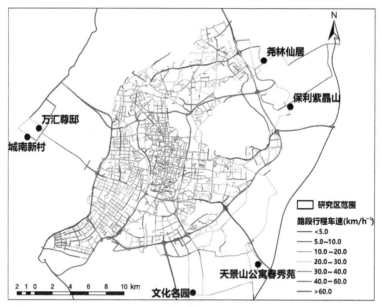

图 19.8　2018 年 1 月 23 日(正常天气)早高峰各路段行程车速空间分布

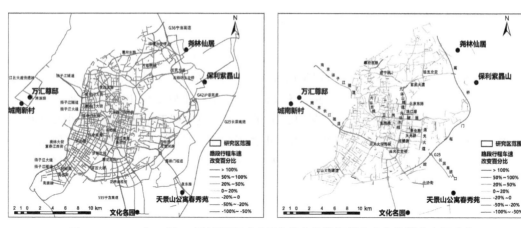

图 19.9　2018 年 1 月 25 日(暴雪天气)早高峰各路段行程车速变化幅度空间分布

尽管地铁 3 号线为江北跨江出行分担出行量,但跨江隧道、隧道出口的路段受暴雪影响最为严重,交通量骤增而导致拥堵严重。新街口为中心的市区是南京扫雪除冰工作的重点区域,该区域行程车速变化不大。路段行程车速的稳定是保证可达性可靠的基础,河西商务区道路早高峰交通流量大,主要道路行程车速下降明显,致使该区域可达性变化量超过 15 min,变化幅度高达 20%～40%,未来应作为交通管理部门应对极端天气的重点区域。

19.2.5　小结

总体上,虽然本节得到一些有意义的结论,但仍然存在一定的局限性。目的地吸引力对居民出行存在影响,但由于缺乏南京主城就业数量分布数据,本节未将就业因素考虑到可达性的计算中。此外,由于缺乏交通流数据,路段行程车速的变化未能结合交通流的变化深入分析,在机制解释方面较弱。在未来的研究中,突破降雪天数对数据的限制,进一步建立模型深入分析降雪强度与可达性的定量关系将对辅助管理者合理地制定交通管理措施、为城市居民提供出行延误预警信息,促进城市交通管理朝精细化方向发展更有实践意义。

19.3 就业可达性分析

交通可达性的内涵十分丰富灵活,其中公共交通可达性指以乘坐公共交通(公共汽车、轨道交通、公共自行车、轮渡、索道等)为主要出行方式,从起点到达目的地的便利程度。同样的,公共交通可达性往往用以机会数量为代表的机会供给因子、时间成本、费用成本等指标衡量,其中以就业岗位供给作为机会供给因子参与模型构建的公交可达性常称之为就业可达性。具体而言,就业可达性指从居住地到达就业地的空间难易程度和获得就业机会的空间潜力,其作为评估弱势群体就业机会的绩效指标,已成为城市规划师、地理学家、经济学家以及所有居民所关注的重要指标。

19.3.1 就业可达性研究综述

就业可达性是一个非常有用的工具,在处理职住空间错配、职住平衡、过度通勤等问题方面有着极为重要的作用。同时,它也是了解城市形态的重要工具,包括通勤长度和模式选择。由于通勤出行在居民出行目的中占较高比例,所以提高城市居民就业可达性对于改善城市整体交通可达性意义重大。从就业者的角度来看,增加工作机会可以缩短通勤时间,甚至可能改善就业前景。因此测算就业可达性是衡量交通公平的重要手段之一。在交通运输和土地利用规划实践中,可达性被认为是一项重要的绩效指标。在美国,许多长距离运输计划和研究采用了可达性研究。英国将可达性规划纳入规划体系,使之成为重要的一环。在中国等发展中国家,尽管学术研究中越来越多地提出将就业可达性作为一项重要的规划绩效指标,但实际上很少有城市进行实践。

1)就业可达性的空间结构

就业可达性的空间结构特征是一个重要的研究方向,在国外早期研究中发现其具有较为明显的"中心—外围"圈层结构,具体体现在由中心城区向城市边缘地区可达性逐步变差,公共交通就业可达性的扩散则与公共交通线网和就业岗位的空间分布有着密切的关系。城市的不断发展导致就业可达性会随着城市结构的改变而改变,可能呈现出多中心的空间形态。不同交通方式下,就业可达性的空间分布格局也存在着差异。在中国,由于快速城镇化,城市范围不断扩张,在城市规划指导下的城市公共资源分配难以均衡,从而导致就业可达性空间失衡的现象。

2)就业可达性的影响因素

随着对就业可达性研究的深入,对其影响因素的考虑越来越全面。一开始只考虑通勤成本,如普遍被人们接受的通勤时间/距离与就业可达性有合理的关联。Cheng 和 Bertolini 将影响就业可达性的因素归纳为工作区位、居住位置和交通条件,三者存在互相影响的关系,人们由于自身收入的限制选择了居住地,而选择的工作又与收入有关,收入则又决定出行工具的选择。随着研究的深入,将影响就业可达性的力量归纳为:一种是区域层面的社会经济转型，它改变了就业供给和就业需求的总量；另一种是区域内的空间转型，影响了就业和人口的分布。城市规划的政策干预下的空间布局，影响人们的就业空间分布。除了市场、机构和政府部门之外，个人的态度和偏好也会影响他们的居住和就业可达性。此外，主要的基础设施投资可能会导致住宅和就业的重新安置，并以不同的方式影响不同人群的就业机会。

由于中西方国家发展背景不同。在西方国家，通常认为就业可达性受到9个变量影响，分别是：城市空间区位、土地利用、交通设施、种族、人口密度、家庭结构、教育水平、机动车拥有和住宅单元数。突出的就是种族歧视问题，由西方移民国家特定的国情所决定的，黑人等有色人种的收入、受教育水平、掌握英语水平等都受到了影响，因此就业可达性较差；同时交通方式的选择能力也影响着就业可达性，小汽车的就业可达性要高于公共交通可达性。北美和欧洲的一些研究表明，难以使用公共交通来获得就业机会与失业率上升有关，就业率则体现了人们寻找工作的匹配程度。公共交通与小汽车就业可达性的差异在不同群体中存在不一样的特征，低收入群体由于两种可达性水平都不高，因此差异较小；教育程度可以作为个人或家庭的可用资源，同时限制了一个人找工作的范围。那些受教育程度较高的人可能会受到就业竞争较小的影响，因为他们与其他劳动力的差别更大。首先，随着教育程度的提高，可达性变量的统计显著性和系数大小增加，这表明就业可达性与高等教育群体的就业状况有较强的联系，而不是低等教育群体的就业。原因可能是低学历群体面临空间障碍，例如劳动力市场准备和缺乏社交网络。

而在中国，种族歧视与隔离现象不是最重要的矛盾，交通建设、空间发展和社会经济力量可能是影响中国城市就业可达性的主要因素。杨涛和过秀成使用简单的居民平均通勤出行距离或时间来计算就业可达性。随着国内学者对于就业可达性理论和概念理解逐渐深入，并开展了大量的实证研究。刘志林和王茂军在北京市以街道为研究单元，探讨了就业可达性对于不同收入居民通勤时间的影响，研究发现通勤时间与就业可达性呈非线性关系。吕斌等则关注了北京低收入群体的就业可达性的时间变化，由于低收入群体居住的保障性住房所处区位较差，并且公共交通设施条件不佳，因此难以获取就业机会，2004年之后低收入居民就业可达性变差。吴江洁和孙斌栋以上海为研究对象，通过就业可达性与居民收入关系的构建来分析两者之间是否存在一定的联系，结果表明就业可达性对于居民收入有正向影响，但不是最主要的影响要素。上海的就业可达性空间特征为多中心的结构，在外环线以内的地区则呈现出随距离衰减的格局。包丹文等以交通小区为研究单元，分析了南京市就业可达性的空间分布特征，发现东部新区与主城区联系更为紧密，就业可达性水平相对于其他新区而言较高。

3）就业可达性的计算方法

研究者从不同角度对就业可达性进行理解，因而所采用的计算方法也有所不同。在就业可达性研究的初期，技术操作缺失、软硬件水平低、研究数据获取艰难均限制了就业可达性的计算，因此研究者就直接将居住地到就业地的出行时间作为就业可达性，而这种测度方法忽视了居住地和就业岗位的属性，同时没有考虑人们就业过程中的竞争关系。随着技术的发展，将就业供需关系、用地类型和交通设施在就业可达性的模型的发展过程中逐步考虑进去。随着模型的逐步丰富，潜力模型和机会累积模型成为现在最为常用的就业可达性测算模型。

在特定距离或时间内人们可以获得工作机会的数量被称为机会累积。该模型在研究和实践中得到广泛应用。规划人员越来越在规划实践中使用机会累积模型,以评估各种土地使用和交通计划的就业可达性影响。

机会累积模型有两大优点。首先,它考虑了工作机会的空间位置和具体的交通阻抗,尽管这种阻抗指标非常简单。其次,与大多数其他可达性模型相比,机会累积的测算方法更容易计算和理解。另一方面,机会累积模型的简单性可能会限制其反映复杂就业市场和通勤行为的能力。首先,模型假设在一定的时间或距离约束下,人们获取工作的能力是相同的,因而不考虑随着时间或距离的增加,获得就业机会的成本会随之增加。其次,对于不同人群来说出行成本的衡量标准有所不同。

沈青对于重力模型进行了补充,考虑到了不同通勤模式的就业者之间的空间竞争。而后有大量学者对于空间阻抗进行补充。首先是交通出行方式的差异,因为每种交通工具克服空间阻隔不同,使用的出行网络也不相同,因此空间阻隔衰减函数也不同。其次有学者考虑了出行的花费成本。

4) 研究述评

就业可达性对于城市空间结构和设施布局有着一定的影响,同时城市规划对于就业可达性也有反作用。首先在空间层面,随着城市不断扩张,就业可达性会随着城市结构的改变,可能呈现出多中心的空间形态。其次是影响就业可达性的因素,由于中西方发展背景不同,西方主要的影响就业可达性的因素有:种族、人口密度、家庭结构、教育水平、机动车拥有量等。在中国,种族问题并不明显,但是政策导向下的发展模式,使得一些城市居住与就业空间分布不符合城市发展规律,因此,在中国的就业可达性研究中,要充分考虑政策的原因。再次就是就业可达性的分析方法,现在常用的就业可达性测算模型为机会累积和潜能模型,两种方法均有利弊,在具体研究场景下,应该选择适合的模型进行分析。

国内研究集中在大城市,对于中小城市的就业可达性研究有所缺失,城市的快速扩张使得城市资源分配不能做到合理,而不同群体的就业可达性对于城市规划有着重要指导意义。同时,要探讨不同交通方式的就业可达性,因为不同交通方式的主要使用人群不同。由于在中国居住与就业数据的难以获取,本节中将采用手机信令数据来进行居住地与就业地的识别和数量的判定,这种方式将充分利用现有数据,减少调研成本。

19.3.2 就业可达性研究的数据准备

本节选取了江苏省昆山市展开就业可达性研究。昆山市是中国中小城市综合实力百强市之首,地处江苏省东南部,东与上海市嘉定和青浦毗邻。由于昆山市的就业通勤主要集中在中心城区,因此研究范围选取昆山市中心城区,由苏昆太高速公路—苏州东绕城高速公路—娄江—昆山西部市界—机场路—千灯浦—吴淞江—昆山东部市界共同围合的范围,总面积 470.23 km² (图 19.10)。

在中国,由于统计口径不一且统计结果的公开程度较低,难以获得准确的居住与就业数据。因此,本节利用手机信令数据进行居住地与就业地的识别和居住与就业人数判断,从而获得较为准确且新的居住与就业人口数。手机基站依据用户的密度进行布设,在市区基站的服务范围大约为 100～500 m,而在郊区由于人口密度较小,因此服务范围大约为 400～1 000 m。以基站服务范围作为规划单元要小于交通小区,可以满足城市规划和交通

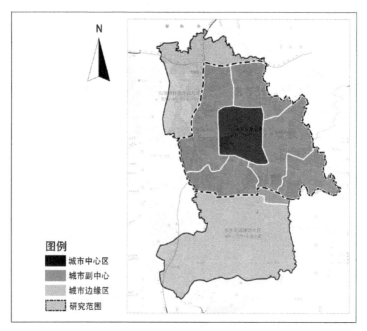

图 19.10　昆山市区位示意图

规划的尺度要求。因为基于手机信令数据,故选择基站的服务范围作为研究的最小单元。昆山市中心城区有 2 548 个基站,因此有 2 548 个基站服务范围(图 19.11)。建立以基站为基础的分析单元,即在 ArcGIS 中依据基站位置创建泰森多边形,并赋予人口和就业岗位值。

图 19.11　基站服务范围

在明确了研究单元后,则要构建研究需要的数据库。就业可达性的研究数据库主要包括三大核心要素:居住信息、就业信息和交通基础设施信息。在中国,由于人口众多,各种调查成本高,涉及与本节有关的经济和人口普查数据调查周期长且公开程度低。因此,选择样本量大、数据更新快的手机信令数据来表征研究中所需的居住与就业人口数据。各种出行方式的阻抗则通过编程调用高德地图 API 而进行获取。居住和就业人口数以列表形式入库,公共交通和小汽车的阻抗以 OD 表格的形式入库。其他基础数据:交通小区边界和基站位置数据均由规划局提供;昆山市道路网络、公交站点及网络则由高德地图 API 爬取获得。具体数据库构建如图 19.12 所示。

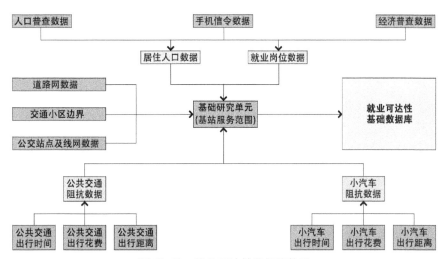

图 19.12 就业可达性数据库构建

在明晰了数据库要素后,则要进行居住与就业人口数的判定规则设定、具体实施步骤操作和空间特征总结。

本节采用了某移动通信运营商 2017 年 6 月 4 日—6 月 17 日共 14 天的数据,包含了 156 万条 MSID 数据,识别出 135 万人的职住地。根据该运营商的客户占比,推算 2017 年全市人口为 208 万人,与 2017 年昆山市国民经济和社会发展统计公报中的人口 205.9 万人的误差仅有 0.1%,说明手机信令数据在分析与确定居住人口和就业岗位数中具有极高的精度。

处理得到的昆山市中心城区人口和就业岗位分布情况如图 19.13、图 19.14、图 19.15、图 19.16 所示。

19.3.3 就业可达性分析结果

机会累积模型是指在特定距离或时间内可以获得工作机会的数量。本节以基站为基本单元,首先调用高德地图路径规划 API 获取每个基站至其他所有基站的时间可达性;其次,累积任一基站在规定时间内所能覆盖空间的就业岗位数,该值即为本节所需的就业可达性。由于路径规划 API 可以反馈小汽车和公共交通两类方式的可达性,因此,下文将分别展开分析。

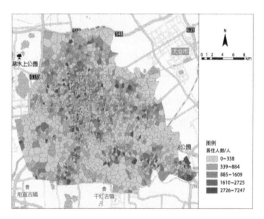

图 19.13　昆山市中心城区居住人数分布图

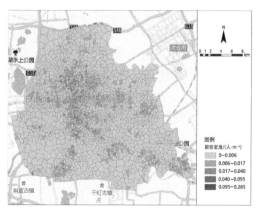

图 19.14　昆山市中心城区居住密度分布图

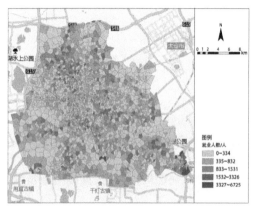

图 19.15　昆山市中心城区就业人数分布图

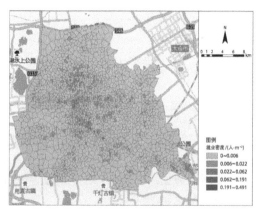

图 19.16　昆山市中心城区就业密度分布图

1）小汽车就业可达性

根据爬取数据可以获得小汽车从任一基站至其他所有基站的平均出行时间。昆山市中心城区小汽车平均出行时间为 29 min，出行时间的区间为 19～51 min（表 19.3，图 19.17）。由于研究单元为基站服务范围，空间特征稍显破碎，但是可以精细地确定每一个研究单元的具体数值，便于较为准确且有针对性地制定改善措施。

表 19.3　昆山市中心城区小汽车平均出行时间描述性统计表

基站	最小值(M)	最大值(X)	平均值(E)	标准偏差	方差	变异系数
小汽车平均出行时间	19.227	51.112	29.175	4.704	22.13	0.161

昆山市中心城区小汽车出行的整体空间特征大致为"中心—外围"的结构，但是可以看出沿着快速路沿线的出行时间更短，早高峰时段老城区道路拥堵，老城区外围的快速路呈现出较好的出行环境（图 19.18）。

19 可达性视角下的交通研究

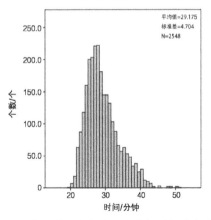

图 19.17 中心城区小汽车平均出行时间分布直方图

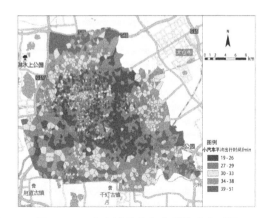

图 19.18 中心城区小汽车平均出行时间

通过统计不同时间阈值下每个基站的小汽车就业可达性平均值、最小值、最大值、标准差和变异系数,来反映随着出行时间的增加小汽车可获得的就业潜力的大小。可以看出随着出行时间的增加,小汽车就业可达性越来越大,内部差异越来越小(表 19.4,图 19.19)。

表 19.4 昆山市中心城区小汽车就业可达性差距描述性统计表

小汽车 就业可达性	最小值(M)	最大值(X)	平均值(E)	标准偏差	方差	变异系数
15 min	3	371 780	122 449	61 032.2	3 724 934 273.9	0.498
30 min	81 887	1 203 088	683 535	224 215.7	50 272 689 414.5	0.328
45 min	249 945	1 290 355	1 171 037	127 159.2	16 169 469 550.4	0.109

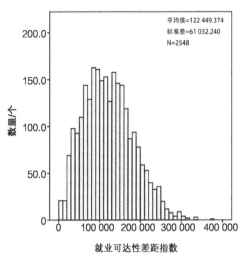

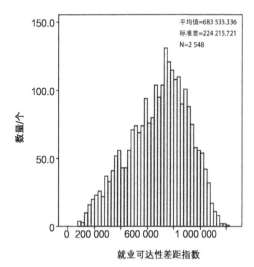

图 19.19 昆山市中心城区小汽车(15/30 min)就业可达性差距分布直方图

小汽车出行 45 min 的直方图整体趋势是随着就业可达性增加而频数增加的偏右型,各个基站的小汽车就业可达性多集中在较高的水平上,反映了小汽车的出行优势(图 19.20)。

在空间分布方面,随着出行时间阈值的增加昆山市中心城区小汽车就业可达性沿着沪宁线呈现出双中心结构的空间特征越来越明显(图 19.21、图 19.22、图 19.23)。昆山市中心城区小汽车阻抗对就业可达性的空间格局有着一定的影响,沿着快速路沿线就业可达性高,小汽车就业可达性不仅与就业机会的空间分布有关,也与早高峰小汽车出行情况有关。小汽车出行能力本来就很强,因此出行的拥堵程度影响人们获取就业机会的能力。如老城本来就业就会较多,但是早高峰较为拥堵,小汽车平均出行时间较长,因此就不是小汽车就业可达性最高的地区。

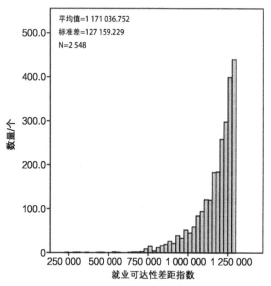

图 19.20　昆山市中心城区小汽车(45 min)就业可达性差距分布直方图

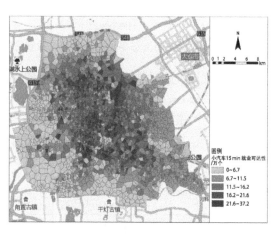

图 19.21　昆山市中心城区小汽车(15 min)就业可达性

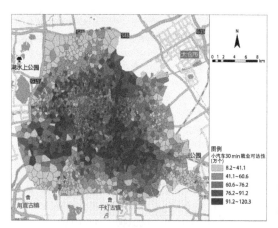

图 19.22　昆山市中心城区小汽车(30 min)就业可达性

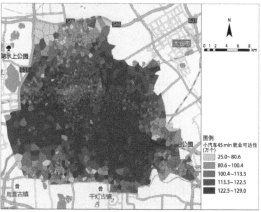

图 19.23　昆山市中心城区小汽车(45 min)就业可达性

对小汽车 45 min 就业可达性的全局自相关分析,通过了显著性检验。而后对昆山市中心城区小汽车就业可达性进行局部空间自相关分析(图 19.24)。小汽车就业可达性高-高集聚区主要集中在老城南部和东部新城的西部(如昆山市的机械制造中心),主要沿着中环高架的东线。低-低集聚区则位于北部新城与南部新城的边缘地区和花桥商务区的大部。

19 可达性视角下的交通研究

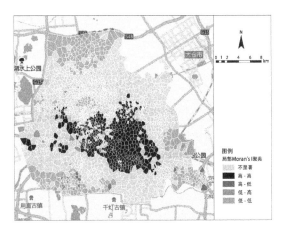

图 19.24　昆山市中心城区小汽车(45 min)就业可达性局部 Moran's I 聚类分析

2) 公共交通就业可达性

根据爬取数据可以获得公共交通从任一基站至其他所有基站的平均出行时间。公共交通平均出行时间则明显大于小汽车,最小值为 51 min,最大值为 155 min,平均值为 75 min (表 19.5)。其空间特征则呈现沿公交线网由中心向外围扩展,与居住人口分布状况较为符合,也侧面反映了昆山市公共交通设施布局的一定合理性(图 19.25、图 19.26)。

表 19.5　昆山市中心城区公共交通平均出行时间描述性统计表

基站	最小值(M)	最大值(X)	平均值(E)	标准偏差	方差	变异系数
公共交通平均出行时间	51	155	75	15.168	200.754	0.186

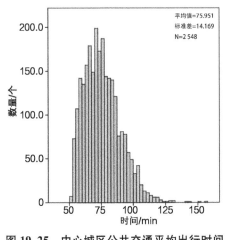

图 19.25　中心城区公共交通平均出行时间分布直方图

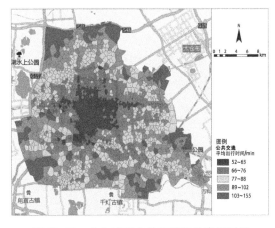

图 19.26　中心城区公共交通平均出行时间

通过分别统计公共交通 15 min、30 min 和 45 min 的就业可达性的平均值、最小值、最大值、标准差和变异系数,可以看出公共交通与小汽车在就业可达性方面的巨大差距(表 19.6)。

表 19.6　昆山市中心城区公共交通就业可达性差距描述性统计表

公共交通就业可达性	最小值(M)	最大值(X)	平均值(E)	标准偏差	方差	变异系数
15 min	0	43 703.0	4 915.9	4 698.0	22 071 826.8	0.956
30 min	63.800	158 522.7	31 746.2	31 303.9	979 934 983.1	0.986
45 min	765.600	484 856.8	152 404.9	112 774.9	12 718 188 322.3	0.740

45 min 阈值下的公共交通就业可达性直方图呈现低值稳定然后减少的趋势，与偏右型的 45 min 小汽车就业可达性相比，呈现典型的偏左型特征（图 19.27、图 19.28）。这充分证明了小汽车与公交车在就业机会获取能力上的差异。

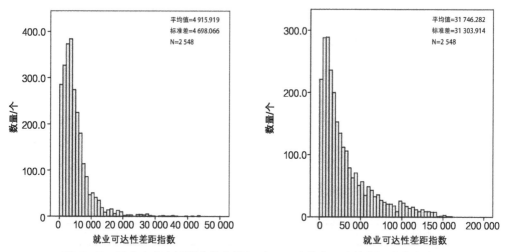

图 19.27　昆山市中心城区公共交通(15/30 min)就业可达性差距分布直方图

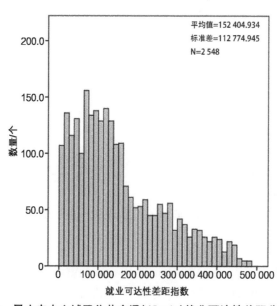

图 19.28　昆山市中心城区公共交通(45 min)就业可达性差距分布直方图

昆山市中心城区公共交通就业可达性呈现出明显的轴状结构(图19.29、图19.30、图19.31)。可达性较高的地区集中在老城区,并沿着公交轴线向东西南北4个新城片区延伸,呈现了"十字"的空间特征。位于花桥商务城的公共交通可达性也较大,这不仅与公共交通设施建设水平有关(有上海地铁11号线的延伸线),也与花桥的就业岗位数有关。

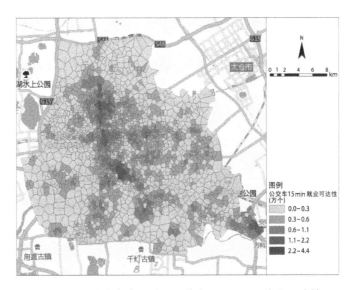

图 19.29　昆山市中心城区公共交通(15 min)就业可达性

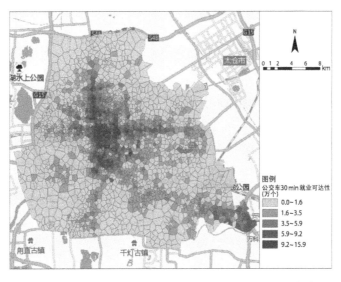

图 19.30　昆山市中心城区公共交通(30 min)就业可达性

根据公共交通45 min就业可达性空间自相关分析结果,公共交通就业可达性Moran's I指数为1.399 262,Z值为259.853 425,P值为0,通过显著性检验,说明存在显著空间自相关性。对昆山市中心城区公共交通就业可达性进行局部空间自相关分析(图19.32)。公共交通就业可达性高-高集聚在老城区与花桥商务区,低-低集聚区则在公交轴线的两侧。

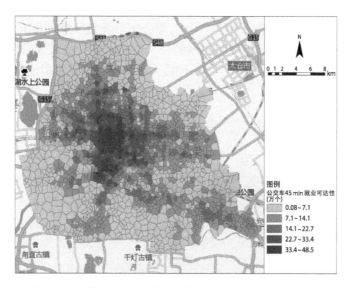

图 19.31　昆山市中心城区公共交通(45 min)就业可达性

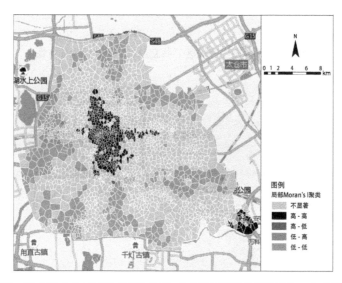

图 19.32　昆山市中心城区公共交通(45 min)就业可达性局部 Moran's I 聚类分析

19.3.4　小结

机会累计模型对就业可达性的测度有可衡量的意义。根据机会累积模型的分析结果，公共交通和小汽车两种出行方式的出行能力不同，出行成本也具有不同特征。从平均出行时间比较，小汽车出行时间最短。但是，小汽车与公共交通的空间特征呈现了不一样的分布状况，小汽车呈现"中心—外围"的圈层结构，而公共交通则沿着公交线网密度区呈现"中心＋轴状"扩张的特征。

19.4 结语

随着信息与通信新技术和交通大数据采集与分析新方法的涌现,以及国内外学者从交通可达性学科视角对城市交通开展的理论与实证研究的积累,交通可达性的内涵日渐丰富,其定量测度与分析方法也变得更加精细化,在城市交通中的应用也愈发广泛和深刻。当前,交通可达性以易于理解和精确可靠的优点,在评价交通规划方案合理性、评价城市交通管理政策公平性与效率、评价城市交通网络总体性能、横向研究多个城市间的区域交通发展水平分异、纵向探索城市交通发展的动态变化等诸多方面发挥着越来越重要的作用,不断促进城市交通朝着可持续的方向发展。未来,交通可达性将进一步为城市交通发展建设和区域交通一体化发展政策制定提供科学的指导依据。

20 城市交通与公平正义

根据法学家乌尔庇安（Domitus Ulpianus），哲学家阿奎那（Thomas Aquinas）、穆勒（John Stuart Mill），及当代伦理学家麦金太尔（Alasdair Chalmers MacIntyre）的论述，公正、公平、公道、正义属于同一概念，都表示在一定前提下，强调每个独立个体可自由享有的权利是平等的。但何为"平等"？实际上这并没有统一的定义和答案，在不同的主观视角和立场下，人们眼中的天平总是倾斜的。这可以说是一种个人主义与集体主义的较量，是新自由主义与社群主义的博弈。这种博弈下产生的公平观点可归纳为4种：一是平均主义，主张每个人获得相同的无差别的利益；二是罗尔斯主义，主张从道德出发，只关心最差人群的利益是否提高；三是功利主义，主张从边际效益出发，追求系统整体最优化；四是折中主义，认为应尊重市场利益的自由分配。

虽然衡量公平的尺度不一，但各界对"公平"的关注却与日俱增，对公平的理解也在不断更新，尤其在政策层面表现明显。自第二次世界大战结束之后，西方政府从注重空间均等的"福利国家模式"向注重市场和效率的空间公平的"新公共管理模式"转变，继而转入重视社会和环境公平的"新公共服务模式"（图20.1）。随着每个阶段侧重点的转移，公平的价值观也从一开始简单的平均主义转变为以折中主义为主，功利主义为辅，罗尔斯主义和平均主义为底线的框架思维（图20.2）。

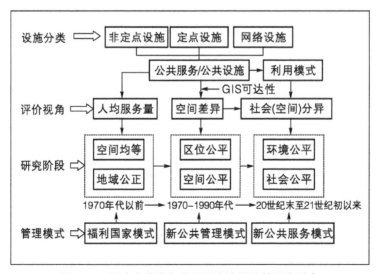

图 20.1　西方公共服务公平理论演进及其研究重点

城市交通作为准公共产品,无论在东方还是西方国家,都是政府调节城市资源分配的"平衡手"。在政府和社会对于"公平"理解的转变和发展过程中,"交通公平"也成为交通与社会、环境、经济等其他城市要素互动过程中,需要重视和把握的重要原则。

因此,本章首先总结交通公平的含义和发展历程、评估方法,然后分社会、环境、空间、公共政策 4 个维度阐述交通公平的相关研究成果,列举国内外相关政策案例,为评估城市交通与城市各要素互动过程中的公平性提供理论工具,为城市交通政策制定和实施提供借鉴,进而促进城市治理和规划设计理念的更新和进步。

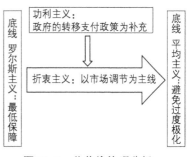

图 20.2 公共价值观分析

20.1 交通公平概述

在涉及城市交通与公平正义的问题时,势必会提到"交通公平"的概念。因此,本节对交通公平的含义及发展历程进行梳理,总结评估方法,为深入分析城市交通中的公平正义问题提供框架和基础。

20.1.1 交通公平的含义

国外学者 Litman 首次较为系统地分析了交通公平的内涵。他认为交通系统必须向每个出行者提供公平的参与社会活动的机会,交通公平是社会公平的一种基本要求,具体包括 3 个方面:

(1) 横向交通公平,即不考虑个人或者群体间的出行能力和出行需求的差异性,其都能够享受公平的出行机会及出行成本与效益。也就是说,每个人都应公平地享有交通资源,公平地承担出行成本,并在交通涉及的其他方面也公平对待。这就要求城市交通需求与管理政策要避免某一个人或群体的出行凌驾于其他个人和群体之上,每一个出行者都应获得和他们的付出相一致的效益。

(2) 考虑不同社会等级和收入差异的纵向交通公平,即考虑具有不同社会等级和收入差异的个人或群体间的出行能力和出行需求的差异性,城市交通需求管理政策应该满足其不同的出行需求,为其提供可支付的交通方式以及特殊服务,以保障弱势群体不承担过多的额外出行成本(如经济费用、环境污染等)。

(3) 考虑出行需求和能力差异的纵向交通公平,即不同个体或群体在交通出行过程中,不同的出行能力和出行需求应该享受到的公平。区别于上一点,城市交通系统应考虑不同群体交通成本支付能力的差异性,交通系统应为那些具有无障碍需求的个人或群体提供人性化的服务和便捷的设施,如向残疾人提供无障碍交通设施。

国内对于城市交通公平性的研究起步较晚,学者从不同的角度对城市交通公平的内涵进行了解析。

如吕政义考虑出行群体间的差异性,认为交通公平可以理解为不同收入和不同社会阶层的出行群体，或不同出行需求和能力的出行群体对出行目的应当具有同等的可达性；同时，交通公平还应考虑出行者的支出与收益是否相等，是否有益于弱势群体出行。

杨文银从交通资源及其所带来的利益分配的公平性角度出发，认为交通公平是指社会对其成员（群体）之间所得与应得、所付与应付、所得与所付之间的"相称"关系。具体包括3个方面：① 交通运输带来的利益应在全社会公平分配，主要包括交通资源在空间、时间配置上的公平协调性，公共运输服务在不同社会群体间分配的合理性，以及弱势群体的基本出行需要能否得到满足等内容；② 不同交通工具使用者的交通权利和义务应当统一；③ 交通作为一种达到目的的手段，可以为促进社会公平创造条件。

王怀相从区域交通层面将交通公平定义为各地区为获得符合本地社会经济发展需要的交通运输服务所付出的代价与交通运输带给本地的收益相匹配的现象，主要包括两层含义：① 不同地区之间交通资源配置是否公平；② 一个地区从交通建设中获得的利益与付出是否对等。

杨庭考虑出行机会的差异和出行利益的分配，认为交通公平的内涵应该包涵以下几个方面的内容：每个出行者都能受到平等对待；每个出行者公平负担出行费用；低收入群体出行得到鼓励；弱势群体出行得到保障；能够改善基本的出行可达性。

陈金坦将城市交通资源及其服务视为一种公共产品，认为公共产品应该由全社会公平享有，而不能够由个别群体或个人占有，这种交通公平具体包括两个方面：① 居民享受公共服务的机会均等；② 居民享受公共服务的结果均等。

国内外学者一般从横向和纵向两个维度诠释交通公平的内涵，并从不同的衡量角度用不同的方法对交通公平性进行刻画。即交通公平的本质要求城市交通系统能为出行者提供均等的参与社会活动的机会，即要求不同区域、不同群体、不同交通方式的出行者在参与社会活动的过程中具有相等的交通可达性。

20.1.2　交通公平评估方法

总体来看，现有研究在交通公平评估方法上主要将交通成本、交通设施投资与配置、交通政策以及可达性作为评价对象，见表20.1。通过建模以及GIS软件对不同评价因子进行分析。

表20.1　交通公平性评估研究进展

评价对象	评价方法	评价因子
交通成本	对比不同交通方式的使用成本、时间成本、外部成本	公共交通票价、交通补贴、道路通行费、停车费
交通设施投资与配置	Wilson熵模型、成本效益法、洛伦兹曲线、基尼系数、交通出行增长模型、交通方式竞争模型	交通规划与设计、交通设施及服务的数量与分布、土地利用性质
城市交通政策	洛伦兹曲线、基尼系数、Before-After	交通规划公众参与程度、拥挤收费策略、公共交通优先政策
可达性	GIS、剥夺理论	机动性与可达性整体水平、出行方式、社区宜居性、参与社会活动的机会

1) 交通成本评估

交通成本评估是横向交通公平评估,通过对比不同交通方式的交通成本来评价出行群体的交通公平。越来越多的学者把停车费用、交通延误和交通事故等也纳入交通成本的研究范畴之内。

如陈艳玲通过对公共交通与小汽车的出行成本进行了量化,对比研究了公共交通与小汽车的出行成本。Nuworsoo通过居民调查分析了不同的公共交通收费方案对交通公平的影响,特别评估了对低收入群体的实际影响。

2) 交通设施投资于配置评价

对于交通基础设施建设除了关注效率,更要注重投资的公平性。同时,城市交通基础设施作为公共资源,其所有权、使用权及资源配置也应具有公平性。学者们通过分析不同交通方式群体的人均占有道路面积、道路基础设施投资等来评价交通设施投资配置公平性。

如Brocker分析交通基础设施投资与建设对交通公平的实际影响,并建立模型以评估交通设施投资政策;杨朗分析了道路基础设施投资公平性的表现形式,并建立了项目优先级评价模型;张杏林通过对比不同交通方及不同社会群体对城市道路资源投入与享用状况,定量分析了城市道路资源配置的公平问题;吴茂林对不同交通方式的人均占有道路交通面积的交通公平性进行了分析。

3) 城市交通政策评价

城市交通政策对于不同社会群体会产生不同的交通公平性影响。通常将政策实施前后不同群体出行情况做对比分析。

吕政义通过比较交通政策实施前后出行者所享有的交通资源份额与对出行目的的可达性,对交通政策实施的公平性影响进行了探讨;张小宁分析了拥挤收费政策对不同时间价值的居民出行方式、路径选择与费用变化的影响,并尝试分析拥挤收费政策对社会各阶层公平性的实际影响。

4) 可达性评价

可达性逐步成为城市交通公平性分析的重要指标,而GIS也成了交通公平研究的重要工具。通过对比不同交通方式在时空可达性上的差异,来呈现不同交通方式之间的交通不公平。

如陈忠暖通过提取不同年份的广州市区公交线网信息,对各时期居民基于常规公交出行的可达空间进行分析;杨庭利用GIS对比了公共交通与小汽车两种交通方式的空间可达性。Karen Lucas利用基尼系数和洛伦兹曲线从平均主义(egalitarianism)和充足主义(sufficientarianism)出发分析一定距离内生活设施可达性的公平性。Lalitha Vadrevu利用ArcGIS和两步移动搜索法分析医疗设施的布置对空间公平的影响。Chakraborty J使用地理分析中的空间回归模型研究汽车作为污染源产生的空间自相关情况。

20.1.3 交通公平的研究维度

在交通公平的研究中,交通伦理学引入横向与纵向公平、机会与结果公平等概念,从需求、供给、结果等维度来解析"公平"。经济学通过成本效益分析的视角分析不同交通方式的外部成本、内部成本、时间成本、使用成本等。地理学则从可达性和空间公平的视角分析不同区域层面交通基础设施地理空间配置的公平性,各地理单元的可达性问题。社会学则更多从机动性和社会排斥的角度分析不同人群的出行权利和活动机会的公平。总之,交通公平的研究呈现出多学科融合交叉,相辅相成的局面。

基于相关研究进展,接下来将围绕城市交通中的公平正义问题,从社会、环境、空间、公共政策4个角度具体阐述交通公平在不同维度和视角下的研究方向和方法。

20.2 城市交通与社会公平

根据研究总结关于交通贫困和社会排斥的讨论至少涵盖了如图20.3所示的7个方面。

20.2.1 城市交通与社会排斥

1) 概念解释

通过对一些文献资料的整理和研究,本文初步构想了交通相关社会排斥产生的作用机制流程(图20.3),总结关于交通贫困和社会排斥的讨论至少涵盖了如图所示的7个方面。此次研究主要集中在对社会劣势、交通劣势、交通贫困、交通相关的社会排斥、相关应对策略和社会公平的讨论上。

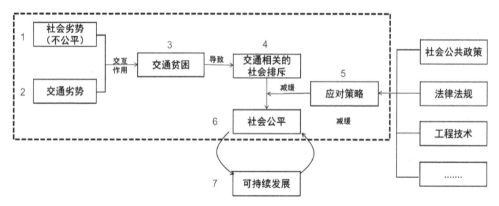

图 20.3 初步构想的交通相关社会排斥产生的作用机制流程

(1) 社会劣势

在讨论社会劣势(Social Disadvantage)和交通劣势(Traffic Disadvantage)之前,先对劣势和劣势群体进行讨论。社会劣势是相对于社会劣势群体而提出的概念,如1989年美国SBA(美国小企业管理局)就提出社会劣势群体是因肤色、血统种族、性别、生理缺陷、长期居住在远离主流社会的环境,以及其他类似理由等受害的个人。刘继同将社会劣势群体概括为因年龄、性别、种族、民族、地区、国家、身份、身体健康和文化因素而处于社会劣势地位的社会成员。同年张谦从形成因素方面分别讨论了社会劣势群体和社会弱势群体的概念。详见表20.2。

由此社会劣势的概念可概括为在社会关系中处于力量或是态势上的不利地位,这种劣势的形成包括先天或不可抗力因素和后天受外部影响所致,可能体现在生存劣势、产权劣势和发展劣势方面(图20.4)。其中,生存劣势包括了个人属性、健康状况和生存环境方面,产权劣势体现在拥有财产的权利不平等、获得产权的机会不均和贫富差距等方面,发展劣势则体现在发展起点、发展过程和发展结果。

表 20.2 关于"社会劣势群体"的研究内容

研究者/时间	研究内容
美国小企业管理局(SBA)/1989	小企业管理局的规定随时间而调整,从 1989 年起,小企业管理局将"社会劣势"定义为:"因为他们有某些族群成员的身份,没有考虑他们的个体品质,而遭受人种或种族歧视或文化偏见。"……劣势地位的推定基于种族标准,那些不能满足这一标准,又声称处于社会劣势地位的人,必须让人确信有"持续和实质的"劣势存在,且由于肤色、血统种族、性别、生理缺陷、长期居住在远离美国主流社会的环境,以及其他类似理由等,个人因此受害
刘继同/2002	那些因年龄、性别、种族、民族、地区、国家、身份、身体健康和文化因素而处于社会劣势地位的社会成员……
张谦/2002	社会劣势群体,即主要由于后天的、社会的原因,在就业、生活等方面处于困境的社会成员组成的群体;社会弱势群体,与社会劣势群体生活境况相同,不同之处在于他们的境况主要是由于先天的或不可抗力的因素所致,且大多处于无劳动能力、无独立生活能力,必须依赖于社会和他人才能生存的境地中

(2) 交通劣势

除了社会劣势外,交通劣势也是导致交通贫困的一个重要原因,学界对于交通劣势少有直接的探讨,多是从交通优势的角度来讨论的。如金凤君等人首次从内涵范畴方面和空间维度两个方面,分别将区域交通优势的表现分为"质""量"和"势"三方面和"点""线""面"3 个维度讨论。孟德友等人以中原经济区为背景,从路网密度、可达性和区位优势度三方面构建指标体系,对交通优势度进行测算。王成金等人将交通优势度分解为交通设施网络密度、交通干线影响度 2 个方面,4 个一级指标和 10 个二级指标,将交通优势度指标进行进一步细化。详见表 20.3。

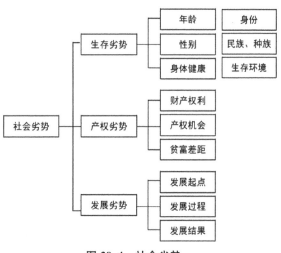

图 20.4 社会劣势

表 20.3 关于"交通优势"的研究内容

研究者/时间	研究内容
金凤君,王成金,李秀伟/2008	从内涵范畴方面,区域交通优势表现为"质""量"和"势"三方面,其中"量"指交通设施的规模,"质"指交通设施的技术与能力特征,"势"指个体在整体中具有的某种优势状态;从空间维度看,区域交通优势表现为"点""线"和"面"3 个维度,其中"点"指中心城市优势与影响程度,"线"指交通干线的空间影响程度和内外联系程度,"面"是指交通系统所反映的被评价区域的一般优势程度
孟德友,沈惊宏,陆玉麒/2012	基于对以往学界研究的讨论,以中原经济区为背景,从路网密度、可达性和区位优势度三方面构建指标体系并结合熵值法对中原经济区县域交通优势度及经济发展水平进行测度
程佳佳,王成金,刘卫东/2016	通过总结和概括相关文献资料将交通优势度分解为交通设施网络密度、交通干线影响度 2 个方面,绝对公路网密度、铁路技术等级指标、公路技术等级指标和机场技术等级指标 4 个一级指标和 10 个二级指标,构建了交通优势度评价指标体系

交通优势和交通劣势可以通过交通优势度评估中的得分高低来表现,因此对于交通劣势的产生原因、涵盖内容和具体表现可以通过对交通优势度评估维度的相关研究来总结得到。我们将交通劣势分为交通环境劣势和个体交通劣势(图 20.5),其中交通环境劣势可以从技术经济和空间特征上来讨论,个体的交通劣势则包括交通工具的拥有情况、出行效率、出行距离和出行方式等。

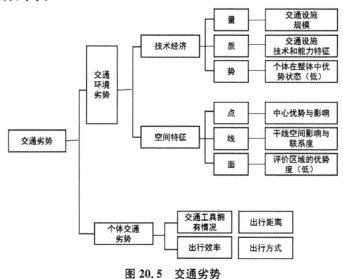

图 20.5　交通劣势

（3）交通贫困

关于交通贫困(Transport Poverty),Karen Lucas 等学者进行了较为详细的讨论。事实上,"交通劣势"与"社会排斥"两个概念并非一一对应,受到社会排斥的居民也可能享有良好的交通可达性,而社会融合度很高的居民仍有可能面临交通劣势。交通劣势与社会排斥的联系是通过一系列中介变量形成的:交通劣势与社会劣势(如低收入、无就业、健康状况差等)在相互作用中产生"交通贫困"(图 20.6、图 20.7),从而导致居民被商品、服务、社会网络、城市规划与决策过程等资源所排斥,进而引发一系列不平等现象。

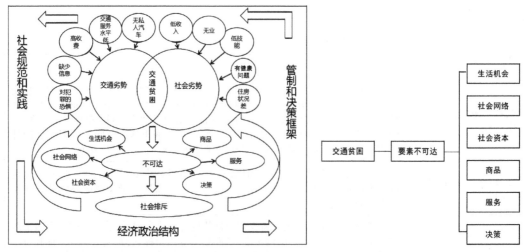

图 20.6　交通劣势、社会劣势与社会排斥　　　图 20.7　交通贫困

(4) 与交通相关的社会排斥

关于社会排斥(Social Exclusion)的讨论起源于 20 世纪 70 年代,法国社会学家勒内·勒努瓦认为社会排斥指个人与社会整体之间关系的断裂,即个人脱离于社会整体之外。阿里·迈达尼普尔认为社会排斥具有多样性,其含义是强调能力被剥夺与贫困。社会排斥不仅仅是对贫困状况的描述,而应该是多维度、多层次、相对及动态的概念:

首先,社会排斥的问题是多层次的,它既与个体所处的周围环境有关,同时也受到更宏观的社会过程、社会制度、社会结构等的影响。

其次,社会排斥是相对的概念,即"弱势群体"是通过对比"其他群体"的社会关系及活动而界定出来的。

再者,社会排斥本质上是动态的,它在时空中、在个体的生命历程中不断地变化。

大量研究表明,交通系统的不完善会进一步导致被排斥人群在就业、医疗健康、社会交往等方面受阻碍,从而引发更严重的社会排斥问题。根据对交通系统特性和交通系统不完善会导致问题的认识,我们将与交通相关的社会排斥分为物理排斥、地域排斥、经济排斥、被排斥于基础设施服务之外、交通以外社会活动时间匮乏、基于对于交通安全恐惧的排斥和空间限制等 7 个方面(图 20.8)。

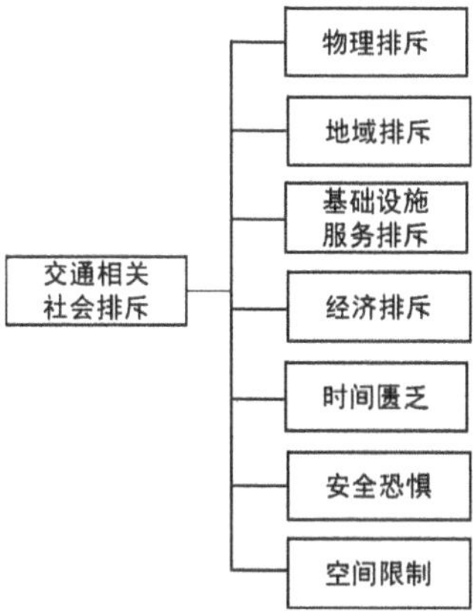

图 20.8 与交通相关的社会排斥

2) 作用机制

总结相关研究,一种社会排斥产生的作用机制如图 20.9 所示,这种社会排斥与交通相关。一部分居民由于受到社会劣势与交通劣势的交互影响处于交通贫困之中,而交通贫困造成的商品、社会服务、生活机会、社会网络、社会资本和决策等要素的不可达,又进一步造成了这些居民受到物理、地域、经济、基础设施服务等与交通相关的社会排斥。

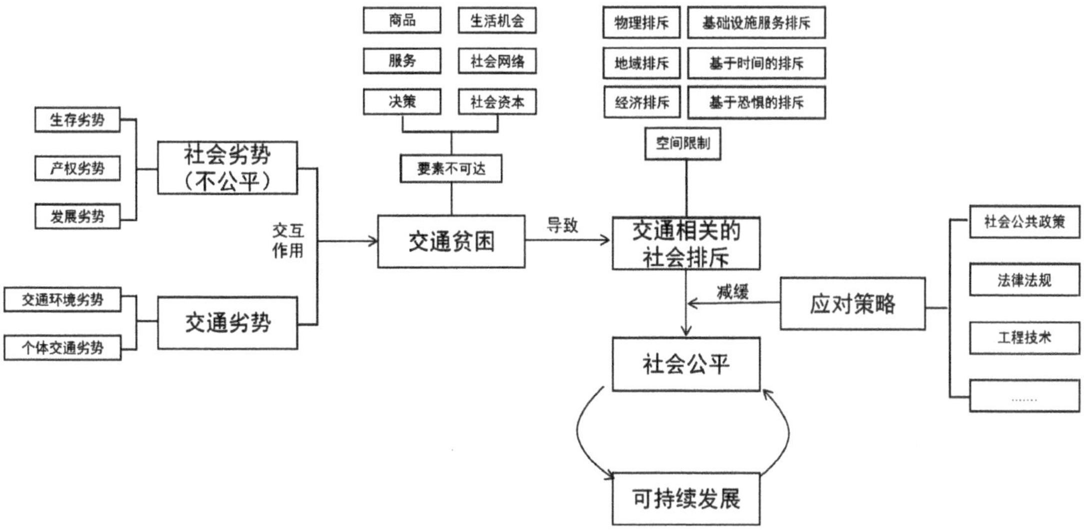

图 20.9 更为具体的交通相关社会排斥产生的作用机制流程

3) 弱势群体与社会排斥

在城市所处区位和城市整体机动性大致相同的情况下,弱势群体自身的因素也是导致社会排斥的重要原因。弱势群体主要分为生理性弱势群体和社会性弱势群体(图 20.10)。

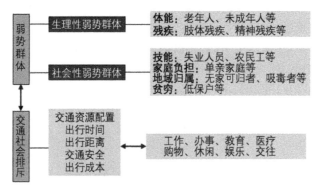

图 20.10 弱势群体与社会排斥的关系

生理性弱势群体,主要包括老、弱、病、残、孕、幼等,这类群体由于身体原因出行不便,一般的交通设施与服务方式很难满足其基本交通需求。

社会性弱势群体主要指由社会原因如失业、下岗等导致其处于弱势地位的社会群体,主要表现为对交通出行成本承受力差,受自身经济条件约束,可选择的交通方式有限,因此基本的社会交往出行都会受到影响。

(1) 生理性弱势群体

生理性弱势群体在交通方面的社会排斥主要体现在基本出行排斥、教育与就业排斥、消费娱乐排斥以及社会心理排斥等方面(图 20.11)。由于城市无障碍交通服务水平较低,未充分考虑生理性弱势群体,交通设施与服务难以满足该群体的出行需求而导致基本出行排斥。由于基本出行排斥,居住空间边缘化引起的出行距离、出行方式、出行成本等因素,也限制了这类群体的教育就业以及消费娱乐。而生理性弱势群体出行权利的弱化也会导致其社会地位趋于边缘化,更难融入社会。

图 20.11 生理性弱势群体社会排斥表现及原因

(2) 社会性弱势群体

社会性弱势群体在交通上的社会排斥主要体现在 4 个方面:

① 空间排斥，城市空间扩张的不合理导致的长距离出行需求增加，以及城市形态分散导致的公交可达性降低，刺激了小汽车的出行，最终使得出行群体间的差距不断扩大，交通资源分配不均等（图20.12）。

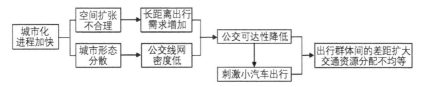

图20.12　社会性弱势群体空间排斥机制

② 时间排斥，弱势群体由于其自身因素多依赖公共交通，但由于公共交通运行时间的限制，加剧了其时间排斥（图20.13）。

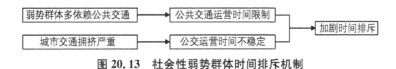

图20.13　社会性弱势群体时间排斥机制

③ 经济排斥，主要分为就业排斥以及消费市场排斥，由于居住地与城市核心的空间错位，可选择的交通方式较少，通勤成本较高，从而被排斥在就业市场及消费市场之外（图20.14）。

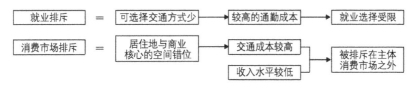

图20.14　社会性弱势群体经济排斥机制

④ 社会关系网络排斥，交通出行的限制同时也导致了交际圈的局限，可达性的限制使其难以享受城市娱乐，社会活动呈狭窄性、内倾性的特点，社会关系网络建构有一定的缺陷（图20.15）。

图20.15　社会性弱势群体社会关系网络排斥机制

4）相关案例

（1）国内外交通相关的社会排斥现象

最典型的交通相关的社会排斥现象属美国黑人的公交歧视事件。从1619年第一批非洲黑人被运到新大陆开始，黑人便作为奴隶长期在美国备受歧视与奴役。伴随着奴隶制的合法存在，种族隔离制度曾在美国十分盛行。在美国有些地方，法律甚至明确规定黑人与白人在公交车、餐馆等公共场所内需分隔，且黑人必须给白人让座。虽然1865年美国联邦宪法第13条修正案宣布废除奴隶制,但奴隶制并没有因此而在美国绝迹。直到1964年美国国会通过《民权法案》,禁止在公共场所实行种族隔离和歧视政策,美国才从法律意义上还黑人以平等权利。但作为曾长期合法存在的奴隶制和种族隔离制度,其影响根深蒂固,生活中黑人被歧视的现象依然随处可见。

黑人则对这一歧视现象进行了斗争:1955年发起的蒙哥马利巴士抵制运动。最终结果是,1956年美国最高法院做出裁决,裁定蒙哥马利市的公交种族隔离法违宪(图20.16)。

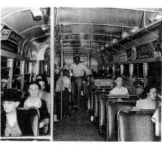

图 20.16　美国黑人公交歧视现象

英国在2012年发布了一份名为《建立联系:交通与社会排斥的总报告(2012)》的报告,报告中详细阐述了不拥有汽车的被排斥人群和他们教育、就业健康等方面的影响。调查发现,因为交通不便,有40%的求职者就业出现问题,而16~18岁的学生难以支付交通费用,对其学习产生了影响。甚至有140万人因为交通不便而选择不去就医。16%的无车族发现到超市采购食物存在困难,而有车族中仅有6%有此问题;18%的无车族由于交通问题而面临探亲访友困难;来自经济社会状况最差地区儿童的车祸死亡率5倍于来自经济社会状况最好地区的儿童。

杨上广等总结了上海的社会空间结构,精英人士与境外人士主要集聚在远郊区和城市CBD内城区;中产阶层以扇形形态分布在城市中心区;普通工薪阶层分布在中环线附近的环间城区;外来流动人口分布在城乡结合的近郊区。即我国大城市中低收入者一般分布在内城城中村或是近郊等环境差、基础设施不完备的地区。在内城区的贫困人群虽然可以享受到较完备的公交系统和轨道交通,但是内城区人口众多、土地租金高昂,棚户区、城中村居住环境差,拥挤又大大降低了通勤效率;而住在近郊的贫困人群,一般工作地点仍在内城区,职住分离情况严重。他们往往没有私家车,而周边公共交通系统尚不健全,通勤与日常交往都受到很大阻碍。

(2) 国外交通相关的社会排斥现象应对策略

① 英国

英国通过一系列手段缓解社会排斥。一是重新审视政府对巴士服务的管制政策,伦敦以外的很多地区已经取消了该类管制措施;二是将交通计划和服务提供计划(如教育)有效结合起来;三是通过一系列措施提高交通工具的可达性,如降低成本、降低与公共交通工具有关的犯罪率等;四是在交通供应方、地方政府和地方服务提供商之间形成合作关系,例如在合作的基础上统筹制定教育、健康和交通规划。

② 巴西

小汽车的普及使传统公交车运输需求下降,小汽车占据道路支配权,社会矛盾日益突出。为此,巴西政府采取了以发展公共交通的方式来缓解社会排斥。其中,库里蒂巴城市公交管理体制是保证公交系统正常运转的中枢,其"政企分离、公私结合、政资分开"的管理体制取得了良好的社会经济效益。

- 管理机构

管理主体:库里蒂巴市城市公交系统有层次分明的管理主体,包括3层组织结构模式,分别为政府层、管理层和运行层(图20.17)。政府层即市政府,是公共交通责任的承担者,承担着保障公共交通服务以及相应资金的责任;管理层为城市公共交通公司,是保障公共交通服务的执行机构,是唯一的特许经营单位,负责开展对公共交通的经营、管理以及规划工作,并管辖多家私营公交企业,代表政府对私人企业履行报批手续,负责监

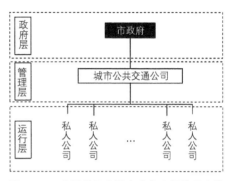

图20.17 库里蒂巴市城市公共交通管理主体

督、管理和协调工作;运行层是各私营公交企业,申请运营许可后可拥有车队,为乘客提供公交服务,城市公共交通公司通过与这些公司商谈签订的合作合同或协议结成管理层与运行层之间的法律关系。

决策主体:市交通委员会是库里蒂巴市城市公交系统的决议主体,负责对公共交通议题的审议、讨论与建议。其成员由市议会、市政府、工会等构成,可以保障各个群体的利益。

- 运营机制

在运营机制上,则是坚持"政企分离、公私结合"原则,政府授以城市公共交通公司公交的运营管理权,不直接干预企业的运营;同时公交运营服务市场的准入机制具有一定的竞争性,城市公共交通公司管理的多家私人公交运营企业采用线路招投标机制,从私人公交公司的规模、资质以及承诺的公交服务质量等多方面把控,批准私人公交公司的经营权。

城市公共交通公司严控公交服务质量,以政府购买公交服务的思路,以公交服务质量标准对私人公交企业进行考核。若企业的利润率达不到12%,不足部分由政府补贴;若超过12%,超过部分作为城市公共交通发展资金。

公共交通票制系统由一个公共交通系统基金会负责,其职能主要包括研究制定票制体系和发售车票。获准客运服务的公司向乘客收取的票款属公共收入,统一交归城市公共交通公司的专门账户,其留存4%作为管理费,其他部分按照运营公司完成的里程分摊;各公交运营公司按运营里程而不是运载的乘客量来获取报酬,可促成公交运营公司间的平衡分配,消除恶性竞争。

5) 相关研究

卡伦·卢卡斯(Karen Lucas)曾总结交通相关的社会排斥3个理论视角:可达性视角、时间地理学视角和社会资本与能力视角。

可达性视角关注(空间)资源供给与个体需求之间的差异,并通过三类测度指标解析交通相关的社会排斥:第一,基于地方的测度指标,即个体居住地邻近区域内的机会数量;第二,基于社会分类的测度指标,比如人群内部为实现社会目标而产生的社会分层;第三,基于个人的测度指标,比如公共交通使用者的出行需求。

时间地理学从时间、空间的视角对交通相关的社会排斥问题进行研究。这一视角关注

过去50年里社会空间组织中的根本变化。这些结构性变化,导致特定的时间制约内不同群体的机会分布不均等,进而造成某些群体的时间贫困。根据时间地理学视角,社会排斥的一个重要表现是不同社会属性或居住区位的群体的时间需求存在差异——部分群体需要更为紧凑、多任务叠加的时间安排,以满足日常生活的需求。如关美宝(Mei-Po Kwan)通过对外出、非就业活动的参与以及它们与工作地和居住地之间的时空关系的关注,发现相比于全职男性,全职女性的非工作活动自由度比较低,大多集中分布在晚上下班后,而全职男性的非工作活动在时间和空间上分布相对均匀。而兼职女性的非工作活动距离家更近,并分散在白天进行。

20.2.2 城市机动性

社会资本和能力视角主要以约翰·乌里(John Urry)的机动性理论为基石。由于"移动"联结了人与物、人与人,构筑了每个人社会身份和社会文化,从而搭建起社会网络,所以机动性的研究主要涵盖人、物的物理移动,人、物的物理移动所构建的社会意义以及物理移动所带来的体验感和具体实践3个层面,突破传统交通地理只关注物理移动的局限,更注重交通与社会学科的耦合。

社会学家约翰·乌里(John Urry)认为传统的社会分层中存在不平等的网络资本。它导致人们在获取商品、服务、生活机会等的机会产生分异,从而引起社会排斥。因此乌里在其提出的新机动范式(New Mobility Paradigm)中讨论了交通系统产生的动态社会排斥问题,并思考在一个有利于"超高机动性"(Hypermobility)的全球环境中,如何解决城市交通相关的社会排斥问题。因此本节主要通过阐述机动性的相关概念和研究,并列举相关机动性规划的理念和实例,为解决交通相关的社会排斥问题,保障城市交通中的社会公平提供借鉴和参考。

1) 定义

"Mobility"可翻译为机动性,移动性,流动性等。剑桥英语词典将"mobility"解释为"可以自由或轻松移动的能力"(the ability to move freely or be easily moved)。但目前关于"Mobility"理解不统一,一是因为翻译不同而导致理论内涵不同;二是因为与可达性(Accessibility)的关系存在争议。一种认为"Mobility"与"Accessibility"是相对互补的概念,如易汉文等人认为机动性(Mobility)是对出行方式的时间便捷性的度量,可达性是对出行场所的空间便捷性的度量。另一种认为"Mobility"包含"Accessibility",如杨涛综合欧盟关于"Mobility plan"的宗旨、维基百科、百度百科、牛津双解、城市规划词典等多种解释,结合交通学自身发展理念的发展演化,认为移动性(Mobility)是机动性(Maneuverability)和可达性(Accessibility)的综合,是在保障人和物高效满意的可移动的同时,保持人类与自然界的生活品质、环境质量和可持续发展。

约翰·乌里在2000年出版的《社会之上的社会学:21世纪的移动性》(*Sociology Beyond Societies: Mobilities for the Twenty-first Century*)一书中认为"mobility"包括3个层次:①可达性——在时间,地方及其他环境制约之下所有可能的移动;②能力——与可达性直接或间接相关的技能、能力;③分配——个体、群体、网络及组织对其"可达性"与"能力"的认知或行为响应。该书的出版也使得"mobility"有了更多元化的内涵,使得越来越多的研究者将"mobility"视作跨学科研究的概念和理论。

综合国内外学者对"mobility"的理解和本文的行文逻辑,本文将"mobility"翻译为机动性或可移动性,是个人或经济实体在考虑城市空间尺度及其中各种复杂的经济活动而采取的满足不同出行需求的行为,涉及人员和货物流通两个方面,是城市活力的根本来源。

从原始的步行马车时代到电气化的轨道交通,再到私家车的崛起,城市机动性不断经历着变革。如今,随着信息技术的发展,共享经济的萌芽,城市机动性又引来了新一轮的范式更替——共享机动性。2016年美国交通部的一份报告定义共享机动性是"一种共享各种交通工具的使用模式,使得用户可以按需获得短期的交通接入而无需拥有所有权"。这种出行方式减少了私家车的出行,在一定程度上缓解了环境和交通的压力,同时能够满足大量个性化的出行。不过也有人担心共享出行可能也会为公交出行、社会公平带来消极影响。例如在过去5年中,美国的自行车共享系统急剧扩张,该系统却在低收入和少数族裔社区使用有限。超过33%的人在当前的交通情况下存在骑车并不安全、不知道怎么使用共享单车、收费过高、骑车载物非常不方便等问题。

2) 机动性与社会排斥

Lomaski认为机动化交通终于使人们能选择生活和工作的地点,一个良性循环状态下的机动化发展(图20.18)能持续扩大交流领域,促进经济、社会和人类发展,并为个人选择生活方式提供手段。

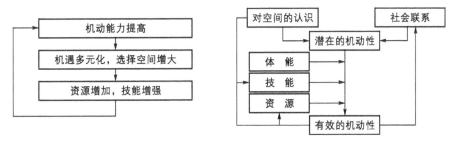

图20.18 机动能力发展的良性循环

Pierre则认为,这种良性循环是有前提条件的,如图20.19所示。当机动能力成为一种生活必需,机动能力的强弱也使得人和人之间的区别扩大,被排斥群体会更加边缘化,弱势人群的机动性问题会进一步突出。

3) 机动性衡量指标

目前有关机动性的研究众多,如莫伊纳迪尼(Moeinaddini)等人利用小汽车移动性从宏观尺度评价香港和芝加哥的交通;加劳(Garau)等人构建了综合城市机动性来评估公共交通、自行车、共享交通等不同交通基础设施的影响。鞠炜奇等人利用道路通行速度和时间指数构建城市道路机动性的评估。

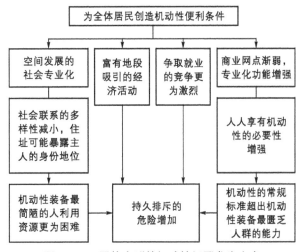

图20.19 弱势人群的机动性问题尤为突出

世界可持续发展工商理事会(WBCSD)2015年基于政策和市场的相互关系(图20.20),发布了衡量城市可持续机动性的指标,共22个,分别是:交通产生的温室气体排放量(GHG)、交通公共财政投入、交通拥堵和延误、交通带来的经济机遇、通勤时间、机动空间使用情况、公共区域使用质量、移动服务、交通安全系数、噪声问题、空气污染排放量、通行舒适度、残障人士机动性、公共交通的负担能力、网络安全系数、土地功能的多样性、网络链接系数、网络一体化能力、生态和社会的交通弹性系数、交通使用率、获取高水平机动性的机会和交通消耗能源效率。

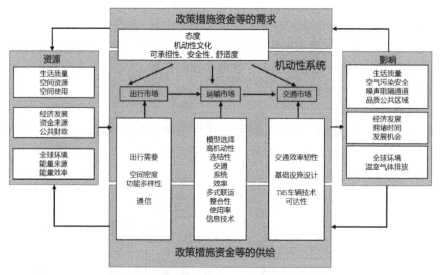

图20.20 机动性的指标

2016年,多米尼克·吉利斯(Dominique Gillis)等总结了WBCSD以上22个指标的测度方法,并利用收集的数据,计算每个指标的度量值。将各指标得分汇总为各个城市可持续机动性的总得分,从而比较全球各城市的可持续机动性水平。

4) 可持续的城市机动性

中国城市机动性发展的过程中存在许多问题和误区。早期城市机动性的提升主要依赖物质环境的建设,修建道路桥梁来满足通行需求,缺少对土地利用和公共交通的重视,之后随着城市交通拥堵,道路和土地之间的矛盾不断激化,宽马路、大街区建设备受弊病。在经济全球化、文化多元化、信息智能化等背景下,如何使城市机动性可持续发展也成为中国乃至许多其他国家和城市关注的重点。

中国学者曾结合中国发展现状,提出可持续的城市机动性的内涵和设计框架(图20.21),并将塑造可持续机动性的具体措施细化为7个方面:

① 发展多层次公共交通体系。满足不同层次和特征的居民出行需要,设立有针对性的,不同功能层次的公交线路所整合而成的公交系统。

② 提倡多模式交通。尤其关注不同层次公共交通(包括公共自行车)与轨道交通的接驳换乘。

③ 削减小汽车的交通量。考虑诸多外部成本的前提下,引导市民慎重考虑小汽车的使用条件。同时利用土地利用策略和街道模式设计减轻对小汽车的依赖。

④ 发展慢行替代方式。发展和使用自行车通常有3个方向：中短距离出行的主体交通工具、中长距离公交出行的接驳工具和休闲健身工具。另外，建立独立的、系统的步行街道网络将提高步行交通的安全性。

⑤ 土地利用工具和建成环境策略。从土地利用和建成环境视角下构建交通导向的城市发展战略和规划策略为可持续的城市机动性提供支持。

⑥ 道路空间的公平性分配。如完整街道计划和共享街道模式的提出，保障骑车人、步行者、公交车等街道使用者的通行权利，实现道路资源再分配公平性。

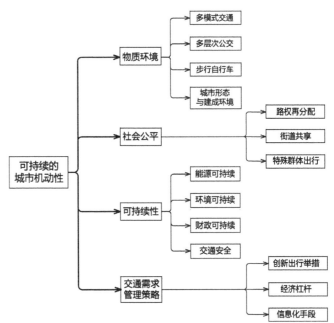

图 20.21 可持续的城市机动性的框架与内涵

⑦ 保障特殊群体的机动性。如开放使用电动自行车对于低收入者具有社会公平的意义。

5）路权分配

（1）路权概念

对于路权的概念在学界存在多种视角的解释路径，有学者整合了目前学界的各类观点，整理归纳为：

- 道路通行相关规则及交通事故归责原则视角下的路权：有学者根据对道路通行相关规则将路权划分为4类，即路权、通行权、先行权（或称优先通行权）、占用权。
- 城市道路中交通措施视角下的路权：朴素意义上的路权，即交通需求是人类的基础需求，当交通需求不能得到满足时，人们会向社会和法律寻求帮助和保护，路权这一概念之所以被公众和媒体频繁地提及是因为路权是人类对于满足出行需求的权利要求，是一种朴素意义上对权利的要求。
- 交通工程视角下的路权：交通资源在时间或空间上的分配。
- 蕴含了宪法基本权利含义的路权：道路通行权在一定意义上属于一种人身自由权，人身自由权的行使必须依赖道路通行权的实现。与此同时，人格尊严要想得到实现也有赖于道路通行权所保障的良好的道路通行条件。

（2）作为法律权利的路权

交通出行需求是人的基本需求，法律应当保障人的通行需求，立法机关应当将通行利益上升为法律权利。路权概念的提出就是尝试解决这类复杂利益之间的关联性的一种有效的探索。

有学者认为路权并非实际意义上的法律权利，而是属于一种反射利益。要判断路权是否属于"权利"，还需判断道路的使用者对于道路资源的依赖程度。翁岳生认为，如果利用者对于该公物的状态达到了依赖的程度，则可以将对于道路资源的利用称为路权；若只是普通利用，未能达到依赖的程度，则不能称之为路权，只是对道路利用的反射性利益。王洪明提出"路权实质上是一种法律规定道路使用者能够以作为或者不作为的方式或要求他人作为或者不作为的一种许可和保障"。

(3) 路权的特征

关于路权特征，方勇通过对相关研究的综述总结概括为路权的主体是人、路权的客体是道路交通资源、路权是公法意义上的权利路权对交通行为具有预测和评价的作用这四点。

对作为法律的路权的特征进行讨论，首先应该对路权的主体进行讨论。通过相关学者的研究，可以将路权的主体分为道路的所有权主体、使用权主体和分配权主体进行讨论。

关于城市道路的所有权归属，我国的法律并未有明确的规定。吕成龙、张良认为，要判断城市道路所有权的归属，还需要先分析与之相关的3个法律问题，分别是道路所有权与土地所有权之间的关系问题、道路建设者和路政部门的道路所有权问题以及交通管理者的道路所有权问题。由此，从法律上来看，由于城市道路是基于国有建设用地建设产生的，属于城市土地，即便是私人投资建设也是为了获取公路收益而非取得其所有权；而从法学理论上来看，道路属于公物范畴，因此我国城市道路的归属权主体应当是国家。

关于道路的使用权主体，我们应该明确道路的使用主体是"道路的使用者"。而不论是行人还是车辆，本质上都是人在使用道路资源，车辆不是路权的主体。因此，道路的使用权主体就是正在使用道路资源的人。

关于道路的分配权主体，在坚持归属权主体为国家的前提下，根据我国《道路交通安全法》中第4条规定，县级以上地方各级人民政府是道路管理人。且第39条规定，公安机关交通管理部门根据道路和交通流量的具体情况，可以对机动车、非机动车、行人采取疏导、限制通行、禁止通行等措施。遇有大型群众性活动、大范围施工等情况，需要采取限制交通的措施，或者做出与公众的道路交通活动直接有关的决定，应当提前向社会公告。由此可见，道路的分配权主体是县级以上的地方政府和相关机关部门。

路权的客体是道路交通资源。道路交通资源本质上是一种公共资源，具有稀缺性、非竞争性和相对非排他性的特征，公民皆可自由地使用这种公共资源，也是各路权主体行使权利的场所和基础。

路权是公法意义上的权利。我国已出台包括《道路交通安全法》在内的法律法规，并以此建立了相对完善的规制路权的法律体系。路权可以被归类于部门行政法之中，具有一定的公法属性。

路权对交通行为具有预测和评价的作用。一方面使用者可以在法律的指导下自由平等地行使路权，并对自己和其他使用者的行为是否合法进行判断；另一方面，当发生交通事故时，可以通过路权来评价事故责任。

(4) 实现路权公平的路径

根据对路权的概念特征等研究可以发现，路权的不公问题多是源于多方利益冲突。因此在探讨实现路权公平的路径时，我们首先要了解城市路权分配中的利益冲突的组成。有学者指出，这些利益冲突包含个人利益与公共利益的冲突、不同社会群体之间的利益冲突和路权分配与公民基本权利行使的冲突。

为了缓解这些利益冲突，可以提出实现路权公平的路径包括：第一，可以通过法制路径保障公民平等地享有路权；第二，通过完善城市道路交通规划实现道路资源的优化配置；第三，通过加大城市道路交通管理力度，保障交通秩序，提升城市交通安全水平等。

6) 共享街道

"共享街道"的概念在理论与实践层面尚未明晰,不同的时代背景、国情、环境和语境会产生不同的解读和实践。有学者曾将共享街道的发展分为3个层次:第一层次是基于《城镇交通》研究报告和布坎南环境哲学观影响,提出将机动车与步行者混合的设想和可能性。在此基础上,基于经济发展、理念认知等的不同,各国在具体实践中出现"居住区共享街道"与"交通宁静化"的两种趋势,而后融合创新产生不同类型的街道形式和理念(图20.22)。但可以明确的是,两者在演化发展过程中遵循着"有先有后、有因有果、有合有分"的客观规律。理论实践上先有共享街道,后有交通宁静化。发展历程上先有共享街道,简化瘦身后有交通宁静化区域管理。理念内涵上先有城市多系统融合主义,后有交通单系统功能主义。结果表征上先有"人本位"街道,后有"车本位"道路。

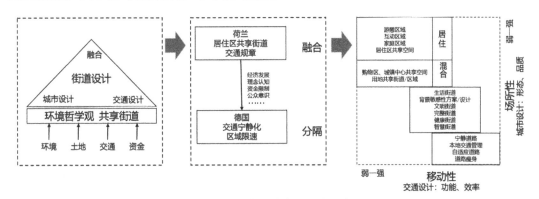

图20.22 共享街道类型划分示意图

共享街道的关键要素包括:移除隔离步行与机动车的空间设施,将活动空间拓展至建筑前区,步行者拥有全部路权,设计独特的无障碍路线,尽可能地移除停车位,严格限制车辆临时停靠等等。但各国在共享街道的设计操作过程中会带有不同的设计重点和理念。

如曼哈顿中城使用步行广场、共享街道和公交走廊3种工具规划交通空间,从公共开放空间视角重新设计街道和步道,安排未利用空间以满足步行者需求,分配街道空间以反映各类使用者的真实需求。英国牛津街(Oxford Street)与摄政街(Regent Street)交叉口通过十字对角线设计强调步行者的绝对优先权,每2 min周期提供30 s步行专用信号,更有利于维持整体交通的平稳运行。新西兰中心城区共享街道被审慎地划分为两类主要分区,即共享区域和无障碍路径。街道主体为共享区域,在此区域内人车混行。街道两侧各设置一条1.8 m宽的无障碍路径以保证弱势群体的出行安全。两个分区之间划有600 mm宽的触觉警示带以警示视觉障碍者安全区外车辆行驶的风险。维也纳在其规划中提出将在一定的时间段内开放街道作为夜市、跳蚤市场、街道聚会等的活动场所,比如一些街区定期向儿童开放,供下午玩耍。而这些游乐街活动由休闲时间管理和社会教育学方面的公园主管团队进行主持,以创造性和有趣的方式帮助孩子们适应空间。

共享街道流行的同时,也有人担心共享街道的功能、语境等的模糊性增加了行人在使用街道过程中的不确定性,从而降低道路安全。但部分学者认为,正因为这种不确定性,反而使得道路使用者会更加谨慎小心,注意自己的交通行为,从而减少事故率。而且,街道内小汽车的主导性下降,车速放慢、数量减少等因素都进一步减少了交通事故造成的危害。

7) 可持续机动性实践

目前已有不少国家在提升城市机动性方面提供了许多相对成功的尝试和经验。法国动态城市基金会为提升城市机动性水平，提出了两个基本指导概念——多方式的机动性和交互式的机动性。前者强调城市空间设计应当有利于发展多方式的交通工具，以满足多样化的出行需求，创造适合不同交通方式同存共居的交通环境，避免不同交通方式的矛盾。后者强调城市空间设计应当方便不同交通方式之间的自由转换，从而改变居民对个人交通工具特别是小轿车的依赖，通过提高公共交通和个人交通的相互兼容性，以利于从根本上抑制小汽车的发展。

巴西为应对城市机动性危机，在全国范围内制定和落实"可持续机动性"的政策。具体指导城市机动性可持续的方法有避免产生机动化的出行需求、重新考虑城市布局、抑制小汽车交通、发展非机动化交通方式、改善残疾人机动性、切实保证公共交通的主导地位等六大项。

2019年4月，历经1年的公众咨询，最新一轮的《纽约2050总体规划》正式出台，提出了高效机动性（Efficient Mobility）目标，并通过推进大运量交通的现代化、保证街道的安全和可达、减少拥挤和排放、加强与地区和全球的联系等4个方面的措施和相关指标（表20.4）来实现和监控。

表 20.4　纽约高效机动性监控主要指标

指　　标	上年数据（年份）	目　　标
可持续出行模式占比（步行、自行车、公交）	68%（2017）	80%（至2050）
市区公交平均速度	约12.9 km/h（8.0MPH）（2018）	约16.1 km/h（10.0MPH）（至2020）
交通事故	202（2018）	0
自行车网络覆盖率	80%（2016）	90%（2022）
汽车注册量	2 189 374（2017）	减少

在推进大运量交通的现代化的过程中，交通部门与MTA（Metropolitan Transportation Authority，大都会运输署）合作，协作推进地铁的现代化和完善公交网络，通过MTA的基金计划保证低收入群体的出行，提高大运量公共交通的可达性和可承受性。同时推进轮渡和有轨电车等的完善和建设，丰富出行方式。

为保证街道的安全和可达，纽约市推进零行动计划（Vision Zero Action Plan），将危险的主干道改造成适合儿童等出行的安全街道，减少由城市机构管理或监管的车辆造成死亡和重伤的数量，完善自行车网络，增加街道的可步行性和可达性。

20.3　城市交通与环境公平

工业革命之后，全球经济迅速发展，人民生活水平大大提高，但人与环境的矛盾却日益突出，能源消耗、环境污染、气候变化等环境问题事关全球的生存和发展。其中，机动车、火车、飞机等出行工具的使用不仅消耗大量的能源影响全球气候，而且会产生尾气、噪声等影响着人们的生活环境，进而影响人们的生存权利。因此，城市道路的布局设计、重大基础设施布局等城市道路交通系统的发展关系到人们的环境权利和公平问题，因此本节主要梳理城市交通与环境的关系，并阐述城市交通与环境公平的相关研究。

20.3.1 环境公平

所谓"环境公平"需要从"环境"和"公平"理解,"环境"包括环境污染、环境政策、保护环境行动、自然资源消耗和生态健康等。"公平"的理解无非是"情""法""理"三者的博弈。当环境公平的合理原则(经济上的)、合法原则(政治上的,表现为国际国内的环境法及其惯例)与合情原则(伦理上的)统一而重合的时候,这就是环境公平的"理想状态"。

环境公平的概念是美国环境运动发展到特定阶段提出来的,目前并没有比较统一的定义。环境公平的伦理学解释为在对环境资源的利用过程中,人们对其权利和义务责任、所得与投入的一种道德评价;政治学解释为各国享有足够的权利按照自身的环境政策对环境资源进行开发利用;经济学解释为环境资源的合理利用以保证社会效益的最大化。

环境公平根据发展过程和强调重点不同分为4种类型。第一种突出强调承担环境污染的共同性;第二种强调环境政策中人的公平待遇;第三种强调环境保护的公共参与的公平性;第四种强调代内和代际在资源消耗和生态健康方面的公平性。

环境公平的实证研究会有少部分涉及空气污染物的影响,并用空气质量模型等方法来描述空气污染物空间扩散的特征以反映人口面临的实际健康危害。但大部分的研究常常描绘受危险废物场所和垃圾填埋场等污染排放设施影响的人口分布。

比如一个社区受到环境危害的程度可以用当地是否存在废物排放设施、设施的数量、设施的密度来衡量。但是研究排放设施的邻近效果可能无法捕捉到实际的风险,因为并非每个危险废物处理场都处理同等数量的废物,而且污染物的毒性也各不相同。例如,与相同量的二氯四氟乙烷(通常用作制冷剂)相比,铍(从燃烧煤中释放出来)的空气毒性超过三百万倍。因此,一些研究人员已经开始考虑用排放水平(例如,释放的质量)和化学毒性,而不是邻近程度来表示受到的污染。

20.3.2 城市交通对环境公平的影响

城市交通对人类和动植物的生态系统往往具有直接的负外部性(图20.23),造成空气质

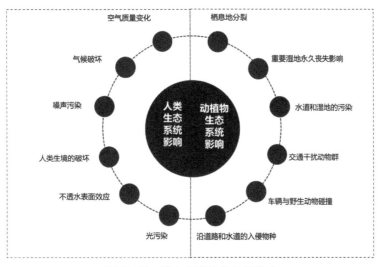

图 20.23 城市交通的负外部效应

量变化、气候破坏、噪声污染、人类生活环境破坏、不透水表面效应、光污染等；也容易导致动物栖息地分裂、水道和湿地污染或丧失，为入侵物种创造了新的机会、人工照明扰乱动物的生物钟等。这种由交通造成的环境污染和生态破坏在地区上的不平等可以看作是城市交通对环境公平的最直接影响。

同时，城市交通通过改变城市用地、人口变化、对绿地的剥夺等进而对环境公平造成间接影响。例如，由于运输系统的改善，使工厂等用地的选择自由度增加，由于其在经济和政策上的边缘性，这些用地会集聚形成一个或多个"污染天堂"。另外，运输改善通常允许活动的分散化，有时会引起住宅区对外围设施的侵占，进而对绿地的选址造成影响，引发新的公平问题。

当然交通对于环境公平不是总起负效应。例如合理的交通政策能够减少富人小汽车的出行，促进公共交通的发展，减少污染的同时促进社会公平；公交车道穿过富人社区服务于城市边缘地区的无车一族，在一定程度上使能源、污染在空间上进行变相分摊；同时公共交通的出行又能够减少环境污染，促进社会公平，也可以看作是促进环境公平的手段。

20.3.3 相关研究

在进行环境公平的研究分析时，常采用对比分析的方法。比如查克拉博蒂(Chakraborty J.)在评估美国交通系统变化对环境公平的影响时采用了缓冲区比较指数(Buffer Comparison Index, BCI)和面积比较指数(Area Comparison Index, ACI)两个指标分别从人口特征和地理空间两个角度进行对比，评价交通系统的变化对非白人群体、低收入群体等的影响。

其中，BCI用于分析在给定的大都市地区或县中，与其他人口相比，种族/族裔少数群体和低收入人口是否更有可能居住在受到交通运输系统变化不利影响的地区。ACI用于分析受不利影响地区的种族/族裔少数群体和低收入人口的比例是否大于大都市区或县(受影响地区以外)等其他地区的比例。计算公式如下：

$$BCI = \frac{\frac{I_y}{N_y}}{\frac{I_x}{N_x}} \tag{20.1}$$

式中，x可以表示白人数量、非少数民族数量、非低收入人口数，y则表示相反的变量，即非白人数量、少数民族数量、低收入人口数；$\frac{I_x}{N_x}$表示在影响区范围内的白人数量(非少数民族数量、非低收入人口数)占整个地区白人数量(非少数民族数量、非低收入人口数)的比例；$\frac{I_y}{N_y}$表示在影响区范围内的非白人数量(少数民族数量、低收入人口数)占整个地区非白人数量(少数民族数量、低收入人口数)的比例。

$$ACI = \frac{\frac{I_x}{N_I}}{\frac{O_x}{N_o}} \tag{20.2}$$

式中，x 可以表示非白人数量、少数民族数量、低收入人口数；$\dfrac{I_x}{N_I}$ 表示影响区内非白人数量（少数民族数量、低收入人口数）占整个影响区范围内的总人口数的比例；$\dfrac{O_x}{N_o}$ 表示非影响区范围内的非白人数量（少数民族数量、低收入人口数）占非影响区范围内的总人口数的比例。

但也有学者认为这种受影响区与未受影响区的空间对照的方法往往会涉及研究单元模糊不清、数理统计方法简单等问题。毕竟除交通外，造成环境污染的直接和间接因素很多，即使环境污染与种族、收入之间统计上存在显著的相关性，也不一定是由于交通设施的选址造成的。另外，交通环境影响的定义、分析时间、研究范围等的确定都是模糊不清的，如果分析的交通设施是互连分层网络的一部分时，对照组的选择就变得困难，得到的结果可信度有限。

由此，有人认为通过使用者和受影响者的纵向比较相对于空间对照而言在分析环境公平方面具有更高的可行性。相比于空间对照而言，这种纵向比较的实验组和对照组更容易识别。如果使用者与受影响者的种族、民族、年龄或收入方面存在差异，则研究交通系统的使用者与受影响的人口结构的关系对于相应环境公平的管理建议方面相对更具借鉴价值。

关于交通的环境公平的另一个重要方面是交通政策的环境公平性。虽然政策的效益也需要识别受影响区域，但它并不需要确定对照组和空间关系，因此避免了横向比较方法的许多弊端。例如 20 世纪，由环境和气候计划欧洲基金会所开发的城镇可持续城镇规划和研究系统 SPARTACUS(The System for Planning and Research in Towns and Cities for Urban Sustainability)使用 GIS 确定城市交通系统产生的影响范围，根据土地利用交通互动模型（MEPLAN）、人口属性，以确定根据社会经济群体暴露的百分比，根据 4 种可能的正义判断来评估不同的政策。

20.4 城市交通与空间公平

空间作为一个"容器"，承载着社会、经济、环境、交通等多个要素，也是这些要素实现互动的物质基础。当然，如果从社会、经济等多个视角讨论多要素综合的"空间公平"，这个问题过于宏大和复杂。因此本节主要从交通视角出发，基于城市交通讨论社会空间、绅士化等城市空间分异问题，基于区域基础设施投资和建设讨论交通投资与空间公平的问题。

20.4.1 概念定义

虽然本章一开始将"公平""正义"归入统一范畴之内讨论，但由于"空间正义"有其独特的理论的内涵，与"空间公平"并不能在一个范畴下讨论，因此需要对概念进行一定的辨析和界定。

"空间正义"兴起于 20 世纪 80 年代，由于列斐伏尔(Henri Lefebvre)，首创性地将空间和社会联系起来，提出"空间生产"理论，之后哈维(David Harvey)受此影响分析了社会正义与空间、城市规划、城镇化等的关系,"空间正义"这一名词开始出现,21世纪"空间正义"愈发流行,成为分析城乡发展、空间生产和分配中存在的如效率与公平、政府与市场、整体利益与长远利益等矛盾的视角和方法,是社会学"空间"的转向,实际还是基于一定的社会学视角,大部分的研究集中在城市治理、居住空间等层面,极少在交通的维度上分析。

而有关"空间公平"的研究却有不少与城市交通方面的交叉,如在分析高铁等交通基础设施的建设和布置或者可达性研究时往往采用"空间公平"的用法,而不是"空间正义"。另外,也有学者将"空间公平"定义为居民离公共设施平等的空间分离度或空间接近度。因此,我们有理由认为"空间公平"是基于地理学的视角,分析交通基础设施的布置或者交通政策对地区发展、可达性等造成的影响。

20.4.2 交通方式与城市空间结构

从前工业化社会时期到工业化时期再到后工业化社会时期,从单一步行交通方式到小汽车、公交车、地铁、高铁等多样化交通方式,交通方式的变革极大地缩短了时空距离,城市规模急剧扩张,郊区化进程加快。城市的空间结构也发生了改变,从步行可达的城市聚集区慢慢转变为多样城市空间结构,如同心圆结构、扇形结构及多核心结构等(表20.5)。城市空间结构的改变也使人们对区位的偏好发生变化,在区位竞争中,弱势群体往往被排挤在不受欢迎的区位,从而产生社会排斥。

表20.5 不同时期交通方式的改变对城市整体空间结构的影响

时 期	交通方式	城市空间特点
前工业化社会时期	较单一(步行)	步行可达的聚集的城市核心区
工业社会时期	多样(步行、小汽车、有轨电车、公共汽车、地铁等)	城市规模扩张,郊区化进程加快,城市空间结构多样(同心圆结构、扇形结构、多核心结构)
后工业社会时期	多样(步行、小汽车、公共汽车、地铁、高铁、飞机等)	不同城市具有各自特征的空间结构

在前工业化时期的舍贝里理想模型中,社会排斥的空间体现的是精英占据在城市中心,底阶层人群生活在城市边缘。而描述工业化社会时期城市空间结构的伯吉斯同心圆模型中,精英则居住在郊区别墅区,工薪阶层和穷人居住在环境较差的第二、第三圈层。家族集团式的工作组织严格限制了居住地到工作地的距离,城市中心则是区位最优的选择,居住状况和交通便捷度也是由城市中心向城市边缘递减。欧内斯特·伯吉斯的同心圆模型描述了20世纪初的城市结构。精英拥有小汽车等交通工具,有能力选择到城市更边缘、环境更好的郊区别墅区居住,工薪阶层和穷人则由于交通能力及经济能力的匮乏住在环境较差的第二、第三圈层的公寓式住宅。

小汽车的迅速增加,导致城市空间距离的缩短,城市规模迅速扩张,郊区化进程加快。同时快速城市化的开发模式也形成了低密度分散的城市形态,这导致了居民长距离出行需求的增加。而公交无法覆盖迅速扩张的城市范围,城市交通资源在空间上出现分配不均的局面,使部分区位出现交通方面的社会排斥现象。同时,在公交可达性低的地区,部分群体会选择私家车出行,扩大了出行群体间的差距,进一步强化这一方面的社会排斥(图20.24)。

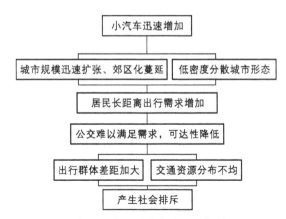

图 20.24 交通方式改变影响城市空间结构的作用机制

20.4.3 城市交通与居住空间

过去的空间公平研究往往关注的是地域之间的平等,以地域为单元进行"均质化",考虑各个单元享受到的服务、成本是否平等,而自动忽略区域中的"人"的不同。根据前文城市交通与环境公平的阐述中,城市交通系统的空间变化一方面通过废弃排放、噪声污染等直接影响地区的环境生态格局,另一方面通过影响城市绿地格局,间接改变地区生态空间的格局。因此,随着时代对社会公平、环境公平等的重视,空间公平的研究就不单单只是"就空间论空间",而是基于人与人的关系、人与自然的关系等进行"空间公平"的探讨。

以居住空间为例,具有相似经济、社会和文化属性的群体,通过自由选择居住地和住宅类型,在相似区位、价格和品质的社区中得以再集聚,即社会阶层群体在住宅空间中的"沉淀"过程。由于优质社区的稀缺性,居民对住房的偏好通过市场供求关系体现在住宅价格上,导致房价空间的进一步分异;而住房价格的"升值效应"和"门槛效应",则成为阶层再分化和居住再分异的重要驱动机制。具有相似价格和特征的社区,吸引着特定资本实力和文化倾向的群体集聚,并不断进行"空间纯化"(Purification of Space),即社区通过住宅价格"筛选"作用被植入阶层属性的过程。

而交通因素通过影响土地价格使得住宅价格在空间上发生变化,带来居住成本和住宅档次、生活水平等的差异和分化。另外,交通带来的产业结构调整导致区位空间分化,引导就业人口的空间布局变化。除此之外,居住和就业地的距离会影响居民出行的通勤成本(包括货币成本、时间成本)。因此,在工作地、居住需求与实际经济能力的衡量下,居民会做出相符合的居住区位选择,这也会带来居住空间分异。

20.4.4 城市交通与绅士化

空间和社会是耦合的,社会结构的变动也会引起空间的改变,如城市发展过程中的"绅士化"现象就是一个很好的例子。

"绅士化"最早于 1964 年由露丝·格拉斯(Ruth Glass)提出,她研究了伦敦的依士灵顿地区,发现贫苦劳工民区逐渐被中产阶级侵入,进而通过改变住房、生活环境、消费等,将低收入的原住民驱逐出去。之后的绅士化内涵不断发展,出现了旅游绅士化、超级绅士化、乡村绅士化等等。但无论如何,"绅士化"的实质都是一种社会结构的变动,是相对高收入群体对相对低收入群体的置换。

目前学界对"绅士化"成因的解释可分为两派:一是从供给的角度出发,由于某一地区与同等区位地区相比,提供了可供资本盈利的地租差,从而引来资本的注入,形成了"绅士化"。二是从回归的"人"的角度出发,从现代人生活方式、家庭结构、偏好等随时代变化的角度分析高收入群体侵入低收入群体聚集地的原因。

"区位价值"的改变是引起"绅士化"的重要原因之一。这种改变可能是由于人们择居偏好的改变而使"需求"发生变化,也有可能是空间结构的变化造成"老区"具有新的区位优势,比如新的城市结构的规划、大型商场的建设、轨道交通站点的设置等。其中,轨道交通"廊道效应"会使各种设施和居住人口向线路两侧集聚,导致城市住区空间沿轨道交通线路呈现轴向拓展趋势,并进而改变城市空间格局。同时,可达性的提升,出行费用的降低等会为周边土地带来显著的溢价效应,提高沿线的"区位价值"。而这种区位价值的提升势必会引起轨道站点周边一些地区发生一定程度的"绅士化"。

20.4.5 交通投资效益

众所周知,消费、投资、进出口是拉动经济增长的"三驾马车"。因此,在不考虑其他影响条件的情况下,交通基础设施的建设一方面利用投资资金提供了公共产品,增加了消费需求;另一方面有利于与区域外的人、物、资金流的相互作用,拉动地区经济的增长。

交通投资和建设带来的经济效应可从支出效应和运输效应(图20.25)来考虑。直接支付的资金会在经济中重新出现,产生额外的经济活动和乘数效应。如国家拨款在某地区建设高铁,部分资金作为工人的工资,工人拿着工资在建设地进行消费,进而又促进当地餐饮业、零售业等的发展。因此,交通支出效应通过直接、间接和诱导效应,可催生和发展部分经济活动促进当地经济发展。

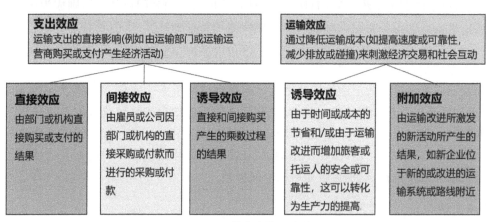

图 20.25 运输支出的经济效益

也有交通经济学家认为,公共投资在运输方面的实际经济效益来自运输系统的改进。通过降低运输系统用户和整个社会的运输成本、减少旅行时间、增加可靠性、减少排放、增加安全性等都有益于经济和社会。较低的运输成本促进了经济交易和社会互动,降低生产现有商品和服务的成本,并提供新形式的商品和服务。第二个运输效应来源于其他人的收益,即附加效应。例如,新建的中转站可能吸引新企业在其附近产生新的经济活动。企业重组其物流和配送网络以降低生产和分销成本的能力是经济利益的另一个来源。

20.4.6 交通投资与空间公平

但是,交通资源的分布在区域上是不平衡的,如城乡之间、东西部的交通投资的差异。虽然研究尺度不同,但仍然存在共同的造成城乡之间、东西部之间交通投资差异的影响因素。

一是地理条件的复杂造成道路施工困难。城市多位于较为开阔平坦的地区,而乡村一般地质复杂、自然条件差。与东部相对平坦的稳定的地势相比,西部地区多是地理条件复杂、灾害频发之地。二是社会经济发展水平造成融资困难。乡村与西部相对城市与东部而言,人均GDP不高,经济发展条件有限,政府和企业投资有限,加上人流、物流相对较少、地理条件复杂,往往投资回收慢,收益较低,风险较高。此外,西部地区投资环境差,引进外资存在诸多困难,外商在西部地区的投资大大落后于中部和沿海地区。因此民间资本、外资介入很少,这也是我国西部地区交通发展落后的一个重要方面。三是制度构建和政策倾斜。我国城乡二元结构虽然给中国社会带来一定的稳定性,但由于过去的政策导向使得乡村对城市进行"单向补给"而导致"失血过多",同样宏观经济的极化发展使得东部享受到大部分的发展福利,弱化了西部的发展动力。"先富带动后富"带来经济生产效率提升的同时,也造就了"马太效应"。

于是有学者提出通过交通财政的再分配,实现发达地区带动落后地区,促进地区均衡;构建区域间的联系通道,加强对落后地区的交通基础设施建设,促进区域协调。

然而,通过交通财政的再分配来平衡地区发展也会引发关于公平的争议。比如美国的燃油税的重新分配在华盛顿进行了数十年的讨论。再分配的支持者认为,它使较富裕的州能够对较贫穷的州进行交叉补贴,从而建立起一个相互联系的国家公路系统,证明了联邦参与交通融资的合理性。但反对者却认为,这种分配方式不考虑各州的资金需求,破坏了联邦交通计划的再分配逻辑。

同样,中国的财政再分配也面临着资金地理再分配问题:是应该平均分配还是按需分配?哪些地区的需求会相对更大?其次,建设区域联系通道,提高出行效率的同时也进一步压缩空间,区域之间更为便捷的交流是否会进一步加剧区域之间的"极化"效应?比如目前中国高速铁路的建设,高铁成为支撑区域客流、物流、信息流顺利传播运输的大动脉,促进区域间、城乡间劳动力尤其是人才、信息等要素的快速流动,带动相关产业由经济发达地区向欠发达地区转移。可是也有研究表明,新高铁连通在巩固站点城市区域地位的同时有可能损害高铁走廊以外的其他城市,这种增长的不均衡分配会增加空间发展的两极化。比如京沪高铁的开通提高了沿线城市,尤其是站点城市的可达性效率,有助于促进站点城市内部的均衡发展。但高铁的开通也增大了站点城市和非站点城市之间以及非站点城市内部的发展差异,加剧地区发展的不平衡。此外,新高铁的运作可能会导致某些不具竞争力的铁路关闭,进一步加剧地区的差异。

同样的问题也存在于轨道交通中。一方面轨道交通的建设能大大提高居民出行的效率,但另一方面也影响了地区之间交通区位优势带来的区位价值的差距,抬高了站点周边的房价,造成地区空间及社会分化。

不过也有人认为,设计合理的轨道交通网络,第一能够提高原本处在空间社会边缘人们的出行效率,降低出行成本,扩大出行范围;第二能够提高城市整体可达性,提升相对应的各类人群的出行效率从而提升整体福利;第三能够提升公交用户的效率,使之与小汽车用户竞争,符合市场竞争原则。所以,无论是从罗尔斯主义、功利主义还是折中主义的角度来看,合理的轨道交通建设都是公平的。

实际上,有学者总结,关于运输融资公平性的许多困惑和争论主要源于公平和评估公平的方式不同(表 20.6)。关于运输融资中公平的争论主要是两个维度,一是公平类型——市场公平、机会公平或结果公平;二是讨论公平的分析单位——地理、集团或个人。一般公共财政的研究者会更加注重个人层面的公平,而社会倡导者或活动家会关注群体公平,政府官员会更加注重地理公平,也就是空间公平。在不同维度上讨论公平的结果是不一样的。

表 20.6 不同尺度和视角下的公平类型

单元分析	公平类型		
	市场公平	机会公平	结果公平
地理公平			
州、县、立法区等	每个辖区的运输支出与该辖区的收入相匹配	各司法管辖区的交通支出比例相等	每个辖区的支出产生同等水平的运输能力/服务
群体公平			
种族、民族等	每个团结根据所付的税获得一定比例的交通费用福利	每组从运输资源中得到的份额按比例相等	交通支出在不同群体之间产生了同等程度的可达性或可移动性
个人公平			
居民、选民、旅客等	个人为运输支付的价格/税金应与社会负担的费用成比例	人均交通支出是相等的	交通支出平衡了个人的出行或出行水平

20.4.7 空间公平的测度

关于交通空间公平的研究,最重要的一个概念就是"可达性",其常见定义为"交通网络中各节点相互作用的机会大小",是关联交通系统与土地利用的关键指标,此后多被应用于城市地理、城市规划、交通等众多学科的研究中。可达性主要考虑三方面因素的影响,即土地使用、交通设施和个体人群。目前可达性评价方法主要有:距离度量法,如各类旅行时间模型、时间矩阵;累计机会法,如中心城市小时经济圈;重力法,如重力模型、经济潜力;平衡系数法;拓扑度量法,如最短路模型、空间句法等。当然大部分文章是通过结合多种方法构建可达性模型,如借助 GIS 结合重力法和出行时间构建指标,多模型分析,也有一些类似于社会网络分析法等新方法。在交通与空间公平的研究中更多是基于基础设施的供给和出行成本,比如时间、费用等。例如有研究以可达性和交通方式出行量区位熵为基础表征昆明市交通公平的空间分异,发现公交可达性差异是造成不同收入等级群体交通公平分异的重要影响因素;昆明市三环外圈层利用公交出行的群体是遭受交通不公平最为严重的出行群体。

当然除了可达性之外,还可以采用区位熵、基尼系数、洛伦兹曲线等来反映交通的社会公平绩效在空间上的反映。如有研究采用基尼系数和洛伦兹曲线分析上海轨道交通网络分布和常住人口分布的空间匹配进行社会公平绩效的总体评价(图20.26)。

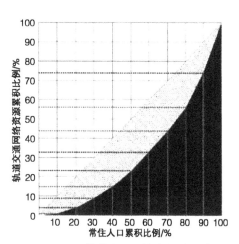

图 20.26 轨道交通网络资源分配的洛伦兹曲线

研究将研究范围内所有空间单元按照人均享有轨道交通网络资源由低至高排序,以10%常住人口划分10个区段,计算各区段内常住人口享有轨道交通网络资源的比例,并按照洛伦兹曲线的计算方法进行累加,绘制出轨道交通网络资源在常住人口中分配情况的洛伦兹曲线。对于享有轨道交通网络资源较少的常住人口而言,前三个区段累计享有轨道交通网络资源的比例分别为 0.9%、4%、9%。对于享有轨道交通网络资源较多的常住人口而言,前三个区段累计享有轨道交通网络资源的比例分别为 26%、44%、56%,并由此根据公式20.3计算出上海的基尼系数为 0.394。

$$G = 1 - \sum_{k=1}^{N}(P_k - P_{k-1})(R_k - R_{k-1}) \quad (20.3)$$

式中,G 表示城市轨道交通网络分布社会公平效益的基尼系数;P_k 表示常住人口变量的积累比例,$k=1,2,3,\cdots,N$,$P_0=0$,$P_N=1$;R_k 表示轨道交通网络资源变量(即轨道交通网络的有效服务面积)的积累比例,$R_0=0$,$R_N=1$。

除此之外,作者还利用区位熵的方法分析轨道交通网络分布社会效益的空间格局。各个空间单元的区位熵为该空间单元内常住人口人均享有的轨道交通网络有效服务面积和整个研究范围内常住人口人均享有的轨道交通网络资源的比值,以此确定轨道交通网络资源在空间上的分布情况。

如公式20.4:

$$LQ_i = \frac{\dfrac{S_i}{P_i}}{\sum_{i=1}^{n}\left(\dfrac{S_i}{P_i}\right)} \quad (20.4)$$

式中,LQ_i 为第 i 个空间单元的区位熵;S_i 是第 i 个空间单元中轨道交通网络有效服务面积;P_i 为第 i 个空间单元中常住人口数量。

除此之外,反映地区差异的系数有标准差系数、变异系数、加权变异系数、沃尔夫森指数、泰尔(锡尔)指数等(表20.7)。

表 20.7 其他反映地区差异的系数

指标	定义	公式
标准差系数	用于衡量地区可达性的绝对差异水平	$$S = \sqrt{\dfrac{\sum_{i=1}^{n}(Y_i - \overline{Y})^2}{n}}$$ 式中，Y_i 表示第 i 个空间单元的可达性；$\overline{Y}$ 代表所有空间单元的可达性平均值；n 表示空间单元的个数
变异系数	用于衡量地区可达性的相对差异水平	$$CV = \dfrac{S}{\overline{Y}} = \dfrac{1}{\overline{Y}}\sqrt{\dfrac{\sum_{i=1}^{n}(Y_i - \overline{Y})^2}{n}}$$ 式中，Y_i 表示第 i 个空间单元的可达性；$\overline{Y}$ 代表所有空间单元的可达性平均值；n 表示空间单元的个数
加权变异系数	对变异系数加权修正后的地区相对差异水平测度	$$CV(w) = \dfrac{1}{\overline{Y}}\sqrt{P_i\dfrac{\sum_{i=1}^{n}(Y_i - \overline{Y})^2}{P}}$$ 式中，Y_i 表示第 i 个空间单元的可达性；$\overline{Y}$ 代表所有空间单元的可达性平均值；n 表示空间单元的个数；P_i 指第 i 个空间单元的属性值，比如人口规模、经济发展水平等；P 表示区域所有空间单元该属性值之和
沃尔夫森指数	是根据基尼系数推导得出的指数。用于公平性分析时，沃尔夫森指数表示低可达性和高可达性的空间单元在不断增多，中等水平可达性的空间单元在减少	$$W = \dfrac{2(U_n - U_1)^2}{M}$$ 式中，U_n 是指修正了的平均可达性，$U_n = \overline{U} \times (1-$基尼系数$)$；$\overline{U}$ 表示区域各空间单元可达性的算术平均值；U_1 表示可达性最低的一半空间单元的平均可达性；M 为所有空间单元的可达性的中位数。沃尔夫森指数是处于 0 和 1 之间。当收入完全平等的时候为 0；当收入极度不平等的时候为 1
泰尔（锡尔）指数	一种将地区差异分解为次区域内部差异和次区域区际差异进行运算的区域差异分析方法，其优点是可进行不同空间尺度的空间差异分解和多空间尺度的融合	$$T_i = \sum_{i=1}^{n}(P_i) \times \lg\left(\dfrac{P_i}{Y_i}\right)$$ 式中，P_i 是区域第 i 个空间单元某非可达性的属性占区域该属性值总和的比重，比如人口数、经济发展水平等；其中 Y_i 表示第 i 个空间单元的可达性占区域可达性总和的比重 也可以按照次区域内部差异和次区域区际差异对泰尔指数进行分解，计算方法如下： $$T = T_{区际} + T_{区内} = \sum_{i=1}^{n}(P_i) \times \lg\left(\dfrac{P_i}{Y_i}\right) + \sum_{i=1}^{n}(P_i) \times T_i$$

Karel Martens 在其《交通公平：涉及公平的交通系统》(*Transport Justice：Design Fair Transportation System*)一书中提出了通过可达性和潜在机动性两个维度来评价城市交通的空间公平性以及构建更为公平的交通系统（图 20.27）。

其中，可达性的评价方法可以是多样的，如出行时间，或在一定时间内可到达的岗位数等。潜在机动性不同于可达性，反映的是交通网络对出行的影响，其计算公式如下：

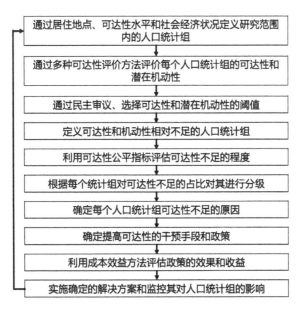

图 20.27 基于公平正义的交通规划原则

$$PMI(i) = \frac{1}{n}\sum_{i=1}^{n}\frac{d(i,j,\cdots,n)}{T(i,j,\cdots,n)} \quad (20.5)$$

式中，$PMI(i)$ 表示第 i 个空间单元的潜在机动性；$d(i,j,\cdots,n)$ 表示 i 和其他某一空间单元的距离；$T(i,j,\cdots,n)$ 表示通过交通网络，从 i 到 j 需要的时间。

通过测算基于空间角度划分的人口统计组的可达性和潜在机动性两个指标，可以确定空间上需要政府交通部门关注的地区，判断是依据市场主导还是公平正义主导，然后从空间和政策的角度进行合理的交通战略规划（图 20.28）。

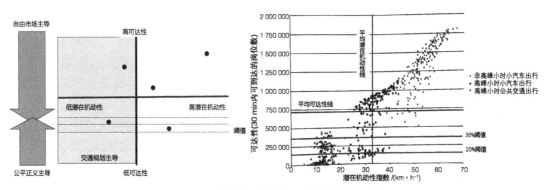

图 20.28 潜在机动性和可达性的坐标系统

通过阈值的确定来定义可达性相对不足的人口统计组，然后利用可达性公平指数评估可达性不足的程度，计算方式如下：

$$AFI_r = \frac{1}{N}\sum_{i=1}^{q}n_i\left(\frac{z-y_i}{z}\right)^2 \quad (20.6)$$

式中，AFI_r 表示 r 地区的可达性公平指数；N 是该地区的人口总数；z 表示可达性的阈值；q

表示低于阈值 z 的人口统计组的个数；n_i 表示每一个统计人口组的人口数量；y_i 表示低于阈值 i 的人口统计组的可达性。

根据那些低于阈值的人口统计组，计算其对可达性公平指数的贡献值，进一步细化提取出交通规划过程中需要重点关注的区域，制定相应的政策和解决方案。

城市空间作为一种复杂的人类政治、经济、社会、文化活动在历史发展过程中交织作用的物化，是在特定的建成环境条件下，人类各种活动和自然因素相互作用的综合反映。人类花费了近半个多世纪的时间探求现代社会阶层分离及在空间地域上的分化规律，从外在到内在，从物质到文化，从理论到应用，揭示社会分化与空间分离的内在关系。首先从单一的显而易见的实质区域去探讨其背后的社会成因；接着又从包含了物质和文化特征的"自然区"为单位探讨均质的土地利用类型与社会文化之间的关系；此后以同心圆、扇形和多核心结构为代表的城市空间结构更多是从"生态区"的角度研究社会区域间的空间关系；而如今"社会区"和因子生态学等使得许多社会问题在空间维度进行解析。因此空间公平不是简单的通过地域上的资源分配来达到地域之间的平等，还会涉及环境、社会等公平，需要从综合、全面的角度去分析和解决问题。

20.4.8 兼顾公平的公交导向开发

公交导向开发(TOD)一方面可以增加站点周边地区的交通可达性，有利于城市的集约化发展；但另一方面，由于站点周边土地及住房的增值，降低了可支付住房的可获得性，可能会产生"绅士化"的置换，甚至加剧阶级的分化。因此在 TOD 的基础上产生了一种兼顾公平的交通导向开发(eTOD)的概念，一种更具人本色彩、关注特殊群体、促进社会公平的开发模式。

1) 置换风险指数和机会接近指数

交通系统的发展可能会带来地区价值的转换，会对当地的居民带来一定的影响。因此在 2035 年城市总体规划中，西雅图市建立了置换风险指数和机会接近指数的互动分析框架，对不同类型的地区实施不同的发展策略。

所谓的置换风险指数表征改变某个地区开发类型或策略的敏感程度，通过有色人种、语言隔离、教育水平、住房承租、住房成本负担、家庭收入、与公交设施的距离、与当前和远期轻轨和有轨电车的距离、与商业中心的距离、与市民设施的距离、与高收入社区的距离、与就业中心的距离、发展能力、中位数租房成本等指标进行评估。若一个地区的置换风险指数较高，则应尽量维持现状，谨慎判别规划措施的影响，避免大规模的新增开发。

机会接近指数则表示该地区人群使用公共服务和公共设施的可达性，主要包括学校质量水平、学生毕业率、大学(社区)升学水平、与图书馆的距离、与就业地的距离、与公共交通设施的距离、房屋增值情况、与社区中心的距离、与公园的距离、与医疗设施的距离、与零售设施的距离、步行街道完整性等指标。若一个地区的机会接近指数较低，则说明该地区人群未能公平地使用公共服务和公共设施，应通过适当的交通供给与政策干预，增强可达性。

随后，在获得置换风险指数和机会接近指数的基础上，根据两个指数的高低程度构建关系矩阵，识别 4 种类型的增长模式(图 20.29)，即高置换风险/低机会接近区域、高置换风险/高机会接近区域、低置换风险/低机会接近区域、低置换风险/高机会接近区域。

2) 多层次公共交通运输系统

eTOD 一方面推进公交优先和公交导向开发的重要策略，积极推进轨道交通(轻轨和有

高置换风险/低机会接近区域	高置换风险/高机会接近区域
• 促进经济发展机会和流动性 • 防止居住、商业和文化设施置换 • 建立当地文化资产 • 促进交通移动性和连接度 • 发展健康和安全的邻里环境	• 促进经济发展机会和流动性 • 防止居住、商业和文化设施置换 • 建立当地文化资产
低置换风险/低机会接近区域	**低置换风险/高机会接近区域**
• 发展健康和安全的邻里环境 • 提升社区接近公共服务的机会	• 发展健康和安全的邻里环境 • 提升社区接近公共服务的机会

图 20.29 实现不同类型公平发展的策略

轨电车)的投资建设、规划与设计、典型站点的土地开发。同时注重编制多模式交通规划(如自行车交通发展规划、步行交通规划),合理设置各个交通系统的站点位置,促进不同交通模式的融合,使竞争性公交系统向互补性公交系统转变(图 20.30)。

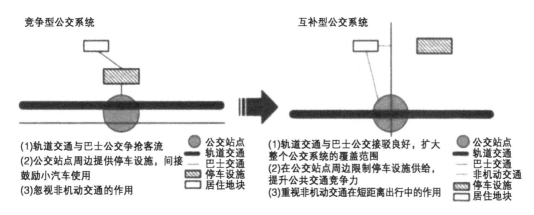

图 20.30 竞争型公交系统向互补型公交系统转变

除此之外,因为客源较少,新开发地区以及城市外围地区公交线路匮乏,班次较少,可发展非正式公交、弹性公交服务来满足不同出行时间、距离和时间可靠性的需求。例如,墨西哥城的非正式公交行业在连接该地区的主干线轨道交通和公共汽车服务方面起到了重要作用,形成了一个与城市形态相适应的公私混合运营的多层次公共交通网络。

3) 可支付的"住房—交通"系统

为了维系社会经济的公平增长,保障一些低收入群体在便捷使用公共交通出行的同时能维持住房的可负担性。一些地区在轨道交通站点周边的土地开发时,会通过容积率调整等方式支撑土地高密度开发的同时预留建设一定比例的保障性住房,也会通过一系列措施增加低收入群体通过公共交通获取就业的机会。

比如芝加哥地区将保障性住房纳入 TOD 法定规划,芝加哥 TOD 和保障性住房联合建设的步骤包括:划定 TOD 区域;预留保障性住房空间;匹配就业机会与轨道交通;为小汽车拥有者提供替代的公交选择;优先考虑发展 TOD 的私有部门投资。与此同时,芝加哥地区为 TOD 法定区域分别提供了 17%、25% 和 33% 的容积率奖励 (Density Bonus);对于新增的容积率,分别要求提供 25%、50% 和 100% 比例的规定保障性住房规模(图 20.31)。

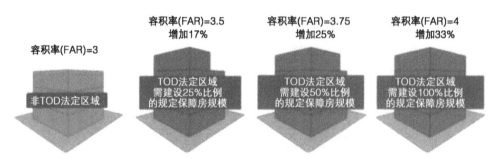

图 20.31　芝加哥 TOD 规划、容积率奖励和保障性住房建设要求

(注:为了获得容积率奖励,建设项目所提供的停车位不应多于 1 个/居住单元)

4) 非机动交通供给和停车管理

TOD 除了加快完善公交系统之外,还需要提高步行、自行车等其他非机动交通系统的完善性,来进一步降低小汽车的使用,刺激土地的混合利用。除此之外,对于公交站点及沿线的土地开发来说,除了采取混合、高密度的开发策略,还应对停车供给进行有效的管理。在 TOD 规划建设中,采取紧缩的停车供给策略(图 20.32),如限制停车规模,能在一定程度上以规划手段促进出行从小汽车向公交转变,缓解交通拥堵,间接促进社会公平。

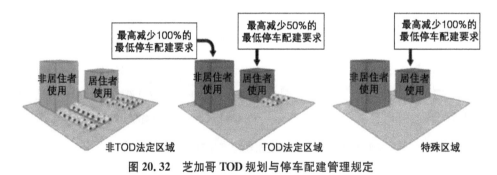

图 20.32　芝加哥 TOD 规划与停车配建管理规定

20.5　城市交通公共政策中的公平正义

公共政策作为外在干预手段,不仅是城市系统不可缺少的组成部分,也是城市系统自我优化的重要手段。公共政策具有权威性和价值相关性,具有广泛的影响性。如今,政府职能的转型使人、群体等受到的关注度持续增长。十九大报告提出"我国社会主要矛盾已经转化为人民日益增长的美好生活需要和不平衡不充分的发展之间的矛盾",加重了"公平"在政策决策中的分量。因此本节从公众参与和空间表达两个角度,列举相关理论与政策经验,分析如何提高城市交通公共政策的公平性。

20.5.1　机会公平

机会公平是向不同居民群体提供相对平等的出行机会与条件。城市交通政策通过对交通方式(如禁摩托车政策、公交优先政策等)、出行成本(如调整地铁票价、拥挤收费政策等)、出行时间(单双号限行政策等)等方面的调控,对居民的出行时间、出行路线以及方式选择产生影响,而这种影响最终将在交通公平上得以体现(图 20.33)。

国内关于交通政策公平的研究主要集中在交通政策公平性评估。包括公交优先政策、单双号限行政策、拥挤收费政策、禁摩托车政策等。张小宁等分析了拥挤收费政策对不同时间价值的居民出行方式、路径选择与费用变化的影响,并尝试分析拥挤收费政策对社会各阶层公平性的实际影响。吕政义采用 before-after 方法比较了北京市快速公交项目实施前后不同社会群体所享有的交通资源份额和出行目的可达性变化,并将洛伦兹曲线和基尼系数引入交通政策公平性评估。

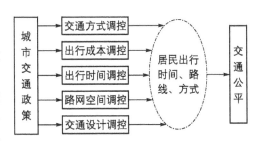

图 20.33　城市交通政策对交通公平的影响机制

20.5.2　程序公平

1) 公众参与

除机会公平外,程序公平也值得关注。程序公平指决策的过程与程序对利益相关方都是公平的。交通政策公平的程序公平主要指城市公共交通政策制定的公众参与,即利益相关公众在交通政策制定过程中,以一定的方式向交通政策制定部门表达意愿和看法,以影响城市公共交通政策制定过程和结果的一切活动。公众参与环节能保障不同收入阶层和不同交通方式使用群体均可以依据法定程序参与决策过程。

公众参与是一种有计划的行动,它通过政府部门、开发行动负责单位与公众之间的交流,使公民们参与决策过程,从而防止和化解公民、政府机构与开发单位之间,公民与公民之间的冲突。

美国学者戴维·伊斯顿(David Easton)认为"公共政策是对全社会的价值进行权威性的分配"。保证民众有足够的知情权,能够减少公共政策在落实过程中受到的阻力,避免决策失误,保证政策的权威性和可行性。同时,社会价值分配的民主化得到推进,传统行政的统治危机得到有效缓解。

国内外有关公众参与的研究众多,其中谢里·安斯坦(Sherry Arnstein)的公民参与阶梯理论最为经典,谢里·安斯坦把公众参与分为 8 个阶梯(图 20.34),从下至上分别为:操纵(Manipulation)、治疗(Therapy)、告知(Informing)、咨询(Consultation)、展示(Demonstrate)、合作(Partnership)、权力转移(Delegated Power)、公民控制(Citizen Control)。

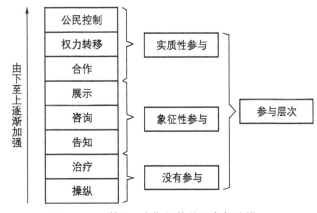

图 20.34　谢里·安斯坦的公民参与阶梯

2) 相关实践

为弥补公众参与中的诸多不足,各地均在进行各种形式的创新以保证政策实施的质量和有效性,实现政府与群众的良好互动。

(1) 美国

美国交通政策的公众参与方式不仅建立起完善的组织机构和参与方式,并且通过法律的形式规范明确下来,公众参与真正成为交通政策制定中的重要步骤和法定环节,贯穿于交通政策制定的全过程,公众参与效果显著(表 20.8)。

表 20.8 美国城市交通政策公众参与

交通政策各阶段	准备及立案阶段	政策选择阶段	政策定案阶段	反馈及评价阶段
公众参与方式	民意调查 公众咨询会 政策委员会 专题工作小组	公众讨论会 听证会 网络投票 主题会议 动员会	公众培训 技术援助 媒体宣传 告知公众	咨询中心 热线电话 群众来访

(2) 德国

德国城市交通政策制定中的公众参与分为初始公众参与和正式公众参与(表 20.9),初始参与主要表现为公众告知,正式参与主要表现为草案公示以及公众意见分析处理。

表 20.9 德国城市交通政策公众参与

公众参与阶段	公众参与内容
初始公众参与	做出政策制定的决议
	告知公众参与内容
正式公众参与	讨论做出政策草案决议及公示
	研究公众意见,进入审查
	做出决策,发布公告
	政策的修改、补充和撤销

(3) 北京公共交通价格调整听证会

2014 年北京公共交通价格调整听证会(会议流程如图 20.35 所示)避免了以往听证会未向公众征集意见、拒绝参与者发言、参与者身份成谜等问题,公众参与有了进步。但从参与的过程来说,仍存在敷衍、走过场的问题。社会对听证会达成同意调价的共识表示质疑,公众参与的结果仍然与社会舆论相背离,存在着公众参与困境。

虽然"声势浩大、精心准备",但结果却差强人意,甚至引发了公众的质疑和唏嘘,背后的原因很多。

从行动和策略的角度来看,政府和公众进行互动时摆出的通常是一道"选择题"而不是"开放题"。在这种结果封闭的情境下,参与者可能会产生一种内在的心理压力,促使他们"被迫"或者"主动"相信既有的信息和判断。其次,结果封闭也就意味着将来所得的收益是相对固定

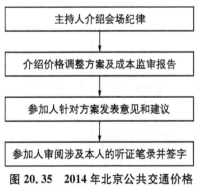

图 20.35 2014 年北京公共交通价格调整听证会流程

的,这其实打击了参与人积极博弈的动力。一旦参与者失去博弈的动力,其后果可想而知。要么消极待命、随声附和,要么任性抵制、处处反对,达到公众参与所期待的共识和理性自然是比较困难的。

另外,从收益和均衡的角度来看,公众参与涉及的收益包含两个方面:个体利益和公共利益。各参与者为个体利益的博弈产生的策略组合达到稳定状态时即为均衡。最理想的均衡状态无疑是参与人各自利益和诉求得到最大的满足,同时也有助于社会公共利益实现的策略组合。一般来说,公共利益本来应该是行政机关主导考量,从而实现整体系统的最优化。但客观来看,如果包括行政机关在内的各利害关系人均从个体利益的角度出发,就可能会出现"囚徒困境",造成公共利益的缺失或消减。

最后也是最重要的一点,从参与者的角度看,博弈的参与者往往存在能力失衡的问题。市场、政府、消费者之间,消费者经常处于一个劣势地位。即使消费者是三者之中人数最多、最基础的群体,但由于缺少组织化的引导和成熟的谈判能力,其参与博弈的力量不如其他两者。而且,作为信息的接收端,消费者所持有的信息往往是不充足的,不透明的。

(4) 南京公共交通乘客委员会

南京于2011年成立了南京公共交通乘客委员会(以下简称"委员会")。该委员会主要通过多平台收集民意、网上会议制定行动计划、现场调研、收集详细数据等方式形成简报递交公交运营公司,以定期汇总问题和提供建议。同时,委员会也会追踪确认公司是否及时处理问题。

委员会委员是由南京市客运交通管理处向社会公开招募,采取直接选聘媒体代表和公开摇号选定普通市民的方式产生。目前成员包括高校学者、媒体记者、民主党派人士、普通职工等社会各界热心人士。委员每届任期两年,任期届满后,委员重新选任。设置常务委员会和普通委员会,常务委员会作为日常工作机构统筹安排和领导各项工作,保持与相关职能部门的沟通,同时负责规范和考核委员的活动。常务委员会下设监督委员会、调研委员会和咨询委员会3个普通委员会,分别起着监督公交营运和整改情况、组织调研活动和组织开展民意征求活动、选取热点调研议题的作用(图20.36)。

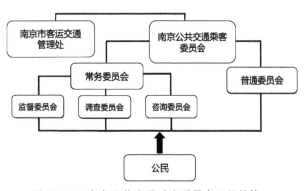

图20.36 南京公共交通乘客委员会组织结构

目前,委员会在改善南京公交发展中发挥了重要作用。通过调查研究,委员会已经在南京多条公交专用道的新辟过程中给相关部门提供了详细的建议;发现并解决了南京六合存在的各种线路和站台的问题,并改善相应的公交条件;对于南京拼车现状存在的问题商讨了解决方案,准备逐步实施。

随着社会的发展,各种交通需求的产生导致了公共交通面临挑战。委员会的产生满足了交通管理层和居民的需要,为政府机关部门提供了有效的交流平台,吸纳了解城市居民的建议;同时通过宣传提高城市居民的公共参与的素质,满足了公交系统的需要,提供了有效的监督机制和机构。

(5) 北京胡同停车自治

随着居民生活质量的提高,家庭汽车保有量持续增长,停车问题亟待解决。在老城传统胡同中,"人多车多停车难"问题尤为明显,因此各街道社区根据自身情况,通过创新停车自治管理来缓解内部停车矛盾。

如北京东城区为解决胡同内的停车困难的问题,由街道牵头、社区主导、居民参与,成立了北京停车自治管理委员会,统筹安排区域内的停车位。针对区内街巷的自治停车位具体如何分配、管理的问题,将通过居民共商共议,实现街巷停车自治。

北京停车自治管理委员会由周边单位、企业以及居民共同组成,每个社区的自管会受属地社区党委领导,通过民主选举产生代表。东城区在北京市静态交通业商会(以下简称"商会")的协助下成立了胡同停车自治管理委员会(以下简称"自管会")。自管会成立后,商会将培训自管会成员学习《北京市机动车停车条例》,熟悉停车方面的专业知识,再根据自己社区和所在胡同的具体情况,制定有针对性的停车公约。为确保自管会制定公约的合理性,商会还将协助街道通过科学的方法论证公约的合理性,调查居民的满意度。

自治管理工作一般分4个阶段展开:首先,自管会通过调研确定实际停车需求;然后,经区级有关部门认证,确定胡同内可规划的停车位数量;接着,调查胡同周边的停车资源,寻找共享车位;最后,自管会根据各社区组成、车位权属等情况进行包括资格、价格、权限差异等的差异性管理。

具体实施措施有:

① 停车空间"合法化":依照停车标准实线划出82处停车位,与交通队沟通后将胡同实线停车位改为虚线停车区域。居民可免费停车,外部车辆可临时停车。

② 社会车辆疏导:外部社会车辆未经允许不可在胡同内停放;任何时段禁止双向通行并设置监控。

③ 有序管理,疏导交通:设置停车秩序管理员疏导停车秩序,解决车辆在胡同中间停车占路等突发情况;为方便管理发放街道停车证,实行"一车一名一牌制"。拍卖停车许可证,以市价为500元/月成交,52个停车许可证每年能够售出约31.2万元,这些收入可以用于社区公共服务建设。

④ 交通城管部门联合执法:开展定期违章停车排查并进行罚款;进行障碍物排查,拆除私占车位的装地锁和自行车。

能够产生31.2万元停车许可证的年收入,这是公共服务设施一年运营成本的2倍。通过每年16万元的净收入与约38万元的初始投入,可以算出该项目投资回报期约为2.4年。此类项目可以实现项目资金的自给自足,并能有效缓解胡同内"停车难"的问题。停车自治管理的实践类似于停车许可区,胡同中的所有居民都从停车位合法化中受益。

(6) 无车日

1998年法国绿党领导人、时任法国国土整治和环境部部长的多米尼克·瓦内夫人倡议开展一项"今天我在城里不开车"活动,得到首都巴黎和其他34个外省城市的响应。1998年9月22日,法国35个城市的市民自愿弃用私家车,使这一天成为"市内无汽车日"。2000年2月,欧盟委员会及欧盟的9个成员国确定9月22日为"无车日"。2007年9月22日,中国迎来第一个"无车日"。截至2012年,全国共有北京、上海、天津、重庆、广州、深圳等152个城市承诺开展"无车日"活动。

"无车日"这天,参与活动的城市将主要通过限制机动车进入城区,设立步行区、自行车专用区和举行其他相关活动来增强民众的环保意识,了解空气污染的危害,并鼓励人们使用更为清洁的交通工具,以进一步提高生活质量。

"无车日"发展至今,各地在举行的形式上各有不同。但显而易见的是,媒体和社会组织在政策推行和实施的过程中发挥着越来越重要的作用。从南京"无车日"活动10余年的发展(图20.37)可见,政府的刚性干预实际在不断减少。完善基础设施供给的同时,更多的是通过规范引导、媒体宣传等手段调动公众的积极性,加强公众的参与感。

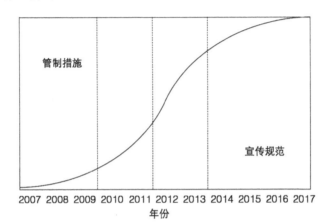

图20.37 南京无车日活动变化趋势

官方一方面致力于中长期公共交通建设,提出限制公务车、鼓励公共交通出行等相关政策;另一方面积极寻求与民间合作组织的宣传活动,以促进官民共赢。线下民间参与团体增多,实施范围扩大。官方与民间合作组织的活动增多。南京公交乘客委员会等民间组织大力推动公交都市建设等等都促进了"无车日"的公众参与度的提高。

不过,虽然媒体和社会组织的参与入口放宽,但其参与度及效果其实一般。例如,媒体在"无车日"的积极宣传与主动推进上仍缺少力度,其社会担当似乎未能完全体现。另外,官方与民间合作组织的活动种类较单一(以环保骑行、宣传为主),影响范围有限,宣传效果一般。

20.5.3 票价公平

针对城市公共交通的票价公平性评价,主要从以下3个方面进行评估:资源公平、成本公平及群体公平(图20.38)。资源公平指标主要包括高峰小时车辆服务系数、高峰时段乘客周转率等。成本公平指标主要包括票价基尼系数、价格膨胀率等。群体公平指标主要包括基于距离的交叉补贴率、基于时间的交叉补贴率等。

在新投融资体制下,地铁票价制定应以"公益为先、兼顾效益"为原则,正确处理乘客、企业和政府三者之间的关系,充分考虑"乘客的承受能力、企业的运营能力、政府的调控能力",实现企业长期利润最大化。在此原则下,再根据地铁建设的不同阶段和市场条件,制定相应的定价目标和策略。

不同城市的地铁票价制定策略也有所不同。法国政府通过控制票价来确保地铁社会效益的发挥,地铁票款收入一般占运营成本的40%左右,其余60%则由政府实行政策性补贴。

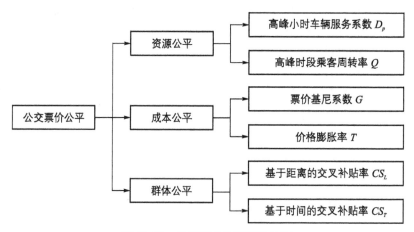

图 20.38　公交票价公平评价指标

日本政府为确保发挥轨道交通的社会效益,对票价实施严格的控制,并且承担实际票价与成本票价的补贴。但在总成本计算中,对企业利润采取所谓"合理报酬"的原则。利润水平主要依据企业的资本回报率来确定。新加坡政府认为不能完全由市场来决定公交市场的结构和票价,但乘客要为享受的良好服务支付合理的费用。其交通财政政策建立在政府、乘客和运营者之间的责任和利益平衡的基础上。即政府提供交通基础设施,乘客支付运营成本,运营者通过为乘客提供服务获得效益。政府提出:票价必须切实可行,并可在成本合理增加的情况下定期调整;票价收入必须至少能弥补运营成本。

20.6　结语

相比于封建时代,工业革命将人们从"步行马车时代"来到了"汽车时代"。福特主义使汽车的可获得性增强,缩小了平民与贵族之间的出行"鸿沟"。机动化使现代交通系统更具有自由性和公平性。

但不断推进的机动化进程却也成为影响"新时代"交通公平正义的重要因素。比如汽车保有量不断攀升,大量的小轿车挤占道路,压缩公共交通、自行车、行人的出行空间,对非轿车使用者的权益造成损害;轿车的使用门槛将大部分弱势群体排斥在外,使构成非轿车使用者的主体相应地成为轿车交通模式导致下社会不公平的主要承受者;另外,轿车带来的尾气、噪声等外部环境成本需要当代非轿车使用者和后代群体共同承担,明显是不可持续且不公正的。

本章实际从不同人所享有的权利、环境、空间出发探讨了城市交通在社会、环境、空间之间的关系。三者之间相互影响、相互交叉,构成一个动态的系统。而交通在其中作为一个要素,一方面会对单个系统产生一定的影响,另一方面由于其连通性而对其他系统产生间接效应。

城市会由于空间分异产生空间公平的问题。同样在更大尺度上,交通项目和政策的安排也会造成空间分异,造成区域尺度上的空间不公平。而这种不公平性的影响更广泛、更具有变革性，它将会影响一个或多个城市的经济、社会、环境等方方面面。但城市作为一个复杂的系统，这种不公平、不均衡又是城市社会发展提高效率的需要，如何平衡效率和公平的关系是一个难题。两者相互矛盾，又相互协调。没有效率的公平缺乏经济基础，没有公平的效率缺乏发展平衡。虽然没有绝对统一的公平理念，但如何让城市或者区域系统发展不超过公平的"阈值"，引起经济社会的突出矛盾，却是我们时刻需要关注的。

21 交通中的经济学变量

随着城镇化进程的加快,机动车保有量的增长导致交通问题日益凸显。由于交通的负外部性,人们对道路的过度使用造成了拥堵、污染等现象却没有为此付费,私人小汽车拥有量仍在上升。而经济杠杆可以调节交通需求,从而达到交通均衡状态。这种方式被称作交通需求管理(Travel Demand Management,TDM),通常采取的措施有道路拥堵收费、公交补贴等。本章将对交通中的经济学原理进行简介,并对如何利用经济学手段治理城市交通展开详细论述。

21.1 交通中的经济学原理

21.1.1 城市交通的外部性

城市道路为公共物品,一方面具有非排他性,任何汽车都可以在道路上行驶;另一方面具有竞争性,在一定时间内道路的流量是一定的,一辆车占据了道路空间,其他车辆的使用空间将会减少。外部性是指某一经济主体的活动造成其他经济主体利益或成本的增加,一般分为正外部性和负外部性。正外部性是指造成其他经济主体受益而无法索取费用,负外部性是指造成其他经济主体利益受损而没有补偿。随着经济发展,小汽车保有量增加,人们出行的需求大于道路的供给,对道路的过度使用造成交通拥堵、环境污染等问题,此为负外部性。

交通运输系统的范围包括整个交通运输业,涵盖了所有的交通部门,从交通设施的规划、建设到投入使用,整个过程所消耗的费用都属于交通系统的成本。交通系统的成本由交通建设成本、交通外部成本和个人交通成本3个部分构成。交通中的外部成本通常可分为交通拥堵成本、交通事故成本、噪声成本、空气污染成本等。通常情况下,个人出行只考虑自己所需要付出的成本即个人交通成本,对道路的过度使用造成其他利益主体的交通成本增加并未支付相应费用。

21.1.2 交通中的供给与需求关系

交通出行需求可分为客运需求、派生需求与货运需求。其中客运需求又可依据出行目的分为生产性出行需求与消费性出行需求。如通勤、出差等为生产性出行需求,观光、娱乐等为消费性出行需求。派生需求为满足他人的活动或者经济欲望的出行需求。客运需求与货运需求为基本需求,在确定的时间段内相对稳定,受交通供给条件的影响相对较小。直接的影响因素是城市规模、形态、布局及经济水平,具有较大的刚性。派生需求的大小与分布状况受到交通运输方式、运输组织及道路设施等因素的影响,具有较大弹性,这是交通需求管理研究对象的重要特性。交通需求的基本需求与派生需求都具有随机性和可控性,主要表现在静态交通与动态交通的管理中。交通供给即为了满足各种交通需求所提供的基础设施和服务,它具有供给的资源约束性、供给的目的性和供给者的多样化等特征。

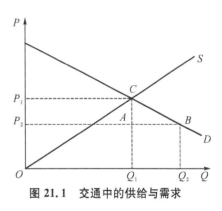

图 21.1 交通中的供给与需求

随着机动车使用量的持续增加,自1990年代开始我国城市交通问题逐步显现,主要表现为交通拥堵、停车难、交通事故频发等,交通供需矛盾为主要原因。图 21.1 为交通中的供给与需求曲线。S 为交通供给曲线,D 为交通需求曲线。如果价格为 P_2,需求量为 Q_2,实际供给量为 Q_1,Q_2-Q_1 即为供应短缺部分,此时供需矛盾问题突出。若要达到均衡状态,需提高价格 P。只有当交通供给曲线 S 与需求曲线 D 相交于均衡点 C,此时交通供给与需求才处在均衡的状态,均衡价格为 P_1。

21.1.3 交通服务与价格

交通产品具有无形性,同时具有空间性、时间性与数量性的特征。交通产品的空间特性反映了交通产品的完成要跨越空间障碍,克服距离因素;时间特性反映了完成位移所需支付的时间代价;数量特性则反映产品数量规模的大小,它是一种复合计量单位,用周转量(包括旅客周转量和货物周转量)表示。此外,交通产品还具有网络性,首先表现为区域性与方向性。经济发达地区对交通产品的需求明显高于经济不发达地区,交通产品多生产于经济发达地区的交通网。其次,基于网络特性的交通产品也存在转换成本。交通企业也可能通过某些方法提高用户的转换成本,如航空公司为老客户提供里程津贴,使其长期选择该航空公司。最后为其规模经济性。交通网络的建设需要巨大的前期投入,其沉没成本很大。在一定条件下交通的边际成本很低。

交通服务具有社会必要性和物质属性,同时包含综合性、有限性和过程性。交通生产创造价值,交通价值虽然也决定于交通生产过程所消耗的社会必要劳动,但交通价值的形成与其他商品比较,则具有不同的特点:首先,交通价值是以追加价值的形式追加到所运产品中去的,其货币形式表现为流通费用。其次,被运输的货物价值与运输所生产的产品价值无关。交通价格是交通价值的货币表现,因此交通价值的构成决定了交通价格的构成。交通价值可以分为3个组成部分:首先是已消耗的交通工具、技术设备、燃油、材料和油脂等生产资料的价值,即转移价值;其次为劳动者为自己创造的价值;第三是劳动者为社会创造的价值。与交通价值的3个组成部分相对应,交通价格也分为3个部分:物质消耗支出——转移价值的货币表现;劳动报酬支出(工资)——劳动者为自己劳动所创造的价值的货币表现;盈利(包括税金)——劳动者为社会劳动所创造的价值的货币表现。在交通价值的基础上,交通价格应遵循充分贯彻国家的方针政策、考虑交通市场的供求关系以及考虑费用负担能力等原则。

21.2 经济学视角下的交通需求管理

交通需求管理是施行综合性交通治理、应对机动化增长所带来的一系列问题的根本性对策。根据城市需求和供给的特点，针对交通的发生源进行管理、控制或诱导，从而削减城市交通总需求，减少、控制城市机动车交通量，并调整出行分布，以减轻道路交通压力、降低交通行驶延误、提高出行效率。同时应注意适时、适地、适量、适度、渐近地实施交通需求管理策略，避免相关措施对出行产生负面影响。当斯定律（Downs Law）指出：新建的道路设施会诱发新的交通量，而交通需求总是倾向于超过交通供给。可见需求难以完全满足供给。与单纯增加交通供给的传统管理方法相比，交通需求管理更强调对交通需求的管理和控制：降低交通需求，达到交通生成与设施供应的平衡；强调出行结构的优化管理，减少对小汽车出行的依赖，促进公交优先与慢性交通；倡导人们绿色、高效、安全出行。面对当今中国城市愈加严重的交通拥堵问题，交通需求管理与大力发展公共交通已经成为解决这一问题的重要途径。

按照出行要素分类，城市交通需求管理策略可以分为出行生成、出行方式、出行时间与出行成本4种类型（表21.1）。首先，基于出行生成，交通需求管理可对土地利用和城市布局进行调整。由于居民出行在空间上的分布与土地利用混合程度密切相关，应加强城市功能的建设和完善，减少跨片区出行，缩短出行距离，减轻交通压力。其次，基于出行方式，需优化调整出行方式结构，在资金、财政方面确立公交优先发展地位，制定私人小汽车拥有政策，引导小汽车合理发展。第三，基于出行时间对交通量削峰填谷。最后，基于出行成本以经济手段控制出行规模等。

从交通需求管理策略的分类不难看出，经济学原理中的经济杠杆是进行交通需求管理的重要手段之一。根据以上列举类型，基于出行方式，可在资金投入、财政税收上确立对公共交通的倾斜政策，对公交进行补贴；在私人小汽车拥有政策方面，可在车辆税方面出台相关法规。基于出行成本，可以利用经济手段控制出行规模、出行时耗、出行方式和停车方式，如收取道路拥挤费、提高停车费用等。与出行方式要素下的交通需求管理相结合，通过发放公交补贴、HOV（共乘车道）出行补贴改变日常出行方式选择，从低承载率转向高承载率，从私人交通工具转向公共交通工具。

表 21.1 国外城市交通需求管理策略分类

出行要素	相应的交通需求管理策略
出行生成	土地利用策略
出行方式	HOV优先、公交优先、鼓励小汽车出行替代方式
出行时间	弹性上班制、错时上下班制、压缩工作日
出行成本	停车收费、拥挤收费、公交补贴

国外许多国家在利用经济学手段进行交通需求管理方面的研究与应用长达几十年，取得了丰富的成功经验与教训。新加坡从20世纪60年代起采取交通需求管理策

略,并且在过去的40多年中成功地运用和完善了这一策略,使新加坡成为世界上公认的城市交通较好的城市。在经济杠杆运用方面,新加坡采取了限制车辆拥有的措施,如高额的车辆税;限制车辆使用办法,如高额的汽油税和高额的停车费。1998年推出的电子化道路收费系统(ERP)全面取代了区域通行证制度。它提供了最有效的计算拥挤的方法并按此收费,在管理的科学性、系统性、高效性上都得到了大大的提高。此外,英国于2003年2月17日正式实行"交通拥挤收费"政策(Congestion Charge),在内环路围合区域(占地约21 km^2)对进出该区域的机动车收取5英镑/(车次·天)的拥挤费用。实施后的效果相当明显。国内城市在利用经济手段进行交通需求管理方面也已经取得某些成果。本章将从道路拥挤费、停车费、交通补贴与积分奖励政策等4个方面对经济学在交通需求管理中的应用进行阐释。

21.3 经济学视角下的交通治理政策

21.3.1 道路拥堵费政策

公交出行与私人小汽车出行为城市中机动车出行的主要方式。小汽车出行具有便捷、灵活的特点,但相对公交车来说,人均占用道路面积较大,过多的小汽车出行会造成交通拥堵。收取拥堵费是控制小汽车出行需求、鼓励公交出行,从而减缓交通拥堵的有效途径。

根据收费的区域,道路拥挤费可分为区域拥堵收费与单条道路拥堵收费。区域拥堵收费为车辆驶入一定区域内收取的费用,可降低该区域内的交通负荷;单条道路拥堵收费为某一条常发拥堵道路实施的收费。此外,交通拥堵费还可分为静态拥堵费与动态拥堵费。静态拥堵费不考虑道路网络流量的时变性,适用于稳态条件下的交通网络;动态拥堵费在同一时间的不同拥堵地段收费不同,在同一路段的不同时间收费也可能不同。我国还未正式开展交通拥堵费的收取工作,但国外经验表明,道路拥堵费的收取可有效减缓交通拥堵,促使人们更多的使用公共交通工具。本节将以伦敦与新加坡为例说明这一情况。

1) 道路拥堵费的经济学原理

交通拥堵是指交通出行需求超过道路所能提供的交通容量时,交通流速明显降低甚至滞留在道路上的交通现象,产生的根源在于道路供求不平衡。21.1节提到的外部性问题造成了道路资源被过度使用的状况,从而导致交通拥堵;而解决外部性问题的方法是通过征收庇古税的方式使外部效应内部化,控制出行需求。

交通拥堵费的收取基于供需平衡原理与边际成本理论。在交通出行中使用者支付包括燃油成本、车辆维修保养成本、时间成本等在内的个人成本,而交通出行的外部成本如出行时长增加、环境污染等通常却不需要使用者支付。如图21.2所示,交通出行边际社会成本曲线(Marginal Social Cost,MSC)与交通需求曲线(D)相交于A,对应交通量为Q_2,交通出行成本为C_1;交通出行个人成本曲线(Marginal Personal Cost,MPC)与需求曲线相交于F,对应交通量为Q_1,对应交通出行成本为C_2。$C_2 < C_1$且$Q_1 > Q_2$。缺少社会成本的支付即会导致路网流量超负荷,道路交通资源被过度利用。为了缓和这一现象,当流量超过Q_2

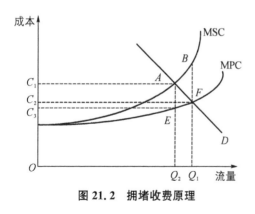

图 21.2 拥堵收费原理

后应采取收费措施,拥堵费值为边际社会成本与边际个人成本的差值,从而将路网流量从 Q_1 调整至 Q_2 平衡状态。

2) 伦敦与新加坡拥堵收费模式

伦敦在征收交通拥堵费前,交通运行效率逐年下降。20 世纪末期,伦敦市中心拥堵情况严重。早高峰的车速由 1968 年的约 22.9 km/h 下降到 1975 年的约 20.4 km/h。1998 年在伦敦市大部分城区,司机们平均有 30% 的时间原地不动,而超过 50% 的时间以低于 16.1 km/h 的车速行驶。2002 年时,伦敦市中心城区全天平均时速已经下降到了 13.8 km/h,每年由于拥堵而损失的费用高达每周 100 万英镑。

2003 年 2 月 17 日,伦敦中心区开始实行交通拥堵收费计划(LCCS),在伦敦中心区 21 km² 的范围内进行收费。计划起初实施时,工作日(周末与节假日除外)早 7 时至晚 6 时时段内进入该区域的小汽车均需缴纳 5 英镑的拥堵费,但收费区内居民、残疾人、摩托车、出租车、9 座及以上客车、救援车可免费或优惠;同时,为了鼓励居民购买新能源车辆,对新能源车辆实施免费通行政策。2005 年 7 月,收费费率提高到每车每天 8 英镑。伦敦主城区的每个进出口和收费区内都布设有摄像头,通过识别车牌对未缴纳拥堵费的车辆开出罚单。

在征收交通拥堵费后,伦敦的拥堵情况得到明显改善。2004 年收费区内的交通拥堵程度比开始征收拥堵费时下降了 30%。配合伦敦发达的地铁和市郊铁路,根据统计,2002—2003 年收费时间内进入拥堵收费区的小汽车和微型出租车的数量显著下降,公交出行量有所增加,自行车出行量增加明显。

从征收拥堵费的财政收支方面看,除成本外的收益还可用来进行基础设施建设。2007 年的拥堵收费系统的管理成本、运营成本以及其他支出,如交通局员工工资、交通管理、交通局支出等运行成本总计为 1.31 亿英镑。而包括各类车辆缴费、强制执行收入等收益总计 2.68 亿英镑,净收入为 1.37 亿英镑。根据法律规定,通过拥堵收费获得的净收益必须用于支持伦敦市长的交通战略。因此,该笔收益被用于支持公交网络升级、市镇交通基础设施改善、道路和桥梁建设、道路安全、环境改善和改善步行和自行车出行条件,其中绝大部分收益(1.12 亿英镑)被用来支持公交网络升级。

此外,新加坡也进行了拥堵收费计划。1975 年新加坡启动了限制区域执照系统(ASL),4 人成员以下的机动车进入限制区域时需要购买"区域通行证",在进入收费区时向管理人员出示。1998 年,新加坡引入了公路电子收费系统(ERP),与伦敦的固定拥堵费用不同,ERP 每隔 3 个月进行公路电子收费率的调整,使平均车速保持在高速公路 45~65 km/h、中央商业区和主干道 20~30 km/h 的水平,在平均车速高于最优车速的时段,费率会降为零。当车辆从电子收费闸门下通过时,从现金卡中自动扣除收费金额。新加坡的收费时间为早晚高峰,1994 年开始对次高峰进入限制区域的车辆收取相比高峰期较低的费用。

总的来看,伦敦的拥堵费费率固定,随着车辆的增加,伦敦的拥堵情况有缓慢加剧趋势。而新加坡制定了交通速度目标,可以有效发现社会效用最大化的拥堵费费率。在公共交通满足出行需求的条件下,征收拥堵费可以有效抑制小汽车出行。在财政方面,拥堵费的收入不仅可以负担成本,还有盈余来支持公共交通与其他基础设施建设。

21.3.2 停车费政策

随着城市快速发展,停车设施建设跟不上机动车发展的需要,停车需求与供给之间的矛盾日益突出。城市中心区建设用地有限,配套停车设施无法满足机动车发展需求。除道路拥堵外,停车难也成为私家车主关注的出行问题。停车费的收取从需求角度控制小汽车出行,有利于缓解停车供需矛盾,差别化停车收费政策也逐渐在国内开展。相比于传统的统一标准收费,差别化、动态的停车收费能根据地理位置、时间、车位占有率等要素灵活调整收费金额,有针对性地管理停车需求。

2015年8月3日,国家发展改革委等7个部门联合印发了《关于加强城市停车设施建设的指导意见》。同年12月15日,《关于进一步完善机动车停放服务收费政策的指导意见》指出:要健全由市场决定价格的停车服务收费机制,加快推行差别化收费,规范停车服务收费行为,严格落实明码标价规定;鼓励各地结合实际情况,推行不同区域、不同位置、不同车型、不同时段停车服务差别收费,抑制不合理的停车需求,缓解城市交通拥堵;按照"路内高于路外、拥堵时段高于空闲时段"的原则,制定差别化服务收费标准。随后,各个城市纷纷开展了差别化收费政策,将地域分类。通常中心城区高于外围城区,白天高于夜间,道路高于路外,长时间高于短时间,大型车高于小型车。此外,深圳市还增加了"路外停车场停车调节费"的名义,但因此项费用暂未列入国家、省两级行政事业性收费目录,不具备实施条件而作罢。本节将对南京市基于全市的差别化停车收费效果进行评价,探讨停车收费差别化的合理性与有效性。此外,洛杉矶基于街区尺度,根据停车位占有率不同来调整停车费率。本节对其效果进行评价并提出相应的改进建议。

1) 南京市差别化停车收费实施效果评价

城市中心区建设用地有限,配套停车设施建设无法满足机动车发展,停车需求大于供给。停车收费作为交通需求管理策略之一可改变居民出行方式,差别化停车收费政策也在国内逐渐开展。

截至2011年底,南京市机动车保有量达到119.73万辆,其中小汽车总量为64.76万辆。按照国际通行的1∶0.3~1∶0.4的公共停车位配建标准,应配备19.43~25.90万个公共停车位。而根据统计,南京市区(除江宁区)共有对外公共停车泊位74 808个,仅能满足1/3左右的停车需求,市中心地区停车供需矛盾更加突出。为了缓解这一矛盾,南京市于2012年2月推出停车收费新政策,按照"五高五低"——中心区域高于非中心区域、道路高于非道路、白天高于夜间、长时间高于短时间、大型车高于小型车的原则实行差别化定价。和北京、上海、深圳等地的差别化停车收费政策相比,南京的停车费率整体水平较低,并且价格调控的关键不在于提价,而是在时间和空间上的差别化引导。旨在通过缩短计费周期提高停车时间选择的灵活性,鼓励快停快走,从而提高停车周转率。同时配合夜间大幅降价措施,促进中心区公共停车场夜间利用率的提高,缓解主城老旧小区停车压力。在对停车地点的引导上,新政划分三级收费区,较大幅度地提高了市中心重点区域的收费标准;降低主城区外围的停车收费,对三级区域"P+R型"换乘停车场推行包月优惠政策,鼓励车主通过公交换乘进入主城;同时,全面取消对道路停车泊位的包月收费制,对于一级收费区内的道路停车泊位禁止计次收费，全部改为计时收费。

首先，通过2012年5月对南京市中心停车场的现场调查与问卷调查，可以探究实施的差别化收费政策对停车场使用、居民出行方式与停车行为的影响。从政策实施效果来看，首先路内停车数量大幅下降，路内停车位作为占用道路资源的临时停车场所，应在车辆停放密集地区加以约束。相对于新政前的计次收费，新政后计时收费需要支付较高的停车费用，停车量普遍减少了1/3以上。

其次，停车场日均周转率明显提高，停车场在相同时间范围内能容纳更多的车辆。以一级区内的天安国际停车场为例，工作日日均周转率提高了约10.2%，节假日日均周转率提高了约3.3%。天安国际是写字楼，配建停车场工作日以办公停车为主，工作日周转率提高的幅度明显大于节假日，可以看出政策对缩短办事人员的停车时间效果较为明显。而二级区内的新世界百货停车场，工作日日均周转率提高了约6.8%，节假日日均周转率提高了约33.7%，见图21.3。新世界百货是商办混合建筑，配建停车场工作日以办公停车为主，节假日以购物休闲停车为主，属中高档消费层次。工作日和节假日的周转率均有较大幅度提升，说明政策对缩短来访办公和消费者停车时间均有较好的引导效果。

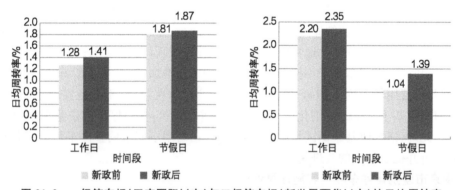

图21.3 一级停车场（天安国际）（左）与二级停车场（新世界百货）（右）的日均周转率

第三，一级区停车需求向二级区转移。以一级区内的天安国际停车场为例，新政后工作日日均停车量增加约9.3%，节假日日均停车量增加约3.3%。而二级区内的新世界百货停车场，工作日日均停车量增加约22.4%，节假日日均停车量增加约32.1%。二级区停车量的增幅远远大于一级区，见图21.4。

第四，停车场夜间使用率有所提高。新政后的停车费为调节之前的1/10，旨在弥补夜间中心区老旧小区停车位不足的空缺，鼓励商用停车场夜间停车。从调查结果来看，在距离居民区较近的写字楼，低价吸引居民夜间停车的措施有效。

新政对居民出行方式与停车行为也产生了积极影响。根据调查结果显示，受路内停车大幅提价的影响，路内停车人群中有59.09%的人表示会改变停车地点，放弃路内停车，转向附近路外停车场。一、二级区的差别化收费也使32.83%的市民考虑从一级区转向二级区停车，缓解了一级区的停车压力。同时，人们的停车时长也会缩短。54.98%的市民表示在停车时间上会受到计费单位缩短的影响，且这一影响效果与居民月收入显著相关。此外，居民出行方式也在一定程度上受到停车费的影响，30.03%的市民认为新政改变了自己的出行方式，优先考虑公共交通出行。

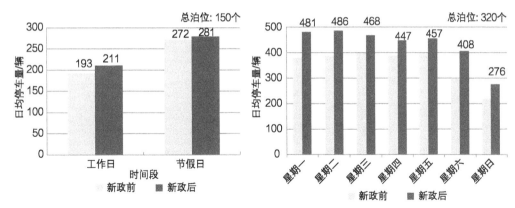

图 21.4 一级区停车场(天安国际)(左)与二级区停车场(新世界百货)(右)新政前后停车数量

2) 旧金山绩效停车定价模式评价

(1) 绩效停车定价模式

学者研究普遍认为城市应该为路内停车制定正确的价格。在路内停车价格过低而过度拥堵的区域,驾驶人在大街上巡游以期找到一个可用停车位。这种巡游极大地增加了交通拥堵:1927—2011 年对美国、德国与西班牙的 8 个城市进行的 10 项研究发现,在拥堵的市中心平均有 34% 的小汽车为寻找停车位而巡游。除了少数幸运的碰巧发现便宜停车位的驾驶人,停车价格过低为每个人增添了巨大的社会成本。停车价格过高同样会产生问题,当路内停车位始终处于闲置状态时,附近的商店失去潜在的顾客,员工失去工作,而政府失去税收。为了避免错误停车价格产生的问题,包括旧金山、西雅图和华盛顿特区在内的一些城市已经开始依据时段和区域来调整路内停车价格。这种基于占有率来调整停车价格的过程被称为需求导向或绩效导向定价。这种定价政策可以同时改善路内停车和临近道路停车的状况。

以旧金山为例,已经开始实施一项名为 SFpark 的项目来制定正确的路内停车价格。旧金山已经在 7 个试点区域安装了可以报告每个街区路内停车位占用率的传感器以及根据不同时段收取可变价格的咪表。利用这种新技术,城市根据占用率大约每六周调整一次停车价格。这种反复试验过程的目标在于建立一种随时间和地点变化的价格结构,以使每个街区的停车位平均占用率为 60%~80%。

例如 2012 年 5 月某工作日,著名旅游胜地渔人码头的路内停车价格变化如图 21.5 所示,每个街区在一日内的 3 个时段(12:00 以前,12:00~15:00,15:00 以后)设定不同的价格。2011 年 8 月第一次价格变动之前,停车价格全时段均为 3 美元/h。2012 年 5 月,几乎所有街区上午时段的停车价格都降低了,而大部分街区 12:00~15:00 的停车价格都升高了。15:00 以后大部分街区的停车价格低于中午,但高于上午。SFpark 的价格调整完全依据观测到的占用率。规划师无法预测每个街区每时每刻的确切停车价格,但是他们可以采用一种简单的反复试验过程根据占用率来调整停车价格。图 21.5 为 2012 年 5 月某工作日渔人码头的停车价格。图 21.6 说明了如何通过略微上调拥挤街区 A 的停车价格和下调低占用率街区 B 的停车价格,转移仅仅一辆小汽车实现同时改善两个街区的停车状况。

(2) 绩效停车定价的优势

首先,绩效停车定价改变了驾驶人的行为。绩效停车定价利用价格杠杆改变少数停

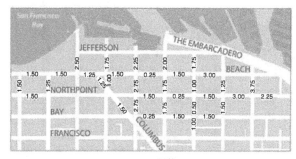

(a) 12:00以前

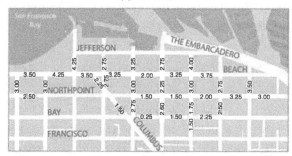

(b) 12:00~15:00

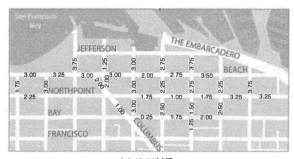

(c) 15:00以后

图 21.5　2012 年 5 月某工作日渔人码头的停车价格(美元)

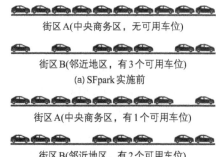

图 21.6　绩效停车定价为每个街区创造开放停车位

者的行为便可以为每个街区腾出 1~2 个可用车位。通过减少为寻找路内停车位而产生的巡游需求，这种微小的变化将会为几乎所有人提供巨大的便利。如果更少的小汽车在巡游，那么驾驶人和公共汽车乘客都会在拥堵程度更低的出行中节省时间。如果价格变高，驾驶人将会减少停车时间，停车周转率提高促使更多的小汽车有机会使用路内停车位。当价格升高时，一些人会选择拼车，这样更多的顾客能够乘车前往，使用路内停车位的小汽车数量则相应减少。除了管理路内停车供给，SFpark 还通过申明路内停车定价的原则来去除停车问题的政治性。依靠基于数据的透明规则来制定价格，终结了常见的停车定价政策，见表 21.2。

表 21.2 与上一周期相比根据占用率的变化调整停车价格

占用率/%	价格变动/(美分·h^{-1})
≤30	−50
30~60	−25
60~80	无变化
≥80	+25

其次，有三类驾驶人更容易因更高的价格而从拥堵街区移出。第一，长时间停车的人可以从移至更便宜的路内停车位中获得更多的利益，而一些停车时间较短的人可利用更便捷的停车位从而节省步行时间。第二，独自开车的驾驶人也将会移出。一位独自开车的驾驶人转移至更远的停车位每小时可以节省 1 美元，而 4 人拼车的话每人仅节省 25 美分。第三，喜欢步行或者步行时间成本要求低的驾驶人也会转移至更便宜的停车位。例如，那些早到且有多余时间的驾驶人将会在更远的停车位停车，而那些晚到的驾驶人将会在更近的停车位停车。

(3) SFpark 使驾驶人的行为向正确的方向改变——实施效果评价

根据价格规则，旧金山市交通局为实施 SFpark 项目的街区制定的预期目标占用率为 60%~80%。如果某一特定时期内的平均占用率处于这一范围内，则接下来一段时期价格将不会发生变动。反之，价格将根据表 21.2 中的安排依据上一周期的占用率发生变动。任一街区的最低停车价格为 25 美分/h，最高为 6 美元/h。如果 SFpark 如预期所料，价格会使占有率朝着目标范围移动。为了对实际效果进行评价，可以检测 SFpark 实施的第一年内的价格变化如何影响占用率。

总的来看，该项目第一年的占用率数据表明，SFpark 在解决某些街区的过度拥堵问题和其他街区的低占用率问题取得了相当大的进展。如表 21.3 所示，在过低和过高占用率的街区(初始占用率低于 30% 或高于 90%)，价格变动在随后的时期内趋于使占用率朝正确的方向移动。价格下降 2/3 后低占用率街区的占用率上升了，价格上升 2/3 后过度拥挤街区的占用率下降了。

表 21.3 过低和过高占用率街区的改善情况

初始占用率/%	停车价格变动后占用率改善的街区比例/%
<30	67
>90	68

(4) 障碍及改进方法

在现存的障碍方面,首先,可能由于驾驶人无法得到实时信息,没有意识到价格变动,SFpark 则无法轻松实现在任一街区保持 1～2 个可用停车位的目标。许多驾驶人可能认为研究停车价格以达到最佳模式所付出的努力并不值得。尽管如此,SFpark 也使停车市场变得更加有效。随着科技的发展,也许很快驾驶人就能输入其目的地、预计停车时长以及对于停车位与目的地之间步行时间成本的要求。当他们邻近目的地时,导航系统将会为其提供到达最佳路内或路外停车位路线的语音提示,并显示前往或离开目的地的最佳步行路径。

其次,应从被动应对转变为主动预测。每次价格变动之后的占用率大幅变化,说明除了价格之外还有许多因素影响停车需求。因此,仅仅依靠前一时期的占用率预测下一时期停车价格的做法并不能确保实现目标占用率。基于前些年占用率的季节性调整可以极大地改善该项目的绩效。SFpark 也可以根据其他可预测的因素调整价格,例如减少停车供给的建设项目,或者增加需求的事件。

21.3.3 公交补贴政策

公共交通出行是小汽车出行的重要替代方式,鼓励公交出行能有效缓解交通拥堵、环境污染等问题。而公共交通的经营活动具有明显的二重性。城市公交行业既是生产企业又含公益性质。作为企业,它必须独立核算维护企业正常运转、补偿生产耗费;而作为城市基础设施,公交开辟线路、确定班次及运营时间必须满足群众需要,票价调整又需由政府控制。为了减轻私人小汽车过多造成的交通压力以及兼顾公平,公共交通以低票价吸引出行者乘坐,形成"磁性价格"。公交企业关注社会效益不能完全按照市场原则运转,从而产生政策性亏损,客观上由政府进行财政补贴。

除公交优先外,HOV 优先也是交通需求管理的重要手段。HOV(High Occupied Vehicles)优先指的是给予高占有率车辆(如公交车、雇员合用的公司的通勤车和合伙使用的小汽车)优先权的相关策略。HOV 优先中又包含 HOV 车道、HOV 出行补贴等具体措施。

与公交和合乘汽车相比,私人小汽车的使用灵活、自由,但会带来巨大的负面效应,产生外部成本。然而小汽车使用者所支付的费用很难达到完全的社会与外部成本,导致交通出行不公平。对比公交补贴与小汽车补贴是判别出行方式的优先程度的方法之一,本节以南京市为例测算各项出行补贴。

1) 南京市停车补贴与公交补贴对比分析

(1) 公交出行的补贴测算

城市公共交通作为城市重要的基础设施,对全社会的总体效益有重要影响。但是,对于公交经营者来说,社会效益和经济效益难以两全,也由此决定了财政补贴的必要性。但同时,小汽车使用者在支付停车费用的同时,也享受了一定程度的停车补贴,这显然会诱发交通出行方式转变和社会不公。因此本节从补贴公平性视角,以南京市为例,测算、对比公交和小汽车的出行补贴,进而从意愿调查中挖掘补贴对出行方式的影响,以此来阐述交通补贴视角的中国城市交通模式的偏好。

南京市政府给予地面公交的补贴额在 2010 年已超过 5 亿元人民币。因此,如果公交乘客量数据已知,则可计算出分摊到个体的每人次补贴额,计算过程详见表 21.4。

21 交通中的经济学变量

表 21.4　2010 年南京市地面公交运营成本及运营补贴额计算表

编号	参　数	数据	计算方式
a	地面公交客运量/万人次	100 804.52*	
b	总成本/万元	198 690.3**	
c	人次车费成本/(元·人次$^{-1}$)	1.97	=b/a
d	客运总收入/万元	141 599.37*	
e	人次车费实际消费/(元·人次$^{-1}$)	1.40	=d/a
f	单次公交出行平均补贴/(元·人次$^{-1}$)	0.57	=(e−c)
g	公交车内平均时间/min	25.0*	
h	公交平均车速/(km·h^{-1})	15.0*	
i	平均乘距/km	6.25	=g·h
j	每人次公里补贴/(元·人次$^{-1}$·km^{-1})	0.091	=f/i

注：*数据来源：南京市规划局、南京市住房和城乡建设委员会、南京市交通运输局、南京市城市与交通规划设计研究院有限责任公司，南京市 2010 年度交通发展年报，2011；
**数据来源：许剑，南京市公交企业补贴机制研究与分析，交通企业管理，2013(6).

由上表可知：每人次乘坐公交的成本约为 1.97 元，其中 1.40 元为乘客实际消费金额，余下的 0.57 元/次则为政府补贴，这与 2005 年北京市乘坐常规公交中不包含老幼低保的乘客补贴 0.562 元/次相当。不过，若考虑补贴资金的使用效率，则单次公交出行的实际补贴将有可能因为管理环节的损耗等原因而低于 0.5 元。

(2) 免费停放的补贴测算

小汽车出行全过程的费用产生大致包括由于行驶产生的油耗费用、停放产生的停车费用以及车辆折旧费 3 个部分。目前，国内汽油价格主要遵循国际油价上下波动，而车辆折旧费不存在政府补贴。因此本节未考虑这两个环节的补贴，而将关注点放在停车费用环节，以商业企业的停车补贴行为展开研究。

近年来，一些大型商业机构为吸引客流纷纷出台了消费满额即获停车免费优惠，本节选取南京新街口商圈的金鹰商场进行调研。其免费停车优惠为：当天购物累积满 400 元，可免费停车 2 h；购物累积满 800 元，可免费停车 4 h；满 1500 元则免费停车 8 h(封顶)；超出部分则按南京市统一停车收费标准予以收费。2013 年 11 月 2 日(周六)，通过在金鹰商场停车场的现场调查，共计获得有效问卷 147 份。数据显示这些车辆平均享受到 3.35 h 的免费停车，按照南京市统一停车收费标准，他们实际获得共计 19.5 元的停车补贴，车内平均载客 2.25 人次。因此，单位补贴额为 8.67(19.5/2.25＝8.67)元/人次，约为地面公交补贴额的 15 倍。计算过程如表 21.5 所示。

表 21.5　南京金鹰商场配建停车场免费停车政策下的补贴额计算表

编　号	参　数	数　据	计算方式
a	平均享受的免费停车时长/h	3.35	
b	实际获得的停车补贴/元	19.5*	
c	车内平均载客/人次	2.25**	

(续表)

编号	参数	数据	计算方式
d	单位补贴额/(元·人次$^{-1}$)	8.67	=b/c
e	单位小汽车补贴/单位公交补贴	15.2	=d/0.57

注：*按照2012年南京市新实施的停车收费标准，一类区域路外停车场每15 min收费1.5元，首个15 min免费；

**数据来源：2013年11月2日的调查数据。

由此可见，免费停车虽然给商场带来了人气，却造成免费停车而产生的停车补贴远大于政府对公交运营的补贴。据访谈调查结果，被调查者对免费停车表示欢迎，但当被问到取消免费停车时，他们表示会考虑改变出行方式。因此，免费停车事实上导致了社会不公和交通发展的导向不明。而金鹰商场的这一做法并非个案，位于南京市中心（新街口商圈、鼓楼商圈）的十多个大型商业百货以及位于城市近郊的宜家、麦德龙等大型仓储型购物超市均实行这一政策。南京金润发超市购物满50元即可免费停车2 h，成为免费停车条件最宽松的商户。此外，北京、上海、广州等多个大中城市的大型商户也有购物满额免费停车政策，这无疑大大吸引了市民开车前往并成为导致城市交通拥堵和空气污染的重要因素之一。

(3) 外部成本的补贴测算

当前，国内并未收取小汽车行驶过程中的外部成本（包含空气污染、噪声污染、气候变暖和交通事故）相关费用，因而可将其看作是一种隐性补贴。上述四者之和的外部成本按照中国2005年价格计，预测值为0.275元/VKT。公交车同样存在外部成本，该值约为0.864元/VKT。若将公交车的外部成本平均至个体，如假设车内平均承载35位乘客，则外部成本一项的公交补贴人均值为0.025(0.864/35≈0.025)元/VKT，仅为小汽车的1/11。

据调查，147位驾车者因购物产生的平均往返行驶里程为11.56 km，则小汽车出行的外部成本为3.18(11.56×0.275≈3.18)元，人均值为1.41(3.18/2.25≈1.41)元/人次（表21.6）。公交车内以35位乘客计，则相同公交出行距离产生的外部成本为0.285(0.864×11.56/35≈0.285)元/人次，远低于小汽车。

表21.6　147位被调查者出行的外部成本计算表

编号	参数	数据	计算方式
a	单位小汽车车公里的外部成本/(元·VKT^{-1}*)	0.275**	
b	单位公交车车公里的外部成本/(元·VKT^{-1})	0.864**	
c	单位公交乘客车公里的外部成本/(元·人次$^{-1}$VKT^{-1})	0.025	=b/35
d	小汽车平均往返行驶里程/km	11.560***	
e	小汽车平均载客人数/人次	2.250***	
f	单位小汽车一次购物出行的人均外部成本/(元·人次$^{-1}$)	1.410	=a·d/e
g	单位公交车相同里程出行的人均外部成本/(元·人次$^{-1}$)	0.285	=c·d

注：*VKT是Vehicle Kilometers Traveled，简称车公里。

**数据来源：Wang R. Autos, transit and bicycles: Comparing the costs in large Chinese cities. Transport Policy, 2011,18(1):139-146.

***数据来源：2013年11月2日的调查数据。

针对公交和小汽车的出行补贴对比见图21.7。显然，无论运营补贴还是外部成本一项的隐性补贴，全社会对公交出行的补贴均小于其对小汽车出行的补贴，二项合计后的小汽车补贴(10.08 元/人次)是公交补贴(0.855 元/人次)的 11.8 倍,这极不合理。在无法真实反映交通方式的实际使用费用的同时,也造成城市交通主导模式的南辕北辙、导向不明、政策不公。对小汽车使用的补贴将抵消和衰减政府提升公共交通服务水平的政策效果,并导致高碳的发展导向。对于出行者和消费者来说,则是在以广义当斯定律的方式鼓励他们更多地使用小汽车。下文将对停车补贴对出行行为的影响进行分析。

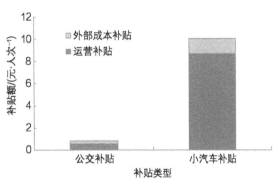

图 21.7 公交与小汽车补贴对比

2) 南京市停车补贴对出行行为影响分析

本节将根据上述 147 位回应者的数据,分析免费停车这一补贴对出行方式选择的影响。根据研究目的设计了 3 项意愿调查项目,统计 1 实际上源于对问题 2 的分解和数据整理。因有 10 位车主选择不会考虑改变出行方式,故而不用回答问题 2。调查选项及数据整理结果见表 21.7。

表 21.7 意愿调查内容及数据整理

问题 1 停车费高于多少元/次,您就会考虑更换交通方式?(图 21.8)

选项	a	b	c	d	e	共计
	10 元	20 元	30 元	50 元及以上	都无所谓	
计数	16	62	45	14	10	147
占比/%	10.88	42.18	30.61	9.52	6.80	100.00

问题 2 如果更换交通方式,您会考虑换成哪种交通方式?

选项	a	b	c	d	e	f	共计
	步行	合乘车	自行车	公交	出租车	地铁	
计数	5	6	15	20	45	46	137
占比/%	3.65	4.38	10.95	14.60	32.85	33.58	100.00

问题 3 您开车来此的主要原因有?(最多 3 项)

选项	a	b	c	d	e	f	共计
	习惯开车	公交不方便	停车费低甚至免费	购物多可装载	开车有面子	开车不喝酒等	
计数	126	98	87	70	28	32	441
占比/%	28.57	22.22	19.73	15.87	6.35	7.26	100.00

统计 1 进一步统计 16+62 个停车费高于 20 元就考虑更换交通方式的群体,会考虑换成哪种交通方式?

选项	a	b	c	d	e	f	共计
	步行	合乘车	自行车	公交	出租车	地铁	
计数	4	5	12	14	18	25	78
占比/%	5.13	6.41	15.38	17.95	23.08	32.05	100.00

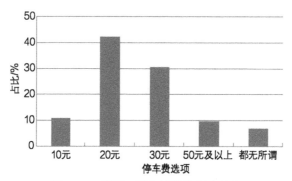

图 21.8　问题 1 调查结果的频度分布

如果取消免费停车政策,则根据问题 1,若停车费超过 30 元/次,超过八成的车主将选择改变出行方式。问题 2 的 147 位调查者中选择步行、自行车、公交和地铁作为替代方式的将接近 64%(图 21.9)。

考虑到前文分析的平均停车补贴为 19.5 元,故而选择最靠近的 20 元为临界点,做进一步分析。也即当没有补贴需要自己支付 20 元时,有 53.06%(10.88%+42.18%)的车主将改变出行方式(见问题 1)。而根据统计 1,其中又有约 70% 的车主会选择公共交通(公交和地铁)和慢行交通(步行和自行车)这样的绿色交通方式,这正是我们鼓励的。综上,取消停车补贴后,147 人中有 55(16+62−5−18)位车主将选择公共交通和慢行交通,占比 37.4%;也即有超过 1/3 的小汽车出行将转为非小汽车形式的交通方式,这将大大减少车公里数和外部成本。

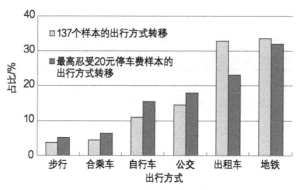

图 21.9　问题 2 & 统计 1 结果的频度分布

以 147 个样本计,因购物产生的总行驶里程为 1 699.32(11.56×147)km,取消免费停车后减少的车公里数约为 635.55(1 699.32×37.4%)km;以全年 128 个节假日计,则年均减少的车公里数为 $8.1×10^4$(635.55×128)km,相当于绕地球 2 圈或绕月球 8 圈。相应的,样本中能够节省的年外部成本为 2.23(8.1×0.275)万元(以中国 2005 年价格计)。当然,如涵盖所有来金鹰商场消费的车辆,并涵盖工作日,则节省的年车公里数和年外部成本将远远高于这一数字。

根据上述分析,公交补贴远远低于小汽车,体现出事实上的小汽车优先而非公交优先、小汽车导向而非公交导向、构建小汽车都市而非公交都市。并且,这些补贴相较北美的通勤补贴显得更为隐蔽,从而少有人关注。而居民意愿调查则充分显示出免费停车对小汽车出行的刺激性作用。可见,交通补贴深刻影响着出行行为,并进而影响既定的城市交通发展导向。因此应采取去停车福利化,为配建设上限、征收停车调节费等经济方式来促进公交都市的发展,塑造公交都市。

21.3.4 积分奖励政策

碳积分是指在出行、就餐、购物和服务的消费过程中,消费者有意识采取降低碳排放所形成的"减排量"。就功能而言,碳积分类似日常的"消费积分",能够作为代金券或折扣券使用。碳积分有类似"数字货币"的特性。碳积分体系可以利用消费活动链接消费者、生产方、流通和零售商,形成一个反映碳减排效果的流通机制,使所有参与方都在这个体系内通过低碳获得不同程度的"实惠",有广泛的激励作用。碳积分体系主要由减排量核算标准于方法、个人消费减碳排量计量工具、碳积分的账户系统以及为碳积分提供使用价值的鼓励政策组成。

我国碳积分现主要应用于出行、购物、新能源汽车方面,应用于鼓励绿色出行还处于初步阶段。目前,深圳市、昆山市均推出了停驶制度的积分,金华市提出自行车、公交、地铁3种出行方式的积分奖励,南京市绿色出行积分奖励的出行方式包含以上所有。本节将分别对南京市、昆山市基于绿色出行的积分政策进行介绍,并针对运营过程中显现的不足提出优化措施。

1) 南京市积分奖励运营现状分析及其优化——"我的南京"绿色出行积分

南京市交通压力巨大,汽车保有量逐年递增,交通压力不断增大,拥堵状况越来越严重,高峰时期拥堵延时指数达1.801(图21.10)。同时空气污染较为严重,2018年全年114天存在空气污染现象,而机动车出行是空气污染的重要原因。为了缓解空气污染问题,改善出行状况,南京市推出"我的南京"APP绿色出行积分方案。

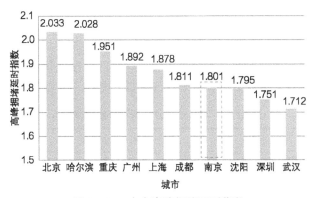

图 21.10 南京高峰拥堵延时指数

(1) "我的南京"绿色出行积分运营现状

2014年"我的南京"APP正式上线以便市民更好地使用公共服务,并于2016年推出绿色出行频道,可以贡献绿色出行数据、认领冠名树木、享受积分兑换。随后几年,积分商城上线并推出了绿色支付。通过绿色支付获得的绿色积分可兑换成碳积分在苏果超市享受"抵扣现金"福利。2018年与"宁体汇"合作联动推出了绿色积分兑换现金券活动,享受运动健身优惠。针对南京市实名绿色出行和绿色积分应用在南京市不同城区共选取6个问卷发放点,共发放 289 份问卷(线上发放问卷 113 份),并对线下潜在商家访谈调研 57 户,同时访谈南京市信息中心、南京市公交公司绿色商城商家等部门多次。

目前绿色积分已经有一定的用户积累,与一些商家建立了长期的合作关系,政府部门间的信息共享利用渠道已打通。根据南京信息中心对南京绿色积分使用情况的统计,历史参与人数达 57.4 万人,月活跃人数为 10 万人左右;全市总积分 3 806.6 万,包含苏宁等 5 家合作商家参与其中,8 个政府部门协调合作。各出行方式绿色积分累计发放量与各行政区绿色积分排名如图 21.11 所示。

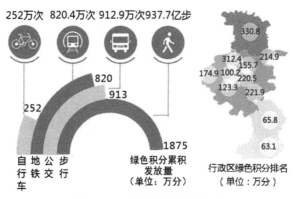

图 21.11 绿色积分使用情况

绿色出行积分运行系统由出行数据、各部门协调参与及应用功能构成。数据来源主要为包含日常轨道交通、公交、公共自行车在内的公共交通出行数据、交管部门提供的私家车出行数据与用户手机上传的步行数据。在运营方面,需要交通运营部门提供用户公共交通出行数据,交通管理部门负责私家车出行数据及交通优化,南京信息中心和赞助企业负责数据的整合应用和日常维护管理。在应用功能构成方面,推出积分领取(用户每天可以根据自己出行数据领取响应积分)、绿色商城(使用绿色积分兑换实物或优惠券)、积分排名(包含每月绿色积分的个人、单位和区域排名)、碳积分账户等窗口(绿色积分兑换碳积分,线下超市消费可抵)。积分发放规则见表 21.8,具体运行机制如图 21.12 所示。

表 21.8 不同出行方式的积分发放规则

出行方式	积分发放规则
地铁	每 1 次换乘兑换 1 分,用户每天最多计算 8 次换乘
公交车	每 1 次换乘兑换 1 分,用户每天最多计算 8 次换乘
步行	每 5 000 步兑换 1 分,用户每天最多申领 20 000 步
公共自行车	每 1 次借换车兑换 1 分,用户每天最多计算 8 次换乘
污染天气停驶	私家车主在空气质量指数超过 200 的重污染天气下申报不开车,系统将对公共交通出行积分双倍计算

(2)"我的南京"绿色出行积分现状运营问题与不足

绿色出行积分的推出收获了一定成效与影响力,但在问卷调研与线下访谈中仍发现了存在的问题。首先,现状推广模式单一。根据调研结果,用户大多是通过政府宣传和朋友推

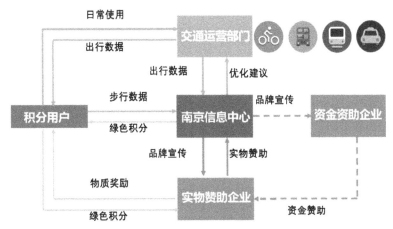

图 21.12 多方运行机制

荐来获得绿色积分相关的信息,并未通过多种渠道进行推广(图 21.13)。其次,市场参与不足。商家普遍不知道参与途径,但若能以小成本便利地参与,在调研中商家普遍表示愿意。同时,在积分兑换方面,市民的需求与商城的供给不匹配。市民的需求在商场、停车、餐饮、剧院等,但合作商家数量较少。第三,市民在使用过程中操作较为烦琐。积分必须当日领取以及绿色积分兑换成碳积分等规则使得操作较烦琐。第四,奖励缺乏吸引力。根据调查数据,兑换过的人群在使用过的人中仅占 36%,其中大多数人只兑换过 5 次以下,见图 21.14。现有奖励集中于价格较高的电子产品折扣券,用户加价购买,导致兑换率不高。此外,停驶奖励力度不足也造成了对私家车主吸引力的下降。在整个积分系统中,停驶积分占比较少,大概占 10%。

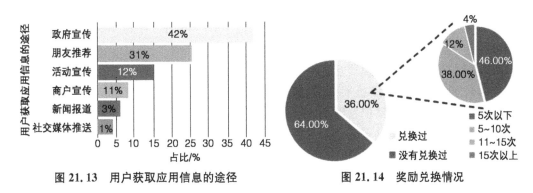

图 21.13 用户获取应用信息的途径 　　图 21.14 奖励兑换情况

(4)"我的南京"绿色出行积分应用改进及优化

根据现存问题,本节从界定了动机和行为二维属性的颜色出行行为理论出发,探析了多元动机(出行特征、出行偏好、出行者属性)与出行方式选择的相关关系。并在此基础上,对包含了绿色出行行为、红色出行行为、无奈型灰色出行行为和条件型灰色出行行为人群的出行者属性、出行偏好、出行特征进行分析(图 21.15);针对不同颜色出行行为人群的宣传喜好和奖励期望特征进行针对性分析,并从宣传途径和奖励措施多途径对非绿色出行行为人群进行针对性激励,提高绿色积分的有效转化。各类出行人群的行为特征见表 21.9。

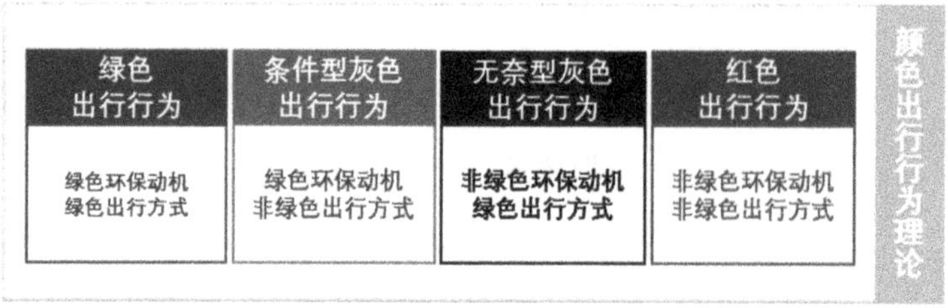

图 21.15　颜色出行行为理论下的出行行为分类

表 21.9　各分类出行行为特征

项目	红色出行行为	无奈型灰色出行行为	条件型灰色出行行为	绿色出行行为
出行特性特征	出行距离较远,工作和娱乐出行均有包含	工作和娱乐出行均有包含,单人或双人出行比例较高	出行距离较远,一般为工作出行,多人出行比例较高	出行距离较近,单人或双人出行比例较高
出行偏好特征	环保意识弱,更加注重出行的舒适便利程度	更加注重出行经济成本,对环保和安全关注最少	更加注重出行便利程度,其次重视环保和健康因素	更加注重环保和安全因素
出行者属性特征	汽车保有量很高,收入较高,年龄偏大	汽车保有量很低,收入较低,年龄偏小	汽车保有量较高,收入较高,年龄中等,多居住在新城区	汽车保有量较低,收入中等,年龄较小,多居住在老城区或主城区
宣传方式特征	青睐新闻报道和朋友推荐	青睐社交媒体推送和朋友推荐	青睐社交媒体推送和朋友推荐	青睐社交媒体推送和商家活动宣传
奖励期望特征	偏好个人信用提升和停车优惠	对公共交通优惠期望最高,偏好社交排名激励和商品优惠券	偏好个人信用提升和文娱方面奖励	偏好公共交通优惠和在线公益活动

关于绿色出行积分应用的具体优化措施分为以下 6 个方面。首先,根据颜色出行行为分类精准设计奖励及传播方式。其次,提高市场参与,积极与不同类型的企业合作,实现共赢。通过微信、大众点评、滴滴等互联网平台,资金由商业银行提供,与餐饮、健身等商品合作。第三,增加奖励吸引。丰富奖励类型,增加信用公益、社交激励、交通优惠、文娱健身和商品折扣等类型。同时调整积分机制,适当增加停驶积分奖励力度,积分不必当天领取。第四,增加新媒体的投放,尤其是头部新媒体的投放,如微博、微信、抖音等,吸引更多年轻用户。与此同时,增加商场、合作商家、高校及各单位的宣传。第五,加强部门联动,充分利用政府数据资源整合的优势,进一步加强各部门之间的出行数据整合能力,全面构建智慧交通。最后,应用多元扩展,扩展绿色积分的应用玩法,增强用户黏性,并增加绿色积分社交转发功能,提升用户社交激励。具体措施及作用机制见图 21.16。

2) 昆山市积分奖励运营现状分析及其优化——"自愿停驶、绿色出行"方案

根据相关数据,昆山私家车千人保有率已经超过深圳,昆山汽车平均日出行次数超过北京与深圳,是东京汽车日平均出行次数的 3.2 倍。此外,在道路供给逐渐趋缓、轨道建设尚未全面启动的背景下,若道路交通压力持续加大,拥堵很可能进一步在中心城区蔓延。基于此,昆山市积极响应绿色出行理念并开展推广宣传。除了常规的绿色出行宣传与教育和组织体验式的绿色出行活动,昆山市借鉴深圳经验,建立常态化绿色出行正向激励机制。在加

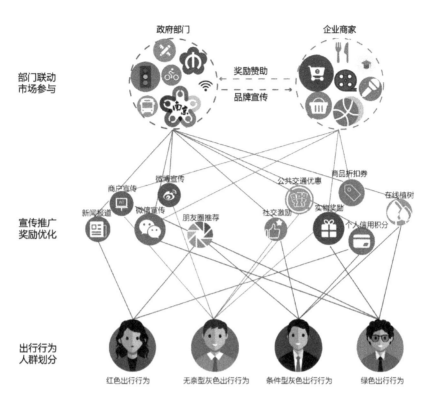

图 21.16 优化后运作机制

大交通供应、优先发展公交的同时,实行推拉结合的交通需求管理。其中停驶积分通过正向激励治理交通拥堵,并且具有绿色出行、节能减排的社会公共服务性质。

(1)"自愿停驶、绿色出行"方案运营现状分析

此方案的软性支持可分为组织架构、智慧平台与评估机制3个方面。首先,在组织架构方面,前期由市重点办统筹协调相关工作,常态化后可以移交至政府办。由市相关领导倡议、市重点办行动领导,牵头部门为市公安局与市规划局,信息中心、江苏有线、江苏智通等单位提供政府数据通信平台、运营维护公共平台、交警合作技术机构等相关服务,共同构建运营体系,见图 21.17。其次,建立智慧平台,

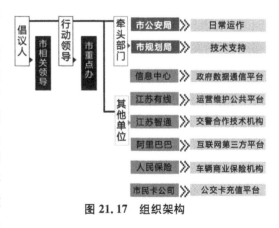

图 21.17 组织架构

由深圳交通中心开发并提供后期技术支持,相关政府部门协助。并与智慧昆山 APP 相结合,服务器置于广电,日常运作系统接入点布设于智慧昆山 APP、中国昆山门户网站、智慧昆山公众号与昆山市民卡 APP。维护更新外包于第三方团队,政府划拨维护费用。最后,设立评估机制,监测参与情况与履诺情况,并对交通运行状况、节能减排效果和交通出行需求变化进行评估,在宣传推广与内容措施等方面进行改进。

在具体操作方面,分为个人与团体申请两类。流程可基本概括为用户注册—身份审核—添加车辆—审核车辆归属真实性—选择停驶日期—申报,其中团体申请时需添加团体名称,分为个人自由车辆与团体共有车辆两类。在具体实施中将根据交通违法查处数据、卡口数据、停车场监控数据与交通事故数据来校验车辆是否停驶,建立监督机制。

根据积分奖惩政策,积分获取采取阶梯式积分。停驶天数越多,单次停驶获取积分越多,见图21.18。违诺车辆将进行积分扣除,对于未按照履诺停驶的车主扣除积分(每天1分),以示督促。此外根据停驶参与情况分为1~5共5个星级。在奖励措施方面,对于个人主要采取车贴奖励与公共交通价格优惠两种方式。企业自愿停驶情况与年度环境保护工作先进企业评选挂钩,而事业单位将绿色出行工作纳入到了考核评比指标体系中。

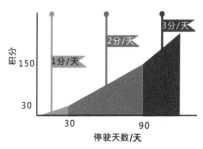

图 21.18　积分获取的阶梯式记分

此方案为分步分阶段推进过程。前期少量投入培养用户习惯,侧重项目推广和宣传,政府少量财政补贴,力图健全数据校核机制,确保平台可靠权威。后期以有活力的商业模式持续激励,建立成熟的商业模式。促使政府财政补贴推出,实现平台的独立运转。项目全周期不大量增加政府开支,以求长期发展。

根据使用情况统计,APP 共注册 3 280 人。日均停驶 1 876 人,占注册人数的 51%,申报人数的 63%。在实施了自愿停驶方案之后,小汽车周使用频率大大降低。每周使用小汽车 7 次以上的比例由 37% 下降到 3%,从不使用小汽车的比例由 2% 增加到 19%,而使用小汽车 1~5 次的人数占 64%。与此同时,其他出行方式,如公共交通、自行车等使用频率升高,见图 21.19。

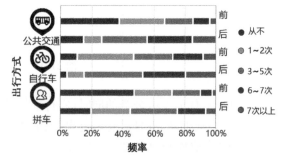

图 21.19　除小汽车外其他出行方式周使用频率统计

(2)"自愿停驶、绿色出行"方案运营问题及改进措施

昆山市停驶积分的推出在一定程度上抑制了小汽车的使用,促进了公共交通出行。但其也存在公平性欠缺、吸引力不足、积分体系不完善的问题。首先,昆山市绿色出行的奖励仅针对私家车主,未考虑到无车市民对绿色出行的贡献。仅仅针对小汽车停驶进行积分也难以调动全民的积极性,因此建议绿色积分在计算私家车停驶的同时综合考虑市民步行以及公共交通等其他绿色出行方式。其次,现有积分奖励吸引力不足,应优化激励措施,建立成熟的商业模式,促使政府补贴逐渐推出,采用具有可操作性的远期物质激励措施。如将停驶积分与车辆商业保险、路内停车优惠、商户优惠等手段挂钩,基于用户停驶状况对商业保费给予一定优惠、积分及用户等级与市民卡绑定获得合作商户响应优惠等。最后,应完善积分体系。随着昆山车辆监测设备的推进建设,将绿色积分的获取与车辆使用强度、使用强度变化等因素相关联,更精确地标定停驶奖励。

3)小结

本节主要介绍了南京市与昆山市积分奖励政策的相关内容。两个城市的政策施行均在一定程度上促进了绿色交通方式出行,但也同时存在积分政策的商业体系不成熟的问题:现有模式单一、市场参与度不足、奖励政策缺乏吸引力。相比较而言,南京市的积分奖励政策涵盖的出行方式更为全面,市场参与度较昆山更高。未来基于绿色出行的积分奖励政策将朝市场化、全面化、精细化发展。多元商业的参与将提升激励政策吸引力,完善支撑体系;多种交通方式的覆盖能有效调动全体市民的积极性,实现奖励公平;同时,随着政策制度的发展与优化,奖励政策将会更加细致,更符合市民的实际需求。

22 交通韧性

22.1 背景及发展沿革

22.1.1 交通韧性研究背景

1）快速城镇化导致气候变化引发自然灾害

当前中国的城镇化进程正以史无前例的速度向前推进，2021年全国第七次人口普查结果显示，中国城镇化率为63.89%，且仍然在以接近线性增长的速度快速逼近发达国家约80%的城市化率。世界银行统计数据表明，超过80%的全球GDP产生自城市，在当今世界，城市已然成为全球主要经济行为与活动的发生地。在工业化与信息化高速发展的时代背景下，城镇化不仅直接影响城市发展的轨迹，更在资源的空间利用方面深刻地影响着世界各国的经济走向。

在改革开放四十年来高速城市化的过程中，自然资源的过度开发、环境污染与过量碳排放导致了气候变化，并由此诱发了严重的自然灾害，在城市这一人类改造自然最彻底的区域也难以抵御自然伟力的肆虐。2021年7月20日，郑州市遭遇历史罕见特大暴雨，导致重大人员伤亡和财产损失。灾害共造成河南省150个县（市、区）1 478.6万人受灾，因灾死亡失踪398人，其中郑州市380人、占全省95.5%；直接经济损失1 200.6亿元，其中郑州市409亿元、占全省34.1%。后经国务院调查组调查认定，河南郑州"7·20"特大暴雨灾害是一场因极端暴雨导致严重城市内涝、河流洪水、山洪滑坡等多灾并发，造成重大人员伤亡和财产损失的特别重大自然灾害。此外，持续的全球变暖引发多地夏季气温突破历史最高值，2022年7月，浙江、上海、江苏等地持续高温。浙江多家医院几乎每天都有中暑患者送医，其中不少患者确诊为热射病，乃至出现多起死亡病例。重大自然灾害下城市交通系统效率降低乃至失效在使救灾活动变得举步维艰的同时，也对居民的日常生活出行与生活物资保障供应产生了巨大的影响。高温天气下空调制冷量暴增引发碳排放量增加，同时高温天气促使城市居民更多的选择机动交通方式出行，由此引发的交通拥堵严重影响了城市运行效率，增加的交通排放更进一步加剧了气候恶化程度，形成恶性循环。异常气候导致的自然灾害数量增加与出行方式改变对城市交通韧性建设提出了高水准的要求，城市发展呼唤着交通韧性研究的突破。

2）国际形势动荡对稳定有效的交通运输提出要求

除自然环境变化造成的影响之外，部分地区动荡的社会环境也考验着城市交通系统韧性水平。自 2022 年 2 月底俄乌冲突爆发以来,战争对于基础设施的破坏不仅考验着双方军队的后勤补给水平,也对城市居民的生存和生活造成了严重威胁。难以预期的武装冲突与军事打击风险给交通系统造成的影响不仅在军事层面决定着战争的胜负,更决定着身处于战乱中人民的生存能力与生活质量。因此,开展交通韧性方面的研究、提升人居环境韧性水平是保障城市和谐安定、人民安居乐业的必要条件。

22.1.2 韧性研究发展沿革

韧性(resilience)一词最早来源于拉丁语"resilio",其本意是"回复到原始状态"。16 世纪左右,法语"résiler"借鉴了这个词,含有"撤回或者取消"的意味。这一单词后来演化为现代英语中的"resile",并被沿用至今。韧性概念随着时代的演进也被应用到了不同的学科领域。19 世纪中叶,伴随着西方工业发展进程,韧性一词被广泛应用于机械学(mechanics),用以描述金属在外力作用下形变之后复原的能力。20 世纪 50 至 80 年代,西方心理学研究普遍使用"韧性"描述精神创伤的恢复状况。韧性概念被引入现代科学研究始于生态研究领域,Holling 于 1973 年在一项关于生态系统的研究中首次引入了韧性的概念,通过韧性的概念定义这些系统吸收和维持环境变量变化的能力,从而量化生态系统在压力下承受破坏并恢复稳定状态的能力,该文被视为韧性研究的开山之作。

随着科技的发展和时间的流逝,韧性的概念被越来越多地引入其他领域,其定义也随着理论的发展而不断扩展。20 世纪 90 年代开始,韧性研究逐渐向其他学科扩展,如社会生态系统(Socio-ecological System,SES),从传统的描述性概念发展成为一种思考系统问题的方式。自 21 世纪以来,韧性逐渐进入城市灾害管理领域。

韧性的概念自提出以来,经历了两次较为彻底的概念修正。从最初的工程韧性(Engineering resilience)到生态韧性(Ecological resilience),再到演进韧性(Evolutionary resilience),又称社会-生态韧性(Socio-ecological resilience),涵盖了韧性概念发展的三个阶段,每一次修正和完善都丰富了韧性概念的外延和内涵,标志着学术界对韧性认知深度的逐步提升。

1) 工程韧性

工程韧性是最早被提出的认知韧性的观点。从某种意义上来说,这种认知观点最接近人们日常理解的韧性概念,即韧性被视为一种恢复原状的能力(Ability to bounce back)。这种韧性来源于工程力学中韧性的基本思想,但在应用中已经不同于简单的工程项目的韧性,而是指系统整体所具有的工程韧性的特征。Holling 最早把工程韧性的概念定义为在施加扰动(disturbance)之后,一个系统恢复到平衡或者稳定状态的能力。Berkes 和 Folke 认为工程韧性强调在既定的平衡状态周围的稳定性,因而其可以通过系统对扰动的抵抗能力和系统恢复到平衡状态的速度来衡量。Wang 和 Blackmore 认为这种韧性观点代表了系统较低的失败概率以及在失败状况下能够迅速恢复正常运行水准的能力。总而言之,工程韧性强调系统有且只有一个稳态,而且系统韧性的强弱取决于其受到扰动导致脱离稳定状态之后恢复到初始状态的速度。

2) 生态韧性

20 世纪八九十年代,工程韧性一直被认为是韧性的主流观点。然而,随着学界对系统和环境特征及其作用机制认识的加深,传统的工程韧性论逐渐呈现出僵化单一的缺点。

Holling 修正了之前关于韧性的概念界定,认为韧性应当包含系统在改变自身的结构之前能够吸收的扰动量级。Berkes 和 Folke 也认为系统可以存在多个而非之前提出的唯一平衡状态,据此可以推论,扰动的存在可以促使系统从一个平衡状态向另外的平衡状态转化。这一认知上的根本性转变使诸多学者意识到韧性不仅可能使系统恢复到原始状态的平衡,而且可以促使系统形成新的平衡状态(Bouncing forth)。由于这种观点是从生态系统的运行规律中得到的启发,因而被称作生态韧性。Liao 认为生态韧性强调系统生存的能力(Ability to survive),而不考虑其状态是否改变;而工程韧性强调保持稳定的能力(Ability to maintain stability),确保系统的波动和变化尽可能保持在一个小的量级以维持原有的系统,而非在恢复的同时实现革新。

3)演进韧性

在生态韧性的基础上,随着对系统构成和变化机制认知的进一步加深,学者们又提出了一种全新的韧性观点,即演进韧性(Evolutionary resilience)。在这个框架下,Walker 等提出韧性不应该仅仅被视为系统对初始状态的一种恢复,而是复杂的社会生态系统为回应压力和限制条件而激发的一种变化(change)、适应(adapt)和改变(transform)的能力。Folke 等也认为现阶段韧性的思想主要着眼于社会生态系统的三个不同方面,即持续性(persistence)、适应性(adaptability)和转变性(transformability)角度的韧性。演进韧性观点的本质源于 Gunderson 和 Holling 提出的适应性循环理论(Adaptive cycle)。与之前系统结构的描述不同,他们认为系统的发展包含了四个阶段,分别是利用阶段(Exploitation phase)、保存阶段(Conservation phase)、释放阶段(Release phase)以及重组阶段(Reorganization phase)。系统适应性循环的螺旋上升过程可由图 22.1 表示。

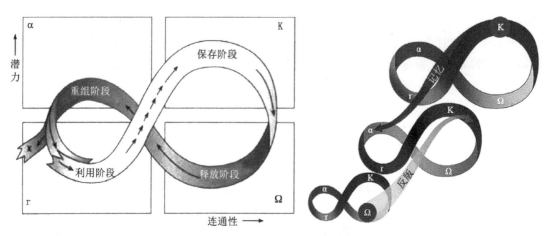

图 22.1 适应性循环与扰沌

4)三种韧性观点之间的比较

从以上分析可以看出,工程韧性、生态韧性和演进韧性所代表的韧性观点体现了学界对系统运行机制认知的飞跃,为进一步理解城市与交通韧性做好了铺垫。演进韧性的观点相比于前两者具有更强的理论说服力,应当作为城市韧性研究所要参照的基准。表 22.1 从平衡状态、本质目标、理论支撑、系统特征和韧性定义等方面总结了三种观点的区别。

表 22.1 韧性观点比较

韧性概念发展阶段	平衡状态	本质目标	理论支撑	系统特征	韧性定义
工程韧性	单一稳态	恢复初始稳态	工程思维	有序的，线性的	韧性是系统受到扰动偏离既定稳态后，恢复到初始状态的速度
生态韧性	两个或多个稳态	塑造新的稳态，强调缓冲能力	生态学思维	复杂的，非线性的	韧性是系统改变自身结构之前所能够吸收的扰动的量级
演进韧性	抛弃了对平衡状态的追求	持续不断地适应，强调学习力和创新性	系统论思维，适应性循环和跨尺度的动态交流效应	混沌的	韧性是和持续不断的调整能力紧密相关的一种动态的系统属性

22.2 交通韧性概念及研究方法

22.2.1 交通韧性概念

2006 年，Murray-Tuite 首次在交通运输系统领域中明确引入了韧性的概念，并具体定义了交通系统韧性的衡量维度及相应指标。不同于传统的鲁棒性、可靠性等概念，交通系统韧性概念侧重于在日常高频外界小扰动中吸收干扰并维持功能的能力，以及在例如严重地震、洪涝、大型海啸等偶发性严重破坏干扰中限制其性能降低程度及相应恢复的能力。研究交通韧性的目的是找出衡量交通韧性的方法、评估不同扰动与中断下交通系统的韧性水平、确定关键点（路段或交叉点），并根据总体的韧性水平和这些关键点来制定对策以减少破坏或中断性事件发生对系统本身结构及系统正常运行所造成的不利影响。2006 年以来，不同研究者在研究各自交通运输领域问题时对交通韧性概念提出了不同的定义，主要如表 22.2 所示。

表 22.2 交通韧性概念

定义	研究领域	研究者
韧性是一种特性，表明系统在异常条件下的性能、恢复速度以及恢复到原始功能状态所需的外部援助量	交通运输系统	Murray-Tuite, 2006
系统吸收破坏后果的能力，以减少破坏带来的影响并保持货运流动性	货运系统	Ta 等, 2009
灾后可以被满足的需求期望部分	货运系统	Miller-Hooks 等, 2012
供应的韧性就是供应链的适应能力，即能够应对意外事件及破坏，并以大多数部分保持所需的连通性水平，以及对结构和功能的控制方式从这种状态中恢复过来的能力	货运系统	Spiegler 等, 2012
交通网络能够从容地吸收破坏性事件，并在合理的时间范围内恢复到等于或大于破坏前服务水平的服务水平	交通基础设施	Freckleton 等, 2012
韧性所处理的是系统在面临冲击时的应对，以及它继续按照预期水平提供服务的能力	道路交通系统	Omer 等, 2013
有韧性的运输系统能够快速疏散、救援、分发救援物资，并包含其他可以减少自然灾害的影响并加快从中恢复的活动	交通运输系统	Osogami 等, 2013

(续表)

定义	研究领域	研究者
韧性是系统在基本功能组织不发生灾难性变化的情况下吸收冲击的能力,似乎是理解复杂空间网络(如交通和通信网络)进化路径的潜在有效工具	交通运输系统	Reggiani,2013
系统的韧性是指系统在可接受的运行性能降低范围内承受破坏的能力	铁路运输系统	Jin等,2014
韧性是系统在遭遇扰动导致偏离平衡后恢复平衡的速度	铁路运输系统	DLima与Medda,2015
韧性的概念旨在捕捉系统在重大破坏或灾难后保持其功能的能力	交通运输系统	Mattsson与Jenelius,2015
将韧性定义为交通系统经历潜在破坏性事件并在事件发生后的合理时间内恢复健康运营的能力	铁路运输系统	Chan与Schofer,2016
交通韧性是指运输系统在受到干扰影响后,能够吸收干扰,保持其基本结构和功能,并在可接受的时间和成本内恢复到所需的服务水平的能力	交通运输系统	Wan等,2017

所有定义都将交通运输系统韧性的概念与可能影响系统正常运行或平衡的不利条件、异常条件或干扰联系起来。不同研究者对运输系统韧性定义的主要差异在于系统在面对扰动时可以采取的行动。在此基础之上,韧性的概念需要整合以下的内容:抵抗、吸收、保持、恢复、减少破坏性事件或干扰(冲击、灾难、中断等)对系统性能或服务水平的影响。

在韧性概念的探究过程中,也有一些研究者将韧性分为静态和动态两类。静态韧性侧重于研究系统的鲁棒性,而动态韧性则强调了系统从受到破坏后的状态中快速恢复的速度与能力。静态韧性与系统的强度有关,动态韧性与扰动期间的恢复时间有关。

Goncalves和Ribeiro在综合各研究者所取得的研究成果的基础上,对交通系统韧性作出了如下定义:交通系统抵抗、减少和吸收干扰(冲击、中断或灾难)所造成的不利影响并保持一定可接受的服务水平的能力,以及在合理的时间和成本内恢复系统正常服务水平的能力。

22.2.2 主要扰动类型

扰动的性质、规模、影响、持续时间各不相同,主要可以划分为四个主要类别:自然灾害、蓄意攻击、意外事故和相互依存的基础设施之间的故障传播。

1) 自然灾害

自然灾害的发生通常由地理与气候因素所决定。近年来随着人类改造自然能力的大幅提升,人类活动对气候及地表形态的影响导致自然地理要素快速变化,进而引起突发性自然灾害。此类破坏主要包括地震、火山喷发、洪涝、海啸、异常性高温等灾害,具有较大的规模和一定程度的随机性,破坏力大,会造成严重的经济损失。但人类在经年累月应对此类灾害的过程中积累了较为丰富的历史经验,预防和保护措施与应急挽救手段相对丰富和完善。近年来,除自然地理与气候等因素影响外,生物因素直接或间接引起的自然灾害也对城市的韧性提出了挑战,以2020年初的新冠病毒感染为代表的突发重大公共卫生安全事件也应被归入自然灾害的破坏类型之中。

2) 蓄意攻击

蓄意攻击由人为因素导致,包括物理攻击和网络虚拟空间的攻击等,通常针对具有较高价值的单个目标,或最大限度地破坏某一网络的完整性与功能。攻击者通常以收获一定的政治、经济、军事利益为预期目标。此类破坏的主要类型为战争、恐怖袭击、网络黑客攻击等,破坏效果按照攻击的类型不同具有多样化的特征,如战争主要针对物理空间进行打击,旨在破坏物理空间中的节点、瘫痪城市与交通网络功能,毁伤军事目标等,破坏规模通常较大;恐怖袭击对政治与社会影响较大,经济影响不确定,对网络与城市功能的破坏相对较小;网络攻击不会毁伤城市或交通网络的结构实体,主要针对城市或交通网络的功能进行打击。此类攻击难以预测,破坏力和规模的不确定性较大,相关研究较为敏感和专业,公开内容较少。

3) 意外事故

随着人类机动化交通方式的不断发展,城市生命线系统、道路交通网络和基础设施的种类越来越精细、结构越来越复杂、功能越来越丰富,总量的扩大和结构的复杂化导致系统中出现的意外事故数量也在逐年上升。此类破坏的主要类型为管线故障、交通事故、基础设施故障等,破坏力通常较为有限,在一定程度上可以被预测和防范,相关的研究成果较为丰富,防范与应对措施较为完善。这类破坏对设施硬件与结构的影响能力较为有限,主要影响系统与网络的功能属性,对城市不同系统的正常运行造成影响。

4) 相互依存的基础设施之间的故障传播

相较于自然灾害、蓄意攻击和意外事故等初生灾害,城市系统内部与不同系统之间存在紧密联系的基础设施发生的故障传播属于一种次生破坏,是初生破坏发生后破坏影响传导扩散的产物。故障传播的规模受初生灾害的影响较大,呈现出多样化的特征,其影响效果也存在较大的多样性与不确定性。而借助历史经验和先进的仿真模拟方法,故障传播较为容易被预测与防范,不论是具备韧性的城市还是交通系统,都应该同时具备防范初生灾害造成破坏与次生灾害造成破坏的能力。总结不同破坏类型的类别与属性,具体如表22.3所示。

表22.3 扰动类型与属性

主要扰动类别	规模	可预测性	影响效果
自然灾害	大	随机,有时可预测	中等-大
蓄意攻击	多样化	难以预测	多样化
意外事故	小	随机,有时可预测	小-中等
故障传播	多样化	可预测	多样化

22.2.3 交通韧性指标测度研究方法

1) 网络拓扑指标测度方法

早期学者们通常把交通网络建模成无加权无向的网络,并利用相关拓扑指标评估交通网络中断前后的变化情况,从而衡量交通网络韧性。主要网络拓扑指标有网络规模(节点数、边数、网络直径)、拓扑结构(平均度、平均路径长度、平均聚集系数、网络介数)、网络性能(网络效率、网络连通度、自然连通度),以衡量航空、地铁、道路韧性(图22.2)。

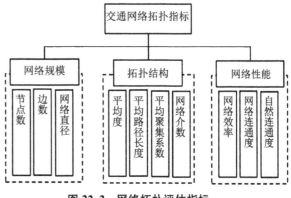

图22.2 网络拓扑评估指标

网络拓扑指标评估的对象是静态交通网络的韧性，能够较为客观准确地反映出交通系统在受到干扰前后其网络连通状况。随着研究的深入，陆续有学者考虑评估动态交通网络在中断前后的表现特征，利用交通网络建模叠加时间或者交通流量的加权网络，将上述静态网络拓扑指标与诸如行程时间、客流等表示交通流量的动态指标有机结合。后期还有学者运用复杂网络理论分别计算子系统网络的网络规模、拓扑结构和网络性能，并综合计算不同子系统间的耦合度、综合协调指数和耦合协调度等，以定量评估交通系统的耦合协调度。

2) 韧性特征指标测度方法

为了科学地提出韧性的评估指标体系，从而更好地测度一个系统的韧性水平，有必要探讨与归纳交通系统韧性的特征。综合前辈研究者的成果，总结如表22.4所示。

表22.4 韧性特征指标

特征指标	定义
冗余度（redundancy）	系统拥有相同功能的可替代的子系统
适应性（adaptation）	系统根据外部环境的变化而灵活调节自身的形态、结构或功能，以应对新压力的能力
有效性（efficiency）	系统发生中断时仍能保持服务和连通水平的能力
鲁棒性（robustness）	系统抵御和应对外界冲击的能力
依存度（interdependence）	各子系统之间的连通性，包括子系统之间关系网络连通性
应对性（preparedness）	在系统被破坏之前准备某些措施，并通过减少破坏性事件的潜在负面影响来增强系统韧性的能力
灵活性（flexibility）	系统应对突发事件冲击并在系统中断后通过应急计划适应变化的能力
快捷性（rapidity）	系统按照优先事项及时实现控制损失并避免未来系统中断目标的能力

冗余度、鲁棒性和适应性是现有研究中定义韧性概念最常用的特征。冗余度和鲁棒性更多地与运输基础设施以及运输系统的适应性有关。此外，效率适用于货运、铁路运输和公路运输等运输系统的不同维度；依存度主要应用于不同交通方式之间的连通性研究；而应对性与货运系统、公路运输系统、铁路运输系统以及更广泛的整个城市运输系统等几乎所有的运输基础设施都有横向联系。

在现有研究总结的韧性特征中，Goncalves和Ribeiro通过对相关概念的辨析以及对研究内容的考察，认为韧性特征中依存度、效率及灵活性等特征存在研究内容上的侧重点的差异，而且同其他特征存在一定程度的重复，所以将这三个特征剔除，得到交通系统韧性的五个主要特征：冗余度、适应性、鲁棒性、应对性和快捷性。

3) 韧性性能指标测度方法

为了深入研究破坏性事件或中断作用于系统的全过程，从而科学全面地探讨韧性系统应具备的特征，Bruneau等于2003年提出了"韧性三角形"的概念，主要用于衡量社区应对地震活动的韧性。"韧性三角形"表征了基础设施功能的丧失和中断，以及随着时间推移其功能重组和恢复的模式，这一模型依赖于4R框架：鲁棒性（Robustness）、冗余度（Redundancy）、资源（Resources）和快捷性（Rapidity）。借助"韧性三角形"实现干扰发生后韧性系统性能变化全过程的可视化，同时使用系统原性能与实时性能的差值定量表示交通韧性损失程度，反映城市道路网络中系统性能的退化。损失程度是同一时刻正常状态下的交通性能与破坏事件下的交通性能面积差值对时间 dt 的积分（图22.3）。

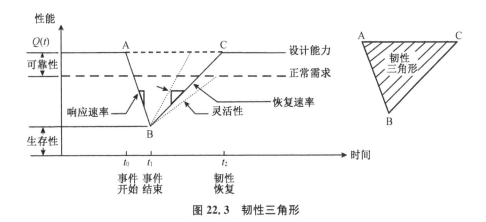

图 22.3 韧性三角形

其数学表达式如下：

$$R = \int_{t_0}^{t_2}[100-Q(t)]\mathrm{d}t \tag{22.1}$$

式中，$Q(t)$ 为系统的性能，t_0 为系统受事件干扰时间，t_2 为重新恢复平衡时间，R 为韧性损失。该性能指标测度了交通网络从事件干扰开始到恢复平衡状态的累积性能损失。

Bruneau 等的研究成果为道路交通运输网络等城市基础设施韧性量化评价奠定了坚实的基础。随着研究的深入，后续学者们从自身视角出发不断地延伸与拓展这一基础模型，从而得出新的计算思路和方法表示交通韧性变化，如通过时间依赖的恢复损失比来定量分析灾害事件对交通系统全过程性能变化状态，包括系统初始平衡状态、系统不平衡状态、中断状态、恢复状态、重新平衡状态，反映系统随攻击或破坏性事件发生、发展、变化的动态过程，从而可以定量评估灾害对系统性能的损失以及不同时刻下的性能状况。

相比于上述拓扑指标与韧性特征指标定量评估韧性，性能指标更能刻画出系统在应对干扰事件前后系统性能的整个"抵御"过程，从而能够更好地反映交通网络应对干扰事件过程中系统动态变化的能力，因此被广泛应用于交通韧性定量评估。

22.2.4 交通韧性评价方法

1) 综合指数法

综合指数法是一种较为直观简便衡量系统韧性的方法，首先对选取的指标数据进行标准化处理，并利用综合加权求和、熵权系数、AHP、TOPSIS 等方法确定指标权重进而综合评价城市韧性程度。其优点是计算过程相对简单，易于操作；缺点是在指标选取与权重确定过程中存在一定的主观性，忽视要素间关系。综合指数法多应用于较为静态的系统韧性评价，常用技术路线为建立相关交通网络，建立随机攻击或蓄意攻击模型攻击网络，通过综合指数评价系统韧性，识别出网络系统中的脆弱点并对其做针对性优化。相关研究的研究对象通常为路网、轨道交通网、空中交通网等。

2) 情景分析法

由于韧性被假设为社会-生态的属性而难以测算，通常采用情景模拟的方法来测度韧性水平。情景分析是设定一个或多个变化背景，来模拟其对城市各个系统结构、功能等影响的变化情形及路径选择。其优点是能够计算不同假设情景下多个因素同时作用的结果，进行空间模拟；缺点是其主要针对如何降低某个扰动风险来设定，对系统韧性和适应性等问题则关注不够，此外，情景分析需要一定量的历史数据来训练模型进而模拟情景。情景分析多用于明确破坏类型的系统韧性评价，如抗震韧性、抗洪韧性等，类似的交通韧性研究需要具备跨学科的视角与相关仿真模拟的技术手段。由于实时场景构建具备动态性的特征，能够反映韧性系统的性能变化情况，情景分析法正在越来越广泛地被应用于交通韧性相关研究中。

22.3 基于长汀的实证案例

22.3.1 案例概述

1) 研究区域确定

长汀县基本情况可参考本书 11.3.2 节内容。本实证案例选择长汀县中心城区的北部组团作为整体来研究，范围大致包括老城区和北部工业园区等，是长汀县中心城区的核心区域，也是长汀古城的所在地。利用 ArcGIS 中的水文分析工具划分长汀地区河流子流域，根据下垫面类型与建设用地分布情况，将如图 22.4 所示的长汀城区子流域作为案例的研究范围，研究区总面积为 2 171.75 hm²。

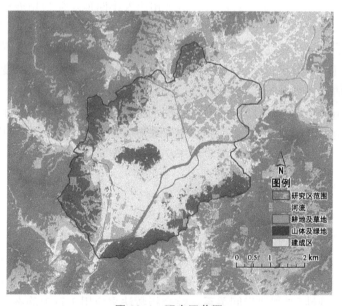

图 22.4 研究区范围

2) 研究技术路线

图 22.5 为本案例研究技术路线图，案例首先基于 SWMM 模型，设定 1 年、2 年、3 年、5 年、10 年一遇为不同暴雨重现期，通过福建省暴雨强度公式计算暴雨强度，从而计算道路最大淹没深度，实现对研究范围内暴雨内涝情景的模拟。同时通过四阶段交通预测方法建立研究区交通预测模型，并利用所建立的模型来模拟现状早高峰时段研究区交通量分布。

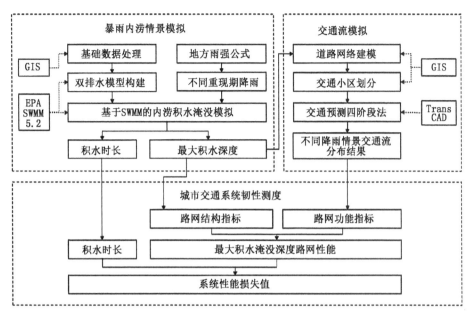

图 22.5　研究技术路线图

在此基础上将道路积水淹没结果与交通网络叠加分析，将其转化为道路网络的路段失效和速度下降两种类型的扰动作用，对不同暴雨内涝情景下的道路网络进行相应调整，并重新分配交通流量。最后通过网络拓扑指标量化不同暴雨内涝淹没情景下的道路网络结构特征和交通流特征，以分析在不同内涝灾害情景下路网系统的结构和功能特征，从而实现对各情景下交通系统韧性水平的量化测度。

22.3.2　暴雨内涝与交通流量模拟

1）暴雨内涝情景模拟

SWMM 模型是常用的雨洪模拟模型，因其简便易用、用户交互界面成熟、模型构建过程简洁、二次开发方便等特性，被广泛应用于暴雨内涝模拟相关研究中。本案例即选择SWMM 模型来模拟 1 年、2 年、3 年、5 年、10 年一遇等不同暴雨强度下的道路积水淹没场景。在 SWMM 模型构建过程中，采用了地下管网与地面路网结合的双排水模型方法，将道路概化为模型中的管渠。模拟得到道路的最大淹没深度如表 22.5 所示。

表 22.5　暴雨内涝情景模拟结果统计分析表

暴雨情景	积水路段长度占比	平均积水深度（m）	积水时长（h）
1 年一遇	0.60	0.083	12
2 年一遇	0.66	0.115	13
3 年一遇	0.68	0.157	13.5
5 年一遇	0.73	0.175	14.25
10 年一遇	0.77	0.256	15

通过历史降雨和内涝深度的实测值验证模型，模拟结果与实际较为相符，验证了双排水

模型在城市雨洪分析中的可行性。

研究区不同重现期短时强降雨造成的内涝模拟结果显示：随着降雨强度的增大，最大淹没深度时刻的研究区内积水路段数量和积水的平均深度都将上升，积水总时长也随之增大。模型模拟得到的不同重现期降雨情景下内涝积水结果，将作为城市道路的积水淹没情景，用于城市路网结构变化和交通流分布变化的分析，进而在此基础之上开展道路交通网络的韧性评估工作。

2) 道路交通流量模拟

四阶段交通预测方法是模拟交通流量的主流方法（详见本书 8.3.1 节），案例选择工作日早高峰时段作为高峰时段，并基于 2016 年数据运用四阶段法模拟这一时段研究区内的交通出行情况，建立交通流量预测模型。首先基于土地利用和人口数据进行交通出行的生成分析，通过重力模型和出行距离分布函数模拟 OD 矩阵的分布，通过机动车出行距离曲线确定机动车的交通出行分担量，借助 TransCAD 软件得到交通流在路网上的分配结果，所得交通流分配结果如图 22.6 所示。

因实测数据有限，无法精确评估交通流模拟的结果，故通过 2016 年两个实测点的早高峰交通量与预测 2016 年早高峰交通量相对比来验证模型可靠性，表 22.6 所显示的实测结果与预测结果误差较小，可认为模型具有可靠性。

表 22.6 交通流模拟结果对比

观测点	模拟值	实际值	误差
长汀宾馆前	696	756	7.93%
南环路口	442	513	13.84%

运用预测模型模拟研究区现状工作日早高峰交通量，模拟分析结果如图 22.7 所示，该结果为下文进行暴雨内涝道路积水情景下的交通流重分配模拟奠定了基础。

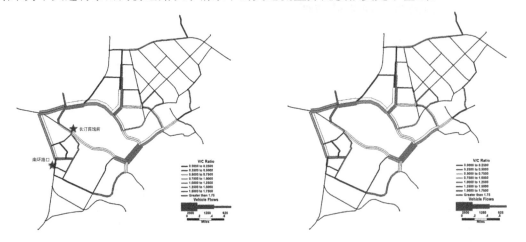

图 22.6 研究区交通流模拟(2016 年工作日早高峰)　　图 22.7 研究区交通流模拟(现状工作日早高峰)

22.3.3 内涝情景下路网结构与功能特征变化

1) 内涝情景下路网结构与功能特征变化

暴雨内涝灾害对道路网络单元的影响分为拥堵和失效两种类型。路网的结构特征主要受到后者,也就是路网单元失效带来的影响。当路段的淹没深度超过车辆可通行的最大深度时,路段将不可通行,这也意味着道路网络拓扑结构中该连线失效。

根据道路洪水安全阈值的相关研究,将车辆可通行的最大深度设定为 30 cm。将暴雨模拟结果中淹没深度 $h > 0.3$ m 的路段筛选出来并从路网中剔除,并将路网结构节点度的节点,即没有连接到任何边的节点一并剔除,可以得到如图 22.8 所示的不同暴雨内涝情景下研究区路网拓扑结构。

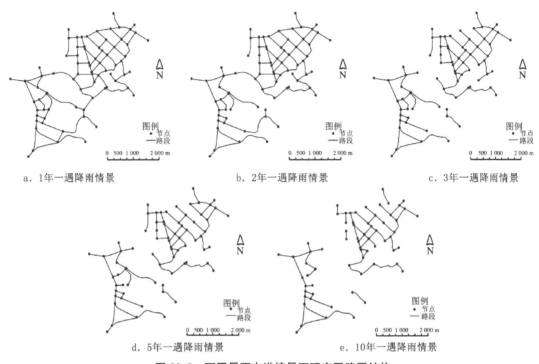

图 22.8 不同暴雨内涝情景下研究区路网结构

如图 22.9 所示,通过三项指标反映路网拓扑结构变化:网络边有效比用于评估道路网络在结构方面抵抗冲击保持原样的能力,在内涝情景中随着暴雨内涝扰动强度的增大不断下降;结构熵用来衡量不同情景下的道路网络节点分布特征,分析在受到冲击下的路网系统由有序趋向无序分布的程度,随着暴雨强度的增加,结构熵也不断增大,在强度达到 3 年一遇后趋于稳定;网络平均效率能够反映路网结构的连通水平,随着暴雨内涝扰动强度的增大呈下降趋势,随着路网中失效路段数量不断增加,节点之间的平均通行路径增长,网络通行效率下降,在强度从 2 年一遇到 3 年一遇变化时,部分重要路段被淹没,网络平均效率骤降,此后因重要节点已被破坏,网络平均效率降速放缓。

2)内涝情景下路网功能特征变化

研究区道路交通网络的功能特性同时受到暴雨内涝带来道路拥堵和道路失效两种类型的负面机制影响。当路段的淹没深度小于车辆可通行的最大深度时,路段仍可通行,但通行速度会因积水的存在而发生不同程度的下降;当路段的淹没深度超过车辆可通行的最大深度(30 cm)时,路段将不可通行,也可视作通行速度下降至 0。

在不同暴雨情景模拟过程中,根据最大积水深度的数值和分布情况调整路网模型,需要

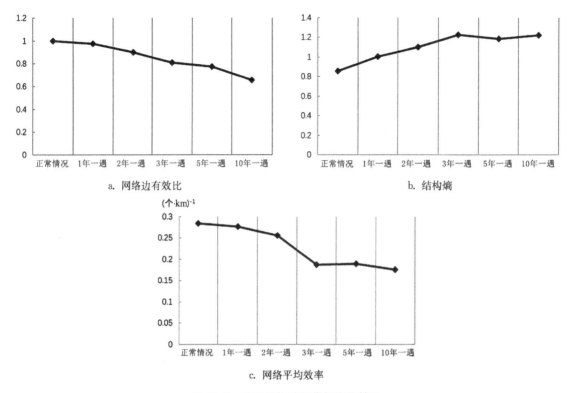

图 22.9 路网结构特征指标变化情况

调整的内容包括以下方面:①交通出行需求生成计算时,雨天选择车行方式的比例将上升,考虑到早高峰的出行类型以上班和上学等刚性出行需求为主,在一定降雨强度范围内受天气影响不大,因此保持交通出行生成量基本不变,将雨天情景下选择车行的交通出行量比例上调10%;②将路段淹没深度大于 30 cm 的路段筛选出来,从路网数据中移除,并将没有连接到任何边的节点一并删除;③调整交通小区与道路网络之间的型心连杆,将连接到失效节点的型心连杆重新连接到相邻的其他节点;④根据不同情景下的最大积水深度,采用杜磊等提出的速度衰减模型(如式 22.2),重新计算积水路段的通行速度,并更新交通流分配模型中相应的属性值。

$$v = \frac{v_0}{2}\tanh\left(\frac{-h+a}{b}\right)+\frac{v_0}{2} \tag{22.2}$$

式中,v 为车辆速度,单位 km/h;v_0 为路段设计车速,单位 km/h;a 为车辆可通行的最大深度的一半,单位 cm;h 为积水深度,单位 cm;b 为衰减弹性系数。衰减弹性系数是行驶速度随积水深度下降而衰减的速率,一般取值范围为 3~5 之间,取值越大说明车速的衰减速率越慢,案例参考已有研究的经验值,取 $b=4$。在调整后重新利用四阶段法模拟道路交通流,得到的预测结果如图 22.10 所示。

此外,3 年一遇及以上的暴雨强度造成路网失效,无法保持其整体连通性,进而导致部分交通出行量丢失或转移至其他交通方式中。对应的现实情况为在暴雨的影响下,原定机动车出行计划无法实现,居民选择放弃出行或者采用其他交通方式出行。通过 OD 对的丢失比例和出行量的损失比例表征不同情景下 OD 出行损失结果,如表 22.7 所示。

22 交通韧性

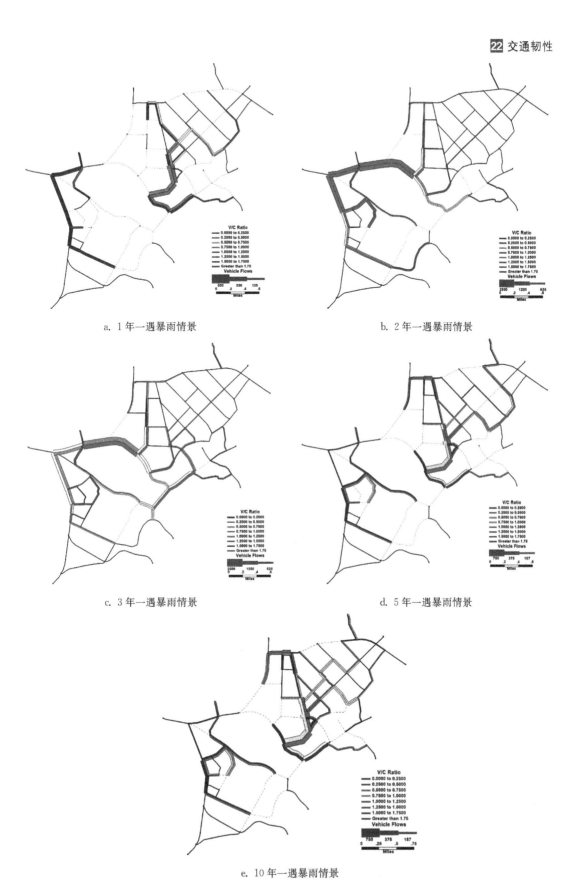

图 22.10 不同暴雨内涝情景下研究区交通流模拟结果

表 22.7　不同暴雨情景下 OD 出行损失比例

暴雨情景	OD 对丢失比例(%)	出行量损失比例(%)
1 年一遇	0	0
2 年一遇	0	0
3 年一遇	52.3	65.8
5 年一遇	52.3	65.8
10 年一遇	60.5	78.4

　　通过计算路网的功能特征指标分析暴雨内涝情景下路网的功能变化。首先计算路网平均速度以反映路网整体行驶速度水平，从而体现路网通行能力与整体状态，结果如图 22.11a 所示，随着暴雨强度的提升，路网平均速度呈现持续下降的趋势；其次计算路网总出行时间，路网总出行时间为道路网络上所有路段交通量的通行时间之和，用以表征道路网络的总出行时间成本，反映路网的通行效率和交通系统服务功能水平，计算结果如图 22.11b 所示，在 2 年一遇的暴雨强度以下，路网总出行时间随暴雨强度的提升逐渐增加，强度增加至 3 年一遇时，路网关键节点失效，交通出行量大幅下降，总出行时间陡降并保持低水平小幅波动；最后通过计算路网饱和度来反映道路网络所承担的交通压力水平，结果如图 22.11c 所示，在 3 年一遇强度以下，路网饱和度随暴雨强度逐渐提升，增速逐渐放缓，在 3 年一遇暴雨情景下，路网重要节点失效，交通量急剧减小导致路网饱和度陡降，后续随着暴雨强度的提升路网饱和度保持一定程度的下降趋势，降速放缓，饱和度趋于平稳。

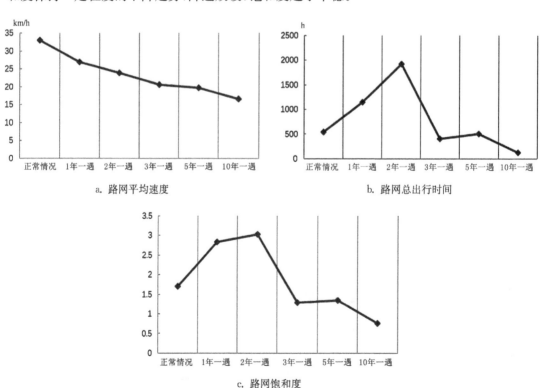

图 22.11　路网功能特征指标变化情况

3) 内涝情景下路网综合性能变化

TOPSIS法是多目标决策分析研究的一种常用方法，又称为优劣解距离法，即通过最优、最劣解与评价对象之间的距离对评价对象进行评价和排序。作为常用的指标组内综合评价方法，可以很好地利用原始数据。而在指标权重的确定上，主观赋权法可以运用已有经验或体现研究偏好；客观赋权法能够充分体现数据所包含的信息；主观和客观相结合的方法能够充分发挥二者的优势，合理确定评价指标权重。案例拟采用主客观结合的组合赋权TOPSIS法分析道路网络结构和功能各个指标的权重，首先构建标准化矩阵；其次通过主观赋权法确定各项二级指标的权重并通过熵权法计算各二级指标下三级指标的权重，而后将三级指标权重值与其所属的二级指标的指标权重值相乘，得到三级指标对一级指标的综合权重；继而计算最优解和最劣解并测度各评价对象各项指标和最优解、最劣解之间的距离；最后通过距离评估各对象与最优方案的接近程度，按式22.3计算得到量化接近程度的不同暴雨内涝情景下路网性能综合评价指数，越接近说明该评价对象越优。

$$C_i = \frac{D_i^-}{D_i^+ + D_i^-} \tag{22.3}$$

式中，C_i 为综合评价指数，D_i^- 为指标与最劣解之间的距离，D_i^+ 为指标与最优解之间的距离。

将道路网络综合性能评价指标体系分为三个层级，一级指标为道路网络综合性能；二级指标包括结构性能和功能性能；三级指标包括网络边有效比、结构熵、网络平均效率和路网平均速度、路网总出行时间、路网饱和度。

标准化处理上述6个指标数据，使其落入[0,1]的取值区间范围内，然后用于组合赋权TOPSIS法分析和综合指数计算。从主观角度考虑，可认为路网的结构和功能在表征路网综合性能时同等重要，因此为结构性能和功能性能分别赋予的权重为：$w_1 = 0.5, w_2 = 0.5$。

基于主客观组合赋权法的指标权重计算如表22.8所示，综合权重最高的指标为网络结构熵，其后依次为路网平均速度、路网饱和度这两个路网功能特征指标和网络平均效率这一路网结构指标；最后为路网总出行时间和网络边有效比。

表22.8 主客观结合的指标权重计算结果

一级指标	二级指标	权重	三级指标	权重	综合权重
道路网络综合性能	结构性能(w_1)	0.5	网络边有效比	0.198	0.099
			结构熵	0.447	0.224
			网络平均效率	0.355	0.177
	功能性能(w_2)	0.5	路网平均速度	0.386	0.193
			路网总出行时间	0.239	0.120
			路网饱和度	0.374	0.187

基于TOPSIS法的综合评价结果如表22.9所示，将综合得分指数作为路网性能综合评价值。可以看出，在暴雨强度达到3年一遇前，路网综合性能随暴雨强度的提升不断下降。3年一遇强度的暴雨导致路网部分重要节点与边失效，路网综合性能降至一个较低的水平。强度超过3年一遇后因路网损毁，其综合性能不再下降，而是维持在这一较低的水平。

表 22.9 综合评价结果

暴雨情景	正理想解距离(D+)	负理想解距离(D−)	综合得分指数	排序
正常情况	0.111 469 71	0.661 365 04	0.855 765 14	1
1 年一遇	0.321 757 31	0.467 288 11	0.592 219 53	2
2 年一遇	0.456 934 26	0.326 558 72	0.416 798 53	3
3 年一遇	0.559 800 14	0.272 712 04	0.327 577 23	5
5 年一遇	0.537 674 49	0.257 177 8	0.323 554 21	6
10 年一遇	0.624 507 05	0.306 714 41	0.329 367 85	4

22.3.4　不同暴雨内涝情景下道路交通系统韧性测度

通过系统机能曲线模型的简化方法量化评估研究区道路网络韧性水平,也就是通过计算路网系统性能损失值来衡量韧性,系统性能损失值越高,代表路网的韧性水平越低。

前文分析得到的不同情景下路网积水时间和最大积水深度下路网综合性能如表 22.10 所示。

表 22.10　不同情景下路网积水和综合性能分析结果

暴雨情景	路网积水时间/h	最大积水深度下路网综合性能
1 年一遇	12	0.592 2
2 年一遇	13	0.416 8
3 年一遇	13.5	0.327 6
5 年一遇	14.25	0.323 6
10 年一遇	15	0.329 4

基于前文提出的系统性能损失值计算方法,得到的不同暴雨内涝情景下研究区路网系统性能损失值计算结果如图 22.12 和表 22.11 所示。

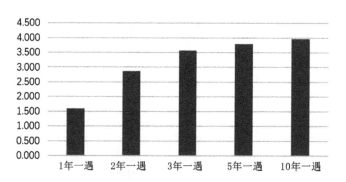

图 22.12　不同暴雨内涝情景下研究区路网系统性能损失值变化趋势

表 22.11　不同情景下研究区路网系统性能损失值分析结果

暴雨情景	1 年一遇	2 年一遇	3 年一遇	5 年一遇	10 年一遇
系统性能损失值	1.581	2.853	3.565	3.792	3.948

由计算结果可见,随着暴雨扰动强度的增大,路网的系统性能损失值不断上升,说明路网的韧性水平不断下降。暴雨扰动的强度越大,路网的韧性水平越低。随着暴雨扰动强度的增大,路网的韧性水平降幅有所减小。这说明道路网络的韧性水平与扰动强度负相关,韧性水平的下降程度与路网在网络结构方面的变化程度密切相关,一旦扰动事件导致了路网结构特征发生突变,将大幅度影响路网的响应能力和韧性水平。

22.3.5 基于韧性评估结果的道路交通系统优化建议

1) 路段综合分类

根据前述评估方法得到的结果,路段的内涝风险可以体现路段受到暴雨内涝灾害影响的可能程度,而结构-功能参数可以反映该路段在道路网络中发挥连接作用和承担交通流量的重要性,因此,案例拟采用路段内涝风险和结构-功能参数综合的方法分类评估路网单元。首先将前文的暴雨内涝模拟结果代入式 22.4 计算内涝风险:

$$R_k = \sum_P h_{Pk} \times \frac{1}{P}, P \in \{1, 2, 3, 5, 10\} \tag{22.4}$$

式中:R_k 为路段 k 的暴雨内涝风险,P 为暴雨重现期,h_{Pk} 为暴雨重现期为 P 年一遇情景下的路段 k 内涝积水深度。将计算得到的路段暴雨内涝风险评估结果划分为高风险、中风险和低风险三类,如图 22.13 所示。

其次综合考虑网络结构和交通流分布等两方面的因素,用式 22.5 计算结构-功能参数来评价路网单元的脆弱性:

$$\lambda_k = w_1 q_k + w_2 \xi_k \tag{22.5}$$

式中:q_k 为路网单元 k 的交通量标准化值,ξ_k 为路网单元 k 的边界数,w_1、w_2 为指标权重,且满足条件 $w_1 + w_2 = 1$。参考既有研究,权重取经验值:$w_1 = 0.4, w_2 = 0.6$。根据计算结果将所有路段的提升修复重要度分为最重要路段、较重要路段和一般重要路段三类,如图 22.14 所示。

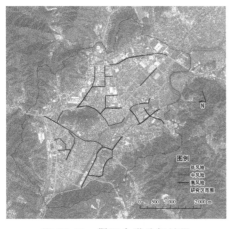

图 22.13 暴雨内涝分级结果

图 22.14 结构-功能参数分级结果

综合暴雨内涝风险与结构-功能重要程度,以表 22.12 为原则评定路段分类等级,分类结果如图 22.15 所示。

表 22.12 路段综合分类原则

路段综合分类	最重要	较重要	一般重要
高风险	一类道路	一类道路	二类道路
中风险	一类道路	二类道路	三类道路
低风险	二类道路	三类道路	三类道路

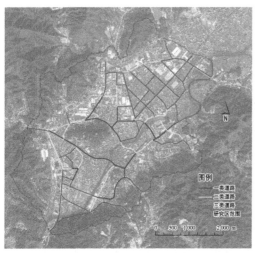

图 22.15 路网各路段综合分段结果

2) 韧性优化提升角度

一方面,在较为具体专一的交通基础设施领域,案例拟从道路网络结构与功能的角度展开探讨。首先,从道路网络结构角度出发,应结合实际条件,增加连接不同组团区域的畅通道路,增加组团间交通出行路径选择的冗余度,避免依赖单一的组团间通行道路。从结构熵角度分析,道路网络的连接度应更加均衡地分布,使道路网络的整体结构趋于更加有序的状态,形成层级清晰、空间均衡的路网体系。其次,从路网功能角度出发,应提高现有路网的通行能力,增强路网的有效性。在维持现状道路网络规模的基础上,可以通过优化交叉口信号周期、交叉口渠化和展宽等方式减少交叉口带来的通行能力衰减。此外,还应结合研究区道路的实际建设情况,采取非机动车与机动车分流、规范研究区的路边停车、拓宽有条件地区的局部道路等措施实现优化。

另一方面,扩展到更为宏观的城市防灾和应急管理领域,案例拟从城市防涝建设与应急管理角度展开讨论。首先,通过海绵城市建设和防洪排涝建设,降低暴雨内涝对城市道路的影响时间。在建成环境方面,应结合海绵城市建设,在易涝区域布置低影响设施(LID),如采用透水铺装、建设雨水花园、在道路两侧铺设植草沟等措施,增强地表的雨水蓄滞作用,增加雨水的蓄积容量;在排水设施方面,完善研究区内的地下雨水管线建设,增强管网系统排水能力。通过提升城区整体的防涝建设水平,降低暴雨带来的内涝风险,从源头上减轻暴雨内涝对城市道路网络系统的冲击,提升抗涝韧性水平。其次,应充分发挥城市应急管理和组织协调能力,通过信息手段,从各种渠道将道路实时路况信息通知城市居民,使居民出行时能提前避开积水区域,发挥城市交通系统韧性的灵活性特征;同时在受灾区域采取交通管理措施,提醒车辆减速或绕行,发挥韧性交通系统的应对性特征。此外,还应及时抢险修复积水严重区域,排查地下管网是否存在堵塞并及时疏通,必要时采取人工辅助的手段加强路面排水,从供需两端发力提升应急管理能力,进而提升城市交通系统韧性。

3) 分类优化提升建议

根据上述分析角度,结合道路综合分类结果提出优化建议如下:

对于一类道路,规划应考虑通过建设手段增强道路的排水抗涝能力和通行能力,一方面通过布置植草沟、生态树池、人行道透水铺装等 LID 设施,加强雨水蓄滞能力,改造并完善城市雨水管网设施,在有条件的地区采用透水路面,优化排水沟位置等,降低内涝风险;另一方面,结合实际情况优化设计重点路段和交叉口的道路平面,提高通行效率。在日常应急管理方面,制定相应的暴雨交通管理应急预案;在这些重点关注路段附近就近配置应急排涝泵等设施,配置应急抢险救援力量;加强排水管网基础设施和路面状况等的日常巡查维护。

对于二类道路,规划方面同样应提升道路排水和通行能力,并根据不同路段实际特点有所侧重,在内涝风险较高但日常车流量较少的路段,重点通过管网改造或 LID 设施提升区域的排水抗涝能力;在内涝风险较低但在交通网络中发挥重要作用的路段,重点完善各类交通基础设施,加强交通管控能力。同样应加强日常的道路维护和防洪排涝应急管理。

对于三类道路,这类道路的暴雨内涝风险和结构功能重要程度都相对较低,不易受到暴雨内涝的直接影响,在规划上同样应合理优化道路平面和完善基础设施。此外,对于某些与主要道路位置相近、可作为替代路线的道路,可以在暴雨内涝灾害下通过合理的交通管理引导措施,使车辆由此绕行,使其发挥应急备用道路的功能,缓解内涝下城市交通系统的压力。

22.3.6 小结

案例在已有的交通韧性评价研究基础之上,构建了适用于暴雨内涝灾害的城市道路交通系统韧性的量化测度方法,以长汀县主城区为实证研究对象,分别模拟了重现期为1年、2年、3年、5年和10年的暴雨内涝淹没情景,最后在不同积水场景下通过交通流模拟分析道路网络综合性能的变化,并定量测度系统性能损失值。主要结论如下:

案例将韧性的量化测度确定为扰动过程中的系统性能损失值,认为韧性水平应综合道路交通系统的综合性能下降程度和恢复时间两方面因素进行评估。暴雨内涝模拟中SWMM模型对不同重现期暴雨的模拟结果显示,随着降雨强度的增大,内涝严重程度增加,道路平均积水深度、积水总时长和积水路段的占比都不断上升。而遵循四阶段法思路运用 TransCAD 对现状工作日早高峰的交通流量模拟结果显示,该高峰时段交通量集中在城市干道上。

模拟不同暴雨内涝积水情景下的城市道路交通流量状态,其结构特征分析表明,随着失效路段数量从3增加至38,路网结构的网络边有效比、网络结构有序程度和网络连接效率都呈下降趋势,且在降雨强度较大时数值变化幅度较小。功能特征分析表明,随着降雨强度增大,除路网平均通行速度持续下降之外,路网的总行驶时间和饱和度都呈现先上升后下降的变化过程,表明在内涝导致路网分隔为若干互不连通的部分后,各组成部分之间交通出行无法发生,导致路网承载的总出行量下降。

组合赋权 TOPSIS 法的路网综合性能评价结果显示,相较于正常天气状态下的路网性能,暴雨内涝情景下的路网性能皆下降,暴雨强度越高,路网性能下降越多。通过系统性能损失值评估道路网络韧性水平,结果显示,降雨强度越大,道路网络韧性水平越低,对扰动破坏的抵御能力和恢复能力皆下降。

最后,案例根据内涝模拟和交通模拟结果的风险性和重要程度,将路网中的路段划分为不同类别。进而从路网结构与功能和城市防涝建设与应急管理两个角度出发,针对不同类别的道路提出了相应的优化建议。

22.4 结语

随着自然环境的不断变化和世界局势日益复杂,承载大部分人类活动的城市区域面临着日益严重的安全危机。而韧性理论从单一静态的工程韧性走向多元动态的演进韧性,概念含义的更新迭代不断提升着科研工作者量化、评价、优化城市交通韧性的准确程度与措施力度,同时新技术的发展与大数据的广泛应用也为相关的韧性研究奠定了坚实的基础。交通韧性相关研究方法也从基础的静态图论与指标计算扩展到时间序列上基于"韧性三角形"的动态韧性性能评估,这使得交通韧性研究拥有了极为广阔的发展前景与应用舞台。

但与此同时,在这些基础条件之上,考验城市韧性的干扰或中断乃至严重破坏事件存在着极大的不确定性,破坏事件的偶发性和剧烈破坏性特征限制了韧性的实际测试,研究多只能依赖历史数据和仿真模拟来模拟破坏场景,这使得韧性研究成果在实际场景中的应用效果始终存疑。此外,韧性的概念起源于工程和生态学科,在跨学科应用时操作方法和普适性都存在着未知,研究视角的扩展与研究领域的交叉也对研究者的知识面和解决问题的操作能力提出了较高的要求。最后,韧性的概念与含义仍在发展演变,且前人研究所形成的成果已然形成一个较为完善庞杂的系统,跨学科的韧性研究亦难以窥一管而知全豹,往往浅尝辄止,缺乏对韧性较为全面、系统、可持续的描述与度量。这些问题仍有待于业界的仁人志士深入思考和实践攻关。

23 手机信令数据在交通模型优化中的应用

21世纪以来,随着信息通信技术的快速发展,社会发展亦进入高速信息化时代,人类的生产、生活与休闲方式发生了巨大变化。短短10余年间,人类活动累积的信息量已经超越在此之前人类记录信息量的总和,并呈现爆炸式的增长态势,"大数据时代"亦应运而生。

大数据(Big Data)指无法在一定时间范围内用常规软件工具进行捕捉、管理和处理的数据集合,是需要采用新处理模式才能具有更强的决策力、洞察发现力和流程优化能力的海量、高增长率和多样化的信息资产。大数据具有"5V"特征:Volume(大量)、Velocity(高速)、Variety(多样)、Value(低价值密度)和Veracity(真实性)。大数据规模从几个TB到数个PB。当然,对于规划领域,有时,能够通过软件批量爬取互联网数据并用于分析,即使达不到TB层级也可算作大数据的范畴。近年来,大数据在社会学、经济学、金融学、旅游学、管理学等不同的领域得到了广泛应用。数据挖掘、人工智能、机器学习等计算机科学技术则迅速融入研究体系中。

目前普遍采用的空间大数据包括全球定位轨迹(GPS)、公共交通刷卡数据、社交网络位置数据、手机信令基站定位数据及带地理坐标的图片等。空间大数据促进了交通、地理、规划等与空间紧密相关的学科研究范式向数据驱动研究的重大转变。然而,空间大数据的研究与实践也受到数据隐私与保密性、安全性等问题的限制。空间大数据往往同时带有时间属性,因此也延伸出一个概念——时空大数据(Spatial-temporal Big Data)。时空大数据的分析方法与技术手段包括:针对数据混杂性的模式与特征提取,针对数据复杂性的时空尺度降维分析,以及针对数据稀疏性的全局模型构建。现实世界中的数据与地理位置有关的比例超过80%,大数据为更好地理解人的行为的时空关联及模式创造了契机,从而推动了相关领域的科学研究。

大数据是最好的统计和呈现现状城市交通运营特征的数据来源。如,以北京市2018年8月共31天的IC卡刷卡数据为样本,并以全市平均刷卡率进行了统一扩样,得到:工作日公交乘客平均每人每天乘车时间为65 min(不含候车时间;若包含候车时间和两端步行时间,公交全程出行时间预计在80~90 min);约有50万人当月工作日平均乘车时间超过3 h/d,占全月公交出行总人数的3%。再如,21岁的Kona Farry是一位自称"痴迷公共汽车"的人,他于2016年搬到西雅图就读于华盛顿大学时,对当地的交通系统十分着迷。因此,他创建了一个网站(https://ptrack.konafarry.com,简称为P-Track),这个网站根据来自当地机构的GPS和实时运营数据来绘制每辆公共汽车、轻轨和电车的精确位置,以便于人们进行出行选择。如今越来越多的人参与到大数据的应用层面,无论你是规划师,还是拥有一技之长的居民,都可以利用大数据解决生活中的一系列问题。

英国皇家科学院院士迈克尔·贝蒂(Michael Batty)教授认为,实时大数据给了我们一个强大的动力,让我们由"低频城市"转向"高频城市"。大数据和数据挖掘技术的发展将给解决交通中存在的问题带来新的思路。本章将首先介绍大数据应用的框架,然后介绍手机信令大数据特征及处理方法,接着介绍手机大数据在交通生成率和交通分布预测模型中的应用。无可否认,大数据在改善交通服务、缓解交通堵塞及促进交通研究科学化和智能交通快速发展等方面正显示出越来越重要的作用。

23.1 大数据应用概述

23.1.1 应用大数据的意义

大数据是人们在大规模数据的基础上可以做到的事情,而这些事情在小规模数据的基础上是无法完成的。大数据是人们获得新的认知、创造新的价值的源泉。大数据还是改变市场、组织机构,以及政府与公民关系的方法。

大数据是大小超出了典型数据库软件的采集、存储、管理和分析等能力的数据集。因此,工程师们必须改进处理数据的工具,如谷歌的 MapReduce 模型平台、Lambda 架构、GFS 架构等。这些技术使得人们可以处理的数据量大大增加。同时,因为互联网公司可以收集大量有价值的数据,而且有利用这些数据的强烈的利益驱动,互联网公司则顺理成章地成为最新处理技术的领头实践者。因此,大数据应用首先推动了互联网和信息科技等相关产业的高速发展。

目前,城市与交通在规划、设计、建设、运营管理与实践领域主要还是依赖抽样数据、局部数据和片面数据,甚至在无法获得实证数据的时候依赖经验、理论、假设和价值观去发现未知领域的规律。因此,规划师、设计师、运营管理方对城市与交通的认识往往不够全面甚至错误。例如图 23.1 为广州市第 3 次交通调查的结果,利用手机信令数据分析的出行时间分布与传统入户调查样本数据的出行时间分布有较大差异,特别是在早晚高峰期间。

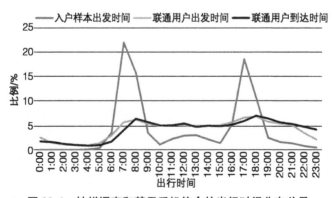

图 23.1 抽样调查和基于手机信令的出行时间分布差异

大数据在影响社会经济、技术发展的同时,对城市交通也产生着直接和间接的影响。直接影响包括大数据对城市交通规划管理、决策支持理论技术的影响,间接影响包括大数据通过社会经济发展改变间接导致的城市交通出行技术和出行行为等方面的作用。维克托·迈尔-舍恩伯格(Viktor Mayer-Schönberger)指出：大数据时代的来临使人类第一次有机会和条件，在非常多的领域和非常深入的层次获得和使用全面数据、完整数据和系统数据，深入探索现实世界的规律，获取过去不可能获取的知识，得到过去无法企及的商机。大数据无疑为城市与交通的研究提供了新的路径与方法。

23.1.2 规划应用中的大数据类型

传统的规划多使用小样本数据，而大数据可以通过遥感、测绘、传感器、手机、互联网等技术手段来实现数据的大批量和精准化抓取。大数据根据供应关系分为需求数据、设施数据和供应数据(图23.2)。需求数据包括手机信令、公交 IC 卡、出租车 GPS、微博签到等数据；设施数据包括 POI(兴趣点)、高铁班次、航班信息等数据；供求数据包括高铁余票、道路车速、可达性等数据。

图 23.2　多源数据类型

其中，手机信令数据因其覆盖面广、应用领域广泛而成为现今最为常用的大数据之一。它依托运营商建立的信令监测平台，采集手机与基站之间信令数据的交换，通过后台关联、合成和解析，获得手机匿名 ID、事件类别、时间戳、基站编号、位置区编号等信息，以及通话、非通话期间的事件数据。此外，公共刷卡数据积累了居民出行的海量数据。车载(包括出租车、公交)GPS 则由车载终端或数据采集系统掌握了实时数据，可随时了解几乎全部主要道路的交通路况；互联网公司通过卫星地图数据及导航数据，提供了道路交通的实时运营数据。这些数据对于人们的日常出行，比如路径选择和出行方式选择等有着重要作用。

在大数据时代，通过利用信息数据来研究城市空间和居民行为问题将为现有城市时空间行为研究提供新的方向，对于重构和丰富城市理论、指导城市规划与建设、合理布局交通设施等都具有重要意义。

23.1.3 大数据在交通分析中的应用

大数据在交通战略决策、综合交通研究、交通枢纽选址及评估、交通实时监控及管理等四大方面有很好的应用前景。具体的，区域级交通战略决策包括：城际人口布局统计、城际人口迁移统计、人口布局发展趋势分析、城市联系度分析、机场高铁站客流吞吐量及客流来源去向分析、机场高铁站联系度分析等。城市级综合交通研究包括：城市人口职住分布、城市人口交通出行 OD、城市人口出行轨迹、城市交通客运走廊甄别、城市路网拥堵指数分析等。交通枢纽选址及评估包括：交通枢纽周边职住分析、交通枢纽客流来源分析、交通枢纽客流量统计、交通换乘人流甄别及分析、交通枢纽选址评估、交通枢纽选线评估、交通枢纽客流综合评估等。交通实时监控及管理包括:高速公路实时监测、景区人流实时监测、节假日区域实时监测、实时位置定位、历史轨迹查询等。

较常见的大数据在交通中的应用有以下几种方式:

(1) 手机信令数据是手机在常规使用中产生的海量数据。基于基站位置的手机数据，并配合智能手机中各个软件要求打开的 GPS 定位数据，手机运营商可以获取这两方面数据。这些宝贵数据将可以分析实时的道路交通拥堵状况、人口流动特征或特定区域的人员聚集程度，为交通出行、公共配套设施建设、人流监控引导等提供决策依据。

(2) 公共交通部门发行的 IC 卡大量使用，因此积累了海量的乘客出行数据，可计算出分时段、分路段、分人群的交通出行参数，并可创建公共交通模型，有针对性地采取措施提前制定各种情况下的应对预案，科学地调配运力。

(3) 交通管理部门在道路上预埋或预设物联网传感器，实时收集车流量、客流量信息，结合各种道路监控设施及交警指挥控制系统数据，形成智慧交通管理系统。这将十分有利于交通管理部门提高道路管理能力，制定疏散和管制措施预案，提前预警和疏导交通。

(4) 出租车是城市道路的高频使用者，可以通过其车载终端或数据采集系统提供的实时数据，随时了解几乎全部主要道路的交通路况；而利用长期积累的这类数据能够分析得出什么时段的哪些地段拥堵严重，为出行提供参考。

(5) 地图软件给出的分方式出行时耗等数据(通过规划路径 API 获取)也属大数据的范畴，这些数据恰恰表达了地点的交通可达性，可使用于区域交通、城市交通等层面的应用研究中。

图 23.3 为上海市在开展交通规划与分析时所运用到的大数据类型，可见大数据已渗透到城市交通的相关规划研究中。

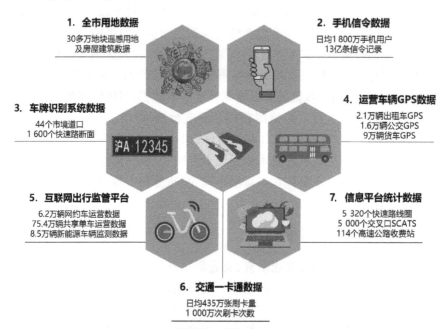

图 23.3　上海交通规划与决策分析系统运用的大数据类型

广州市在第 3 次交通综合调查中，充分利用多源大数据开展数据挖掘和解释分析工作，具体如表 23.1 所示。

表 23.1 广州市第 3 次交通调查及分析内容

数据类别	指标与分析
手机信令数据	① 人口总量修正:通过用户停留情况,分别判断常住人口、流动人口和过境人口的总量及分布情况 ② 职住分布特征:根据超过 6 个月的手机信令数据的时间跟踪分析,判断用户居住地和工作地分布特征 ③ 城际出行特征:利用全省手机数据分析广州和周边城市的出行特征 ④ 轨道交通换乘特征:利用轨道交通地面和地下基站不同,以及每条线路和每个车站及车站编号不同,判断分析换乘客流 ⑤ 出行频次分布:通过职住特征和驻点判断,统计各个小区不同出行频次的用户分布,校正传统调查的出行沉默需求
互联网数据	① 人口迁徙特征:对 2016 年和 2017 年的人口职住分布特征进行跟踪挖掘,分析人口迁徙特征及变化 ② 交通可达性:依托城市浮动车速度数据、"众包"数据等资源,计算不同小区之间早晚高峰、平峰的出行时间和交通可达性 ③ 典型建筑出行生成率特征:利用互联网位置数据分析典型建筑在不同时间段的居住、工作、来访人员的情况,分析建筑吸引率 ④ 志愿者出行轨迹:开发志愿者轨迹信息采集系统,采集志愿者一天的出行轨迹信息,校正人员出行调查的出行频次
卡口车牌识别数据	① 车辆拥有分布:通过卡口数据连续监测车辆出行信息,挖掘车辆的停放地从而判断分区车辆拥有情况 ② 外地车特征:通过卡口数据对外地车辆进行连续跟踪分析,识别长期本地化运营车辆和短期到访车辆的出行特征及时空分布特征
高速公路流水数据	过境交通特征:通过分析广东省高速公路进出收费站的流水数据,识别广州过境车辆,分析过境车辆经行路段及时空分布特征
IC 卡和 AFC 数据	出行特征:通过分析广州市公共交通 IC 卡数据及 AFC 数据,分析公共交通时空分布特征、运行特征、出行规律等
GPS 数据	OD 分布:通过分析广州市出租汽车和"两客一危"的 GPS 数据,分析出租车、大客车、危险货物等车辆的时空分布特征、货运物流集聚地以及货运通道等

尽管大数据有广泛的应用,但是在大数据的研究热潮之下,我们必须清楚地看到大数据应用中存在的问题:首先是数据的开放性问题,我们所谓的大数据是否具有代表性,是否具有时效性;其次是在大数据处理和分析的方法层面,我们是否使用了正确的研究方法,是否构建了科学的应用体系;最后就是对于大数据与小数据融合的继续探究,我们不能否认小数据在一些分析中存在的必要性和合理性。大数据时代,思路比技术本身更重要,拥有大数据的同时仍应关注分析问题、揭示问题和解决问题的思路而不是"炫"数据或技术。

23.2 手机信令数据特征与处理技术

与传统出行调查数据相比,手机信令数据具有样本量大、覆盖范围广、稳定可靠、实时性强、采集成本低等优点。但是不同于传统调查方法可以直接获得居民的出行信息,如出行目的、出行方式等,手机数据记录的只是一系列以时间为顺序的轨迹点。如何从手机数据中挖掘出居民的出行信息,获得居民出行方式成为重要的研究热点。

23.2.1 手机定位技术

移动通信网络的演进历程不仅是一场通信市场的革命,在显著提高通信质量和速度的同时,也为基于手机的定位服务搭建了良好的基础环境。相比于 2G、3G 网络,LTE 新一代移动通信技术提供了更多的支持定位业务的实现手段,可以提供更为丰富、精确、便利的位置信息服务,主要体现在以下几个方面:①通信网络传输速率大大提升,传统 2G 的 GSM 网络的峰值速率和小区吞吐量均为 0.47/0.47 MB/s,TD-LTE 相应的增加至 28/84 MB/s 和 9.8/20.4 MB/s,这意味着通信系统能提供足够的通信带宽来支持更高频率的微信、QQ、视频等上网信令数据,而不仅仅局限于以往的位置切换以及普通的通话和短信业务等事件;②采用"软切换"的形式代替原有通信系统的硬切换,可以有效消除硬切换中的"乒乓切换",使切换定位更加可靠和稳定,并减少了由于"乒乓效应"产生的错误定位数据;③LTE 系统能够更准确地捕捉并记录下移动终端的位置更新信息。随着移动通信网络的进一步完善,手机定位数据的精度也在逐步提升,未来将在交通分析领域发挥出更大的价值。相比于 2G、3G 移动通信标准,4G 信令数据的触发事件种类更为丰富,记录频率有了较大提升,能较完整地还原出用户一天大致的位置信息。基于 4G 手机信令数据的轨迹信令采集方法具有显著的经济性和普适性,但这些海量数据需要做预处理,如无效冗余数据过滤、乒乓数据处理、漂移数据处理等。

23.2.2 基站信号的空间覆盖

移动通信网络的信号覆盖一般分为 4 个层级,从大至小依次是移动交换区(MSC)、位置区(Location Area,LA)、基站区和小区(Cell)。小区即基站小区,也称为蜂窝小区,对应一个基站收发台(BTS)所覆盖的区域,是最小的物理基站单元;位置区是指在这个范围内手机可以随意移动而不需要进行位置更新,每个位置区拥有一个唯一的位置区编码(LAC);移动交换区是基站网络系统中最大的单元,一般来说移动运营商会根据城市来划分此区的边界。各个层级的空间覆盖范围如图 23.4 所示。

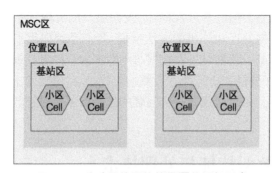

图 23.4　移动通信网络信号覆盖层级示意

为了保证无线信号的覆盖,在基站相对距离较大的区域需要增加天线的辐射功能。一般来说,单个天线的信号覆盖区域为扇形,一个位置固定的物理基站上存在一定数量的天线,共同形成一个 360°的圆形覆盖面。通过位置区编码(LAC)和小区编码(Cell ID)可以唯一确定一个蜂窝小区覆盖的空间范围。移动运营商为了保证通信质量,地面区域会存在多个基站信号的重叠,而手机会优先选择接收到的通信信号最强的蜂窝小区并建立连接。蜂窝小区的信号强度受到包括距离在内的多种因素影响,一般来说,基站在距离较近的区域发射信号的强度最大,随之递减。在基站之间的间距相等的情况下,假设蜂窝小区的覆盖范围存在明确的边界使得位于边界内的区域到所在小区的基站收发位置的距离最近,则会形成形如蜂窝的六边形。而当基站分布无规律时,则为泰森多边形。详见图23.5。

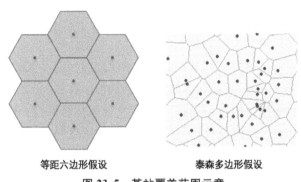

等距六边形假设　　　　　　泰森多边形假设

图 23.5　基站覆盖范围示意

23.2.3　手机信令数据的预处理

信令数据是移动通信系统中的控制指令数据,由多种事件触发。相比于以往研究中较常使用的2G、3G信令数据以及手机话单(CDR)数据,4G手机信令数据的更新频率更高,平均每部手机终端产生的信令数据间隔时间为20 s/条。高频率的定位数据一方面使得出行信息挖掘更为精确,但同时也导致重复冗余数据的增多。同时在数据的采集过程中,由于多种原因包括数据传输、系统的不稳定以及采集机制等,会采集到大量的无效、不完整以及错误的数据,对后续分析造成一定的干扰。研究中所需的原始数据存储于移动运营商的数据库中,同时利用Spark的内存分布数据集搭建分布式架构来实现大数据的高效快速处理。

在不损失用户有效位置信息的基础上,对海量原始信令数据进行过滤和去噪处理,数据质量得以提升。下文采用了中国移动2017年5—6月在昆山的中心城区近30天的手机信令数据,涉及基站1 296个。原始数据中信令数据日平均值在2 500条左右,经过数据预处理、清洗,有效数据平均值在120条左右,这为接下来的个体出行特征精细化识别和交通模型构建提供了有力的数据支撑。

23.2.4　职住地判别及通勤OD分析

根据居民的居住特点,24:00到6:00期间绝大多数人都属于睡眠状态,此时间段内手机占用基站相对稳定,可用于判别居住地。但有如下两种情形:

(1) 存在一个居住区周围有2个或以上基站,故在该时段内手机选择的基站可能有所不同,即跳站;故将这一时段内在某个基站逗留时长超过2 h的判定为在此居住。

(2) 据统计,约20%的用户在睡觉时会选择关机,因此这类人群的手机数据在睡眠期间是缺失的。为了准确判断这类人的居住地,判定标准为其关机的地点与开机地点是否一致。具体的,前一日最后一条信令数据所属基站和第二天第一条信令数据所属基站的距离若小于500 m,则认为该居民在同一位置,也即在此居住。

有关就业地的判断,则会选取工作日典型时间段 9:00~12:00 和 14:00~17:00,期间在某基站的逗留时间最长,且日均逗留时间大于 3 h,则识别该基站为其工作地。

在上述居住地、就业地判别基础上,筛选早高峰时段从居住地前往就业地的通勤出行数据,并形成早高峰通勤 OD Matrix,作为下文研究的基础数据。

23.3 手机数据在交通出行率中的应用

出行率研究通常会建立出行端点出行量与相关影响因素特征参数之间的数学关系。西方最为著名的是由美国交通工程师协会出版的现今已有第十版 *Trip Generation*(简称"ITE Rates")。国内较为知名的有 21 世纪初北京交通发展研究院(BTI)完成的《交通出行率手册》(简称"BTI Rates")。该手册基于北京市中心城区范围内多类用地类型的近千个建筑的交通出行调查数据。与 ITE Rates 类似,BTI Rates 也是运用单一用地性质的一元回归方程得到相应用地的出行率,相关系数 R^2 大多不高。BTI Rates 同时给出了基于有限个调查的出行率区间范围和平均出行率,但没有说明如何取值。

无疑,已有的出行率手册是对交通规划、分析的重大贡献,但其出行率是对部分城市、有限个单体住宅和商业设施的数据收集、整理、分析的基础上获取的。结果往往呈现出较大区间的出行率数值,实际应用中则难以在区间内选取合理值,或者部分回归方程拟合度较低,却仍被推荐使用。若不考虑当地的交通生成特点而直接采用,结果会与实际情况有偏差,甚至是较大偏差,因而备受质疑。不同规模城市采用相同出行率将导致较大的误差,即出行率数据的可转移性(Transferability)问题。

23.3.1 总体研究思路

手机数据为出行率的研究提供了广阔的空间。因为研究者不必再面对有限的、采用传统人工调查手段获取的出行数据,调查工作量大大简化,调查费用极大降低,数据量却足以满足精度要求。但当前的手机位置数据无法精确到点,只能基于基站,这就为后续研究提出了挑战。基站的辐射范围与单体建筑或同一性质地块一定不是一一对应关系。因此,一元回归分析并不适用,对于单一性质用地的出行率分析只能基于不同性质用地的多元回归分析获取。国内,建筑面积数据可以通过建筑普查、经济普查等手段获取,从而为中国学者开展交通出行率研究提供了突破口。故后文以昆山市为例,选择多元线性回归,分析得到不同性质用地的单位建筑面积出行率。

23.3.2 面向基站的 TAZ 划分与聚类

1) TAZ 划分

只有将手机基站映射到城市地理空间上,才能得到手机用户在城市地理空间中的运动情况,用于手机用户出行活动参数的计算与分析。基站依据用户的密度进行布设,覆盖范围半径市区大约为 100~500 m,郊区大约为 400~1 000 m。但由于基站覆盖范围受到地形、建筑物等的干扰,难以准确判断实际覆盖空间。因此,本文将以 TAZ 为研究单元,每个 TAZ 包含若干个基站覆盖范围。

TAZ 的具体划分方法为：①在 ArcGIS 中生成基于基站的泰森多边形；②TAZ 的边界应与基站形成的泰森多边形边界重合，以便于统计出行量，并尽量减少长条、弯曲、犄角等不规则形状的 TAZ；③每个 TAZ 应包含 5 个以上的基站形成的泰森多边形，以减小由于难以准确判别基站实际覆盖范围所带来的误差；在基站密度较低的地区，这一数字不小于 3 个；④TAZ 数量尽量保持在 80 个以上，平均每个 TAZ 的用地规模约为 $1\sim3\ km^2$，以应对后续的聚类分析和回归分析；人口密度大的地区 TAZ 用地规模小些，人口密度小的地区 TAZ 用地规模大些。最终，1 296 个基站覆盖范围被聚集至 98 个 TAZs(图 23.6)。本文中 TAZ 的划分不同于传统划分方法，因基于手机信号而可称之为 TAZ-CB(Cell-based)。

图 23.6 基站覆盖范围与 TAZ-CB 对应图

2) TAZ 聚类

参考前人的经验，本文将分析计算交通可达性和通勤人口密度两个指标，并在此基础上对研究范围内的 TAZs 做聚类分析，以体现区位特征和得到更为精确的出行率数值。

通常情况下，交通区位优势越大，人们的活动量也越高。本文中，运用 Python 编程调用地图供应商的路径规划 API 以获取各个 TAZ 形心间的公交和小汽车时间可达性数值，并按照昆山中心城区交通方式分担率(公交为 14.8%，小汽车为 29.7%)加权得到综合的交通可达性参与后续分析(图 23.7、图 23.8)。

一般的，通勤人口密度越高，反映到以居住建筑面积为单位的出行率也越高。在本研究中，由于主要研究的是通勤出行，因此以通勤人口密度为分析目标，该密度为通勤人口数除以 TAZ 内的用地面积。本研究中各类建筑的建筑面积根据 2014 年昆山市经济普查数据数字化后得到。但由于手机数据为 2017 年的，而 2014 年部分 TAZs 的居住区可能在建或仍未建，因此后文分析中将对 TAZs 有所取舍。

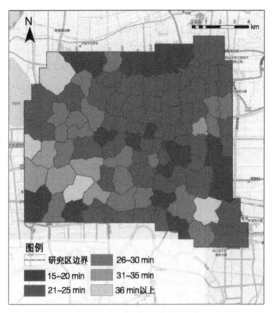

图 23.7 交通可达性分布

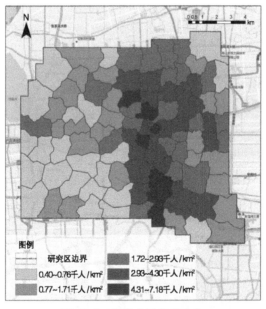

图 23.8 通勤人口密度分布

限于 TAZs 数量、回归方程数量的要求，为了便于使用最小二乘法，在 SPSS 软件的聚类分析中，仅设定了 2 个分类(图 23.9)。聚类结果为：第一类 TAZs 的特征为可达性较好、通勤人口密度较高，共计 54 个；第二类 TAZs 的特征为可达性较差、通勤人口密度较低，共计 31 个(表 23.2)。由于建筑普查数据与手机数据年份不同，因此，该研究中剔除了 13 个 2014 年以来居住类建筑开发量较大或没有住宅的 TAZs。

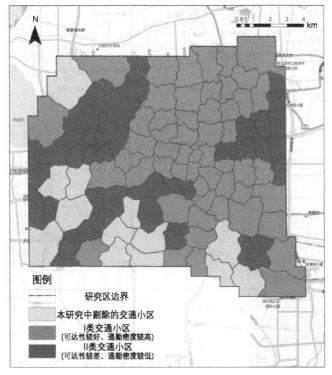

图 23.9 聚类分析

表 23.2 聚类情况表

项目		2 类聚类	
		类别 1	类别 2
特征		可达性较好、通勤人口密度较高	可达性较差、通勤人口密度较低
TAZ 数量		54	31
聚类中心	通勤出行可达性/min	20.88	26.45
	通勤出行人口密度/(千人·km^{-2})	2.76	1.79

注：未考虑 2014 年以来居住类建筑开发量变化较大及无住宅的 13 个 TAZs。

23.3.3 回归分析

多元逐步回归(Multiple Stepwise Regression)的基本思想是将变量逐个引入上述模型，每引入一个新变量后，对已入选回归模型的老变量逐个进行检验，将经检验认为不显著的变量删除，以保证所得自变量子集中每一个变量都是显著的。此过程经过若干步直到不能再引入新变量为止，这时回归模型中所有变量对因变量都是显著的。也可利用逐步回归筛选并剔除引起多重共线性的变量。

23.3.4 结论与讨论

1) 结论

本文选择昆山中心城区居民早高峰时段的通勤出行 OD，采用逐步多元线性回归方法，分析居住用地以建筑面积为单位的出行率指标。多元逐步回归能够保证最后所得到的解释变量集是显著和最优的。考虑到居住区类型不一，如公寓、普通商品房、别墅、商住混合等，为了能够得到不同亚类居住用地的出行率，本文同时以居住亚类和其他大类用地为自变量，仍采用逐步多元线性统计回归，分析出行率指标。由于昆山当地的一些居住区内部有办公场所，即居住区也可作为工作地，因此，回归分析除了得到出行发生率外还会得到出行吸引率。结果如表 23.3 和表 23.4 所示。

表 23.3 居住区通勤出行发生率回归结果

单位：人次/（千平方米·高峰小时）

用地分类			居住大类参与回归			居住亚类参与回归		
符号		类型	全部 TAZs	一类 TAZs	二类 TAZs	全部 TAZs	一类 TAZs	二类 TAZs
大类	亚类							
R		居住用地	1.97**	2.02**	1.30**	×	×	×
	R_1	一类居住用地	×	×	×	1.50*	1.63*	—
	R_2	二类居住用地	×	×	×	1.77**	1.71**	1.16**
	R_3	三类居住用地	×	×	×	4.29*	—	7.37*
	R_a	公寓用地	×	×	×	17.02**	26.66**	16.73**
	R_b	商住混合用地						
	R_x	居住配套用地	×	×	×			
A		公共管理与公共服务用地	—					
B		商业服务业设施用地	1.48**	1.35*		1.21**	0.99*	
G		绿地与广场用地		—				
M		工业用地	1.63**	1.56**	2.91**	1.39**	1.43**	1.39*
S		道路与交通设施用地		—				
U		公用设施用地	—			11.81*	13.70*	
W		物流仓储用地			38.75**		—	
H		城乡建设用地	21.36**		9.83*			
模型统计	R^2		0.911	0.917	0.953	0.953	0.956	0.959
	调整R^2		0.906	0.912	0.945	0.946	0.952	0.954
	标准方差		906.345	974.263	514.947	668.199	719.244	474.628

注："×"表示该变量未参与回归；"—"表示回归系数不显著，未显示在列表中；"**"表示 $p<0.01$；"*"表示 $p<0.05$；回归结果未扩样。

表 23.4 居住区通勤出行吸引率回归结果

单位：人次/（千平方米·高峰小时）

用地分类			居住大类参与回归			居住亚类参与回归		
符号		类型	全部 TAZs	一类 TAZs	二类 TAZs	全部 TAZs	一类 TAZs	二类 TAZs
大类	亚类							
R		居住用地	1.01**	1.10**	0.54**	×	×	×
	R_1	一类居住用地	×	×	×	—	—	—
	R_2	二类居住用地	×	×	×	0.85**	0.70**	0.49**

(续表)

用地分类			居住大类参与回归			居住亚类参与回归		
符号		类型	全部 TAZs	一类 TAZs	二类 TAZs	全部 TAZs	一类 TAZs	二类 TAZs
大类	亚类							
	R_3	三类居住用地	×	×	×	—	—	—
	R_a	公寓用地	×	×	×	9.48**	22.43**	8.79**
	R_b	商住混合用地	×	×	×	—	—	—
	R_x	居住配套用地	×	×	×	—	—	—
A		公共管理与公共服务用地	2.40**	2.77**	—	2.33**	1.86*	1.55*
B		商业服务业设施用地	2.27**	2.31**	1.89**	2.27**	2.05**	1.60**
G		绿地与广场用地	—	—	—	—	—	—
M		工业用地	2.33**	2.28**	3.21**	2.21**	2.18**	2.23**
S		道路与交通设施用地	—	—	—	—	—	—
U		公用设施用地	14.74*	—	—	15.97*	14.94*	—
W		物流仓储用地	—	—	—	—	—	—
H		城乡建设用地	10.63**	—	9.40*	—	—	—
模型统计		R^2	0.890	0.875	0.940	0.900	0.898	0.968
		调整 R^2	0.882	0.865	0.932	0.893	0.888	0.963
		标准方差	812.461	966.936	412.141	772.723	879.501	304.437

注:"×"表示该变量未参与回归;"—"表示回归系数不显著,未显示在列表中;"**"表示 $p<0.01$;"*"表示 $p<0.05$;回归结果未扩样。

由表 23.3 可知,居住大类、普通商品房(R_2)和公寓(R_a)等的回归系数均具有高显著性,某些亚类居住用地的回归系数并不能够得以采纳。主要原因在于:昆山中心城区的 R_1、R_b 等用地相对较少(如图 23.10 所示),也即样本量少从而影响了回归结果;此外,对于某一亚类居住用地,如别墅,出行率的规律性可能不强,从而难以得到可靠的、显著性高的出行率指标。

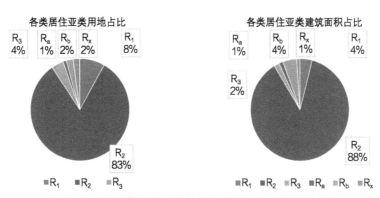

图 23.10 研究范围内各类居住亚类用地与建筑面积占比

回归分析得到了居住大类(R)、普通商品房(R_2)和公寓(R_a)的完整出行率,以及一类居住用地(R_1)和三类居住用地(R_3)的部分出行率。其中,二类居住用地的出行率更为接近居住大类出行率,主要原因在于88%的居住类建筑面积均属二类居住用地。公寓性质用地的出行率远高于其他亚类出行率,原因在于昆山市建设了较大体量的人才公寓,以满足外来人口的居住需求。这类居住用地的人口密度远高于其他居住亚类,导致出行率远高于其他亚类出行率。

从表23.4可以看出,居住类用地由于涉及类型众多,如普通商品房、别墅、公寓、商住混合等,各亚类的出行率差异较大,如一类、二类和三类居住用地通勤出行率是居住大类的0.8～2.2倍。因此,仅讨论居住大类的出行率并不能精准反映各亚类的出行特征,从精细化和实用角度,需要针对居住亚类展开更为细致的分析。本文得到的显著性高的出行率可以应用于当地的交通分析模型构建。

针对不同区位条件,居住大类通勤出行发生率分别为2.02(一类)和1.30(二类),符合区位分类特征,即区位一类对应的较高可达性和较高通勤人口密度导致更高的出行率。在居住亚类的回归分析中,也有类似结论,区位一类的出行率均高于区位二类。

通常的理解或推断是:不区分类别的针对所有研究单元的回归系数应体现总体平均值。因此,当区分类别时,理论上不同类别的回归系数应介于总体平均值的两侧。上表中,居住大类为自变量的回归结果符合上述推断,但二类居住用地的回归结果并不符合。可能的原因在于:虽然采用的都是逐步多元回归,但回归结果的精度并不一致。精度不同,会导致回归系数之间的可比性受到削弱,从而难以满足上述推断。作者并不打算调整居住亚类的出行率,使其满足上述推断,原因在于居住大类和亚类的出行率均为各自精度最高情形下的回归值。

本文同步得到了居住用地通勤出行吸引率,如居住大类出行吸引率为1.01,二类居住用地出行吸引率为0.85。这类出行率存在的前提是当前许多城市的居住小区内部存在各类企业,如科技类公司、教育培训机构等,即用地性质没有变化但使用性质发生了转变。此外,还有大量保姆、家政人员的存在。在通勤出行率分析中无法回避上述群体。

2) 讨论

本节充分利用手机信令数据包含的出行量、起点到终点的空间分布等信息,通过多个基站泰森多边形的集聚(形成不同于常见TAZ的TAZ-CB)大体上规避了基站实际覆盖范围与理论覆盖范围的差异性,基于交通可达性和人口密度的聚类分析,最终得到总体和分类下的居住大类和亚类的早高峰通勤出行发生率和吸引率。得到的居住大类和一类、二类、三类、公寓用地的出行率可直接用于当地的交通分析模型。

尽管西方某些研究指出,相比建筑面积,雇员数是更好的自变量,ITE Rates中部分以建筑面积、部分以床位数或户为单位开展研究,但本文缺少就业岗位数、床位数、户成员数等信息,因而仅能以建筑面积为单位进行统计回归分析。另外一点不足在于出行数据来自手机运营商,则由于隐私问题,研究者无法获得对应手机号码主人的社会经济属性,所得到的出行率指标也难以直观反映出行群体的社会经济属性,但也许可达性和通勤人口密度能够反映些许有关房价、收入等信息。依靠现有的手机数据仅能判断出行人次而无法获取出行方式信息,因此现阶段无法得到以车次为单位的出行率。而事实上,以机动车为单位的出行率也许更适合北美城市,因为中国的出行方式更趋多样化。此外,本文仅针对早高峰的手机数据开展回归分析,而部分用地的出行率峰值并不在早高峰,如商业服务用地、公用设施用地。因此,本文尽管同步得到这类用地的出行率,但仅代表早高峰情况。

23.4 手机数据在交通分布模型中的应用

交通分布预测环节的重力模型及其阻抗函数是模拟交通出行空间分布的重要工具。阻抗函数中涉及居民出行距离分布，传统方法往往依赖抽样的小数据回归，而在大数据环境下，重力模型及阻抗函数的关键参数拟合将更为准确。

一般的，在描述重力分布模型的阻抗函数时会提供幂函数、指数函数，同时讨论了二者在应用中的局限，并创新性地提出了 Gamma（伽马）函数。此函数的最大特征是出行率随距离先增大后减小。诸多交通工程教材也对简单的幂函数和指数函数的分布特征提出了质疑，并结合实际调查给出了出行率随出行距离的非单减小的结论，但未进行模型的试算和普适性的研究。近年来，关于出行距离分布特征或阻抗函数形式的研究较少，一些研究成果认为出行距离分布符合负指数分布、二阶爱尔兰分布及笔者曾经提出的瑞利分布，并采取相应分布函数作为阻抗函数。

那么，究竟何种阻抗函数形式最为符合现实特征？下文以昆山市为例，拟采用包含手机信令和地图路径规划两类大数据，模拟阻抗函数及其参数，并做比选。

23.4.1 研究思路与方法

1) 研究思路

总体研究思路如下：根据基站坐标，批量获取高德地图路径规划 API 中的两基站间出行时耗（或时间可达性）[①]；根据手机信令数据判别出行起终点，并对应到基站间出行 OD；统计所有出行的距离形成不同距离的出行频度分布；最后，根据频度回归阻抗函数参数，并对回归结果进行比较以选择最优函数。昆山手机基站分布如图 23.11 所示。

2) 研究方法

重力模型的基本假设是：出行分布是群体出行决策的结果，两小区之间出行分布量的大小，受两小区出行生成量与两小区之间出行距离（或广义费用）的共同影响。一般的重力模型具有如下形式：

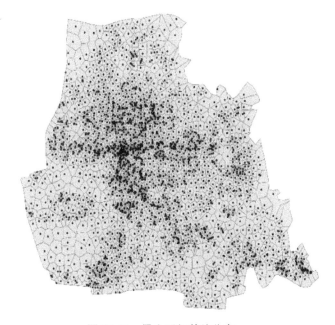

图 23.11　昆山手机基站分布
（注：基站覆盖范围已做泰森多边形处理）

---

① 详细下载和爬取方法可参见《地图时空大数据爬取与规划分析教程》

$$T_{ij} = \frac{K_i \cdot K_j \cdot G_i \cdot A_j}{f(d_{ij})} \tag{23.1}$$

其中：

$$\sum_{j=1}^{n} T_{ij} = G_i, \quad \sum_{i=1}^{n} T_{ij} = A_j$$

式中，T_{ij} 为交通小区 i 到 j 的出行分布量；G_i 为交通小区 i 的总出行产生量；A_j 为交通小区 j 的总出行吸引量；d_{ij} 为交通小区 i、j 之间的交通阻抗；K_i、K_j 为平衡系数；$f(d_{ij})$ 为交通小区 i、j 之间的出行阻抗函数。

出行阻抗函数可选择幂函数、指数函数、Gamma 函数（或复合函数）、瑞利函数和一般复合函数 5 种，5 种函数回归参数如下：

（1）幂函数

幂函数是最常见的交通阻抗函数之一，函数形式如下：

$$f(d_{ij}) = a \cdot d_{ij}^{\alpha} \tag{23.2}$$

式中，d_{ij} 为手机基站 i、j 之间的出行距离；a 和 α 是交通阻抗函数的参数。

（2）指数函数

指数函数是另一种较为常见的交通阻抗函数，函数形式如下：

$$f(d_{ij}) = a \cdot e^{-d_{ij}} \tag{23.3}$$

式中，d_{ij} 为手机基站 i、j 之间的出行距离；a 是交通阻抗函数的参数。

（3）Gamma 函数（或复合函数）

一般来讲，简单常见的交通阻抗函数如幂函数和指数函数是不能反映复杂的实际出行情况的。为了使计算结果更接近实际，两种函数的组合形式常被使用，函数表达式如下：

$$f(d_{ij}) = a \cdot d_{ij}^{\alpha} \cdot e^{-d_{ij}} \tag{23.4}$$

式中，d_{ij} 为手机基站 i、j 之间的出行距离；a 和 α 是交通阻抗函数的参数。

（4）瑞利函数

瑞利函数是出行距离分布函数的一种，是根据概率论，由随机理论推导出来的一种交通阻抗函数，函数表达式如下：

$$f(d_{ij}) = a \cdot d_{ij} \cdot e^{-\beta d_{ij}^2} \tag{23.5}$$

式中，d_{ij} 为手机基站 i、j 之间的出行距离；a、β 是交通阻抗函数的参数。

（5）一般复合函数（或一般 Gamma 函数）

基于上述 Gamma 函数和瑞利函数，可以归纳出更一般的交通阻抗函数形式，称为一般复合函数：

$$f(d_{ij}) = a \cdot d_{ij}^{\alpha} \cdot e^{-\beta d_{ij}^{\gamma}} \tag{23.6}$$

式中，d_{ij} 为手机基站 i、j 之间的出行距离；a、α、β 和 γ 是交通阻抗函数的参数。

利用 SPSS 中的非线性回归工具，分别选取幂函数、指数函数、复合函数、瑞利函数和一般复合函数 5 种函数形式,对出行距离频度分布(每 0.5 km 为一统计单元)进行回归,得到相应的参数回归结果。

23.4.2 阻抗函数拟合

1) 阻抗函数全段拟合

运用出行频度分布对常用的幂函数和指数函数进行拟合,结果如表 23.5 所示。

表 23.5 交通阻抗函数拟合结果 1

阻抗函数		幂函数					指数函数				
范围		市域	中心城区	东部副中心	西部副中心	花桥商务城	市域	中心城区	东部副中心	西部副中心	花桥商务城
回归结果	a	0.121	0.122	0.123	0.099	0.116	0.154	0.155	0.158	0.120	0.146
	α	−0.438	−0.438	−0.440	−0.352	−0.425	0.130	0.130	0.132	0.101	0.125
	R^2	0.224	0.226	0.218	0.207	0.229	0.475	0.475	0.464	0.476	0.492

从回归结果可以看出,幂函数与指数函数的拟合度很低,两者的 R^2 都低于 0.5。对比昆山市域及各区的实际出行情况可知,出行距离频度变化并非简单的单调函数,而是一种先增后减的复杂函数,而幂函数与指数函数都是单调的,所以拟合度较低且不符合实际情况。由此可知,将单一的幂函数或者指数函数作为交通阻抗函数并不合理。基于以上考虑,接着采用 Gamma 函数、瑞利函数和一般复合函数进行回归分析,三类函数均满足先增后减的趋势特征,回归结果如表 23.6。

表 23.6 交通阻抗函数拟合结果 2

阻抗函数		复合函数					瑞利函数					一般复合函数				
范围		市域	中心城区	东部副中心	西部副中心	花桥商务城	市域	中心城区	东部副中心	西部副中心	花桥商务城	市域	中心城区	东部副中心	西部副中心	花桥商务城
回归结果	a	0.116	0.120	0.120	0.060	0.097	0.083	0.085	0.087	0.053	0.074	1.267	0.972	1.331	1.599	1.316
	α	3.164	3.133	3.153	3.535	3.226	/	/	/	/	/	5.104	5.077	5.324	3.962	4.629
	β	/	/	/	/	/	0.047	0.048	0.048	0.032	0.042	3.624	3.366	3.708	3.802	3.587
	γ	/	/	/	/	/	/	/	/	/	/	0.663	0.692	0.672	0.536	0.626
	R^2	0.934	0.923	0.934	0.827	0.932	0.849	0.837	0.846	0.795	0.864	0.949	0.939	0.950	0.913	0.950

从回归结果可以看出,3 种函数的 R^2 都比较高,函数模型的拟合度远高于幂函数和指数函数。其中,一般复合函数的拟合度最好,其次为 Gamma 函数,最后是瑞利函数。

但是所有阻抗函数普遍存在一个问题,在出行距离较大时,函数模拟值全部低于实际阻抗,因此造成远距离出行量模拟值与实际值不符。基于上述分析基础,下一步将采用分段拟合的方法对一般复合函数进行修正。

2) 阻抗函数分段拟合

一般复合函数,在出行距离大于 7 km 以后模拟值远低于实际值,因此考虑采用分段拟合的方法来修正出行距离大于 7 km 的阻抗函数，即出行距离在 0~7 km 时保持一般复合函数不变，在大于 7 km 以后，采用幂函数进行后半段函数的拟合，最终得到修正后的分段阻抗函数如下：

$$f(d_{ij}) = \begin{cases} 1.267 \cdot d_{ij} \cdot e^{-3.624 \cdot d_{ij}^{0.663}}, & d_{ij} \in (0,7] \\ 0.11 \cdot e^{-0.15 \cdot d_{ij}}, & d_{ij} \in (7, +\infty) \end{cases} \quad (23.7)$$

式中，d_{ij} 为出行阻抗，即出行距离。

对上述阻抗函数的实际值与模拟值进行校核，发现函数拟合度很高（图 23.12），整体的误差平方和为 0.3%。

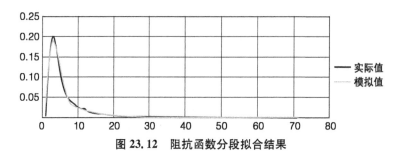

图 23.12　阻抗函数分段拟合结果

几乎每个人都随身携带手机，信令数据在人口移动上可以提供的信息前所未有得详细，这使得手机数据具备了能够用于开展精细化定量分析的重要潜质。随着信息和数据的不断开放，手机数据将是今后研究交通问题的重要基础数据。

第六篇

交通设施的本体研究

24 城市街道模式演进与解读

城市街道(Street)一般是指城市中两侧建有建筑物,并设有车行道、人行道、绿化带和各种市政公用设施的线性开放空间。城市街道和城市道路(Road)都是主要的交通空间,两种概念的区分源自于机器化大生产的现代。英国交通部 2007 年颁布《街道导则》(*Manual for Streets*),强调"街道不仅是交通廊道,还必须是人们愿意生活和停留的场所"。故而街道是更加考虑和强调人的使用和生活性,更尊重人性。同时,街道不同于道路的是,它是作为一个三维空间而不仅仅是二维空间,包括街道的平面、横断面以及沿街立面、界面。

为了与专业词汇相吻合,并参照西方经典文献 *Streets Patterns*,本章用街道模式一词替代路网结构。当然,总体上二者的概念相似,在体现街道/道路的功能、等级、布局方面无异。

下面将着重从栅格和树状模式入手,结合街道规划设计要素,从构想与实践、研究与比较、发展与融合这 3 个视角对街道(布局)模式的演进展开论述,并基于当前中国城市街道现状,提出笔者所理解的较为理想的街道模式及其主题。本章的阐述将涉及美学、功能、工程、规划、健康、犯罪心理等,读者将会在阅读中不断感受西方在街道模式研究中的立体思维。

24.1 街道模式概述

1) 定义

模式(Pattern)是把解决某类问题的方法总结归纳到理论高度,并具有抽象的思维方式和揭示隐藏的规律关系。只要是一再重复出现的事物,就可能存在某种模式。城市街道模式(Street Pattern)是对城市街道形式与结构的抽象规律的总结。对城市街道模式的研究涉及了多个方面和分支,包括街道设计(道路横断面、街道家具)、街道规划(街道功能、各种交通工具运转及使用者需求)、街道网络布局结构(道路等级结构与网络布局架构)等,涉及美学、社会学、景观学、城市规划学、交通工程学等多门学科。

2) 组成形式

(1) 直线型:由土地地块形成的基本形态结构,传统上呈直线型。它便于调查、空间利用效率大并且易于沿街布局。由此,城市街区和道路布局也趋向于直线型。

(2) 曲线型:宽大平坦的连续曲线型地块增强了宽敞的效果。这种形态的原型可追溯到 19 世纪中后期一种罗曼蒂克式的郊区形态,如由奥姆斯特德(F. L. Olmsted)设计的位于芝加哥郊区的 Riverside 地区。这种形态在 20 世纪 30 年代的美国和 20 世纪 50 年代的欧洲十分流行,前者得益于新近成立的联邦房屋管理局的大力推介,后者则是由于郊区开发商仿效美国模式引导消费者意愿而导致的。

(3) 小胡同和环路:一种精致的曲线形态是带有小胡同的环路。这是一种尝试,既保留曲线布局的美学特征,同时又能缓解汽车交通带来的损害和危险。这是典型的雷德鹏体系(Radburn Idea)的产物,并成为大多数发达国家郊区形态的主体。

3) 分类

对于街道模式可从多个角度予以划分:① 从平面布局形态和组织架构角度,可划分为树状(Tree)模式和栅格(Grid)网络模式。在此既可理解为狭义的常见的树状与栅格,亦有广义之分[①];② 从目标角度,可划分为效率模式(主要涉及道路交通运营效率)、公平模式(主要涉及不同服务对象的街道通行权或路权)和活力模式(主要涉及场所设计及社交活动);③ 从交通方式组合的角度,可划分为快慢混行模式(机动车与步行、自行车共板)和快慢分离模式(人车分离)。3 个角度的划分结果之间并非独立,如栅格模式有时和效率模式归并,树状模式又经常与快慢分离模式相对应。

24.2 西方栅格与树状街道模式演进

从街道布局形态和组织架构角度,西方的街道模式遵循一个从偏重构想与实践,到注重理论与比较研究,再到融合发展的演进过程,可谓争论不断。而对于该视角的持续争论归根结底可被视为两类经典路网结构——栅格网络形式与树状形式(或从雷德朋体系流行开来的回路和尽端路)之争。

西方街道模式的构想和实践主要可以分为以下几个时期:工业革命蓬勃展开时期至汽车普及前夕(19 世纪中后期)、汽车普及之后新城市主义(New Urbanism)之前(20 世纪初至 20 世纪 80 年代)和新城市主义至今(20 世纪 90 年代至今)。

24.2.1 田园风格与城市化

这一时期主要指工业革命蓬勃展开时期至汽车普及前夕。19 世纪初期,类似纽约的方格网路网(图 24.1)曾经风靡一时。

19 世纪中后期,栅格还是树状、笔直还是曲折的街道之争主导了整个欧洲城市规划设计领域的讨论,如著名建筑师、城市设计师卡米罗·西特(Camillo Sitte)从 1889 年就开始与当时在城市规划领域占主导地位的德国建筑师唱反调。对更好生活环境的需求促使了 1875 年英国"拜-诺"街道法令(Bye-law street)的形成,其典型特征是宽阔笔直、相互平行的街道呈栅格状排列(图 24.2)。具有相同思路的还有巴塞罗那扩展区。但也有设计师认为这种统一的规划和呆板的设计并不适合营造一个良好的居住环境。被称为"世界上最健康的地方"和"第一个花园城郊"的贝德福德园的建造首次拒绝了"拜-诺"街道法令中呈现出的呆板的、

---

① 单纯放射模式和线形模式均可看作一类特殊的树形结构,或称广义树状模式;线形模式可看作是一个恰巧没有任何分支的脊状结构。广义栅格应包括古罗马建筑师维特鲁威理想城市的八角形蜘蛛网和霍华德田园城市的放射加环路模式,广义栅格又称之为格网类(grid-type)。

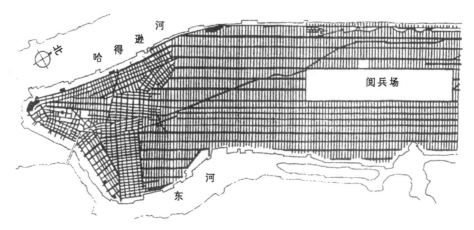

图 24.1　1812 年的纽约路网

（图片来源：文国玮，2007. 城市交通与道路系统规划[M]. 北京：清华大学出版社.）

规则的统一模式，它借由建筑的变换和不规则的街道模式营造出许多相异的视觉观感。19世纪和 20 世纪之交，昂温和帕克试图在汉普斯特德花园城郊的设计中体现霍华德的田园城市目标，是抵制"拜-诺"街道法令的又一重要创造。为营造适宜、安静的居住环境而大量采用的尽端路成为后来雷德朋体系的精髓之一。

图 24.2　"拜-诺"街道法令下宽阔笔直的街道

（资料来源：Southworth M, Ben-Joseph E, 2003. Streets and the shaping of towns and cities[M]. Washington, D.C.：Island Press.）

伴随工业革命的快速城市化进程，同时要求一类简约的、易于复制的街道系统。在美国，铁路系统扩张成为城市化的主要推动力。联邦政府把大量土地划归铁路部门，导致了千篇一律的城镇规划和随处可见的直线栅格街道，只因为它易于勘测规划，增加临街面，且再次细分十分简易。而与此同时，深受英国风景如画设计理念影响的奥姆斯特德却强烈批判栅格系统造成的矩形街区和过度拥挤的联排房屋。他对栅格的反对和对优雅的曲线型道路的追捧，在他所提倡的安静祥和的、田园风格般的 1868 年芝加哥市的 Riverside 规划中集中体现出来（图 24.3）。

24 城市街道模式演进与解读

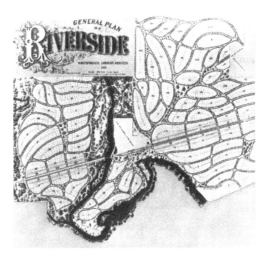

图 24.3 Riverside 总体规划

（资料来源：Southworth M，Ben-Joseph E，2003. Streets and the shaping of towns and cities[M]. Washington，D.C.：Island Press.）

24.2.2 屏蔽交通与机械迷恋

这一时期主要指汽车普及至新城市主义前。进入 20 世纪，汽车的普及给普通民众的生活带来了巨大的便利。与此同时，街道的类型被交通技术革命永远地改变了——也即意味着改变了游戏规则，某种程度上甚至被强化为如电梯、铁路、高速公路等单一的工业产品。对于街道模式，当时的规划师认为栅格模式这种没有明确分级（相反，具有明确道路等级的则被泛化为树形模式）的高密度、高连通度路网使得所有的街道都同样地服务过境交通，拥挤的交通、刺耳的喇叭声和汽车尾气使沿街居民的生活缺少宁静与安全。当然，就如同有人批评栅格街道一样，总会有不同的声音，栅格模式的拥趸们则指出曲折道路会导致无序和精神松懈。

美国小镇雷德朋的设计（1928 年）是对抗城市交通及汽车对居住生活影响的精品创作，它传达出田园城市概念的本质。该创作从汉普斯特德花园城郊借鉴了尽端路，主张人车分离。20 多公顷街区中东西向和南北向各约 500 m，可以容纳本地居民休闲放松，也可作为中长距离步行、自行车出行的主要交通通道，见图 24.4、图 24.5。

另一经典构想是克拉伦斯·佩里（Clarence Perry）的邻里单元（neighborhood unit），其以小学为焦点，用地规模大致为 60~120 hm^2，让所有居住区距离学校不超过 804 m(0.5 mi)，街道和人行道被设计为能引导人们去往目的地，而经过的车辆则被拦在外围，见图 24.6。

但时隔不久，"机械美学"奠基人勒·柯布西耶及其同僚们在 1933 年国际建协的大会上声称：田园城市导致"枯燥无味的个人孤立"和"对集体愿望的灭绝"。勒·柯布西耶认为城市是部机器，现代街道是一个新器官，只有建立在严格的秩序的基础上才能发挥其功能，因此必须创造出一种装备得如同工厂的街道类型。他指出要消灭街道，并推崇美国的直线栅格城市，认为现代城市应该以直线为主，以便提供高效的交通循环。

当然，争论并未在国际建协的会议上就此结束。1936 年，美国联邦住房管理局（FHA）明确拒绝在居住社区或新镇中采用栅格布局，同时推荐曲线型、尽端型和庭院型 3 种街道布

图 24.4　美国雷德朋新镇规划

（资料来源：Southworth M，Ben-Joseph E，2003. Streets and the shaping of towns and cities[M]. Washington, D.C.：Island Press.）

(a) 引向地下通道的步行小道

(b) 联系汇集道路的步行道路

(c) 尽端路

(d) 汇集道路

图 24.5　雷德朋街道实景照片

（图片来源：Girling C，Kellett R. Skinny streets and green neighborhoods：Design for environment and community[M]. Washing, D.C.：Island Press, 2005.）

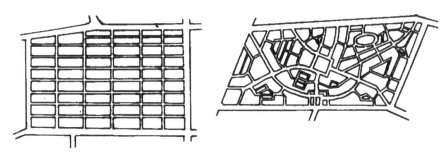

建议的和现实中的邻里街道系统：左图所示街道系统没有明确导向；右图所示街道系统则导向人们想去的地方。

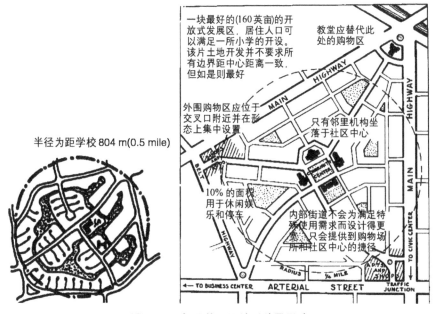

图 24.6 邻里单元设计手稿及思路

（资料来源：改编自 Southworth M, Ben-Joseph E. Streets and the shaping of towns and cities[M]. Washington, DC: Island Press, 2003.）

局，并指出尽端路是最引人入胜的适宜居住的街道布局。由于 FHA 将推广雷德朋街道模式和住房建设的抵押贷款申请条件结合起来，所以其对城市和郊区建设的影响是巨大的。

那一时期典型的街道类型如图 24.7 所示。英国城市也深受其影响，典型的如 Murray 社区，公交难以深入，见图 24.8。主张人车分离的又一力作是英国第三代新城米尔顿·凯恩斯新城（Milton Keynes）。该新城用地面积约 89 km²，规划干道总长度 160 km。在其间距为 1～1.6 km 的大网格路网中（为保证干线上的车辆快速通行），每隔 300 m 会布置进入住宅区的支路，并考虑行人交通与汽车的完全分离。这种做法各有利弊：利在于行人路权得以保障，弊在于汽车行驶空间无障碍从而导致小汽车的迅猛增长和使用。凯恩斯新城的这种做法在数年后被反省。

虽然 20 世纪中叶以来，现代主义学说和功能主义规划思想遭受到公众的反对和批判——街道绝不是规划图纸上一条条粗细不等的线条——也因此，街道的宜人尺度、街道的生活意义、街道的公共属性等问题不断得到理论界的关注。但至今，勒·柯布西耶的机器学说、功能主义思想仍在以效率和通行为基础的工程化模型中得以生存。

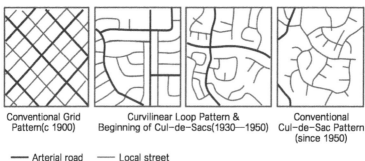

图 24.7　1990—1950 年代美国主要街道类型

（图片来源：Marshall W E, Garrick N W. Street network types and road safety: A study of 24 California cities[J]. Urban Design International, 2010, 15(3): 133-147.）

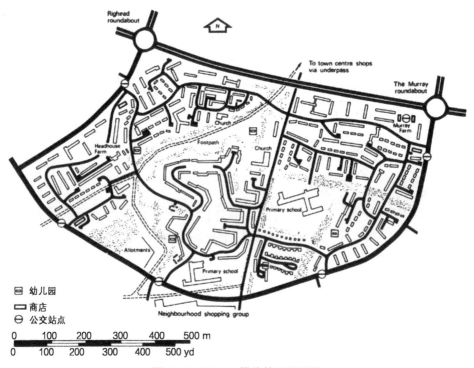

图 24.8　Murray 居住社区平面图

（图片来源：Hebbert M. Engineering, urbanism and the struggle for street design[J]. Journal of Urban Design, 2005, 10(1): 39-59.）

24.2.3　互联与共享

这一时期主要指新城市主义（New Urbanism）至今。20 世纪 80、90 年代诞生的新城市主义广为流传并被世人所推崇。新城市主义为了克服常规郊区开发模式对小汽车的过度依赖和对社区生活的破坏，竭力推崇传统高连通度路网（图 24.9），这又一次激发了在栅格系统和曲线型非连续系统之间的争论。

新传统(Neo-traditional)的拥护者们认为,非连续的街道系统限制了通行能力,通过消除尽端路并把大多数街道设计成相互连接的方法,为通行提供了多重路线选择,从而有效减轻干道的交通压力。如美国夏洛特市已经视尽端路为非法,弗吉尼亚州交通部门则要求在居住小区规划的标准中增加联系性指标。但新传统设计的街道系统将增加居住区街道的交通量,使得街道的行车速度过高,这将演变成阻碍社区中步行行为与社交互动的障碍。也因此,佛罗里达的 Seaside 有意识地避免了使用单一的栅格以及相应的开放式街景。其后,建筑规划师们试图通过诸如共享街道和交通稳静化等一些创新技术在同一个街道空间内协调和缓解人车冲突,如荷兰的德拉赫滕、美国的西雅图。但这种做法仍存争议,对栅格更进一步的批判集中在这种模式不适合不平坦和有变化的地形,会产生陡坡和增加建设难度。

总结其演变历程:在西方工业革命蓬勃发展的大背景下,美学和城市快速扩张成为主导街道模式的主要因素。前者利用非连续和蜿蜒曲折的街道满足审美要求,而后者则更追求能够简单复制的栅格街道模式。发明小汽车以来,居住社区的街道模式之争进入白热化,而在这一时期

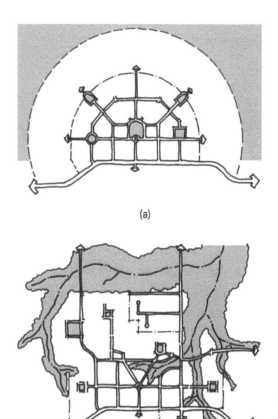

图 24.9　典型公交导向型发展(TOD)的路网结构

(注:图(a)为标准图,图(b)为包含自然景观的路网布局。图片来源:Girling C, Kellett R. Skinny streets and green neighborhoods: Design for environment and community[M]. Washinton, D. C.: Island Press, 2005.)

交通工程学的诞生更加剧了街道的效率与活力之争。但在官方层面,对于居住区和地方街道系统大都主张曲线和非连续性设计。新城市主义的拥护者们延续了城市快速扩张时期和柯布西埃的机械论思想,主张高连通度的街道模式以分散交通和增强可步行性。但批评家们则强调,在交通功能上所获得的好处都被体验上的乏味抵消了。可见,各个时期对于街道模式的争议不断。此外,争议声还来自科学的分析和对案例的研究。

24.3　西方栅格与树状街道模式研究

除了知名建筑师、规划师的美好构想、蓝图及规划实践外,20 世纪下半叶以来出现了许多与街道模式相关的比较研究成果。研究的切入点很多,诸如景观美学、街区活力、视觉感官、犯罪率、交通分离、交通分流、可读性、运输效率、人车分离、人车共存、交通安全、消防、接

入技术、消费活力、碳排放、生理疾病等。总体上角度多样、结论显著、成果丰富,为我们更加深刻地认识栅格与树状街道模式提供了依据。

24.3.1 倾向于栅格模式的研究

认为栅格模式较好的多集中在交通解决方案和环境问题的研究角度。不难理解,存在一个街道布局对居住密度和由此带来的车流量的适应能力问题。在美国有研究发现:当密度低于 70 人/hm^2(包括就业人口)时,栅格布局比雷德朋模式有相同或者稍高的单次出行延误;而当密度达到 90 人/hm^2 的时候,雷德朋式布局比栅格有稍高的单次出行延误。这种结果表明:在美国常见的住宅区密度范围内,栅格稍有劣势;但是在较高密度的情况下,略微的劣势将转化为优势。

一般情况下,大都由非顺直线路组成的雷德朋模式会导致更多的出行距离,从而产生漫长和绕行的公交线路,既缺乏效率,又增加了成本,并不利于公交支持发展(Transit-supportive Development)。而栅格模式,尽管由于存在大量十字交叉而导致停车延误,但却因此减少了出行距离。有研究指出雷德朋模式会增加约 6% 的本地车行里程数,同时增加约 5% 的污染物排放。而根据一项最新研究,更紧凑和连接良好的街道网络有益于公共卫生并减少慢性疾病的发生,如肥胖和心脏病等;全方格型街道与全树型街道相比,也是降低肥胖、高血压、心脏病风险的因素之一。

而针对栅格路网缺乏美感和枯燥的致命性缺陷,建筑师们认为并非无救,建筑式样的混合、建筑与街道的对齐方式、建筑间空地的尺寸变化以及持续的再开发等可抵消栅格的单一性。

24.3.2 倾向于树状模式的研究

认为树状或雷德朋模式更佳的研究角度多集中在社会问题、安全性和规划布局等方面。

美国匹兹堡的罗斯林街是阿兰·雅各布斯(Alan B. Jacobs)笔下的"伟大的街道"之一,该街道是典型的尽端路模式,全长仅 76.2 m(250 ft),提供了 19.812 m×76.2 m(65 ft×250 ft)的户外空间,住宅窗户到对面人行道仅有 13.716 m(45 ft)距离,狭窄、围合和私密带来的安全感,增进了邻里关系,提升了街区活力,纵然有小汽车行驶或停放,家长仍能很放心地让孩子们在街道上玩耍。活力提升,犯罪率也会同步下降。俄亥俄州戴顿市(Dayton)的 Five Oaks 区域,一个"问题路网"被从传统的栅格改造为间断性的栅格(通过关闭连通道路以模拟树状模式,如图 24.10 所示),案件的数量立刻下降且降幅显著。该区暴力犯罪案件下降近一半,总的犯罪案件数量降低 26%,而戴顿市总的案件数量却上升 1%。研究表明:树状街道模式因为限制了通透性而不易诱发犯罪。另一安全性的提升表现在交通事故率的下降。在非连续街道模式中大量存在的 T 型路口比栅格模式的十字路口安全 14 倍,其后的研究甚至直言栅格街道网是目前所有路网形态中最不安全的。一个浅显易懂的道理是十字路口的冲突点一定多于非连续

图 24.10 Five Oaks 区关闭道路照片

街道的路口。当然,也就不难理解,栅格式对于弱势的道路使用者(比如行人和自行车)也是最不安全的。

从规划层面,首先,树状模式下的公共设施布局决定了步行方便程度并非一定弱于栅格模式。比较研究发现:在雷德朋,购物区域距离更近更直接;而学校则和新传统邻里主义社区一样直接,但是距离稍远,到公园的可达性几乎相同。总的来说,由于街道更具导向性,公共设施布局更加贴近街道布局,雷德朋的可达性和步行方便程度稍稍好于对比社区。对街道网络的明确性和可识别性的研究结论也可证明这一观点,栅格可能比曲线形的郊区街道布局更不可识别。其次,在地形地貌的适应性方面,均匀的栅格很难去适应地形,陡峭的阶梯限制了机动车,更加限制了自行车及行人。相反,不受拘束的雷德朋式路网提供了足够的灵活性来兼容地形及景观。第三,在土地和资金消耗方面,栅格街道模式往往对应于高密度路网,道路面积易大于实际需要的道路交通面积,导致市政建设和维护成本增加。案例研究发现栅格比雷德朋模式多消耗 43% 的土地用于道路建设,并高出 46% 的道路基础设施成本。

24.3.3　研究结论比较

总结栅格与树状模式的优点分别为:栅格路网模式由于具有高密度的十字路口,能够有效减少出行距离和污染物排放,轻松支持公共交通;采用直角方位时则更能辨明方向性,易于街区布局和绘图、勘测,影响城市经济发展。通过建筑式样和对齐方式可以改善栅格模式的枯燥和单一性。树状模式的建设和维护成本较低,可以更灵活地适应地形,视觉上更优美,交通安全性能更佳,能提供更适合社交、更具活力和更有乐趣的街区环境;与各类设施布局配合良好下的可达性和步行方便程度不输于栅格模式,中低密度开发下具备较低的行程时间和延误。

一件有趣的事是:树状或雷德朋模式能把过境小汽车排斥在外,保证了社区内部的安宁和优美环境。但当汽车泛滥的时代到来之时,新城市主义却又要求其能容纳汽车并提供更多的行车路径。同样,栅格网模式也有类似的尴尬。它出现在行人为主的年代,并一直盛行至 19 世纪末,但根据上述一些研究成果,因街区内部公共设施布局不能形成某种导向性并很好地与街道相适应,其可步行性并不一定优于树状模式。相反,栅格网模式却因能够为汽车提供多路径选择而被当代建筑规划师和交通工程师们所热衷并采纳。

24.4　街道模式的发展与融合

总结两类基本街道模式的优缺点后,可以发现单纯的街道模式其优势总不具备决定性。看似这场旷日持久的"拉锯战"仍将持续下去,但一定没有改观的路径吗?是否可以考虑兼容模式(也可看作是一种平衡)?

24.4.1　不同尺度下的融合

其实,早在 20 世纪上半叶,一向推崇栅格街道系统的勒·柯布西耶提出的 7V[①] 系统中,已经吸取了英国优美如画的道路设计手法,加入了尽端路元素(图 24.11),这显然是栅格

---

① V 是法文单词"道路"voies 的首字母。

与树状街道模式相互融合的开端。不过需要认识到的是,街道是多种功能和使用者共同赋予的,而 7V 系统的过于机械化和对传统意义上的城市的分解,将居住区彻底地与喧嚣的城市生活隔离开来,导致对小汽车的依赖并扼杀了街道系统,因而使得其并未作为现代主义的一项成就而被褒奖,相反广受诟病。

在当代,加拿大抵押贷款住房协会基于栅格和树状街道模式的优缺点,并汲取了 7V 系统的经验教训,提出了融合型路网(fused grid),见图 24.12~图 24.14。它具备如下基本特征:①包含大尺度、开放性的道路组成的栅格,用于中等速度的机动化车流;②栅格将地块分为 4 个约 16 hm² (40 英亩)大小、400 m 见方的街区;③每个街区内,道路布局采用尽端路街道模式,以消除过境车流;④提供供行人专用的到公园、公交车站、商业区及其他社区公共设施的直接路径;⑤高强度的土地开发,如学校、社区公共设施、高密度住宅以及商业位于 4 个街区的中心;⑥通过平行的两条单向干道连通到其他地区。

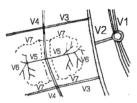

图 24.11　勒·柯布西耶的 7V 法则

图 24.12　融合型路网三维建模

(资料来源:http://www.fusedgrid.ca/images/pictures/Community2Large.png)

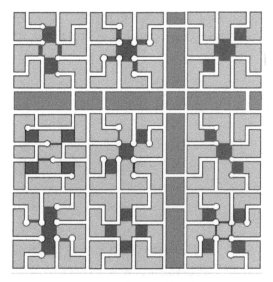

图 24.13　融合型路网平面图

(图片来源:Frank L D, Hawkins D. Giving pedestrians an edge: Using street layout to influence transportation choice[J]. Research Highlight, 2008,8(13):1-8.)

24 城市街道模式演进与解读

图 24.14 融合型路网局部放大

(图片来源:Frank L D, Hawkins D. Giving pedestrians an edge: Using street layout to influence transportation choice[J]. Research Highlight, 2008,8(13):1-8.)

融合型路网结合了栅格模式以及美国郊区常用的雷德朋模式的长处,并通过两个重要手段的应用和结合得以实现:一是直线正交的几何体(即栅格网络的一个核心特征),二是使用雷德朋式的尽端路和环道布局模式。本质上,两类街道模式属嵌套结构。融合型路网代表了两种相对立的路网设计实践的进化,并已被证明其相对于两种单一对立路网的优势。

如从交通安全角度考虑,该路网和三路交叉路网相较于网格等路网的冲突点密度更低,见图 24.15。融合型路网的步行比重则分别为网格路网、常见郊区路网的 1.4 和 1.8 倍。目前融合型路网已被应用于北美多个城市。

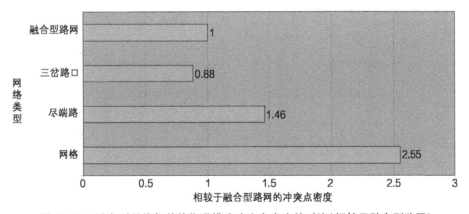

图 24.15 融合型网格与其他街道模式冲突点密度的对比(相较于融合型路网)

看来融合是趋势,即使是倾向于采用渗透性(Permeability)强的栅格街道网络的新传统主义,其对尽端路的大胆使用也并非罕见。也因此,著名学者史蒂芬·马歇尔(Stephen Marshall)进一步深化了融合型路网的研究,并依据英国谢菲尔德 Mosborough 新镇总体规划中提出的 3 种基础街道结构(线性、集中和栅格)的组合,运用类型学(typology)等相关研究方法,拓展并提出由宏观与微观尺度结构组合而成的二元街道模式,如图 24.16 所示(但不限于此）。

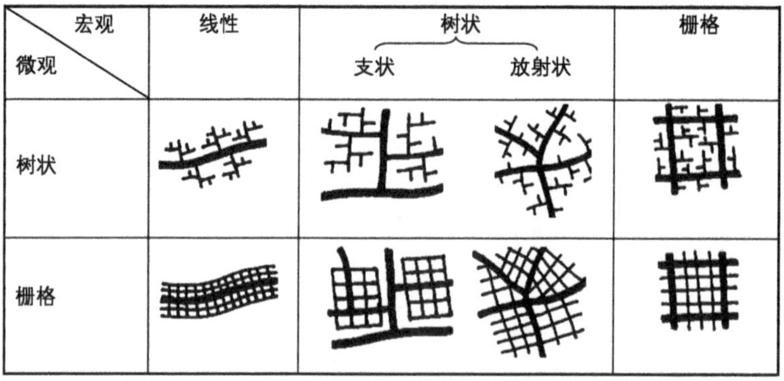

图 24.16　街道模式的二元组合形态

（资料来源：改编自 Marshall S. Streets and patterns[M]. New York：Routledge, 2004.）

24.4.2　叠加与分离共存的模式

当然，时代在进步，融合的方式多种多样。一个相互融合的典型案例是对建于 20 世纪初期的以互联栅格为基础的传统社区的翻新案例——伯克利，如图 24.17 所示。其栅格系统已被转换成尽端式街道和环形街道，所采用的办法是设置植被带作为交通屏障，或在选定地点设置大型混凝土浇筑的花架横穿街道。然而，行人和自行车仍能继续使用这些栅格。最初，这一计划受到参与其中的社区居民的拥护，但受到那些失去汽车出入口的局外人士的强烈厌恶。尽管如此，所得到的广泛支持已经足以让它成为街道模式演进过程中的一个经典项目。行业内多位专家也赞赏此类步行连续而机动车非连续的叠加街道模式。

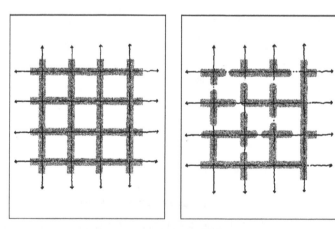

图 24.17　美国伯克利路网翻新案例

（左图为完整的栅格街道模式；右图为完整的步行自行车栅格网及非连续汽车路网）
（资料来源：Southworth M, Ben-Joseph E. Streets and the shaping of towns and cities[M]. Washington, D.C.：Island Press, 2003.）

另一种将常见网格路网转变为步行高渗透性路网的模式也传递出了上述思想，见图 24.18。

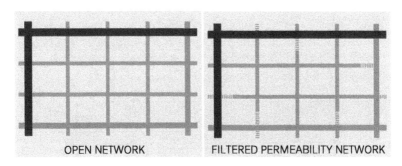

图 24.18　开放式网格(左)转变为步行高渗透性路网(右)

24.4.3 "大街区"与"小街区"之争

在此,不得不提及近年来比较热门的"大街区"与"小街区"之争。从研究机构到规划部门均更认可"小街区"的规划模式。但有不同的声音认为:基于多模式机动性管治的"大街区"是汽车导向型"小街区"的改进和提升。

巴塞罗那四通八达的街区网格道路设置相对缓解了城市交通拥堵问题,保障了城市居民的日常汽车出行需求,然而机动车的大量使用带来了众多的直接和间接的消极外部性问题(图 24.19)。巴塞罗那目前实施的城市"大街区"(Superblock)规划革新(图 24.20、图 24.21),将 9 个相邻的传统街区单元组成一个面积为 400 m×400 m 大小、居住人口为 5 000～6 000 人的交通管制区,旨在把城市街区道路空间归还给行人,通过减少人们对私家车的依赖(汽车流量计划降低 21%)和使用降低环境污染,创造更绿色、更干净和更加适于步行和公共交通的街区城市。巴塞罗那的"大街区"规划方案得到西方国家的好评,并开始被法国巴黎和美国曼哈顿等西方城市所借鉴。

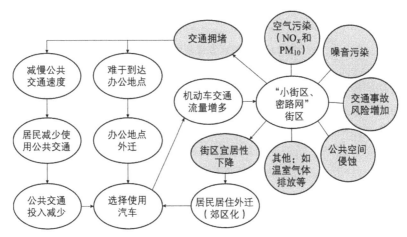

图 24.19　巴塞罗那"密路网"的消极外部性及衍生的恶性循环

笔者认为:如仓促加大城市路网密度和开放大型社区而未能清醒认识到为谁开放,即开放对象,则此类"小街区"将会是小汽车导向,并使得小汽车更能发挥其"门到门"优势。因此,外部机动化为主的"大街区"和内部慢行为主的"小街区"未尝不是更好的选择,这恰恰是

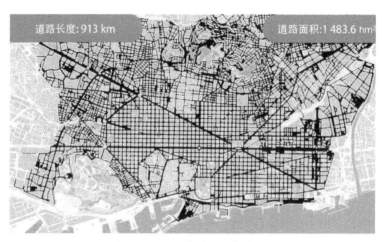

图 24.20　巴塞罗那现状路网

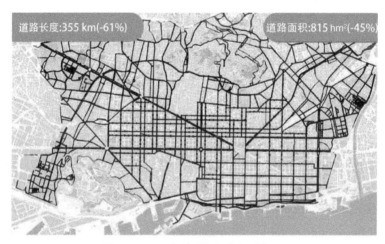

图 24.21　巴塞罗那超级街区设想图

叠加与分离共存的模式。如徐汇滨江的案例提供了地铁核心区的扩大街区模式：它将小汽车的使用空间转移给纯步行的空间，以地铁为中心的放射型网络，方便周边地块与地铁站的直接联系。一些老旧的住宅，如上海的鞍山新村、南京的来凤小区等，本身就具备了开放街区的特质。内部街道两侧布局了菜市场、超市、理发店、公园、健身房等日常生活设施，使得街道具备较好的公共空间品质，同时主要面向了步行、自行车这类慢行交通。

24.5　启示与展望

从追求田园城市风格的汉普斯特德花园城郊所营造出的安静的适宜步行的居住环境，到进一步发展而来的雷德朋新镇和邻里单元构想；从柯布西耶 7V 系统的过于机械化和对城市街道的扼杀，到关于树状街道模式在增强交通安全性及减少社会问题方面的优越性实证研究;从当地居民对使街区缺乏安全感和宁静居住生活氛围的栅格街道的反感,到交通稳静化和共享街道等对新城市主义提倡的高连通度路网的改良措施,以及此处提及的伯克利翻新案例;等等。我们其实看到了街道模式中一直隐藏着的地方性或可称之为谋求"自治"的一股重要的不可忽视的力量。而事实上,模式之争的关键点已经逐步转移至网络化的基础设施组织和本地化的社区组织之间的冲突。前者从技术、经济角度出发,侧重考虑道路交通网络管理上的逻辑性;后者则从市民对安全、宁静的诉求角度出发,侧重考虑人的活动和地方保障。两种观点的对立衍生出两种城市症状:一是功能主义,将城市的公共空间当作一种纯粹的交通循环系统,甚至认为城市不需要街道也可以独立存在;二是地方保护主义,强调保护街道免受城市的侵略,甚至认为街道可以不需要城市而能够独立存在。其实,如果我们换个角度,也就不难理解这一点了。在西方,一些影响深远的议题会反复地被提出来,其中争论最为激烈的恰恰就包括街道问题。

总的来说,栅格式高密度路网和街道所体现的连接性、交通疏散能力、步行性和社会性的基本价值是值得肯定的。当然,单一的街道模式正在不断地演进和升级中,并逐步从区分走向融合,并由此产生了混合型、融合型、宏观微观组合型的较复杂的街道模式。这些成果和实践经验无疑大大充实了西方的街道模式研究。

我国对街道形态模式的系统研究则较为缺乏。虽然认识到"街"和"道"的差异,如有学者针对国内城市街道结构和交通方式的复杂性、多样性,提出了效率模式下的"道系统"和活力模式下的"街系统"相组合的全新街道模式,但国内对于整体模式和功能结构的相关理论研究成果仍不完善,缺乏对于代表性城市街道模式的深入研究,导致在当前城市快速扩张期,街道模式或趋同或混乱,城市空间乏味、雷同。笔者认为,合理的街道模式应建立在从消灭差异的二元论走向承认差异的和谐论并推动共生系统进化的共生理论基础上,其主题应当是"融合与共存"。

24.5.1 空间上的融合

根据前文的论述,栅格和树状等街道模式各有利弊,应取长补短,使其融合而不是对立。如前文提及的混合型路网,内部路网满足个人对安静生活的向往,外部路网则满足对快速交通的需求,但路网或街区尺度不宜过大以避免对小汽车的依赖和不利于公交覆盖。

24.5.2 功能上的融合

我国自古以来就很重视街坊邻里关系。街道也应该是包含交通通行功能及社交场所等城市生活功能的复合的、共享的公共空间,两种功能之间可以此消彼长。而对于大部分街道不应夸大其交通功能——这种设计教条往往导致了对街和道两侧建筑的忽视,并且失去场所功能街道的城市,犹如没有灵魂的木偶。事实上,机动车交通造成了一些危害,但也并非完全不能同城市生活相兼容,典型的如巴黎香榭丽舍大道。在巴黎,围绕凯旋门的星形广场平均每天有 75 000 辆小汽车通过,其中又有超过一半的车流来自或通往香榭丽舍大道,但这并不妨碍香榭丽舍大道被称为"世界上最美丽的林荫大道"。

24.5.3 交通方式的共存

应协调车行条件为主体的车本思维与人行条件为主体的人本思维,形成交通多方式共享的、各有侧重的街道功能与模式。当前的挑战是既能保持交通的安全、高效，同时也能兼顾与城市街道形式和谐共生的多样化的交通模式、城市用途及建筑临街功能。这一点对于居住区附近道路尤为重要。交通稳静化、街道共享、机动车限速是很好的理念和方法，目前国内已有一些应用，但仍需深化和扩大其应用范围。简单的利用人车立体交叉却未能在车行道路上对公交确权的做法并不完整。

另一方面，街道是包括公交在内的诸多交通工具的载体，我们习惯于封闭式居住小区以道路为界的自成一体，却未充分考虑和发挥道路作为住宅与城市公共服务设施（包括公共交通）的接口功能。在这个问题上，香港的海怡半岛居住小区为我们提供了很好的借鉴。该小区以适宜步行的距离作为半径框定用地范围，尺度不大；公共汽车终点站结合商业服务设施形成的公共中心能够深入用地的几何中心，并在不长的环行车道上设置两对车站，使区内居民步行到车站的距离平均不足百米，十分便捷。

24.5.4 适当分离的共存

笔者认为树状和栅格街道模式均不利于减轻对小汽车的依赖，原因如下：前者容易解释，因易于产生绕行、增加出行距离而促使小汽车出行的大量增长；后者亦不难理解，高连通度为小汽车提供了多路径和多重选择，从而以类似当斯定律的方式促使更多的小汽车出行。曾有统计研究证实：栅格及树状街道模式在对小汽车依赖的问题上并无不同。因此，从减少小汽车出行的角度，两种街道模式可任选其一。但栅格的高连通度和高可达性是促成步行及步行联系公交出行的重要因素，这一点要优于树状模式。因此人行街道网络特征可以区别于车行网络——如伯克利传统社区的翻新案例，网络化的人行系统和非连续的车行系统适当分离的共存——但不适宜完全分离，如彼得·卡尔索普（Peter Calthorpe）所批判的隔离的、缺乏活力的雷德朋模式。在此种分离模式下，城市中自然可以多设置一些T型机动车交叉口，适度的绕行恰好能够降低小汽车的使用频率，并且T型交叉口更好的安全性能促使更多的步行和自行车出行，更能凸显街道的融合、共享的主题。

24.5.5 价值取向的融合与共存

需再次强调城市中人的诉求的重要性——并上升到价值取向的高度——这种诉求或价值观需求绝不仅仅表现在对美好生活环境的向往所要求的街道规划设计层面，而更应体现在发展地方民主的层面上。决策者和规划师们，包括制度上，都应为帮助或协调当地居民抵制交通危害及反对破坏历史遗产而行动起来（这一点西方国家早已走在我们的前面）。简单易于复制的、小汽车导向的大网格已被证明不符合城市发展规律，也不符合生活在这座城市的绝大部分市民的利益。也即需要推动源于更高层面的价值取向的融合与共存，呼吁街道的全面复兴和建构城市深层肌理和活力。

街道模式研究通过探寻街道发展的规律，指导城市未来的发展。面对当前城市建设的飞速发展，迫切需要借鉴先进国家的城市街道模式研究成果，整合多学科的理论研究和实践总结，探索适合我国城市的街道模式发展思路，并创造出人、车、路、环境相协调的可持续的理想街道模式。希望本章能为中国城市街道的规划、设计及建设提供一些借鉴。

25 公共交通实质性优先发展评估

如何保障"公交优先"？传统的方法有公交车辆运行的路权优先和信号优先、财政补贴票价、减免公交运营企业税费等，但是在小汽车导向的城市建设和管理模式下，仍无法从根本上解决公交在城市交通体系中处于弱势地位的问题。近年来，尽管许多城市原则上以"公交优先"作为交通发展的战略并取得了一定的成效，但与预期仍有差距，尤其体现在公交相较于小汽车是否优先的问题上。图 25.1 为 2018 年上海市中心城区早晚高峰地面公交平均运行车速，如若加上两端步行时间，其总的出行效率显然无法与小汽车相提并论。因此，实质上公交并未真正优先。汪光焘先生在其著作中直言：评判城市交通发展模式是否符合公交优先发展战略核心理念的关键，在于进一步明确公交优先发展和交通拥堵、城市规划、能源及环境的关系。笔者认为，当前对公交优先的认识仍不够明确，重投入（如增加补贴资金、增加公交专用道等）轻产出（投入后的全公交出行链效率及与主要竞争对象的优先度评价）。这一方面源自对公交优先理念的理解不够完整，另一方面，也体现出当前缺乏公交相对主要竞争对手的优先度评价方法。

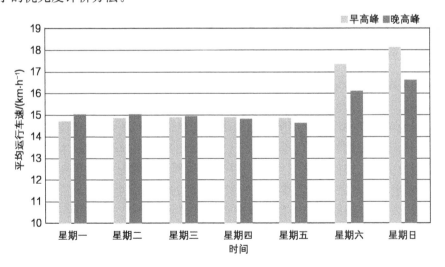

图 25.1　上海中心城区地面公交早晚高峰平均运行车速

城市公共交通发展背后涉及社会学、地理学、城乡规划和交通等多学科的内容，在城市与社会发展转型的背景下，更需要从多方面而不是单一的交通规划与技术层面去协调考虑。本章将从多学科视角，探讨公共交通实质性优先的定义、研究方法和策略。当然，本章的主旨不在于公交出行效率一定要高于小汽车，那并不切实际。衡量公交是否优先最关键的评价标准在于公共交通的发展是否相较于小汽车而言优先了，也即更注重相对优先。

25.1 公交优先研究回顾

25.1.1 理论研究回顾

20世纪60年代初,法国巴黎首先提出"公交优先"战略,它是实现现代化城市交通运行和发展的重要战略。"公交优先"战略一般以规划作为前提,政策作为保障,运行作为基础,技术作为保证,涉及规划、交通、经济等多方面,是一项社会系统工程。在规划上,结合城市定位及土地开发利用的情况,制定符合城市公交发展需要的城市和交通规划。政策上,需制定科学的公交投资和补贴制度,保证财政补贴程序规范、政策合理。运营、技术上,主要为提高服务水平,优化公交专用道的设置,促进公交系统信息化及交叉口信号优先控制等。

虽然交通运输部在建设公交都市试点过程中提出若干公交优先考核评价指标,但这些指标能反映的多为原则性问题,缺乏对出行者真实出行过程的考虑,未带来本质意义上的改变。从公交优先的内涵和意义上看,如果公交优先是相对于小汽车而言,那么与小汽车相比较的优先才是真正的优先,甚至包括限制小汽车以发展公共交通。事实上,限制小汽车发展未能成为当前城市交通政策的主导方向,用于道路基础设施建设的投资和对小汽车的各类显隐性补贴仍远高于在公共交通上的投入,因此应更多关注与其他机动化方式相比的横向公平。运营与技术上,公交优先的研究目前仅限于在提高公交服务水平和公交运营速度上,鲜有研究测算不同群体间的公平性和可达性的差异。从公交优先的措施和成效方面来看,当前,相关措施受关注较多,如财税优惠、信号优先及专用道等;成效则容易被忽视,尚无成熟的理论方法和全面的评价体系来确保公共交通的实质性优先。

25.1.2 实践应用回顾

公交优先战略实施的早期经验主要来自巴西库里蒂巴。规划上,其公交独立路权系统及沿线的高密度开发成为世界各地学习的楷模。中国香港和新加坡等城市利用公交站点引导高密度开发及对私人小汽车使用的限制来促进公交优先。公交专用道建设实施方面,波哥大、广州、艾哈迈德巴德等地的大容量快速公交系统(BRT)以较低的成本建设大中运量的公共交通成为公交优先施行的典范,在发展中国家取得的成功证明了其良好的适用性。财政补贴方面,库里蒂巴市民乘坐公共交通的费用中超过其工资收入的6%的部分由政府补贴;香港特首的2017年施政报告中建议推出免入息审查的公共交通费用补贴计划,凡每月公共交通开支超出400港元的市民,超过400港元以外的交通费,可获25%的补贴;西雅图等城市则实行不同方案的公交票制以照顾低收入、远距离的公交出行者。

但同时,路面公共汽车交通客流下降成为我国北京、上海、广州等大城市的普遍性、阶段性现象。原因有来自个体交通小汽车和电动自行车的竞争,也有公共交通自身的不足,例如线网待优化、运营速度慢、公交专用道待优化等。在公交优先的财政效率方面,政策上仅依靠财政直接补贴以提高公交出行分担率的做法越来越多地被证明效果有限。针对北京市公交补贴的效率研究表明,公交补贴每增加1亿元,公交分担率仅提高0.1%左右;同时,巨额补贴会给政府造成巨大的财政负担。此外,公交优先政策在公平性方面仍然不足。公共交通的建设与发展在城市重点地区优先开展,导致不同区位的公交服务水平差距越拉越大。

25.2 可达与公平的视角引入

为了反映公交优先的实质性内容,扎实有效地确保公交优先,需要提出合适的角度开展研究。传统的基于四阶段法的交通预测模型只限于评估道路系统的供需平衡关系,偏重评价交通系统的效率,很难真正用于公交系统对于评价满足服务对象需求、促进社会资源公平合理分配的需要。社会转型时期越来越强调交通资源分配的平衡,满足每个人的出行需求而并非完全注重效率。因此,基于现阶段关于公交优先的研究思路、技术、成果及公交优先的实际意义,从可达与公平的角度去探寻公交优先的实际内涵是一种更加以人为本、反映问题实质的方法。借助可达性的分析方法以评价城市公交系统的公平性,进一步来说,公平性指标可以更好地帮助我们分析研究一个城市社会学层面公交优先的程度。

25.2.1 可达性视角的引入

可达性最早由沃尔特·汉森(Walter Hansen)提出并将其定义为"交通网络中各节点相互作用的机会大小"。苏珊·翰迪(Susan Handy)进一步解释其为"场所具有的满足活动需求的可能性及潜在的经济和社会交往活动的机会",是关联交通系统与土地利用的关键指标。此后可达性多被应用于城市地理、城市规划、交通等众多学科的研究中。可达性主要考虑三方面因素的影响,即土地使用、交通设施和个体人群。其中,土地使用包括就业、商业、公共服务设施等和其位置、规模、强度;交通设施包括交通需求、交通供给;个体人群主要指个体需要、能力及其他属性等。

公交优先中引入可达性的理念。首先,从技术方法上,一是以图论为基础的拓扑模型,实现了对公交线网的模拟,能够反映公共交通网络分布及换乘出行的特征;二是基于几何网络的可达性度量方法,结合土地利用因子,可以测算时间、费用、公共服务设施、就业岗位等的可达性。从研究尺度看,可达性应包含:点尺度下,公交站点周边慢行接驳系统及建成环境影响下的站点可达性;线尺度下,大容量快速公共交通系统导致的"隧道效应"和可达性内外差异性、点到点不同交通方式提供的可达性比较;面尺度下,以交通分析区(TAZ)或渔网或居住小区等为基本研究单元的,反映不同区位、不同方式的可达性研究等。因此,可达性可作为公交优先的重要衡量方法与技术手段。

25.2.2 公平性视角的引入

公共交通的公平性最早因20世纪50年代的非裔美国人问题而受到关注。公平作为社会学概念,体现着人类社会关系中的价值判断和伦理要求,在社会价值观上倡导人格独立与生存价值的平等。在经济学中,用于研究收入和财富分配公平性的基尼系数和洛伦兹曲线,近年来常被延伸用于如轨道交通、道路面积、公共绿地等的公平性研究。交通学科中的公平性研究还体现在城市道路的资源配置中,包括不同交通方式及社会群体对城市道路资源的投入与享有状况。

在诠释交通公平时,托德·利特曼(Todd Litman)引入了横向与纵向公平、机会与结果公平的概念。横向公平性考虑每个人的出行机会是否均等,而纵向公平性关注不同群体之间的效益和费用的平衡,更为关注弱势群体的利益。如在分析公交和小汽车的比价关系时,国内外的研究普遍表明,在计算包括外部边际成本在内的出行总成本时,小汽车实际支付成本只占总成本的 30%,而公交出行者实际支付成本占了总成本的 80%。这说明小汽车的使用者实际享有了更多的资源和补助,平衡小汽车和公交之间的实际补贴并加强公共交通补贴十分重要。当然,费用或成本视角的公平性只是本章倡导的公平下的公交优先内涵的一部分,后文将展开。

25.2.3 公交优先与可达、公平

如前所述,公交优先涉及规划、政策、运营和技术等四方面内容。规划上,我们需要就不同群体的可达性进行更加深入的研究。通过比较公共交通系统与其他交通方式的可达性差异,可以测度并解决公平问题,即权利和机会的平等。政策上,我们需要更加精细的财政补贴制度,通过分析研究当前的城市公共交通补贴政策及其他各项显隐性补贴和外部成本——这体现了费用或补贴层面的公平,做不同群体、不同交通方式的公平性比较。运营与技术上,除了关注道路时空资源占用上的公平效率外,也不应该忽视公交服务水平提升的作用。如设置专有路权以避免公交车的拥堵情况、提高准点率、减少延误等,这恰恰又提升了可达性,弥补了公平性。

因此,从公交优先的 4 个方面内容来看,其实质性内涵其实主要就是两个方面的内容——可达与公平。保障公交优先就是保证公交在与私人交通方式比较时的公平性,保证对公共交通占有资源的适当倾斜。保障公交与私人交通工具具有相同的可达性就是保证公共交通使用群体享有和其他群体相同的发展机会和权利(图 25.2)。

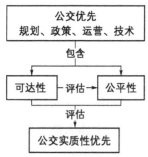

图 25.2 公交优先与公平性、可达性的关系

25.3 公交优先理念拓展

25.3.1 可达性概念拓展

可达性可拓展为时间、就业岗位、费用等的可达性指标。时间可达是目前最常用的可达性分析因子,时间成本也是可达性最直接的影响因素;同时,出行成本也是研究可达性不可忽视的重要因素;就业可达性则是公交优先重要的实质性结果。

可达性模型常运用于评判城市交通发展策略措施,如分析发展手段(增设公交专用道、拓宽道路等手段)对公交时间可达性的改善(减少出行时长)。时间和费用作为主要出行成本可以用一定的货币值进行计算,结合不同群体对于时间成本敏感度的差异导致公平效率上的差异,除去全社会支付的外部成本、公交票价和补贴等,可以得出综合的出行成本费用。

就业可达性是交通公平量化研究的重要工具。针对低收入等弱势群体开展的就业可达性研究结果显示:(1)不同收入群体采取不同交通方式的就业可达性存在较大差异,低收入

群体在就业可达性上往往处于不利境地。(2)可达性较差的区域有损于居民收入,导致获得较少的发展机会和"空间错配"。需要构建就业可达性分析模型,基于社会参与、劳动技能等基本发展权理论,可以研究各空间单元在不同的交通方式(尤其是公共交通、小汽车)及组合方式(如公交+小汽车,即P+R)下面向通勤出行和非通勤出行的就业可达性;开展社会绩效视角下,不同交通方式和不同社会群体就业可达性的比较研究、相对剥夺系数等研究,以评估社会群体间、交通方式间和空间的公平。

而在经济层面,主要是要比较出行成本费用来评估交通方式间的公平。通过分析显隐性补贴对出行行为的影响,分析费用的可达性,来评估社会群体间的公平情况;基于价格弹性法(Price Elasticity),评估公共交通票价调整的影响及社会公平性;基于情景分析法和基尼系数法,评估公共交通设施规划、建设、投资的公平性;最终,提出体现公交补贴平等及投资补偿的经济层面优化策略。

25.3.2 公平性概念拓展

从实质上看,公平意味着权力公平和机会公平,即不论任何群体都享有同样的参与社会活动的机会,人们的命运取决于自由的选择和自身的努力,反映到交通出行上,意味着有相同的、可以自由选择职业的就业岗位可达性。从程序公平和结果公平的角度来看,开车出行者在付出较少代价的情况下为什么却和牺牲较多自由度和相对舒适性的乘坐公共交通工具者获得相同的结果?二者可达性并不同,而开车者之所以付出较少的代价,主要来源于其为驾车的舒适而消耗的公共资源所支付的成本被大大小小的隐性补贴所消弭。因此,这里引入不同空间区域、交通方式、群体间的公平性这一概念指标用于具体分析和研究。

空间公平,指在不同区位条件下的可达性的公平性问题。区位上占优势的地区往往在交通设施包括公共交通上发展得更加完备,在交通发展规划上也受到更多的关注。公共交通设施的优先配置,例如大容量快速公交系统会加剧这种不公平,在规划建设时应予以弥补和改善。

交通方式上,主要研究不同交通方式间的时间、费用可达性上的差异。交通方式间除了要考虑是否存在较大时间成本上的差异外,不同交通方式的舒适度、身份认可度、环境适宜性、所获得的各类隐性补贴及其他外部收益和成本也应当在考虑的范围之中。

不同群体的交通公平性研究主要分析私人交通工具使用者(尤其是小汽车使用者)与使用公共交通者是否在收入、地位、学历、空间分布、通勤时长、公共服务设施使用率上存在明显差异,如果存在明显差异,则应该考虑是不是交通方式的可达性及其他方面导致了这种差别并使得这种差别扩大化。就业岗位可达性是分析不同收入群体交通公平性的重要方法。

25.3.3 公交实质性优先发展理念

因此,不同于现有偏重原则性的公交优先理念及其评价指标体系,基于可达和公平视角下的公交优先应当明确可达性是衡量城市交通服务公平性的核心指标,而公平性是反映公共交通是不是实质性优先的最关键因素。通过比较时间可达、就业可达、费用可达来评价分析不同空间、不同交通方式及不同群体间的公平性,这是能够反映实质性公交优先的根本理念方法。

值得注意的是:本章提及的实质性优先并非要求公交全出行链的效率一定高于小汽车,

事实上,这是不可能完成的任务。因此,笔者认为:相较于小汽车,公共交通的绝对和相对出行效率的双重提升才是实质性优先。

25.4 公交优先评价实证研究

南京作为首批公交都市建设示范城市,公共交通建设在国内一直处于相对领先的地位。截止到 2017 年 12 月 10 日,南京市轨道交通通车总里程排名全国第四,仅次于上海、北京、广州。本章将主要针对南京市的公交和小汽车可达性情况展开分析,并评价公交优先的实施成效。

25.4.1 研究方法

首先通过编写程序获取安居客及链家(国内房地产租售服务平台)网站中位于南京市中心城区 1 000 多个居住小区的位置数据。南京市中心城区是指南京市总体规划确定的主城区和东山、仙林、江北 3 个副城。随后,本次研究利用 ArcGIS 平台在南京市中心城区创建渔网和网格中心点,并以网格中心点作为出行目的地,以获取每个居住区到达每个网格的出行时间和出行费用。运用 Python 编程批量调用高德地图路径规划 API,获取每个居住小区质心到所生成渔网质心点的公共交通和小汽车出行时间、出行距离、出行费用等预测数据。研究时间为 2018 年 3 月 12 日早高峰和平峰时段,其中,早高峰时间选取为 7:00~9:00,平峰时间选取为 14:00~15:00。最后,通过计算平均出行时间、平均出行费用,并通过反距离插值获取整个区域以栅格的形式表示的时间可达性、费用可达性。

高德地图可以根据当地的公共交通实际票价计算用户所需要支付的总费用(含换乘)。小汽车平均出行费用方面,高德地图 API 只能提供过路费这一项费用,而小汽车在出行过程中所产生的燃料费,主要依据工信部等四部委发布的 2016 年度中国境内 124 家乘用车企业共生产/进口乘用车(含新能源乘用车,不含出口乘用车)平均燃料消耗量,及燃油平均消耗量(6.43 L/100 km)和 2018 年 3 月 12 日当日 93 号汽油油价(6.86 元/L)计算得出。

实际情况中,小汽车出行费用还应包括车辆养护、车辆年检、驾驶员审核等其他费用,但由于数据有限及影响因素不可控等原因未计入。在计算公共交通和小汽车平均出行费用时,其产生的各类显隐性外部成本如环境成本、拥堵损失、交通安全成本、公共交通运营补贴、停车场建设及运营补贴等全部计入总的外部补贴中。

25.4.2 可达性分析

1) 时间可达性分析

依照上述研究方法,将每个居住小区到所有渔网质心的平均出行时间按照反距离插值法生成栅格数据,并生成反映每个 200 m×200 m 栅格时间可达性的早高峰和平峰公共交通出行、小汽车平均出行时间,如图 25.3、图 25.4 所示。可以看出,公共交通平均出行时间以南京市传统商业中心新街口地区为中心向外扩展增加,南京市老城区居民采用公共交通至全市的平均出行时间小于 80 min,其次是河西、仙林西部、江宁区东山城区以及江北新区核心区。仙林东部地区受山地影响、江宁区麒麟地区因开发程度较低、六合城区由于较为偏远,相比南京中心城区的公共交通可达性较差。

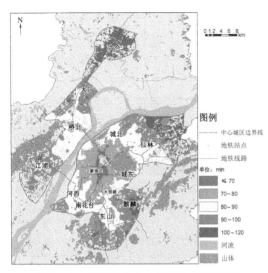

图 25.3　早高峰公共交通平均出行时间　　　图 25.4　平峰公共交通平均出行时间

小汽车时间可达性(如图 25.5、图 25.6 所示)在空间上大致由老城区向外围递增,但大部分地区小汽车平均出行时间都小于 60 min。早高峰时段,桥北地区小汽车可达性较差。由于数据爬取时间为 2018 年 3 月 12 日,长江大桥在此期间封闭大修,因此大桥以北地区的道路几乎成为尽端路,使小汽车可达性受到严重影响。该片区对外主要交通联系依赖轨道交通 3 号线。早高峰小汽车平均出行时间普遍大于平峰时段。

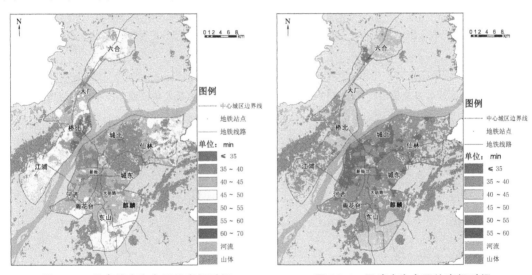

图 25.5　早高峰小汽车平均出行时间　　　图 25.6　平峰小汽车平均出行时间

总体来说,时间可达性上,公共交通由于较多的停车站点和固定的线路原因,运行时间大于小汽车,即可达性弱于小汽车。并且因南京市拥堵情况总体可忍受,小汽车出行占据较大优势。同时,老城区公共交通可达性仍具有较大优势,而外围地区则由于轨道交通的通达与否呈现不同的可达性。

2) 费用可达性分析

如图 25.7、图 25.8 所示,公共交通出行者在早高峰和平峰时段所需要支付的平均费用大致相同。因为受益于南京市较低的地铁票价,整体公共交通平均出行费用并不高。城市边缘地区如江宁东南部、仙林东北部龙潭地区的公共交通费用可达性较差。六合城区虽然被划入中心城区范围,但因其地处偏远,作为"指状"的一支"孤悬"在外,到其他地区乘坐公共交通所需支付的平均费用较其他地区更高。有意思的是,地面公交采取一票制,而轨道交通票价采用里程制。因此,某些离市中心较远的地区虽有轨道交通覆盖,乘坐费用却较高,如江宁东南部、六合城区;一些地区虽没有轨道交通覆盖,却因地面公交一票制反而有较低的交通费用支出。

小汽车出行者所需要支付的平均出行费用受到离地理空间中心距离的影响最大,因此河西地区(无论高峰还是平峰)的小汽车出行平均出行费用最低,其次是老城和江北新区核心区。小汽车平均出行费用较多的主要是六合、仙林东北部及江宁东南部(图 25.9 和图 25.10)。

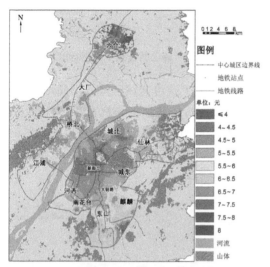

图 25.7　早高峰公共交通出行平均支付费用

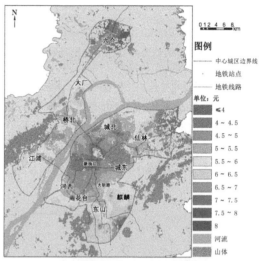

图 25.8　平峰公共交通出行平均支付费用

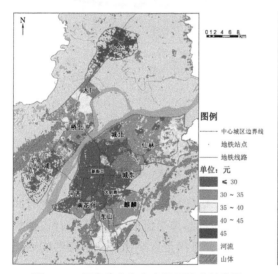

图 25.9　早高峰小汽车出行平均支付费用

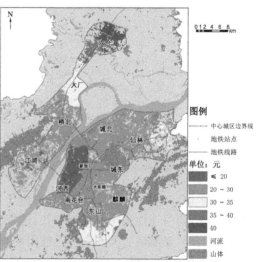

图 25.10　平峰小汽车出行平均支付费用

25.4.3 公平性分析

1) 空间公平性分析

如图 25.11 所示,分析早高峰和平峰不同片区的时间可达性我们发现,轨道交通沿线地区公共交通平均出行时间明显低于周边轨道交通未覆盖地区,如桥北地区、城东地区、河西中部、江宁东山、仙林等地。公共交通时间可达性沿轨道交通线路呈现明显的"隧道效应"。

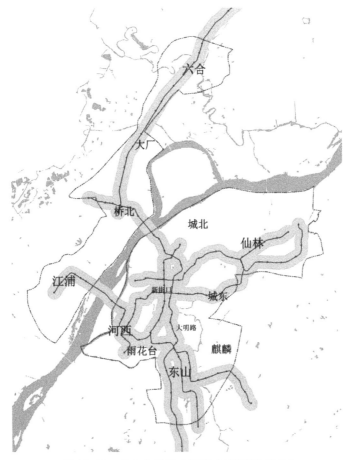

图 25.11 南京市轨道交通带来的"隧道效应"

因此,从时间可达性角度分析,轨道交通通达与否带来较大的可达性差别。对于拥有大量居民的城北的尧化门地区、麒麟地区来说,地处边缘、缺少轨道交通,较差的公共交通可达性影响了其外部经济效益,如体现在房价上,形成价值洼地。未来在大运量快速公共交通建设上应当优先保证空间上的公平性,综合考虑效率问题,像类似于城北、麒麟这类有着较多大型居住区和保障房的地区,更应当保证具有和其他地区甚至优于其他地区的公共交通可达性,以减少空间上的社会隔离。

2) 交通方式间公平性分析

这里主要对比公共交通与小汽车的可达性比值(图 25.12 和图 25.13),以比较不同交通方式间的公平性或公共交通的实质性优先程度。

早高峰时段公共交通平均出行时间明显大于小汽车。公交与小汽车的平均出行时间比值为1.9，与南京市交通白皮书中提出的1.5倍的远期目标有较大差距。公共交通可达性相比小汽车处于绝对弱势地位，公共交通系统仍有较大的提升空间。城市核心地区的早高峰平均出行时间的公共交通与小汽车比值，小于城市边缘地区，说明核心区的公共交通供给水平较高。部分地区公共交通早高峰出行时间与小汽车相比大于2.5，主要分布在城北和麒麟地区，说明这些区域已经成为欠缺公共交通的"孤岛"。桥北地区由于长江大桥维修封闭导致小汽车平均出行时间大大增加，并且由于轨道交通3号线的开通使得该地区轨道交通可达性较好，因此公共交通与小汽车平均出行时间比值较小。

总体来看，公共交通与小汽车平均出行时间比值沿轨道交通线路地区较小，显示轨道交通对公共交通可达性带来的巨大提升。从不同区域的比值差别来看，较大的差异说明空间上公共交通仍有较大提升空间。

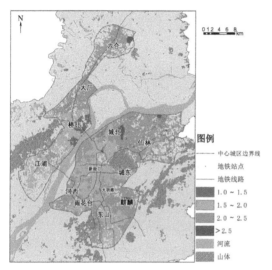
图25.12 早高峰公共交通与小汽车平均出行时间的比值

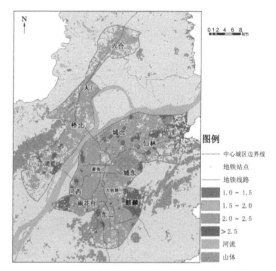
图25.13 平峰公共交通与小汽车平均出行时间的比值

比较不同时段公共交通与小汽车交通在可达性上的变化，以比较不同时段交通方式间的公平性。发现：大部分地区，高峰时段公共交通与小汽车的平均出行时间的比值小于平峰时段。主要原因有：早高峰时段公共交通有更高的发车频率，使得等待和换乘时间大为缩短；部分路段的公交专用道设置（仅在早晚高峰时段）及公交优先信号控制措施提高了公交可达性；公共交通线路很少在易拥堵的快速道路（如南京的快速内环）上运行，受快速道路拥堵影响也较小；更重要的，平峰时段地面拥堵程度大幅下降，小汽车可达性更高。

3）补贴公平性分析

众所周知，每次出行都会产生大量的外部成本，例如污染物排放、道路拥堵、政府财政补贴以及基础设施投资建设成本等。由于多种原因，这些外部成本往往难以直接反映到出行者的实际支付费用中去，未被个人支付的成本也就成了某种意义上的隐性补贴。因此，在单纯比较单次出行出行者所支付的费用的同时，也需要比较不同交通方式获得补贴的情况。

获得补贴的差异也将直接影响出行者出行方式的选择以及占用的社会外部资源。这里,主要分析比较南京中心城区不同区域、不同时段、不同出行方式所获得的补贴总额,以及所需支付费用与产生的外部成本额(即获得的补贴总额,包括财政补贴以及拥堵、交通安全、大气污染、噪声污染、廉价停车等外部成本)的比值,以探讨公平性。采纳的补贴及外部成本数据如表25.1所示。

表 25.1 南京市 2012 年度公交补贴及外部成本隐性补贴计算表

参　　数	数　　据	计算方式
地面公交客运量/万人次	100 804.52	
总成本/万元	198 690.3	
人次车费成本/(元·人次$^{-1}$)	1.97	=b/a
客运总收入/万元	141 599.37	
人次车费实际消费/(元·人次$^{-1}$)	1.40	=d/a
单次公交出行平均补贴/(元·人次$^{-1}$)	0.57	=(e−c)
公交车内平均时间/min	25.0	
公交平均车速/(km·h^{-1})	15.0	
平均乘距/km	6.25	=g·h
每人次公里补贴/(元·人次$^{-1}$·km^{-1})	0.091	=f/i
单位小汽车车公里的外部成本/(元·VKT^{-1}*)	0.275	
单位公交车车公里的外部成本/(元·VKT^{-1})	0.864	
单位公交乘客车公里的外部成本/(元·人次$^{-1}$·VKT^{-1})	0.025	=b/35

注:* VKT 是 Vehicle Kilometers Traveled,简称车公里。

由于得到的补贴额均受到平均出行距离影响,公共交通和小汽车的平均出行补贴在空间分布上呈现由内向外增加的形态。从绝对值上看,小汽车所获得的显隐性补贴总额远大于公共交通,如此大的差别使得小汽车每次出行都占用了大量的社会资源。见图25.14—图25.17。

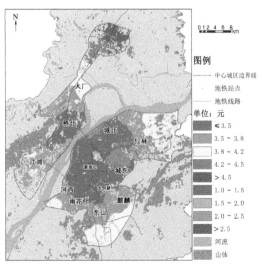

图 25.14 早高峰公共交通平均出行补贴

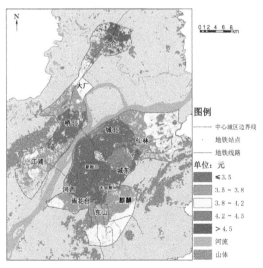

图 25.15 平峰公共交通平均出行补贴

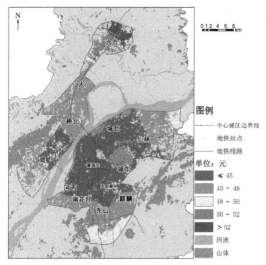

图 25.16 早高峰小汽车平均出行补贴

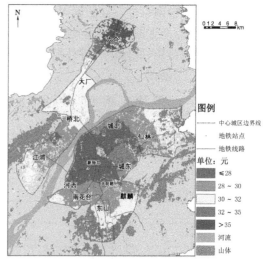

图 25.17 平峰小汽车平均出行补贴

如图 25.18—图 25.21 所示，早高峰和平峰时段，公共交通出行实际支付费用与补贴总额的比值为 1~2。空间分布上，城市中心区公共交通出行实际支付费用与获得的补贴额度比值较城市外围地区更低。因此，城市中心地区获得了相对更多的外部补贴额度，那是因为中心区的公共交通更为发达，出行者接受的补贴更多，城北沿江、麒麟、东山、仙林东部、桥北地区获得了相对于其公共交通出行成本比例更少的外部补贴。

早高峰时段大部分地区的小汽车出行实际支付费用与补贴总额间的比值小于 1，表明实际上小汽车在早高峰时段仅支付了出行中成本的较少部分，而大部分出行成本实际由外部或社会负担。从交通方式间的公平性角度看，公共交通出行者支付了更大比例的总出行成本，因此理应减少公共交通出行者个人支付部分或增加小汽车出行者个人支付部分。由于总的外部成本中停车设施的运营补贴（指政府定价低于实际停车设施运营成本所形成的隐性补贴）占比较大，因此，可从停车费用着手来研究合理的政策以减少不同交通方式间外部补贴的不公平性。

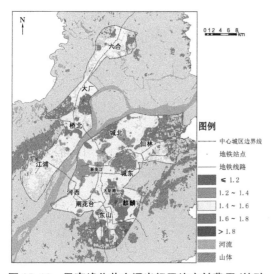

图 25.18 早高峰公共交通出行平均支付费用/补贴

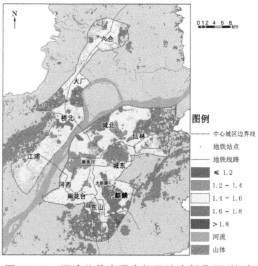

图 25.19 平峰公共交通出行平均支付费用/补贴

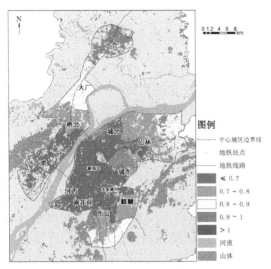
图 25.20 早高峰小汽车出行平均支付费用/补贴

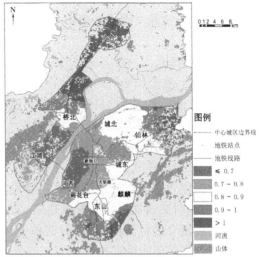
图 25.21 平峰小汽车出行平均支付费用/补贴

25.4.4 公交优先度分析

根据上述分析,不难评价南京市中心城区公共交通优先发展状况:

(1) 公交优先的空间分布特征:轨道交通的"隧道效应"告诉我们,公共交通优先发展程度最高的位于轨道交通沿线。从出行权利和社会公平角度,轨道交通应关注对弱势群体,如保障住房、低收入者住宅区的覆盖。轨道站点高房价的溢出效应不应过度解读和炒作,高房价和轨道交通将十分不利于全社会达成对公交优先的共识。

(2) 相对的公交时间可达优先:尽管大规模建设轨道交通、开通公交专用道,但南京市的公共交通可达性相较小汽车仍有较大差距。这种差距是难以完全弥合的,但是可缩小的。应大力降低公共交通与小汽车的可达性差异,交通基础设施建设和交通政策应朝向提高公共交通可达性的方向,而不应朝向提高小汽车的机动性和可达性。这也是国内目前许多城市治堵过程中非常"迷茫"的主要原因。

(3) 相对的公交补贴公平程度:从补贴的角度,尽管公共交通有大量来自政府的运营补贴,但实际上远低于小汽车的外部成本、低廉停车费所形成的易被忽视的隐性补贴。因此,从实际使用费用和补贴看,公交优先名不符实。

总体上,南京市公共交通的可达性与小汽车相比有较大差距,补贴方面公共交通的劣势更为明显。当我们找到比较对象,就更能反映公交优先的实际情况。尽管南京市为创建公交都市和促进公交优先做了很多工作,但与小汽车比较后可以看出其为表象中的优先,而非实质上的优先。公共交通的发展仍任重道远。

25.5 研究展望

公交优先不仅仅是设施上的优先,况且,设置公交专用道并不代表公交优先了。恰恰相反,这句话的逻辑是:这条路本来是给小汽车的,现在给予了公交一定的专属通行空间,但更多的交通空间、道路资源仍然留给了小汽车;因此,这不代表公交优先,仅表示一种包容的态度。

公交分担率是当前较多提及的公共交通发展水平的技术指标。但汪光焘等人对巴黎案例的剖析认为:在公交增长到一定水平时,公交分担率不应该是评估城市公交是否优先的唯一指标;公交分担率并不能科学评价巴黎地区的公交发展。从而为更科学地寻找反映公交发展水平和公交优先程度的指标留下了极大的空间。

基于可达与公平的公交优先研究思路首先利用时间、就业、费用可达性差异来评价交通方式间、社会群体间、空间等的公平性,再从促进公平性的目的出发,提升各类可达性。公交实质性优先的分析评价在拓展一些概念和研究思路后还需要对一些重点领域进行具体研究,包括对交通规划方案的可达性、公平性进行分析,对不同地区通过公交出行可以获得的发展机会进行比较,对出行链各个环节包括空间环境进行评价,还要综合考虑成本、收益、效率等要素的平衡和优化。主要可从出行权益、效率与绩效、经济成本3个方面去展开。

一是侧重出行权益的出行权利平等和出行机会补偿研究。保证出行机会意味着一定程度上的交通设施步行可达性、机动性及受就业可达性影响的就业岗位和公共服务的可及性,主要影响个体发展权。空间规划布局上,分析不同地区的公交可达性,注重站点周边空间环境及换乘的便捷性。政策上,关注是否有立法保障公交设施可达性及覆盖范围指标来确保不同个体、群体和交通方式获得平等的出行机会,是否有公平的公众参与机制和过程。

二是侧重效率可达和绩效可达的出行效率平等与出行绩效补偿研究。从出行效率的角度,主要关注时间和空间的效率,分析评估出行全过程的时间成本的节约效益及空间利用效率。出行绩效上,主要研究不同交通方式在提供出行服务时承载的人数、减少的排放量、对资源利用的节约,更加关注其在增加社会总产值、促进就业、推动城市更新改造和土地升值等方面的作用,并根据绩效评估提出体现效率及绩效优先的补偿策略。

三是侧重经济成本的出行费用平等和投资与费用补偿研究。在对公共交通与小汽车的出行费用平等的研究中,出行费用不光包含出行者支付的票价及消耗燃料的费用,还包含时间成本、出行舒适度折算成本及外部承担的环境污染、资源占用和消耗、设施建设维护等费用。在财政投入与补偿方面,评估不同社会群体之间在交通出行过程中所获得补贴的公平性,以及公共交通与其他交通方式间在基础设施建设、维护投入上的公平性。此外,还要关注现有政策是否关注全社会的总体效益,并兼顾支付能力适度向低收入群体倾斜。

研究层面,如何精确地衡量和评价城市交通系统的公平性,关键在于对不同地区、不同群体、不同交通方式可达性的测算,包括时间可达、费用可达和就业岗位可达。因为可达性能够反映出行的全过程中各环节的时间、成本,能够真实地反映公交优先的相关政策、技术、财政措施的实质性结果。公平性研究及公交优先评价的第一步应该是确立可达性分析的指标和方法。

本章无意于弱化公交专用道、公交优先信号等交通管控手段,相反,这些手段是提升公交可达性的重要方法。同时应认识到,城市公交不仅仅是交通方式的一种,作为城市最基础的机动化出行方式,更应是城市居民出行和生活权利的最低保障设施。公交优先是基于对人权的基本保障和尊重,用公平视角和可达性分析方法更能够凸显公交优先具有的公平正义和可持续发展的属性。公交优先不应是简单的土地优先、财政优先、通行优先,更要注重其与竞争对手比较下的优先。当全社会一方面提公交优先,另一方面又给予小汽车更大的便利(包括通行效率和使用费用),则公交优先只能是表象中的优先,而非实质上的优先。这一点必须予以重视。

26

城市停车策略变革

停车,或称静态交通,是城市交通问题中的重要方面。相较于车辆的行驶环节,停放环节耗时更长,因此,不容忽视城市停车问题。国内外学者已就停车问题展开了丰富多彩的理论研究与应用实践,如智能停车系统、路边停车设置标准、公共建筑配建标准、公共停车场选址等。但仍需从宏观、总体的层面对停车问题展开探讨,并对一些惯性思维提出质疑和变革。

我国汽车保有量正在快速增加,但在 2017 年末机动车千人保有量仅为 223 辆,与世界发达国家相比仍处较低水平,相当于美国在经济大萧条时期的水平,见图 26.1。

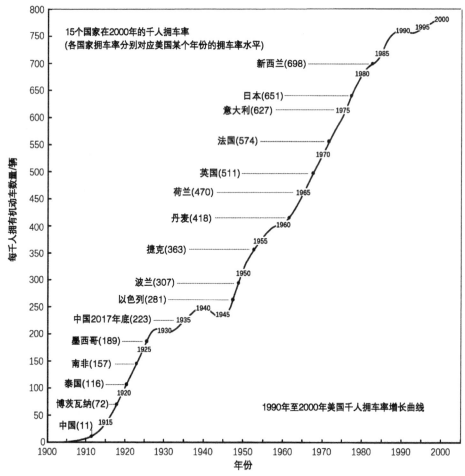

图 26.1 美国机动车千人保有量发展与各国对比示意图

因此,我国户均拥车需求旺盛。美国汽车户均拥有量 2016 年为 1.97 辆/户,我国户均拥有量 2016 年为 0.48 辆/户,即使拥有量较高的城市也只在 0.7 辆/户。百姓对购买小汽车充满热情,视为提高生活水平的象征。

所以未来我国的停车供需矛盾将更加严峻。深圳 2016 年全市机动车保有量 318 万辆,划线泊位仅为 196.1 万;北京市 2016 年底全市城镇地区居住停车缺口总量达到 129 万;上海 2014 年末居住区夜间停车缺口 38%,增加停车供给似乎是理所当然的应对方法。但是,西方国家特别是美国的发展经历表明,一味满足需求、缺乏有效管理的停车供给会造成一系列问题。美国目前估测停车位是汽车数量的 3 倍多,存在停车过量供给的问题;但日常生活中民众仍感到停车短缺、停车难。因此,我们应该警惕美国停车政策发展的教训,来制定更加符合我国城市交通发展路径的停车政策。

26.1 停车在城市体系中的定位

我们在讨论停车问题时,容易将停车孤立地看成它自身的问题:停车供给满足停车需求、停车管理维护停车秩序、停车收费支付管理成本。这都是在停车系统内部思考对策,很难跳出视野的束缚。在研究停车政策时,我们首先要将停车置于城市体系中,先看看它所处的位置。

26.1.1 停车是土地利用与交通运输的相交点

如果从空间位置上划分,停车位简单分为路内和路外两种。目前国内的路外停车位要多于路内,而且规范也要求"配建停车位为主,公共停车位为辅,路内停车位为补充"。

路外停车包括配建停车位与社会停车场。在我国的土地利用分类中,社会停车场即市政公共停车场,作为一种独立用地类型存在(代码 S42);配建停车位通过停车配建标准与各类用地绑定开发建设。因此城市中的停车位主体是以用地存在的。

停车位是所有汽车出行的起讫点,车辆大部分时间是静止状态的,需要空间来存储,所以停车位又是交通运输系统必然的构成要素之一。在各层级的综合交通规划中,停车专项规划都是必不可少的一部分,我们会重点编制社会公共停车场专项规划和停车配建标准。

因此,停车成为土地利用和交通运输都要涉及的内容。例如城市规划师必须考虑停车场用地的布局,但他们不用考虑交通流量;交通规划师必须考虑停车配建标准,但他们不用考虑其他用地指标。停车既是实现出行的交通系统要素,又是需要影响城市形态和社会经济的用地类型。城市的交通运输系统与土地利用模式能否合理匹配,停车设施起到了关键的作用。但是要注意不能本末倒置,交通系统和城市用地不要围绕停车场展开。

26.1.2 停车只是为可达性服务的方式之一

城市交通的目标是实现不同目的地之间的联系。理查德·威尔逊(Richard Willson)在分析停车标准的作用时指出,实现用地之间的可达性可以通过不同方法和技术,见图 26.2。例如土地利用模式可以更加混合与紧凑,交通系统也鼓励采取多种交通方式。停车只为其中的小汽车服务(我们暂且不讨论公交车、货车等停车问题),如果采取以公共交通和步行作为主要交通方式,就不需要建设过多的配建停车位和社会停车场。

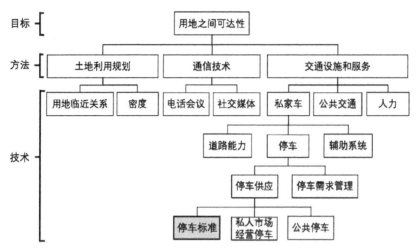

图 26.2 停车标准在实现可达性中所处的位置

但是,如果孤立的研究停车问题,将解决停车短缺视为目标,将充足的停车位视为可达性良好标准,反而会陷入一种增加供给—诱发需求—再增加供给—再诱发需求的恶性循环。

26.1.3 停车服从社会经济政策

汽车产业在国民经济中能够发挥产业链长、关联度高、就业面广、消费拉动大等突出特点,其增加值在近10年始终保持占GDP 2%以上的水平。2018年12月《汽车产业投资管理规定》出台,变核准制为备案制,审查权限下放至地方管理部门,进一步促进汽车产业发展。

在重视汽车生产的同时,国家也积极推动汽车消费。2019年6月国家发展改革委、生态环境部和商务部联合发布了《推动重点消费品更新升级畅通资源循环利用实施方案(2019—2020年)》,文件中首先解除对新能源汽车的限行限购政策;其次严禁出台新的汽车限购规定,已实施的地方政府要加快研究设置拥堵区域,原则上拥堵区域外不予限购;还有一项政策是鼓励有条件的地方在停车费方面给予新能源汽车优惠。同年8月27日,国务院办公厅印发《关于加快发展流通促进商业消费的意见》,提出释放汽车消费潜力,探索推行逐步放宽或取消限购的具体措施,支持购置新能源汽车,促进二手车流通。

因此,国家的汽车产业政策和鼓励汽车消费政策,必然会增加汽车的拥有与使用。停车建设也必然受该时期政策影响,即使由此带来交通拥堵、空气污染等问题,也只能作为需要解决的问题,而不能称为制约的因素。

同时,小汽车被认为是人们对美好生活向往的追求之一。人民对提高停车供给的呼声不断高涨,每年各级政府的人大、政协提案,以及各种渠道的市民意见中,对增加停车供给都很热切。政府部门如何应对这种诉求?

实际上,建设公共停车设施投资巨大,所能解决的停车需求仅是杯水车薪,同时又会吸引更多停车。假设某一社区有100户居民,目前50户需要停车位(实际已经买车),但现状是只有20个合法停车位,其他30个在违章停车。如果政府投入了大量资金仅新增20个合法停车位,那么新增的停车位该如何分配给30户违章停车者?即使满足了现状缺口,剩余的50户居民会不会提出新的停车需求?

更严重的后果是唐纳德·舒普所提出的。政府投资为有车家庭提供停车位,而买不起车和不想买车的家庭没有得到任何好处,甚至环境变差。那么这是在补贴有车的家庭(一般比较富裕),却惩罚那些买不起车(相对比较贫穷)的家庭和不想买车(真正支持绿色可持续发展)的家庭。

因此,停车政策受到所处阶段的经济发展政策影响,同时也关系到了社会公平这一问题,需要谨慎思考。

26.1.4 停车需要综合管理战略

对于停车管理措施,可以通过两组因素来进行分析:直接/间接、货币/非货币。两组因素构成二阶矩阵,每一类组合都形成一种管理视角,如表26.1所示。第一种视角是"工程师"视角,采用直接供给、需要货币投入的措施,例如建设停车场、更新设备,影响停车位的数量和效率。第二种视角是"经济学家",采用货币措施来间接管理停车供给,如停车费、停车税等措施。第三种视角是政府"监管者",采用行政法规直接管理,但不涉及货币措施,例如停车许可、停车时长等措施。第四种视角是"教育者",通过宣传教育等间接、非货币的措施来进行管理。

表 26.1 停车管理措施分类

措施类别	直接措施	间接措施
货币措施 (金钱影响结果)	1. "工程师"——供应、购买、停车项目 • 先进的停车设备(量,效) • 替代交通方式——自行车、步行、公交、轨道、穿梭巴士、完整街道(量,效) • 停车租赁(效)	2. "经济学家"——税费、价格、补贴 • 停车收费价格(量,效) • 道路收费(量) • 停车税(效) • 取消停车补贴、解除配建捆绑、停车费变现(效) • 交通需求管理补贴(量)
非货币措施 (规章、信用、协议)	3. "监管者"——标准、禁令、许可 • 专用车位、使用规则、停车时长(效) • 居住停车许可区(效) • 停车位尺寸(效) • 共享或者异地停车协议(效) • 临时使用协议(效) • 配建替代费程序(效) • 道路交通管制(量)	4. "教育者/推销员"——通知、倡议、促进 • 交通需求管理推广(量,效) • 出行选择实时信息(量,效) • 停车供给信息及诱导系统(效) • "一次停车"项目营销(量,效) • 共享停车中介(效)

注:"量"影响停车位使用数量;"效"影响停车位使用效率。

停车管理措施需要采取以上综合管理战略,根据城市背景条件,基于不同视角设计符合本地停车位数量、使用效率的管理措施。

26.2 停车配建制度改革

停车配建制度是要求项目开发时自行满足自身所需要的停车位的停车供给政策,能够起到避免停车外溢的作用。但是,停车配建制度容易陷入过量停车供给循环,甚至反过来制约城市的发展,也不利于停车资源的未来共享发展。制定一劳永逸式的停车配建标准不能作为停车供给的目标。

26.2.1 停车配建标准的源起

配建停车作为最主要的停车供给方式，一般采用下限标准，要求建设项目配套建设满足一定标准以上的停车位，即停车配建下限标准。例如配建标准根据不同用地类型采用 1 车位/户、1.5 车位/100 m^2 建筑面积等下限指标。

美国最早设置停车配建标准。1923 年，美国俄亥俄州哥伦布市在区划法中为多户住宅（Multi-family House）类型建筑设置停车配建标准；1939 年，加州弗雷斯诺市将停车配建标准范围扩大到非居住类用地；1947 年，40 多个城市设置停车配建标准；1972 年，在对 216 个城市的调查中，有 214 个城市实施了停车配建政策。

配建停车位是满足需求的自然反应。对于任何鼓励小汽车拥有的国家和地区，都设定较高的配建标准。统计资料显示，美国各城市停车配建标准中居住类下限指标中位数为 1.5 车位/户，办公类下限指标中位数为 2.7 车位/100 m^2（美国采用 1 000 ft^2 为单位），餐饮类下限指标中位数为 8.6 车位/100 m^2。相反，限制小汽车发展的地区会设定较低的配建标准，如新加坡的配建标准按 3 类分区制定，办公类下限指标分别为 0.22 车位/100 m^2、0.4 车位/100 m^2 和 0.5 车位/100 m^2。

26.2.2 我国城市停车配建标准发展

我国的停车配建标准发展较晚，在直辖市和部分省会城市及少量经济发展较好的城市实施，以下限配建标准为主；只有少数城市在城市核心地区采用上限指标。近年来，我国主要城市的居住配建标准逐步提高，一些较发达城市外围地区的配建下限标准已经基本上升到 1.2 车位/户及以上，该指标开始接近美国大城市多户住宅的配建标准。我国的办公、商业、餐饮等用地类型的停车配建标准远低于美国城市标准，发展导向为"适度满足基本车位、从紧控制出行车位"（表 26.2）。

表 26.2 国内城市与美国城市外围地区主要用地类型配建标准分析

用地类型	单位	北京	上海	广州	深圳	天津	南京	洛杉矶	芝加哥	休斯敦	亚特兰大	美国城市中位数
居住	车位/户	1.3	1.2	1.2	1.0	1.2	1.5	1.5	1.0	2.0	1.5	1.5
办公	车位/100 m^2 建筑面积	1.2	1.0	0.9	0.8	1.2	2.0	2.2	2.2	2.7	5.4	2.7
商业	车位/100 m^2 建筑面积	1.0	1.0	0.8	1.0	0.8	0.8	4.3	2.7	7.0	5.4	无
餐饮	车位/100 m^2 建筑面积	3.0	2.5	2.5	1.5	1.5	3.0	10.8	2.7	0.0	10.8	8.6

注：① 国内配建指标选择各城市外围地区下限最大值；② 国内居住类型按 1 户/100 m^2 建筑面积换算得出；③ 国内办公采用非"行政办公"类的其他办公类型；④ 美国办公、商业、餐饮原配建单位为车位/1 000 ft^2，指标是整数，换算成 100 m^2 建筑面积后变为小数。

26.2.3 对配建下限标准的支持与反对

美国长期实施停车配建下限标准政策，在不同历史阶段得到的支持和反对不尽相同。

理查德·威尔逊从交通运输、城市形态、经济发展、可持续发展和城市管理等方面总结了正反两方面的观点。支持配建下限标准的观点认为它有利于减少项目的停车外溢,简化政府监管,使未来开发可控,对所有开发商要求一致、公平透明。见表26.3。

表26.3 支持与反对停车配建下限标准的理由

项 目	支持下限标准的理由	反对下限标准的理由
交通运输	减少项目周围交通拥堵	鼓励私人小汽车出行并增加出行距离
	避免停车外溢	不利于公共交通等其他方式替代小汽车
城市形态/设计	创建有序的城市环境	降低密度
	预测开发强度或用途改变	形成不友好的城市设计形态
经济发展	在开发商之间创造公平竞争环境	阻碍发展和经济活动
	提供车位促进核心区开发	使可负担住宅建设更困难
		阻碍对填充式开发和适应性再利用的投资
可持续,环境,公平和健康	—	直接和间接破坏环境
		对非小汽车出行不公平
		缺乏身体活动影响公共健康
城市管理	减少对业主之间停车冲突的不必要的停车管理裁决	不代表实际的停车位利用水平
	减少公共停车位建设需求	

反对配建下限标准的观点认为,它使小汽车成了被绝对依赖的出行方式,引发了交通拥堵、空气污染、郊区蔓延、城市形态、住房可负担性、身体健康等一系列问题。这些观点与20世纪60年代开始萌发的城市人本思潮一脉相承,越来越得到认可和关注。

配建标准的制定存在统计学问题。对于单位面积的用地应该配建多少停车位,一般采用调查统计的方法。但是实际调查发现,样本之间的差异较大,数据相关性较小,以美国交通工程师学会(ITE)长期统计的《停车生成率》手册为例,这是调查分类最详细、案例最多的停车位统计数据库,但是其中近半用地的样本数不超过4个。即使样本数量足够,其数据统计显著性又较低,在第二版中免下车取餐快餐店的调查样本18个,每1 000 ft² 停车位配建数量为3.55~15.92,平均值为9.95,拟合的线性方程R^2仅有0.038,导致在以后的版本中,对R^2低于0.6的情况不再给出拟合方程。但是,美国每个城市在编制停车配建标准时,更多参考该手册给出的平均值。

不同样本的停车位生成率差异如此之大,表明了停车需求不只受到建筑面积影响,甚至建筑面积越大其单位面积停车需求越小。同时,区位、用地混合程度、公交可达性等都在影响着停车需求。但基本上没有城市能够进行详细的统计,甚至一些城市直接"参照"其他城市的标准设定自己的标准。

配建标准制定时统计各类用地性质的高峰停车量。于是在新的开发项目中,一个区域内的不同性质用地均按其最大需求配建,导致区域总体停车供给大于当前需求。如果小汽车保有量处于快速增长时期,这种方法将会形成扩建循环,如图26.3所示,直至停车位超配。

停车下限配建政策让美国产生了巨大浪费,即使在停车免费的情况下,其停车高峰时期使用率也大多低于50%。而配建停车位的成本巨大,地下车库停车位平均3.3万美元/车位,

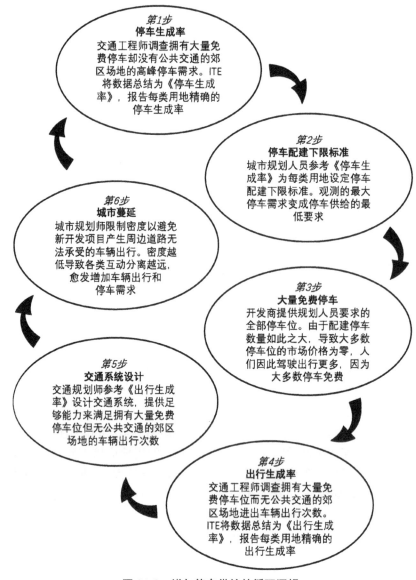

图 26.3 增加停车供给的循环逻辑

地上停车楼车位平均 2.4 万美元/车位,这将极大地提高开发项目的成本。

26.2.4 停车配建标准的改革趋势

美国对停车配建标准的改革主要包括标准折减、精细化设定、改下限为上限等措施。

1) 停车配建标准共享折减

共享停车折减。混合利用的不同业态之间存在停车高峰差异,从而能够提供共享机会,因此可以对各种业态的停车配建之和进行折减。美国土地协会(ULI)一直在研究共享停车,分别于 1983 年、2005 年出版了两版《共享停车》,其中统计了不同混合利用项目的停车共享折减系数。

国内城市对于混合用地综合体项目的共享停车折减也有所实践,南京、广州的停车配建标准规定：总建筑面积在 5 万 m² 以上的商办建筑，次功能建筑面积占总面积 20% 以上的，在充分考虑车位共享的可能后车位总数可按各类建筑性质配建车位需求总和的 85% 计算。

2) 公共交通地区折减

美国倡导公共交通导向型开发(TOD)，在轨道车站或公交车站地区降低停车配建标准，例如马里兰州蒙哥马利市将轨道交通车站周围停车配建下限标准降低了 20%。

国内部分城市在轨道车站降低停车配建标准（表 26.4），主要选择轨道站中心 300~500 m 范围区域（南京选择出入口 100 m 范围），主要针对公共建筑（深圳针对居住类型），折减比例基本为下限指标的 5%~20%，其中深圳与天津设定了上限配建标准。

表 26.4 国内主要城市停车配建上限指标对比（居住类商品房）

城市	影响范围	影响建筑类型	影响比例
上海	轨道站 300 m	公共	下限折减不超过 20%
广州	轨道站 500 m	办公	A 区不低于下限 85%，B 区不低于下限 90%
		商业	A 区不低于下限 90%，B 区不低于下限 95%
深圳	轨道站 500 m	居住	不超过下限指标的 80%
天津	轨道站中心 300 m	公共管理与公共服务设施、商业服务设施	不低于下限 70%，一类地区不超过下限 80%
南京	出入口 100 m	公共	减少 10%

3) 其他类型折减

异地停车折减。美国一些城市允许将停车配建指标分摊到相邻用地以及路内，或者较远距离的停车场（通过接驳巴士服务），从而减少项目场地内部停车配建标准。

停车位替代费(In-Lieu Fee)。北美一些城市允许缴纳一定费用用于免除配建停车位，这笔费用可以用来建设公共停车场，通过建设停车周转率更高的公共停车场，降低区域停车需求总量。例如加拿大温哥华市在特定地区实施该措施，每减少一个停车位需缴纳 20 200 美元。

4) 取消配建下限指标和设置停车上限

美国城市近年来倡导取消停车配建下限指标，建议由开发商根据市场需求来决定停车位建设数量。目前北美有 90 多个城市在局部地区取消了停车配建下限要求（图 26.4）。

同时，停车上限在北美城市的局部地区同样开始实施，例如纽约、波特兰、费城，采用总量控制、设定上限指标、按照下限指标比例设定上限等方式。

我国主要城市如北京、广州、深圳、南京等在核心区设置停车上限指标（表 26.5），限制停车供给扩大，避免诱发小汽车出行急剧增加。

表 26.5 国内主要城市停车配建上限指标对比（居住类商品房）

城 市	分 区	单 位	下 限	上 限
北京	一类地区	车位/户	0.8	1.1
广州	A 区	车位/100 m² 建筑面积	1.0	1.2
深圳	基本所有	车位/户	1.0	1.2
南京	一类地区	车位/户	1.2	1.5

图 26.4 美国城市取消停车配建下限指标进展示意图

5) 停车配建标准的精细化制定

虽然停车配建标准存在一系列问题，但是实践中世界各国仍将其作为最主要的管理政策，我国也要求"以配建为主"的停车政策。因此要使停车配建标准的制定更加科学化、本地化、充满弹性。理查德·威尔逊提出了渐进式的停车配建标准制定方法，将指标的选择分解为一个政策决策过程（图 26.5），充分结合本地区特征来制定符合城市发展目标的配建标准。

威尔逊提出的配建标准的步骤包括：

（1）调查现状停车位利用率。
（2）判断未来基准利用率。
（3）基础配建指标选取。
（4）项目特征和背景环境调整。
（5）考虑停车收费、停车配建拆分（Unbundling）、停车费变现（Cash-out）等措施的影响。
（6）结合公共交通、自行车、步行等替代小汽车出行的交通规划方案，配建指标可以向下调整。
（7）项目内部停车位分配方式影响。如果停车泊位是专用的，彼此之间不能共享，访客不能使用居民或员工的车位，配建指标需要向上调整。
（8）异地停车配建政策。如果配建车位可以设置在项目场地以外的其他用地，那么项目内部自己所需的配建指标就可以向下调整。
（9）内部不同用途之间停车位能否共享。共享停车可以使配建指标向下调整。
（10）将步骤（4）至（9）的调整系数叠加到步骤（3）所选择的基础指标上，计算期望的指标，对该指标进行判定，如有疑义可针对具体因子进行协商。最终确定配建指标。

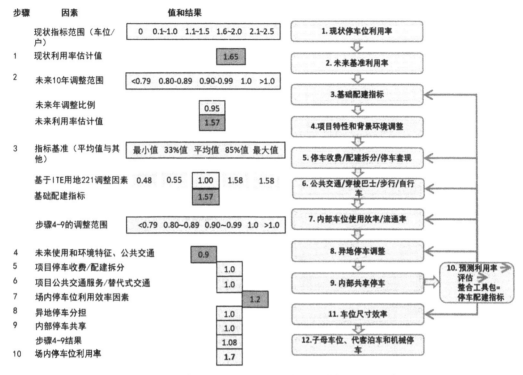

图 26.5 理查德·威尔逊理性制定停车配建标准的 12 步方法

（11）缩窄停车位尺寸。根据车辆小型化趋势、无人驾驶等发展趋势，可以进一步减小停车泊位尺寸，从而减少同样泊位数量的总体停车面积。

（12）探讨采用子母车位、代客泊车、机械车库方式，来进一步减少停车占地面积。

26.3 路内停车空间资源的审视

路内停车是对公共道路资源的一种占用，当它影响到交通效率、交通安全、街道环境甚至经济活力时，就需要重新考虑这种空间作为停车位来利用是否合适以及如何最有效地利用路缘空间资源。

26.3.1 路内停车管理的发展

路内停车是一种传统方式，尤其在西方国家低密度、低强度的城市环境中，路内停车继承了马车时代的生活习惯。但在市中心密度较高、交通活动更频繁的区域，路内停车位无法满足需求，停车紧张导致很多车辆不断为了寻找一个可用的停车位而围着地块巡游，造成了更多的无效驾驶，进而加剧道路拥堵、尾气排放、能源消耗等问题。

美国在 1910 年代就面临路内停车问题。当时路内停车严重干扰了有轨电车的运营，出现了很多双排停车现象（图 26.6），停车者长期停放，甚至影响到了消防车的救援。为此美国城市开始在市中心限制小汽车停放的时长，部分路段禁止停放，为此制定了严格的管理制度,甚至有些城市逮捕违章者。但是,限于当时的管理技术,管理成本过高,甚至于法院累积了大量停车违章案件。同时,商业团体和拥车者不断反对,最终导致执法不严、法不责众,大量违章路内停车现象重新出现。

图 26.6　美国 1910 年代路内停车阻碍交通运行

1935 年在俄克拉何马市最早实施了停车咪表(图 26.7),以此来保障停车执法和促进泊位周转率,甚至希望通过价格来调整路内停车供需关系。咪表的管理效果昙花一现,最初实施的时候起到了效果;但使用不便利,人们抱怨出门要时刻注意兜里的零钱,而且管理和运营成本较高,并未能起到调节停车需求的作用。直到 1990 年代,机械式停车咪表升级换代为电子式。而到了 21 世纪以后,近 10 年来,支付方式开始升级为银行卡和手机支付软件。

图 26.7　美国 1935 年开始出现路内停车咪表

在市中心以外的区域,以居住区为主,多以低密度的独栋住宅为主。因此每户住宅可以利用沿街的道路停放车辆,并将其视为自己的领域(一种文化而非产权)。但随着机动车保有量的上升,停车位资源开始紧张。特别是靠近商业区的居住区,被外溢出来的停车需求侵占了居民门前的路内停车位。本地居民抗议这种停车占用行为,于是社区开始采用了停车位许可制度:本地居民车辆申请路内停车位(需要缴付少量费用);外来车辆仅允许在规定时段内停放有限时间,有的区域需要缴付远超本地居民的停车费用。

我国的路内停车管理同样制定了严格的交通法规,但同样限于管理的人力、物力成本,不能对路内停车进行有效管理。秩序的维护需要管理的投入,但是当停车管理难以实现财务可持续时,停车管理就难以为继。有系统的交通法规也无法得到持续的贯彻执行,导致形成随机式的执法,进而使停车者采取赌博式违法停放行为。

26.3.2 路内停车位的空间价值优先级

美国路内停车方式影响到了其他国家,后续国家自然将路内停车作为一种供给方式。但是,亚洲城市的高强度完全有别于西方城市,我们应该首先思考,路内停车是否有必要成为一种停车供给方式?我们的停车政策中要求"路内停车位为补充",将路内停车放在了最后,是很正确的政策;但是在实际管理中,路内停车最容易成为首要的供给方式。因此,不得不思考路内停车位的空间价值。

近年来,纽约等城市学习北欧城市,开始缩减机动车道和停车位,推动"完整街道"政策。这一趋势提醒我们要对路权进行重新思考。路缘空间是非常有限的,只有交叉口之间的路段这一长度。而在这段空间上,有两侧用地的进出需求,有公交车站的站台设置需求,还有货物装卸、物流快递车辆停放、出租车(新型网约车)上落客、消防车及其他车辆的救援作业等需求,特别是自行车道的回归和人行道的拓宽改善,以及街道绿化、雨水收集、街道家具的增加。这些需求都赋予了路缘空间新的或更高的价值,需要仔细权衡不同空间、不同时间的路缘价值。如图26.8所示。

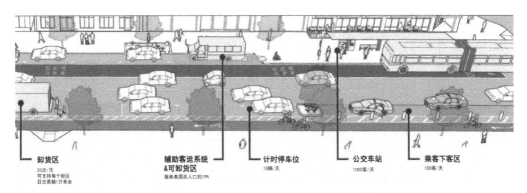

图26.8 有限的路缘空间包含不同用途需求

在路缘空间众多的使用需求中,需要仔细评估优先级。为了小汽车长期停放这一用途被普遍认为优先级别最低。因此,未来的路内停车空间资源、时间资源都会减少。如果停车需求还在增加,就需要提高这些停车位的使用效率,其价值必须有效地释放出来,这就涉及合理的停车定价方法。

26.3.3 路内停车位的正确定价方法

目前我国路内停车采取"分区定价、累进计费"的收费方法,如北京市(见表26.6),将城市根据不同停车位供需紧张程度划分为3类分区,不同区域、不同车型的基础价格不同。在同一分区内,采用累进计费方式,首小时后的价格上涨,以促进停车位周转;夜间停车采取一次性价格。

表26.6 北京市道路占道停车收费标准

道路停车		一类地区		二类地区		三类地区	
		小型车	大型车	小型车	大型车	小型车	大型车
白天 (7:00—19:00)	首小时内(元/15 min)	2.50	5.0	1.50	3.0	0.50	1.0
	首小时后(元/15 min)	3.75	7.5	2.25	4.5	0.75	1.5
夜间 (19:00(不含)—次日 7:00) (元/2 h)		1.00	2.0	1.00	2.0	1.00	2.0

该类计费方法起到了良好的作用,最主要的是通过普遍性收费让市民拥有了"停车付费"的意识,在很大程度上能够提高停车位利用率。但是只用3类分区划分不同城市区域,缺乏有效的目标指导。停车收费只是手段而非目标,绝不能以收入为目标,也不宜以收支平衡为目标。那么,目标应该是什么?

唐纳德·舒普提出停车定价的方法,以停车位可用率为目标,正确的停车价格刚好能够让一个街区的停车位始终保持1~2个空闲(根据美国街道长度,一般理解为85%的停车位占用率),其基本定价原理如图26.9所示。这时候任何驾驶者到达都会有停车位,人们不再担心有没有空位,而是要担心停车价格。这种定价方法被称为基于需求、基于市场或者绩效式的定价方法。

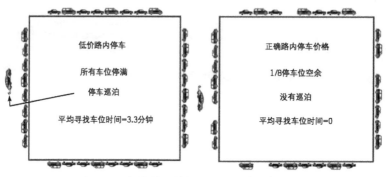

图26.9 舒普基于停车位占用率的停车定价原理

停车价格不能以收入为目标,因为收入最优时的价格可能导致停车位部分空置。例如一个10车位的路段,停车采用免费时,其停车位占用率为100%,导致新来车辆无法找到车位,但此时总收入为零;采用5元/h的价格,部分车辆转移或加快周转,导致任意时刻的停车占用率下降到80%,新来车辆可以找到空停车位停放,此时收入可达到40(10×80%×5=40)元/h;价格上升到10元/h,停车占用率下降到60%,此时收入为60(10×60%×10=60)元/h。因此,免费停车导致停车高占用率、低收入、低可用性,高价格导致高空置率、高收入、高可用性,而合理的价格可实现合理的占用率、收入及可用性。

而绩效式定价方法的最大作用,使定价可以精细化到每条道路。而常见的分区定价并不完善,因为即使是在同一个分区内,不同路段的停车矛盾仍较大。如在市中心,会出现一条街停车需求巨大,而相邻一条街的停车需求很小的情况。通过一个绩效目标值,就可以在一个合理范围内(例如停车后合理步行范围)灵活调整停车价格。这是管理技术进步后的一种管理方法提升,当前的数据技术为绩效式定价方法提供了应用基础。

26.3.4 绩效式路内停车定价实践

唐纳德·舒普提出的绩效式停车定价方法是一种理论模型,美国一些城市在实践时提出了优化方案,其中旧金山市在 2011 年最早试行(图 26.10),并取得了良好的效果,开启了美国城市路内停车改革的新时代。

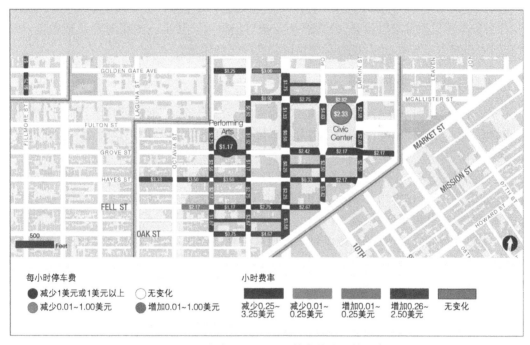

图 26.10 旧金山 SFpark 项目停车价格调整示意图

旧金山市在具体实践中,认为 85% 的停车位占用率目标过于精确,如果瞄准这一准确值会导致价格的频繁调整。因此旧金山设置一个 60%~80% 的使用率目标。为了实现这个目标,每个车位设置的地面停车传感器传回停车位占用数据,然后计算每个小时的平均占用率。每 8 周左右来调整一次咪表的价格。每次数据驱动的价格调整都采用以下规则:

(1) 当平均停车位占用率为 80%~100%,每小时价格提高 0.25 美元。
(2) 当平均停车位占用率为 60%~80%,每小时价格不变。
(3) 当平均停车位占用率为 30%~60%,每小时价格降低 0.25 美元。
(4) 当平均停车位占用率为低于 30%,每小时价格降低 0.50 美元。

旧金山的路内定价方式改革,导致在同一区域相邻道路出现不同的价格。这更符合实际停车需求分布和停车体验,人们可以为了就近停车多付钱,也可以为了省钱而停得稍微远一些。

旧金山的绩效式停车项目试行 2 年,实行了 10 次价格调整。其整体平均停车价格从

2.69美元/h略微下降到2.58美元/h,打消了民众对价格提升的担心,因为有的路段价格上涨,有的路段价格下降。试验区的停车位停满比例下降了16%,其中热点地区下降了45%,而同期作为参照的对比区停满比例上升了51%。这些说明该地区停车人对停车价格较为敏感。

26.4 面向未来的路外公共停车场思考

目前的公共停车场建设量较少,在总停车供给中的比例不高,并没有发挥"以公共停车为辅"的作用。虽然城市规划中对社会停车场用地进行了控制,但是政府投资建设意愿不高,社会资本建设后又难以盈利,公共停车位缺口仍很大。甚至一些规划者开始思考,如果所有用地都配建停车位,是否还有必要预留公共停车场用地?

26.4.1 公共停车场的发展

"公共停车场"是一个容易混淆的概念,通常的"公共停车场"面向使用者,即公众能使用的停车场,而非专用的路外停车场。路内停车位也可以公共使用,但民众通常不会理解其为"公共停车场"。

这种路外"公共停车场"根据产权分为政府所属和私人所属。政府所属在我国城市用地分类里定义为"社会停车场"类型。城市规划中需要重点规划"社区停车场",也即"以公共停车为辅"里的"公共停车"所指含义。

美国停车政策发展过程中,建设过政府所属的地面停车场、停车楼,但没有在区划图里控制某一用地为"公共停车场"用地;但是,它允许某些用地类型建设为停车场对外经营,例如商业用地。

在美国1920年代快速城市化和机动化时期,一些业主和开发商已经主动建设停车设施。酒店行业最早开展,早期的停车楼都是为酒店配套建设。一些商业团体或社区在区域内部无法建设停车位的情况下,购买远处用地,通过接驳交通将顾客吸引到市中心来。

而美国1929年的经济危机所带来的大萧条时代,让很多企业失败,甚至将市中心的房地产放弃。这些放弃的房地产被商业团体或政府收购,作为临时停车场(图26.11),以期望经济回暖后进行再开发。

图26.11 美国大萧条时代废弃的用地被作为临时停车场

但之后美国进行了更大规模的郊区化进程,市中心因为交通拥堵、环境恶化等一系列问题,并没有迎来经济大规模振兴。新型的郊区商业提供了大量配建免费停车场,导致市中心为与其竞争同样保留了这些公共停车场,如图 26.12 所示的波特兰市中心某公共停车楼。同时,伴随经济的逐渐恢复和发展,地面停车场部分改造为公共停车楼。

图 26.12 波特兰市中心某公共停车楼

在 1990 年代以后,由于人们对郊区化和小汽车依赖的反思,对气候、能源、环境问题的关注,美国城市政府停止了建设公共停车楼。但私人配建停车设施继续增加,并向公众开放,导致其停车供给规模仍在扩大。

因此,从美国的经验可以看出,公共停车场的规划建设被动而生;而在充分供给、自给自足的停车配建政策下,公共停车场的重要性并不高。

26.4.2 公共停车场替代配建停车位

公共停车场对于美国这样停车供给过量的城市意义似乎不大,但是,它仍发挥着重要作用,特别是对配建停车位的替代作用。

在一些市中心区域,部分用地开发特别是更新过程中受到了停车配建标准的束缚。无论是增加建筑面积,或者改为更吸引人的建筑类型,这类"改扩建"项目都需要根据最新的停车配建标准建设停车位。由于美国的配建标准较高,导致很多市中心的餐馆很难开设,房屋价格也居高不下,市中心振兴非常困难。

美国一些城市采取了停车位替代费政策(In-Lieu Fee),允许新开发项目交付费用来替代自己建设停车位,该部分费用被用来建设公共停车场。1993 年佛罗里达州迈阿密的椰子林区(Coconut Grove),每个车位替代费 1 万美元。其他城市开始效仿,俄勒冈州本德市只需 510 美元/车位,而加州圣莫妮卡需要 2 万美元/车位。

甚至这种替代可以不是 1∶1,例如加州帕萨迪纳市在老城区实施了停车信贷项目,公共停车场的 1 个停车位可以替换 1.5 个配建停车位,因为公共停车位的周转率远高于配建停车位。

美国加州帕萨迪纳老城在 1990 年代的公共停车场建设,项目名称为"停车+步行"

(简称"P+W"),为避免历史街区被推倒重建,老的历史街区无需在在场地内配建停车位即可改为餐馆、商店,停车场集中建设以满足需求,这对整个地区的复兴发挥了重要作用。如图 26.13。

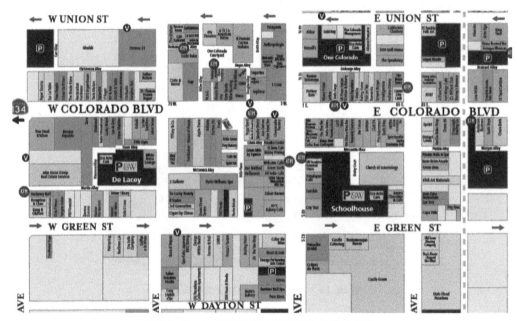

图 26.13　加州帕萨迪纳老城的公共停车设施

26.4.3　基于公共停车场的未来共享出行

共享经济是未来发展的热点。基于更先进的数据通信技术(5G)和更为成熟的商业模式,人们将提高对商品的使用效率,而降低对商品的占有欲望。汽车共享(Car-sharing)业务在 2000 年开始出现,人们不用购买汽车,可以租用汽车出行。随着智能手机的出现,网络叫车(Ride-hailing)业务迅速发展,并推出拼车业务(Car Pool),极大地降低了出行成本。这些共享出行模式均有利于减少人们对小汽车的拥有。

但需要的思考的是,如果未来个人购车行为减少而转为由网约车公司或汽车制造商提供停车位,那么他们提供共享出行的车辆停放在哪里?能否在用户位置就近停车?如果不能就近停车,是否会增加车辆从停车场到用户位置的空驶?同时,原有用户空闲出来的配建停车位又该如何重新利用?能否被共享车辆使用?

停车行业正在寻求共享。美国城市土地利用学会已经出版了三版《共享停车》(*Shared Parking*),不断研究各类业态的停车需求时间变化特征(图 26.14),从而分析不同业态之间停车共享的可能和效果。

但是,同一业主所属的不同业态之间的停车共享容易实现,不同业主之间的停车共享协议在实践中却存在困难。停车供给充足或过剩的业主没有足够的意愿参与到停车共享之中,涉及诸如自身安全、责任界定、利润不高、法规限定等原因。所以,配建停车政策限制了停车共享发展,从而又限制了共享出行。如果像上文加州帕萨迪纳老城那样集中建设公共停车场,就能够有效地提供共享停车位。

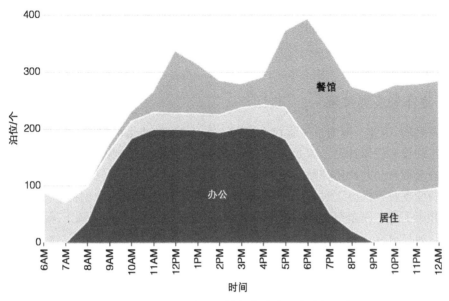

图 26.14　不同业态之间的停车共享需求分析示意

公共停车场在未来能够更容易地提供共享停车位。这种共享停车位不仅使得配建停车位可以减少（即利用不同业态之间需求高峰差异，又可以通过价格刺激周转率），而且为共享出行服务提供了非常重要的停放空间。因此，应该坚持保留和加强公共停车场的作用，而不能认为配建停车政策可以取消公共停车场。

26.5　停车公平

停车问题作为一项复杂的社会问题，其解决的关键基础是公平性。公平的政策会得到广泛的政治支持；否则，将会限于政策不能落实，或者顾此失彼，甚至南辕北辙。

26.5.1　避免无车者补贴有车者

唐纳德·舒普教授认为，美国的配建停车政策让停车成本隐藏在了各种商品中。例如，超市提供免费停车，但是停车场的土地、建设、运营成本都将折算在超市里的各种商品上，让所有来超市的购物者承担。没有开车来超市购物的消费着，在购买的商品中包含了停车成本，这就相当于由他们补贴了开车出行的人。

超市的停车补贴或许让人觉得小到忽略不计，那么来看一看美国住房方面。例如一栋公寓楼按 2 车位/户配建停车位，停车位建设成本包含在了总成本之中，租用一套房间的房租已经包含了停车位建设成本。如果租房者没有车辆，他的房租中包含了停车位费用，那么实际上他就是被动补贴有车的租房者，穷人向富人进行补贴。

我国的居住配建停车位产权问题十分复杂，不同历史阶段的产权政策导致了停车位归属难以确认。某些居住区的配建停车位已经纳入公摊范畴、计算在了房价之中，该部分停车位应该归购买房屋的业主集体共有。然而使用这些停车位的业主可能只支付了运营管理费用,或者被物业欺骗"二次收费";但是,没有使用这些停车位的业主却没有任何明确的受益,反而遭受停车位带来的各种不利影响。

因此,应该细化停车成本,研究"使用者付费、不使用者受益"的政策,避免无车者向有车者补贴的逆反政策。

26.5.2 停车费变现政策

在办公场所,企业一般向员工提供免费停车位。但是,开车的员工享受该项政策,而不开车的员工却没有任何补贴。因此应该向员工提供公平的选择:或者继续停车,或者获得同等价格的现金或者公共交通补贴。这就是停车费变现政策(Parking Cash-out)。

停车费变现政策提出之时,针对的是企业租用停车位为员工提供免费停车位,这被视为邀请员工开车上班。停车费变现政策不仅为员工带来了公平,而且有利于减少独自开车上班的比例。通过对遵行加州停车费变现法规的公司进行的案例研究发现,每100名通勤者中就有13名独自开车的通勤者转向了其他出行方式,其中9人选择拼车,3人开始乘坐公共交通,1人开始步行或骑自行车上班。总体而言,独自开车上班的通勤者比例从提供现金前的76%降至发放现金后的63%,见图26.15。

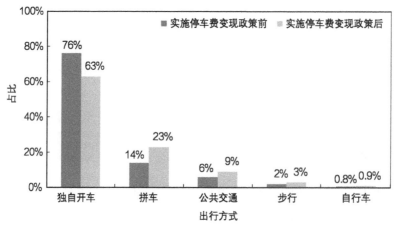

图 26.15　停车费变现政策对通勤方式影响试验分析

26.5.3 停车受益区政策

舒普教授为推动停车公平性、赢得广泛利益相关者支持停车收费政策,提出了停车受益区(Parking Benefit District,PBD)制度。它是在一个确定的城市区域内对停车位征收费用,并将停车收益按一定比例返还给征收区域(通常面向衰落的市中心),用于社区公共服务改善的政策。如前文所述采用绩效式定价原则,所得收入一般用于街道维修、街道景观改善、小汽车替代出行方式建设和公共安全等方面。该制度的一般运作流程如图26.16所示。

停车受益区有别于将停车收费全部用于城市公共财政的传统做法,而是将一定比例的费用返还给所征收地区(见表26.7和图26.17),理论上这样做能够赢得政策实施的广泛支持。

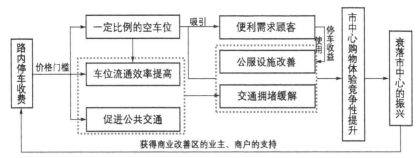

图 26.16 停车受益区的一般运作流程

表 26.7 部分城市停车受益区净收益返还本地比例

实施年份	城 市	净收益返还比例/%
1993	帕萨迪纳老城	59
1997	圣地亚哥	45
2006	奥斯汀	51
2013	休斯敦	60
2014	奥克兰	50

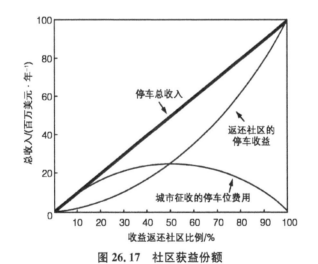

图 26.17 社区获益份额

图 26.17 中从左下角到右上角的这条对角线显示,随着城市返还社区收益比例的增加,停车总收入也会增加;社区收入份额的增加增强了收取路边停车费的政治动机。

停车受益区在公共服务支出方面主要包括(相关信息会显示在咪表易被观察到的地方,如图 26.18 所示):

(1) 街道设施改善,例如道路路面、绿化景观、街道家具、照明设施等。
(2) 公共卫生设施与服务设施建设,例如无线网络、公厕和街区清洁。
(3) 公共停车场建设。
(4) 自行车、步行和公共交通系统建设。
(5) 监控、安保等安全设施和保障。

图 26.18 加州帕萨迪纳老城停车咪表

(咪表上的宣传语："您的停车费让帕萨迪纳老城变得不同——用于安全、街道清洁、步行街巷。")

收益返还有利于改变政府征收停车费与群众的直接对立矛盾,转为拥车者与无车者之间的矛盾。政府可以更好地发挥监督和协调作用,从而有利于推动停车收费政策的实施,同时提高民众参与社区治理的积极性。

收益返还也有利于实现以社区为主体的停车管理政策的实施。当前,居委会由政府划拨资金,负责大量行政任务,在人员与资金方面均面临严重不足;将停车收益部分返还社区,其余纳入公共财政,能够实现社区对停车的有效建设、管理。

收益返还促进交通和城市协调发展。当前由交警、交通等政府部门负责停车场收费并全部纳入财政,其他产权的停车收入作为经营收入并未对公共财政共享;甚至为促进停车建设,政府采取补贴政策,这实质上形成了补贴小汽车、停车位公益化的效果。美国停车受益区案例显示,停车场能够获得较高的收益率,既满足停车场建设和运营支出,又能够大量结余,用以建设公共停车场,还可以用于公共交通、步行和自行车交通系统建设,甚至是街道环境和公共服务改善。

停车受益区的前提是停车收费,通过市场价格体现车辆使用的真实成本,平衡有车家庭和无车家庭对公共资源使用的公平关系,明确停车位有偿使用。

建议以停车位使用效率为目标,统一调控路内、路外停车费率,引导停车费"路内高于路外、地上高于地下"。

停车收入合理返还社区,需要研究合理的分配比例:

(1) 在社区外的路内停车收入和部分建筑前区停车收入,以纳入公共财政为主,将一定比例的收入返还本社区,并明确停车受益区与政府公共职能部门之间的责任分工;

(2) 在社区内部,停车收入建议全部用于本社区,政府应加强指导和监督;

(3) 对私营停车场,建议制定合理的停车企业收益率,保障停车收入用于公共建设。美国停车受益区表明公共停车场可以实现赢利,中国应避免以停车牟利的发展政策。

国内目前也有类似的停车自治策略,可参见公众参与的部分内容。

26.6 结语

1984年我国才允许私人购买汽车,到2018年我国汽车保有量平均千人173辆,仅位列世界第 86 位。作为一个大陆型国家，汽车保有量仍然有较大的提升空间。同时国家又非常重视汽车产业，促进汽车消费，争取新能源汽车、无人驾驶等领域的领先地位。但是，交通拥堵和停车难问题已经愈演愈烈。面对需求，自然产生了两种应对措施：增加供给与管理需求。我们当下正处在这两种对策的最矛盾时代。

在我国，政府所属公共停车场的建设并未如规划所预期那样，甚至规划公共停车场用地都未能有效保证。同时我国城市的大街坊模式导致道路路权竞争激烈，路内停车与自行车、公交车、机动车运行冲突严重。所以，即使我们提倡"配建为主、公共为辅、路内为补充"的停车政策，现实的供给速度仍滞后于汽车拥有量的增长速度。

当意识到增加供给的困难时，需求管理给出了另一条路径。限制购买、有位购车、停车配建上限、无车区、停车收费等政策都开始进行讨论和实施。但停车需求管理绝对不仅是限制需求，而是将其引导向其他交通方式。而恰恰公共交通、自行车、步行设施同样滞后，相比之下反而小汽车成为最好的出行方式，从而导致交通需求管理措施未能奏效。美国在经历1970年代能源危机并在1980年代实施《空气清洁法案》之后，更加注重对小汽车替代出行方式的投资，但是积重难返，即使不断增加公共交通投资，除西雅图外大部分城市的公交出行分担比例仍在持续下降。

停车设施作为服务小汽车出行的配套设施，既是满足小汽车出行的供给手段，又是控制其增长的交通需求管理措施之一。到底该发挥何种功能，不在于停车本身，而在于小汽车在出行结构中的定位，以及其他替代性交通方式的供给水平。

交通系统必须提供更强大的可达性以满足城市的各种活动，但城市人口在增长，出行总量在增加。因此公共交通和慢行系统的分担比例增长必须跑赢小汽车并减少其出行比例，小汽车的保有量和出行量才有可能不再增加。但是目前我国的汽车产业政策表明，小汽车保有量必然增加，因此居住区必然采取增加供给措施。而在办公、商业区域，目前已经呈现交通拥堵和停车难问题，加大公共交通、自行车系统的建设，远比增加停车设施有效，更应该采取交通需求管理政策。

增加供给是否以"公共停车"为主更为合适？"需求管理"是否以非小汽车出行方式能力为前提？停车政策能否以"公平性"为基准？我国的停车问题才刚刚凸显，这种供需矛盾将长期保持下去，方法可以总结创新，政策必须因地制宜。停车政策只是解决城市出行问题的一种方法，而不是问题本身。

参 考 文 献

[1] Narayanan S, Chaniotakis E, Antoniou C. Shared autonomous vehicle services: A comprehensive review[J]. Transportation Research Part C: Emerging Technologies, 2020, 111:255-293.

[2] Acker V V, Witlox F. Commuting trips within tours: How is commuting related to land use[J]. Transportation, 2011, 38 (3):465-486.

[3] Ambühl Lukas, Francesco C, Monica M. What about space? A simulation based assessment of AVs impact on road space in urban areas[C]//16th Swiss Transport Research Conference. 2016.

[4] Amorim L M D, Barros M N M, Cruz D. Urban texture and space configuration: An essay on integrating socio-spatial analytical techniques[J]. Cities, 2014, 39: 58-67.

[5] Barabási A L, Albert R. Emergence of scaling in random networks[J]. Science, 1999, 286(5439): 509-512.

[6] Bardal K G. Impacts of adverse weather on Arctic road transport [J]. Journal of Transport Geography, 2017, 59:49-58.

[7] Barnard C, Simon H A. Administrative behavior: A study of decision-making processes in administrative organization[M]. New York: Macmillan, 1947.

[8] Bederman S H, Adams J S. Job accessibility and underemployment[J]. Annals of the Association of American Geographers, 1974, 64(3):378-386.

[9] Ben-Joseph E. Rethinking a lot: The design and culture of parking[M]. Cambribge: The MIT Press, 2012.

[10] Bertolini L, Le Clercq F, Kapoen L. Sustainable accessibility: A conceptual framework to integrate transport and land use plan-making. Two test-applications in the Netherlands and a reflection on the way forward[J]. Transport Policy, 2005, 12(3):207-220.

[11] Black A W, Mote T L. Effects of winter precipitation on automobile collisions, injuries, and fatalities in the United States[J]. Journal of Transport Geography, 2015, 48:165-175.

[12] Boarnet M G, Crane R. Travel by design: The influence of urban form on travel [M]. Oxford: Oxford University Press, 2001.

[13] Boarnet M, Crane R. The influence of land use on travel behavior: Specification and estimation strategies[J]. Transportation Research Part A: Policy and Practice, 2001, 35(9): 823-845.

[14] Boschmann E E, Kwan M P. Metropolitan area job accessibility and the working poor: Exploring local spatial variations of geographic context[J]. Urban Geography, 2010, 31(4):498-522.

[15] Brazil W, White A, Nogal M, et al. Weather and rail delays: Analysis of metropolitan rail in Dublin [J]. Journal of Transport Geography, 2017, 59:69-76.

[16] Brocker J, Korzhenevych A, Schürmann C. Assessing spatial equityand efficiency impacts of transport infrastructure projects[J]. Trans-Portation Research Part B: Methodological, 2010,44(6):

795-811.

[17] Brovarone E V, Scudellari J, Staricco L. Planning the transition to autonomous driving: A policy pathway towards urban liveability[J]. Cities, 2020, 108.

[18] Bröcker J, Korzhenevych A. Schürmann C. Assessing spatial equity and efficiency impacts of transport infrastructure projects[J]. Transportation Research Part B: Methodological, 2010, 44(7): 795-811.

[19] Buehler R, Pucher J, Gerike R, et al. Reducing car dependence in the heart of Europe: Lessons from Germany, Austria, and Switzerland [J]. Transport Reviews, 2017, 37(1):4-28.

[20] Buehler R, Kuhnimhof T, Bauman A, et al. Active travel as stable source of physical activity for one third of German adults: Evidence from longitudinal data [J]. Transportation Research Part A: Policy and Practice, 2019, 123:105-118.

[21] Bunel M, Tovar E. Key issues in local job accessibility measurement: Different models mean different results[J]. Urban Studies, 2014, 51(6):1322-1338.

[22] Burnham D H, Bennett E H. Plan of Chicago[M]. Chicago: The Commercial Club, 1909.

[23] Bwambale A, Choudhury C F, Hess S. Modelling Trip Generation Using Mobile Phone Data: A Latent Demographics Approach[J]. Journal of Transport Geography, 2019, 76:276-286.

[24] Böcker L, Dijst M, Prillwitz J. Impact of everyday weather on individual daily travel behaviours in perspective: A literature review[J]. Transport Reviews, 2013, 33(1):71-91.

[25] Calthorpe P. Urbanism in the age of climate change[M]. Washington, D. C. : Island Press, 2011:79-80.

[26] Calthorpe P. Weapons of mass urban destruction-China's cities are making the same mistake America made on the path to superpower status[J]. Foreign Policy, 2012(195).

[27] Cao J, Zhang J. Built environment, mobility, and quality of life [J]. Travel Behaviour and Society, 2016,5:1-4.

[28] Cao X, Mokhtarian P L, Handy S L. Examining the impacts of residential self-selection on travel behaviour: A focus on empirical findings[J]. Transport Reviews, 2009, 29(3):359-395.

[29] Car Appraiser. How China became the largest producer of cars in the world[EB/OL]. (2015-12-10) [2018-04-17] https://diminishedvalueofgeorgia.com/how-china-became-the-largest-producer-of-cars-in-the-world.

[30] Carlson C, Aytur S, Gardner K, et al. Complexity in built environment, health, and destination walking: a neighborhood-scale analysis [J]. Journal of Urban Health, 2012, 89(2):270-284.

[31] Carrese S, Nigro M, Patella S M, et al. A preliminary study of the potential impact of autonomous vehicles on residential location in Rome[J]. Research in Transportation Economics, 2019, 75.

[32] Casas I. Social exclusion and the disabled: An accessibility approach [J]. The Professional Geographer, 2007, 59(4):463-477.

[33] Cervero R, Day J. Suburbanization and transit-oriented development in China[J]. Transport Policy, 2008,15(5):315-323.

[34] Cervero R, Kockelman K. Travel demand and the 3Ds: Density, diversity, and design [J]. Transportation Research Part D: Transport and Environment, 1997, 2(3):199-219.

[35] Cervero R. Jobs-housing balancing and regional mobility [J]. Journal of the American Planning Association, 1989, 55(2):136-150.

[36] Cervero R. The transit metropolis[M]. Washington, D. C. : Island Press, 1998:37-38.

[37] Chakraborty, J. Evaluating the environmental justice impacts of transportation improvement projects

in the Us[J]. Transportation Research Part D: Transport and Environment, 2006, 11(5): 315-323.

[38] Chang-Moo I, Kun-Hyuck A. Is kentlands better than radburn? The American garden city and the new urbanist paradigms[J]. Journal of the American Planning Association, 2003, 69(1): 50-71.

[39] Cheng J, Bertolini L. Measuring urban job accessibility with distance decay, competition and diversity [J]. Journal of Transport Geography, 2013(30):100-109.

[40] Cheng L, Chen X W, Yang S, et al. Active travel for active ageing in China: The role of built environment [J]. Journal of Transport Geography, 2019, 76:142-152.

[41] Church A, Frost M, Sullivan K. Transport and social exclusion in London[J]. Transport Policy, 2000, 7(3): 195-205.

[42] Clifton K J, Currans K M, Muhs C D. Adjusting ITE's trip generation handbook for urban context [J]. Journal of Transport and Land Use, 2015,8(1):5-29.

[43] Cooke T J, Shumway J M. Developing the spatial mismatch hypothesis: Problems of accessibility to employment for low-wage central city labor [J]. Urban Geography, 1991, 12(4):310-323.

[44] Crane R, Crepeau R. Does neighborhood design influence travel? A behavioral analysis of travel diary and GIS data[J]. Transportation Research Part D: Transport and Environment, 1998, 3(4): 225-238.

[45] Danish Business Authority. Fingerplan 2019. Copenhagen: Danish Business Authority, 2019.

[46] Datla S, Sharma S. Impact of cold and snow on temporal and spatial variations of highway traffic volumes[J]. Journal of Transport Geography, 2008, 16(5):358-372.

[47] Dawson D, Shaw J, Gehrels W R. Sea-level rise impacts on transport infrastructure: The notorious case of the coastal railway line at Dawlish, England[J]. Journal of Transport Geography, 2016, 51 (1):97-109.

[48] de Dios Ortuzar, Willumsen L G. Modelling transport[M]. Chichester, UK: Jonn Wiley & Sons, Ltd, 2011.

[49] Delbosc A, Currie G. Using lorenz curves to assess public transport equity[J]. Journal of Transport Geography, 2011, 19(6): 1252-1259.

[50] Dey S S, Fricker J D. Bayesian updating of trip generation data: Combining national trip generation rates with local data[J]. Transportation, 1994, 21(4):393-403.

[51] Dittmar H, Ohland G. The new transit town: Best practices in transit-oriented development[M]. Washington, D. C. : Island Press,2003:66-67.

[52] Donald Shoup. The high cost of free parking[M]. New York: Routledge. 2005.

[53] Dong W, Cao X Y, Wu X Y, et al. Examining pedestrian satisfaction in gated and open communities: An integration of gradient boosting decision trees and impact-asymmetry analysis[J]. Landscape and Urban Planning, 2019, 185:246-257.

[54] Downey M, Bertini R L. Capturing the benefits of a variable advisory speed system in Portland, Oregon: Empirical before and after evaluation [J]. Transportation Research Record: Journal of the Transportation Research Board, 2016,2559(1): 7-16.

[55] Downs A. Still stuck in traffic: Coping with peak-hour traffic congestion[M]. Washington, D. C. : Brookings Institution Press, 2004:111-112.

[56] Downs A. The law of peak-hour expressway congestion[J]. Traffic Quarterly,1962,16(3):347-362.

[57] Edwards J B. Weather-related road accidents in England and Wales: A spatial analysis[J]. Journal of Transport Geography, 1996, 4(3):201-212.

[58] Ellys B, Reid F. Critique of ITE trip generation rates and alternative basis for estimating new area

traffic[J]. Transportation Research Record, 1882(874): 1-2.

[59] Eom H J, Cho G H. Exploring thresholds of built environment characteristics for walkable communities: Empirical evidence from the Seoul Metropolitan area[J]. Transportation Research Part D: Transport and Environment, 2015, 40: 76-86.

[60] Ewing R, Cervero R. Travel and the built environment: A meta-analysis [J]. Journal of the American Planning Association, 2010, 76(3): 265-294.

[61] Ewing R, Cervero R. Travel and the Built Environment: A synthesis [J]. Transportation Research Record: Journal of the Transportation Research Board, 2001, 1780(1): 87-114.

[62] Ewing R, Deanna M, Li S C. Land use impacts on trip generation rates[J]. Transportation Research Record, 1996, 1518(1): 1-6.

[63] Fagnant D J, Kockelman K M. The travel and environmental implications of shared autonomous vehicles, using agent-based model scenarios[J]. Transportation Research Part C, 2014, 40(mar.): 1-13.

[64] Fan Y L, Allen R, Sun T S. Spatial mismatch in Beijing, China: Implications of job accessibility for Chinese low-wage workers[J]. Habitat International, 2014, 44: 202-210.

[65] Fan Y L, Guthrie A, Levinson D M. Impact of light rail implementation on labor market accessibility: A transportation equity perspective[J]. Journal of Transport and Land Use, 2012, 5(3): 28-39.

[66] Feitelson E. Introducing environmental equity dimensions into the sustainable transport discourse: Issues and pitfalls[J]. Transportation Research Part D: Transport and Environment, 2002, 7(2): 99-118.

[67] Fyhri A, Hjorthol R, Mackett R L, et al. Children's active travel and independent mobility in four countries: Development, social contributing trends and measures[J]. Transport Policy, 2011, 18(5), 703-710.

[68] Genevieve G, Susan H. The geography of urban transportation [M]. New York: The Guilford Press, 2017.

[69] Giuliano G, Small K A. Is the journey to work explained by urban structure? [J]. Urban Studies, 1993, 30(9): 1485-1500.

[70] Goncalves. L. A. P. J, Ribeiro. P. J. G. Resilience of urban transportation systems. Concept, characteristics, and methods [J]. Journal of Transport Geography, 2020, 85: 102727.

[71] Gonzalez-Gonzalez E, Nogues S, Stead D. Automated vehicles and the city of tomorrow: A backcasting approach[J]. Cities, 2019, 94(Nov.): 153-160.

[72] Gregory Pierce, Donald Shoup, 石飞, 等. 停车收费合理定价: 基于需求的旧金山停车定价模式评价[J]. 城市交通, 2014, 12(6): 82-94.

[73] Grengs J, Levine J, Shen Q, et al. Intermetropolitan comparison of transportation accessibility: Sorting out mobility and proximity in San Francisco and Washington, D. C. [J]. Journal of Planning Education and Research, 2010, 29(4): 427-443.

[74] Guzman L A, Oviedo D, Rivera C. Assessing equity in transport accessibility to work and study: The Bogotá region[J]. Journal of Transport Geography, 2017, 58: 236-246.

[75] Handy S L, Boarnet M G, Ewing R, et al. How the built environment affects physical activity: Views from urban planning [J]. American Journal of Preventive Medicine, 2002, 23 (2): 64-73.

[76] Hansen W G. How accessibility shapes land use[J]. Journal of the American Institute of Planners, 1959, 25(2): 73-76.

[77] Hanson S. The determinants of daily travel-activity patterns: Relative location and sociodemographic factors[J]. Urban Geography, 1982, 3(3): 179-202.

[78] Harper C D, Hendrickson C T, Samaras C. Exploring the Economic, Environmental, and Travel Implications of Changes in Parking Choices due to Driverless Vehicles: An Agent-Based Simulation Approach[J]. Journal of Urban Planning and Development, 2018, 144(4):1-13.

[79] Hartgen D T. Hubris or humility? Accuracy issues for the next 50 years of travel demand modeling [J]. Transportation, 2013, 40(6): 1133-1157.

[80] Hass-Klau C. The pedestrian and city traffic[M]. London: Belhaven Press, 1990.

[81] Heres-Del-Valle D, Niemeier D. CO_2 emissions: Are land-use changes enough for California to reduce VMT? Specification of a two-part model with instrumental variables [J]. Transportation Research Part B: Methodological, 2011, 45(1):150-161.

[82] Holzer H J. The spatial mismatch hypothesis: What has the evidence shown [J]. Urban Studies, 1991, 28(1): 105-122.

[83] Hong J, Shen Q, Zhang L. How do built-environment factors affect travel behavior? A spatial analysis at different geographic scales [J]. Transportation, 2014, 41(3):419-440.

[84] Hu H, Xu J G, Shen Q, et al. Travel mode choices in small cities of China: A case study of Changting [J]. Transportation Research Part D: Transport and Environment, 2018, 59(3):361-374.

[85] Hu L Q. Changing job access of the poor: Effects of spatial and socioeconomic transformations in Chicago, 1990—2010[J]. Urban Studies, 2014, 51(4):675-692.

[86] Hu L Q. Job accessibility and employment outcomes: Which income groups benefit the most? [J]. Transportation, 2017, 44(6):1421-1443.

[87] Hu L Q. Land use and transportation planning in a diverse world[J]. Transport Policy, 2019, 81:282-283.

[88] Hu L, Fan Y, Sun T. Spatial or socioeconomic inequality? Job accessibility changes for low-and high-education population in Beijing, China[J]. Cities, 2017, 66:23-33.

[89] Ihlanfeldt K R, Sjoquist D L. Job accessibility and racial differences in youth employment rates[J]. The American Economic Review, 1990, 80(1):267-276.

[90] Jackson L E. The relationship of urban design to human health and condition [J]. Landscape and Urban Planning, 2003, 64(4):191-200.

[91] Jakle J A, Sculle K A. Lots of parking: Land use in a car culture[M]. University of Virginia Press, 2005.

[92] Jencks C, Mayer S E. Residential segregation, job proximity, and black job opportunities//Inner-city Poverty in the United States[M]. Washington, D. C.: National Academy Press, 1990: 187-222.

[93] Joe G. Job accessibility and the modal mismatch in Detroit[J]. Journal of Transport Geography, 2010, 18(1):42-54.

[94] Kain J F. A pioneer's perspective on the spatial mismatch literature [J]. Urban Studies, 2004, 41(1):7-32.

[95] Kim S H, Mokhtarian P L, Circella G. Will autonomous vehicles change residential location and vehicle ownership? Glimpses from Georgia[J]. Transportation Research Part D: Transport and Environment, 2020, 82:102291.

[96] Klein D B, Moore A, Reja B. Curb rights: A foundation for free enterprise in transit[M]. Washington, D. C.: The Brookings Institute, 1997.

[97] Ko J. Vehicle trip generation rates for office buildings under urban settings[J]. Ite Journal, 2013, 83(2):41-45.

[98] Krizek K J. Residential relocation and changes in urban travel: Does neighborhood-scale urban form matter? [J]. Journal of the American Planning Association, 2003, 69(3):265-281.

[99] Lam W H K, Shao H, Sumalee A. Modeling impacts of adverse weather conditions on a road network with uncertainties in demand and supply[J]. Transportation Research Part B: Methodological, 2008, 42(10):890-910.

[100] Landrock J N. Spatial stability of average daily travel times and trip rates within great Britain[J]. Transportation Research Part A: General, 1981, 15(1): 55-62.

[101] Levinson D M. Accessibility and the journey to work[J]. Journal of Transport Geography, 1998, 6(1):11-21.

[102] Levinson D. Review of 'forecasting urban travel: Past, present and future' [J]. Journal of Regional Science, 2016, 56(3): 548-550.

[103] Limtanakool N, Dijst M, Schwanen T. The influence of socioeconomic characteristics, land use and travel time considerations on mode choice for medium and longer-distance trips[J]. Journal of Transport Geography, 2006, 14(5) :327-341.

[104] Lin J J, Yu T P. Built environment effects on leisure travel for children: Trip generation and travel mode[J]. Transport Policy, 2011, 18(1), 246-258.

[105] Litman T. Evaluating transportation equity: Guidance for incorporation distributional impacts[J]. World Transport Policy and Practice, 2007, 8:50-65.

[106] LITMAN T. Autonomous vehicle implementation predictions[M]. Victoria, Canada: Victoria Transport Policy Institute, 2017.

[107] Liu C X, Susilo Y O, Karlström A. Examining the impact of weather variability on non-commuters' daily activity-travel patterns in different regions of Sweden[J]. Journal of Transport Geography, 2014, 39:36-48.

[108] Loo B P Y, Chow A S Y. Spatial restructuring to facilitate shorter commuting: An example of the relocation of Hong Kong international airport[J]. Urban Studies, 2011, 48(8) :1681-1694.

[109] Lucas K. Transport and social exclusion: Where are we now? [J]. Transport Policy, 2012, (20): 105-113.

[110] Lyons G, Davidson C. Guidance for transport planning and policymaking in the face of an uncertain Future[J]. Transportation Research Part A: Policy and Practice, 2016, 88: 104-116.

[111] Manaugh K, Miranda-Moreno L F, El-Geneidy A M. The effect of neighbourhood characteristics, accessibility, home-work location, and demographics on commuting distances[J]. Transportation, 2010, 37(4):627-646.

[112] Marshall S. Streets and patterns[M]. New York: Routledge, 2004.

[113] Marshall S. The street: Integrating transport and urban environment[M]//Handbook of Transport and the Environment. Emerald Group Publishing Limited, 2003.

[114] Martens K. Transport justice: Designing fair transportation systems[M]. New York: Routledge, 2017.

[115] Mayeres I, Ochelen S, Proost S. The marginal external costs of urban transport[J]. Transportation Research Part D: Transport and Environment, 1996, 1(2):111-130.

[116] Maze T H, Agarwal M, Burchett G. Whether weather matters to traffic demand, traffic safety, and traffic operations and flow[J]. Transportation Research Record: Journal of the Transportation Research Board, 2006, 1948(1):170-176.

[117] Melia S, Parkhurst G, Barton H. The paradox of intensification[J]. Transport Policy, 2011, 18(1): 46-52.

[118] Meyer M D, Miller E J. Urban transportation planning[M]. 2nd edition. New York: Me-Graw-Hill Companies, 2001.

[119] Mills E S. Studies in the structure of the urban economy[M]. Baltimore: Johns Hopkins University Press,1972.

[120] Mohammad Zaher Serdar, Muammer Koç, Sami G. Al-Ghamdi, Urban Transportation Networks Resilience: Indicators, disturbances, and assessment methods[J]. Sustainable Cities and Society, 2022,76,103452.

[121] Monzón A, Ortega E, López E. Efficiency and spatial equity impacts of high-speed rail extensions in Urbanareas[J]. Cities, 2013(30): 18-30.

[122] Moreno-Monroy A I, Lovelace R, Ramos F R. Public transport and school location impacts on educational inequalities: Insights from São Paulo[J]. Journal of Transport Geography, 2018,67:110-118.

[123] Murchland J D. Braess's paradox of traffic flow [J]. Transportation Research,1970,4(4): 391-394.

[124] Muth R F. The spatial structure of the housing market[J]. Papers of the Regional Science Association,1961,7(1): 207-220.

[125] Nagurney A. On a paradox of traffic planning, translation of the(1968) original D. Braess paper from German to English[J]. Transp Sci, 2005, 39(4):443-445.

[126] Newman P, Kenworthy J. Sustainability and cities: Overcoming automobile dependence [M]. Washington, D.C.: Island press,1999.

[127] Owen A, Levinson D M. Modeling the commute mode share of transit using continuous accessibility to jobs[J]. Transportation Research Part A: Policy and Practice, 2015, 74:110-122.

[128] Pan H X, Shen Q, Zhang M. Influence of urban form on travel behavior in four neighborhoods of Shanghai[J]. Urban Studies, 2009,46(2): 275-294.

[129] Pan S, Yan H, He J, et al. Vulnerability and resilience of transportation systems: A recent literature review [J]. Physica A: Statistical Mechanics and Its Applications, 2021, 581: 126235.

[130] Peng Z R. The jobs-housing balance and urban commuting[J]. Urban Studies, 1997, 34(8): 1215-1235.

[131] Pettersson P, Schmöcker J D. Active ageing in developing countries: trip generation and tour complexity of older people in Metro Manila [J]. Journal of Transport Geography, 2010,18(5):613-623.

[132] Pigou A C. The Economics of Welfare[M]. London: Macmillan, 1920.

[133] Pucher J, Buehler R, Bassett D R, et al. Walking and cycling to health: A comparative analysis of city, state, and international data [J]. American Journal of Public Health, 2010, 100(10):1986-1992.

[134] Páez A, Scott D M, Morency C. Measuring accessibility: Positive and normative implementations of various accessibility indicators[J]. Journal of Transport Geography, 2012, 25:141-153.

[135] R B M. Two traditions of american planning: Olmsted and burnham: A review article[J]. Town Planning Review, 1976, 47(2):174.

[136] Roorda M J, Páez A, Morency C, et al. Trip generation of vulnerable populations in three Canadian cities: A spatial ordered probit approach[J]. Transportation, 2010, 37(3):525-548.

[137] Safwat K N A, Magnanti T L. A combined trip generation, trip distribution, modal split, and trip assignment model[J]. Transportation Science, 1988, 22(1):14-30.

[138] Sanchez T W, Shen Q, Peng Z R. Transit mobility, jobs access and low-income labour participation in US metropolitan areas [J]. Urban Studies, 2004, 41(7): 1313-1331.

[139] Sanchez T W. The connection between public transit and employment: The cases of Portland and Atlanta[J]. Journal of the American Planning Association, 1999, 65(3): 284-296.

[140] Sari F. Public transit and labor market outcomes: Analysis of the connections in the French agglomeration of Bordeaux[J]. Transportation Research Part A: Policy and Practice, 2015, 78: 231-251.

[141] Schmöcker J D, Quddus M A, Noland R B, et al. Estimating trip generation of elderly and disabled people: Analysis of London data[J]. Transportation Research Record: Journal of the Transportation Research Board, 2005, 1924(1): 9-18.

[142] Sener I N, Lee R J, Sidharthan R. An examination of children's school travel: A focus on active travel and parental effects[J]. Transportation Research Part A: Policy and Practice, 2019, 123: 24-34.

[143] Shen Q, Chen P, Pan H X. Factors affecting car ownership and mode choice in rail transit-supported suburbs of a large Chinese city[J]. Transport. Res. Part A: Policy and Practice, 2016, 94: 31-44.

[144] Shen Q. A spatial analysis of Job openings and access in a US metropolitan area[J]. Journal of the American Planning Association, 2001, 67(1): 53-68.

[145] Shen Q. Location characteristics of inner-city neighborhoods and employment accessibility of low-wage workers[J]. Environment and Planning B: Urban Analytics and City, 1998, 25(3): 345-365.

[146] Shen Q. Spatial technologies, accessibility, and the social construction of urban space [J]. Computers, Environment and Urban Systems, 1998, 22(5): 447-464.

[147] Shen Y, Karimi K. Urban function connectivity: Characterisation of functional urban streets with social media check-in data[J]. Cities, 2016, 55: 9-21.

[148] Shi F, Zhu L. Analysis of trip generation rates in residential commuting based on mobile phone signaling data[J]. Journal of Transport and Land Use, 2019, 12(1): 201-220.

[149] Shi F. Parking versus public transport subsidies: Case study of Nanjing, China[J]. Transportation Letters: The International Journal of Transportation Research, 2016, 8(2): 90-97.

[150] Shoup D C. Truth in transportation planning[J]. Jounal of Transportation and Statistics, 2003, 6(1): 1-16.

[151] Shoup D. Parking and the city[M]. New York: Routledge, 2018.

[152] Shoup D. The high cost of free parking[M]. Chicago: Planners Press, 2011.

[153] Song C, Qu Z, Blumm N, et al. Limits of predictability in human mobility[J]. Science, 2010, 327(5968): 1018-1021.

[154] Southworth M, Ben-Joseph E. Streets and the shaping of towns and cities[M]. Washington, D. C.: Island Press, 2003.

[155] Southworth M. New urbanism and the American metropolis[J]. Built Environment, 2003, 29(3): 210-226.

[156] Steinberg R, Zangwill W I. The prevalence of braess's Paradox[J]. Transportation Science, 1983, 17(3): 301-318.

[157] Susuki H, Cervero R, Iuchi K. Transforming cities with transit: Transit and land-use integration for sustainable urban development[M]. Washington, D. C.: The World Bank, 2013: 87-88.

[158] Thakur P, Kinghorn R, Grace R. Urban form and function in the autonomous era[C]//Australian Road Research Board (ARRB). 38th Australasian Transport ResearchForum (ATRF 2016). Australian: ARRB, 2016: 1-15.

[159] Tian G, Ewing R. A walk trip generation model for Portland, OR[J]. Transportation Research Part D: Transport and Environment, 2017, 52:340-353.

[160] Tilahun N, Fan Y L. Transit and job accessibility: an empirical study of access to competitive clusters and regional growth strategies for enhancing transit accessibility[J]. Transport Policy, 2014, 33:17-25.

[161] Tsapakis I, Cheng T, Bolbol A. Impact of weather conditions on macroscopic urban travel times[J]. Journal of Transport Geography, 2013, 28(2):204-211.

[162] Tyndall J, Waiting for the R train: Public transportation and employment[J]. Urban Studies, 2017, 54(2):520-537.

[163] Veldhuisen J, Timmermans H, Kapoen L. Rambls: A regional model based on the micro simulation of daily activity travel patterns[J]. Environment and Planning A, 2000,32(3):427-443.

[164] W C. Income and Urban Residence: An analysis of consumer demand for location[J]. The American Economic Review, 1977, 67(4):620-631.

[165] Wang C H, Chen N A. A GIS-based spatial statistical approach to modeling job accessibility by transportation mode: Case study of Columbus[J]. Ohio, Journal of Transport Geography, 2015, 45: 1-11.

[166] Wang R. Autos, transit and bicycles: Comparing the costs in large Chinese cities[J]. Transport Policy, 2011,18(1), 139-146.

[167] Watts D J, Strogatz S H. Collective dynamics of 'small-world' networks[J]. Nature, 1998, 393(6684):440-442.

[168] Welch T F. Equity in transport: The distribution of transit access and connectivity among affordable housing units[J]. Transport Policy, 2013,(30): 283-293.

[169] Wellik T, Kockelman K. Anticipating land-use impacts of self-driving vehicles in the Austin, texas, region[J]. Journal of Transport and Land Use, 2020, 13(1):185-205.

[170] Wikipedia. A 3D Model of a Fused Grid District Using Sketchup[EB/OL]. (2013-11-07)[2013-12-25]. http://en.wikipedia.org/wiki/Fused_Grid.

[171] Zakharenko, Roman. Self-driving cars will change cities[J]. Regional Science and Urban Economics, 2016:26-37.

[172] Zhang M. The role of land use in travel mode choice: Evidence from Boston and Hong Kong[J]. Journal of the American Planning Association, 2004,70(3):344-360.

[173] Zhang W, Guhathakurta S, Fang J, et al. Exploring the impact of shared autonomous vehicles on urban parking demand: An agent-based simulation approach[J]. Sustainable Cities & Society, 2015, 19:34-45.

[174] Zhang,Haoran, Shibasaki, Ryosuke, Song, Xuan. Big Data and Mobility as a Service[M], 2021.

[175] Zhao P, Lu B. Exploring job accessibility in the transformation context: An institutionalist approach and its application in Beijing[J]. Journal of Transport Geography, 2010, 18(3):393-401.

[176]《新型城镇化》编辑部.《中国城市更新白皮书(2022)》暨《2022年度中国城市更新和既有建筑改造典型案例选编》在京发布[J].新型城镇化,2023(3):80-81.

[177] 奥佛耶.机动性与社会排斥[J].城市规划汇刊,2004(5):89-93.

[178] 奥土尔.交通困局[M].周阳,译.上海:上海三联书店,2016.

[179] 包丹文,郭唐仪,夏洪山.就业可达性量化方法及分布特征研究:以南京市为例[J].城市交通,2014, 12(5):45-53.

[180] 博奥席耶.勒·柯布西耶全集[M].牛燕芳,程超,译.北京:中国建筑工业出版社,2005.

[181] 布坎南.自由、市场和国家[M].北京:北京经济学院出版社,1988.

[182] 蔡海燕.德国鲁尔区结构转型的经验和启示[J].上海城市规划,2006(6):54-56.

[183] 曹宇宇.社区建成环境和交通行为研究回顾与展望:以美国为鉴[J].国际城市规划,2015,30(4):46-52.

[184] 柴彦威,沈洁,赵莹.城市交通出行行为研究方法前沿[J].中国科技论文在线,2010,5(5):402-409.

[185] 陈必壮,张天然.中国城市交通调查与模型现状及发展趋势[J].城市交通,2015,13(5):73-79.

[186] 陈方,戢晓峰,吉选,等.城市内交通公平的测度及其空间分异[J].经济地理,2015,35(4):70-75.

[187] 陈方,戢晓峰,张宏达.城市化进程中交通公平的研究进展[J].人文地理,2014,29(6):10-17.

[188] 陈和,赵坚.交通对城市空间形态演变的作用:以北京为例[J].综合运输,2008,30(6):49-52.

[189] 陈立镜.从工业遗存到城市公共空间——巴黎绿荫步道(La Promenade Plantée)的改造设计及使用[C].//2015年中国第6届工业建筑遗产学术研讨会论文集.2015:557-566.

[190] 陈小鸿,黄肇义,汪洋.公交导向的城市道路网络规划方法与实践[J].城市规划,2007,31(8):74-79.

[191] 陈雪明.洛杉矶城市空间结构的历史沿革及其政策影响[J].国外城市规划,2004,19(1):35-41.

[192] 陈燕萍,彭科.公共交通与社区规划设计:以深圳为例[J].规划师,2007,23(12):56-59.

[193] 陈燕萍.适合公共交通服务的居住区布局形态:实例与分析[J].城市规划,2002,26(8):90-96.

[194] 陈勇.从鹿特丹港的发展看世界港口发展的新趋势[J].国际城市规划,2007,22(1):58-62.

[195] 程昌秀,张文尝,陈洁,等.基于空间句法的地铁可达性评价分析:以2008年北京地铁规划图为例[J].地球信息科学,2007,9(6):31-35.

[196] 储君,牛强.新城对大都市人口的疏解和返流作用初析:以北京新城规划建设为例[J].现代城市研究,2019,34(4):38-45.

[197] 崔璐辰,张纯.信息化对城市空间和传统通勤模型重塑的文献综述[J].上海城市规划,2016(3):46-51.

[198] 戴子文,孙永海,覃晴.深圳市存量用地与城市轨道交通TOD综合开发[J].城市交通,2023,21(4):23-31.

[199] 段进,比尔·希列尔,等.空间句法在中国[M].南京:东南大学出版社,2015:209.

[200] 段里仁,毛力增.从历史角度看城市交通拥堵成因及对策(一):国外城市不同时期交通拥堵[J].城市公共交通,2015(10):66-67.

[201] 段里仁,毛力增.关于城市交通路权问题的分析与探讨[J].综合运输,2014,36(3):60-65.

[202] 段里仁.城市交通概论:交通工程学原理与应用[M].北京:北京出版社,1984.

[203] 冯浚,徐康明.哥本哈根TOD模式研究[J].城市交通,2006,4(2):41-46.

[204] 冯士雍,施锡铨.抽样调查理论、方法与实践[M].上海:上海科学技术出版社,1996.

[205] 富山.富山市立地适正化计画[R].2019(2020-11-29)[2021-08-24].https://www.city.toyama.toyama.jp/katsuryokutoshisouzoubu/toshikeikakuka/tosikeikaku/rittitekiseikakeikaku.html.

[206] 富山市.富山中心城区市街地活性化基本计划[EB/OL].(2018-08-10)[2020-11-12].http://www.city.toyama.toyama.jp/data/open/cnt/3/2332/1/toyamatyukatsukeikaku20180810.pdf.

[207] 甘博,经泽涛.市域铁路发展对城市空间格局的影响:以日本JR山手线为例[J].现代城市轨道交通,2020(10):124-128.

[208] 关宏志.非集计模型:交通行为分析的工具[M].北京:人民交通出版社,2004.

[209] 关于生态环境领域进一步深化"放管服"改革,推动经济高质量发展的指导意见[EB/OL].(2018-08-30)[2023.10-02].https://www.gov.cn/zhengce/zhengceku/2018-12/31/content_5437910.htm.

[210] 郭璨,甄峰,朱寿佳.智能手机定位数据应用于城市研究的进展与展望[J].人文地理,2014,29(6):18-23.

[211] 郭菂,李进,王正.南京市保障性住房空间布局特征及优化策略研究[J].现代城市研究,2011,26(3):

83-88.

[212] 郭仁忠.空间分析[M].2版.北京：高等教育出版社,2001.

[213] 郭少锋,芦晓昀,刘义钰.从TOD到TOR:存量语境下轨道交通引领城市更新策略研究[J].规划师,2022,38(3):76-81.

[214] 郭源园,李莉,李贵才,等.国内外城市土地利用与交通相互作用研究综述[J].国际城市规划,2015,30(3):29-36.

[215] 国土交通省.立地適正化計画作成の手引き[R/OL].(2021-10)[2021-11-10]. https://www.mlit.go.jp/toshi/city_plan/toshicity_plantk000035.html.

[216] 韩雪松.国土空间规划背景下交通规划变革与实践[J].西部人居环境学刊,2020,35(1):31-36.

[217] 何玉宏.汽车社会与城市交通:交通社会学的探索[M].上海:上海三联书店,2012.

[218] 胡琪.暴雨内涝灾害影响下城市道路交通系统韧性测度研究[D].南京:南京大学,2022.

[219] 黄富民.交通与用地协同规划:交通规划与城市规划互馈编制[J].城市规划,2014,38(3):39-43.

[220] 黄建中,胡刚钰,李敏.城市建成环境与老年人移动性衰退相互关系研究回顾与展望[J].华中建筑,2017,35(6):102-106.

[221] 黄良会.香港公交都市剖析[M].北京:中国建筑工业出版社,2014.

[222] 黄晓明,赵润民.道路交通基础设施韧性研究现状及展望[J].吉林大学学报(工学版),2023,53(6):1529-1549.

[223] 黄杏元,马劲松.地理信息系统概论[M].3版.北京:高等教育出版社,2008.

[224] 黄一如,姜弘毅.自动驾驶汽车对未来城市住区空间布局影响初探[J].住宅科技,2021,41(6):7.

[225] 黄志刚,金泽宇.交通枢纽在城市空间结构演变中的作用[J].城市轨道交通研究,2010,13(10):10-13.

[226] 嵇涛,姚炎宏,黄鲜等.城市交通韧性研究进展及未来发展趋势[J].地理科学进展,2023,42(5):1012-1024.

[227] 戢晓峰,陈方,张玉鹏,等.基于群体公平差异的公交网络双层优化模型[J].中国公路学报,2014,27(10):105-113.

[228] 鞠炜奇,杨家文,林雄斌.基于速度和出行时间指数的道路机动性评估方法及应用:以深圳市为例[J].地理与地理信息科学,2015,31(5):65-68.

[229] 卡尔索普事务所,宇恒可持续交通研究中心,高觅工程顾问公司.翡翠城市:面向中国智慧绿色发展的规划指南[M].北京:中国建筑工业出版社,2017.

[230] 孔令斌.城市交通的变革与规范(连载)[J].城市交通,2015(2):5-9.

[231] 孔令斌.存量发展阶段城市机动车停车发展的思考[J/OL].(2023-10-27)[2023-11-18]. https://doi.org/10.13813/j.cn11-5141/u.2023.0028.

[232] 孔令斌.国家"863"课题:"GIS支持下的城市交通需求分析系统软件开发"通过国家验收[J].城市规划通讯,1999(2):11.

[233] 孔令斌.新空间规划背景下的城市交通规划[J].城市交通,2019,17(4):8-10.

[234] 李朝阳,钱林波.美国面向公共交通的土地开发新理论及启示[J].规划师,2001,17(2):21-24.

[235] 李清泉,萧世伦,方志祥.交通地理信息系统技术与前沿发展[M].北京:科学出版社,2012.

[236] 李彤玥.韧性城市研究新进展[J].国际城市规划,2017,32(5):15-25.

[237] 李文静,翟国方,何仲禹等.日本站城一体化开发对我国高铁新城建设的启示:以新横滨站为例[J].国际城市规划,2016,31(3):111-118.

[238] 李霞,邵春福,贾鸿飞.土地利用与居民出行生成模型及其参数标定[J].吉林大学学报(工学版),2007,37(6):1300-1303.

[239] 李晔,黄肇义.基于贝叶斯方法的出行产生率预测[J].同济大学学报(自然科学版),2009,37(1):63-66.

[240] 李烨,石飞.出行行为视角的新城规划策略研究:以南京河西新城为例[J].现代城市研究,2017,32(5):112-118.

[241] 李奕,谭少华.建成环境对居民主动式出行的影响因素研究[J].江西建材,2016(9):13-15.

[242] 李智慧,彭科,宋彦,等.如何制定公共政策来保障TOD的实施?国际经验介绍及借鉴[J].国际城市规划,2011,26(2):74-79.

[243] 梁思成,陈占祥.关于中央人民政府行政中心区位置的建议[J].艺术与设计,2015(10):174-182.

[244] 廖开怀,蔡云楠.重塑街区道路公共性:巴塞罗那"大街区"规划的理念、实践和启示[J].国际城市规划,2018,33(3):98-104.

[245] 林箐.缝合城市:促进城市空间重塑的交通基础设施更新[J].风景园林,2017,(10):14-26.

[246] 林群,张晓春,李锋,等.从理念到行动:新时期城市交通规划设计实践[J].上海:同济大学出版社,2016.

[247] 林雄斌,杨家文,丁川.迈向更加可支付的机动性与住房:公交导向开发及其公平效应的规划解析[J].城市规划,2018,42(9):122-130.

[248] 林雄斌,杨家文.北美都市区建成环境与公共健康关系的研究述评及其启示[J].规划师,2015,31(6):12-19.

[249] 林雄斌.城市交通规划设计的社会公平要素与空间表达:以《西雅图2035城市总体规划》为例[J].装饰,2018(9):88-91.

[250] 刘灿齐.现代交通规划学[M].北京:人民交通出版社,2001.

[251] 刘芳林,陈玮,曹玮.枢纽视角下的交通、产业、空间协同发展战略:以南京市为例[C]//中国城市规划学会城市交通规划学术委员会.2017年中国城市交通规划年会论文集.南京市城市与交通规划设计研究院股份有限公司,2017:8.

[252] 刘继广,沈志群.高铁经济:城市转型的新动力[J].广东社会科学,2011(3):20-26.

[253] 刘泉,钱征寒,赖亚妮.公交引导收缩:TOD视角下的日本选址优化规划方法解读[J].国际城市规划,2023,38(5):112-122.

[254] 刘贤腾,顾朝林.南京城市交通方式可达性空间分布及差异分析[J].城市规划学刊,2010(2):49-56.

[255] 刘贤腾,沈青,朱丽.大城市交通供需矛盾及发展对策:以南京为例[J].城市规划,2009,33(1):80-87.

[256] 刘贤腾,周江评.交通技术革新与时空压缩:以沪宁交通走廊为例[J].城市发展研究,2014,21(8):56-62.

[257] 刘小石.城市规划建设中的一些理性思考[M].北京:清华大学出版社,2015.

[258] 刘学军,徐鹏.交通地理信息系统[M].北京:科学出版社,2006.

[259] 龙瀛,张宇,崔承印.利用公交刷卡数据分析北京职住关系和通勤出行[J].地理学报,2012,67(10):1339-1352.

[260] 龙瀛,周垠."梁陈方案"的反现实模拟[J].规划师,2016,32(2):135-139.

[261] 鲁斐栋,谭少华.建成环境对体力活动的影响研究:进展与思考[J].国际城市规划,2015,30(2):62-70.

[262] 陆化普,王继峰,张永波.城市交通规划中交通可达性模型及其应用[J].清华大学学报(自然科学版),2009,49(6):781-785.

[263] 陆化普,赵晶.适合中国城市的TOD规划方法研究[J].公路工程,2008,33(6):64-68.

[264] 陆晓琳,江捷.自动驾驶场景下城市空间生长模拟方法研究[J].城市交通,2019,17(5):71-76.

[265] 吕斌,张纯,陈天鸣.城市低收入群体的就业可达性变化研究:以北京为例[J].城市规划,2013,37(1):56-63.

[266] 栾志理;康建军.日本收缩型中小城市的规划应对与空间优化研究[J].上海城市规划,2023(4):78-

84.

[267] 马超群,王玉萍.轨道交通网络与城市形态在分形上的一致性分析[J].铁道运输与经济,2009,31(3):46-50.

[268] 马林.新中国城市交通规划的探索与发展[J].国际城市规划,2019,34(4):49-53.

[269] 马清裕,张文尝,王先文.大城市内部空间结构对城市交通作用研究[J].经济地理,2004,24(2):215-220.

[270] 芒福德.城市发展史[M].倪文彦,宋俊岭,译.北京:中国建筑工业出版社,1989.

[271] 芒福汀.街道与广场[M].2版.张永刚,陆卫东,译.北京:中国建筑工业出版社,2004.

[272] 南京市人民政府.南京交通发展白皮书[M].南京:南京出版社,2016.

[273] 欧阳志云,肖燚,朱春全,等.生态系统生产总值(GEP)核算理论与方法[M].北京:科学出版社,2021.

[274] 潘海啸,施澄.效率与公平:交通可达性与社会公平问题思考[J].交通与港航,2016,3(4):1.

[275] 潘海啸,汤諹,吴锦瑜,等.中国"低碳城市"的空间规划策略[J].城市规划学刊,2008(6):57-64.

[276] 潘海啸,魏川登,施澄.轨道交通可达性对房价影响的差异性分析:以上海市中心城区为例[J].规划师,2016,32(Z2):203-208.

[277] 潘海啸.大都市地区快速交通和城镇发展:国际经验和上海的研究[M].上海:同济大学出版社,2002.

[278] 潘海啸.美国城市建设中交通与土地使用规划新策略的启示[J].城市交通,2013,11(1):1-2.

[279] 潘海啸.面向低碳的城市空间结构:城市交通与土地使用的新模式[J].城市发展研究,2010,17(1):40-45.

[280] 普华永道.普华永道思略特:2017年数字化汽车报告[EB/OL].(2017-11)[2020-09-03]. https://www.strategyand.pwc.com/cn/zh/reports-andstudies/2017/fast-and-furious.html.

[281] 秦波,陈筱璇,屈伸.自动驾驶车辆对城市的影响与规划应对:基于涟漪模型的文献综述[J].国际城市规划,2019,34(06):108-114.

[282] 秦萧,甄峰,熊丽芳,等.大数据时代城市时空间行为研究方法[J].地理科学进展,2013,32(9):1352-1361.

[283] 秦艺帆,石飞,徐晓燕.可达性视角下极端天气事件对南京市通勤出行的影响分析[J].现代城市研究,2019,34(10):91-101.

[284] 秦艺帆,石飞.地图时空大数据爬取与规划设计教程[M].南京:东南大学出版社,2019.

[285] 冉斌.手机数据在交通调查和交通规划中的应用[J].城市交通,2013,11(1):72-81.

[286] 任春洋.高密度方格路网与街道的演变、价值、形式和适用性分析:兼论"大马路大街坊"现象[J].城市规划学刊,2008(2):53-61.

[287] 任利剑,运迎霞,权海源.基于"节点—场所模型"的城市轨道站点类型及其特征研究:新加坡的实证分析与经验启示[J].国际城市规划,2016,31(1):109-116.

[288] 萨维耶,波阿雷托,卓健.巴西可持续城市机动性政策的实施[J].城市规划学刊,2005(5):104-108.

[289] 瑟夫洛.公交都市[M].宇恒可持续交通中心,译.北京:中国建筑工业出版社,2007.

[290] 沙里宁.城市:它的发展、衰败与未来[M].顾启源,译.北京:中国建筑工业出版社,1986:22-25.

[291] 邵亦文,徐江.城市韧性:基于国际文献综述的概念解析[J].国际城市规划,2015,30(2):48-54.

[292] 邵滢璐,李昕阳,姚立."出行即服务"系统下的城市空间影响探析[J].城市发展研究,2019,26(S1):60-64.

[293] 申悦,柴彦威,王冬根.ICT对居民时空行为影响研究进展[J].地理科学进展,2011,30(6):643-651.

[294] 深圳地铁置业集团有限公司."一四五"轨道交通枢纽综合开发项目规划设计研究及核心区建筑概念设计报告中间稿[R].深圳:深圳地铁置业集团有限公司,2022.

[295] 沈磊,孙洪刚.效率与活力:现代城市街道结构[M].北京:中国建筑工业出版社,2007.

[296] 石飞,江薇,王炜,等.基于土地利用形态的交通生成预测理论方法研究[J].土木工程学报,2005,38(3):115-118.

[297] 石飞,居阳.公交出行分担率影响因素分析:基于南京主城区的实证研究[J].城市规划,2015,39(2):76-84.

[298] 石飞,李迎春.公平与可达视角下的公交优先理念拓展研究[J].江苏城市规划,2018(8):32-36.

[299] 石飞,陆振波.出行距离分布模型及参数研究[J].交通运输工程学报,2008,8(2):110-115.

[300] 石飞,陆振波.基于居住地分层的居民出行调查方法[J].吉林大学学报(工学版),2009,39(4):906-909.

[301] 石飞,梅振宇,徐建刚.西方居住社区街道模式演进分析及启示[J].国际城市规划,2014,29(3):55-61.

[302] 石飞,沈青.中国城市交通拥堵成因与对策:交通工程、城乡规划和经济学视角的分析[J].城市交通,2019,17(2):90-95.

[303] 石飞,王炜.城市路网结构分析[J].城市规划,2007,31(8):68-73.

[304] 石飞,王宇.误差分析下的居民出行抽样调查结论可靠性研究[J].交通运输系统工程与信息,2016,16(6):222-227.

[305] 石飞,徐向远.公交都市物质性规划建设的内涵与策略[J].城市规划,2014,38(7):61-66.

[306] 石飞,于世军.公交导向的城市道路网结构体系研究[M].武汉:华中科技大学出版社,2016.

[307] 石飞,章光日,徐建刚.我国交通需求管理(TDM)对策研究[J].武汉理工大学学报(交通科学与工程版),2007,31(5):776-779.

[308] 石飞,周江评.补贴视角的城市交通发展导向性分析[J].西部人居环境学刊,2015,30(1):125-129.

[309] 石飞.出行感知决策的心理学分析与启示[J].现代城市研究,2013,28(1):111-116.

[310] 石飞.可持续的城市机动性:公交导向与创新出行[M].南京:东南大学出版社,2013.

[311] 石飞.小区道路为谁开放?[J].环境经济,2016(6):17-18.

[312] 宋博,赵民.论城市规模与交通拥堵的关联性及其政策意义[J].城市规划,2011,35(6):21-27.

[313] 宋伟轩,毛宁,陈培阳,等.基于住宅价格视角的居住分异耦合机制与时空特征:以南京为例[J].地理学报,2017,72(4):589-602.

[314] 宋小冬,钮心毅.城市规划中GIS应用历程与趋势:中美差异及展望[J].城市规划,2010,34(10):23-29.

[315] 宋小冬,王园园,杨钰颖,等.通勤距离对职住分离的统计验证[J].地球信息科学学报,2019,21(11):1699-1709.

[316] 苏跃江,陈先龙,吴德馨.大数据在广州市第三次交通综合调查中的应用[J].城市交通,2019,17(3):30-38.

[317] 孙斌栋,潘鑫,宁越敏.上海市就业与居住空间均衡对交通出行的影响分析[J].城市规划学刊,2008(1):77-82.

[318] 孙喆.城市交通公平研究综述[J].国际城市规划,2015,30(2):55-61.

[319] 谭少华,郭剑锋,江毅.人居环境对健康的主动式干预:城市规划学科新趋势[J].城市规划学刊,2010(4):66-70.

[320] 唐佳,甄峰,秦萧.信息时代高铁走廊区域居民活动空间:概念模型与研究框架[J].地理研究,2018,37(9):1789-1801.

[321] 唐子来,顾姝.上海市中心城区公共绿地分布的社会绩效评价:从地域公平到社会公平[J].城市规划学刊,2015(2):48-56.

[322] 唐子来,江可馨.轨道交通网络的社会公平绩效评价:以上海市中心城区为例[J].城市交通,2016,14(2):75-82.

[323] 陶瑞峰,董盛楠.国内外城市更新发展历程研究与政策演变[J].美与时代·城市,2021(7):102-103.
[324] 万媵莲,翟国方,何仲禹,等.住房与交通可支付能力空间特征研究:以南京市为例[J].经济地理,2016,36(2):87-94.
[325] 汪光焘,陈小鸿,殷广涛,等.新常态下城市交通理论创新与发展对策研究:成果概要[J].城市交通,2019,17(5):1-12.
[326] 汪光焘.城市公共交通出行分担率研究[M].北京:中国建筑工业出版社,2018.
[327] 汪光焘.城市交通学导论[M].上海:同济大学出版社,2018.
[328] 汪光焘.论城市交通学[J].城市交通,2015,13(5):1-10.
[329] 汪光焘.现代城市规划理论探讨:供给侧结构性改革与新型城镇化[J].城市规划学刊,2017(3):9-18.
[330] 汪光焘.中国城市交通问题、对策与理论需求[J].城市交通,2016,14(6):1-9.
[331] 王波,甄峰.南京市区就业空间布局研究[J].人文地理,2011(4):58-65.
[332] 王德,钟炜菁,谢栋灿,等.手机信令数据在城市建成环境评价中的应用:以上海市宝山区为例[J].城市规划学刊,2015(5):82-90.
[333] 王慧,黄玖菊,李永玲,等.厦门城市空间出行便利性及小汽车依赖度分析[J].地理学报,2013,68(4):477-490.
[334] 王军.城记[M].北京:生活·读书·新知三联书店,2003.
[335] 王世军.中国城市机动性与社会排斥[J].城市规划学刊,2011(4):87-92.
[336] 王卫.城市交通与城市经济发展[M].南京:东南大学出版社,2016.
[337] 王炜.交通规划[M].北京:人民交通出版社,2007.
[338] 王炜.中国交通工程学科发展[J].公路,1996,41(3):41-44.
[339] 王学勇,刘志明,周岩,等.美国停车受益区解析与借鉴[J].城市交通,2018,16(6):75-82.
[340] 王学勇,周岩,邵勇,等.美国停车配建标准政策的分析与借鉴[C]//2018年中国城市交通规划年会论文集.青岛,2018:2289-2300.
[341] 王学勇,袁泉,刘志明,等.停车改革促进老城复兴:以美国帕萨迪纳市为例[J].城市交通,2020,18(06):58-64.
[342] 王英杰,袁勘省,李天文.交通GIS及其在ITS中的应用[M].北京:中国铁道出版社,2004.
[343] 王振坡,张馨芳,宋顺锋.我国城市交通拥堵成因分析及政策评价:以天津市为例[J].城市发展研究,2017,24(4):118-124.
[344] 威尔逊.面向精明增长的停车管理[M].王学勇,刘志明,译.北京:中国建筑工业出版社,2019.
[345] 威尔逊.轻松开展停车改革[M].王学勇,邵勇,译.北京:中国建筑工业出版社,2019.
[346] 魏成,陈赛男,沈静.人工智能驱动下的城市空间演变趋势与规划响应[J].城市发展研究,2022,29(7):47-54.
[347] 温海珍,贾生华.住宅的特征与特征的价格:基于特征价格模型的分析[J].浙江大学学报(工学版),2004,38(10):1338-1342.
[348] 文国玮.历史名城交通问题解析[J].中国名城,2012(1):33-35.
[349] 邬伦,刘瑜,张晶.地理信息系统:原理、方法和应用[M].北京:科学出版社,2001.
[350] 吴凡,石飞,肖沛余,等.城市路网布局结构对公共交通出行的影响[J].南京工业大学学报(自然科学版),2019,41(4):520-528.
[351] 吴娇蓉等.交通工程[M].北京:人民交通出版社,2018.
[352] 吴旗韬,张虹鸥,叶玉瑶.基于交通可达性的港珠澳大桥时空压缩效应[J].地理学报,2012,67(6):723-732.
[353] 吴志强,李德华.城市规划原理[M].4版.北京:中国建筑工业出版社,2010.

[354] 吴志强,杨婷. 同济规划设计教育的早期发展[J]. 城市规划学刊,2019(3):11-19.
[355] 吴子啸,付凌峰. 城市综合交通调查的规范与创新[J]. 城市交通,2016,14(2):11-16.
[356] 伍速锋,吴克寒,王芮,等. 基于规模法则的城市规模与交通拥堵关系研究[J]. 城市交通,2019,17(3):105-110.
[357] 肖华斌,袁奇峰,徐会军. 基于可达性和服务面积的公园绿地空间分布研究[J]. 规划师,2009,25(2):83-88.
[358] 徐吉谦,王炜,杨涛. 交通工程学科发展战略研究[J]. 城市道桥与防洪,1993(2):9-23.
[359] 徐吉谦. 交通工程总论[M]. 北京:人民交通出版社,1991.
[360] 徐建刚,祁毅,张翔,等. 智慧城市规划方法:适应性视角下的空间分析模型[M]. 南京:东南大学出版社,2016.
[361] 徐建刚,杨帆. 基于社会感知空间大数据的城市功能区识别方法探析[J]. 城市建筑,2017(27):30-34.
[362] 徐康明,李佳玲,冯浚,等. 定制公交服务初探[J]. 城市交通,2013,11(5):24-27.
[363] 徐晓峰,马丁. 无人驾驶技术对城市空间的影响初探:基于中国(上海)自由贸易试验区临港新片区探索性方案[J]. 上海城市规划,2021(3):142-148.
[364] 徐循初. 城市道路与交通规划(下册)[M]. 北京:中国建筑工业出版社,2007.
[365] 徐循初. 城市道路与交通规划(上册)[M]. 北京:中国建筑工业出版社,2005.
[366] 徐循初. 对我国城市交通规划发展历程的管见[J]. 城市规划学刊,2005(6):15-19.
[367] 许剑. 南京市公交企业补贴机制研究与分析[J]. 交通企业管理,2013,28(6):6-8.
[368] 许学强,周一星,宁越敏. 城市地理学[M]. 2版. 北京:高等教育出版社,2009.
[369] 雅各布斯. 伟大的街道[M]. 王又佳,金秋野,译. 北京:中国建筑工业出版社,2009.
[370] 闫水玉,唐俊. 韧性城市理论与实践研究进展[J]. 西部人居环境学刊,2020,35(2):111-118.
[371] 闫小勇. 空间交互网络研究进展[J]. 科技导报,2017,35(14):15-22.
[372] 阳建强,陈月. 1949—2019年中国城市更新的发展与回顾[J]. 城市规划,2020,44(2):9-19.
[373] 杨东援,段征宇. 透过大数据把脉城市交通[M]. 上海:同济大学出版社,2017.
[374] 杨东援. 公交优先:不能动摇的方向与不断改进的服务[J]. 交通与港航,2017,4(2):13-16.
[375] 杨飞,姚振兴. 基于手机定位数据的个体出行行为特征分析与技术研究:方法与实证[M]. 上海:同济大学出版社,2017.
[376] 杨涛,陈阳. 城市公共交通优先发展的目标与指标体系研究[J]. 城市规划,2013,37(4):57-61.
[377] 杨涛,过秀成. 城市交通可达性新概念及其应用研究[J]. 中国公路学报,1995,8(2):25-30.
[378] 杨荫凯,金凤君. 交通技术创新与城市空间形态的相应演变[J]. 地理学与国土研究,1999(1):45-48.
[379] 叶建红,陈小鸿,张华. 减少小汽车出行的波特兰多方式交通体系建设[J]. 城市交通,2013,11(1):10-17.
[380] 叶彭姚,陈小鸿,崔叙,等. 城市道路网布局结构对公交线网密度的影响[J]. 同济大学学报(自然科学版),2012,40(1):51-56.
[381] 叶彭姚,陈小鸿. 雷德朋体系的道路交通规划思想评述[J]. 国际城市规划,2009,24(4):69-73.
[382] 叶彭姚. 城市道路网拓扑结构的复杂网络特性研究[J]. 交通运输工程与信息学报,2012,10(1):13-19.
[383] 叶玉瑶,陈伟莲,苏泳娴,等. 城市空间结构对碳排放影响的研究进展[J]. 热带地理,2012,32(3):313-320.
[384] 尹超琪. 栖居与回归:百年城市更新回顾[J]. 中国艺术,2020(2):4-11.
[385] 尹海伟,孔繁花,宗跃光. 城市绿地可达性与公平性评价[J]. 生态学报,2008,28(7):3375-3383.
[386] 尹海伟,罗震东,耿磊. 城市与区域规划空间分析方法[M]. 南京:东南大学出版社,2015.
[387] 于沛洋,石飞,索南曲珍卓玛,等. 基于开放数据的城市公共交通可达性模型构建方法:以南京主城区

[388] 曾如思,沈中伟.纽约哈德逊广场城市更新的多元策略与启示[J].国际城市规划,2022,37(5):138-149.
[389] 张国华,李凌岚,李德芬.产业、空间与交通一体化的临空经济区发展规划技术体系[J].规划师,2014,30(11):11-16.
[390] 张国华.城市综合交通体系规划技术转型:产业·空间·交通三要素统筹协调[J].城市规划,2011,35(11):42-48.
[391] 张京祥.西方城市规划思想史纲[M].南京:东南大学出版社,2005.
[392] 张泉,黄富民,杨涛.公交优先[M].北京:中国建筑工业出版社,2010.
[393] 张泉,刘剑.城镇体系规划改革创新与"三规合一"的关系:从"三结构一网络"谈起[J].城市规划,2014,38(10):13-27.
[394] 张文尝.工业波沿交通经济带扩散模式研究[J].地理科学进展,2000,19(4):335-342.
[395] 张文烁,陈宇琳,姜洋.自动驾驶汽车对城市空间形态的影响综述[J].城市交通,2022(5):1-10.
[396] 张小文,刘勇,潘小多,等.交通地理信息系统的类型、方法及应用初探[J].遥感技术与应用,2002,17(6):344-351.
[397] 张晓瑞,华茜,程志刚.基于空间句法和LBS大数据的合肥市人口分布空间格局研究[J].地理科学,2018,38(11):1809-1816.
[398] 张新洁,关宏志,赵磊,等.有限理性视野下出行者出行方式选择分层Logit模型研究[J].交通运输系统工程与信息,2018,18(6):110-116.
[399] 张杏林,陈远通,张国华,等.城市道路资源配置的公平与效率分析[J].城市交通,2007,5(3):62-66.
[400] 赵坚.城市交通及其塑造城市形态的功能:以北京市为例[J].城市问题,2008(5):2-6.
[401] 赵再先,刘晓玲.大数据时代"四阶段"交通模型体系技术升级方法[J].交通与运输,2019,35(S1):71-74.
[402] 甄峰,秦萧,席广亮.信息时代的地理学与人文地理学创新[J].地理科学,2015,35(1):11-18.
[403] 甄峰,王波."大数据"热潮下人文地理学研究的再思考[J].地理研究,2015,34(5):803-811.
[404] 甄峰.城市规划经济学[M].南京:东南大学出版社,2011.
[405] 甄峰.基于大数据的规划创新[J].规划师,2016,32(9):45.
[406] 甄峰.信息时代的区域空间结构[M].北京:商务印书馆,2004:23-24.
[407] 甄茂成,党安荣,许剑.大数据在城市规划中的应用研究综述[J].地理信息世界,2019,26(1):6-12.
[408] 郑德高,杜宝东.寻求节点交通价值与城市功能价值的平衡:探讨国内外高铁车站与机场等交通枢纽地区发展的理论与实践[J].国际城市规划,2007,(1):72-76.
[409] 郑明远.城市轨道交通系统规划方法论[M].北京:中国铁道出版社,2018.
[410] 郑思齐,刘可婧,孙伟增.住房与交通综合可支付性指数的设计与应用:以北京为例[J].城市发展研究,2011,18(2):54-61.
[411] 郑思齐,孙聪.城市经济的空间结构:居住、就业及衍生问题[J].南方经济,2011(8):18-31.
[412] 郑祖武.我国城市交通的现在和将来[J].北京规划建设,1997(1):18-23.
[413] 中共中央办公厅 国务院办公厅印发《关于划定并严守生态保护红线的若干意见》[EB/OL].(2017-02-08)[2023.10-02].http://www.mohrss.gov.cn/SYrlzyhshbzb/dongtaixinwen/shizhengyaowen/201702/t20170208_265910.html?qid=c0e404fa0008e9fa00000002643655e5.
[414] 中共中央办公厅 国务院办公厅印发《关于在国土空间规划中统筹划定落实三条控制线的指导意见》[EB/OL].(2019-11-01)[2023.10-02].https://www.gov.cn/zhengce/2019-11-01/content_5447654.htm.
[415] 周江评,陈晓键,黄伟,等.中国中西部大城市的职住平衡与通勤效率:以西安为例[J].地理学报,2013,68(10):1316-1330.

[416] 周江评."空间不匹配"假设与城市弱势群体就业问题:美国相关研究及其对中国的启示[J].现代城市研究,2004,19(9):8-14.

[417] 周晶,朱振涛.城市交通供需失衡的层次分析及其控制策略[J].交通运输系统工程与信息,2007,7(4):24-29.

[418] 周乐.对城市交通规划中职住平衡理念的再思考[J].城市交通,2018,16(3):70-75.

[419] 周素红,闫小培.基于居民通勤行为分析的城市空间解读:以广州市典型街区为案例[J].地理学报,2006,61(2):179-189.

[420] 周素红,阎小培.城市交通与土地利用关系研究的进展[J].规划师,2005,21(3):58-62.

[421] 周小鹏,邵敏华,孙立军,等.香港公共交通运营管理模式[J].交通运输系统工程与信息,2005,5(1):74-78.

[422] 周一星,史育龙.建立中国城市的实体地域概念[J].地理学报,1995,50(4):289-301.

[423] 周一星.关于明确我国城镇概念和城镇人口统计口径的建议[J].城市规划,1986,10(3):10-15.

[424] 朱春丽.韧性交通系统的多因素耦合建模与协同控制研究[D].北京:清华大学,2021.

[425] 朱乐,石飞.公交涅槃:南京和波特兰发展公交都市的经验启示[J].现代城市研究,2017,32(12):38-45.

[426] 朱彦东,单晋,李旭宏.面向交通资源整合的大城市公铁枢纽联合布局模式[J].交通运输工程学报,2008,8(3):86-90.

[427] 朱彦东,李旭宏.国外大城市郊区化模式下的城郊客运模式及思考[J].城市规划学刊,2007(3):81-85.

[428] 诸葛雪玉,张文闯,谭娅琦,等.基于POI空间聚类的交通小区划分方法改进[J].山西建筑,2018,44(26):7-8.

[429] 卓健,梁晨,阎树鑫.历史街区街道保护与更新中的交通安宁化:以上海市嘉定西大街历史文化街区为例[J].中国名城,2015(4):65-72.

[430] 卓健.公交优先发展战略的几个认识误区[J].国际城市规划,2013,28(4):51-52.

[431] 卓健.历史文化街区保护中的交通安宁化[J].城市规划学刊,2014(4):71-79.

[432] 卓娜,石飞,王红扬.公交导向下的道路分级体系重构:以汕头市中心城区为例[J].现代城市研究,2016,31(3):19-27.

[433] 邹佳雯,何仲禹,翟国方,等.基于结构方程模型的南京城市居民通勤距离影响因素及其交互作用研究[J].现代城市研究,2018,33(10):80-86.

后　　记

著名的数学家、哲学家阿弗烈·诺斯·怀海德（Alfred North Whitehead）曾经指出：学科各自孤立的情况是致命的，每个教授甚至并不了解其他学科的思维模型，将其他学科和他自己的学科融会贯通就更别提了。如经济学的太过孤立和自闭缺陷，造成了常说的"只有手拿锤子的人"综合征，以及将偏颇又精确的物理公式置于经济学研究体系的谬误。因此，需要跨学科的综合解决问题的能力。

城市交通领域莫不如此。本书偏重于多源的学科理论方法在城市交通问题研究中的运用，提出"交通研究走出去、交叉学科走进来"的学科融合发展思路和研究方法。笔者曾在交通学院、建筑与城市规划学院、地理学院以及建成环境学院学习和工作过，斗胆挑战这一涉及多个学科及其理论方法的宏大课题。在20余年的学习和工作中，笔者深感不同学科对于交通问题研究的理念、方法和技术的差异，同时认识到城市交通研究的深度和广度远非一个学科领域所能囊括。编著过程中，笔者进一步深刻感受到学科体系的庞大和高深，在此不得不向读者致歉的是笔者对于城市交通学理论体系内涵和外延理解的不足，一些问题仍待后续深入研究。

正如《城市交通学导论》一书的前言部分所述：城市交通学目前还不是一个成熟的学科，尽管中国城镇化过程对其产生了迫切的需要，但是从传统交通工程学科中破茧而出，还需要许多艰苦的研究工作和社会实践。好在我们已经认识到，城市交通问题的研究视角多样，成果丰富。事实上，在现实的城市交通设施建设和运营管理中已经运用了多学科的知识，不局限于交通工程学、城市规划学等，而包含了经济学、社会学、生态学、地理学等。所以，综合各学科的理论与思考，系统的研究城市交通、建立城市交通学，已经成为社会的客观需要。我们有理由相信，随着大数据时代的来临和对学科的深入渗透、随着治堵标的的逐渐清晰和对公交优先理念的全新认知、随着对城市交通问题的多学科交叉研究不断深化，城市交通学的理论、方法将趋于完善和成熟，缓解城市交通问题的思路、方法和技术手段也将进一步明晰。